目 录

前言:在理想与现实之间追问 / 1

第一章 《语言文字法》的起草论证及专家建议稿

第一节 语言文字法律制度的基本特征 / 1
第二节 我国语言文字法的历史发展 / 4
第三节 完善我国语言文字立法 / 11
第四节 《中华人民共和国语言文字法》专家建议稿 / 12

第二章 《专业技术人员管理条例》的起草论证及专家建议稿

第一节 外国宪法中有关专业技术人员的规定 / 24
第二节 一些国家专业技术人员的一般管理制度 / 25
第三节 一些国家和地区专业技术

人员的专项管理制度 / 39
第四节 《中华人民共和国专业技术人员管理条例》专家建议稿及立法说明、立法研讨会综述 / 64

第三章 《863计划军口管理项目监理工作暂行办法》的起草论证及专家建议稿

第一节 项目监理的由来、历史发展及其特征 / 92
第二节 《863计划军口管理项目监理工作暂行办法》专家建议稿及立法说明 / 108

第四章 《科学数据共享条例》的起草论证及专家建议稿

第一节 科学数据共享的管理体制问题 / 122
第二节 《中华人民共和国科学数据共享条例》专家建议稿及条文释义 / 166

第五章 《保安服务业管理条例》的起草论证及专家建议稿

第一节 保安服务法律制度研究报告 / 188
第二节 国外保安服务法律制度的历史演变、现状和主要特点 / 245
第三节 《保安服务业管理条例》专家建议稿及条文释义 / 286

第六章 《彩票管理条例》的立法说明及专家建议稿

第一节 《中华人民共和国彩票管理条例》

的立法说明 / 362
第二节 《中华人民共和国彩票管理条例》专家建议稿 / 365

第七章 《民间组织法》的立法说明及专家建议稿

第一节 《中华人民共和国民间组织法》(专家建议稿)立法说明 / 375
第二节 《中华人民共和国民间组织法》(专家建议稿) / 380

第八章 《人权保障法》的立法说明及专家建议稿

第一节 《中华人民共和国人权保障法》的立法说明 / 388
第二节 《中华人民共和国人权保障法》(专家建议稿) / 394

第九章 立法的基本理论问题探讨

第一节 中国法律、法规立法权限划分的合宪性研究 / 414
第二节 立法权限划分的合宪性审查 / 450
第三节 法律、法规的违宪审查标准 / 477
第四节 《立法法(草案)》的合宪性研究 / 486

索 引 / 509
参考资料 / 512
后 记 / 516

前言：在理想与现实之间追问

我参与国家立法部门主持的正式的立法咨询、起草和论证工作至今已经有十五年的时间了。总结这十五年参与立法活动的经历，确实收益颇丰。细细想来，十五的时间里，自己亲身直接参与的立法活动，包括参与立法咨询、起草和论证等工作，总计不下百余起。其中涉及宪法、法律、行政法规、部委规章、地方性法规和地方政府规章各个不同层次和不同形式的立法活动。这中间，大部分立法活动是被动参与的，少数立法活动是自己作为科研项目主动设计的。在自己设计的立法中，目前仅有《语言文字法》已经有正式的法律文本，其他立法尚处于“理论探讨”阶段，能否被有关立法部门所接受还需等待。不过，这些立法的必要性，在笔者看来是毋庸置疑的，因此，借本书出版之际，笔者仍然有意“为立法辩护”。就笔者的本意来说，是要为笔者曾经所做的理论研究作出一点积极的肯定，希望在恰当的时候，这些处于“理论探讨”状态的立法能成为立法实践所接受或者可以予以讨论的议题。其实，就笔者个人的经验而言，任何一项立法活动，从最初的创意的形成，到最后通过正式的立法程序变成国家正式的法律形式，这期间都需要一个非常漫长的过程。而且真正转化为国家正式有效的法律形式的立法创意的成功率都不是很高的。故立法风险也是立法活动的一个重要特点。以最近刚刚通过的《监督法》为例，从最初提出立法创意，到最终通过，经过了20年左右的时间。在此期间，最初的包罗万象的“大监督法”变成了被通过时的仅仅规范各级人大常委会对“一府两院”实施宪法和法律情况进行监督的“小监督法”。可以说，立法是一个不确定的过程，这中间存在许多力量的博弈。既有理论上的应然性与实践中的实然性之间的合理对抗，也有社会中不同的利益群体之间的利益争执。立法活动实际上就是立法活动参与者不断地为自己的立法意图“辩护”的过程，这种“辩护”有时可能会成功，但更多的时候却很难被立法活动中的其他参与者所接纳。所以，对于从事立法研究和立法实践的人来说，学会为自己的立法理论和立法创意辩护是首要的立法品格。这是作者十五年来参与立法活动的一点心得。

细说起来，作者参与的第一起正式的国家立法活动是由国家宗教局起草的《中华人民共和国宗教法》，时间是在1990年12月左右。当时国家宗教局就已经起草的《中华人民共和国宗教法》征询专家意见，我刚从政治学研究所回到法学研究所工作不到几天，就很荣幸地接到这个任务。记得当时具体负责这项工作的宗教局干部是龙敬儒女士。后来，就宗教立法的问题，经常与龙女士保持着密切联系。不过，不到一年光景，因为《宗教法》问题太多，获得的立法支持也很少，理论界也没有多少学者为之“辩护”，慢慢地对此事也就淡化了。

真正使我完全介入到立法活动中来的，是1991年初参与国家地震局主持起草的《中华人民共和国地震法》。当时印象最深的是对法律名称的讨论，主要集中在立法中能否直接用客观自然现象作为法律的名称。这个问题涉及法律的调整对象以及法律名称的指称作用，是以往我在法学教科书中无法遇到的。此后，我就对立法工作和立法理论产生了浓厚的兴趣。从1992年年初起，我开始了与国家地震局在防震减灾立法及其法律制度建设理论研究方面的全面合作。值得一提的是国家地震局的金祖彬先生。记得当时在国家地震局从事法规管理工作的只有金先生一个人。他是一个认真负责的技术专家，虽然是学习地质出身的，但有着训练有素的思维方式和对法学知识独有的爱好。因为我家离地震局比较近，所以，只要金先生找我，我一般都会在地震局呆上一天。当时，我和金先生谈论的问题很多，不仅涉及地震法的立法问题，还谈到了如何从宏观和整体上来建立一个适合我国国情的防震减灾法律体系。我与金先生之间的合作很愉快，金先生当时曾经风趣地称我是地震局的候补员工。后来就是具体落实我们的有关设想了，虽然《中华人民共和国地震法》没有很快进入立法起草程序，但是，一些重要的行政法规的起草工作得到了优先考虑。例如，从1994年开始起草的《破坏性地震应急条例》很快吸引了一批有志于完善防震减灾立法的专家，并且在其后的十年中形成了一个很好的合作团队。这个团队的主要专家有地球物理研究所的邹其嘉先生、顾建华先生，地震局金祖彬先生、杜安陆女士，地震学校苗良田先生等。在起草《破坏性地震应急条例》的过程中，邹其嘉先生担任起草小组组长，我担任副组长。那个时候，我们起草小组基本上每周都有活动，起草小组内部很民主，什么问题都可以提，光草案就弄了十几份。等到后来将草案送到国务院法制局，又修改了好几稿。当时是现任国务院法制办部凤涛副主任具体负责该条例的起草工作。在起草过程中，我提出了一个特别管制措施的概念，后来基本上被采纳了，自己觉得挺满足。到后来，在《破坏性地震应急条例》出台后，我们这个合作团队又开始忙于《防震减灾法》的起草工作。其间在1995年和1996年，我们几个还在国家地震局的组织下，出访了土耳其和美国，访问了地震应急现场。记得访问土耳其的时候，去了土耳其的埃尔津詹省，当时，埃尔津詹刚刚发生地震，我们正好赶上了地震现场。土耳其这个国家处于欧亚交界，是一个文化上离我们较远的国家，但由于处于地震带，所以，在防灾立法方面搞得比较好。当时就有涉及所有自然灾害的《自然灾害预防和救助法》。不过，在防震减灾领域，土耳其的地震专家不太重视地震的监测和预报工作，记得当时陪同我们的土耳其国家地震研究所的一位年轻专家把搞地震预报看成是天方夜谭，只要我们一跟他讲我国地震工作者在地震预报方面取得的成就，例如，1975年辽宁海城地震事先作了准确预报的成功范例，他就跟我们急，说瞎猫逮住了死耗子，搞地震是搞科学，必须要实事求是。我看他的执着劲儿确实可爱。事情已经过去十几年来，可是一想到那位土耳其年轻的地震专家，总让人觉得那么亲切。1996年去美国访问时就更有趣了，记得当时随团的几个专家站在世贸双子楼顶上还在调侃如果纽约发生地震，双子楼会不会倒塌的问题。不过，双子楼后来倒了，不是毁于地震，而是毁于人为的破坏。可见，人为灾害有时比自然灾害更具有破坏力。在地震局参与防震减灾立法工作的经历是令人愉快的，成绩斐然。《破坏性地震应急条例》和《中华人民共和国防震减灾法》都获得了国家地震局颁发的科技进步二等奖。当然，成绩是属于大家的，属于我们这个小团队。本人也跟着沾点光。

进入21世纪之后，我国的防震减灾法律体系基本上建立起来了，原来的立法小团队也就不存在了。不过，我们相互之间经常保持着密切的业务合作。从2003年起，我又与苗良田校长合作，参与了科技部组织的科学数据共享立法研究。我们又组织了一个班子，基本上还是地震系统的，包括苗良田先生、李学良先生、李志雄先生、孙士宏先生、王松先生、路鹏女士等。新的小团队总共在一起合作了两年左右的时间，先后起草了《科学数据共享条例》、《科学数据汇交办法》等法规、规章草案。由于一些特殊原因，后来这个小团队停止了活动，不过，小团队依然像以前的地震立法小团队一样，大家都很投入，常常为某个立法问题一直争论到深夜，至今想来是令人感到很温馨的。

这十几年中，个人参与立法活动的最大体会就是立法者必须始终为自己的立法行为辩护，因为一项立法为什么出台，立法的必要性是什么，立不立有没有什么不同等，这些问题是立法过程中首先要加以论证的。事实上，我国近年来各种形式的立法活动很多，但大多不能进入立法程序。以全国人大常委会即将审议的《突发事件应对法》为例，最初国务院法制办收到的各种以《紧急状态法》为名的专家建议稿就有很多份，但真正进入立法程序后，还是由国务院法制办领导牵头，重新组织专家来进行起草。当然，在起草过程中，社会各方提交的立法专家建议稿都有一定的参考作用。

最近几年中，因为有了前十年参与地震立法的经验，所以，参与国家立法的广度和深度都有不同程度的发展，以个人名义也先后承担了一些单位的立法课题。尽管这些课题的成果大部分没有在实践中转化为具体的立法议案，但是，作为这些课题的最终形式所提出的立法专家建议稿大致上都沿袭了目前我国立法活动所遵循的一般规则，都在广泛论证、搜集资料的基础上，对立法的必要性进行了必要的论证。因为有了武汉大学出版社相邀的机会，所以，就把这些立法成果汇集起来，作为个人参与立法活动的一点心得，也可以供有志于立法研究和从事立法活动的专家、学者以及法学院校的学生参考。

在民主社会中，立法最终应当是民主价值的反映，也就是说，立法应当基于民意机关的同意才能付诸实践。不过，民主的立法原则离不开专家立法的参与。立法是专家的立法理想与议会或代表机关的民主立法程序相结合的产物，没有理想形态的立法，作为民意机关的议会或代表机关也很难产生有效立法的规则，立法就会缺少整体和宏观的把握。所以，立法实际上是在理想与现实之间努力寻找一个平衡点。根据党的十五大报告，我国将在 2010 年初步建成具有中国特色的社会主义法律体系，这是从整个立法制度层面对我国立法工作提出的重要目标。应当说，要实现这个目标，不仅立法机关要充分发挥自身的主观能动性，立法学的理论和专家的参与也需要进一步发展。立法一方面是立法机关的责任，同时也是每一个公民的义务。对于公民来说，放弃立法就意味着放弃自己对现代民主政治的参与权利，所以，作为一个合格的公民，应当对国家的立法活动时刻保持一种立法理想，以适合于自己的形式来参与国家的立法，体现自己当家作主的权利。

作者

2006 年 9 月于北京万寿路

第一章 《语言文字法》的起草论证及专家建议稿[①]

第一节 语言文字法律制度的基本特征

语言是人们进行日常交往的重要工具，也是信息社会信息传播的重要载体。根据联合国教科文组织公布的最新资料，现在世界上大约有 6 万种语言，然而，每隔一个月就会有一种语言消失。随着全球一体化和信息社会的到来，人类社会古老的交往手段——语言也正在发生着巨大的变化，一方面，因特网技术的发展使得英语等少数语言具有越来越强的生命力，而另一方面，一些承载着民族文化特征的稀有语种由于传播渠道有限而逐渐趋向死亡。资料表明，目前全世界每年出版的翻译著作大约24 000种，其中，60% 是从英语翻译成其他文字的，而美国英语著作又占到 80% 以上。包括中国在内的发展中国家作家利用本民族语言文字写成的作品，能够被翻译成英语和法语的，只占24 000种翻译作品的 5%。在非洲，能够用本民族语言文字写作的作家基本上不存在。根据英国文化委员会调查，全世界以英语为母语的有 3.5 亿人，以英语为第二语言并能流利使用者为 4.5 亿人，以英语为官方语言或半官方语言的国家有 70 多个，这些国家总人口为

---

① 《中华人民共和国语言文字法》（专家建议稿）是作者在 1999 年参与语言文字法的立法咨询和起草工作时，针对立法机关提出的立法草案另行起草的，该草案曾提交立法机关参考，其中有些建议被正式出台的《中华人民共和国国家通用语言文字法》所采纳，但作者提出的专家建议稿与正式出台的《中华人民共和国国家通用语言文字法》在法名、条文和结构上仍然有很大距离，读者可以从比较作者的专家建议稿与正式出台的《中华人民共和国国家通用语言文字法》中看到作者的专家建议稿所体现的作者的独特的立法思路。

14 亿。目前，全世界 3/4 的邮件使用英语书写，全世界 2/3 的科学家能读英语资料，全球 80% 的电子信息用英语储存，到 2000 年，全世界将有 10 亿人学英语，英语事实上已经成为信息时代的国际化的语言。①

由于语言文字本身既有传播思想信息的功能，同时它也承载着使用该语言文字的民族的文化特性，并且与特定的意识形态相结合，因此，成为各国法律规范的对象。目前，世界上绝大多数国家都非常重视通过制定语言文字法来保障公民使用语言文字的权利，保护本国的语言文字和以语言文字为载体而产生的各种民族文化形式。因此，语言文字法是文化法的最重要的组成部分。

世界各国都高度重视通过宪法来确立本国语言文字的法律地位以及公民的语言文字权利。据荷兰宪法学家亨利·范·马尔塞文等人的统计，在被统计的 142 个国家的宪法中，有 30.3% 的宪法对语言文字的法律地位作了明确规定，几乎所有的宪法都涉及了语言文字问题。② 如最早在宪法中确立语言文字法律地位和相关的语言文字权利的 1831 年《比利时宪法》第 23 条规定：比利时境内的常用语言可以任意决定；但有关当局文件和司法程序的常用语言，应以法律规定为准。最典型的如 1949 年《印度宪法》（1975 年修正稿）中就有一篇专门规定了“官方语言文字”（第 17 篇）。该篇共分四章，包括联邦语言文字、地方语言文字、最高法院以及高等法院的语言文字以及特殊规定。根据该宪法，联邦官方语言文字为以“天城文书”字母书写的印地语。对于邦语言文字，在不违反宪法规定的前提下，邦议会可以法律规定该邦现用的一种或多种语言，或采用印地语作为该邦官方场合使用的语言文字。该宪法还规定，关于邦与邦、邦与联邦之间的官方交往语言，目前批准采用的联邦官方语言为各邦之间、邦与联邦之间的官方交往语言。但在议会正式作出规定之前，最高法院、高等法院以及法令、法案使用的语言为英语，主要包括以下场合：（1）

---

① 参见金鑫著：《中国问题报告》，中国社会科学出版社 2001 年版，第 369 ~ 370 页。

② 参见［荷］亨利·范·马尔塞文、格尔·范·德·唐著：《成文宪法的比较研究》，陈云生译，华夏出版社 1987 年版，第 163 页。

最高法院及各高等法院的一切诉讼；（2）下列文件的权威文本：包括议会各院或邦议会各院提出的一切法案或修正案，议会或邦议会通过的一切法案，总统或邦行政长官发布的一切政令；（3）根据本宪法、联邦议会和邦议会通过的法律和发布的一切命令、章程、条例以及附则等。对于在联邦或邦提起申诉的公民而言，任何人都有权使用联邦或该邦使用的任何语言。该宪法强调：联邦有责任促进印地语的推广和发展，使其成为传播印度综合文化因素的媒介，并在不影响其特定的情况下，吸收印度斯坦语和第八表规定的其他印度语形式、风格及语词，首先从梵文，其次从其他语言中吸取必要的词汇，以保证印地语不断发展。不难发现，印度宪法对语言文字所确立的基本法律制度是比较健全的。它涉及了：（1）印地语的法律地位问题；（2）公民在诉讼活动中使用语言文字的权利问题；（3）政府在发展印地语方面的责任等问题。值得注意的是，在宪法中对语言文字加以规定还涉及以通晓本国官方语言文字作为取得本国国籍的资格，如 1957 年《马来西亚联邦宪法》（1984 年修正）第三章在规定“公民资格”时，就规定通晓马来语或英语作为可以进行公民资格登记的条件。一般而言，通过宪法对语言文字加以明确规定通常是那些多民族、多语言的国家，由于存在着多种语言文字形式，因此就必须通过宪法和法律来确定使用语言文字的权利以及各个语言文字在整个国家语言文字制度中的地位。近年来，随着公民文化权利不断得到各国宪法和法律的重视，语言自由被明确地写进了宪法之中，成为一项基本权利。如 1998 年 12 月 28 日通过的《瑞士联邦新宪法》第 4 条规定，德语、法语、意大利语以及阿尔芒语为瑞士联邦官方语言。第 18 条又规定：语言自由受保护。

在世界各国通过宪法对语言文字加以规定的同时，一些国家还在具体的法律、法规中对语言文字工作加以详细规定。如日本在 1984 年就通过了《国立国语研究所组织令》。该组织令规定，国立国语研究所从事下列事项：对与现代语言生活以及语言文化相关的事项进行调查研究；对与国语历史发展相关的事项进行调查研究；对国语教育的目的、方法以及结果进行调查研究；对新闻语言、播送语言以及与大多数受众相关的语言进行调查研究。该组织令还规定在国立国语研究所下设立评议会，负责审议该研究所每个年度的计划和活动情况，并向该研究所所长提出发展语言文字的建议和计划。

第二节 我国语言文字法的历史发展

我国是一个多民族国家，因此，语言文字种类非常多也非常复杂，学者们在这一方面的意见也不完全一致。据戴庆夏等学者在《中国少数民族语言文字应用研究》中考证，我国至少有80多种语言，24个民族现在使用33种文字。中国社会科学院民族研究所同加拿大拉瓦尔大学国际语言规划研究中心合编的《世界的书面语：中国卷》中认为："根据目前所掌握的材料，中国有81种语言。"孙宏开在《20世纪的中国少数民族语言文字研究》一文中说："直到1995年止，中国少数民族语言的总数已经达到120种。"① 总之，我国的语言文字不仅种类丰富，而且形式多样，在沟通各民族人民之间的交往，缔造中华民族光辉灿烂的文化中起到了不可磨灭的作用。

新中国成立后，党和政府一直重视语言文字的立法工作，对保障公民的语言文字权利、实现语言文字使用的规范化进行了不懈的努力。自2000年10月31日第九届全国人民代表大会常务委员会第十八次会议通过《中华人民共和国国家通用语言文字法》为止，我国各级国家机关都先后制定了有关语言文字方面的法律、法规和规章，形成了一个较为完善的语言文字法体系。这些法律规定适应了中华人民共和国成立以来各个历史阶段的要求，对推进我国的语言文字事业建设起到了重要的作用。

我国的语言文字立法主要涉及以下几个方面：

一、关于推广普通话的法律规定

汉语是我国的主要语言，也是世界上使用人数最多的语言，并且是世界上最发达的语言之一。由于历史的原因，汉语的发展现在还没有达到完全统一的地步，许多严重分歧的方言妨碍了不同地区的人民的交流，造成社会主义建设事业中的许多不便。语言中的某些不统一

---

① 参见王均提先生提交全国人大教科文卫委员会的《有关〈中华人民共和国语言文字法〉的意见》。

和不合乎语法的现象不但存在口头上，也存在书面上。在书面语言中，甚至在出版物中，词汇上和语法上的混乱还相当严重。为了我国政治、经济、文化和国防的进一步发展，必须有效地消除这些现象。

汉语统一的基础已经存在了，这就是以北京语音为标准音、以北方话为基础方言、以典范的现代白话文著作为语法规范的普通话。在文化教育系统中和人民生活各方面推广这种普通话，是促进汉语达到完全统一的主要方法。

为了在全国范围内推广普通话，早在1956年，国务院就发布了《关于推广普通话的指示》。该指示要求从1956年秋季起，除少数民族地区外，在全国小学和中等学校的语文课内一律开始教学普通话。到1960年，小学三年级以上的学生、中学和师范学校的学生都应该基本上会说普通话，小学和师范学校的各科教师都应该用普通话教学，中学和中等事业学校的教师也都应该基本上用普通话教学。另外，社会的各行各业也应当大力推广普通话。该指示的发布对于普通话的推广和传播起到了很好的促进作用。

由于推广普通话工作是一项长期而艰巨的工作，因此，1982年现行宪法第19条第5款规定："国家推广全国通用的普通话。"2000年颁布的《中华人民共和国通用语言文字法》第3条又重申了现行宪法的上述规定。

随着社会主义两个文明建设的深入和对内搞活对外开放政策的贯彻，推广普通话已成为新时期的迫切需要。在开放、旅游城市中，国内外人员交往频繁，信息交流迅速，人们对普通话的需要比其他地区更为迫切。加强开放城市、旅游城市的普通话推广工作，是一项关系到社会发展和人民利益的大事。为此，国家教委、国家语言文字工作委员会、商业部、国家旅游局、城乡建设部、交通部于1986年7月24日联合发布了《关于加强开放、旅游城市推广普通话工作的通知》。该通知要求，在开放、旅游城市推广普通话（主要指市区），要学校、社会一起抓；学校为社会推广普通话打基础，社会为学校推广普通话创造外部条件，学校、社会通力协作，紧密配合。要特别注意加强社会的普通话推广工作，广泛动员，大力提倡，在全社会造成一个人人都讲普通话的新风气。

与此同时，一些地方人大也通过地方立法来促进普通话在本行政区域的传播。如福建省人民政府1993年就发布了《推广普通话规定》，该规定强调：推广普通话是全社会的共同责任。每个公民必须认真学习、掌握并自觉使用普通话。推广普通话要坚持“大力推行、积极普及、逐步提高”的方针。要在推广普及的同时，做好提高工作。该规定第5条还对不同行业提出了推广普通话的不同要求，主要包括：（1）各级国家机关、人民团体、企事业单位的干部职工在公务工作的场合，或在与公务工作有关的公众场合，必须以普通话为公务工作用语。法律、法规另有规定的除外。（2）各类学校必须普及普通话，使普通话成为校园语言；教师必须以普通话为教育教学用语；师范院校毕业生的普通话水平必须达到国家规定的标准；完成九年制义务教育的学生必须具备使用普通话的能力。（3）省、地（市）两级广播电台、电视台，除举办具有地方特色和特定对象的节目以及地方戏剧、曲艺节目外，播音用语必须使用标准的普通话；县级广播站和县办节目的播音，原则上应使用普通话，现有的方言播音时间应有计划地逐步减少。（4）本省制作（包括译制、配音）的影视片（不含地方戏剧片）以及话剧院（团）公演的话剧，剧中人物对白除塑造特殊人物或剧情需要外，必须使用标准的普通话。（5）各类展览馆、纪念馆（堂）解说员的解说用语必须使用标准或比较标准的普通话。（6）旅游部门除特殊情况外，陪同或导游期间的服务用语必须使用普通话。（7）商业、交通、旅馆、饮食等服务性行业的第一线职工必须以普通话为基本服务用语，对使用普通话的客人不得以方言应答。

此外，对于在全社会推广普通话起非常重要作用的广播电视传媒，特别是播音员的普通话水平的要求也是我国语言文字法关注的重要事项。如1997年6月9日广播电影电视部颁发的《播音员主持人上岗暂行规定》第8条第3项就明确规定：播音员任职的语言文字条件之一就是“普通话水平达到国家《普通话水平测试实施办法》规定的标准”。

二、关于简化汉字和确定拼音方案的法律规定

汉字以及汉字拼音方案是建国以后我国语言文字工作的最重要的事项。从中华人民共和国成立初期到《中华人民共和国国家通用语

言文字法》的出台，国务院以及有关部门都制定了一系列关于简化汉字、确定拼音方案以及进行汉字文字改革的法律规定。这一方面的法律规定先后有：

1956 年 1 月 28 日国务院全体会议第二十三次会议通过的《关于公布汉字简化方案的决议》，1964 年 2 月 4 日国务院颁发的《关于同意中国文字改革委员会简化字问题的请示的通知》，1978 年 9 月 16 日国务院颁发的《批转中国文字改革委员会等部门关于改用汉语拼音方案作为我国人名地名罗马字母拼写法的统一规范的报告的通知》等。在 1985 年国务院办公厅转发的《中国文字改革委员会关于文字改革工作座谈会情况的报告的通知》中还确立了我国文字改革的中心任务是：积极推广和普及普通话，研究整理现行汉字并制定现代汉语用字的各项标准，进一步推行《汉语拼音方案》，使《汉语拼音方案》在实际应用中完善化、规范化，加强有关文字改革的社会调查和科学研究，进行各种规模的实验，并努力为社会服务。

三、关于汉语言文字应用的法律规定

汉语言文字的规范应用一直受到我国立法的高度重视。在《中华人民共和国国家通用语言文字法》出台之前，一些地方根据本行政区域内汉语言文字应用中出现的不规范问题制定了相应的地方性法规和地方政府规章。如 1993 年 4 月 10 日长春市人民政府发布了《长春市社会用字管理暂行规定》。该规定是为加强社会用字管理，促进汉字（含汉语拼音）使用规范化、标准化，使汉字更好地为现代化建设服务，根据国家有关规定，结合长春市实际情况制定的。该规定所规范的汉字的范围非常广泛，该规定所称社会用字系指书写、印刷、刻制、浇铸等具有公共性、示意性的汉字。具体包括下列用字：（1）出版物用字。（2）影视屏幕及演出用字。（3）计算机用字。（4）机关、团体、企事业单位名牌用字。（5）注册商标、广告、广告示牌和商品包装等用字。（6）公文用字。（7）牌匾、标语、地名、建筑物墙体及各种标牌用字。（8）各种公章用字。（9）其他具有公共性、示意性的社会用字。该规定要求，使用汉字应当遵守下列规定：（1）简化字应使用 1986 年国务院批准的《简化字总表》中所确定的汉字。（2）异体字应使用 1955 年国家公布的《第一批异体字整

理表》中的选用字，但《第一批异体字整理表》所选用的异体字与《简化字总表》不一致的，以《简化字总表》为准。(3) 印刷用字应使用国家语言文字工作委员会和新闻出版署 1988 年发布的《现代汉语通用字表》中所确定的汉字。使用汉语拼音应当遵守下列规定：(1) 字母应使用 1958 年第一届全国人民代表大会第五次会议通过的《汉语拼音方案》中所确定的字母。(2) 拼写和分词连写应当依照国家教委和国家语言文字工作委员会 1988 年发布的《汉语拼音正词法基本规则》的规定执行。(3) 使用汉语拼音应同时使用汉字，不得单独使用汉语拼音。1993 年 7 月 3 日河北省第八届人民代表大会常务委员会第二次会议通过的《河北省汉语言文字应用管理条例》以及 1997 年 12 月 16 日黑龙江省第八届人民代表大会常务委员会第三十一次会议通过的《黑龙江省汉语言文字应用管理条例》等都比较全面地规定了本行政区域内的语言文字基本法律秩序，使本行政区域的语言文字工作纳入了法制的轨道。在这些地方性法规中，一些基本的语言文字法律制度被建立起来，如《河北省汉语言文字应用管理条例》第 6 条规定：各级教育行政部门应当制定本地区学校普及普通话的规划和措施。学校是普及普通话的重要场所，应当将普及普通话纳入工作计划，提出明确的要求，建立必要的规章制度。教师必须使用普通话进行教育教学。师范院校和中、小学校的学生，应当学会并坚持使用普通话。再如《黑龙江省汉语言文字应用管理条例》第 22 条规定：以普通话为工作用语的相关人员，应当通过普通话水平测试，并达到国家规定的等级标准，获得普通话水平等级证书。普通话水平等级证书由省普通话培训测试机构核准颁发。第 23 条规定：省普通话培训测试机构在省政府语言文字工作主管部门领导下，依照国家有关规定，指导有关部门完成对本部门人员的普通话培训测试工作。第 24 条规定：各有关部门在招聘、录用以普通话为工作用语的相关人员时，应当进行普通话水平测试。

关于规范用字，有关行政主管部门也出台了部委规章，强调规范用字的重要性。如新闻出版署于 1994 年 5 月 17 日颁发的《关于新闻出版行政管理部门要带头使用规范字的通知》针对少数新闻出版行政管理部门和新闻出版单位对出版物规范用字不够重视，使用繁体字、异体字的现象依然存在的情况，要求各新闻出版行政管理部门都要继续带头执行《出版物汉字使用管理规定》，为促进语言文字的规范化发挥示范带头作用。为此，各新闻出版行政管理部门要把出版物的用字规范化纳入行政管理。在出版物的审批、登记、变更、年检等项工作中，把用字规范化作为一项要求提出；在审读、评比出版物质量时，用字是否规范应作为一项重要标准。对少数严重违反规定而又拒不改正的，应依法给予处罚。

《中华人民共和国国家通用语言文字法》在总结有关我国汉语言文字应用立法经验的基础上，对通用语言文字的使用和监督管理作了全面的规定，从而奠定了我国语言文字工作的法律基础。特别是该法在总则中对通用语言文字的基本属性以及通用语言文字使用的基本法律原则都作了详细规定。根据《中华人民共和国国家通用语言文字法》规定：国家通用语言文字是普通话和规范汉字。国家推广普通话，推行规范汉字。公民有学习和使用国家通用语言文字的权利。国家为公民学习和使用国家通用语言文字提供条件。地方各级人民政府及其有关部门应当采取措施，推广普通话和推行规范汉字。国家通用语言文字的使用应当有利于维护国家主权和民族尊严，有利于国家统一和民族团结，有利于社会主义物质文明建设和精神文明建设。国家颁布国家通用语言文字的规范和标准，管理国家通用语言文字的社会应用，支持国家通用语言文字的教学和科学研究，促进国家通用语言文字的规范、丰富和发展。国家奖励为国家通用语言文字事业做出突出贡献的组织和个人。各民族都有使用和发展自己的语言文字的自由。少数民族语言文字的使用依据宪法、民族区域自治法及其他法律的有关规定。

四、关于保护少数民族语言文字的法律规定

我国立法对少数民族语言文字的法律保护是从帮助少数民族创制和改革少数民族语言文字开始的。如根据政务院在 1954 年 5 月对政务院文化教育委员会民族语言文字研究指导委员会和中央民族事务委员会《关于〈帮助尚无文字的民族创立文字问题的报告〉的批复》，为了做好各少数民族创立和改革文字方案的工作，国务院于 1956 年 3 月 1 日发布了《关于各少数民族创立和改革文字方案的批准程序和实验推行分工的通知》。该通知要求，中国科学院少数民族语言研究

所负责作出创立和改革文字方案的初步设计，由省、自治区人民委员会审核，并广泛征求本民族各界人士的意见，经过充分协商讨论取得同意以后，提出意见，报民族事务委员会审查。经确定后，由省、自治区人民委员会公布作为实验推行的方案。上述方案实验推行经过一定时期，由负责推行的各有关部门作出总结，送交原设计机关，再加必要的修改后，重送民族事务委员会复审，然后由民族事务委员会报请国务院批准。

为了保护和发展少数民族的语言文字，国务院及其职能部门、民族自治地方的立法机关曾先后就保护和发展少数民族语言文字问题颁布了一系列法律规定，既有效地保证了各民族充分享有使用和发展自己的语言文字的自由，又推动了各民族自治地方语言文字工作的开展。在这一方面，有代表性的法律规定包括：1977 年国务院《关于八省、自治区蒙古语文工作协作会议情况报告的批复》，1981 年《国务院批转国家民委、国家出版局关于大力加强少数民族文字图书出版工作的报告的通知》，1991 年《国务院批转国家民族事务委员会关于进一步做好少数民族语言文字工作报告的通知》，1982 年《新疆维吾尔自治区人民代表大会常务委员会关于全面使用维吾尔、哈萨克老文字的决议》，1989 年 3 月 25 日阜新蒙古族自治县第九届人民代表大会第四次会议通过、1989 年 5 月 20 日辽宁省第七届人民代表大会常务委员会第九次会议批准的《阜新蒙古族自治县蒙古语文工作条例》，1989 年 5 月 20 日海南藏族自治州第八届人大第五次会议通过、1990 年 6 月 28 日青海省第七届人民代表大会常务委员会第十五次会议批准的《海南藏族自治州藏语文工作条例》，1993 年 9 月 25 日新疆维吾尔自治区八届人大常委会第四次会议通过并自公布之日起施行的《新疆维吾尔自治区语言文字工作条例》，1993 年 5 月 30 日黄南藏族自治州第十届人民代表大会第三次会议通过、1993 年 9 月 18 日青海省第八届人民代表大会常务委员会第五次会议批准、1994 年 1 月 1 日起施行的《黄南藏族自治州藏语文工作条例》，1993 年 4 月 24 日果洛藏族自治州第九届人民代表大会第四次会议通过、1993 年 7 月 17 日青海省第八届人民代表大会常务委员会第四次会议批准并自批准之日起施行的《果洛藏族自治州藏语文工作条例》，等等。

值得注意的是，保护和发展少数民族的语言文字以及基于语言文字而形成的少数民族文化传统得到了我国现行宪法的保护。现行宪法第 4 条第 4 款规定：各民族都有使用和发展自己的语言文字的自由，都有保持和改革自己的风俗习惯的自由。宪法第 121 条也规定：民族自治地方的自治机关在执行职务的时候，依照本民族自治地方自治条例的规定，使用当地通用的一种或者几种通用语言文字。第 134 条又规定，各民族公民都有用本民族语言文字进行诉讼的权利。人民法院和人民检察院对于不通晓当地通用的语言文字的诉讼参与人，应当为他们翻译。在少数民族聚居或者多民族共同居住的地区，应当用当地通用的语言进行审理；起诉书、判决书、布告和其他文书应当根据实际需要使用当地通用的一种或者几种文字等。上述规定都说明，包括宪法在内的我国的各种法律规定对于保护少数民族语言文字的生存和发展都起到了非常重要的保障作用。

第三节 完善我国语言文字立法

中华人民共和国成立以来，我国语言文字立法工作一直得到了各级国家机关的高度重视，不仅立法的法律形式多种多样，从宪法、法律，到法规、规章都有较为详细的规定；而且语言文字立法的内容也相当广泛，既规定了语言文字使用的一般规则，又涉及少数民族语言文字的保护和公民语言文字权利的保护，调整我国语言文字的法律规范初成体系。

从 20 世纪 90 年代中叶开始，全国人大教科文卫委员会、国家语言文字工作委员会在认真研究中华人民共和国成立以来我国语言文字立法经验的基础上，对我国通用语言文字的使用状况作了详细的调查研究，并着手起草《中华人民共和国语言文字法》。后因一些原因停滞过一段时间。从 1998 年下半年起，又恢复了语言文字法的起草工作，经过多次征求各方意见，最终由中华人民共和国第九届全国人民代表大会常务委员会第十八次会议于 2000 年 10 月 31 日通过了《中华人民共和国国家通用语言文字法》，自 2001 年 1 月 1 日起施行。

《中华人民共和国国家通用语言文字法》共计 4 章 28 条，分别包括第 1 章总则、第 2 章国家通用语言文字的使用、第 3 章管理和监督、第 4 章附则，就国家通用语言文字的使用的各个方面作了较为原则性的规定，使得使用通用语言文字有了一个基本的法律依据。

作者在参与起草《中华人民共和国国家通用语言文字法》的过程中，曾经向起草小组提交了一份建议稿。该建议稿中的有些内容已经被最终通过的《中华人民共和国国家通用语言文字法》所吸收，但是，建议稿的整体思路却有别于正式出台的《中华人民共和国国家通用语言文字法》。

根据作者的理解，拟制定的《中华人民共和国语言文字法》应该涉及语言文字的各个方面的法律制度，应该将语言文字的创制、使用以及保护活动都纳入到法律调整的范围，而不是仅仅就语言文字的使用立法。此外，该法除了为规范汉字和普通话应该确立基本的法律制度之外，还应为少数民族通用语言文字、外国语言文字的使用、表意符号的标准化及其使用、盲文和聋哑人手语的标准化和使用、法律语言文字的标准化等广义上的通用语言文字形式确立最基本的法律原则。另外，建议稿还突出强调公民的语言文字权利，并对语言文字的财产性也作了确定，以便为与通用语言文字有关的知识产权权益的确定提供必要的法律依据。由于建议稿中所确立的一些重要的语言文字法律制度在实践中仍然有存在的合理性，因此，在今后立法条件成熟时，仍可以供修改《中华人民共和国国家通用语言文字法》时参考。

第四节　《中华人民共和国语言文字法》专家建议稿

中华人民共和国语言文字法

第一章　总　　则

第一条　为了保护通用语言文字的纯洁性和神圣性，保障公民使用语言文字的权利，充分发挥语言文字的社会功能，加强社会主义精神文明建设，依据宪法，制定本法。

第二条　在中华人民共和国境内从事创制、使用、保护等应用语言文字的活动适用本法。

第三条　我国各民族语言文字平等共存。

普通话和标准汉字是全国通用的语言文字。

少数民族通用语言文字和全国通用语言文字都是民族自治地方和少数民族聚居地方通用的语言文字。

第四条 使用通用语言文字所产生的财产权益属于国有资产。

任何组织或者个人依照法律的规定享有使用通用语言文字所产生的财产权益。

第五条 国家提倡政府和公民的语言美。

第六条 国务院领导全国的语言文字工作。国务院语言文字工作主管部门主管全国的语言文字工作。国务院其他有关部门按照国务院规定的职责分工，管理本行业的语言文字工作。

县级以上地方人民政府领导本行政区域内的语言文字工作。县级以上地方人民政府语言文字工作部门，管理本行政区域内的语言文字工作。县级以上地方人民政府其他有关部门按照省、自治区、直辖市人民政府规定的职责分工，管理本行业的语言文字工作。

第七条 民族自治地方人民政府领导本行政区域内的本民族语言文字工作。民族自治地方人民政府语言文字工作部门，管理本行政区域内的本民族语言文字工作。民族自治地方人民政府其他有关部门按照省、自治区、直辖市人民政府规定的职责分工，管理本行业的本民族语言文字工作。

第八条 国家加强对语言文字应用的管理，支持对语言文字的科学研究。

国家保护方言文化，支持方言文化的非应用性研究。

国家对在发展语言文字事业中作出突出贡献的组织或者个人给予奖励。

第二章 公民的语言文字权利

第九条 中华人民共和国公民有使用语言文字的自由。

国家机关工作人员在执行公务时应当使用通用的语言文字。

第十条 少数民族公民有使用本民族语言文字受教育的权利，也有选择使用全国通用的语言文字或者其他少数民族语言文字受教育的权利。

第十一条 各民族公民都有用本民族语言文字进行诉讼的权利。人民法院和人民检察院对于不通晓当地通用语言文字的诉讼参与人，应当为他们翻译。

第十二条 中华人民共和国公民有学习、使用外国语言文字的权利。

第十三条 盲人有学习、使用盲文的权利。

聋哑人有学习、使用聋哑人手语的权利。

第十四条 国家为外国公民学习、使用中华人民共和国通用语言文字提供各种条件。

第三章 全国通用语言文字

第一节 普通话和标准汉字

第十五条 普通话是全国通用的汉语语言。

国家推广全国通用的普通话。

第十六条 国家颁布的标准汉字是全国通用的汉语文字。

国家禁止使用不标准汉字。

第十七条 国家对普通话和标准汉字实行集中编辑和管理制度。

第十八条 《汉语拼音方案》是拼写普通话和为标准汉字注音的工具，是中文文献罗马字母拼写法的统一规范。

使用汉语拼音应当符合国家标准。

第二节 全国通用语言文字的创制

第十九条 全国通用语言文字的创制和改进由国务院语言文字工作主管部门根据全国通用语言文字自身发展的规律和社会的需要依法进行。

第二十条 简化标准汉字不得破坏标准汉字的语意功能。

第二十一条 全国通用语言文字吸收外来语言文字的，由国务院语言文字工作主管部门统一标准。

第二十二条 汉字的国际统一化不得改变全国通用的标准汉字的语意功能。

第三节 全国通用语言文字的使用

第二十三条 国家机关应当以国家颁布的全国通用语言文字作为公务用语。

第二十四条 各级各类教育机构应当以普通话和标准汉字作为教育和教学用语。

第二十五条 新闻、出版等大众传播机构应当以普通话和标准汉字作为传播用语。

广播电台、电视台应当以普通话和标准汉字作为播音用语。因特殊原因需要使用方言作为播音用语的，必须经国家有关主管部门批准。

电影、电视剧、广播剧、话剧等应当以普通话和标准汉字作为表演用语。

第二十六条 各类广告应当以普通话和标准汉字作为广告用语。

第二十七条 公共服务行业应当以普通话和标准汉字作为服务用语。

第二十八条 商标、行政区划名称等具有法律效力的标志应当使用普通话和标准汉字。

第二十九条 信息技术产品中各种汉字库的字形应当符合国家有关标准。

第三十条 下列情况可以使用或者保留繁体字、异体字：

（一）整理、出版古代典籍；

（二）文物古迹；

（三）书法艺术作品；

（四）本法颁布前已注册的商标定型字；

（五）商业老字号；

（六）姓氏中的异体字；

（七）经省级以上人民政府语言文字主管部门批准的。

第三十一条 外国公民、外国驻华企业等组织在华从事经济活动应当以普通话和标准汉字作为具有法律效力的语言文字。

第四节 通用语言文字资格认证制度

第三十二条 凡1950年1月1日以后出生的国家机关工作人员、教师、影视话剧演员、播音员和节目主持人，应当通过普通话和标准汉字水平测试。

上述人员达不到语言文字测试规定等级的，不得上岗。

第三十三条 国务院语言文字工作主管部门组织实施普通话和标准汉字水平测试工作，制定普通话和标准汉字国家等级标准，统一印制和管理普通话和标准汉字水平等级证书和测试人员上岗合格证书。

第四章　少数民族通用语言文字

第三十四条　少数民族通用语言文字由民族自治地方或者省、自治区、直辖市语言文字工作主管部门确定。

第三十五条　民族自治地方的自治机关在执行职务时，依照本民族自治地方自治条例的规定，使用当地通用的一种或者几种语言文字，或者使用全国通用的语言文字。

第三十六条　国家创造条件鼓励和支持发展少数民族语言文字事业，保护少数民族的文化遗产。

国家鼓励和支持少数民族语言文字的规范化和标准化。

第三十七条　在少数民族聚居或者多民族共同居住的地区，人民法院和人民检察院应当用当地通用的语言文字进行审理；起诉书、判决书、布告和其他文书应当根据实际需要使用当地通用的一种或者几种语言文字。

第三十八条　以少数民族学生为主的学校及其他教育机构可以使用本民族或者当地民族通用的语言文字进行教学。

使用少数民族语言文字进行教学的学校，应当开设全国通用语言文字课程。

第五章　其他通用语言文字

第一节　外国语言文字的使用

第三十九条　在中华人民共和国境内使用外国语言文字，不得损害国家利益和国家形象。

第四十条　国家机关的公务标志以及各种具有法律效力的文书不得使用外国语言文字。

第四十一条　国家机关的公务活动和具有法律效力的标志需要使用外国语言文字的，应当以全国通用的语言文字为主，外国语言文字为辅。不得单独使用外国语言文字。

第四十二条　外国公民在中华人民共和国境内参与诉讼的，人民法院和人民检察院为其提供外国语言文字的翻译。

起诉书、判决书、布告和其他法律文书应当使用外国语言文字的，依照法律的规定进行。

第二节 表意符号的标准化及其使用

第四十三条 国家规范各种表意符号。

第四十四条 使用通用语言文字过程中涉及的标点符号由国务院语言文字工作主管部门颁布统一的使用标准。

第四十五条 通信、计算机等行业的技术信息专门用语的标准化由国务院语言文字工作主管部门会同有关部门确定。

第三节 盲文和聋哑人手语的标准化和使用

第四十六条 国家对盲文和聋哑人手语实行标准化管理。

国家鼓励和支持盲文和聋哑人手语采用国际通用标准。

第四十七条 国家发展盲文和聋哑人手语教学事业。

第四十八条 国家应当提供宪法、法律的盲文文本。

国家电视台新闻节目应当提供聋哑人手语服务。

第四十九条 公共场所应当提供盲文和聋哑人手语服务。

第六章 法律语言文字的标准化

第五十条 宪法、法律、行政法规、部委规章、地方性法规、地方政府规章以及其他具有法律效力的规范性法律文件应当以全国通用的语言文字发布。

民族自治地方的自治条例和单行条例应当以全国通用的语言文字或者当地通用的少数民族语言文字发布。

第五十一条 法律、行政法规、部委规章、地方性法规、地方政府规章以及其他具有法律效力的规范性法律文件的语言文字表达必须与宪法的语言文字表达相一致。

第五十二条 国家机关适用规范性法律文件应当引用正式的法律文本。

国家机关适用规范性法律文件发生引用错误时，应当对适用规范性法律文件的行为作有利于保护公民权利的解释。

第五十三条 宪法、法律的正式释义应当依照宪法、法律的规定进行。

国家对有关宪法、法律的非学术研究性释义的出版予以限制。

第五十四条 对宪法、法律的普法宣传材料应当由国家指定的部门组织编写。

第七章　通用语言文字的教育、传播和国际交流

第五十五条　中华人民共和国义务教育阶段的各类小学应当教育学生正确地书写标准汉字。

中华人民共和国义务教育阶段的各类小学应当教学汉语拼音。

第五十六条　高等教育入学考试应当为考生提供全国通用语言文字或者是少数民族通用语言文字的试题。

高等教育外语入学考试试题可以单独使用外国语言文字。

第五十七条　宪法、法律全国通用语言文字文本应当由国家指定的部门组织翻译成少数民族通用语言文字或者外国语言文字。

民族自治地方的自治机关制定的自治条例和单行条例使用少数民族通用语言文字发布的，应当由国家指定的部门翻译成全国通用语言文字。

对中华人民共和国政府具有正式法律效力的国际条约、协定等国际法文件应当有全国通用语言文字文本。引用未经国家指定的部门翻译的国际法文件全国通用语言文字文本不具有适用的法律效力。

第五十八条　国家鼓励和支持普通话和标准汉字的国际化。

国家对在世界范围内传播普通话和标准汉字作出贡献的外国人给予奖励。

第八章　法律责任

第五十九条　违反本法规定，有下列行为之一的，由县级以上人民政府语言文字工作部门给予警告、通报批评；对负有直接责任的主管人员和其他直接责任人员给予行政处分：

（一）不按照规定制定普通话和标准汉字方案的；

（二）不按照规定组织实施普通话和标准汉字水平测试工作和制定普通话及标准汉字国家等级标准的；

（三）不按照规定印制和管理普通话和标准汉字水平等级证书和测试人员上岗合格证书的；

（四）不按照规定审查违反本法规定应当受行政处罚行为的。

第六十条　违反本法规定，有下列行为之一的，由民族自治地方语言文字工作部门给予警告、通报批评；对负有直接责任的主管人员

和其他责任人员给予行政处分：

（一）不按照规定确定少数民族通用语言文字方案的；

（二）未有效地保护少数民族语言文字使用的。

第六十一条 国家机关工作人员违反本法规定玩忽职守、滥用职权、徇私舞弊的，由其所在单位或者其上级行政机关给予行政处分。

第六十二条 违反本法规定，有下列行为之一的，由县级以上人民政府语言文字工作部门或者其他有关部门按照各自的职责权限责令限期改正，并可给予警告、通报批评、罚款的行政处罚：

（一）不按照规定使用普通话或者标准汉字，或者应当使用而未使用普通话和标准汉字的；

（二）使用语言文字给国家利益或者国家形象造成损害的；

（三）未取得普通话和标准汉字等级资格证书上岗的；

（四）不按照规定教授普通话和标准汉字的；

（五）粗暴干涉他人选择使用语言文字的权利及选择语言文字受教育的权利的；

（六）不按照规定提供使用普通话和标准汉字便利条件的；

（七）在翻译规范性法律文件中故意出错的；

（八）不按照规定提供盲文或者聋哑人手语服务的；

（九）对规范性法律文件或者是重要的古代典籍错误标点的。

违反本法规定获取非法收入，应当由有关主管部门没收违法所得；情节严重的，应当责令其停产停业，直至吊销生产许可证、营业执照。

第六十三条 违反本法规定，有下列行为之一的，由民族自治地方语言文字工作部门或者其他有关部门按照各自的职责权限责令限期改正，并可给予警告、通报批评、罚款的行政处罚：

（一）不按照规定使用少数民族通用语言文字的；

（二）不按照规定提供少数民族语言文字服务的；

（三）不按照规定教授少数民族语言文字的；

（四）歧视少数民族通用语言文字的。

第六十四条 违反本法规定构成犯罪的，由司法机关依法追究刑事责任；尚不构成犯罪，应当给予治安管理处罚的，依照治安管理处罚条例的规定予以处罚。

第九章　附　　则

第六十五条　本法自　　年　月　日起施行。

附录：《中华人民共和国国家通用语言文字法》

中华人民共和国国家通用语言文字法

（2000 年 10 月 31 日第九届全国人民代表大会常务委员会第十八次会议通过）

目　录

第一章　总　则
第二章　国家通用语言文字的使用
第三章　管理和监督
第四章　附　则

第一章　总　　则

第一条　为推动国家通用语言文字的规范化、标准化及其健康发展，使国家通用语言文字在社会生活中更好地发挥作用，促进各民族、各地区经济文化交流，根据宪法，制定本法。

第二条　本法所称的国家通用语言文字是普通话和规范汉字。

第三条　国家推广普通话，推行规范汉字。

第四条　公民有学习和使用国家通用语言文字的权利。

国家为公民学习和使用国家通用语言文字提供条件。

地方各级人民政府及其有关部门应当采取措施，推广普通话和推行规范汉字。

第五条　国家通用语言文字的使用应当有利于维护国家主权和民族尊严，有利于国家统一和民族团结，有利于社会主义物质文明建设和精神文明建设。

第六条　国家颁布国家通用语言文字的规范和标准，管理国家通用语言文字的社会应用，支持国家通用语言文字的教学和科学研究，促进国家通用语言文字的规范、丰富和发展。

第七条 国家奖励为国家通用语言文字事业做出突出贡献的组织和个人。

第八条 各民族都有使用和发展自己的语言文字的自由。

少数民族语言文字的使用依据宪法、民族区域自治法及其他法律的有关规定。

第二章 国家通用语言文字的使用

第九条 国家机关以普通话和规范汉字为公务用语用字。法律另有规定的除外。

第十条 学校及其他教育机构以普通话和规范汉字为基本的教育教学用语用字。法律另有规定的除外。

学校及其他教育机构通过汉语文课程教授普通话和规范汉字。使用的汉语文教材，应当符合国家通用语言文字的规范和标准。

第十一条 汉语文出版物应当符合国家通用语言文字的规范和标准。汉语文出版物中需要使用外国语言文字的，应当用国家通用语言文字作必要的注释。

第十二条 广播电台、电视台以普通话为基本的播音用语。

需要使用外国语言为播音用语的，须经国务院广播电视部门批准。

第十三条 公共服务行业以规范汉字为基本的服务用字。因公共服务需要，招牌、广告、告示、标志牌等使用外国文字并同时使用中文的，应当使用规范汉字。提倡公共服务行业以普通话为服务用语。

第十四条 下列情形，应当以国家通用语言文字为基本的用语用字：

（一）广播、电影、电视用语用字；

（二）公共场所的设施用字；

（三）招牌、广告用字；

（四）企业事业组织名称；

（五）在境内销售的商品的包装、说明。

第十五条 信息处理和信息技术产品中使用的国家通用语言文字应当符合国家的规范和标准。

第十六条 本章有关规定中，有下列情形的，可以使用方言：

（一）国家机关的工作人员执行公务时确需使用的；

（二）经国务院广播电视部门或省级广播电视部门批准的播音用语；

（三）戏曲、影视等艺术形式中需要使用的；

（四）出版、教学、研究中确需使用的。

第十七条 本章有关规定中，有下列情形的，可以保留或使用繁体字、异体字：

（一）文物古迹；

（二）姓氏中的异体字；

（三）书法、篆刻等艺术作品；

（四）题词和招牌的手书字；

（五）出版、教学、研究中需要使用的；

（六）经国务院有关部门批准的特殊情况。

第十八条 国家通用语言文字以《汉语拼音方案》作为拼写和注音工具。

《汉语拼音方案》是中国人名、地名和中文文献罗马字母拼写法的统一规范，并用于汉字不便或不能使用的领域。

初等教育应当进行汉语拼音教学。

第十九条 凡以普通话作为工作语言的岗位，其工作人员应当具备说普通话的能力。

以普通话作为工作语言的播音员、节目主持人和影视话剧演员、教师、国家机关工作人员的普通话水平，应当分别达到国家规定的等级标准；对尚未达到国家规定的普通话等级标准的，分别情况进行培训。

第二十条 对外汉语教学应当教授普通话和规范汉字。

第三章 管理和监督

第二十一条 国家通用语言文字工作由国务院语言文字工作部门负责规划指导、管理监督。

国务院有关部门管理本系统的国家通用语言文字的使用。

第二十二条 地方语言文字工作部门和其他有关部门，管理和监督本行政区域内的国家通用语言文字的使用。

第二十三条　县级以上各级人民政府工商行政管理部门依法对企业名称、商品名称以及广告的用语用字进行管理和监督。

第二十四条　国务院语言文字工作部门颁布普通话水平测试等级标准。

第二十五条　外国人名、地名等专有名词和科学技术术语译成国家通用语言文字，由国务院语言文字工作部门或者其他有关部门组织审定。

第二十六条　违反本法第二章有关规定，不按照国家通用语言文字的规范和标准使用语言文字的，公民可以提出批评和建议。

本法第十九条第二款规定的人员用语违反本法第二章有关规定的，有关单位应当对直接责任人员进行批评教育；拒不改正的，由有关单位作出处理。城市公共场所的设施和招牌、广告用字违反本法第二章有关规定的，由有关行政管理部门责令改正；拒不改正的，予以警告，并督促其限期改正。

第二十七条　违反本法规定，干涉他人学习和使用国家通用语言文字的，由有关行政管理部门责令限期改正，并予以警告。

第四章　附　　则

第二十八条　本法自 2001 年 1 月 1 日起施行。

第二章 《专业技术人员管理条例》的起草论证及专家建议稿[①]

第一节 外国宪法中有关专业技术人员的规定

专业技术人员的任职条件、法律权利、重要作用在国外宪法中也得到了体现。许多国家宪法中对专业技术人员的法律地位和法律权利都作了明确的规定。

一、关于国家积极培养专业技术人员的规定

1977 年《苏联宪法》第 26 条规定：国家根据社会的需要，保证有计划地发展科学和培养科学干部，组织将科学研究成果用于国民经济和其他生活领域。

二、专业技术人员的法律地位及合法权益应当由法律加以规定

1982 年 11 月 7 日通过的《土耳其共和国宪法》第 130 条规定：大学、教学人员及其助手可以自由地从事各种科学研究和出版活动。高等教育机构的建立，它们的组成、机制和选举，它们的任务、权力和责任，国家对大学行使监督和控制权的程序，教学人员的任务、职衔、聘任、晋升和退休，教学人员的培训，大学及其教学人员同公共

---

① 本课题是作者 1999 年接受人事部专业技术人员司的委托进行研究的，最终成果包括了立法资料、立法条文和立法说明等。本章汇集了作者在起草《专业技术人员管理条例》时相关的国外立法参考资料，立法研讨会的情况，立法专家建议稿以及立法说明。本课题的研究成果得到了中国政法大学王万华教授的帮助，她当时在我室从事博士后的研究工作，是课题组成员之一。

机构和其他机构的关系，教学制度和学制，学生入学，考勤和应交纳的学费，国家提供资助的原则，纪律和处罚事项，财务，人事权利，教学人员必备条件，根据大学之间的需要聘任教学人员，在自由和有保障的条件下根据现代科技的需要进行教学，高等教育委员会和大学对国家教育经费的使用，均由法律规定。基金会创办的高等教育机构，除财务和校务管理外，在学术活动、教学人员的招聘以及安全事务等方面，均遵照本宪法对国立高等教育机构的有关规定办理。

三、对专业技术职务的任职资格加以规定

1919 年 7 月 17 日颁布的《芬兰共和国宪法》第 84 条规定：专业技术职务，大学或其他高等学校的讲师，讲授外国语的教师，行政机关的译员，以及公使馆和领事馆中的名誉理事、助理秘书及其他临时工作人员，可以由非芬兰公民担任。

四、解雇专业技术人员的条件

1975 年的《希腊共和国宪法》第 16 条第 6 款规定：大学教授为公职人员。其余的教学人员，在法律规定的条件下，同样是提供公职服务，这些专业技术人员的地位事项，由各大学的自治章程来规定。大学教授只有根据法院的刑事判决，或病残，或不适任，并且根据一个依照法律规定组成且其多数成员系最高司法官员的委员会的决定，不得在其法定服务期满前予以免职。大学教授的退休年龄由法律规定，在此项法律颁布之前，现任教授，凡年满 67 岁者，在学年结束时即依法退休。

五、给专业技术人员以奖励的规定

1987 年《菲律宾共和国宪法》第 14 章第 11 条规定：国会等制定包括减税等奖励办法，鼓励私人参与基础科学研究和应用科学研究计划，为优秀的理科大学生、研究人员、科学家、发明家、技术人员、具有特殊才能的公民，提供奖学金、补助金或其他形式的奖励。

第二节 一些国家专业技术人员的一般管理制度

一、《美国法典》关于专业技术人员的规定

美国虽然没有就专业技术人员作专门性的立法，但是，《美国法

典》第5编“政府机构及雇员以及附则”中就与专业技术人员有关的法律问题作了比较详细的规定，涉及专业技术人员的主要法律规定有以下几个方面：

（一）雇佣和留用

《美国法典》第3104条对“有特殊资格要求的学科和专业人员的雇佣”作了规定。该条规定：联邦人事管理署署长可以确立和随时修订为执行科研和开发职能，需要雇佣具备特殊资格的人员的学科或专业职位的最大数目。此类职位可以在一般职位薪金级别表以外设置，但所有有关的职位都只能由人事管理署署长设置。国会图书馆馆长确立为执行国会图书馆的科研和开发职能，需要雇佣具备特殊资格的人员的8个以内的科学或专业职位。

《美国法典》第3106条对“律师的雇佣与限制”作了规定。该条规定：除根据法律特别许可的以外，行政部或军种部的首长不得雇佣律师或法律顾问办理合众国、有关机关或有关机关的雇员作为一方当事人的，或与此存在利害关系的诉讼或保全有关的证据，但是可以将这样的事项交司法部处理。

《美国法典》第3107条对“宣传专家的雇佣与限制”作了规定。该条规定：预算拨款不得用于支付宣传专家的报酬，但为此目的专门拨出的款项除外。

《美国法典》第3108条对“侦探机关的雇佣与限制”作了规定。该条规定：一个被平克顿私人侦探公司或与此类似的公司雇佣的人，不得被合众国政府或哥伦比亚特区政府雇佣。

《美国法典》第3109条对“专家和顾问的雇佣以及临时性雇佣和周期性雇佣”作了规定。该条规定：根据预算拨款法或其他法律的授权，一个机关的首长可以通过合同请专家、顾问或有关的组织提供临时性的或周期性的服务，其中包括速记服务。此外，《美国法典》第3112条还规定，根据联邦人事管理署颁布的规章，一个机关可以作出一项非竞争性的任命，以便让因服役而丧失30%以上的工作能力，并且可以取得补偿的残废退伍军人转业从事职业性或专业性的工作。

（二）竞聘职务的资格的规定

《美国法典》对竞聘专业技术职务的资格作为了全面的规定。其中，包括竞聘职务的资格不得随意加以限制，拥有资格优先者在竞争性职位考试中享有法律上的特殊的关照。

《美国法典》第3308条规定：除非联邦人事管理署认定一个科学、技术或专业职务的责任，不具有最低受教育程度的人无法承担，人事管理署和其他考试机构不得对竞争性职位的考试规定最低受教育程度的要求，人事管理署应把它根据本条作出决定的理由作为其公开记录的一部分。

《美国法典》对资格优先者在竞争性职位中的特殊照顾作了较为详细的规定。《美国法典》第3312条规定：资格优先者参加竞争性职位的任命或重新安置的资格考试，人事管理署或其他的机构应当免除：1. 对年龄、身高和体重的要求，除非这些要求对履行这一职位的职责是必需的；2. 对身体条件的要求，如人事管理署或其他考试机构，在考虑过可信任的医生的意见后，认为资格优先者的身体条件能够有效地履行有关职位的职责。

（三）专业技术人员的兼职

《美国法典》第34章“兼职职业雇佣机会”对专业技术人员的兼职作了原则性的规定。根据《美国法典》第3401条的规定，所谓兼职就是在雇员每周正常的工作时间表内有12小时至32小时从事兼职工作，但不包括临时性雇佣和周期性的雇佣。

根据《美国法典》第3402条的要求，联邦人事管理署应当在联邦政府内部，对兼职工作进行认真研究和讨论，特别是应当关注下列事项：1. 决定兼职工作适用于传统上在任何情况下均未采用兼职雇佣的职位，如监督管理和专业职位时所应有的程度；2. 决定对各种职业和职位进行工作分摊安排的程度；3. 评价与兼职工作有关的态度、利益、花费、效率和产值及其作为一种职业模式所带来的各种社会效益。此外，《美国法典》也对兼职作了一些限制性的规定，如第3403条规定：机关不得将职位用以兼职雇佣而取消任何已有雇员从事的职位；不能将接受兼职工作作为继续受雇的条件加于机构内从事全日制工作的任何人。

（四）专业技术人员的培训

《美国法典》第41章对专业技术人员的培训作了较为详细的规定。根据《美国法典》第4101条的规定，专业技术人员培训是指给专业技术人员制造一个可行的学习机会，并安排或招收专业技术人员参加在科学、专业、技术、机械、贸易、办公室工作、财政、管理以及与担任专业技术职务工作直接相关的任何其他领域，有计划、有准备的相互配合项目、课程、学科、体系、或讲授或教育的其他形式，以提高专业技术人员的工作知识、效率、能力、技巧和资格。《美国法典》第 4103 条特别强调，在对专业技术人员进行培训，选择相关培训项目时，应当着重考虑：1. 专业技术人员目前的技能、能力和知识在新的职位上的使用程度；2. 专业技术人员学习技能、获取知识的能力；3. 新职位所必需的能力，政府在联邦机关培训专业技术人员中所获得的利益等。对于选择非政府设施进行培训的专业技术人员，在进行培训前，应当与雇主签订协议，规定在培训之后，除非是非自愿地离开其工作的机关，继续留在本机关工作一定时间，该时间至少应当是其参加培训时间的 3 倍。如果是在协议签订的工作时限内自愿离开其工作机关的，应赔偿有关的培训费用。根据《美国法典》第 4109 条的规定，专业技术人员在培训期间以下费用应当由政府或雇主支付，包括履行和每日费用，有关的交通费，学费和注册费；图书馆和实验室服务费；购买、租用图书、资料和其他用品的费用等，参加会议的费用也可以计算在内。

（五）专业技术人员的休假制度

《美国法典》规定了专业技术人员可以享受带薪休假的权利，而且还可以将自己本人的假期授予其他人享受，此外，假期也可以累积计算。

根据《美国法典》第 63 章的规定，专业技术人员可以享受的假期包括年度假，其确定方法是：1. 一个供职不到 3 年的，每个完整的双周薪金期计入半天；2. 一个供职 3 年但不到 15 年的，每个完整的双周薪金期计入 3/4 天，但在一年中最后的一个完整的双周薪金期计入 5/4 天；3. 一个供职 15 年或 15 年以上的，每个完整的双周薪金期计入 1 天。专业技术人员还可享受探亲假、病假等。另外，一些特殊的情况下，也可以算作带薪休假，如退伍军人参加葬礼的缺勤、作证人或陪审员的缺勤、预备役人员参加训练、由于国外的敌对行动而导致的缺勤、与武装部队中的亲属的葬礼有关的缺勤等。

《美国法典》第 6332 条规定，联邦人事管理署制定一项计划，根据该计划，一个雇员所积存或积累的年度假可以转到另一雇员名下，如果该雇员由于医疗紧急状态要求增加假期。第 6334 条又规定，雇员可以通过向该雇员的雇佣单位提出书面申请，要求将一定小时数的年度假从该雇员的名下转让到休假接受人员的名下。另外，《美国法典》第6370条还规定，一个雇员不得以威胁、恐吓的手段来强迫另一个雇员授予其假期。

（六）专业技术人员的权利保障

《美国法典》第71章“劳工管理关系”首先对“专业雇员”的含义作了解释，主要内容包括：1. 要求具有科学领域的先进知识或具有通常需要通过长期专门智力教育和在高等学校或医院学习得到的学问（区别于通过普通学校教育，或者通过学徒，或者一般的脑力、手工、机械或体力活动所获得的知识）的工作；2. 要求在工作进行中经常进行思考和判断的工作；3. 以智力为主的和性质上多样的（区别于常规的脑力、手工、机械或体力工作）工作；4. 其性质为所生产的产品或取得的成果不能按一定时间来衡量的工作。另外，完成了专门智力教育课程，正在有关的指示下或指导下从事上述各项工作的具有专业雇员资格的雇员（《美国法典》第7103条）。该章赋予了专业技术人员诸多权利，如第7102条规定的“每个雇员应有自由地、不必害怕处罚或报复地组织、参加、或帮助任何劳工组织，或不参加此类的活动的权利，每一个雇员在行使此类权利时应当受到保护”。此外，《美国法典》还对雇主的不正当劳工行为作出了规定，如第7116条规定，对于一个劳工组织而言，不公正劳工行为包括：1. 在雇员行使其权利时，对其进行干涉、约束或强制。2. 在雇员行使权利时，促使或企图促使机关对其加以歧视。3. 作为惩罚和报复，或以妨碍或阻碍其会员作为雇员的工作成绩或效率或作为雇员履行其义务为目的，对该劳工组织的会员进行胁迫、处分、罚款、或企图进行胁迫。4. 在关于该劳工组织成员的地位或条件上因种族、肤色、宗教、民族、性别、年龄、优惠或非优惠的文官地位、政治派别、婚姻状况或不利条件而对雇员加以歧视。5. 拒绝按照法律要求与机关进行真诚的磋商或谈判。6. 未能或拒绝按法律的要求在发生僵局程序或僵局决定时进行合作。7. 在发生劳动管理纠纷时号召或参加罢工、停工或怠工，或派纠察员监视机关，如这种监视干扰了机关的业务，或者不采取行动制止这种行为。

（七）专业技术人员不得从事的活动

《美国法典》还对专业技术人员的雇佣限制作了详细的规定。第7311条规定了以下几种类型的人不得在合众国或哥伦比亚特区供职，包括：1. 主张推翻宪法所规定的政治制度的人。2. 参加他知道主张推翻宪法所规定的政治制度的活动的人。3. 参加反对合众国政府或哥伦比亚特区政府的罢工或主张享受此种权利的人。4. 参加他知道是主张罢工权以反对合众国政府或哥伦比亚特区政府的合众国政府雇员组织或哥伦比亚特区政府雇佣人员组织的人。

（八）专业技术人员享受保健服务

《美国法典》对专业技术人员在聘期内的保健服务也作了详细规定。《美国法典》第7901条规定，专业技术人员享有的保健服务涉及：1. 治疗上班时的疾病和需要紧急治疗的牙科病情。2. 雇佣前体格检查。3. 介绍雇员找私营医生和牙医。4. 与保健有关的预防计划。对于医生提供的服务，应当包括利用外科开业医生和正骨科开业医生在州法律划定的其行医范围内的专业服务。

（九）专业技术人员的申诉制度

《美国法典》对专业技术人员的申诉程序作了具体的规定。《美国法典》第7701条规定：雇员或者雇员申请人可对根据任何法律、规则或规章可向考绩制度保护委员会申诉的任何处分向该委员会申诉，申诉人应当有权获得听证，该获得听证应当有笔录，有权由律师或其他代表人代理。申诉应当按照该委员会制定的规章进行。另外，《美国法典》第7703条还规定：一个雇员或雇用申请人受到考绩制度保护委员会的最后命令或裁定的不利影响或委曲时，可获得对此命令或裁定的司法审查。考绩制度保护委员会应当作为司法审查诉讼中的被告。如果联邦人事管理署署长根据自己的判断确认，考绩制度保护委员会错误地解释了影响人事管理的法律、法规或规章，而该委员会的裁定对有关的专业技术人员会产生实质性的影响，那么可以在合众国巡回法院提起对该委员会最后命令和裁定的司法审查。

二、英国专业技术人员法律制度

（一）立法概况：分散立法模式

英国专业技术人员立法采用了分散立法的立法模式，没有制定关于专业技术人员的一般性法律，而是针对技术人员不同特点，制定了相应的单行法律，具体有：《牙医法》（1984年）、《药剂师法》（1997年）、《药店法》（1954年）、《Nurses，Midwives，Health Visitors Act》（1997年）、《医生法》（1983年）、《兽医法》（1966年）、《建筑师法》（1997年）、《律师法》（1974年）。

专业技术人员的专业性决定了不同专业技术人员的特性，采用分散立法模式能很好结合不同专业技术人员的特点，有针对性制定相应的法律制度。

（二）主要内容

上述法律规范的结构基本一致，主要包括以下内容：

1. 行业管理机关及其义务。英国专业技术人员实行行业自律的管理方式，每一行业均设有全国性的理事会，这些理事会根据法律的授权行使相应的管理权力，拥有制定行业标准、负责注册事务和对违反行业标准者予以制裁等职能。因此，每部法律的第1章第1条都规定了行业管理机关的组织及其义务。如《牙医法》第1条规定全国牙医理事会为牙医的行业管理机关，下设“教育委员会”、“辅助委员会”、“职业行为委员会”和“健康委员会”四个机构，各司其责。全国牙医理事会的一般义务是“推进高标准的牙医教育和牙医执业”。《医生法》规定医生的行业管理机关是全国医生理事会，行使《医生法》所授予的权力。

2. 资格。具备一定的资格条件是申请注册执业的前提条件，也是为了保证从业人员具有相应的专业知识的需要，因此，各类专业技术人员都有相应的从业资格要求，但具体要求不同行业有所不同。但总的来说，英国对专业技术人员的资格要求很高，从业人员不仅要受过专业教育，获得一定学位，还要接受培训，必须在实际部门实习并获得资格证书后才能申请注册成为专业技术人员。如《律师法》的立法说明中就明确解释道：要成为律师的最基本的要求是受过必要的教育和培训。《医生法》明确规定要成为全职医生必须具备两个条件：一是通过资格考试或有医学机构颁发的学士学位；二是在一定范围的医院实习并通过考核获得证书。

3. 注册。英国对专业技术人员的管理主要是通过注册制度（registration）进行的：具有执业资格的人必须到特定机关登记注册后才能执业，没有注册登记者不能执业，因各种原因不再适于从事专业技术工作者将被取消注册。因此，注册是英国专业技术法律制度的核心内容，每部法律均对注册制度作了全面和详尽的规定。具体内容有：

(1) 强制注册。各类专业技术人员只有注册后才能执业，未经注册者严格禁止执业。已经注册者的名单将出现在名册上，定期予以公布，以让公众周知。

(2) 注册官员的任命及其义务。注册官员由理事会任命，负责注册事务。

(3) 注册条件。申请注册者除了要具备前面第（2）点所说的资格条件外，一般来说还要满足以下条件：身份；良好的品质；身体和精神健康。《牙医法》第15条第3款规定如果申请者不能满足上述条件，即使有学位和实践经验也不能注册执业。

(4) 注册程序。《牙医法》和《兽医师法》都对注册程序作了明确规定。根据《牙医法》的规定，注册官对注册申请作形式要件审查，根据该法第18条的规定，申请人只需要提交以下材料即可注册：学历证明或其他资格证书；姓名、地址和其他注册所要求的特别事项。对符合条件者，注册官有义务予以登记。

(5) 公布已注册者的名单。已注册者的名单必须向公众公开。如《牙医法》规定已注册者的名字将刊登在《牙医登记》（dentist register）上，每年至少必须公布1次。只有名字出现在《牙医登记》上的人才能执业，否则为非法执业，要受到制裁。

(6) 取消注册。公布已注册者的名字的目的是保证只有具有相应资格的人才能从事专业执业，因此，对于因各种原因已无法执业或不适于继续执业的人必须将其名单从注册名单上去除。被取消注册的情形主要有：①自愿去除，如《医生法》第31条［A］规定已注册者可申请取消注册；②因死亡或健康原因不能继续执业者；③有严重执业错误行为或犯罪行为不适合继续执业者；④停止执业者。

(7) 对欺诈注册的制裁。《医生法》第39条规定："全国医生理事会发现欺诈注册的，可以取消该注册。注册官应将理事会的取消注册决定通知当事人并告之上诉的权利。

(8) 注册费用。申请注册者需要缴纳一定数额的注册费，具体数额由理事会决定。

4. 严格禁止非专业人员执业和使用相关名称。与严格的资格和注册制度相适应的是严格禁止非专业技术人员执业或使用相关的名称，所有的法律都对此作了明确规定。如《牙医法》对“牙医执业”作了界定，同时明确规定非注册牙医不能执业，非注册牙医不能使用牙医的头衔并不得从事与牙医有关的商业行为。此规定正是为了保证只有具备为法律所认可的执业条件的专业人士才能从事某项专业服务，从而保护公众的利益。

5. 专业技术人员的权利。已经注册的专业技术人员有权使用相应的头衔并从事相应的执业行为，如《律师法》对律师的权利（rights）和特权（privileges）作了明确规定。《医生法》也明确规定了注册医生的特权。

6. 职业标准。每一行业的全国理事会都设有职业行为委员会，负责设定本行业的职业标准并监督注册者执行，对违反职业标准者进行纪律制裁。如《建筑师法》第 13 条规定，建筑师注册委员会应该制定法典规定职业标准，将之公布。专业技术人员的管理具有很强的专业性，因此应该采用行业自行规定的方式，将职业标准的制定权赋予行业机构，体现专家管理的思想。

遵循职业标准执业是专业技术人员的一般义务，违反职业标准的将受到纪律制裁。

7. 制裁。制裁分为两种：一种是对不具有执业资格者执业的制裁，另一种是对已注册者违反执业纪律的制裁，后者是规定的重点。如《建筑师法》第 15 条对有无法接受的执业行为、严重的执业错误和犯罪等情形者规定了 4 种纪律制裁：（1）惩戒；（2）罚款；（3）中止注册；（4）取消注册。上述四种制裁命令由职业行为委员会作出。《律师法》第 46～49 条规定了律师纪律裁判所的机构、权力、管辖、决定种类和上诉等内容。

8. 救济。救济分为两种：一种是制裁程序中的救济，另一种是事后救济。前一种救济是通过当事人的获得通知权、听证权和被告知申诉和上诉权等权利来实现的，如《建筑师法》规定当职业行为委员会作出纪律制裁时，注册官员应该尽快通知该当事人；《药房法》规定了药剂师在受到制裁时享有听证权；《医生法》规定注册官员应该将理事会作出的取消注册的决定通知当事人并告之其享有上诉的权利。后一种救济是在纪律制裁作出后通过复议、起诉等方式来实现的。如《医生法》第40条规定，当事人不服理事会及其下设委员会的决定时，可以向理事会的长官提出复议，不服复议决定的，可以向法院上诉、直至上诉到枢密院。《药店法》也规定了复议和上诉两种事后救济方式。

9. 收费。因为只有特定的专业技术人员才能为公众提供特定的服务，因此，专业技术人员的收入都较高，为了规范专业技术人员的收费（事实上同时也保证了律师的收费），《律师法》第3章专章共计20条对律师收费作了明确规定，非常详尽、具体。

三、日本专业技术人员法律制度

（一）立法体例

日本的专业技术人员立法在体例上采用了分散立法的体例，没有制定专业技术人员的一般法律，而是针对不同专业技术人员的特点，制定单行的专业技术人员法规。日本现已制定的专业技术人员法规主要有：《技术士法》、《建筑士法》、《医士法》、《牙科医师法》、《药剂师法》、《兽医师法》、《公认会计师法》、《律师法》、《税理士法》。

（二）基本内容

日本各专业技术人员单行法律的内容基本一致，主要包括以下事项：

1. 总则。总则部分一般规定立法的目的、定义和资格的限制等内容。如《技术士法》第1章为总则，共计3条。第1条为“目的”：“本法律的目的，是制定技术士的资格，选择适当的业务，以有助于提高科学技术和发展国民经济。”第2条为“定义”：“本法律所称的技术士，指获得第14条的注册，使用技术士的名称，具有有关科学技术（人文科学除外）工作必需的高等专门应用能力，从事计划、研究、分析、试验、评价或与这些有关的指导业务者（凡在其他法律中被限制的业务除外）。”

2. 考试。专业技术人员实行资格证书制度，因此，考试是专业技术人员法律中的重要内容。考试部分的内容主要包括考试的种类、参加考试的资格、考试的举行、考试的费用等制度。如《建筑士法》第三章为“考试”，内容包括考试的内容、施行考试、一级建筑士考试的应试资格、二级建筑士考试的应试资格和应试手续费等内容。

3. 注册。专业技术人员在通过考试取得专业技术资格后要登记注册才能执业。如《公认会计师法》第17条规定了“注册的义务”：“具有成为公认会计师或助理会计师资格者，成为公认会计师或助理会计师，必须在公认会计师名簿或助理会计师名簿上登记姓名、出生年月日、事务所及其他大藏省令规定事项。”注册的内容一般包括注册的义务、名簿、注册手续、被拒绝注册的审查、变更注册、取消注册等内容。

4. 许可。《建筑士法》、《医士法》、《牙科医师法》、《药剂师法》、《兽医师法》等法律规定要成为专业技术人员除要参加考试取得资格并登记注册外，还需取得部长的许可。如《牙科医师法》第2条规定，“要成为牙科医师者，必须经过牙科医师国家资格考试，接受厚生大臣的许可”。一般来说，根据专业注册名簿即可准予许可，如《医师法》第6条规定：“根据医师名簿注册而准予许可。准予注册时，厚生大臣要发给医师许可证。”

5. 专业技术人员的业务及执业中应履行的义务。《技术士法》、《建筑士法》、《医士法》、《牙科医师法》、《药剂师法》、《兽医师法》、《公认会计师法》、《律师法》和《税理士法》规定了专业技术人员的业务及其在执业中必须履行的义务。如《药剂师法》关于药剂师业务及其执业中的义务的规定有：调配、名称的使用限制、调配场所、根据处方调配、处方中的疑义、调配药品的标示、处方笺记述、处方笺的保存和药剂师调配记录。这些规定非常具体，具有极强的操作性。

6. 组织机构。日本专业技术人员管理机构主要有审查会、考试委员会和行业协会等组织。其中审查会和考试委员会是每一类专业技术都设有的，如技术士设有技术士审查会及技术士考试委员会，建筑士设有建筑士审查会，医师设有医师审查会及医师考试委员会，牙科医师设有牙科医师考试委员会，兽医师设有兽医师许可审查会，公认会计师设有公认会计师审查会，律师设有律师资格审查会等。行业协会则不是每一类专业技术都设有，只有技术士、建筑士、公认会计师和律师等专业技术人员设有行业协会。

（1）审查会。审查会设在相应的行政主管部门或地方政府之下。如科学技术厅设置技术士审查会；建设省设中央建筑士审查会，都道府县设都道府县建筑士审查会；公认会计师审查会则为大藏省的附属机关；医道审查会则处在厚生大臣的监督之下。

审查会负责审查有关专业技术人员的重要事项，主要是对专业技术人员不利决定的审查。如《技术士法》第28条规定："审查会审查有关技术士的重要事项，如技术士注册分为取消及停止使用这个名称。"《公认会计师法》第35条规定："为公认会计师制度实施的重要保证，为调查审议关于对公认会计师、助理会计师及外国公认会计师的惩戒处分和对监察法人的处分……设置公认会计师审查会。"《医师法》第25条规定："根据厚生大臣的咨询，为了调查审议第7条或《牙科医师法》第7条规定的处分及有关提高医道的重要事项，可设立在厚生大臣监督之下的医道审查会。"行政机关在作出不利于专业技术人员的决定时，要预先听取审查会的意见。如《医师法》第7条规定，厚生大臣在作出取消许可、停止医务、重新准予许可等决定时，必须预先听取医道审查会的意见。《兽医师法》第8条规定，农林水产大臣在作出取消许可、停止业务等决定时，要听取兽医师许可审查会的意见。

（2）考试委员会或考试委员。有的专业技术人员考试委员会独立于审查会，如技术士设有技术士审查会和技术士考试委员会；有的专业技术人员在审查会内设考试委员，负责考试事项，如建筑士在中央建筑士审查会及都道府县建筑士审查会分别设考试委员。

考试委员会或考试委员的职责是负责专业技术人员的考试事项，包括考试试题的编制、考试的组织等事项。

（3）行业协会。技术士、建筑士、会计师和律师等专业技术人员设有行业协会，实行行业协会管理方式。这些协会包括技术士会、建筑士会和建筑士联合会、公认会计师协会、律师会和律师联合会。《技术士法》和《建筑士法》仅规定了设立技术士会和建筑士会的目的。根据《技术士法》第37条的规定，技术士会的目的是"保持技术士的品格，有助于业务的进步改善，以及进行与指导会员和联络有关的业务"。根据《建筑士法》第22条的规定，建筑士会的目的是"从事指导会员及有关的联络事务，保持建筑士的品格和促进建筑业务的进步"。《公认会计师法》规定了公认会计师协会。《律师法》的规定最为完备，规定了律师会、日本联合律师协会、资格审查会、惩戒委员会和纲纪委员会，包括这些机构的组织和职权。

日本《律师法》第5章专章规定了“律师会”，第6章专章规定了“日本律师联合会”。根据《律师法》的规定，律师必须在日本律师联合会备置的名册上注册。律师在变更所属的律师会及停止律师业务时必须通过原属律师会向日本律师联合会提出变更注册和取消注册的申请。

各律师会和日本律师联合会分别设立资格审查会。资格审查会根据所属律师会和日本律师联合会的请求，负责对注册、变更注册以及取消注册的申请进行必要的审查。资格审查委员会的会长由所属律师会或日本律师联合会的会长担任，委员由会长从律师、审判官、检察官及有学识经验的人当中委任。

律师必须遵循法律和所属律师会及日本律师联合会的会则。律师违反法律和会则，破坏所属律师会秩序或信用，以及不论其职责内外，有败坏其职业道德的不法行为时，要受到惩戒。惩戒由纲纪委员会、惩戒委员会和律师会分工负责完成。纲纪委员会负责调查，惩戒委员会负责审查并形成决议，律师会执行惩戒决议。

各律师会下设纲纪委员会。纲纪委员会负责对律师惩戒的调查工作。律师会认为对其所属律师应予惩戒或接到其他人的申诉认为对其所属律师应予惩戒时,必须委托纲纪委员会进行调查。纲纪委员会经过调查,如果认为应该惩戒该律师,由律师会请求惩戒委员会审查决定。

各律师会和日本律师联合会分别设立惩戒委员会。惩戒委员会的委员长由委员直接选举产生。惩戒委员会根据所属律师会或日本律师联合会的请求，进行有关所属律师的惩戒的必要审查，作出惩戒决议。惩戒决议由受惩戒律师所属律师会执行。

7. 法律责任。法律责任的规定包括两部分：其一为对专业技术人员违反执业法律规定和行业协会会则的制裁，其二为对不具备专业技术人员资格虚假注册或从事专业技术业务人员的制裁。日本专业技术人员法律中关于法律责任的规定主要有以下特点：

（1）种类。违反专业技术人员法律规定的制裁形式主要有以下几种：警告、取消注册、停止业务1至2年、勒令退会、开除、罚款、刑罚等，其中以罚款的运用最为广泛。

（2）采用“两罚制”。不仅违法行为人要承担法律责任，行为人所在法人或自然人的代理人也要承担法律责任。如《律师法》第78条规定："法人的代表人、法人或自然人的代理人、雇佣人及其他职业人，在办理法人或自然人的业务有违反第72条、第73条行为时，除处罚行为者外，对法人或自然人处以前条的罚款。"

(3) 在专业技术人员法律中直接规定了刑罚。如《律师法》第75条规定了"虚假注册罪"，规定不具备律师资格的人，向日本律师联合会提出虚假注册资格申请，并在律师名册上注册的，判处2年以下有期徒刑或5万日元的罚款。

(三) 特点

分析日本专业技术人员法律制度，内容上主要有以下特点：

1. 只规范行政管理机关与专业技术人员的权利义务关系，不包括专业技术人员与用人单位之间的关系。专业技术人员与用人单位之间的权利义务关系包括专业技术人员的聘用、待遇、辞职、辞退等问题，这些问题由合同法和劳动法调整。《技术士法》、《建筑士法》、《医士法》、《牙科医师法》、《药剂师法》、《兽医师法》、《公认会计师法》、《律师法》、《税理士法》等专业技术人员法律规定的是行政管理机关与专业技术人员之间的法律关系。这是因为专业技术人员与聘用单位之间的法律关系属于雇主与雇员的关系，由合同法和劳动法的调整。专业技术人员法律规定主要规定专业技术人员的执业资格、执业时应履行的义务及享有的权利、违反义务时应承担的法律责任等问题，调整的是专业技术人员管理过程中行政机关与专业技术人员的权利义务关系，不包括专业技术人员与用人单位之间的关系。这是因为专业技术人员的执业往往涉及公共安全和公共利益，需政府加以规范。

2. 实行严格的资格制度。要成为专业技术人员，必须通过考试，取得执业资格后才能从事专业技术服务，不具备该项资格的人绝对不能从事该项业务，从而保证只有具备特定知识和技能的人才能从事某一业务，进而保证了公共安全。

3. 规定了专业技术人员在受到行政机关不利处分时享有的程序权利。行政机关在作出不利于专业技术人员的决定，要听取被处分者的意见，并告知作出不利决定的理由和法律根据。如《牙科医师法》第7条第5项规定，厚生大臣在作出取消许可和停止业务等决定时，要给予受处分者向厚生大臣或都道府县知事所指定的官员及职员或医道审查委员会的委员申辩的机会。厚生大臣或都道府县的知事要对受处分者，再次以书面方式通知其申辩的日期、时间、场所及该处分成立之理由。

4. 对专业技术人员业务及执业中的义务的规定非常具体，具有极强的操作性。每一部专业技术人员法律都对专业技术人员的业务及其在执业中的义务作出了非常明确具体的规定。以《牙科医师法》的规定为例，在第4章“业务”中规定了以下内容：禁止非牙科医师从事牙科医师业务、非牙科医师不得使用牙科医师或类似的名称、诊断义务及诊疗书的办理、禁止无诊断治疗、交付处方的义务、疗养方法等的指导、诊疗簿的记录及保存、有关医疗或保健指导的指示等，该章对牙科医师的业务和在执业中的义务作出明确规定，这些规定很具体，具有极强的操作性。

5. 规定了完善的法律责任机制。完善的责任机制是保证义务人履行义务的前提条件。日本每一部专业技术人员法律都规定了违反相应法律规定所要承担的法律责任，从而使法律关于专业技术人员执业资格、法定义务等方面的规定得以落实。

第三节 一些国家和地区专业技术人员的专项管理制度

一、德国关于教授资格方面的立法

1990年《德意志联邦共和国高校总法》第55条对教授资格作了具体的规定。根据该条规定，所谓教授资格是指“对某一特定学科或学科领域具备研究和教学特殊能力的承认”。教授资格由各大学授予。

获得教授资格必须是已经获得博士学位、一般经过多年科研工作。另外，申报教授资格需要以下几个方面的业绩：

1. 呈报一篇教授论文或已发表的多篇论文，以反映申报人已具备承担教授科研工作的能力。在特殊情况下，博士论文可以作为教授论文承认。

2. 对由《教授资格授予条例》决定的委员会作一次学术报告，接着进行讨论。

该条还规定，由各大学自行制定授予教授资格的条例。已经获得教授资格的都有权参加投票决定教授资格成绩的评定。

对于获得教授资格的可以授予教授资格博士学衔，形式是在博士学位前附加“教授资格”。

根据《德意志联邦共和国高校总法》制定的《海德堡大学药学系教授资格授予条例》（1990 年 11 月 14 日）对教授资格的确认程序作了详细规定。主要包括：

1. 教授资格评审会议的组成

教授资格评审会议由本系全体教授、讲师和以大学工作为主要职业的待聘教授组成。此外，在对评审教授资格成绩作出决定时，需要有其他系 1 名至 2 名与申请人专业相近的教授、讲师或待聘教授参加，他们有投票权。参加人选根据系主任请求由相应的系提名。教授资格评审会议在有半数以上成员出席并按条例规定召开会议，即可作出决定。在教授资格评审会议上作出的各种决议需有 2/3 多数通过。表决教授资格成绩时不允许弃权，表决以无记名方式进行。

2. 教授资格评审程序

教授资格评审程序以申请人向系提出申请报告开始。提出申请必须提交相应的材料，包括教授论文、博士论文、工作简历等。在教授资格评审程序开始前，申请人应当就其工作领域的某课题作一次公开的学术报告。

在申请人提交材料和作了学术报告后，教授资格评审会议以其成员多数票决定批准教授资格申请。对于那些不符合条件的则不予批准。① 如申请人未获批准，教授资格评审程序则视为未开始。在申请获得批准的情况下，由教授资格评审会议为评审教授论文聘任 4 名至 6 名本系教授、讲师和待聘教授组成委员会，此外，还要有 1 名至 2 名其他系的教授参加。在该评审委员会中，教授名额必须占多数。委

---

① 《海德堡大学药学系教授资格授予条例》第 5 条规定：如果存在下列情况，教授资格申请不予批准：1. 申请人已经在其他地方提出相应申请并正在审理中；2. 教授资格申请报告不完整；3. 未获得博士学位，不具有多年科研和教学工作经历；4. 申请人经法院判决尚处依法不得从事与专业有关的某一职业期限内；5. 存在着依法撤回教授资格的理由。

员会至少从教授、讲师或待聘教授中取得两份关于教授论文的书面鉴定，其中一份一般不由海德堡大学的鉴定人写出。若委员会和申请人对鉴定人未能取得一致意见，则系主任应将此问题提交教授资格评审会议开会讨论，申请人应列席旁听。若在此会议上也未达成一致意见，则由教授资格评审会议自行聘请另一名鉴定人。评审教授资格论文委员会组成后，由委员会写出书面报告，就通过或拒绝通过教授论文提出建议，并对申请人的授课能力范围表明态度。

3. 关于教授论文的决定

由教授资格评审会议就是否承认教授论文作出裁定。若教授论文未被教授资格评审会议承认，教授申请则被拒绝。在教授论文被拒绝的情况下，申请人可再呈报一次新的申请，并须附交新的教授论文。

4. 申请教授资格应作的学术报告

如果教授资格评审会议承认教授论文，那么由它选择申请人建议的三个题目中的一个作为学术报告题目。这三个题目的基本内容不应相互交叉重叠，也不能选自申请人较狭隘的工作领域。如选题建议遭拒绝，申请人则须呈报新的题目建议。在接受选题的情况下，系主任至少在学术报告前 14 天将所选题目通知申请人。申请人向教授资格评审会议成员作学术报告连同讨论时间约 25 分钟。申请人应当证明能以简短的形式阐明某一科学内容并作出答辩。学术报告和讨论结束后，教授资格评审会议就是否承认教授论文答辩作出决定，并确定申请人具备授课能力的专业或专业领域。如果教授论文答辩未达到要求，则可在一年内重新答辩一次。此外，如果有必要，由教授资格评审会议决定何时呈报学术报告选题建议。如果第二次学术报告和讨论也未获得承认，则教授资格申请程序结束。

5. 获得教授资格和教授资格的生效

教授论文及答辩获得教授资格评审会议承认后，教授资格即生效，系主任将实施意见及时通知申请人。在成功通过教授资格的基础上，授予教授资格博士学衔，其方式为在已授予博士学衔前加上“教授资格”。申请人获得一份证书。

6. 教授的授课权

获得教授资格的可以申请授课权。一般由校务委员会授予授课权，申请人一般应当在半年内作就职首次公开讲课，并在讲课后获得授课资格证书，该证书确定其授课权范围，并授权使用“待聘教授”称号。

已经在其他系或大学获得教授资格者申请授予授课权，一般也应当向校务委员会提出申请。由教授资格评审会议审核其教授论文是否具有同等水平，并根据申请人所作的学术报告作出决定。申请人在获得授课权证书之前应当放弃原有的授课权。但如果申请人在海德堡大学其他系的某一专业有授课权，校务委员会可根据有关系的申请允许保留其授课权。

7. 教授资格评审程序期限

教授资格评审会议最迟应当在申请人呈报报告后一年内结束。

8. 撤销教授资格评审程序及撤回教授资格

教授资格申请在未作学术报告前任何时候均可撤回，但若在教授论文未被教授资格评审会议承认，教授资格申请被拒绝的情况下，不得再撤回教授资格申请。

已经取得教授资格的如果满足下列情况的，应当撤回教授资格、撤销教授资格博士学衔，取消、冻结和终止授课权：（1）如果以不允许的手段，特别是通过欺骗方式获取教授资格，则应予撤回；（2）法律规定适用于撤销教授资格博士学衔的情形，如果没有专项条款规定，则由校务委员会处理；（3）法律规定适用于取消、冻结和终止授课权。此外，在撤销教授资格后，授课权即自动终止。

二、韩国教师资格基准

韩国对教师资格进行了分类管理，对每一种类型的教师资格作了不同的要求。总共有六种类型的教师资格。

1. 中等学校教师资格

中等学校教师资格分为三类，即正教师、准教师和指导教师。其中正教师又分为一级和二级。

中等学校一级正教师的资格有以下几个方面：

（1）持有中等学校教师（二级）资格证并在教育研究生院或教育部长官指定的研究生院教育科获得硕士学位者，且有一年以上教育经历者。

（2）没有中等学校正教师资格证,但在教育研究生院或教育部长官指定的研究生院教育科获得硕士学位并且有三年以上的教育经历者。

(3) 作为中等学校正教师（二级）资格证持有者，并具有三年以上教育经历，接受过规定的再教育者。

(4) 教育大学、专科大学的教授、副教授，并具有三年以上的教育经历者。

中等学校二级正教师的资格包括以下几个方面：

(1) 师范大学毕业者。

(2) 教育研究生院或教育部长官指定的研究生院教育科获得硕士学位者。

(3) 临时教员培训机构毕业者。

(4) 大学设置的教育科毕业者。

(5) 大学毕业生，在学习期间取得规定的教育职务学分者。

(6) 持有中等学校准教师资格证，具有两年以上教育经历并接受规定的教育者。

(7) 具有国民学校的准教师以上资格证并大学毕业者。

(8) 教育大学、专科大学的助教、专任讲师并且有两年以上的教育经历者。

担任中等学校准教师的资格有：

(1) 教育部长官指定的大学（专科大学除外）工业、水产、海洋及农业类专业毕业者。

(2) 中等学校准教师资格检定合格者。

教导教师的任职资格有以下几项：

(1) 持有中等学校一级正教师资格证，并接受规定的教导培训讲习者。

(2) 持有中等学校二级正教师资格证，具有三年以上的教育经历并接受了教导培训讲习者。

(3) 持有中等学校准教师资格证，具有五年以上的教育经历并接受规定的教导培训讲习者。

(4) 大学毕业生，在学习期间专门学习了教育学科、教育心理学科并具有五年以上教育经历，接受规定的教导培训讲习者。

2. 国民学校教师资格

一级正教师的任职资格：

（1）国民学校二级正教师，具有三年以上的教育经历并接受规定的再教育者。

（2）持有国民学校二级正教师资格证，具有三年以上的教育经历并毕业于广播函授大学初等教育科者。

（3）持有国民学校二级正教师资格证，在教育研究生院或教育部长官指定的研究生院教育科攻读初等教育课程获得硕士学位并具有一年以上的教育经历者。

二级正教师的任职资格：

（1）教育大学毕业者。

（2）师范大学毕业，专攻初等教育课程者。

（3）在教育研究生院或教育部长官指定的研究生院的教育科攻读初等教育课程获得硕士学位者。

（4）持有国民学校准教师资格证，具有二年以上教育经历并接受规定的再教育者。

（5）持有中等学校教师资格证，并接受必要补修教育者。

（6）把专科大学或同等以上学力作为入学资格的临时教员培训机构毕业者。

（7）持有国民学校准教师资格证者，具有二年以上的教育经历并取得广播函授大学初等教育科毕业者。

准教师的任职资格包括：

（1）国民学校准教师资格检定合格者。

（2）把高级中学毕业或同等以上的学力作为入学资格的临时教员培训机构毕业者。

（3）广播函授大学初等教育科毕业者。

3. 特殊学校教师资格

一级正教师的资格：

（1）持有特殊学校二级正教师资格证，具有三年以上教育经历并接受指定的再教育者。

（2）持有特殊学校二级正教师资格证，具有一年以上教育经历，在教育研究生院或教育部长官指定的研究生院里攻读特殊教育并获得硕士学位者。

（3）持有幼儿园、国民学校或二级初中正教师资格证，接受必要的补修教育者。

二级正教师的资格：

(1) 教育大学及师范大学的特殊教育科毕业者。

(2) 大学的特殊教育相关学科毕业生，在学校学习中学完了所规定的教职课程者。

(3) 持有幼儿园、国民学校或初中二级正教师资格证，并接受必要的补修教育者。

(4) 持有幼儿园、国民学校或初中二级正教师资格证，在教育研究生院或教育部长官指定的研究生院里攻读特殊教育并获得硕士学位者。

(5) 持有特殊学校准教师资格证，具有两年以上教育经历，并接受了所规定的再教育者。

(6) 持有幼儿园、国民学校或初中准教师资格证，具有两年以上的教育经历，在教育研究生院或教育部长官指定的研究生院里攻读特殊教育并获得硕士学位者。

准教师的资格：

特殊学校准教师资格检定合格者。

指导教师的资格：

(1) 持有特殊学校一级正教师资格证，并接受了规定的教导培训讲习者。

(2) 持有特殊学校二级正教师资格证，具有三年以上教育经历并接受了规定的教导培训讲习者。

4. 幼儿园教师资格

一级正教师资格：

(1) 持有幼儿园二级正教师资格证，具有三年以上的教育经历并接受规定的再教育者。

(2) 持有国民学校一级正教师资格证者。

(3) 持有幼儿园二级正教师资格证，在教育研究生院或在教育部长官指定的研究生院的教育科攻读幼儿园教育课程获得硕士学位，又具有一年以上教育经历者。

二级正教师资格：

(1) 大学（包括专科大学及其同等以上的各种学校）毕业，在学习期间取得规定的保育科和教育职务学分者。

（2）在教育研究生院或教育部长官指定的研究生院的教育科攻读幼儿教育课程获得硕士学位者。

（3）持有幼儿园准教师资格证，具有两年以上教育经历并接受规定的再教育者。

（4）持有国民学校二级正教师资格者。

准教师资格：

（1）幼儿园准教师资格检定合格者。

（2）持有国民学校准教师资格证者。

5. 其他教师资格

图书管理教师资格：

（1）大学毕业生，在学习期间曾专门学习了图书馆学科，选修过规定的教职课程。

（2）持有准教师以上的资格证并接受过规定的图书管理教师培训讲习者。

（3）在教育研究生院或教育部长官指定的研究生院的教育科攻读图书管理教育课程并获得硕士学位者。

实业技术教师资格：

（1）专科大学毕业生，在学习期间学习了按照总统令规定的实业类的技能者或高等技术学校的专科毕业者。

（2）大学、专科大学毕业生，在学习期间，选修了艺能、体育等总统令规定的技能者。

（3）实业类高级中学或三年制高等技术学校的毕业生，在实业技术教师的资格检定中检定合格者。

（4）具有实业科、艺能科和保健科的知识和技能，并取得实业技术教师资格合格证者。

养护教师资格：

（1）大学的护理专业毕业，持有护理师许可证者。

（2）作为专科大学的护理专业毕业者，在学习期间，取得所规定的教职学分并持有护理师许可证者。

三、法国的工程师文凭制度

法国早于1934年7月10日就发布了《工程师文凭的颁发与使

用》政令。该政令共五编27条，对工程师文凭的颁发与使用作了详尽的规定。

根据该政令的规定，被称为“工程师”的人，应当具有国家工程师职称的评语，或国家承认的具有工程师职称同等学历的评语。

工程师职称问题由工程师职称委员会负责，该委员会的成员由技术教育国务秘书任命。这个委员会，一半成员由技术教育国务秘书从公立高等教育机构和技术教育大学的人员中遴选；四分之一成员是依其职称和专业水平，由最具代表性的雇员团体指定；另四分之一成员是由技术团体和工程师团体指定。

工程师职称委员会是主管工程师职称的最高决策机构。在根据有关政府的要求，在征求工程师职称委员会的意见后，国家可承认有关国家的工程师文凭和职称。这些文凭应当注有原籍国的说明。根据负责技术教育的国务秘书请求，技术教育最高委员会可取消教育机构颁发的工程师文凭。

该政令规定，自学成才的技术员、大学的旁听生、函授院校的学生，只要他们拥有五年工业技术员的经验，经考试合格后，均可获得工程师文凭。

根据1975年6月17日政令《考生报名办法及国家工程师文凭颁发方式》的规定，申请国家颁发的工程师文凭的考生，应向大学国务秘书提交书面申请，并由国务秘书指定其前往参加考试的学校。在通知考生的时候，也通知有关学校的校长。校长为每个确定考试的专业指定一个特别评审委员会，令其负责在考试期间的工作。评审委员会的组成人员包括：校长及其代理人；小学教学人员一名；工程师两名，如有可能，其中一名应当为国家颁发文凭的工程师；第五个成员应当为学校教师或工程师，由校长指定。校长根据国家工程师与科学委员会的建议，指定工程师。

对于允许参加考试的考生必须完成下列考试：接受评审委员会的面试，介绍过去、现在的工作和实施的工程。介绍一项工程计划，并附以说明和图解。通过面试的考生，应当在接到通知后的两个月内完成一个课题，即在他所从事工程师工作的部门完成一项工作。考生应当提交其打算完成的报告的计划。考生阐述报告后，由评审委员会决定获得国家颁发的工程师文凭的考生名单。专门评审委员会提出建议，提交国家评审委员会审查。国家评审委员会由大学国务秘书或其代表主持。国家评审委员会成员①包括：授权对申请国家颁发工程师文凭的考生组织专业考试的每所学校的校长，部长任命的工程师职称委员会的成员。国家评审委员会审查专门评审委员会的建议，并最终决定被批准的考生的名单。

根据 1986 年 8 月 29 日发布的政令《为颁发国家工程师文凭而组织的考试》的规定，申请国家工程师文凭者需通过报告答辩。对于每个被批准授予国家工程师职称的考生，国民教育部长写一份备忘录，存放于国立工艺博物馆以备查询。在报告题材有保密要求的情况下，应考生的请求，国家评审委员会主席可根据专门评审委员会的建议，采取一切措施，保护报告的机密性不受侵犯。

四、各国和地区律师资格制度的特征

为了保证律师队伍的高素质，世界各国和地区对律师资格的取得都确立了非常严密的制度，其中参加考试和具有必需年限的实践经验是获得律师资格的必备条件。

在美国，各州有确定律师资格的自主权。州有律师资格考试委员会，它的成员由州的最高法院指定。联邦有全国律师资格考试领导小组，负责协调各州律师资格考试试题与评分，传递有关情报和信息，并且主办《全国律师资格考试主考人》杂志。凡年满 18 岁或 21 岁取得学士学位（有的州仅限于法律学士或博士），道德品行端正没有污点的美国公民（少数州规定必须在本州居住两个月或六个月以上），

① 根据 1985 年 7 月 5 日第 85-685 号法令，国家工程师职称评审委员会由 32 人组成，其中 4 名从国民教育部所属具有科学、文化和职业性质的可颁发工程师文凭的公立机构工作人员中选拔，其中 3 名分别代表国立综合技术学院、大学以外的院校和工程师院校；4 名从国民教育部所属具有颁发工程师文凭资格的大学和院校人员中选拔；8 名根据其科学技术能力选拔，其中至少有 5 名来自不属于教育部而有颁发工程师文凭资格的机构；8 名从最有代表性的雇主组织中选拔；8 名从最有代表性的工程师校友会和职业组织中产生。上述委员会委员由国民教育部长依照具有科学、文化和职业性质的公立机构负责人会议推荐的名单选拔的。该委员会成员由国民教育部长签署的命令任命，任期为 4 年，其成员每两年可更换一半，但所有成员均不得连任 8 年以上。

或具有永久居留权的外国人（也有州不限制外国人）都可以报考。大多数州一年举行两次律师考试。考试内容一般包括法律专业知识考试和律师职业道德规范考试。有的州规定，考生在参加考试前必须参加过一段时间的律师业务培训。考试合格的必须履行就业宣誓手续后方能获得开业执照。一个律师在通过律师资格考试以后两年内未履行就业宣誓手续的就不能获准在律师界开业，而必须重新参加律师考试。

在德国，要取得律师资格需要经过两次国家考试。第一次国家考试是在大学法律专业学习5年之后进行的。通过第一次考试以后，需参加为期两年半共5个学期的实习，实习内容有律师、法官、检察官及公司银行等，并要参加8次口试和8次笔试，考试全部合格前顺利完成实习任务者，由有关领导人写出书面鉴定，才能参加第二次国家考试，也就是律师资格考试。根据德国律师条例的规定，下列人员不能取得律师资格：被联邦宪法法院判决丧失公民权的；因受到刑事判决而不得担任公职的；因品行不良，受过严重纪律处分的；用非法方式诋毁宪法的；因身体残疾或衰弱不能正常履行律师职务的；所从事的职业与律师职业不相容的；申请人是限制行为能力的人；申请人是法官或政府官员的，因受到处罚而丧失法官资格。除了上述几种情形外，对完全具备律师条件的申请人，州司法机关经过审查，即发出允许担任律师职务的证件，获得这种证件即取得律师资格。

在法国，要取得律师资格必须完成法学院的课程，并通过全国统一考试取得“律师业务技能合格证书”，然后才能成为见习律师。在成为见习律师后，他必须要用3~5年的时间在律师事务所工作。在监学律师的指导下从事律师业务，参加能培养实际工作能力的培训中心的学习后，根据实际表现，由律师协会授予律师资格。刚刚注册的律师不得开业，而只能作为已开业律师的助手。在合作5~10年后才能个人开业或合伙开业。

在新加坡，律师资格不是经过全国统一考试的，而是要读完司法部指定的几所大学法律系本科课程，再进入法学院学习，并取得法学学士学位，接受最高法院4个月的培训后，到一家律师事务所实习6个月，经法院考核，品质和专业均达到了要求并年满21岁时，才能成为代理律师。

在韩国，律师必须经大学法律系毕业，并且具有2~3年的司法工作经验，熟悉法律专业，包括司法文书和资料业务，经本人申请，司法部审查合格后为律师。法官、检察官和军事法官可以取得律师资格，但是如果担任军事法官不满10年即从部队退役的不能取得律师资格，受到刑事处罚后不满一年以及破产业主，受到严重纪律处分的人在相当长时期内不能取得律师资格。具有律师资格的法官、检察官、军官和警官要想从事律师工作必须在辞去原来的职务两年以后才能在当地从事律师业务。

在我国香港特别行政区，要取得律师资格，首先必须是英国或香港的法律大学或学院的法律专业毕业生，先向香港律师公会申请登记，成为登记学生，然后到律师事务所跟随一位有经验的律师实习两年，再独立工作两年，经过考试合格，正式取得律师资格，到律师公会注册领取执照后成为执业律师。

在澳大利亚，要取得律师资格，必须在大学或类似的学院读完全部课程，通过考试取得法学学士学位，或通过全国律师考试委员会的考试，可以申请取得律师资格。学生入校以后要系统学习法学理论，研究案例，并到律师事务所实习一年后，经出庭律师推荐，律师协会审查批准才能取得律师资格，予以注册。律师注册或由不出庭的律师转为出庭的律师，均要举行庄严的宣誓仪式。

在加拿大,取得律师资格要经过严格的程序,即大学本科毕业后才能报考法学院,3年期满毕业由律师公会推荐到一个律师事务所实习一年,然后参加为期6个月的业务培训班,共学12门专业课,经过严格考试,门门及格才能取得资格证书,由律师公会发给执业证书。律师公会内专门成立了考试委员会,具体负责学员考试成绩的评定。

在马来西亚，根据1979年通过的律师法的规定，申请律师资格必须具备下列条件：马来西亚大学或新加坡大学法学学士学位考试；有英国法庭律师及律师评议会指定的资格的保持者；必须年满18岁；有善良品行；为马来西亚联邦的公民或永久居住者，并在应有7年以上律师工作经验的律师指导下进修一年。

五、日本司法考试制度的沿革

日本司法考试制度是日本司法人才队伍建设的重要保证。通过全国统一的司法考试，保证了从事司法工作的人员的高素质。日本司法考试制度经过了近百年的发展历史，目前，已经趋于完善。

早在明治政府期间（1876～1891），就存在代言人（律师）考试制度。当时，凡是要成为代言人的，必须参加由地方官所举办的考试，考试合格并经司法大臣予以任命之后才可以充任代言人。当时的主要考试科目是民法、刑法、诉讼程序、裁判规则。试题由法务省提供，考试由地方官员举行。帝国大学法学科毕业生、法学博士无需考试，即可充任代言人。

从1884年至1887年期间，开始实行法官录用考试制度。考试随时举行，由司法省任命。考试科目为刑法、犯罪、英国法国财产法、契约法及证据法。考试及格者先以法院秘书任用一年后，才能被任命为法官和检察官。法学士、代言人在担任法院秘书二至五年后，可充任法官或检察官。

从1888年至1890年，法官和检察官统称为司法官，其资格考试统一纳入高等文官考试。司法官应考科目，由文官事务局长官在民法、诉讼法、刑法、犯罪、商法以及行政法各科中选择五科进行考试。应考及格后给予候补法官身份，在治安法庭或初审法院实习一年半之后，由司法省以成绩优劣予以任命，但法科大学、文科大学的毕业生可以不必应试而被任命为候补法官或候补检察官。

从1908年至1922年，将法官和检察官合并在一起考试。在考试方式上采取两次考试形式。第一次考试包括笔试及口试，目的在于测验考生的学术素养。应试科目经常发生变化，笔试内容一般涉及民法、商法、刑法、民事诉讼法、刑事诉讼法、行政法、国际公法、国际私法等七科中的五科。第一次考试及格后，以候补法官、候补检察官的身份派往法院或检察局实习一年半，期满后再接受第二次考试。第二次考试内容以实务为主，分别进行笔试和口试。第二次考试合格后才能充任法官和检察官。但上述考试对已任满三年的大学教授不适用。其后，律师考试内容逐渐与法官和检察官考试内容相同，但考试并不同时进行。另外，律师考试第一次结束后及格者即取得资格。另外，法官、检察官、法学博士、帝国大学法科部毕业生及司法官第一次考试及格者，都享有律师资格。

从1923年到1948年，律师考试被纳入法官、检察官考试之中，应考考生第一次考试通过的，即可以获得律师资格。而司法官在接受第一次考试后，必须到法院或检察院等单位实习一年六个月，再接受第二次考试且合格后，才能充任法官。

现行的司法考试是基于1949年的《司法试验法》产生的。根据该法的规定，要想当司法官或律师，应当通过司法考试，并在录取后，经过司法研修所两年的训练才可以充任候补法官、候补检察官或律师。根据《司法试验法》的规定，司法考试大约应每年举行一次，考试分为第一次考试和第二次考试。第一次考试主要目的是为了考察考生是否具有参加第二次考试所具备的专业能力。目前，需要参加第一次考试的考生已经为数不多。真正有意义的是第二次考试。第二次考试分为三个阶段。第一阶段为短答式的考试，第二阶段为论文式的考试，第三阶段为口试。考试必须依次通过三次考试才能被录取。一般来说，短答式考试的及格率占全部考生的2%，论文式考试的及格率占全部短答式及格考生的12%，而口试及格率，占论文考试及格考生的90%。

在考试科目方面，短答式的考试科目为宪法、民法以及刑法三科，考题数目每年有细微变化，一般在60题至90题左右（每科20~30题）。论文考试的科目除了短答考试科目之外，另加商法、民事诉讼法和刑事诉讼法等。口试的科目也和论文考试科目相近。根据《司法试验法》第6条的规定，所有的考试都要以考察考生在法律专业上是否具有理解力、推理力及判断力，考试题目的范围由“司法试验管理委员会”按照“司法试验委员会规则”加以确定。

为了加强对司法考试的管理，《司法试验法》第13条规定，在法务大臣下设立“司法试验管理委员会”来推动司法考试工作，该委员会由法务省次官、最高法院秘书长以及由全国律师公会推荐并经法务大臣任命的律师组成。关于命题、阅卷以及决定是否录取都由经“司法试验管理委员会”推荐、经法务大臣任命的“司法试验考查委员会”组织和决定。

六、我国香港专业技术人员继续教育的法律制度

在香港回归之前，香港总督参照立法局的意见并在立法局的同意下制定了《雇员再培训条例》（1992年第76号条例）。

根据该条例第3条的规定，成立一个社团组织“雇员再培训委员

会”，该委员会由代表雇主的委员、代表雇员的委员以及总督认为与职业培训、再培训及人力统筹有关的人士组成。该委员会的主要职能是：研究提供再培训课程并研究该课程的管理事宜及供应情况，以协助本地雇员掌握新的职业技能或提高其职业技能从而适应就业市场的变化；找出空缺率比较高的工作或行业，而本地雇员如以受训雇员身份参加再培训课程，可借此掌握新的职业技能或提高其职业技能，从而在该行业再就业；就再培训课程的设计、管理及供应事宜，与培训机构、其他有关组织及政府部门联络；制定本地雇员领取再培训津贴的资格准则；支付提供再培训课程所需的费用等（第4条）。

为了保证该委员会正常行使自身的职权，该条例规定，设立“雇员再培训基金”，基金归属委员会（第6条）。委员会可以自基金拨付符合领取再培训津贴资格的受训雇员后发放给予培训机构的款项等（第7条）。

对于要求参加继续教育和再培训的专业技术人员来说，可以基于该条例第17条的规定提出申请。具体的申请程序是：本地雇员向劳工处处长提出申请，要求参加委员会认可的再培训课程。劳工处处长经过审核认为符合条件的，可以向某培训机构介绍申请人，该培训机构须审批该申请人的申请，并决定申请人是否符合他申请参加的再培训课程的录取资格，并将决定以书面形式通知申请人（第19条）。申请人获得培训机构邀请的，以受训雇员身份参加再培训（第20条）。根据该条例第21条的规定，受训雇员可以向委员会提出发放再培训津贴的申请（第21条）。委员会接到申请后，有权对有关的事实作出查询，申请人有义务协助查询（第22条）。委员会经过查询，认为申请人符合受训雇员条件的，可以自基金中拨发款项给培训机构，通过培训机构来给予受训人员以再培训的津贴。

另外，根据该条例第24条的规定，任何人如果就劳工处长和培训机构作出的决定不服，可以向委员会下的复核委员会提起复核请求。复核委员会经过审查以后，可以建议劳工处长和培训机构确认、更改或推翻有关的决定或者以复核委员会认为合适的其他决定予以取代。

因此，根据该条例可以看到，在香港特别行政区，专业技术人员在聘内实行继续教育可以获得政府设置的专门培训机构的经费支持。

七、台湾省专业技术人员考试法律制度

台湾省专业技术人员（专门职业及技术人员）执业，必须以考试确定其资格。台湾省先后制定了“专业职业及技术人员考试法”（1986年1月24日颁布）和“专业职业及技术人员考试法施行细则”（1986年5月2日颁布）。根据这两个法律、法规的规定，下列人员必须要根据考试来确定其任职资格：

1. 律师、会计师；

2. 建筑师、各类技师；

3. 医师、药师、牙医师、护理师、医事检验师、医用放射线技术师、护士、助产士、医用放射线技术士、药剂师、医事检验生；

4. 中医师；

5. 兽医师、兽医佐；

6. 航海人员、引水员、验船师、渔船船员、船舶电信人员；

7. 其他依法规应领证书的专门职业及技术人员（“专业职业及技术人员考试法施行细则”第2条）。

专门职业及技术人员的考试，分高等考试、普通考试两种，还因特殊需要，举行特种考试。（“专业职业及技术人员考试法”第2条）

专门职业及技术人员考试种类，高等考试、普通考试及特种考试报考年龄、考试类、考试科及分类、分科应试科目等由考试院会同有关的院加以规定（“专业职业及技术人员考试法”第3条、第4条）。

根据“专业职业及技术人员考试法”第5条规定，各种考试的形式，得采取笔试、① 口试、② 测验、③ 实地考试、④ 审查著作或发

---

① 指列为笔试科目并以书写方式使用试卷作答。参见“专业职业及技术人员考试法施行细则”第4条。

② 按照口试规则的规定进行。参见“专业职业及技术人员考试法施行细则”第4条。

③ 指心理测验、技能测验以及体能测验。参见“专业职业及技术人员考试法施行细则”第4条。

④ 按照实地考试的规定进行。参见“专业职业及技术人员考试法施行细则”第4条。

明①或与所需知能有关的学历、经历证件及论文②等方式。除笔试之外，采用其他方式考试的，至少应当采用两种以上的方式。笔试除了有特殊的规定之外，应当使用国语。此外，根据“专业职业及技术人员考试法”第6条的规定，专门职业及技术人员高等考试、普通考试，每年或隔一年考一次，必要时可以临时举行。

对于考生，如果有下列情况的，不得参加考试：犯内乱罪外患罪，并被判刑者；曾从事公务工作但有侵占公有财物或收受贿赂行为，并被判刑的；被剥夺公权尚未恢复者；受禁治产宣告尚未被撤销者；吸食鸦片或其他毒品者（“专业职业及技术人员考试法”第10条）。

考试及格③的人员由“考试院”发给证书，④并登报予以公示（“专业职业及技术人员考试法”第19条）。考试后发现考试及格人员有下列情形的，由“考试院”撤销其考试资格，并吊销其及格证书：犯内乱罪外患罪，并被判刑者；曾从事公务工作且有侵占公有财物或收受贿赂行为，并被判刑的；冒名顶替者；伪造或变造应考证件者；自始不具备应考资格者；以诈骗或其他不当的方式影响考试结果者。凡符合上述情形的，应当剥夺考试资格或吊销及格证书（“专业职业及技术人员考试法”第20条）。

八、部分国家著名企业对专业技术人员实施继续教育的情况

专业技术人员在企业的技术改造和创新中起着非常重要的作用，因此，国外一些著名的大企业都非常注重对专业技术人员实施继续教

---

① 按照著作权法的规定进行审查。参见“专业职业及技术人员考试法施行细则”第4条。

② 指与所考类、科需具备的知能有关的学历证明或送审论文。参见“专业职业及技术人员考试法施行细则”第4条。

③ 根据“专业职业及技术人员考试法施行细则”第9条的规定：各种考试除另有规定者，以考试总成绩满60分为及格。

④ 根据“专业职业及技术人员考试法施行细则”第20条的规定，“由‘考试院’发给证书”，指考试及格证书。

育，① 并取得了非常成功的经验。

（一）美国的IBM公司

美国IBM公司认为，对专业技术人员的继续教育和培训是一种投资。继续教育的重点在于生产力的提高，同时提高专业技术人员的创造性和积极性，充分激发专业技术人员的工作潜能。因此，IBM公司设立了非常系统的继续教育和培训机构。包括IBM公司培训中心，地区总部培训中心和各国培训中心。公司培训中心的主要培训对象是培训地区总部主管、高级雇员、总部各部主管和上述各类后备人员；地区总部培训中心是培训各国办事处的主管、地区总部各部总管及上述各职的后备人员。各国培训中心是培训一般雇员和工人。

IBM公司平均每天有一万人在接受培训，员工培训实践因业务不同而不同，其中业务代表（系统工程师）要受训6个月至1年，工程师至少要培训3个月。培训分为技术性培训和非技术性培训两类。技术性培训是一种基础性的再教育，一般七级员工都要经常接受这种培训。技术性培训由业务部门主管，业务部门自己做计划，而不是由人事部门负责。培训方式用得最多的是研讨，另外还利用电脑辅助教学的方式来进行培训，还有一种是研究问题底细及解决方式（PSDA）。

（二）北欧萨斯公司

萨斯公司非常重视对专业技术人员的培训，其总部有两座大楼，有一座就是管理培训中心。萨斯公司的管理培训中心是专业技术人员继续教育的重要基地。管理培训中心主任为公司高层管理人员，中心有5名专家，10名教员和14名行政、秘书、财务等人员。公司除了自己对专业技术人员进行培训之外，还将一些有培养前途的职员送到西格图娜管理学院和集团管理学院等单位进修学习。公司每年拨给公司管理培训中心6 000万克朗的培训经费，培训课程的设计确定，参加培训人员的选择，全部由中心主任负责，主任对分管培训工作的副总裁负责，其他人员不得干涉。

（三）日本三菱集团

能力开发与培训教育是三菱集团日常管理的一项重要内容。由于

---

① 资料来源于《企业人事制度改革政策与实践》，人事部政策法规司、中国高级公务员培训中心编，中国人事出版社1996年版。

该集团采取的是“终身雇佣制”，因此，对自身员工的素质要求特别高。如在三菱重工还制定了《社员教育的基本方针》。该基本方针规定，要根据长期观察对各个职种群体进行有计划性、连续性且以每个人自我启发为基本的教育，使员工增长履行职务的能力。三菱汽车工业公司还制定了有关职工的具体的教育目标，包括：（1）为适应激烈变化的企业环境培养职员跟踪课题的能力；（2）培养职工的自我提高能力。基于这样的教育思想，公司把继续教育简洁地分为两类，一类是 O. J. T，是指结合日常业务进行的现场教育；另一类是 off. J. T，指公司内、外举办的讲习会以及函授教育。

目前，在三菱企业内部已经形成了以继续教育培训为重要内容的能力开发体系。

九、美国的雇主责任及其保险

在美国，专业技术人员受雇于雇主，如果其受到意外的伤害或者是因雇主的过失而遭受伤害或损害，劳工法和雇主责任法分别通过劳工保险和雇主责任保险的方式来将雇主的赔偿责任转移到保险公司身上。

美国各州的法律规定，雇主必须遵守劳工法，雇主必须向保险公司投保雇主责任险，这是一种带有社会保险性质的强制性的雇主责任险，一般来说，雇员受了工伤，由保险公司替雇主承担赔偿责任。

根据雇主责任法，雇主还可以根据自身的情况向保险公司投商业性的雇主责任险。即当由于雇主自身的过失导致雇员受到伤害或损害，由于雇主向保险公司投了雇主责任险，因此，雇员仍然可以向保险公司索赔。

在美国的雇主责任险下，雇主是投保人，也是被保险人，但是，最终受保障的是受到伤害或损害的雇员。雇主责任险承保的是雇主对雇员遭受伤害应当承担的赔偿责任，不过，这种伤害必须是与雇员所从事的专业技术工作和职业相关的伤害。保险公司一般事先确定了理赔责任的范围，保险公司只承保雇员在保险单列明的工作场所和在工作时间内从事其职务工作遭受的伤害。而美国的雇主责任保险单把雇员受派遣出差时遭受的伤害，以及雇员在从事有利于雇主的其他活动中遭受的伤害也列在与工作有关的伤害之中。

美国雇主责任险应当承担的赔偿事项主要有：雇员受工伤需治疗的医疗费用赔偿、雇员工伤死亡的赔偿（包括丧葬费和给死者家属的抚恤金）、雇员受工伤接受康复治疗费用的赔偿、雇员因工伤失去工作能力的工资损失赔偿。

十、德国对解雇的法律保护

德国对于雇主解雇雇员的权利作了许多法律限制，这些限制比较好地保障了在企事业单位中的专业技术人员合法权益。德国在对解雇的法律保护方面的主要法律规定是1969年8月25日公布并经1989年12月18日修订的《德国解雇保护法》。根据该法律的规定，雇员在同一企业或同一联合企业连续工作达6个月以上时，雇主无正当理由解除与雇员的劳动关系，其解除行为无效。所谓无正当理由解雇是指非因雇员本身或个人行为原因，也非因企业紧急需要需解雇雇员之原因而引起的解雇。主要包括以下几个方面：

1. 在私法企业中

（1）违反《企业组织法》第95条进行的解雇。

（2）雇员可在同一企业内或同一联合企业内的其他企业的另一岗位被继续雇佣，且企业委员会或其他根据《企业组织法》设立的雇员代表组织对解雇提出了书面的反对意见。

2. 在公法企业和公法管理机构中

（1）违反被解雇人员挑选原则的解雇。

（2）雇员可以在同一机构的其他工作岗位或同一管理部门的同地点的其他机构继续被雇佣，并且其主管人事代表组织出于上述原因之一已在适当期限内对此解雇提出了反对意见。但在与上级管理机构协商过程中，较高级的人事代表组织不同意这一反对意见时，反对意见无效。

（3）如雇员因企业紧急需要而被解雇，雇主在挑选被解雇人员时没有或没有充分考虑到其社会因素，则这种解雇也不具有正当理由。

对于无正当理由解雇的，雇员可以在其被解雇一周内向企业委员会提出异议。如企业委员会认为异议有理，则应努力与雇主协商。根据雇员和雇主的要求，企业委员会可就异议向他们发表书面意见。此外，雇员如认为解雇不具有正当理由，可在解雇后3周内向劳动法院提起诉讼，请求法院确认这一解雇无效。如果雇员向企业委员会已提出异议，则应在诉状中附上企业委员会的意见。在诉讼时效内，如果没有对认为不具有正当理由的解雇起诉，则该解雇从开始时视为有效。法院判决解除劳动关系的，付给雇员一次性补偿金。

该法律还对企业组织和人事代表的解雇作了法律上的保护。该法第15条规定，企业委员会、青年及学徒代表组织、船员代表组织或海运委员会的成员，人事代表组织、青年及学徒代表组织或青年代表组织的成员禁止被解雇，除非雇主出于重要理由则无须遵守解雇期限而提出解雇，并且企业委员会等代表机构根据企业组织法的规定对此予以同意或法院判决应当予以解雇。此外，选举委员会成员从被委任时起，候选人从其被录入候选人名单起，在选举结果公布前禁止被解雇，除非雇主出于重要理由则无须遵守解雇期限而提出解雇，并且企业委员会等代表机构根据企业组织法的规定对此予以同意或法院判决应当予以解雇。

该法律还规定，对于某些性质的解雇，雇主负有报告义务。如30个日历天期间在人数通常在20～60人之间的企业内，解雇5名雇员的。雇主在进行有报告义务的解雇时，应及时书面通知企业委员会有关解雇的原因、解雇人数、通常情况下的雇员总数、解雇的日期以及其他有关必要问题。雇主和企业委员会应进行协商尽量避免解雇，限制解雇数量，减轻解雇后果。该法律还规定，在劳资斗争时的解雇不适用该法律的规定。

十一、美国教师申诉制度

根据美国宪法的规定，① 美国的教育管理权归属于各州。在具体实务上，由各州地方教育委员会负责教育事务。在美国，教师不属于政府公务员系列，因此，教师如果与用人单位发生纠纷，可以直接通过司法程序加以解决。此外，也可以通过集体协商（collective bar-

① 《美国联邦宪法》第10条修正案规定："凡是未经宪法规定授予联邦政府行使或州政府行使的各种权力，一律保留给州政府或人民行使之。"根据该条规定，由于宪法没有将教育管理权授予联邦政府，因此，教育事务归各州行使。

gaining）的方式加以仲裁。

由于联邦宪法没有规定集体协商制度，所以，集体协商的性质和内容也是由州立法机关决定。法院判决也多以《州协商法案》（collective bargaining act）中的规定为依据。一般而言，州法规定了三种不同的集体协商制度：1. 强制协商（mandatory bargaining），地方教育委员会必须与教师团体协商有关问题。2. 禁止协商（prohibitive bargaining），州政府全面禁止协商，或在某些问题上对协商加以限制。3. 自由协商（permissive bargaining），州法中没有规定协商事宜，而且地方教育委员会没有义务进行协商。但在某些特殊情况下，地方教育委员会可以自愿与教师协商。在这种协商制度下，因为州法律没有明文规定，所以，双方接触仅限于讨论，地方教育委员会并不一定要遵守该协议。

在集体协商过程中，代表雇主的是地方教育委员会，另一方是代表教师的工会。工会一般只代表某个地区的教师，因为并不是所有的教师都要属于工会会员。一般来说，代表教师参加集体协商的工会有三种类型：1. 会员保证型，教师必须参加工会，并且成为会员，才能与代表进行协商。2. 财务资助型，教师不一定要是工会会员，但是要给予工会以财务帮助，以获得与代表进行磋商的权利。3. 开放自由式。在这种类型的工会中，并不要求教师成为会员或给予财务帮助，就可代表其进行协商。

一般而言，为州法院所支持的协商课题大致包括：1. 薪资；2. 工作时数；3. 工作环境。以新泽西上诉法院判决为例，认为下列四个方面必须纳入集体协商的议题：1. 工作时数；2. 工作负担；3. 与学生接触时数；4. 为教师提供的设备。另外，在多数判例中，法院也认为，不续聘教师的"程序问题"可列入协商的范围。在列入协商的议题中，对薪资与工作时间的争执较工作环境要小。对工作环境的争执一般包括以下七个方面：班级大小；工作负担；金钱福利；学术自由；事业成长；不续聘问题等。

原则上，美国教师与教育委员会之间都签订有契约，两者之间属于雇佣关系。契约分为两类，一类是试用教师，另一类是长期教师，这两类契约所涉及教师的权利与义务不尽相同。在这两类契约中，对教师来说，不利的处境比较多，以薪资和不续聘为多。由于美国各州之间对长期教师的契约并不通用，因此，一般的教师在某一个州都必须经过试用阶段。按照州的法律，可规定试用年限，一般来说是三年到五年，在此期间多为一年一聘，续聘与否完全取决于教育委员会对其行为的评价，对此类问题，除非出现特殊情况，法院一般不愿意介入。但是，如果是解聘，那么，教育委员会必须提供《宪法》第14条修正案所要求的“正当程序”。一般来说，举行“听证会”是主要的形式，教师在其中可以申诉，并进行适当的答辩。长期聘任的教师，只要其适任，一般都享有工作的保障。但在康涅迪克州，如果长期聘任的教师有无效率、不适任、不合作、不道德、职位削减等原因的，可以被解聘。

对于解职，教师可以获得以下申辩途径：1. 教育委员会必须按照州法所规定的期限将解职通知送到教师手中，否则，视为无效。2. 在解职通知中，必须列出解职所依据的州法律条文并说明理由。3. 举行听证会。有的州规定，解除教师职务必须举行听证会，有的则规定可以由教育委员会自己决定。

对于雇佣契约发生的纠纷，教师一般愿意首先采用仲裁程序，对仲裁程序不服的，再提起诉讼。一般情况下，申请仲裁的纠纷多涉及人事问题、职务分配、解职与不续聘等。

仲裁程序只邀请公正的第三者出现来解决雇佣合同的纠纷。其形式一般可分为调停、询查事实与仲裁。目前，在全美约有20个州允许以仲裁方式来解决上述纠纷。即使在承认仲裁的州，也不一定就承认仲裁的法律效力，特别是涉及解职不续聘的争议，往往以法院的判决为主。

十二、国外集体合同在保障专业技术人员权益方面的作用

在国外，大多数国家都在雇主与专业技术人员之间采用了签订集体合同的方式来保障专业技术人员的合法权益。

根据国际劳工组织的布朗斯坦先生的比较研究，目前在世界上主要存在四种类型的集体合同体制，即英国式的“君子协定”，国家对集体谈判不作任何规定；美国的“游戏规则”，国家只对集体谈判的代表加以规定；瑞士通过立法对集体谈判的法律效力加以规定；西班牙和法国则对集体谈判的所有问题都加以规定。

以瑞典和芬兰为例，集体谈判和集体协议一般分为中央级、行业级和企业级三个层次。首先由中央级的工会和雇主组织根据中央级的框架协议分别进行协商谈判，形成集体协议。最后，企业雇主与地方工会组织在集体协议的基础上，结合本企业的实际情况对集体协议中的就业条件等内容进行合理细化。

瑞典和芬兰的劳资争议处理体制是按照传统的权利争议和利益争议的划分方法进行区分的，由两套不同的机制来处理。国家调解员办公室处理集体谈判过程中的劳资争议，劳动法院处理一般的个人劳资争议和履行集体协议过程中发生的劳资争议。按照法律和集体协议的规定，个人劳资争议如果准备起诉到劳动法院，必须首先得到中央级组织明确的许可或禁止的意见。也就是说，个人的劳资争议必须首先经过企业、地方工会和雇主组织、中央级工会和雇主组织等多个层次的调节和协商后才能进入诉讼程序。

目前，在瑞典和芬兰，强大的劳资组织的存在为集体合同制度提供了必要的基础。瑞典和芬兰是劳资组织率最高的国家，雇员与雇主参加其代表组织的比例一般都在 80% 以上，瑞典的私营企业主参加雇主组织的比例甚至高达 85%。这主要是受这两个国家社会民主党长期执政影响的结果。通过劳资组织之间的集体合同，很好地解决了专业技术人员合法权益的保护问题。特别是通过行业性劳工组织的保护，单个的专业技术人员的个人权益受到各方面的保障。

在法国，《劳动法典》第二篇专门规定集体争议及其处理制度，即集体争议可以通过协商、调解、调停、仲裁和诉讼等方式解决。法国劳动法典规定，调解是解决集体争议的必经程序。即“任何时候只要发生集体争议，特别是涉及签订、修改或续订集体协议或协定方面的争议，应一律采取调解程序”。公营事业和企业发生集体争议“应一律采用调解程序解决”。全国性调解委员会和地区调解委员会由雇主代表、受雇者代表以及当局代表组成。调解未达成协议的，可以有两种处理方式：双方当事人同意的，可以将争议提交仲裁；双方不能就仲裁达成一致时，提交调停。仲裁程序开始的前提是，争议双方在协议中约定发生争议时由仲裁机构仲裁解决或者是发生争议后，当事人就仲裁达成一致意见。所以，当事人提请仲裁应当以达成的仲裁协议为前提。仲裁协议中应当选定仲裁员和仲裁地点。集体争议仲裁的范围包括：1. 调解不能达成协议的争议项目。2. 有关现行法律、法规、集体协议和协定的解释和实施方面的争议。3. 其他性质的争议。调停由调解委员会特别指定的调停员组织进行。调停员有权主动调查和提出建议。调停程序既可以由当事人一方书面请求，由劳工部长决定开始，也可以由劳工部长依职权决定开始。调停员有广泛了解争议双方情况的权利。经过必要的调查后，调停员应当召集双方到会。对双方进行调停后 15 天内，调停员提出解决争议的建议。但是，如果调停员发现争议涉及对法律、法规或协议的解释时，或有违犯法律、法规或协议的行为时，应劝说双方将争议依法提交仲裁机构或有管辖权的普通法院审理。

美国的集体争议处理制度是基于 1935 年颁布的《国家劳资关系法》和 1947 年颁布的《劳动管理关系法》建立的。这两部法律规定了集体争议处理的调解和仲裁制度。联邦劳工部设立调解局。局长由总统任命，直接向国会负责，不受劳工部长和劳工部其他官员或任何其他部门的管辖和领导。局长任命调解员和调停员。调解局的职责是：有责任帮助争议各方通过调停和调解解决争议。如果认为某项争议有可能对商业造成很大阻碍，调解局可以主动干预，或经争议一方请求进行干预，并立即同有关各方联系，尽最大努力通过调停和调解使其达成协议。在一定期限内，如果局长不能通过调解使有关各方达成协议，应当促使争议各方通过其他形式加以解决。申请仲裁一般是争议一方以书面形式通知另一方将进行仲裁并向美国仲裁协会的任一地方办公室提交两份上述通知的副本以及一份集体协议或协议中与处理争议有关的部分（即仲裁条款）。申请仲裁应当提交申诉状，说明请求处理的争议事项。在指定仲裁员后，除非征得仲裁员及对方同意，任何一方不得提出新的请求。双方可以达成书面协议选择仲裁地点。不能达成一致的，由协会确定。仲裁庭以多数人意见作出裁决，也可以由一名仲裁员听证和裁决。裁决具有终局效力，对双方当事人均有约束力。

在日本，根据 1949 年 9 月颁布的《日本劳动关系调整法》，在中央劳动委员会和地方劳动委员会下设特别调整委员会。劳动委员会处理劳资纠纷可以适用斡旋、调停、仲裁与紧急调整等方式。

第四节 《中华人民共和国专业技术人员管理条例》专家建议稿及立法说明、立法研讨会综述

一、《中华人民共和国专业技术人员管理条例》（1999 年 8 月立法讨论稿）

中华人民共和国专业技术人员管理条例

第一章 总 则

第一条 为保护专业技术人员的合法权益，调动专业技术人员的积极性、创造性，建立和完善与社会主义市场经济体制相适应的专业技术人员制度，更好地为经济建设和社会发展服务，根据宪法及国家有关法律，制定本条例。

第二条 本条例所称专业技术人员，是指具有专业技术资格和专门知识，在企事业单位和其他社会组织中从事专业技术工作的人员。

第三条 专业技术人员工作要贯彻以经济建设为中心，坚持四项基本原则，坚持改革开放的基本路线；坚持尊重知识，尊重人才的方针；坚持德才兼备的用人标准；贯彻公开、平等、竞争、择优的原则。

第四条 国务院人事行政部门主管全国专业技术人员工作，县级以上地方人民政府人事部门负责本行政区内专业技术人员工作。

第五条 国务院各部委、直属机构负责本部门的专业技术人员工作。

第二章 权利义务

第六条 专业技术人员享有下列权利：

（一）依法从事专业技术工作；

（二）获得劳动报酬和享有保险福利待遇；

（三）获得从事专业技术工作应有的条件；

（四）获得工作安全和劳动保护的保障；

（五）获得更新知识和接受继续教育的机会；

（六）依法拥有知识产权；

（七）依照本条例规定辞职；

（八）依法提出申诉和申请仲裁；

（九）对本单位工作提出合理建议和批评；

（十）宪法和法律规定的其他权利。

第七条 专业技术人员必须履行下列义务：

（一）遵守宪法、法律和法规；

（二）依照国家法律、法规和政策从事专业技术工作；

（三）忠于职守，提高专业技术水平，完成本职工作任务；

（四）维护国家安全，保守国家技术秘密；

（五）传播科学知识；

（六）维护本单位合法的专业技术权益；

（七）宪法和法律规定的其他义务。

第三章 资格证书制度

第八条 国家实行专业技术人员资格证书制度，资格证书是证书持有人专业水平、能力的证明，可作为求职、就业、聘任专业技术职务的凭证和从事特定专业的法定注册凭证。

第九条 专业技术人员资格分为专业技术人员执业资格和专业技术职务任职资格。

（一）执业资格是政府对某些责任重大，社会通用性强，关系公共利益的专业技术工作实行的准入控制，是专业技术人员依法独立开业或独立从事某种专业技术工作学识、技术和能力的必备标准；

（二）专业技术职务任职资格是专业技术人员担任某一专业技术岗位职务的学识水平、工作能力的重要依据，任职资格分为高级、中级、初级三个级别。

第十条 专业技术人员资格的获得方式：

（一）执业资格通过国家统一考试办法取得，合格者获得执业资格证书；

（二）专业技术职务任职资格通过学历认定、考试和专家委员会考核评审的办法取得，合格者获得专业技术职务任职资格证书。

第十一条 执业资格证书在中华人民共和国境内，在规定的期限内有效。专业技术职务任职资格证书在评审的范围内有效。

第十二条 专业技术人员所持资格证书失效或按有关规定被吊销

资格证书的，即失去相应的专业技术人员资格。其资格的再一次取得，必须重新通过认定、考试或评审的方式获得资格证书。

第四章 聘 用

第十三条 专业技术人员聘用包括：

（一）用人单位和专业技术人员确立劳动合同关系；

（二）用人单位和受聘专业技术人员确立聘任专业技术职务的聘任关系。

第十四条 专业技术人员聘用，必须根据岗位需要，坚持公开、公平、竞争、择优的原则和德才兼备的标准，注重专业技术工作业绩。

第十五条 受聘专业技术人员应具备下列条件：

（一）遵纪守法并具有良好的职业道德；

（二）获得相应专业技术工作所要求的专业技术人员资格证书；

（三）具有全面履行岗位职责的能力；

（四）身体健康，能坚持正常工作；

（五）用人单位确定的其他符合法律法规的聘用条件。

第十六条 用人单位按照规定的聘用程序，以公开竞争的方式确定聘用人选，并办理相应聘用手续。

第十七条 用人单位与受聘专业技术人员应依据国家法律法规，在自愿平等和协商一致的原则下，以书面形式签订聘用合同，明确双方的权利和义务。聘用合同一经签订，即具有法律效力，双方必须严格遵守。

第十八条 下列情况下，用人单位可以解除或终止聘用合同：

（一）专业技术人员不履行聘用合同的；

（二）专业技术人员违法乱纪和严重失职、渎职的；

（三）专业技术人员患病或非因公负伤等原因，医疗期满后，不能从事原工作也不能由用人单位另行安排的工作的；

（四）用人单位破产、被撤销而不能继续运转的；

（五）出现聘用合同中规定的聘约终止条件的。

第十九条 专业技术人员有下列情形之一的，用人单位不得解除聘用合同：

（一）聘用期未满，又不符合第十八条所列条款的；

（二）妇女在孕期、产期和哺乳期的；

（三）国家法律、法规另有规定的。

第二十条 在下列情况下，受聘专业技术人员可提前解除聘用合同：

（一）用人单位不履行聘用合同的；

（二）按国家规定考入大中专院校、应征入伍、考入或被调任到国家机关工作的；

（三）符合国家政策规定，经用人单位组织人事部门批准调出的。

第二十一条 承担重要或关键专业技术工作的人员，如其提前提出解除或终止聘用合同，将给用人单位带来技术项目的终止、知识产权纠纷、技术失密及可能产生较大经济损失的，在聘期内，专业技术人员提出解除或终止聘用合同，需经用人单位批准。

第二十二条 用人单位和受聘专业技术人员中一方要求解除或终止聘用合同，须提前三十日以书面形式通知对方，并保证在不损害双方权益的情况下，对解除和终止合同的善后事宜应根据不同情况，按照有关规定进行妥善处理。

第二十三条 实行专业技术人员执业资格制度的专业技术岗位，受聘专业技术人员必须按照国家法律规定的条件和程序，进行执业注册登记。

第五章 辞职辞退

第二十四条 专业技术人员实行辞职辞退制度。

第二十五条 专业技术人员的辞职，是指专业技术人员依照法律、法规规定，申请终止其与用人单位的任用、聘用关系。

第二十六条 专业技术人员辞职，应按人事管理权限，向所在单位或主管部门提出书面申请。所在单位或主管部门应当在三个月内予以审批。

第二十七条 有下列情况之一的人员，其辞职必须经过批准。

（一）国家和省、市（地区）重点科研项目的主要负责人和业务骨干，辞职后对工作可能造成损失的；

（二）在边远地区，少数民族地区工作的；

（三）从事特殊行业、特殊工种的；

（四）从事国家机密工作，或曾从事国家机密工作，在规定的保密期内的；

（五）经司法或行政机关决定或批准，正在接受审查、尚未结案的。

第二十八条 辞职人员凡经单位出资培训的，如个人与单位订有合同，培训费收取可按合同办理；如个人与单位没有签订合同，单位可以适当收取培训费，收取标准按培训后回单位服务的年限，以每年递减培训费20%的比例计算。

第二十九条 辞职应按规定程序办理手续，不得擅离职守。对擅自离职人员，要进行批评教育，并依据有关规定区别不同情况妥善处理。

第三十条 单位应支持人才合理流动。对有意刁难、打击申请辞职人员者，应给予严肃处理。

第三十一条 辞退专业技术人员是指用人单位因法定事由，经法定程序主动解除与专业技术人员之间的任用、聘用关系。

第三十二条 单位对有下列情况之一，经教育无效的专业技术人员，可以辞退：

（一）连续两年岗位考核不能完成工作任务，又不服从组织另行安排或重新安排工作后在一年内仍不能完成工作任务的；

（二）单位撤并或缩减编制需要减员，本人拒绝单位安排的；

（三）单位转移工作地点，本人无正当理由不愿随迁的；

（四）无正当理由连续旷工时间超过十五天，或一年内累计旷工时间超过三十天的；

（五）损害单位经济权益，造成严重后果以及严重违背职业道德，给单位造成极坏影响的；

（六）无理取闹、打架斗殴、恐吓威胁单位领导，严重影响工作秩序和社会秩序的；

（七）贪污、盗窃、赌博、营私舞弊、情节严重但不够刑事处分的；

（八）违犯工作规定或操作规程，发生责任事故，造成严重经济损失；

（九）犯有其他严重错误的。

第三十三条 专业技术人员在下列情况下，单位不得辞退：

（一）因公负伤、致残、丧失劳动能力的；

（二）享受休假待遇的人员在休假期间的；

（三）患绝症、精神病及本专业职业病的；

（四）国家法律法规另有规定的。

第三十四条 辞退专业技术人员，由单位有关行政领导提出书面意见，说明辞退理由和事实依据，经单位集体讨论决定后，按人事管理权限办理辞退手续。

第三十五条 被辞退人员可按有关规定享受待业保险，未实行待业保险的，应发给被辞退人员辞退费。

第三十六条 辞退专业技术人员必须严格依据规定的条件和程序进行。任何单位和个人不得干扰辞退工作，严禁单位负责人滥用辞退权。对借辞退进行打击报复的，应追究责任。

第三十七条 被辞退人员不得无理取闹，扰乱工作秩序，违者按《中华人民共和国治安管理处罚条例》有关规定处理。

第三十八条 辞职、辞退人员不得私自带走属原单位的科研成果、内部资料和设备器材等，违者视情节轻重给予行政处分或责令赔偿经济损失，触犯法律的，由司法机关依法处理。

第三十九条 所在单位或主管部门与辞职申请人及辞退人员之间发生争议时，可向当地政府人事部门流动争议仲裁机构申请调解或仲裁。

第六章 继续教育制度

第四十条 专业技术人员实行继续教育制度。专业技术人员继续教育（以下简称继续教育）是对专业技术人员进行知识和技能的增新、补充、拓展和提高，完善其知识和技能结构，提高其创造能力和专业技术水平的一项追加性教育活动。

第四十一条 继续教育坚持理论联系实际，按需施教，培养与使用相结合，讲求实效的原则。

第四十二条 继续教育的内容根据社会主义市场经济体制建设和现代科学技术的发展，结合专业技术人员本职工作需要确定。

第四十三条 各级人民政府应当把发展继续教育纳入社会经济发展规划，鼓励和支持有条件的企业、事业组织、社会团体和个人进行继续教育活动。

国家对重点领域、重点技术、重点项目和经济欠发达地区的继续教育采取扶持政策。

第四十四条 用人单位应保证专业技术人员参加继续教育的时间、经费和其他必要条件。

第四十五条 继续教育采取自学与脱产、半脱产学习相结合的方式，以有计划、有组织、有考核的自学为主。专业技术人员每年应脱产接受一定时间的继续教育，高中级专业技术人员每年累计不少于40学时，初级专业技术人员每年累计不少于32学时。

专业技术人员经单位批准，参加业务技术培训、进修、研修、考察以及学术讲座、学术会议等活动，均可视为脱产接受继续教育。

第四十六条 继续教育经费按照国家有关规定执行，各级财政及基层企事业单位要努力增加对继续教育的投入，有条件的地方、部门和单位可以建立继续教育基金。

第四十七条 专业技术人员接受继续教育情况，是专业技术人员考核合格的条件，是聘任、晋升专业技术人员职务的重要依据，是执业资格注册的必备条件之一。

第四十八条 专业技术人员在脱产接受继续教育期间，享受国家和单位规定的工资、保险与福利待遇。

第七章 考 核

第四十九条 专业技术人员的考核内容包括德、能、勤、绩四个方面，重点考核工作实绩。

第五十条 对专业技术人员的考核，应当坚持客观公正、民主公开、注重实绩的原则。

第五十一条 专业技术人员的考核分为平时考核和年度考核。平时考核作为年度考核的基础。

第五十二条 单位在专业技术人员年度考核时可设立非常设性的考核委员会或考核小组，在单位负责人的领导下负责专业技术人员年度考核工作。

第五十三条 专业技术人员考核结果分为优秀、合格、基本合格、不合格四个等次。

考核结果应以书面形式通知本人。本人如果对考核结果有异议，可以按照有关规定申请复核。

第五十四条 国有事业单位专业技术人员考核结果作为其聘任、奖惩、培训、辞退以及调整工资待遇的依据。

第八章 奖励与惩罚

第五十五条 国家行政机关、企业事业单位对在工作中做出显著成绩和贡献以及有其他突出事迹的专业技术人员给予奖励。对专业技术人员的奖励，坚持以政府奖励和企业事业单位奖励相结合、精神奖励和物质奖励相结合的原则。

第五十六条 专业技术人员有下列表现之一的，应当给予奖励：

（一）爱岗敬业，勤奋工作，成绩显著的；

（二）在专业技术工作中有发明、创造或者提出合理化建议，为国家和单位取得显著经济效益和社会效益的；

（三）防止或者挽救事故有功，使国家、单位和人民群众利益免受或者减少损失的；

（四）在抢险、救灾等特定环境中做出重要贡献的；

（五）同违法违纪行为做斗争，有功绩的；

（六）在国际交流与合作中，为国家和单位争得荣誉和利益的；

（七）有其他功绩的。

第五十七条 国家对专业技术人员的奖励分为：嘉奖、记三等功、二等功、一等功、授予荣誉称号。同时可按照规定给予一定的物质奖励。

第五十八条 国家对专业技术人员奖励的权限和程序，按照有关规定办理。

第五十九条 企业、事业单位中，在科学研究、教育、卫生、工农业生产和科技推广等第一线工作岗位上以及在文化艺术、新闻出版等方面做出突出贡献的专业技术人员，符合规定条件的，按照规定程序选拔，经国务院批准，可享受政府特殊津贴，颁发政府特殊津贴证书。

政府特殊津贴免征个人所得税。

第六十条 企业、事业单位中，在科学研究、高等教育、医疗卫生、工农业生产、科技管理等领域做出突出贡献的专业技术人员，按规定条件和程序选拔，经国务院人事行政部门批准为有突出贡献的中青年科学、技术、管理专家，颁发《有突出贡献的中青年科学、技术、管理专家证书》，并按照有关规定享受晋升职务工资等待遇。

第六十一条 专业技术人员不得有下列行为：

（一）玩忽职守，给专业技术工作造成损失；

（二）弄虚作假，剽窃他人成果，违反学术道德；

（三）泄露国家秘密和技术秘密，给国家和单位造成损失；

（四）在国际学术交流与合作中有损国家荣誉与利益；

（五）违反社会公德、造成不良影响；

（六）其他违反纪律的行为。

第六十二条 专业技术人员有本条例第六十一条所列违纪行为，尚未构成犯罪的，或者虽然构成犯罪但属依法不追究刑事责任的，所在单位应当给予处分；违纪行为情节轻微，经过批评教育后改正的，也可以免予处分。

第六十三条 用人单位对专业技术人员处分可分为：警告、记过、记大过、开除。

受处分期间，不得晋升职务工资。

第六十四条 对专业技术人员的处分，应当事实清楚、证据确凿、定性准确，并将处分事实和处分依据告知被处分人，充分听取其陈述申辩。

第六十五条 专业技术人员受本条例第六十三条所列除开除以外的处分，分别在半年至两年内由单位解除处分。

专业技术人员在受处分期间，有特殊贡献的，可以提前解除处分。解除处分后，晋升职务工资不再受原处分的影响。

第六十六条 处分决定和解除处分的决定应当以书面形式通知本人。

第六十七条 各类企业、公司对专业技术人员的奖惩，由企业、公司根据本条例和有关法律、法规以及企业、公司根据本条例和有关法律、法规制定的企业、公司内部规章自主实施。

第九章 工资、社会保险与福利

第六十八条 工资分配遵循按劳分配和按生产要素分配相结合的原则，充分体现人才价值。

工资水平在经济发展的基础上逐步提高，国家对工资总量实行宏观调控。

第六十九条 对专业技术人员实行分类管理的工资政策。国家财政拨款的单位，应当依据国家有关规定，根据专业技术人员的专业技术水平、工作强度、工作责任、工作条件和实际贡献付给其相应的工资报酬。其他单位可以逐步建立市场决定的工资分配机制，在政府监督调控下，根据人才价值和市场供求关系，决定专业技术人员的工资报酬。

第七十条 鼓励专业技术人员通过技术、专利等生产要素参与收益分配，取得合法收入。

第七十一条 工资应当以货币形式按月支付给专业技术人员，不得克扣或无故拖欠。

第七十二条 用人单位要依法为专业技术人员办理社会养老保险、基本医疗保险、失业保险和工伤保险等基本保险。用人单位和专业技术人员必须依法交纳社会保险费。

第七十三条 鼓励用人单位根据本单位实际情况和专业技术人员的工作特点建立补充保险。

第七十四条 实行社会化为主的福利政策。

各级人民政府通过发展社会福利事业，兴建公共福利设施，为专业技术人员休息、休养和疗养提供条件。

用人单位要创造条件，不断改善专业技术人员的工作环境，定期组织他们检查身体，提高他们的福利待遇。

第七十五条 对专业技术人员实行带薪休假制度，具体办法由国务院人事行政部门另行制定。

第十章 法律责任

第七十六条 凡违反本条例规定情形的，根据不同情况，由县级以上人民政府或者人事部门按照规定处理。（具体内容由各章节起草人拟定）

第十一章 附 则

第七十七条 本条例由国务院人事行政部门负责解释。

第七十八条 各地区、各部门可按照本条例的有关规定制定实施细则。

第七十九条 本条例于 年 月 日施行。

二、《中华人民共和国专业技术人员管理条例》（专家建议稿）

中华人民共和国专业技术人员管理条例

第一章 总 则

第一条 为了保护专业技术人员的合法权益，调动专业技术人员的积极性、创造性，建立和完善与社会主义市场经济体制相适应的专业技术人员制度，更好地为经济建设和社会发展服务，特制定本条例。

第二条 本条例所称专业技术人员，是指具有专业技术资格和专门知识，在企事业单位和其他社会组织中从事专业技术工作的人员。

第三条 专业技术人员的执业资格、权利保障、继续教育、人员流动、争议解决等适用本条例的规定。

第四条 专业技术人员工作要坚持尊重知识、尊重人才的方针，坚持德才兼备的用人标准，坚持权利与义务相一致的原则，保证合法、合理。

第五条 国务院人事行政部门主管全国专业技术人员工作，县级以上地方人民政府人事部门负责本行政区域内专业技术人员工作。

第二章 权利与义务

第六条 专业技术人员在受聘期间，依照法律、法规的规定享有各项权利，同时应当履行法律、法规所规定的各项义务。

第七条 专业技术人员在受聘期间，依照法律、法规以及聘用合同的规定处理与用人单位之间的各种关系。

第八条 专业技术人员享有下列权利：

（一）依法从事专业技术工作；

（二）获得劳动报酬和享有保险福利待遇；

（三）获得从事专业技术工作应有的条件；

（四）获得工作安全和劳动保护的保障；

（五）获得更新知识和接受继续教育的机会；

（六）依法拥有知识产权；

（七）依照本条例规定申请辞职；

（八）依法提出申诉和申请仲裁；

（九）对本单位工作提出合理建议和批评；

（十）法律、法规规定的其他权利。

第九条 专业技术人员必须履行下列义务：

（一）遵守宪法、法律和法规；

（二）依照国家法律、法规和政策从事专业技术工作；

（三）忠于职守，提高专业技术水平，完成本职工作任务；

（四）维护国家安全，保守国家秘密；

（五）传播科学知识；

（六）维护本单位合法的专业技术权益；

（七）宪法和法律、法规规定的其他义务。

第三章 资格证书制度

第十条 国家对特殊职业实行专业技术人员资格证书制度。

资格证书是证书持有人专业水平、能力的证明，可作为从事特定职业的法定注册凭证。

第十一条 执业资格是政府对某些责任重大、社会通用性强、关系公共利益的专业技术工作实行的准入控制，是专业技术人员依法独立开业或独立从事某种专业技术工作学识、技术和能力的必备标准。

执业资格通过国家统一考试办法取得，合格者获得执业资格证书。

第十二条 国家对专业技术人员的执业资格实行总量控制。

不具有执业资格证书的，不得从事需要专业资格证书才能从事的专业技术工作。

持有执业资格证书的专业技术人员必须参加由国家定期组织的提高执业能力和知识的考试，两次以上不合格者应予吊销执业资格证书。

第十三条 执业资格证书在中华人民共和国境内，在规定期限内有效。

第十四条 专业技术人员所持资格证书失效或者按有关规定被吊销资格证书的，即失去相应的专业技术人员执业资格。必须重新通过考试才能再次获得执业资格证书。

第十五条 符合法定条件应当获得执业资格证书而没有获得的，有关当事人可以向主管部门申请复议，对复议不服的，可以向人民法院提起诉讼。

第四章　权利保障

第十六条　用人单位在聘用专业技术人员时，必须尊重专业技术人员依法所享有的各种权利，依照法律、法规所规定的程序保障专业技术人员的合法权益。

不依照法定条件和程序，用人单位不得随意辞退专业技术人员。

第十七条　依靠国家财政拨款的用人单位应当按照法律、法规规定的聘用程序，以公开竞争的方式确定聘用人选。

依靠国家财政拨款的用人单位聘用机构必须通过民主程序产生，接受民主程序的监督。

依靠国家财政拨款的用人单位聘用机构组成人员的聘用必须通过民主程序进行。

第十八条　用人单位与受聘专业技术人员应当依照国家法律、法规，在自愿平等和协商一致的原则下，以书面形式签订聘用合同，明确双方的权利和义务。

聘用合同一经签订，即具有法律效力，双方必须遵守。

第十九条　专业技术人员有下列情形之一的，用人单位不得解除聘用合同：

（一）妇女在孕期、产期和哺乳期的；

（二）因公负伤、致残、丧失劳动能力的；

（三）患绝症、精神病及本专业职业病的；

（四）在聘用期间，用人单位违反聘用合同的；

（五）法律、法规有特殊规定的。

第二十条　专业技术人员根据聘用合同的规定，可以从事第二职业。

专业技术人员在工作时间之外从事其他固定的有酬工作的，应当报告用人单位。

用人单位对因从事兼职而影响履行聘用合同义务的专业技术人员有权提出解除聘用合同。

第二十一条　专业技术人员在聘用期内，享有带薪休假的权利。聘用合同没有明确专业技术人员享有带薪休假的权利的，专业技术人员有权要求用人单位将带薪休假的权利写入聘用合同。

专业技术人员带薪休假的期间不包括国家规定的法定节假日。

第二十二条 用人单位要创造条件，不断改善专业技术人员的工作环境，定期组织他们检查身体，提高他们的福利待遇。

第二十三条 在聘用期内，专业技术人员因公负伤、致残、丧失劳动能力的或因病丧失劳动能力的，用人单位必须保障其终身享有最基本的医疗服务和最基本的生活费用。

第二十四条 专业技术人员非因履行聘用合同义务而获得的知识产权归专业技术人员所有。

专业技术人员因履行聘用合同义务而获得的知识产权由用人单位与专业技术人员共同享有。

由用人单位与专业技术人员共同享有的知识产权在专业技术人员与用人单位解除或终止聘用合同后，用人单位只有给予专业技术人员必要的补偿后才能归用人单位所有。

由用人单位与专业技术人员共同享有的知识产权，如果专业技术人员在聘用期间被用人单位提前解除聘用合同的，归用人单位所有，专业技术人员享有的署名权除外。

第二十五条 在合同规定的聘用期内，用人单位对有下列情况之一，经教育无效的专业技术人员，可以提前解除与其签订的聘用合同：

（一）连续两年岗位考核不能完成工作任务，又不服从另行安排或重新安排工作后在一年内仍不能完成工作任务的；

（二）单位撤并或缩减编制需要减员，本人拒绝单位安排的；

（三）单位转移工作地点，本人无正当理由不愿随迁的；

（四）无正当理由，连续旷工时间超过十五天，或一年内累计旷工时间超过三十天的；

（五）无理取闹、打架斗殴、恐吓威胁单位领导，严重影响工作秩序和社会秩序的；

（六）贪污、盗窃、赌博、营私舞弊情节严重但不够刑事处分的；

（七）严重违背职业道德，给单位造成极坏影响和重大经济损失的；

（八）违反工作规定或操作规程，发生责任事故，造成严重经济损失的；

（九）触犯刑律，被判处刑罚的；

（十）违反法律、法规规定犯有其他性质的严重错误的。

在合同规定的聘用期内，除专业技术人员与用人单位协商自愿提前解除聘用合同之外，用人单位不得违反上述各项提前解除聘用合同的规定随意解除与专业技术人员之间签订的聘用合同。

第二十六条 在合同规定的聘用期内，用人单位依法要求解除聘用合同的，需提前三十日以书面形式通知有关专业技术人员。

对被提前解除聘用合同的专业技术人员，由用人单位有关领导提出提前解除聘用合同的书面意见，在被提前解除聘用合同的专业技术人员出席的听证会上由其作出充分辩解和说明后，经用人单位集体讨论后作出解除聘用合同的决定。

未经被提前解除聘用合同的专业技术人员在其出席的听证会上由其作出充分辩解和说明的，用人单位不得作出提前解除聘用合同的决定。

第二十七条 用人单位提前解除与专业技术人员之间的聘用合同的，必须严格依据法律、法规规定的条件和程序进行。

被提前解除聘用合同的专业技术人员可以按照有关法律、法规的规定享受待业保险；用人单位未办理待业保险的，应当发给相应的被解聘安置费用。

第二十八条 任何单位和个人不得干预用人单位的解聘工作，严禁用人单位负责人滥用解聘权。

对借解聘进行打击报复的，应当依法追究相应的法律责任；构成犯罪的，应当追究刑事责任。

第二十九条 用人单位没有正当理由随意提前解除与专业技术人员之间的聘用合同的，专业技术人员有权向用人单位提出异议；对用人单位处理结果不服的，可以向有关部门申请复议，也可以直接向人民法院提起诉讼。

因用人单位无正当理由提前解除聘用合同而造成经济损失的，专业技术人员有权向用人单位提出赔偿请求。

第五章 继续教育

第三十条 专业技术人员在合同规定的聘用期内，有获得接受继续教育、进行技能培训的权利。

用人单位应当创造条件保障专业技术人员有必要的时间和经费接受继续教育。

专业技术人员接受继续教育期间视同正常工作期间。

第三十一条 继续教育采取自学与脱产、半脱产相结合的方式。

专业技术人员每年应当脱产接受一定时间的继续教育。高中级专业技术人员每年累计不少于40学时，初级专业技术人员每年累计不少于32学时。

专业技术人员经用人单位批准，参加业务技术培训、进修、研修考察以及学术讲座、学术会议等活动，均可视为脱产接受继续教育。

第三十二条 专业技术人员参加继续教育的情况应当作为专业技术人员参加考核、晋升的重要条件。

用人单位可以对特殊的专业技术工作岗位规定专业技术人员必须接受继续教育的基本要求。无正当理由拒绝参加继续教育的，用人单位可以要求有关专业技术人员离岗、待岗或转岗。

第三十三条 专业技术人员依照法律、法规规定向用人单位主张接受继续教育权利遭用人单位无理拒绝的，有权向主管部门申请复议。

第三十四条 专业技术人员在接受继续教育期间，用人单位不得随意改变接受继续教育的专业技术人员的工作岗位。

第三十五条 各级人民政府应当把专业技术人员的继续教育纳入社会经济发展规划和计划。

有条件的企事业单位和其他组织应当建立专业技术人员继续教育基金。专业技术人员继续教育基金应当得到国家法律、法规的保护。

第六章 人员流动

第三十六条 国家鼓励专业技术人员实行岗位流动。

第三十七条 国家建立专业技术人员档案管理中心负责保存、查验和证明专业技术人员的专业技术能力的资料和信息。

第三十八条 各级人民政府负责建立本行政区域范围内专业技术人员的信息资料库，并创造条件建立专业技术人员人才流动交流市场。

专业技术人员的信息资料库应当按照平时管理与战时管制相结合

的原则。

国家对特殊专业技术人员的信息资料库实行密级管理。

第三十九条 专业技术人员在合同规定的聘用期内要求提前解除聘用合同的，需提前三十日以书面形式通知用人单位，并保证在不损害用人单位合法权益的情况下，对解除聘用合同的善后事宜，根据不同情况、依照法律法规的规定进行妥善处理。

第四十条 在合同规定的聘用期内，承担重要或关键专业技术工作的人员，如其提前提出解除聘用合同将给用人单位带来技术项目的终止、知识产权纠纷、技术失密及可能产生较大经济损失的，必须经用人单位批准。

在前款规定的情形下，用人单位不批准，而有关专业技术人员坚持辞职的，应当在依据聘用合同规定承担一定的责任后始得离岗。

第四十一条 与原聘用单位解除或终止聘用合同的专业技术人员，如果继续从事与原聘用合同相关的专业时，有为原聘用单位保守商业秘密的义务。

第四十二条 用人单位在专业技术人员与原聘用单位所签订的聘用合同尚未解除或者终止的情况下，不得与专业技术人员签订聘用合同。

专业技术人员与原聘用单位所签订的聘用合同规定专业技术人员可以从事第二职业的除外。

第四十三条 专业技术人员隐瞒已经签订聘用合同的事实而又与其他用人单位签订聘用合同的，由此造成的经济损失由专业技术人员承担。

用人单位明知与其签订聘用合同的专业技术人员与原用人单位签订的聘用合同尚未解除或者终止的，由此造成的经济损失由用人单位承担。

第四十四条 因专业技术的要求，用人单位需要与尚未解除或者终止与原用人单位之间的聘用合同的专业技术人员签订聘用合同的，原用人单位有权向新的用人单位请求一定的经济补偿。

第四十五条 用人单位在合同规定的聘用期内，可以与其他用人单位签订专业技术支援协议，负有技术支援任务的专业技术人员在其他用人单位提供技术服务期间，与原聘用单位之间的聘用合同关系保持不变。

第七章 人事争议

第四十六条 依靠国家财政拨款的用人单位与所聘用专业技术人员因履行聘用合同发生纠纷的，可以首先通过各级人民政府人事行政管理部门设立的人事争议处理机构加以解决；对人事争议处理机构处理决定不服的，可以向人民法院提起诉讼。

第四十七条 不依靠国家财政拨款的用人单位与所聘用的专业技术人员因履行聘用合同发生纠纷的，应当向劳动仲裁机构申请仲裁，对劳动仲裁机构处理决定不服的，可以向人民法院提起诉讼。

第四十八条 负责组织执业资格考试的国务院行政主管部门应当设立专门的争议处理机构来处理与执业资格考试，执业资格的认定，执业资格证书的发放、吊销等事项相关的纠纷。

当事人对国务院行政主管部门的争议处理机构作出的决定不服的，可以向人民法院提起诉讼。

第四十九条 专业技术人员与用人单位就专业技术人员的资格、身份发生的纠纷，以及专业技术人员不服用人单位作出的提前解除聘用合同决定的，可以直接向人民法院提起诉讼。

第八章 法律责任

第五十条 用人单位违反本条例所规定的程序和要求，侵犯专业技术人员合法权益的，有关责任人员应当受到行政处分。

借专业技术人员获取执业资格、聘用、解聘搞营私舞弊、打击报复的直接责任人员应当受到行政处分；情节严重的，应当依法追究刑事责任。

第五十一条 因用人单位侵犯其合法权益而遭受经济损失的专业技术人员，可以向用人单位请求给予赔偿。

第五十二条 因违反聘用合同所规定的义务给用人单位造成巨大经济损失的，用人单位可以要求有关的专业技术人员给予赔偿。

第五十三条 在合同规定的聘用期内，由于专业技术人员自身的过错，导致用人单位对外承担经济赔偿责任的，有过错的专业技术人员应当与用人单位承担连带责任。

第九章 附　则

第五十四条 本条例于　　年　月　日施行。

三、关于《中华人民共和国专业技术人员管理条例》（专家建议稿）的几点说明

《中华人民共和国专业技术人员管理条例》（以下简称《条例》）在1999年8月第四稿草案对专业技术人员的权利义务、资格证书制度、聘用、辞职辞退、继续教育制度、考核、奖励与惩罚、工资、社会保险与福利、法律责任等作了完整、全面的规定基础上，进一步进行了修改，内容已经很成熟。但分析这些规定，主要为专业技术人员管理中的实体规定，带有极强的管理法色彩，缺乏专业技术人员在管理中的程序权利及法律救济的规定，不利于保护专业技术人员的权利。因此，下一步应该着重完善专业技术人员在管理中的程序权利和法律救济的规定，并使程序的规定具体化，具有可操作性。此外，草案在形式上还存在一些技术上的小问题，可以讨论进一步改进。具体来说，这些问题主要表现为以下几点：

1. 总则中增加一条规定《条例》与其他关于技术人员法律、法规的关系的法条，明确《条例》作为专业技术人员一般法的地位。

我国专业技术人员范围比较广泛，包括计算机人员、监理工程师、会计师、注册税务师、注册资产评估师、一级注册建筑师、二级注册建筑师、一级注册结构工程师、二级注册结构工程师、价格鉴证师、注册城市规划师、执业药师、企业法律顾问、造价工程师、统计师、审计师和经济师等，涉及领域非常广泛，《条例》不可能对每一类专业技术人员的专门问题作出具体规定，只能对专业技术人员的管理中的共同问题作出一般性规定。而且在《条例》制定之前，我国已有法律、法规、规章对专业技术人员问题作了大量规定，如全国人大及其常委会制定的《律师法》、《会计法》；人事部制定的如《全民所有制专业技术人员和管理人员辞职管理暂行规定》，国家经贸委制定的《企业法律顾问管理办法》，人事部、国家经贸委和司法部制定的《企业法律顾问执业资格暂行规定》；地方人大和地方政府制定的地方性法规和地方政府规章，如《天津市专业技术人员辞职的暂行办法》、《四川省专业技术人员和管理人员辞职管理暂行规定》、《上海市专业技术人员人事争议处理暂行办法》、《杭州市关于改善专业技术人员待遇若干意见》、《上海市专业技术人员业余兼职管理试行

办法》、《辽宁省专业技术人员继续教育规定》、《阳泉市专业技术人员继续教育暂行办法》、《四川省专业技术人员和管理人员辞职管理暂行办法》等。这些法律、法规、规章对专业技术人员的继续教育、辞职、业余兼职、人事争议的解决等作出了具体规定。在《条例》制定后，这些规定与《条例》的关系需要在《条例》中予以明确：《条例》作为关于专业技术人员的总则性规定，应该处于一般法的地位，其他法律、法规、规章中关于专业技术的规定则为特别法，在其他法律、法规、规章中有特别规定的，适用特别法的规定。

2. 完善辞退程序的规定，一方面增加专业技术人员的程序权利规定，使之与用人单位平等对抗；另一方面将辞退程序的规定具体化，使之具有可操作性。

（1）增加技术人员对辞退程序的参与规定，可以考虑规定“听证”制度。《条例》在内容上最大的缺憾就是缺乏程序性规定，仍是一部带有极强管理色彩的“管理法”，缺乏技术人员在管理过程中的参与，不利于保护技术人员的权利。辞退是用人单位主动解除与技术人员聘用关系的行为，违法或不当的辞退行为损害的是技术人员的劳动就业权，对于技术人员来说，被辞退，就意味着失去了现有的工资收入，失去现有的生活来源，将会影响技术人员和技术人员的家庭生活，因此，辞退对技术人员的影响是非常大的。而《条例》第 34 条规定“辞退专业技术人员，由有关单位行政领导提出书面意见，说明辞退理由和事实依据，经单位集体讨论后决定，按人事管理权限办理辞退手续”，没有任何关于专业技术人员参与其中的规定，这对专业技术人员是不公平的。为了保障技术人员的权利，保证辞退的合法、公正，在用人单位作出辞退决定时，应该赋予技术人员与用人单位平等对抗的权利，被辞退的技术人员应有权参与辞退程序，对影响其权利的决定发表意见，进行申辩，作为用人单位在作出辞退决定时必须听取技术人员的意见，并将其意见反映在辞退决定中。

技术人员对辞退程序的参与从表面看似乎增加了成本，影响了效率，但从整体看，技术人员的参与虽然在某一环节上增加了成本，但它使用人单位在作决定时听取了反方的意见，缓解了双方的对立情绪，一方面减少了辞退决定的错误成本，另一方面减少了执行成本，有利于辞退决定的执行。对于被辞退的专业技术人员来说，由于用人单位充分听取了他的意见，并将之反映在辞退决定中，他的意见已得到考虑，有利于减少他的对立情绪，自觉执行辞退决定，不到用人单位闹事，干扰用人单位的工作秩序。如果用人单位不让技术人员参与，只会增加双方的对立情绪，即使用人单位将技术人员辞退了，有些技术人员由于不服经常到用人单位闹事，干扰用人单位的工作秩序。虽然从某一环节看是减少了成本，提高了效率，但由于辞退决定得不到当事人的自觉执行，实质上最终影响了用人单位的效率。因此，有必要在辞退程序中增加技术人员的参与规定，这不仅能有效保护技术人员的权利，也有利于提高效率。

让技术人员参与辞退程序，最重要的就是用人单位在作决定时要听取技术人员的意见，将作出辞退决定的原因和法律依据告知技术人员，使之能充分发表意见。听取技术人员意见的方式有很多种，鉴于辞退对技术人员的影响很大，可以考虑引入“听证”制度，用人单位在作出辞退决定时应该举行正式的听证会，听取技术人员的意见。

（2）在《条例》中对辞退程序作出具体规定，使辞退程序具体化、制度化，具有可操作性。《条例》第36条规定“辞退专业技术人员必须严格依据规定的条件和程序进行”，但《条例》中没有任何关于辞退程序的规定。作为一般法，《条例》应该对辞退程序的原则、基本步骤等基本制度作出统一的规定，各行业可结合自身特点作出特别规定。因此，应该考虑在《条例》中增加辞退程序规定，对辞退应遵循的原则、基本步骤、技术人员的程序权利作出规定。

3. 增加一章，专门规定“人事争议”，引入诉讼机制，规定专业技术人员对与所在单位或主管部门之间的人事争议有权向人民法院提起诉讼，从而完善人事争议的法律救济途径。

（1）形式上，在《条例》中增加一章，专门规定“人事争议”。我国《劳动法》第10章专列一章规定了劳动争议的解决途径，使劳动争议得以及时、公正解决。《条例》现在仅在第39条中规定：“所在单位或主管部门与辞职申请人及辞退人员之间发生争议时，可向当地人民政府人事部门流动争议仲裁机构申请调解或仲裁。”关于人事争议及其解决途径的规定过于简单。事实上早在1989年7月1日，上海市就制定了《上海市专业技术人员人事争议处理暂行办法》，对人事争议的范围及人事争议的解决作出了规定。《条例》应该参照

《劳动法》的规定，增加一章专门规定“人事争议”，对专业技术人员与用人单位或主管部门之间的人事争议及其解决途径作出专门的规定。

（2）内容上，引入诉讼机制，完善人事争议法律救济途径。《条例》第 39 条仅规定了申请调解或仲裁两种解决途径，排除了向人民法院提起诉讼的救济途径，取消了专业技术人员的诉权。专业技术人员与所在单位或主管部门因任用或聘用关系发生的争议属于法律争议，既然是法律争议，就应该由人民法院对之作出最终的裁决。我国《劳动法》第 77 条早已明确规定“用人单位与劳动者发生劳动争议，当事人可以依法申请调解、仲裁，提起诉讼，也可以协商解决”，将解决劳动争议的最终裁决权赋予了人民法院，符合法律争议由法院最终裁决的基本原理，有利于保护当事人的合法权益。现《条例》将诉讼排除在人事争议解决途径之外，一方面违背了法律争议由法院最终裁决的原理，另一方面与《劳动法》的规定不协调。根据《条例》第 13 条的规定，专业技术人员的聘用包括：用人单位和专业技术人员确立劳动合同关系；用人单位和受聘专业技术人员确立聘任专业技术职务的聘任关系。对于企业、个体经济组织中的专业技术人员来说，当他与用人单位因为聘用关系发生争议时，根据《劳动法》的规定，可以向人民法院提起诉讼，《条例》作为行政法规不能与法律冲突，排除专业技术人员提起诉讼的权利。对于非企业、个体经济组织中的专业技术人员来说，根据《条例》的规定，他们对于与所在单位或主管部门之间的人事争议不能向人民法院起诉，不利于保护专业技术人员的权利。因此，应该在《条例》中引入诉讼机制，规定专业技术人员对于与所在单位或主管部门之间的人事争议可以申请调解或仲裁，对仲裁裁决不服，可以向人民法院起诉，从而扩充人事争议的解决途径，一方面与《劳动法》的规定相协调，另一方面有利于人事争议的解决，保护专业技术人员的权利，从而完善人事争议的解决途径。

4. 增加专业技术人员延期退休的规定。

1999 年 7 月 1 日华南理工大学制定了《关于专业技术人员延期退休的暂行规定》，规定“确因工作需要，具有副高以上职务（职称）的专业技术人员，经过审核批准，可以延退”，这是符合专业技术人员工作特点的。专业技术人员是提供专门技术服务的专业人员，随着年龄的增长，实践经验的积累，已达到目前法定退休年龄的专业技术人员事实上能够更好为用人单位提供专业技术服务。另一方面，不少专业人员资格的取得有较高的条件要求，为了具备这些条件，专业技术人员在取得专业技术资格时年龄已较大，特别对于具备高学历的人，如博士学位获得者，在获得博士学位时往往年龄已较大，工作没有多长时间就到了退休的年龄。如果让这些人按照现行的年龄退休，实在是对人才资源的一种浪费，因此，应该在《条例》中区分不同情形，对专业技术人员的退休作出延期规定。

5. 第8章中“惩罚”部分移至第10章“法律责任”，与法律责任合并。

第8章第61～67条是关于用人单位对技术人员因违法或违纪行为进行处罚的规定，其中将处分级别规定为警告、记过、记大过、开除，这些是技术人员因违法或违纪所承担的法律责任，应该将之与第10章“法律责任”一章合并，使之更为协调。

6. 第5章“辞职辞退”部分调整至第9章“工资、社会保险与福利”部分之后。

《条例》分则在顺序编排上，因“权利义务”内容最为重要，放在首位，其余章节基本按照技术人员的聘用、管理、退出用人单位的线索规定，因此，从立法技术上看，应该将第5章“辞职辞退”调整至第9章“工资、社会保险与福利”之后，又因应该增加“人事争议”专章，故分则各章节形成如此顺序：权利义务—资格证书制度—聘用—继续教育制度—考核—奖励—工资、社会保险与福利—辞职辞退—人事争议—法律责任，更符合事物的发展顺序。

四、《中华人民共和国专业技术人员管理条例》第一次立法调查会综述

2000年12月8日，来自劳动部、人事部、清华大学、中国科学院、中国社会科学院共计8位学者和实践部门的同志在中国社会科学院法学所宪法行政法室召开了《中华人民共和国专业技术人员管理条例》（草案）（以下简称《条例》）第一次立法调查会。会议首先由莫纪宏博士介绍了《条例》的制定背景、存在的问题及调研了解

的基本情况，随后王万华博士介绍了国外专业技术人员制度。在此基础上，与会者结合《条例》的第四稿和第五稿草案，就《条例》的立法必要性、指导思想、适用人员范围、基本内容、与其他法律法规的协调、劳动合同和聘用合同的关系、人事争议的解决途径等问题展开了深入的探讨，现将会议的主要内容综述如下：

（一）立法的必要性

关于制定《条例》的必要性，与会者形成两种观点，一种观点认为没有必要制定《条例》，理由是制定《条例》后仍需对专业技术人员作出特别规定，如关于律师的资格仍需通过《律师法》规定，会计师的资格仍需《会计法》规定，而专业技术人员与用人单位的劳动关系可适用《劳动法》的规定，因此，没有必要制定一般性的《条例》。另一种观点则认为应该制定《条例》，理由是我国目前对专业技术人员的特别法规定还比较缺乏，所以有必要制定一般性的《条例》，对专业技术人员的共同问题作出统一的规定。

（二）立法的指导思想

持有必要制定《条例》的与会者认为《条例》的制定应该遵循两个指导思想：

1. 立法要面向未来，通过条例改变现状，架构合理的专业技术人事制度，而不是迁就现状，将现行的不合理、不得已的做法固定下来。因此，《条例》第四稿和第五稿中有些规定不适应人事制度改革的需要，如将劳动合同和聘用合同分开。目前，中组部和劳动部正在提出聘用与劳动合同合一的思路，而清华大学目前的实际做法是将岗位、职务和劳动关系合一，中国社会科学院也准备在2001年将工作人员的档案放入人才流动中心。改革的基本思路是要使单位的人成为社会的人，用人单位与专业技术人员之间就是雇主与雇员的关系，双方的权利义务通过合同明确。《条例》应该适应此种需要，架构未来用人单位与专业技术人员之间的合理的关系，而不能迁就现状，将不合理的做法固定下来，这样只会阻碍人事制度改革的进程。

2. 立法要有针对性，突出专业技术人员的人群特点。与会者提出《条例》草案的内容重点不突出，规定太原则、抽象，很多内容是将《公务员条例》和《劳动法》的条文照搬过来，没有突出专业技术人员的特点，提出《条例》应突出专业技术人员的人群特点，将《条例》制定成为事业单位的“劳动法”，《条例》应规定专业技术人员最关注的问题，如职能技术的评定、知识产权、人才流动、与职业协会的关系等问题，这样，才能使《条例》有针对性，并能解决实际问题。与会者同时还提出《条例》在结合专业技术人员特定人群的基础上，规定应做到简洁并具有可操作性，如在关于专业技术人员跳槽问题上，《条例》只有一条原则规定，应将之具体化，使之具有可操作性。

（三）《条例》应以保护专业技术人员权利为主线进行架构

与会者认为《条例》应以保护专业技术人员的权利，特别是程序性权利为主线架构。《条例》第四稿管理法色彩太浓厚，缺乏专业技术人员权利的规定，特别是在用人单位作出不利于专业技术人员的决定时，专业技术人员没有为自己申辩的权利，也不能对之提起诉讼。因此，应加强对专业技术人员权利的规定，如规定专业技术人员的知识产权，规定其在用人单位作出不利于己的决定时享有知情权和陈述申辩权，对用人单位的辞退决定等可以诉诸法院等。

（四）《条例》的适用人员范围

有人提出《条例》现行关于专业技术人员范围的规定使问题复杂化，应该首先对专业技术人员的含义作出明确的界定。还有人提出《条例》应该只适用于全额制拨款事业单位中的专业技术人员。

（五）劳动合同与聘用合同的关系

与会者一致认为现行的劳动合同与聘用合同分离的做法是不得已而为之，不利于人才的引进和合理流动，应该改变现行的做法，将劳动合同与聘用合同合一，强化专业技术人员与用人单位之间的合同关系，使用人单位与专业技术人员之间建立雇主与雇员的关系，使问题简单化。目前，中组部和劳动部正在提出聘用与劳动合同合一的思路，而清华大学目前的实际做法是将岗位、职务和劳动关系合一，中国社会科学院也准备在2001年将工作人员的档案放入人才流动中心。改革的基本思路是要使单位的人成为社会的人，用人单位与专业技术人员之间就是雇主与雇员的关系，双方的权利义务通过合同明确。合同到期，如果用人单位认为没有必要再续签，双方就不再存在任何关系。

（六）《条例》与其他法律法规规章的协调和衔接

与会者提出我国目前已制定大量关于专业技术人员的法律法规规章，有些规章正在制定中，《条例》必须与现行和即将制定的法律规范协调。如人事部即将出台《聘用制条例》，《条例》有的用词和制度就与《聘用制条例》存在冲突。人事部主张只签订一个聘用合同，实行单聘制，使个人与单位、岗位关系合一，这与《条例》规定的劳动合同与聘用合同分离是相冲突的。另外，有人还提出，《条例》应该与现行的职称、行业协会等制度衔接。如《条例》规定的资格证书制度与职称的关系是什么？《条例》规定的辞职辞退与人才流动的关系是什么？还有《条例》第七章、第八章规定的考核和奖惩制度与人事部即将制定的《奖惩条例》如何衔接？这些问题是制定《条例》时必须明确的。

（七）建立公正的专业技术人员聘用程序

与会者一致认为应该建立公正的专业技术人员聘用程序，做到程序公正，使专业技术人员的聘用面向全社会，保证选拔、聘用优秀人才。有人进而提出应该在《条例》中设计类似于招标的公开招聘程序。

（八）引入诉讼机制

与会者认为应该引入诉讼机制，规定专业技术人员对与所在单位或主管部门之间的人事争议有权向人民法院提起诉讼，从而完善人事争议的法律救济途径。理由是专业技术人员与所在单位或主管部门因任用或聘用关系发生的争议属于法律争议，既然是法律争议，就应该由人民法院对之作出最终的裁决。

（九）其他

除了上述问题之外，与会者还就《条例》的制定提出以下建议：

1. 打开辞退出口。用人单位认为不需聘用专业技术人员时，可以辞退。

2. 加强社会保障制度的建设。与会者一致认为要改革现行的事业单位人事制度，必须加强社会保障制度，为人事制度的改革提供基础。

3. 取消专业技术人员的待遇规定，由用人单位自己决定。

4. 取消考核、继续教育制度的规定，由用人单位自己决定。

5. 资格证书制度社会化。除了律师、会计师、医师等涉及公共利益的行业，有些专业技术人员不应硬性要求必须具备某一资格证书，而应由用人单位自己决定。

五、《中华人民共和国专业技术人员管理条例》第二次立法调查会综述

2000年12月15日，来自全国人大、人事部、教育部、国务院法制局、中组部、中国社会科学院的8位实践部门的专家和学者在中国社会科学院法学所宪法行政法室召开了《中华人民共和国专业技术人员管理条例》（草案）（以下简称《条例》）的第二次立法调查会。会议由莫纪宏博士介绍了《条例》制定的背景、调研的情况、草案涉及的主要问题以及第一次立法调查会的情况。在此基础上，与会者结合《条例》的第四稿和第五稿草案以及第一次立法调查会综述，就《条例》的立法必要性、立法的要点等问题进行了富有成效的讨论，现综述如下：

（一）立法的必要性

关于制定《条例》的必要性，有两种不同的观点。

一种观点认为，没有必要制定《条例》。因为：（1）国家机关的工作人员由《公务员法》调整，企业单位的人员由《劳动法》调整。其他不属于两者调整范围的，可往两法方向靠。如国家拨款的，适用《公务员法》；单位企业化的，适用《劳动法》。（2）从国外经验看，专业技术人员可由《公务员法》直接调整。如日本、德国，把公务员分为政务类、专业技术人员类和工勤类，用一个法就可以了。（3）制定《条例》，很难处理与有关法律、法规的关系。如现行的《律师法》、《法官法》、《检察官法》、《教师法》都由全国人大常委会制定和颁布，在法律效力上高于《条例》；其他相关法规也由国务院制定和颁布，其法律效力与《条例》难分高下。将来出台的《条例》如果想规定一般性的问题，就难免会发生与法律、法规的协调问题。

另一种观点则认为有必要制定《条例》。因为：（1）制定《条例》可以显示政府对专业技术人员的重视，是我国一贯倡导的“尊重知识，尊重人才”原则的体现。（2）制定《条例》是吸引外来人才的需要。外国留学人员回国，一般注重自身的权益问题。如果《条例》明确国家的专业技术人员政策，赋予专业技术人员的权利，就能达到解除留学人员后顾之忧的目的。（3）制定《条例》是延续

有关立法的需要。我国1982年曾经制定过科技人员条例，但其内容已经过时，不符合现阶段社会发展的需要。《条例》即是对1982年相关立法的完善和发展。(4) 制定《条例》是适应社会现实的需要。我国目前的政策是，事业单位转为企业的，按照企业对待，没有转向的维持不动。因此在现行体制下，的确有部分人员既不属于公务员条例调整的对象，也不属于劳动法调整的对象，他们的合法权益，尤其是诉讼权利、程序权利往往得不到有效的维护，有必要通过制定《条例》解决这一问题。(5) 制定《条例》是依法管理专业技术人员的需要。依法治国是我国的基本国策。依法对专业技术人员进行管理是依法治国原则和精神的体现。这也是近年来人大代表大力呼吁制定《条例》的原因所在。

(二) 立法的要点

将来出台的《条例》究竟要规定哪些方面的内容，持有必要制定《条例》的与会者一致达成如下意见。(1)《条例》应以保障专业技术人员的合法权益特别是知识产权、程序权利为主线。在对权益受到侵害的专业技术人员提供救济时，不能采用“先仲裁，再诉讼”的模式，因为如果仲裁不予受理，专业技术人员的合法权益就根本得不到救济。因而不应把仲裁作为诉讼的前置程序。(2)《条例》应当规定一般性的条款，具体的内容让具体的法律、法规去作规定。(3)《条例》应体现精简、实用的原则，不要面面俱到。别的法律、法规已经规定的，就不要再规定了。《条例》可在职业资格、权利保障、人员流动、纠纷的解决等方面进行规范。此外，《条例》应该规定得具体、有效，还要具有可操作性。(4)《条例》的制定应与今后的改革的目标、方向结合起来，要有新意，要吸收目前改革中的有益经验和做法，根据今后可能达到的目标适当超前立法。

(三) 建议

关于《条例》起草工作小组今后的工作，与会者提出了如下建议：(1) 继续进行制定《条例》必要性的论证工作。(2) 充分论证专业技术人员的适用范围，包括进行国际性的比较研究。(3) 与提案代表进行座谈，探讨其提案的准确意图。(4) 收集、研究现行的有关法规，找出哪些问题尚未规定，注意与这些法规协调。(5) 国务院法制局正在进行事业单位人员的立法，可与其进行沟通。

第三章 《863计划军口管理项目监理工作暂行办法》的起草论证及专家建议稿[①]

第一节 项目监理的由来、历史发展及其特征

一、国外项目监理制度的产生、发展及特征

1. 国外项目监理制度的产生和发展

项目监理制度最初是从建设工程中产生的。18世纪60年代，英国产业革命的发展大大促进了整个欧洲大陆城市化和工业化发展的进程，社会大兴土木带来了建筑业的空前繁荣。建筑业的发展导致了需要采取一种新型的雇佣劳动关系来提高对建筑工程质量的监督，于是产生对建筑工程实行监理的要求。19世纪初，随着工程建筑领域商品经济活动的日趋复杂，为了维护各方经济利益并加快工程进度，明确业主、设计者、施工者之间的责任界限，英国政府于1830年以法律手段推出了总包合同制度，要求每一个建设项目由一个承包商进行总包。总包制度的实行，导致了招标投标交易方式的出现，也促进了工程监理制度的发展。工程监理业务内容得到了进一步扩充，其主要任务是帮助业主计算标底，协助招标，控制费用、进度、质量，进行合同管理以及项目的组织和协调等。第二次世界大战以后，欧美国家在恢复建设中加快了向现代化发展的速度，随之而来的是各种各样的大型建设工程的出现，如航天工程、核电站、大型城市的开发、大型水利枢纽工程等。这些大型建设工程的出现导致了项目监理制度得到

---

① 本课题是作者于2003年接受国家高技术研究发展计划军口管理中心的委托进行研究的，课题组成员还有聂秀时、吕艳滨，在此表示感谢。

了飞速的发展，并逐渐形成了比较成熟的业内规范。

监理制度在西方工业发达国家推行的时间长短不一，各国使用的名称也不一样，有的国家称工程咨询服务，有的称项目管理服务，但其基本内容都涉及两个方面：（1）投资前期的咨询服务。主要是对工程建设进行可行性研究或技术经济论证，分析投资效益是否显著，规划布局是否合理。（2）项目实施阶段的监理。主要代表业主，组织工程设计和工程招标，并以工程合同、技术规范以及国家有关政策和法规为依据，对工程施工的全过程进行控制和协调。

近些年来，国外的项目监理制度正在向规范化和制度化方向不断发展，监理制度逐渐成为工程建设组织体系的重要组成部分，在西方工程建设活动中形成了业主、承包商和监理工程师三足鼎立的基本发展格局。20世纪80年代之后，项目监理制度的成功经验也被引进到国际工程中，并取得了良好的效益。如世界银行、非洲银行和亚洲银行都把项目监理制度作为建设项目贷款的重要条件之一，项目监理制度已经成为工程建设和项目管理中的一项最重要的管理制度。

2. 国外项目监理制度的特征

由于各国文化传统和制度上的差异，不同国家在对项目监理制度的设立、使用等方面又具有不同特点，主要涉及以下几个方面：

（1）监理制度的法律化

监理制度是否符合法律及技术规范的规定是各国建立项目监理制度首先考虑的重要内容。有关监理制度的法律规定主要包括两个方面：一是关于监理制度的，主要是调整监理者与被监理者之间的关系。二是确定监理的技术规范和标准。

此外，通过合同文件来建立监理制度也是国外监理制度规范化的一个重要特色。如在国际建筑市场普遍通用的FIDIC合同条件。

（2）监理制度的类型化

国外的项目监理制度，形式是多样的。代表性的项目监理制度有三种模式。一是QS（Quantity Surveying）模式。二是CM（Construction Management）模式。三是PM（Project Management）模式。

（3）监理制度的国际化

FIDIC是法语“Fédération Internationale Des Ingénieurs Conseils”的缩略词，即“国际咨询工程师联合会”的法文缩写。这是一家国

际性的咨询工程师组织。该组织于1913年由法国、比利时等五个欧洲境内独立的咨询工程师协会创立。FIDIC成立以来，始终坚持独立性和公正性的工作宗旨，并积极发展和扩大该组织的影响力。该组织已经成为国际上最具权威的被世界银行认可的咨询工程师机构。

应当说，目前在国际社会通行的项目监理制度，以FIDIC所制定的行为准则影响最大，采用的范围也最为广泛，是国际社会重要工程项目管理的重要依据。

二、项目监理制度在我国的产生和发展

1. 我国项目监理制度的产生和发展

中华人民共和国成立以后，由于长期实行计划经济的管理体制，因此，形成了一种自然经济色彩比较浓的工程建设管理格局。从中华人民共和国成立初期到20世纪70年代末，在建设工程中，主要实行政府部门的单向行政监督和施工单位的自我监督。随着改革开放的不断深化和社会主义市场经济的发展，20世纪80年代中后期出现了一种对工程建设活动更全面、更完善的管理方式，即工程监理制度。

1982年，我国利用世界银行贷款兴建鲁布革水电站引水工程时，按照国际惯例要求，在鲁布革工程管理局内设立了一个专司监理职能的工程师机构，代表业主对该工程进行现场综合监督管理。这是我国最早引进监理制度进行项目管理的工程。此后，建设工程监理制度在我国逐步推广开来。1988年7月25日，建设部颁发了《关于开展建设监理工作的通知》，要求在建设领域开展监理试点工作。1989年7月28日，建设部进而发布了《建设监理试行规定》，初步建立了建设监理制度。通过几年的试点工作和在此基础上不断总结经验，1995年12月25日，国家计委和建设部联合制定并颁发了《工程建设监理规定》。该规定对工程建设监理目的、监理管理机构、监理范围及内容、监理程序、监理单位与监理工程师都作了比较系统和完善的规定。

与此同时，与工程建设相关的一些领域也相继引入了监理制度。1999年1月，国务院常务办公会议讨论通过的《全国生态环境建设规划》提出，在重点工程管理方面要"逐步引入工程监理制度"。2001年11月，国家质量监督局、国家计委、国家经贸委联合下发了

《设备监理管理暂行办法》，要求对国家重大项目的重要设备，通过招投标方式，由独立的设备监理单位负责监理。信息产业部于2002年12月15日起施行的《信息系统工程监理暂行规定》要求对信息网络系统、信息资源系统和信息运用系统的新建、升级、改造工程由信息系统工程监理单位实行监理。科技部也在有关文件中要求对重大科技项目实行监理。

2. 我国项目监理制度的特征

目前我国的项目监理工作主要集中在建筑领域、道路交通领域等建设工程领域，项目监理制度建立得比较健全的也主要是在外商投资或者国际金融机构投资的领域。一般性的建设工程项目的监理工作还存在诸多问题，特别是监理人员与业主、承包商、施工单位的关系还没有完全理顺。此外，有关监理方面的技术性规范还缺少统一性，有关监理的立法层次不是很高，监理工作与项目的日常管理工作的职能分工并不十分明晰，加上监理制度应用的项目领域具有一定的局限性，因此，项目监理不仅需要在理论上进一步加以研究，在实践中还需要进一步予以制度化、规范化和法律化。

三、项目监理的性质及其作用

项目监理是对项目实施活动的一种独立性的监督，它具有很强的目标性。与一般性的监督管理不同的是，项目监理通过对项目参与者的行为进行监控、督导和评价，并采取相应的管理措施，保证项目实施符合国家法律、法规和有关政策，防止项目实施者行为的随意性和盲目性，促使项目实施的费用、进度、质量按照计划（合同规定）实现，确保项目实施行为的合法性、合理性、科学性和经济性。

1. 项目监理与项目管理的区别

项目监理是从建设工程的管理中逐步产生的。与业主对建设工程所实施的管理不同的是，项目监理不仅要通过监理来维护业主的合法权益，而且还要通过监理来维护承包商、施工单位的合法权益，特别是要通过监理来保证国家有关建设工程的法律、法规的实施工作。所以，项目监理的性质不仅停留在管理和监督上，而且还表现在依法进行工程建设以及依法维护工程建设过程中各方参与者的合法权益上。

2. 项目监理的独立性

由于项目监理不完全等同于项目管理，项目监理人员一般要站在公正的立场来对建设工程的各个方面是否依法进行、是否符合合同的要求、是否有利于维护各方利益进行监督、检查，所以，项目监理工作具有比较强的独立性。如 FIDIC 在 1937 年、1955 年、1961 年和 1964 年的职业道德准则中，对项目监理的职业地位和独立性特别关注。

3. 项目监理的专业性

FIDIC 职业道德准则认为，如果要使社会对其专业顾问具有必要的信赖，咨询工程师必须加强自身对社会和职业的责任：（1）接受对社会的责任；（2）寻求与确认的发展原则相适应的解决办法；（3）在任何时候，维护职业的尊严、名誉和荣誉；（4）保持其知识和技能、技术、法规和管理的发展相一致，并且对于委托人要求的服务采用相应的技能、细心和努力；（5）仅在有能力从事服务时方才进行。强调项目监理的专业性，不仅在于要保证项目监理工作的质量，更重要的是在于要树立项目监理人员对社会的责任心。

4. 项目监理的规范性

项目监理要在一般的项目管理活动之外对工程建设项目真正产生有益的保障和监督作用，必须按照规范化的要求进行操作。FIDIC 特别重视运用合同手段来加强项目监理的规范性，于 1990 年出版了《业主与咨询工程师标准服务协议书应用指南》一书，以帮助使用者更好地理解和执行该文件。

总之，项目监理是一项独立于一般项目管理活动之外的专业化、规范化的项目监督管理活动。它是为了适应大型工程管理的需要而产生的，是工程项目社会化的产物，与工程的招标投标制度相配套，目的在于保证工程建设的参与者各方的合法权益，推动国家法律、法规的贯彻实施。

四、项目监理的范围以及监理中参与者各方之间的关系

项目监理的范围是比较广泛的，在项目监理界一般概括为“三监控二管理一协调”。所谓“三监控”包括质量监理、进度监理和费用监理；“二管理”是合同管理和信息管理；“一协调”包括协调项

目实施过程中各方参与者之间的关系。具体来说，可以包括以下方面的内容：

1. 项目监理的范围

工程项目的质量、进度和费用是工程实施状况三个重要评价指标，也是工程项目监理的重要内容。由于项目在实施过程中存在着大量的不确定因素，因此，影响工程实施状况的三大因素都存在着一定的风险，这就要求项目监理能够跟踪上述目标，进行有效的控制。

（1）质量监理

工程项目的质量是指通过工程建设过程所形成的工程符合有关规范、标准、法规的程度和满足业主要求的程度，工程项目质量的内含包括工程项目的质量、功能和使用价值的质量和工作质量三个方面。

（2）进度监理

按照FIDIC模式，为了保证工程进度，承包商应编制好符合客观实际、贯穿合同条件及技术规范的施工进度计划，并在计划执行过程中，通过计划进度与实际进度的比较，定期地、经常地检查和调整进度计划，监理工程师的主要任务就是审批承包商编制的施工进度计划，并对已经批准的进度计划的执行情况进行监督，从全局出发，掌握影响施工进度计划所有条件的变化，对进度计划的执行进行控制。

（3）费用监理

工程费用一般指建设工程项目所投入的建设资金，它是工程建设项目在施工过程中形成的工程价值的货币表现形式。一般可分为预算工程费用和实际工程费用。在工程施工过程中，工程费用反映了工程的进度和质量。因为承包商的工程质量不合格，监理工程师不签字认证验收，业主就不予付款；如果工程拖延，该竣工时还没有干完，经过监理工程师检查证明，业主可以扣回承包人的逾期违约金等。因此，工程费用的支付是对工程质量、进度的最终评价，对于工程的顺利完成具有非常重要的影响作用。

（4）合同管理

工程建设项目，从招标、投标、施工到竣工交付使用，涉及业主单位、设计单位、材料设备供应商、材料生产厂家、施工单位、工程监理单位等。如何使在工程建设过程中的各方能够建立起有机联系，共同实现进度、质量和费用三大目标，一个最重要的措施就是要有效地利用合同手段，通过合同，依据法律规定，在各方之间建立比较稳定的法律联系，使得工程建设项目的各个方面和各个环节都能做到有章可循。

（5）信息管理

工程项目的信息管理是指以工程项目作为目标系统的管理信息系统。它通过对工程项目建设监理过程中信息的采集、加工和处理，即通过统计分析、对比分析、趋势预测等处理过程，为监理工程师的决策提供依据，对工程的费用、进度、质量进行控制，同时也为处理有关权益争议提供确凿的事实依据。

2. 项目监理中参与者各方之间的关系

在工程项目建设过程中，往往涉及多方的参与者，作为项目监理，必须依据法律规定，按照合同的要求来妥善地处理各方之间的关系，避免不必要的利益冲突和法律纠纷的产生，防止阻止工程进度的人为因素的产生。就一般工程项目来说，主要涉及以下几个方面的关系：

（1）业主与承包人之间的合同关系

根据 FIDIC 文件的要求，业主与承包商之间签订的招标投标合同，监理工程师原则上不属于合同的一方。但是，为保证监理工程师能够履行其职责，业主可以对监理工程师委托权力。这种权力一般在业主与监理工程师之间的监理合同中规定。监理工程师的主要义务是在完成项目的过程中应当遵循业主的要求。但是，凡是根据合同监理工程师有权自己酌情处理的地方，监理工程师在业主和承包商之间应当行为公正，以没有偏见的方式来使用合同。

（2）监理人员与承包人之间的监督与被监督关系

由于在业主与监理工程师之间存在着委托与被委托的关系，因此，FIDIC 文件要求，承包商在整个工程实施期间，应当接受和遵从监理工程师代表业主发出的指令，并在整个施工期间，负责保护工程，直到将工程正式移交业主或者已经被认为移交给业主。在正常情况下，承包商设计全部临时工程，并将建议书连同有关计算书提交给监理工程师供其评价。如果在施工期间，遇到无法预见的自然障碍和条件，应当通知监理工程师，由监理工程师发布指示。监理工程师要检查实际情况，并在业主和承包商双方充分协商之后，来确定解决方案。

(3) 业主与监理人员之间的委托与被委托关系

根据FIDIC文件，监理工程师不属于业主与承包商任何一方，但业主与监理工程师之间必须签订监理合同。

五、项目监理人员的选择

根据FIDIC文件确立的标准，对项目监理工程师的选择主要包括以下几个方面的内容：

1. 选择项目监理工程师的程序

选择监理工程师一般分为直接委托方式和择优委托方式，如果监理工程师在业内具有很高的威望和信誉，业主一般直接与其签订委托合同。在其他情况下，业主都是通过招投标的方式来择优选择监理工程师。择优选择程序一般包括以下几个步骤：(1) 确定广泛的可选择的名单；(2) 选择其中几个作为竞投者；(3) 业主给出项目主要任务，由竞投者设计项目建议书；(4) 公布项目建议书，由业主组织的评审委员会进行评审；(5) 根据评审结果，排出建议书的优先次序；(6) 与中标的监理工程师洽谈，发出中标通知书；(7) 与中标的监理工程师签订监理合同协议书；(8) 根据合同条件，监理工程师开展工作。

2. 项目建议书的主要内容

业主在选择监理工程师时，主要考虑的是人员、专业技能、经验、信誉、费用、工作计划等方面，但是，只有通过项目建议书才能对监理工程师的实际能力有一个全面的了解。项目建议书一般包括：(1) 监理工程师机构、个人的资质证明文件；(2) 工作经验、以往承担项目一览表；(3) 对项目的评价；(4) 监理规划；(5) 监理班子的人员与组织；(6) 监理设施；(7) 监理费用报价。

3. 监理工程师的选择标准

提供最好的服务质量和提出最低的报价是选择监理工程师的两个重要因素，但是，有时较低的报价是以牺牲质量为代价的，因此，FIDIC认为，业主应当根据质量来选择监理工程师，并遵循下列标准：(1) 业务能力。(2) 管理能力。(3) 可用的人力、财力资源。(4) 公正性。(5) 费用结构合理。(6) 职业诚信度。(7) 质量保证体系。

4. 监理委托合同和协议书

监理合同最好采取委托方与被委托方双方都认可的格式合同，FIDIC 格式文本是可以优先加以利用的。监理合同一般分为通用条款和专用条款，应当包括以下基本要件：（1）签约各方身份的确认；（2）监理工程师的服务范围及履行的义务；（3）监理工程师提供的服务内容；（4）监理费用；（5）业主的义务；（6）维护业主利益的条款；（7）维护监理工程师利益的条款；（8）监理工程师由于本身行为失误造成工程损失时所应承担的责任及赔偿；（9）总括条款；（10）签字等。

5. 监理服务报酬

监理服务报酬应当在监理合同中加以明确。国际上通行的标准，一般为土木工程施工合同或机电设备安装合同的 3% ~8%，具体的数额还应根据监理工程师的服务范围、工程的复杂程度、监理成本和利润等因素确定。主要计算方法有按时计算费用，建设成本百分比的计费方式，固定价格等。

六、项目监理人员的基本职责与权力

1. 监理工程师的基本职责与权力

监理工程师的基本职责与权力可以概括为：以全部合同文件及合同文件中引用的全部法规、标准与规范为依据，监督促使合同双方（业主与承包商）履行合同中规定的工程质量、工期及造价等义务并按照合同要求完成工程。

2. 监理工程师的权力制约

为了防止监理工程师滥用监理权力，FIDIC 文件中还提供了限制监理工程师权力的方法，主要包括：（1）通过监理合同中的专用条款来限制通用条款的授权范围；（2）在业主与监理工程师签订的监理合同中明确监理工程师行使权力应当承担的责任并让承包商知道；（3）承包商对监理工程师不公或错误的指令可申请仲裁或诉讼；（4）业主与承包商最终不受监理工程师决定的约束，双方发生争议，监理工程师可进行调解，调解不成，一旦进入仲裁或诉讼程序，监理工程师的意见只有一般性参考价值；（5）强调监理工程师的道德修养及业务水平等。

七、监理规划

监理规划是监理工程师为实现监理目标而编制的监理工作方案及工作计划，是开展监理工作的指导性文件，也是监理指导思想的具体体现。一般情况下，监理工程师应将监理规划送交业主审查，并作为监理委托合同的附件。

1. 监理规划的内容与编制要求

监理规划应随项目实施情况作必要调整，在监理规划的总框架下，应制定一系列的工作计划、进度计划、工作流程、监理制度、监理工作的报表及表格、职责分工等，使监理工作规范化、制度化。

国际上一些咨询公司早已在使用一些标准化的监理规划文本，通常包括以下内容：（1）项目概况，包括项目特征、项目目的及内容；（2）项目目标，包括总投资、工期和质量要求；（3）项目组织，即业主组织机构及参与项目的业主项目管理组织结构、业主与其他方面的关系；（4）监理班子的组织及人员构成；（5）信息管理；（6）合同管理；（7）质量控制；（8）费用监理；（9）进度控制等。

2. 监理班子的人员与组织

监理人员的配置主要是根据工程密度（即每年计划完成的工程量）、工程的规模、复杂程度以及能对工程项目实行有效控制的原则进行。监理人员一般分成三类：监理工程师，负责全面管理工作、技术事宜、合同事宜等；监理工程师助理，负责工地现场管理、测量、试验、检查等工作；行政及文秘人员，负责会计、行政、打字、复印、联络、档案等事务。应根据工程规模、工程复杂程度、合同工期、施工合同段的划分及现场条件来设置相应的监理机构，在监理机构的设置中，应当贯彻提高效率、明确分工、责任到人、相互协作、分级监督的基本原则。

3. 监理设施

监理设施是为了保证监理工程师正常、高效开展监理工作的物质基础。它主要包括满足监理人员正常工作生活需要的办公、生活设施，试验、检测设备，交通、通信工具等。根据合同要求，监理设施的提供一般包括以下几种形式：（1）业主免费提供；（2）部分或全部由承包商承担；（3）由监理工程师自付，费用在监理费用报价时一并计入。

4. 监理工作质量的保证

监理工作的好坏直接关系到工程建设质量的好坏和工程完成状况的好坏，因此，作为保证工程质量的监理制度本身也必须保证其自身质量。从国际通行的做法来看，监理工作的质量主要通过以下几种措施来加以保证：（1）在合同中明确规定业主、监理工程师、承包商三者之间的关系；（2）建立高素质的监理班子；（3）严格按照程序来实行监理；（4）监理工作的重点应放在对事故的预防上，要防患于未然。

总之，从项目监理的历史发展、国内外的现状、国际通行的标准和主要的制度来看，项目监理迄今为止已经发展成为一个在理论上体系化，在实践中规范化，在运行中制度化和法律化的以工程项目为主要依托的项目管理制度。由于 FIDIC 的国际影响日渐扩大，其确定的工程项目监理模式的成功经验和行为规范正在逐渐向不同的工程和项目实施领域渗透，成为管理学中的一项最重要的研究课题。

八、我国科技计划研究项目的监理状况及存在的问题

项目监理在我国一直集中在建设工程领域，如公路、桥梁、水利工程、大型建筑工程、机械设备安装工程等方面。

2001 年 10 月 31 日，科技部下发《国家科技攻关计划管理办法》，该办法提出：工程类项目视条件引入监理制，并参照《工程项目监理暂行条例》的有关规定执行。贵州省在 2002 年初率先将监理制度引入科技计划研究项目的管理领域，为加强农业和社会发展科技计划重大示范性项目的依法管理，按照科技部《国家科技计划项目管理暂行办法》等有关规定，制定了《贵州省农业和社会发展科技重大示范性项目监理暂行办法》。从总体上看，项目监理制度还没有在法律上被确定为国家科技计划项目管理的一种重要手段。目前与国家科技计划项目管理和监督相关的法律文件主要有科技部《国家科技计划项目管理暂行办法》（2001 年 1 月 20 日发布）、《国家科技计划项目评审行为准则与督查办法》（2003 年 1 月 29 日发布）等。总的来说，国家科技计划项目的管理还是实行以政府主管部门管理和监

督为主的模式，还没有真正地将具有专业性、独立性，已经在建设工程领域通用的项目监理制度引进到国家科技计划项目的管理中。国家科技计划项目管理还带有传统计划经济时代政府管理的色彩，还没有注重项目管理的社会化、制度化和法律化，特别是还没有真正引入项目监理制度。

九、建立和完善863计划军口管理项目监理制度的若干对策和设想

1. 863计划军口管理项目开展项目监理的现状及特征

科技部、中国人民解放军总装备部、国防科工委和财政部在2001年12月25日联合下发了《国家高技术研究发展计划（863计划）管理办法》。该管理办法要求“重大专项实行监理制”。但是，总的来说，监理制度在863计划项目领域还没有得到很好的推广，特别是在军口管理领域，除了在《国家高科技研究发展计划军口部分管理实施细则》第6章中规定了“项目监理”，对军口管理项目的监理范围、监理任务、监理计划、监理队伍、监理原则、监理方式、监理问题的处理以及监理报告制度等作出了明确的规定之外，具体如何在863计划军口管理项目中来实施项目监理制度，不仅在项目监理理论上缺乏深入性的研究，在实践中也没有可以予以借鉴的经验。

863计划项目是由科技部主管的国家科技计划重点项目。由于863计划项目投资额比较大，项目涉及的事项比较多，参加人员比较广泛，项目完成的过程比较长且比较复杂，加上在项目实施过程中，国家的一些重大的科技发展战略和经济发展情况会发生不断的变化，这就给项目实施工作提出了更高、更严的要求。为了保证国家投资的收益以及保证863计划项目能够产生预期的项目成果，实现项目所具有的巨大的经济效益和社会效益，有必要对那些重大的863计划项目引进项目监理制度，通过项目监理，来最大限度地保护项目投资者的收益，提高项目管理者的管理水平，保证项目实施高质量的完成。

为此，有必要以强化863计划项目军口管理中心的项目管理能力和项目管理水平为核心，通过制定《863计划军口管理项目监理办法》来建立和健全863计划军口管理项目的监理制度。

2. 制定《863计划军口管理项目监理办法》应当遵循的主要法

律原则

拟起草的《863计划军口管理项目监理办法》（以下简称《办法》）应当包括总则、监理机构、监理职权和职责、监理程序、法律责任和附则。《办法》的内容应基本上涵盖项目监理工作的所有环节和过程，做到制度设计上的监理主体、监理对象、监理方式和监理程序、监理管理机构、对监理的监督等各个要素之间的统一。具体来说，该《办法》所设计的监理制度在立法上应具有以下几个方面的特征：

（1）贯彻监理工作的合法性原则

项目监理工作就必须立足于依法监理的高度，注重强调监理工作的合法性原则。这种原则具体体现在监理办法中，应当表现为两个方面：一是监理工作要坚持依法办事原则，项目监理应当对实施项目的行为是否符合国家法律、法规的要求，项目实施结果是否符合国家整体利益等进行监督。二是应当强调项目监理工作的重点是项目执行人在实施项目的过程中是否严格地履行了项目执行合同或计划任务书规定的义务。

（2）贯彻监理工作的合理性原则

项目监理工作是对项目的一种特殊的监督工作，它是通过项目管理活动的外部的专家系统来对项目进行监督管理，一般代表投资主体或者是业主的利益，对项目实施状况进行总的评估，以帮助项目管理者能够准确及时地了解项目实施的各项真实情况，并采取相关的措施来加强对项目的管理。所以说，项目监理工作应当立足于了解情况、分析原因和提出建议，而具体解决问题还需要项目管理者，特别是项目法人来根据实际情况采取必要的措施。

（3）监理工作的独立性原则

考虑到863计划军口管理项目的特殊性，监理工作的开展应仍然在863计划项目军口管理中心的组织下来进行，但是，863计划项目军口管理中心作为项目法人，项目专家组不得对监理人员的监理工作进行随意干涉，监理工作仍然具有自身的独立性。监理人员只对自身所承担的监理任务和职责负责。监理办法应当突出独立性这一原则，规定“项目监理工作具有独立性，不受项目管理机构、项目执行人的随意干涉”。

（4）贯彻监理工作的责任制原则

虽然项目监理是项目管理者之外独立进行的项目监督管理工作，而且项目监理人员对进行监理的项目也缺少实质意义上的处分权，但是，这并不意味着监理工作就可以马马虎虎，敷衍塞责，不能将项目自身存在相应的管理活动作为放松监理工作的借口。监理办法应就此设计监理人员的工作职责，特别是规定监理人员的活动，相关的费用一定要与被监理的项目区分开来，防止出现监理人员玩忽职守的现象。

（5）贯彻监理工作的有效性原则

为了保障监理工作能够起到实效，监理办法要强调监理工作应当具有有效性。这种有效性表现在监理工作自身对于项目的实施应当具有实质性的意义。项目监理人员在对需要进行监理的863计划军口管理项目实行监理时，至少应当写出一份中期监理报告和一份最终结项报告。此外，还应当特别强调监理工作的结论不得与项目执行人见面，目的是为了保证监理工作能够准确、不受干扰和不受外界影响地独立地作出监理结论，提高监理工作的实效。

3. 可以建立的有关863计划军口管理项目的主要监理制度

由于目前863计划军口管理项目监理工作还没有在实际中开展起来，而有关国家科技计划项目的实施如何建立监理制度也没有相关的法律、法规可以参照，所以，不论是通过立法的方式来确立863计划军口管理项目的监理制度，还是在实际中运用目前在建设工程领域已经在理论上和实践中都比较成熟的监理理论和监理制度，都必须结合863计划军口管理项目目前项目管理机制的现状，同时，运用有关工程监理的一般原理来设计相关的863计划军口管理项目的监理制度。具体来说，可以采取以下几种监理制度：

（1）项目监理由863计划项目军口管理中心组织

依据监理的一般理论，监理工程师的确立应当由业主来决定，但是，863计划项目作为国家投资的项目，很难在法律上确立真正的业主，所以，在法律制度上应当设立一个代表业主的管理机构。为了保证项目监理人员能够独立地依据国家法律、法规以及项目执行合同和计划任务书的规定，对项目开展有效的监理工作，具体项目的监理人员的选择以及项目监理工作的开展可以由863计划项目军口管理中心组织，而不是由中国人民解放军总装备部或项目专家组负责，这就从组织体制上保证了项目监理工作具有最大程度的独立性和有效性。

（2）项目监理对项目法人负责

为了规范项目监理工作，应当明确 863 计划项目军口管理中心的性质和法律地位，特别是要明确 863 计划项目军口管理中心作为项目管理者的身份，规定由 863 计划项目军口管理中心来全面负责与 863 计划军口管理项目的监理工作有关的各项事务。具体项目的监理人员由 863 计划项目军口管理中心确定，并且对其负责。

（3）项目监理的回避制度

863 计划军口管理项目涉及面比较广，项目执行人或者是课题承担者往往既涉及军口的专家，也涉及民口的专家，而且在很多情况下，一些领域中的专家队伍是比较固定的，很容易出现项目执行人、项目专家小组成员以及项目监理人员的人员重叠现象。因此，为了保证项目监理工作能够做到公正、公平，《办法》应当设立项目监理的回避制度。项目监理人员在承担监理职责时不得作为项目专家组成员或者是项目执行人，目的在于保证项目监理人员能够不受自身利益的影响，严格地按照国家法律、法规和项目执行合同的要求来实施项目监理工作。

（4）项目监理依据法律和项目合同实施监理工作

项目监理人员应当依据何种标准来实施项目监理工作，这涉及项目监理工作本身的作用和意义。从 863 计划军口管理项目的性质来看，是由国家投资支持研究的项目，因此，项目的完成状况涉及国家利益和国有资产的收益状况，为此，项目监理工作必须反映这一方面的要求。而项目所体现的投资主体的利益通常都反映在国家法律、法规的规定之中，为此，项目监理就要求监理人员要严格地依法办事，对项目实施过程中不符合法律、法规要求和国家利益的事项应当及时发现，并通过必要的途径来向项目管理者报告，以便及时予以纠正。

从项目监理活动的组织方式来看，项目监理是由项目管理者委托的，虽然其开展活动具有一定的独立性，但项目监理工作的核心任务还是要协助项目管理者来监督项目执行人是否严格地按照项目执行合同和计划任务书的规定来完成项目所规定的各项任务。因此，项目监理工作另一个重要的，也是最主要的依据是项目计划任务书的规定。

(5) 项目监理报告制度

在通常情况下，项目监理人员不直接采取措施来纠正项目实施过程中所出现的问题。这一点应当与工程建设项目的监理相区分。项目监理人员对所监理的项目，发现问题或者是对项目实施提出一些建议和解决问题的办法，应当通过中期报告和结项报告，将有关问题及时反映给项目的管理者，以便项目管理者能够及时地采取有效的措施和办法来纠正项目实施中存在的问题，保证项目实施工作的正常开展。

(6) 项目监理的调查和论证制度

项目监理工作的一个核心任务就是要准确、及时地了解项目实施的情况和存在的问题，因此，就必须保证项目监理人员能够获得关于被监理项目实施的第一手的真实的情况和材料。因此，要求项目执行人必须对项目监理人员实施的监理工作、对项目进行的调查活动给予必要的支持。此外，项目监理人员在项目监理的过程中，从一开始介入项目的论证到项目实施过程中的项目可行性的调整等事项，都应当能够及时地发挥监理作用，做到既监督，又服务。

(7) 项目监理的责任制度

项目监理制度是对项目实施的一种外部监理，与项目管理者所进行的项目监督管理共同构成了项目完成质量的技术保障措施，应当建立相应的项目监理责任制度，来强化项目监理人员的责任心和从事监理工作的积极性。这种责任制度对于提高项目监理工作的效率，保证监理工作的公正、公平具有非常重要的价值。

(8) 项目监理的监督制度

项目监理的监督制度属于对监督者实施的监督，这种制度也是目前在项目监理工作中通常会采用的管理手段，应当设立一系列相关的监督制度，如项目监理人员的回避制度、项目监理报告不得与项目执行人见面制度、项目监理经费不得从被监理项目经费中列支等制度。这一系列制度都可以从不同的角度来防止项目监理工作出现违法失职的现象，有助于提高项目监理工作的威信。

总之，在建立863计划军口管理项目的监理制度的过程中，既要参照建设工程项目监理制度的经验，特别是在国际社会比较通用的FIDIC标准，保持项目监理工作的专业性、独立性，明确项目监理的目标在于“三监控二管理一协调”；与此同时，也要结合863计划军口管理项目实施的特点来设计各项监理制度，既要注意理论上的完善性和制度上的严密性，同时也要考虑其在实际中的可操作性，可行的做法是可以通过监理试点工作来逐步积累经验，不断地完善863计划军口管理项目的监理制度建设，提高863计划军口管理项目的项目管理水平。

第二节 《863计划军口管理项目监理工作暂行办法》专家建议稿及立法说明

一、《863计划军口管理项目监理工作暂行办法》专家建议稿

863计划军口管理项目监理工作暂行办法

第一章 总 则

第一条 为了保证863计划军口管理项目能够建立起严格的管理制度，提高863计划军口管理项目实施和管理水平，进一步明确项目执行人的法律责任，特制定本办法。

第二条 本办法仅适用于863计划军口管理项目中符合下列条件的项目：

（一）重大专项；

（二）总投资1000万元以上的课题；

（三）对武器装备发展影响重大的关键课题。

第三条 依据本办法规定应当实施监理的项目由863计划军口管理中心确定。

第四条 项目监理工作要坚持依法办事、客观公正、实事求是、有利科研的原则。

项目执行合同或计划任务书是项目监理工作的主要法律依据。

项目监理人员不参与、不干预专家组的管理工作及项目执行人的研究工作。

第五条 项目监理工作具有独立性，不受项目管理机构、项目执行人的随意干涉。

第六条 项目监理工作应当建立必要的监理制度，确立必要的监

理标准。

第七条 项目监理工作的重点是项目执行人在实施项目的过程中是否严格地履行了项目执行合同或计划任务书规定的义务，实施项目的行为是否符合国家法律、法规的要求，项目实施结果是否符合国家整体利益等。

第八条 项目监理的结论是项目结项的重要的评价指标。

需要进行监理的项目没有项目监理结论的，不得结项。

第九条 项目执行人有接受项目监理的义务。

项目执行人应当积极配合项目监理人员为实施监理工作所需要的各种资料、数据和信息等等。

项目执行人拒绝项目监理人员所实施的正常的监理活动的，项目监理人员有权向项目管理机构提出中止项目执行合同的建议。

第十条 项目监理人员在实施监理活动过程中有为与项目有关的重要资料、数据和信息等保密的义务。

项目监理人员应当尊重项目执行人在实施项目过程中所拥有的知识产权。

第二章 监理机构

第十一条 863计划军口管理项目监理工作由863计划军口管理中心负责组织实施。

第十二条 863计划军口管理中心应当设立863计划军口管理项目监理委员会具体负责项目实施监理工作。

863计划军口管理项目监理委员会对863计划军口管理中心负责，接受863计划军口管理中心监督。

第十三条 863计划军口管理项目监理委员会由主任委员一名和委员若干人组成。

主任委员由863计划军口管理中心在军口以外的同行专家中推荐一名候选人，报总装备部批准后任命。并报科技部和财政部备案。

委员由863计划军口管理中心聘任，并报总装备部备案。

第十四条 863计划军口管理项目监理委员会主任委员、委员不得担任863计划军口管理中心所聘请的项目专家组成员。

863计划军口管理项目监理委员会委员应当从军口和军口以外的同行专家、财务和法律等专业人员中选任。

第十五条 863 计划军口管理项目监理委员会实行会议决策制度。

主任委员负责召集会议。主任委员缺席时，可以指定一名委员召集和主持会议。

863 计划军口管理项目监理委员会举行会议时，对项目监理工作作出的决定应当有 2/3 出席委员的同意；对一般事项作出的决定应当有 1/2 出席委员的同意。

863 计划军口管理项目监理委员会必须有 2/3 以上的委员出席，始得召开会议。

第十六条 863 计划军口管理项目监理委员会举行会议所作出的各项决定应当报 863 计划军口管理中心备案。

第十七条 863 计划军口管理项目的具体项目监理工作由 863 计划军口管理项目监理委员会聘请的监理人员担任。

863 计划军口管理项目监理委员会的主任委员、委员可以担任具体项目的监理人员。

需要成立监理组的重大项目，应当由 863 计划军口管理项目监理委员会的主任委员、委员担任监理组组长。

863 计划军口管理项目的具体项目的监理人员不得担任 863 计划军口管理中心所聘请的专家组成员。

第十八条 863 计划军口管理项目的具体项目的监理人员、监理组对 863 计划军口管理项目监理委员会负责，接受其监督。

第十九条 863 计划军口管理项目监理委员会下设办公室，作为 863 计划军口管理中心的办事机构。

863 计划军口管理项目监理委员会的工作经费由 863 计划军口管理中心负责。

863 计划军口管理项目具体项目的监理费用在 863 计划军口管理中心管理经费中支付。

第二十条 863 计划军口管理委员会组成人员、具体项目监理人员为兼职人员。

863 计划军口管理委员会办公室人员为专职人员。

第二十一条 863 计划军口管理项目监理委员会组成人员每届任期为五年，可以连选连任。

863计划军口管理项目的具体项目的监理人员的任期与相关项目的存续时间一致。

被863计划军口管理中心聘请为项目专家组成员的863计划军口管理委员会组成人员、具体项目的监理人员应当辞去委员或监理人员的职务，在未辞去委员或监理人员职务之前，不得被聘为专家组成员。

第二十二条 863计划军口管理项目监理委员会组成人员、具体项目的监理人员如果承担或参加863计划军口管理项目的，应当辞去相关委员或监理人员职务。

第三章 监理职权与职责

第二十三条 863计划军口管理中心是863计划军口管理项目的项目管理机构，具有法人资格。

863计划军口管理项目专家组依据863计划军口管理中心的授权对863计划军口项目进行管理。

863计划军口管理项目监理人员不参与被监理项目的具体管理活动。

第二十四条 863计划军口管理项目监理委员会在对项目进行可行性论证时，应当选任监理人员具体负责有关项目的可行性论证工作。

第二十五条 项目监理人员在参与项目可行性论证过程中，应当向项目管理机构提出项目可行性论证是否符合要求、存在哪些问题、是否应当予以修改、是否予以批准等有关事项的咨询意见。

第二十六条 项目监理人员在项目执行过程中，应当有权就项目执行中存在的问题进行调查，项目执行人应当予以积极配合。

第二十七条 项目监理人员在进行监理过程中，应当对项目执行是否符合项目执行合同书或计划任务书的要求作出评估，对项目执行中存在的问题进行分析，对项目完成的可行性状况进行预测，对是否需要中止项目的执行或者是给予项目更大范围的资助提出建议。

项目监理人员有权对项目执行人使用项目经费的情况进行检查。

第二十八条 项目监理人员在进行监理过程中，应当定期写出项目执行状况评估报告。

项目监理人员所写的评估报告应当送交863计划军口管理中心或

者是其授权的专家组。

被监理的项目执行人不得随意干涉项目监理人员根据自身实行监理的具体情况写出监理报告。

项目监理人员所写的评估报告不得与被监理的项目执行人直接见面。

第二十九条 项目监理人员在对需要进行监理的863计划军口管理项目实行监理时，至少应当写出一份中期监理报告和一份最终结项报告。

第三十条 项目监理人员在实行项目监理过程中所发生的一切费用不得在被监理的项目中支付。

第四章 监理程序

第三十一条 863计划军口管理项目每一个需要监理的具体项目应当设立1名监理人员。

个别项目根据具体情况，可以设立项目监理组，由2~3名监理人员组成，并由863计划军口管理中心监理委员会指定1名监理人员担任监理组组长。

监理人员由863计划军口管理中心监理委员会颁发项目监理资格证书。

第三十二条 项目监理组的组成和监理人员的选任应当在项目立项申请提出之后、项目获得批准之前进行。

项目监理人员应当对项目立项报告的可行性以及是否应予立项向863计划军口管理中心提出建议。

未批准的项目，项目监理人员的监理任务视为完成，有关项目监理组予以解散。

第三十三条 对于获得批准的项目，项目执行人在正式启动实施项目的各项工作之前，应当邀请和安排项目监理组和监理人员了解和核实项目课题组成员以及承担项目的单位完成项目执行合同和计划任务书中所规定实施项目的各项技术条件和管理手段，接受项目监理组和监理人员的调查和询问。

第三十四条 在项目实施过程中，项目监理组和监理人员可以随时对项目执行人实施项目的情况进行调查和询问，项目执行人必须予以积极地支持和配合。

项目执行人在项目实施过程中遇到问题时，可以主动邀请项目监理组和监理人员了解和调查情况，并向项目专家组和863计划军口管理中心及时反映。

第三十五条 项目监理组和监理人员就被监理的项目应当召开中期监理评估和结项监理评估调查会议，并在此基础上写出中期监理报告和结项监理报告。

项目执行人应当积极配合项目监理组和监理人员所进行的各项调查、咨询和评估活动。

第三十六条 项目监理组和监理人员可以应863计划军口管理中心的请求，对被监理项目实施过程中遇到的特殊问题进行调查研究，并写出有关的调查报告。

第三十七条 项目监理组和监理人员在实施项目监理时，可以邀请项目专家组成员出席和参加有关的调查和询问活动。

第五章 法律责任

第三十八条 监理人员没有认真履行自身的监理职责的，没有及时向863计划军口管理中心或其授权的专家组提供中期监理报告和结项监理报告的，863计划军口管理中心监理委员会有权作出决定撤销有关监理人员的监理资格。

第三十九条 监理人员接受项目执行人的好处或贿赂，或者是监理人员使用被监理项目经费从事监理活动的，一经核实，有关人员应当主动辞去监理职务。情节严重的，由863计划军口管理中心监理委员会撤销其监理资格。情节特别严重的，863计划军口管理中心监理委员会应当向监理人员所在单位提出行政处分或纪律处分的建议。

第四十条 项目执行人拒绝配合监理人员实施监理活动的，863计划军口管理中心有权中止项目执行人的项目执行权。

被中止执行的项目只有在项目执行人同意接受监理人员的监理之后，或者是在863计划军口管理中心监理委员会任命了新的项目监理之后，才能恢复项目的实施工作。

第四十一条 项目执行人利用执行项目的便利向项目监理人员提供好处或者贿赂的，863计划军口管理中心或其授权的专家组有权扣减项目费用，所扣费用按五倍于相关好处费或贿赂费用计算。

第四十二条 被撤销监理资格的监理人员在5年内不得被再聘请

从事监理工作，也不得被聘为项目专家组成员。

863 计划军口管理中心监理委员会主任委员和委员被撤销监理资格的，不得再担任监理委员职务。

第四十三条 贿赂监理人员情节严重，造成不良后果的项目执行人在 5 年内停止申请项目的资格。

第六章 附 则

第四十四条 本办法由 863 计划军口管理中心负责解释。

第四十五条 本办法自颁布之日起正式生效。

二、《863 计划军口管理项目监理工作暂行办法》起草说明

（一）立法背景

项目监理最初是在建设工程领域中产生的，主要的目的是为了通过项目管理机构之外的独立的监督机构来对建设工程项目在申请、实施以及竣工等一系列阶段是否符合国家法律、法规，是否符合项目合同的规定和项目管理者的要求进行独立的监督活动，从而保证项目实施者能够高质量、及时地完成项目合同所规定的各项任务，实现项目投资者、管理者以及项目受益人等各方的利益。

我国的项目监理工作起始于20 世纪 80 年代。1982 年，我国利用世界银行贷款兴建鲁布革水电站引水工程时，按照国家惯例要求，在鲁布革工程管理局内设立了一个专司监理职能的工程师机构，代表业主对该工程进行现场综合监督管理。此后，建设工程监理制度在我国逐步推广开来。1988 年 7 月 25 日，建设部颁发了《关于开展建设监理工作的通知》，要求在建设领域开展监理试点工作。1989 年 7 月 28 日，建设部进而发布了《建设监理试行规定》，初步建立了监理制度。通过几年的试点工作和在此基础上的经验总结，1995 年 12 月 25 日，国家计委和建设部联合制定并颁发了《工程建设监理规定》。该规定对工程建设监理目的、监理管理机构、监理范围及内容、监理程序、监理单位与监理工程师都作了比较系统和完善的规定。

与此同时，与工程建设相关的一些领域也相继引入了监理制度。1999 年 1 月，国务院常务办公会议讨论通过的《全国生态环境建设规划》提出，在重点工程管理方面要“逐步引入工程监理制度”。2001 年 11 月，国家质量监督局、国家计委、国家经贸委联合下发了

《设备监理管理暂行办法》，要求对国家重大项目的重要设备，通过招投标方式，由独立的设备监理单位负责监理信息产业部于2002年12月15日起施行的《信息系统工程监理暂行规定》，要求对信息网络系统、信息资源系统和信息运用系统的新建、升级、改造工程，由信息系统工程监理单位实行监理。科技部也在有关文件中要求对重大科技项目实行监理。

863计划项目是由科技部主管的国家科技计划重点项目。分为军口和民口两个部分。由于863计划项目投资额比较大，项目涉及的事项比较多，参加人员比较广泛，项目完成的过程比较长且比较复杂，加上在项目实施过程中，国家的一些重大的科技发展战略和经济发展情况会发生不断的变化，这就给项目实施工作提出了更高、更严的要求。为了保证国家投资的收益以及保证863计划项目能够产生预期的项目成果，实现项目所具有的巨大的经济效益和社会效益，有必要对那些重大的863计划项目引进项目监理制度，通过项目监理，来最大限度地保护项目投资者的收益，提高项目管理者的管理水平，保证项目实施高质量的完成。

863计划军口管理项目是由科技部、中国人民解放军总装备部共同管理的，并在中国人民解放军总装备部下设863计划项目军口管理中心作为项目法人，对项目的申请、实施和结项工作进行必要的项目管理。根据项目监理制度设立的独立性、自主性、中立性原则，对于重大的863计划军口管理项目实行项目监理制度，就必须要结合目前863计划军口管理项目管理体制的特点，同时，根据863计划军口管理项目实施工作的要求，来确立最适合863计划军口管理项目实施特点的项目监理制度，以充分发挥项目监理制度在863计划军口管理项目实施中的监督和保障作用，提高863计划军口管理项目的管理水平和项目实施质量。正是基于上述目的，应863计划项目军口管理中心的邀请，由中国社会科学院法学研究所莫纪宏研究员牵头成立了《863计划军口管理项目监理暂行办法》起草小组，在进行有针对性的社会调查的基础上，收集和整理了国内外有关项目监理制度的各种材料，结合863计划军口管理项目的项目申请、实施和结项等工作的特点，起草了目前的《863计划军口管理项目监理暂行办法》。

（二）制定本办法的主要法律原则

目前已经起草的《863计划军口管理项目监理暂行办法》（以下简称《办法》）共6章45条，包括总则、监理机构、监理职权和职责、监理程序、法律责任和附则。《办法》的内容基本上涵盖了项目监理工作所有的环节和过程，做到了制度设计上的监理主体、监理对象、监理方式和监理程序、监理管理机构、监理的监督等各个要素之间的统一。具体来说，《办法》所设计的监理制度在立法上具有以下几个方面的特征：

1. 贯彻了监理工作的合法性原则

863计划军口管理项目是由国家科技部和中国人民解放军总装备部主管的国家科技计划重点项目，是由国家投资支持研究的重要科技工程。因此，项目实施情况的好坏不仅涉及项目管理部门的管理职责问题，还关系到国家投资的收益以及国家利益问题。

因此，项目监理工作就必须立足于依法监理的高度，注重强调监理工作的合法性原则。这种原则在《办法》中表现为两个方面：一是《办法》第3条规定监理工作要坚持依法办事原则，《办法》第7条也规定，项目监理应当对实施项目的行为是否符合国家法律、法规的要求，项目实施结果是否符合国家整体利益等实施监督。二是《办法》第7条强调了项目监理工作的重点是项目执行人在实施项目的过程中是否严格地履行了项目执行合同或计划任务书规定的义务。因为项目执行人实施项目的行为是否符合国家法律、法规要求的判断标准通常都已经集中体现在项目执行合同和计划任务书中，所以，监理工作的最重要的法律依据应当是项目执行合同和计划任务书中所设定的实施项目的义务。故《办法》第4条第2款规定，项目执行合同或计划任务书是项目监理工作的主要法律依据。

2. 贯彻了监理工作的合理性原则

项目监理工作是对项目的一种特殊的监督工作，它是通过项目管理活动的外部的专家系统来对项目进行监督管理，一般代表投资主体或者是业主的利益，对项目实施状况进行总的评估，以帮助项目管理者能够准确及时地了解项目实施的各项真实情况，并采取相关的措施来加强对项目的管理。所以说，项目监理工作应当立足于了解情况、分析原因和提出建议，而具体解决问题还需要项目管理者，特别是项目法人来根据实际情况采取必要的措施。

所以，监理工作不能代替管理工作，更不能干涉管理工作，应当在一个合理的事项范围内来活动。办法对上述监理工作与管理工作的事权分工作了比较明确的规定，许多条文都体现了这一原则。

3. 贯彻了监理工作的独立性原则

项目监理工作不同于一般的监督管理工作，其最大的特点是项目监理工作的独立性。它不属于项目管理者所进行的监督，尽管项目监理工作对项目管理者的管理活动具有非常重要的参考和辅助作用。

考虑到863计划军口管理项目的特殊性，项目监理委员会以及监理工作的开展仍然在863计划项目军口管理中心的组织下来进行，但是，作为项目法人的863计划项目军口管理中心，以及项目专家组等不得对监理人员的监理工作进行随意干涉，监理工作具有自身的独立性。监理人员只对自身所承担的监理任务和职责负责。《办法》第5条突出了这一原则，规定“项目监理工作具有独立性，不受项目管理机构、项目执行人的随意干涉”。

4. 贯彻了监理工作的责任制原则

虽然项目监理是项目管理者之外独立进行的项目监督管理工作，而且项目监理人员对进行监理的项目也缺少实质意义上的处分权，但是，这并不意味着监理工作就可以马马虎虎，敷衍塞责，不能将项目自身存在相应的管理活动作为放松对监理工作的要求的借口。《办法》对此设计了监理人员的工作职责，特别是规定监理人员的活动及其相关的费用一定要与被监理的项目区分开来，防止出现监理人员玩忽职守的现象。

5. 贯彻了监理工作的有效性原则

为了保障监理工作能够起到实效，《办法》强调了监理工作应当具有有效性。这种有效性表现在监理工作自身对于项目的实施应当具有实质性的意义。《办法》第29条规定，项目监理人员在对需要进行监理的863计划军口管理项目实行监理时，至少应当写出一份中期监理报告和一份最终结项报告。此外，《办法》还特别强调监理工作的结论不得与项目执行人见面，目的是为了保证监理工作能够不受干扰和不受外界影响地独立地作出准确的监理结论，提高监理工作的实效。

总之，《办法》在起草的过程中，坚持了各个方面原则相统一的精神，既提出了项目监理的特殊性，又体现了项目管理活动对项目监理工作提出的一般监督要求，比较好地体现了项目监理工作的特点和我国目前863计划军口管理项目实施的要求。

（三）本《办法》确立的主要监理制度

由于目前863计划军口管理项目监理工作还没有在实际中开展起来，立法工作缺少试点的经验加以参考和借鉴，因此，立法起草小组在设计项目监理各项制度的过程中，只能参照目前我国业已在工程领域中所开展的项目监理工作的实施经验，结合863计划军口管理项目自身的特点，来设计与监理工作相关的一系列制度。其总的指导思想是，通过设立具有一定独立性的监理委员会，监理委员会作为独立于863计划项目军口管理中心项目法人之外的监理机构，对符合条件、需要设立项目监理制度的各项863计划军口管理项目实施项目监理工作，监理委员会的职责始终做到与863计划项目军口管理中心作为项目法人的管理职责，具体项目的监理人员与项目专家组和项目执行人不存在任何法律上的利害关系，项目监理对监理委员会和863计划项目军口管理中心负责，项目监理的结论作为项目法人考核项目实施和完成状况的参考指标等。具体来说，《办法》主要包括以下几种监理制度：

1. 项目监理由监理委员会组织

为了保证项目监理人员能够独立地依据国家法律、法规以及项目合同和计划任务书的规定，对项目实施工作开展有效的监理，本《办法》规定，具体项目的监理人员的选择以及项目监理工作的开展由监理委员会组织，而不是由项目管理者或项目专家组负责，这就从组织体制上保证了项目监理工作具有最大程度的独立性。

2. 项目监理对监理委员会和项目法人负责

为了规范项目监理工作，提高项目监理工作的水平，将863计划军口管理项目的监理工作作为一项重要的、系统性的、经常开展的项目监督管理活动来进行，从整体上提升863计划军口管理项目的项目监理水平，本办法在设计项目监理方式时，并没有就事论事，或者是采取一事一办的原则，而是在863计划项目军口管理中心下设监理委员会来全面负责与863计划军口管理项目的监理工作有关的各项事务。具体项目的监理人员由监理委员会确定，并且对监理委员会和项目管理者负责，这有利于863计划项目军口管理中心能够对各项监理工作实行集中统一管理，合理安排项目的监理工作，避免监理工作出现盲目性。另外，具体项目监理人员对监理委员会和项目管理者（项目法人）同时负责，可以最大限度地调动项目监理人员监理工作的责任心和从事项目监理工作的积极性，充分发挥监理人员的监理作用。

3. 项目监理的回避制度

863计划军口管理项目涉及面比较广，项目执行人或者是课题承担者往往既涉及军口的专家，也涉及民口的专家，而且很多情况下，一些领域中的专家队伍是比较固定的，很容易出现项目执行人、项目专家小组成员以及项目监理人员的人员重叠现象。为此，为了保证项目监理工作能够公正、公平，本《办法》设立了项目监理的回避制度。本《办法》第21条第3款和第22条就明确规定，项目监理人员在承担监理职责时不得作为项目专家组成员或者是项目执行人。目的在于保证项目监理人员能够不受自身利益的影响，严格地按照国家法律、法规和项目合同的要求来实施项目监理工作。

4. 项目监理依据法律和项目合同实施监理工作

项目监理人员应当依据何种标准来实施项目监理工作，这涉及项目监理工作本身的作用和意义。从863计划军口管理项目的性质来看，是由国家投资支持研究的项目，因此，项目的完成状况涉及国家利益和国有资产的收益状况，为此，项目监理工作必须反映这一方面的要求。而项目所体现的投资主体的利益通常都反映在国家法律、法规的规定之中，为此，项目监理就要求监理人员要严格地依法办事，对项目实施过程中不符合法律、法规要求和国家利益的事项应当及时发现，并通过必要的途径来向项目管理者报告，以便及时予以纠正。

从项目监理活动的组织方式来看，项目监理是由项目管理者委托的，虽然其开展活动具有一定的独立性，但项目监理工作的核心任务还是要协助项目管理者来监督项目执行人是否严格地按照项目执行合同和计划任务书的规定来完成项目所规定的各项任务。为此，项目监理工作另一个重要的，也是最主要的依据是项目计划任务书的规定。

5. 项目监理报告制度

项目监理与一般的项目管理活动不一样的地方，在于项目监理工作主要是依据法律、法规的要求和项目执行合同以及计划任务书的各项规定来监督项目实施的状况，及时发现问题，并向项目管理者提出解决问题的办法和对策。通常情况下，项目监理人员不直接采取措施来纠正项目实施过程中所出现的问题。项目监理人员对所监理的项目发现问题或者是对项目实施提出一些建议和解决问题的办法，应当通过中期报告和结项报告，将有关问题及时反映给项目的管理者，以便项目管理者能够及时地采取有效的措施和办法来纠正项目实施中存在的问题，保证项目实施工作的正常开展。

6. 项目监理的调查和论证制度

项目监理工作的一个核心任务就是要准确、及时地了解项目实施的情况、存在的问题，因此，就必须保证项目监理人员能够获得关于被监理项目实施的第一手真实的情况和材料。本《办法》对此作了比较严格地规定，要求项目执行人必须对项目监理人员实施的监理工作、对项目进行的调查活动给予必要的支持。此外，项目监理人员在项目监理的过程中，从一开始介入项目的论证到项目实施过程中的项目可行性的调整等事项，都应当能够及时地发挥监理作用，做到既监督，又服务。

7. 项目监理的责任制度

项目监理制度是对项目实施的一种外部监理，与项目管理者所进行的项目监督管理共同构成了项目完成质量的技术手段。项目监理工作由于自身具有独立性，所以，可以在某种程度上发挥项目管理者自身无法实现的监督管理作用。故项目监理工作具有实质性的意义，不是可有可无的制度。为此，本《办法》建立了相应的项目监理责任制度，来强化项目监理人员的责任心和从事监理工作的积极性。这种责任制度对于提高项目监理工作的效率，保证监理工作的公正、公平具有非常重要的价值。

8. 项目监理的监督制度

项目监理的监督制度属于对监督者实施的监督，这种制度也是目前在项目监理工作中通常会采用的。对项目监理的监督，通常包括组织、程度和制度等方面，目的是为了防止项目监理工作流于形式或者是防止项目监理人员利用实施项目监理工作的便利谋取私利。本

《办法》对此设立了一系列相关的监督制度，如项目监理人员的回避制度、项目监理报告不得与项目执行人见面制度、项目监理经费不得从被监理项目经费中列支等制度。这一系列制度都可以从不同的角度来防止项目监理工作出现违法失职的现象，有助于提高项目监理工作的威信。

总之，本《办法》在起草的过程中，主要是借鉴了其他工程项目监理制度设计的一般要求，同时结合863计划军口管理项目实施的特点来设计各项监理制度的，既有理论上的制度严密、符合逻辑的考虑，也体现了其在实际中的可操作性可以通过监理试点工作来逐步积累经验，不断地加以完善。

第四章 《科学数据共享条例》的起草论证及专家建议稿①

第一节 科学数据共享的管理体制问题

科学数据共享是一项关系国家整体科学发展战略方向、涉及国计民生的大事，因此，从制度上建立一套适合中国目前具体国情的管理体制，充分调动科学数据共享参与者各方面的积极性，最大程度地将科学数据转化为生产力，充分发挥科学数据自身潜在的社会效益和经济效益，是当前深化我国科技管理体制改革，强化对科学数据共享工程管理的重要举措。鉴于我国在科学数据共享的管理体制领域一直处于探索阶段，还没有形成一套比较成熟可靠的经验，所以，有必要对科学数据共享的管理体制的形成机理以及如何建立科学和有效的科学数据共享管理体制作一系列比较系统、全面和深入的研究。

一、我国科技管理体制的现状和特点

应当说，科学数据共享是现代社会中一项最重要的科技活动。科学数据共享不同于传统的科技活动，它将科技活动中的规划、设计、生产、流通、使用、消费等各种环节有机地组合在一起，旨在实现科技成果直接服务于社会，以最简明和有效的方式转化为生产力，为国民经济建设和社会主义现代化建设服务。因此，要促进科学数据共享，就必须要通过富有效率的管理体制，来有序地组织和安排科学数

① 本课题是2003~2005年期间国家科技部委托研究课题的部分成果，课题组负责人为地震学校的苗良田校长，课题组成员有莫纪宏、李学良、李志雄、王松、孙士宏、路鹏等。

据共享的各个环节所开展的科技活动。从目前科学数据共享的管理状况来看，科学数据共享主要是依托于现行的科技管理体制来运作的，所以，现行的科技管理体制的基本格局也在某种程度上限定了科学数据共享的管理体制的类型和特征。要进行科学数据共享管理体制的改革，必须要研究现行的科技管理体制的状况和特征。

（一）举国办科技仍然是我国科技管理体制的主要思路

中华人民共和国成立以后，为了集中国内各种科技力量发展新中国的科技事业，尽快改变我国科技事业贫穷落后的面貌，科技事业采取了举国办科技的体制。这种体制是以中央政府成立主管科技事业的专门行政管理机构为核心，通过统一制定科技发展规划，集中国家财力、人力和物力，在重大科技事业上进行集中攻关。这种管理体制对于发展新中国的科技事业，推动有关国计民生的重大科技活动的开展起到了至关重要的作用。最突出的表现就是“两弹一星”等高科技领域的巨大成就。在科技管理方面，主要是以国家科技部为核心，统一领导和管理全国范围内的科技活动。这种管理模式至今仍然得到保留，即国务院下面设立科技部来主管全国的科技工作。中华人民共和国科学技术部是国务院主管国家科学技术工作的部门，其前身是国家科学技术委员会，成立于1956年5月。1958年11月23日，第一届全国人大常委会第102次会议决定撤销国家技术委员会，设立科学技术委员会。1970年6月22日中央决定撤销该机构，1977年9月恢复科学技术委员会。1978年改为国家科学技术委员会。根据1998年3月10日第九届全国人大第一次会议通过的《关于国务院机构改革的决定》，国家科学技术委员会更名为中华人民共和国科学技术部。

目前，国家科技部在我国科技事业发展中起着领导、组织和管理等举足轻重的作用。绝大多数重要的科技政策的出台，许多大规模的科研工程等，从规划到实施都是在国家科技部统一领导和管理下来开展的，许多项目不仅涉及诸多部门和领域，而且几乎动员和组织了全国范围内的科研力量和科技人员共同来参加，如由科技部组织和领导的国家“863”计划工程和“973”计划工程，可以说，基本上采取举国办科技的思路。另外，一些与航天工程有关的科研项目，如“神舟”载人航天工程，参加研究和开发的单位和部门达到10万多家。这些单位和部门参与航天工程的项目研究，完全是在举国办科技的体制下来实现各单位和各部门之间的协作关系的。正是因为举国办科技的科技管理体制在我国科技事业的发展过程中曾经发挥了非常重要的作用，所以，这种举国办科技的体制不自觉地影响到我国科技事业管理体制的整个格局，一方面，重大的科技项目必须在国务院科技主管部门的统一领导和组织管理下有计划、有系统地实施；另一方面，举国办科技的管理模式也影响到一些普通科技项目的管理，集中式的管理体制有时过于冗繁，容易影响科技项目的管理效率。

（二）计划管理体制是我国科技管理体制的最重要特色

改革开放以来，我国在许多经济领域都实行了从计划经济管理体制向市场经济体制的转换，但是，科技管理领域却仍然带有很强的计划管理色彩，主要表现在国家对一些重要或者重大的科技项目，仍然以计划来推动科技活动的组织和实施，而不是依赖于市场的选择或者是社会的取向。以国家科技部依据“三定”方案所具有的管理职能来说，在总共14项基本职能中有9项职能与科技计划有关。这些职能包括：1. 研究提出科技发展的宏观战略和科技促进经济社会发展的方针、政策、法规；研究科技促进经济社会发展的重大问题；研究确定科技发展的重大布局和优先领域；推动国家科技创新体系建设，提高国家科技创新能力。2. 组织编制全国民用科学技术发展的中长期规划和年度计划。3. 研究提出科技体制改革的方针、政策和措施；推动建立适应社会主义市场经济和科技自身发展规律的科技创新体制和科技创新机制；指导部门、地方科技体制改革。4. 研究多渠道增加科技投入的措施；优化科技资源的配置；负责归口管理的科学事业费、科技“三项费”和科技外事经费等有关费用的预、决算。5. 研究制定加强基础性研究、高新技术发展的政策措施；负责重大基础性研究计划、高技术研究发展计划、科技攻关计划、科技创新工程和社会发展科技计划的制定与组织实施。6. 强化高新技术产业化及应用技术的开发与推广工作；指导科技成果转化；管理国家级高新技术重点新产品工作；负责火炬计划、星火计划、成果推广计划等科技开发计划指南的制定并指导实施；管理国家级高新技术产业开发区；促进高新技术出口及相关政策的制定。7. 参与编制国家重大科学工程等科技基地的建设规划；编制和实施国家重点实验室等科技基地的计划。8. 研究制定我国对外科技合作与交流的方针、政策；负责双边和多边政府及有关国际组织之间的科技合作计划；指导驻外科技机构的工作；负责驻外使领馆科技干部的选派与管理；管理外国政府、国际科技组织有关对华科技援助和我国对外科技援助的工作；负责与香港及澳门特别行政区、台湾地区的科技合作与交流工作。9. 研究提出制定科技法律、法规的建议；归口管理全国科技成果、科技奖励、科技保密、技术市场、与科技相关的知识产权保护等工作；制定科学技术普及工作规划，实行政策引导，推动科普工作的开展；促进科技咨询、招标、评估等社会中介组织的发展，推动科技服务体系的建立。

此外，国家法律也对科技管理的计划管理体制给予了充分肯定。如《中华人民共和国科学技术进步法》第28条规定："国务院科学技术行政部门对学科前沿和经济、社会发展中的重大基础性科学研究课题，应当有计划地组织实施。"《中华人民共和国促进科技成果转化法》第5条规定："国务院和地方各级人民政府应当将科技成果的转化纳入国民经济和社会发展计划，并组织协调实施有关科技成果的转化。"第6条也规定："国务院有关部门和省、自治区、直辖市人民政府定期发布科技成果目录和重点科技成果转化项目指南，优先安排和支持下列项目的实施：（一）明显提高产业技术水平和经济效益的；（二）形成产业规模，具有国际经济竞争能力的；（三）合理开发和利用资源、节约能源、降低消耗以及防止环境污染的；（四）促进高产、优产、高效农业和农村经济发展的；（五）加速少数民族地区、边远贫困地区社会经济发展的。"

所以说，计划管理手段仍然是我国目前科技领域的主要管理方式，这种管理方式涉及所有的科技活动领域，也包括一些新兴的科技活动领域，如科学数据共享的管理。

（三）科技活动的规划、生产环节与使用和流通环节仍然存在一定的独立性

传统的计划管理体制下，我国科技事业是本着全国发展一盘棋的战略思路来考虑的。因此，科技活动往往是由政府主管部门进行规划，制定项目计划，而科技项目一般通过计划指令方式或者是课题申请方式，由特定的部门和单位来进行具体的科技生产活动。但是，由科研部门从事的科技生产活动所获得的科技成果通常并没有直接进入

使用和流通领域，而是通过成果汇交的方式或以课题结题方式上交特定的政府主管部门。由于科技成果的生产过程并没有与科技成果的市场需求结合起来，所以，经常会出现一些花费国家大量经费的课题成果被束之高阁，不能及时地转化为生产力，为社会服务。有些具有一定经济价值的科技成果，生产单位则可能从部门利益和单位利益出发，将这些科技成果的应用价值据为本部门或本单位所有。在经济和社会发展的过程中，一些单位和部门迫切需要一些最新的科技开发成果来及时地提升其产品的质量，进行技术改造，但是，往往是很难从市场和社会渠道获得必需的科技成果，结果造成了一些非常奇怪的现象。一方面，国家每年花费大量的资金所投入的科研项目产生的科技成果被束之高阁，或者是没有市场需求，或者是没有正规和可靠的渠道向社会提供服务；另一方面，一些单位和部门却每年花费大量的资金和外汇去国外购买一些在技术上已经失去新颖性特点的科技成果，其中有许多科技成果实际上已经在国内的计划体制下的科研项目中早已开发出来。由于产与需不能通过有效的方式沟通，造成了国家资产的大量浪费。特别值得一提的是，通过传统计划管理体制生产出的科技成果在封闭式的传播媒介中很难得到社会公众的认识和认可，科技成果的信息化程度低，利用信息化手段推广科技成果的技术渠道和制度渠道都不是很畅通。

（四）科技管理体制具有过度集中化的倾向

目前我国的科技管理体制仍然具有集中化的倾向。国家财政资金对科技事业的支持主要是通过科技主管部门的组织、分配和管理活动进行的，所以，在很大程度上，就形成千军万马过独木桥的局面。往往是科研部门和单位只要把科技主管部门主管科研项目的机构关系疏通好了，就很容易获得数额巨大的科研经费。由于重大科研项目的招投标制度在科研项目申请领域并没有完全建立起来，所以，国家每年向科研项目投入的大量的经费是否都能够真正地投向了最需要资金研究的领域，是否真正地投向了有价值的研究项目，是否不受外界因素的影响公平和公正地分配了科研项目经费，等等，这些问题都因为科技管理体制过度集中化的弊端而被掩盖了。例如一位中科院院士透露：有几位院士曾联名打报告，要求国家拨款 40 亿元，发展一个新项目。可结果发现，报告中的一些基本数据都错了，其中一个关键技术指标算错了100倍，产量算错了60多倍。后来幸亏有人发现，才制止了这个错误。高度集中化的科技管理体制无法防止科技项目开发中的特权现象，所以，一方面国家在科研领域的投入逐年增加，另一方面，我国科技竞争力在世界排名逐年下降。1998年，中国的科技竞争力排名世界第13位，到2003年已降至第29位；此外，中国科技三大奖之一的国家技术发明奖及国家自然科学奖等连续多年空缺。所以，高度集中化的科技管理体制是否能够合理和科学地分配科技项目资助资金，是否真正地能够调动科技工作者的积极性和主动性，确实存在着不可忽视的制度弊端。

（五）依法管理还没有成为科技管理的常规措施

目前我国科技领域的管理活动主要还是依靠政策手段，虽然已经出台了《中华人民共和国科学技术进步法》、《中华人民共和国促进科技成果转化法》等法律，但是，不论从法律形式的层次效力，还是从科技立法内容的广度来看，现行有关科技活动的法律制度很不健全，许多重要的科技活动领域并没有成熟的法律规定。即便是现有的《科学技术进步法》和《促进科技成果转化法》，虽然在法律形式上采用了法律的名称，但是，这些法律中所建立的科技制度却存在着各种各样的缺陷，可以说，在科技活动领域还没有形成健全和完善的科技法律规范体系和产生严密和科学的科技法律关系。

从目前科技活动对立法的需求来看，在诸多领域都需要出台具有一定层次的法律规范，特别是在科技资源开发、科学仪器共享、科学数据共享、科研项目管理、科技成果鉴定与评奖等，这些与科技活动密切相关的领域至今仍然是靠政府主管部门出台的一些政策性文件进行指导和管理，所以，制度化水平不高，管理效率欠佳，特别是管理程序化的水平低，存在着一定程度的混乱和无序。

（六）科技管理体制还存在层级管理和部门管理的痕迹

我国目前的科技管理体制还存在层级管理和部门管理的痕迹。如根据《中华人民共和国科学技术进步法》第8条规定：国务院科学技术政策部门，负责全国科学技术工作的宏观管理和统筹协调。国务院其他有关行政部门，依照国务院规定的职责范围负责有关的科学技术进步工作。这就意味着，国家科技主管部门对全国科学技术工作有总体的指导和协调作用。国家每年通过财政所拨付的科研经费有相当大的一部分是通过国家科技主管部门的科研规划和计划项目来实施。与此同时，在国家科技主管部门之外，其他行政部门也在一定程度上可以负责本部门范围内的科技管理工作。这就造成了管理体制的主管与分管的矛盾。一方面专门行政部门在对本部门范围内的科技活动进行管理时，具有比较强的技术力量和人才，所以，往往会出现专门领域中的科技活动组织化程度高，工作井井有条；另一方面，作为国家科技主管部门，必须从宏观上对全国科技发展的总体状况和发展前景进行有效的指导和调控。但是，国家科技主管部门常常在决定一些重大项目的时候，仍然必须依赖专门行政部门管辖下的技术力量和专家队伍。从财政经费支出上也可以看到，各专业行政部门在部门的财政经费范围内通常也会列出一部分经费来支持科技活动。所以，在实际进行的科技活动中，存在着由国家科技主管部门所指导和管理的科技项目与各专门行政部门所指导和管理的科技项目之间的效益比较和竞争的问题。实践中，一是很容易出现重复投资、恶性竞争的问题；二是由于各专业行政部门与国家科技主管部门所指导和掌握下的科研项目的成果相互封闭，造成了彼此信息很难沟通，同时还存在着一定程度的技术封锁和垄断问题，造成了科技开发成果与社会实践的需求严重脱节等问题。

总之，我国现行的科技管理体制所存在的弊端严重地影响到科学数据共享活动的开展，特别是在信息化时代，传统的科技管理体制显得既不灵活，同时又很难适应科技发展和市场机制的要求。此外，科学数据共享也正在呈现出全球化的趋势，在大量的基础信息领域，许多发达国家都已经实行了数据共享，这就大大促进了科学数据进一步公开化和社会化。科学数据共享正在将全球范围内的科学数据组成一个有机的整体和最大限度为社会公众服务的网络，科学数据共享既可以避免传统体制下的盲目、重复和低效益的科技生产活动，又可以充分利用现有的科技资源来为现代化建设服务。所以，要适应科学数据共享的要求，必须要在科学数据共享管理体制上做出相应地调整和变革，使得现有的科技管理体制更加具有活力。

二、国外科技管理及科学数据共享的管理模式及特点

在国外，虽然在管理职能上也存在着类似于我国科技主管部门的

行政管理机构，但是，总的来说，有关科技活动的管理并不是依靠行政命令或者是指令性计划来完成的，而是通过制定科技发展规划，通过提出导向性的科技发展政策，并依据比较规范的项目管理模式，有的甚至通过国家正式立法的方式来安排和资助科技项目的研究，在科学数据共享领域也基本上遵循着政府引导、社会共建的模式。

（一）国外科技发展规划的制定、实施情况及特点

1. 美国

美国联邦政府不制定全国统一的综合性科技规划，它在科技发展方面的作用主要体现在两方面：一是通过制定导向性科学和技术政策并依靠科研经费分配制度来实现对全国科技发展工作的调控；二是政府根据国际国内环境和国际利益的需要，提出重大任务型专项科技计划。与此相应，美国联邦政府的科技规划主要包括以下两类。一是导向性科技政策。联邦政府的有关机构经常提出一些很有影响的导向性的科技发展报告或政策文件，这些报告或文件虽无“规划”之名，却有规划和指导之实。例如，美国国家科学技术委员会（NSTC）分别于1994年和1996年公布的《科学与国家利益》和《技术与国家利益》两份报告，系统地阐述了联邦政府在新时期的科学政策和技术政策，分别提出了美国科学发展的五大目标和技术发展的五大目标，以及实现这些目标的政策建议。二是专项科技计划。近年来，美国在信息技术、生命科学、材料科学、能源、环境、卫生、教育、交通、空间科学、军用技术、城市发展等各个领域制定了很多具体的发展战略或计划。这些计划按实施机构的不同可分成两类：一类由多个联邦机构联合实施，例如，人类基因组计划（HGP）、高性能计算机与通信技术研究计划（HPCC）、全球变化研究计划（GCRP）、国家纳米技术计划（NNI）；另一类由一个联邦部门执行，如商务部的先进技术计划（ATP）和能源部的新能源计划等。

总的来说，美国联邦政府所制定的科技发展规划具有以下几个方面的特点：（1）不同类型的科技计划有不同的表现形态。受美国宪法所确立的联邦体制的影响，美国联邦政府对各州一般只能制定政策性比较强的科技发展规划。（2）重大科技规划深受国际因素影响，并以服务于国家利益和国家目标为最高指针。在第二次世界大战期间和冷战时期，美国联邦政府提出的重大科技发展计划，以维护国家安

全为最高指针，如“曼哈顿计划”、“阿波罗计划”和“星球大战计划”，它们都具有浓厚的军事色彩。冷战结束后，国际竞争的焦点从军事竞争力日益转向高科技和经济竞争力。联邦政府制定的科技计划日益突出高科技发展，力图全面控制和抢占新时期科技制高点，以保持新兴产业的优势地位，军民两用的色彩越来越浓（如人类基因组计划、美国信息高速公路计划和国家纳米技术计划等）。“9·11”事件以来，恐怖主义成为美国安全利益的长远威胁，因此美国又大大加强了反恐方面的科研计划。（3）科技计划经费通过立法予以保障。美国政府的科技计划一经通过，其经费就由总统提请国会批准拨给。科技计划在通过之前，行政当局与国会之间要反复会商讨论，这样可以避免重大失误，国会也易于通过。由于受党派利益和议员个人的选民利益等因素的影响，审批过程比较复杂，决策效率比较低。科技计划的经费一般涵盖整个计划，例如，人类基因组计划在15年内经费共30亿美元是在计划通过时定下的。（4）计划有前瞻性，代表科技发展趋势。近年来，美国联邦政府十分重视制定代表科技发展趋势的计划，因此内容很具有前瞻性。美国在生命科学、信息科学、材料科学、环境科学、航空航天等领域都曾领先制定了重大的科技计划。美国政府1989年制定的人类基因组计划就是极具前瞻性、冒险性、导向性的一个范例。克林顿政府于2000年1月出台了国家纳米技术计划。布什政府2003年提出的氢燃料研发计划的前瞻性也必须引起我们的高度重视。（5）制定计划时重视研发基础设施建设。美国政府在制定科技计划时对包括基础研究、基础设施、教育培训等在内的研发基础十分重视。国家纳米技术计划的主要内容有：确定纳米基础研究的优先领域、支持纳米科技研发的基础设施建设、注重人力资源的纳米知识教育与纳米意识培养；“IT2”计划也提出增加信息技术基础研究的长期投资，大力支持开发计算机科学和工程所需要的先进的基础设施，并努力造就一支训练有素的信息技术科技人员队伍。此外，对于一些共性技术，尤其是挑战性的关键技术、复杂系统的技术开发和风险技术的开发，美国政府有时候也会制定计划进行扶持。

2. 日本

“二战”后，日本政府十分重视制定科技发展计划。1995年日本国会通过的日本《科学技术基本法》（1996~2000年）明确规定，

“政府要根据国家科技政策的最高审议机构——综合科学技术会议的讨论精神制定科学技术基本计划”，这就为日本政府制定科学技术基本计划提供了法律依据。日本的科技计划大致分为两个层次：一是国家综合性科技发展计划，由日本政府的综合科学技术会议制定，首相直接负责制定工作，如第一期《国家科学技术基本计划》（1996～2000年)、第二期《国家科学技术基本计划》（2001～2005年）和《各领域推进战略》（2001年）等。二是专项科技发展计划，由政府内阁其他咨询审议机构或各部门的技术审议会议负责制定各领域的专项科技发展计划，如内阁府原子能委员会制定的《原子能研究、开发及利用长期计划》、内阁生物技术战略会议制定的《日本生物技术战略大纲》、内阁信息技术战略会议制定的《电子日本计划》、文部科学省宇宙开发委员会制定的《宇宙开发基本计划》、通产省科学技术会议制定的《材料纳米技术计划》。1996年，日本政府根据1995年11月生效的《科学技术基本法》，制定了第一个《科学技术基本计划》(1996～2000年)。2001年，日本政府出台了第二个《科学技术基本计划》(2001～2005年)。该计划提出，要以科技创新立国为目标，将日本发展成为“依靠知识创造和技术的灵活运用为世界作出贡献的国家”、“具备国际竞争力的可持续发展的国家”和“人民安居乐业且生活质量高的国家”。这一计划连同“第三次行政革命”中提出的向科技大力倾斜的政策，显示了日本“科技创世纪”的雄心。第二个《科学技术基本计划》内容全面、重点突出。具有三个方面的特点：一是重点领域突出。这个计划明确提出将生物技术、信息技术、环境技术和纳米技术作为四个重点发展领域，并制定了多项措施确保这四个领域所需战略资源（人才、资金、设备）的落实。二是政策措施明确有力。首先，强调要推进科技运营体制改革，加大人才的流动性，改革科技体制，改进研发课题资金的分配、研究成果的评价、企业与国立科研机构和大学的结合、成果的转化等。其次，加大投资力度，中央政府上一个“五年计划”的研发经费为17万亿日元，这一个五年计划增加到了24万亿日元，增长了41%。此外，获得预算资金的个人或集体还可再得到所属部门追加投入的30%的资金支持。三是不急功近利，充分反映出日本政府对基础研究和应用研究关系认识的进一步深化。在24万亿日元的巨额科技投入的效益问题上，该计划并不谋求短期效益，而侧重于基础研究，一改日本过去偏重应用研究，忽视基础研究的做法。其目的是寄希望于长远，为新世纪占领高技术产业的制高点，为提高产业技术竞争力寻找新的技术源泉。

“二战”后，日本政府之所以一直很重视制定科技计划，主要有以下三方面的原因：（1）与第二次世界大战后日本赶超性的经济发展战略密切相关。“二战”后，日本政府以“贸易立国”作为经济发展的基本战略，大力引进欧美的先进实用技术，改进本国生产技术条件和提高产品质量，促进了日本经济的高速发展。20 世纪 70 年代末，随着工业技术日益与国际先进水平接近，日本政府提出“科技立国”的战略，即从单纯的“技术大国”向“科学技术大国”发展，发展自己的科学技术能力。由于日本科技的原创能力不强，使得发展后劲不足，因此，日本政府在世纪之交的 2001 年出台的第二个《科学技术基本计划》又提出“科技创造立国”的战略，强调创造的重要性。无论是经济追赶还是科技追赶，制定规划以统一全国的力量来实现发展目标对日本政府来说都是极为重要的。（2）与日本的科技管理体制有关。日本实行中央集权制。战后日本政府一直强力干预国家经济发展。科技被日本政府视为立国之本，国家经济发展和大和民族的兴衰都维系于科技。所以日本实行集中统一的科技管理体制，同时产生一官一学紧密结合，日本政府既有必要也有能力推行自己制定的科技规划。(3) 与日本的社会文化风气和国民性有关。

日本民族一贯重视组织的作用，重视人际合作和团队精神，不鼓励个人的独树一帜。这样的社会文化和民族性，使得人们对集体的纪律、集体的计划具有精神上的归属感。在这样的背景下，由政府出面来制定科技规划是政府和国民都能接受的选择。

3. 欧盟

自 1983 年欧盟的前身欧共体制定第一个《科研纲要》以来，欧盟一直比较重视制定科技计划。欧洲议会和欧洲理事会通过的《为创建欧洲研究区和创新的研究、技术开发和示范活动的第六框架计划（2002 ~ 2006 年）的决议》能够反映欧盟科技计划的最新情况。该计划提出的欧盟科技发展目标是：“加强（欧洲）共同体工业的科学和技术基础，并促使其更具有国际竞争力。”实现这些目标的三个支柱是：集中和集成（欧洲）共同体的研究；构建欧洲研究区；加强欧洲研究区的基础。该计划还对总资助金额和各项具体活动的资金，以及资金投入的手段和规则做了详细规定。欧盟的科技规划有两个特点：一是欧盟作为一个区域性的国际组织，是以《决议》这样的法律文件的形式来阐述其科技规划的，这与其他国家和地区的科技规划有很大的差别，是独树一帜的。在表现形式上，欧盟科技规划的具体内容不是载明于《决议》正文(《决议》的正文只包括《决议》出台的22条原因和依据以及最终确定的6条决议条文)，而是在《决议》的附件里表述。二是由于欧盟的资金由各成员国提供，研发资金的使用又牵涉有关成员国的切身利益，因此其对资金的分配与合理使用的规定极为详细和明确，这也是欧盟的一大特色。

4. 韩国

韩国政府历来重视科技规划。韩国国家科学技术会议2002年6月通过了《2025年构想：韩国科技发展长远规划》，此后，又于2002年制定了2002~2006年“科技基本计划”（卢武铉当选总统后，该计划经修订成为2003~2007年的计划）。下面以《2025年构想》为例，简要介绍韩国科技发展规划的特点。该《规划》篇幅较长，①《规划》首先对“21世纪的社会”以及21世纪科技的作用和发展模式进行了预测。然后在分析韩国科技现状的基础上，提出了韩国科技长远发展的战略目标（包括2005年、2015年、2025年三个阶段性目标）和实现这些目标的框架条件，接着重笔阐述了韩国未来科技发展的五大方向以及根据这些方向要完成的39项具体任务，最后提出要建立国家科技创新体系。该《规划》四点值得引起我们高度注意：(1) 非常重视科学技术发展的世界潮流和趋势，根据对目标期(2025年）世界尤其是发达国家社会和科技发展状况的预测来提出韩国的科技发展目标。(2) 提出每隔10年的3个阶段性目标（2005年、2015年、2025年），每个阶段性目标均有明确的任务。(3) 明确指出了韩国未来科技发展的五大方向：成为信息社会的先锋；加强产业的竞争力，增加国家财富；提高人民健康和生活质量；确保国家安全，提高国家威望；创造知识，促进创新。该《规划》还根据每

① 中文译文约80000字。

一个方向，详细地列出了各方面要完成的具体任务。（4）具有明确的指标体系，包括韩国在三个目标期要达到的社会经济发展指标和科技发展指标。

韩国政府之所以重视制定科技规划，其原因主要表现在两个方面。一是发展科技事业，科技是推动韩国从落后的农业国发展成为新兴工业化国家的重要条件。韩国原本是一个落后的农业国，经过朝鲜战争后的几十年持续地推行外向型的经济发展战略，已经成为一个新兴的工业化国家。作为追赶型的后发国家，韩国积极参加国际经济分工和发展国际贸易，先是采取进口替代战略，后又发展为出口替代战略，进而不断提升其在国际经济分工中的地位。这些战略能够取得成功，关键在于通过发展科学技术来提升本国制造业水平，进而提高其产品的国际竞争力。而韩国作为后发国家，政府和民间的财力是有限的，为了更加有效地利用资金、人力和物力，政府出面制定科技规划是很有必要的。二是韩国采取的集中协调型科技管理体制，这种体制有利于韩国政府制定科技规划，并使之得到贯彻实施。韩国实行总统制，集权程度很高，总统的权力很大。韩国的科技管理体制是这种政治体制的一个组成部分，因而也具有中央集权的特点，它使得韩国的科技发展能够在政府的统筹计划下进行。韩国实行这种科技管理体制的目的，是使政府科技管理体制能更好地为国家经济发展战略服务。

5. 俄罗斯

为适应当今世界科技和经济发展的大趋势，重振俄罗斯的大国地位，经过较长时间的酝酿，2002 年 3 月，俄罗斯总统普京签署了《俄罗斯联邦 2010 年前和未来国家科学技术发展基本政策》、《俄罗斯联邦科学、工艺和技术优先发展方向》和《俄罗斯联邦关键技术清单》等三份重要的科技政策文件，对俄罗斯今后国家科技发展将产生重要的影响。

《俄罗斯联邦 2010 年前和未来国家科学技术发展基本政策》提出，俄罗斯科技政策的宗旨是：“确保俄罗斯联邦国家战略目标的实现，其中包括提高国民的生活质量，实现经济增长，发展基础科学、教育、文化，保障国防和国家安全。”科技政策的目标是，“使国家的发展逐步走向创新之路”。为了实现上述目标，俄政府还制定了 11 项具体任务、7 个重要的政策导向等。从内容上看，该文件不仅涉及科技发展本身，而且包括科技一体化、军事现代化和国际反恐斗争技术手段等。从组织措施上看，俄罗斯将建立完整的国家管理系统来协调科学、科技和创新活动，创造一种崭新的适应市场经济的科技组织形式，将科学研究、技术开发、教育、人才培养集于一体，力图解决科学院、高校和各部门之间科研工作长期分离的难题。

《俄罗斯联邦科学、工艺和技术优先发展方向》列出了9项优先发展方向：(1) 信息、远程通信技术和电子学。(2) 航空航天技术。(3) 新材料和化学工艺。(4) 新型运输技术。(5) 未来的武器装备、军事和特种技术。(6) 制造技术。(7) 生命系统技术。(8) 生态和合理利用自然资源技术。(9) 节能技术。

《俄罗斯联邦关键技术清单》则包括采用新工艺的航空和航天火箭技术、原子能安全技术、交通安全、运输管理、互联模式传输和逻辑系统、农业原料及食品的安全和检测技术等，共52项技术。

原苏联于1991年解体后，其继承者俄罗斯的社会经济长期动荡，综合国力大幅下降，到2002年俄罗斯的GDP约为3000亿美元，约为美国的1/30。但是，原苏联给俄罗斯留下了相当发达的教育、科技、经济基础，工农业和交通运输业已经达到了相当的水准。普京总统执政后，俄罗斯国内政局趋于稳定，经济开始步入增长轨道（2002年GDP约增长4%），国力有所恢复。

6. 印度

印度是一个发展中的大国，独立后，印度政府一直仿效社会主义国家，一贯重视制定科技发展规划和五年计划。在规划方面，1958年的《科学政策决议》和1983年的《技术政策声明》阐明了印度科学技术成长所依赖的基本原则，对印度的科技发展产生了深远的影响，至今对印度制定科技政策和规划仍有指导意义。

印度从20世纪90年代初开始实行经济自由化。在90年代，经济年均增长率近6%。印度发展科技的国内国际环境都发生了深刻的变化。为配合印度的“十五计划”，2003年1月，印度政府公布了《2003年科技政策》。该文件阐述了印度科技的历史传统、现状和未来发展方向，强调科技在印度发展成为发达国家进程中所能发挥的关键作用，特别是提出了今后科技发展的15个目标以及加强科技管理和投资、加强基础设施的建设和利用、开发人力资源、促进技术开发、转移和扩散、鼓励创新等16项战略措施。尤其是它要求印度在第十个五年计划结束时（2007财年），科技投入至少要占国内生产总值的2%。

印度重视科技规划的主要原因在于：(1)印度政府一贯重视制定科技规划与印度政府的国家目标和国家战略密切相关。独立以来，印度政府对印度在国际社会中的地位一直具有很大的抱负，希望印度能够成为一个支配南亚次大陆并在世界舞台上具有重大影响的大国。为了实现这样宏大的目标，需要依靠科学技术来提升印度的经济和军事实力。而印度是一个经济科技落后的发展中国家，要实现这样的远大目标困难重重，因此必须制定统一的科技规划来统筹安排。(2)印度实行的高度集中的经济管理体制。印度虽然实行资本主义经济制度，但独立后其经济管理体制却主要模仿原苏联高度集中的计划体制管理模式。印度中央政府制定全国统一的经济社会发展计划。科技管理体制是经济管理体制的一个组成部分，科技计划也要配合经济发展计划。因此，在这样的经济体制下，印度政府当然要重视制定科技规划。

总结上述国家在科技发展规划领域的管理方式，可以看出以下几个方面的特点：（1）确定宏大的目标。各个国家的科技规划都提出经过努力可以实现的宏大目标。这些目标，既是规划期间要完成的任务，又是对全国各界的号召。如日本和韩国也都提出了大目标。例如，日本政府提出了三“国”目标（“为世界作出贡献的国家”、“可持续发展的国家”、“生活质量高的国家”），并要在50年内获得30个奖。韩国政府提出要跻身世界“七强”。到2005年，韩国科技竞争力要进入世界前12名之列，超过日本之外的其他所有亚洲国家；到2015年，韩国要成为亚太地区的主要研究中心；到2025年，韩国的科技竞争力排名要达到世界前7位的水平，并将在一些选定的特定领域加速领先于其他所有的竞争国家。一些国家的长期规划都提出了一些阶段性目标，为规划立下了里程碑。韩国的《2025年构想》确定了三个阶段性目标。俄罗斯和菲律宾在其长期规划里也都提出了阶段性目标。《俄罗斯联邦2010年前和未来国家科学技术发展基本政策》为2002～2006年确定了进一步明确科技和创新活动的法规、标准，建立编制、实施、修改科技计划的机制等14项任务，并于2007～2010年确定完成国家创新系统的建设等3项任务。《菲律宾国家科技规划（2002～2020年）》为短期（2004年）、中期（2010年）、长期（2020年）三个阶段提出了具体目标。其中短期有“获得更多高质量科技服务”等5项目标，中期有“在信息通信技术领域具有世界级的能力”等9项目标，长期有“在科技方面创造出世界级的大学”等4项目标。（2）建立科学技术和社会经济之间的互动关系。各国的科技长远规划，不仅强调科学技术对社会经济发展的支撑作用，而且强调社会经济对科技进步的支持，相互促进。美国政府一再申明，美国科技发展的主旨是：促进经济增长，创造高工资、高技能的工作岗位；提高美国人的生活质量；增强国家安全；帮助政府作出正确的决策。与此同时，政府又指出，美国社会经济发展向科技提出的需求是科技发展的重要拉动力量，而且科技发展必须依靠教育部门、产业部门等。美国政府的科技政策文件贯穿着上述观点。印度政府一直将科技发展视作实现国家社会和经济发展目标的主要手段。因此，其科技政策的一大特点就是推动科技与经济和社会发展相结合。早在1958年出台的《科学政策决议》就提出科技要为社会经济发展服务，使人民从科技发展中获益。1983年出台的《技术政策声明》又特别指出科技发展必须满足国家、地方和公民的需要，必须有助于经济繁荣和减轻贫困。21世纪初，其国内外经济社会发展面临着前所未有的挑战，许多社会问题亟待解决，国内如贫困、就业、医疗等问题，国外如全球化、技术贸易、知识产权、伦理、法律等方面的问题等，印度政府正是为了应对这些挑战，而出台了《2003年科技政策》，提出了一系列战略和措施。（3）根据国情和世情确定科技优先领域。各国政府根据本国的情况和世界科技发展的潮流来安排科技优先发展领域。但是，各国都将高新技术开发以及关系到可持续发展的能源和环境技术开发置于优先地位。“9·11”事件后，赢得反恐战争胜利、确保国土安全和发展美国经济成为美国政府的三个最优先任务，所以布什政府将反恐研发、纳米技术、生命科学和生物技术、网络和信息技术、环境和能源列为美国近年优先发展和资助的重点领域。俄罗斯确定了信息—远程通信技术和电子学，航天和航空技术，新材料和化学工艺，新型运输技术，未来的武器装备、军事和特种技术，制造技术，生命系统技术，生态和合理利用自然资源技术，节能技术等9个优先发展方向，以及航空和航天火箭技术，原子能安全技术，交通安全，运输管理，互联模式传输和逻辑系统，农业原料及食品的安全和检测技术等52项关键技术。菲律宾则将农业、林业和自然资源，卫生和医疗科学，生物技术，信息通信技术，微电子技术，材料科学和工程，地球和海洋科学，渔业和水产业，环境，减少自然灾害，能源，制造和加工工程等12个领域作为优先发展领域。（4）重视科技体制改革和骨架创新体系建设。日本政府为了从第二次世界大战后长期推行的“吸收型”科技战略转变为“自主研究和创造型”战略，重视推进科技营运体制改革，涉及诸如人才流动、竞争性研发课题资金分配、研究成果评估、企业与国立科研机构和大学的合作以及成果转化体制等。韩国在其《2025年构想：科技发展长远规划》中，专辟一章阐述国家科技创新体系建设。从主导力量、投资战略、研发体系、技术开发战略、国家管理体系等5个方面提出了建设韩国国家创新体系的5项战略方针，并且对这5项方针的落实提出了19条建议。（5）继承和发扬本国的科技传统。美国政府的所有科技政策文件和专项科技计划都强调要充分发扬美国人的冒险、创新和创业精神，而这些正是美国科技事业的优良传统。韩国的《2025年构想：科技发展长远规划》认为，韩国拥有久经考验的卓越的科学传统和遗产，但是没有坚持和发扬光大。因此，应增强公众的科学意识，帮助公众了解并保持韩国独特的科学传统，使他们相信并尊重本国的科学遗产。印度的《2003年科技政策》强调印度作为一个具有悠久文化传统的文明古国所具有的科学传统的普遍意义、开放性及现实意义，提出保护和发展印度悠久的文明，促使印度的科学传统为创造财富和就业机会服务。（6）强调科技人力资源在实现科技发展规划中的重要作用。美国的《科学与国家利益》和《技术与国家利益》两份科技政策文件分别提出了“造就21世纪的最优秀的科学家和工程师”和“发展一支世界一流的劳动大军”这样的关于科技人力资源的宏伟目标。美国政府有关部门的科技计划也提出自己的人才培养目标。如美国国家科学基金会（NSF）的《2001～2006财年战略计划》提出的三大目标之一是“培养多种多样的、具有国际竞争力的、可以在全球工作的劳动力”，并声明NSF将对那些能够扩大个人和集体能力（如发现、学习、创造、发现问题和找到解决方案等各种能力）的项目计划进行投资。韩国、俄罗斯、印度和菲律宾等国家在其科技规划中也专门论述了科技人才的培养与使用问题。此外，各国一般都制定一些专项的科技计划来配合长远科技规划的实施。专项计划是一个领域的研发计划、一个大项目的发展计划或是一项支撑性计划。长期规划是战略蓝图，专项计划则是战役方案，战略目标要靠一个一个的战役来实现。

从上述国家科技发展规划的体例安排上看，上述国家的科技发展规划一般都包括以下四个组成部分：（1）进行形势分析。该形势包括世界和本国或本地区总体形势、科技发展现状与基本趋势和本国或本地区的优点和不足。这一部分的篇幅一般不长，基本占全文篇幅的10%左右。（2）确定战略目标和指导方针。这一部分一般占全文篇幅的5%左右，甚至更短。篇幅虽短，但却是全文的重点之一，因为如果离开了战略目标和指导方针，其他内容就是“皮之不存，毛将焉附”了。（3）确定优先发展领域。大国基本上都把信息技术、生物技术、纳米技术、环境技术、能源技术、航空和航天等领域作为优先发展领域。（4）确定战略举措和支撑条件。其内容包括科技体制改革、创新体系建设、重点任务部署和人才培养、资金投入、基础设施建设等支撑条件。以上国家和地区一般是把优先发展领域和包括支撑条件在内的战略举措放到一起论述的。这两部分是全文的重点，约占全文篇幅的60%以上。

另外，有的国家（如菲律宾）的科技规划里有关于规划的实施方案和监测评估机制；有的国家和地区（如韩国和菲律宾）的科技规划在附件里附有制定该规划所依据的指标体系。

（二）国外科学数据共享的管理体制及特点

1. 国外与科学数据有关的信息共享管理

美国是世界上科学数据拥有量最多的国家，特别是在地球科学和生命科学领域，其数据拥有量占世界总量的80%以上。美国也是世界上最早介入科学数据共享管理的国家。对我国科学数据共享管理以及我国实施科学数据共享工程有着重要借鉴作用。

（1）美国科学数据共享管理的战略部署

为了保障美国在21世纪综合国力占据国际主导地位，在各个主要领域占据世界领导地位，美国在20世纪后10年确立了在国家层面上建设国有科学数据和信息全社会共享环境的战略部署。战略部署的核心是除危及国家安全、影响政府政务和涉及个人隐私的数据和信息以外的国有（公共领域）数据和信息全部实施“完全与开放”（full and open）的共享国策。“完全与开放”即为：数据和信息向全社会开放，用户获取数据的费用不高于数据复制和邮寄所发生的费用。

在20世纪80年代所取得的成就的基础上，美国经过10年的努力，在20世纪末建成了美国科学数据和信息全社会共享环境。这个共享环境的建设，使美国成为世界科学数据与信息的中心，保障了美国在21世纪新战略的形成和实施，实现了美国联邦政府规划的保障美国在21世纪继续保持其领导地位战略的第一步计划。

（2）美国科学数据共享管理的运行机制

美国在科学数据管理中，严格区分三种不同的运行机制，保密性管理机制、“完全与开放”管理机制和市场管理机制。

美国对于有可能危及国家安全，有可能影响政府政务、有可能涉及个人隐私的数据和信息均纳入保密性运行机制中管理，并对这些内容给以十分严格和明确的规定。对国家所有和国家投资产生的，不会危及国家安全、影响政府政务，不会涉及个人隐私的全部数据和信息纳入“完全与开放”的运行机制管理。为了保障这个机制的运行畅通，国家建立了配套的强制性、鼓励性和奖励性机制。对私营企业投资产生的科学数据，纳入到市场运行的管理体系。国家通过对开发证的批准、税收、反经济垄断等渠道加强管理。

美国的这三种运行机制的优先顺序是保密性管理机制优先，此后是“完全与开放”机制和市场机制并列。

（3）美国法律对“完全与开放”共享机制的保障

美国联邦政府为了保障国有科学数据“完全与开放”共享机制的有效运转，采取二级法规管理体系加以控制。第一级，针对国家投资产生科学数据过程中所涉及的主体关系的不同制定不同的法规；第二级，在国家法律原则下，针对不同行业数据的特点，由行业和部门制定具体行业数据共享政策和管理方法。

在第一级，在国家投资产生科学数据过程中所涉及的主体关系分为三种类型：其一，联邦政府拥有的数据共享管理类型；其二，联邦政府委托非盈利性的大学、医院、科研单位所产生的数据共享管理类型；其三，联邦政府委托盈利性公司所产生的数据共享管理类型。美国联邦政府分别对这三种不同类型的数据共享管理制定了不同的法规条文。

首先，对于联邦政府所拥有的数据和信息的共享办法，美国国会在1966年《信息自由法》的基础上，于1986年通过了进一步修改的新版《信息自由法》。1986年版的美国《信息自由法》是一份主要针对美国政府所拥有的数据和信息的公开和共享问题的法律文件。该法律文件的实质是强调“保护公民使用政府信息的权利”，用法律手段确保联邦政府信息发挥最大效益。另一方面，美国《版权法》不保护联邦政府的作品，以此来保障政府信息的广泛共享。美国《版权法》强调“保护信息拥有人的利益”，但是，美国《版权法》明确禁止联邦政府机构对自己的工作成果拥有版权（版权保护条款下的版权保护，不适用于美国政府的作品）。除此之外，美国联邦政府通过白宫管理与预算办公厅以通告的方式（OMB-A130）发布了联邦政府通过的上述两个重要法律和一个白宫通告（法规），确保了国家所拥有的公共领域科学数据和信息的全社会共享。

其次，对国家委托大学、医院、非盈利性研究院所科学研究项目产生的科学数据和信息的法制管理，美国政府通过白宫管理与预算办公厅通告的方式（OMB—A110方式通告）发布管理条例。该通告的重要贡献是对国家资助的科学研究项目且承担项目的单位是非盈利性单位所产生的数据和信息的知识产权保护和公共共享给予了明确的规定，这些数据和信息要受到美国版权保护。但是，在项目完成以后和优先使用期以后，这些数据必须公开，并且索取费用不得高于复制和邮寄所发生的费用。

再次，对联邦政府委托私营公司生产的数据的共享方式，同样采取白宫管理与预算办公厅通告的方式（OMB-FAR通告）予以明确规定。

最后，对于科学数据质量管理的政策法规的制定是根据联邦预算法案的规定，由白宫管理与预算办公厅发布数据与信息质量管理指南（OMB-FR5365通告）。美国政府在科学数据共享法制建设的第二个层面的工作是根据部门和行业的不同，科学数据的特点和性质的差异分别由各个部、局制定管理办法。例如：美国航空航天局（NASA）根据联邦政府的法律和政策规定，根据NASA科学数据和信息的具体情况，制定了NASA信息安全政策、NASA个人隐私政策、NASA数据开放政策等具体执行政策。美国海洋大气局（NOAA）也相应制定本系统内部数据共享管理条例。根据白宫管理与预算办公厅的要求，各个部委、各有关单位均要做出本单位数据和信息共享管理政策。这些政策的具体制定，为分清责、权、利，为正确落实国家政策和法律起到了桥梁的作用。

美国联邦政府在科学数据共享法规建设上表现出两个特点：其一，在科学数据共享管理纵向（各部、局）和横向（各接受投资单位）两个方面建立了严格的法规体系，这些法规在“完全与开放”管理机制下强制性执行，它的基本精神是联邦政府投资产生的数据和信息是国有财产，以法律为强有力武器，为国有科学数据和信息全社会共享做保障；其二，在横向方面，美国联邦政府应用法律（例如信息自由法）和白宫管理与预算办公厅通告（例如OMB-A130号通告）两种不同的方式对全国科学数据共享管理予以法律约束。由于立法工作以及立法程序的要求，立法往往需要较长的时间才能够完成。然而，科学数据的发展很快，新情况、新问题很多，完全依靠立法来解决，常常会使新问题积攒成堆不能及时得到解决，结果给国家造成不必要的损失。采用白宫管理与预算办公厅通告的方式发布国家规定也是美国法制建设的一个组成部分。这样做，法规制定程序相应比较简单，所需要的时间也较短，同时可以达到规范人们行为的作用。

2. 国外与科学数据共享政策法规体系相关的政策

（1）信息提供的价格政策

政府根据法律规定提供的信息一般是广泛意义上的，非个性化的，不针对任何特殊需要的信息。这类信息的定价因国而异，归纳起来主要有三种类型：收取编辑成本、收取（或试图收取）全部成本、公私合作。美国联邦采取的是收取编辑成本的方法，表现了信息供给的极大福利化，而欧洲国家则鼓励采取市场所能承受的最高成本或收回信息成本的方法。

美国对于依据《信息自由法》提出的信息查询要求，可以收取三种类型的费用：①查询文件的成本；②对文件进行研究，以确定其是否应该包括在所要求的信息中的成本；③复制文件的成本。如果用户是用于商业目的要交上述全部三种类型的费用，如果是非商业目的则交纳①、③两种费用，如果是教育、科研机构或为新闻媒体只须交纳复制费用。美国联邦管理和预算局在DMB-ABO通告（联邦信息资源管理）中规定了地理信息的价格政策。基本原则是，收费水平应该是能够收回信息发布的成本。这里的成本不包括信息最初采集的成本和加工成本，发布成本是指直接与发布过程有关的成本。目前，尽管很多联邦机构希望收回更多的成本，但是由于宪法第一修正案、信息自由法和版权法方面的限制，很难收取高于编辑成本的费用。克林顿政府曾声明：只有政府信息实行低成本收费，才会使联邦政府的信息发挥最大的社会效益。

欧盟至今尚未出台统一的政策，各成员国之间的政策大不相同，没有一个组织有权收集到全欧各国的数据。法国、丹麦、希腊、挪威和瑞典等国家以法令形式保护公众对政府数据的访问权利。与美国不同，大多数欧洲国家的科学数据采取有偿服务或商业化运行模式，但也不是所有科学数据对所有用户都实行有偿发布的策略。首先是少量的科学数据按法律规定对公众开放并可无偿获取，其次是某些公益性部门（机构）或公众仍然能够免费或仅付少量费用而得到这些数据。

在荷兰，虽然《政府信息法案》规定大部分信息需要付费才能得到，但一项调查结果显示，60%的情况是提供数据时附加使用条件，以保护数据安全、隐私和商业利益；70%的情况是数据所有者保留版权。

在法国，政府给予数据生产单位5年的合同保护期，以保护数据所有权。在保护期范围内，数据使用时需要向数据生产者交纳一定费用，其中包括了再生产、存储、打印、买卖等费用。当前情况下费用的回收率为47%左右。

在德国，数据实行有偿提供，价格由数据的经济价值和发布成本决定，按法律、合同规则操作。

在英国，各私人机构是可以获取数据的，但必须支付一定费用，从而保证政府从中获益用以支持数据开发的进一步发展，其特点是试图通过出售的收入来支付数据生产费用，达到收支平衡。这些年英国也一直在追求基础性科学数据的免费共享。以英国气象局为例，社会公益性机构可以仅支付少量成本费，获得优惠价格的气象数据；对于科学家自由（非国家科学计划支持的）研究课题，可以通过向英国气象局提出索取数据申请，经批准可以获得无偿数据服务。对于国家科学计划支持的课题需要收费，具体做法是在科研经费申请中单独列支。同样，普通公民也可以通过申请的方式获得部分免费的气象数据。

根据澳大利亚、新西兰土地信息委员会的数据转换协议，联邦空间数据委员会制定了公益数据转换政策。按照该政策，公益数据应该以一般价格（相当于转换的平均成本的价格）发布。数据转换成本是指将现存数据转换给另一个团体时所需要的费用，原始采集成本不包括在内。为满足特定用户的特殊要求，而对数据进行升级加工，需要支付额外的费用。

（2）国家专利政策

美国政府高度重视知识产权保护。国家为专利申请和专利使用提供方便和保护。国家专利局有5 000名员工，其中2 000名专家审查专利，500名专家审查商标。专利申请费个人为75～300美元，单位为100～750美元。审查专利主要有三条：是不是发明创造；是不是实用；有没有商业价值。如果满足了这三条，就可获得专利。至于技术是否完善成熟，这并不很重要。平均每年有30万件专利申请，其中约55%得到批准。申请者中美国人占60%，日本人占30%，欧洲人占10%。小企业利用政府的资助和免费的技术资料进行技术创新所获的专利完全归小企业所有。企业与国家实验室共同开发研究所获专利完全归企业所有，并将合作研究开发的资料保密2年，以免被竞争对手利用。研究人员在受雇期间的发明一般属于职务发明，专利权属雇主，发明权属个人。如果研究开发经费由企业提供，该企业可以优先使用专利，或者在有偿的条件下争取到独立使用专利的许可证。专利收益分配兼顾各方面的利益。一般专利转让或许可贸易收益在20万美元之内，专利所有者和专利发明人各得50%，超过20万美元的部分，专利所有者得3/4，专利发明人得1/4。

3. 国外科学数据共享法规体系的特点

从分析有关调研报告来看，国外在构建科学数据共享政策法规体系方面具有如下三方面的显著特点：

（1）以信息共享法为龙头构建政策法规体系推进信息共享的思路十分突出

在美国、加拿大、澳大利亚和部分欧洲国家，在推进信息共享的工作中，都首先把向公众传播信息规定为政府部门重要的法律义务。这种自由获取信息的公众权利和完全开放信息的政府义务主要由信息自由法来调整。

例如，美国在建立信息共享政策法规体系之前，首先确立了国家信息共享“完全与开放”的总政策。然后，从 20 世纪 60 年代到 90 年代，花费 30 年的时间基本完成了以“完全与开放”为基本政策的信息共享法规体系建设。成为迄今国际上政府信息公开方面最为完备的法律体系之一。信息自由法不仅为科学数据共享奠定了政策法律依据，也为科学数据共享的顺利推进在社会共识上、公众舆论上、物质基础上创造了前提、提供了条件。国外的这种经验是很值得我们借鉴的。

（2）加强政府宏观调控和协调作用是构建科学数据共享政策法规体系的核心

发达国家都是高度市场化的国家。科技发展同样依赖于市场动力。但是在推进科学数据共享，建立科学数据共享政策法规体系的过程中，始终强调政府的作用至关重要。在美国联邦政府所制定的一系列相关条例中充分反映出这一点。

美国联邦政府资助并委托的非赢利机构科学研究产生的数据管理条例规定对使用政府资金研究获得成果的权利问题作了详细规定。联邦政府有权获得、复制、出版、使用利用政府赠款生产的数据，或授权他人接受、获得、复制、出版、使用这些数据为政府服务。如果有人对已出版的研究成果所用数据提出要求，赠与人（联邦政府机构）应该要求受赠人（高校、医院和其他非赢利机构）在合理时间提供数据。在联邦政府投资私有企业所产生的数据共享管理办法联邦获得条例的条款 27.4“数据权和著作权”中明确联邦政府对通过合同第一次获得的大部分数据拥有无限的权利，而与政府签订合同的另一方对某些数据可能拥有有限的权利。1999 财政年度《综合统一与紧急情况追加拨款法》要求所有使用联邦政府资助生产的数据，服从《信息自由法》对数据公开的要求。在联邦政府信息管理条例中，联邦各级政府机构对积极散发政府数据记录有肯定的承诺，这些承诺反映在总统事务办公“管理与预算办公室”（统一管理美国行政命令）

第 OMB—ABO 条例上。政府特别鼓励散发原始数据记录，以支持加工“增值信息”，通过多种渠道散发数据记录，对数据使用方式不作限制。联邦政府信息管理条例的重要条款后来被写入 1995 年的《文案减少法》，后者进一步鼓励联邦各机关使用信息技术对公众提供信息服务，而不是简单依靠《信息自由法》规定的繁琐程序。1990 年 11 月 6 日美国国会通过了《美国全球变化研究法》。这个法案第 102 条规定，总统通过国务院成立地球与环境科学委员会，该委员会在国家有关法律原则下履行国务院的职责。参加该委员会的国家政府部门包括国家科学基金会、国家航空航天局、国家海洋大气局、环保局、能源部、外交部、国防部、内政部、农业部、交通部、司法部、管理与预算办公室、科学与技术政策办公室、环境质量局、国家健康研究所以及其他总统认为有必要参加的政府部门。第 104 条中特别规定，国家要作出信息管理规划。为了统一和协调政府各部、局的科学数据管理，政府成立了部局间全球变化数据管理工作组，深入调查研究与该领域数据管理有关的问题，提出改进建议。

（3）关注科技发展方向，体现政策的前瞻性

发达国家的基本科技政策和经济政策是依靠科技促进经济增长，增强国家的经济实力。所以，在政策法规的制定中很关注世界科技发展的前沿领域。

1999 年 12 月 8 日欧盟委员会提出了《电子欧洲：为所有人建造的信息社会》行动方案。其目标是围绕创造信息社会，刺激相关技术的开发与应用，提升欧洲工业的竞争力，使欧洲居民在整个欧盟范围内能够从知识社会的发展中获益。日本 2001 年 1 月根据 IT 基本法，成立了新 IT 战略总部。目标是 5 年内把日本建设成世界最先进的 IT 国家，并制定了具体行动的“E-Japan 重点计划”。推进普及高速及超高速因特网，由总务省、经济产业省负责促进信息内容流通。

印度《信息技术法案 2000》通过立法促进印度信息技术和网络经济发展。2000 年 5 月国会通过，8 月正式生效。

美国于 1980 年颁布了《史蒂文森—威德勒技术创新法》，1986 年对该法进行了修订，改称为《美国联邦技术转让法》。该法的宗旨是促进美国的技术创新，加强和扩大科研成果与产业界的技术交流。美国 1982 年通过的《小企业创新发展法》，1989 年通过的《国家竞

争技术转让法》，1991 年通过的《国防授权法》等在制定科学数据的价格政策时，提出了最低成本价原则；在制定科学数据的使用政策时，提出了无歧视与方便使用者原则。包括政府对企业的技术创新提供的资助并不要求回报，只要研究开发获得成功，企业得到发展，政府的目的就达到了等都是立足于科技发展，而不是着眼于眼前利益，体现了政府制定政策法规的前瞻性原则。

4. 与科学数据共享政策法规体系相关的主要法律

（1） 版权法

在美国，根据美国联邦的版权法，政府部门的信息属公共物品，在美国境内不存在版权问题，不受版权法保护。

在澳大利亚，公益性数据所有权属于政府，政府对于数据的利益一般通过与每一个用户签订数据使用许可协议进行保护。协议中对数据拷贝、传播有限制性作了规定。在其 1968 年的版权法中详细规定了什么样的成果保留版权，而且描述了版权使用者的排他权，最重要的一点是对于其成果在未经授权情况下，禁止再复制的权利。这种做法在美国各州和世界很多国家也都广泛采用。

在英国，所有由政府部门产生的数据信息均被认为是皇家版权所有，均需经过批准方可使用。数据保护法和版权法也用来对数据进行保护。版权法规定：版权的保护是自动生成的，并没有设立一个相应的注册机构，其专利的保护期限为 10 年。版权法规定数据的全集汇编（如数据集）是有版权的，而对于数据集中的某一记录或信息不受法律保护。

在法国，政府执行欧洲法令，服从于基本的、标准的创造性准则。数据库被认为是一种脑力劳动产品，同样采用知识产权来保护其利益。在法国大多数地理数据库处于法国知识产权法所规定的版权保护之下。

欧盟沿用 39 号法令："除了针对数据库原始选择和组织的内容的版权保护之外，这个法令寻求维护数据库生产者利益，反对对财政和专项投资获得的数据的盗用，以保护整个或部分数据库，防止用户或竞争者的某些行为。"

（2） 档案法

在澳大利亚，数据管理者必须遵守 1983 年档案法，根据该法第

24条，在没有得到澳大利亚档案局许可的情况下，任何数据记录都不可以毁坏或处理。

美国在联邦地理数据委员会地质数据分委会章程中，要求各机构与国家档案和记录管理局进行协调，对地质数据的处置做出规划，以便对有历史价值的数据提供永久性保护。

(3) 保密法

非公益性数据一般都有一个保密期。在保密期内，数据管理者负有保密责任。这是根据数据提供者或出资者的具体情况来处理的。

澳大利亚1988年《隐私法》第14条规定了在处理个人信息时的11项信息隐私原则，违反这些原则被视为侵犯隐私。

荷兰、芬兰、美国都对数据隐私给予保护。

三、我国科学数据共享管理体制的现状、存在的问题及其改革的总体思路

(一) 我国科学数据共享管理体制的现状

中华人民共和国成立以来，我国根据经济建设和社会发展的多种需求，在诸多科学技术领域组织开展了程度不同、规模不等的观测、探测、调查和试验研究工作并形成了公益事业型的科学数据采集、管理系统，如：地质调查、气象观测、海洋观测、水文观测、环境监测、地震监测、地形测绘、土地利用调查、农林生态观测研究站网、病虫害监测预报站网、流行病传染病疫情监测、居民营养与健康状况调查、材料腐蚀试验站网等。通过诸如科技攻关、高技术研究及产业化、重大基础研究和自然科学基金等一系列科技计划，支持了各专业领域的科学研究，先后建设了一批大型科学工程、重点实验室、工程中心及野外观测研究站网等。这些科技活动积累了大批宝贵的科学数据和基于这些科学数据所得出的大量综合性信息，构成了我国科学数据的大致轮廓。

据不完全统计，仅“九五”期间，国家在资源环境领域直接投入（含科技事业费、国家专项和各类科技计划项目等的投入）观测、探测、调查、试验的费用就不低于500亿元。同期，为实施国家级科技计划的经费投入也接近两千亿元。在国家科技计划的经费中，有30%～50%的比例用于科学数据的采集与整理。所以，我国当前的科

学资料、数据和相关信息，是国家长期的巨额投入所获取的一笔巨大的社会财富。这些科学数据支持了大量的科学研究工作，为各项事业的发展提供了有力的保障，并在国家宏观决策、经济发展和国家安全诸方面发挥了重要作用。初步估计，近 20 年来我国先后建设了 5 000 ~ 6 000个规模不等、质量各异、应用程度迥别的科学数据库。这些数据库的数据量从几百 KB 到几十 TB，覆盖了科学技术的各个领域。在科学数据采集和积累方面，形成了良好的发展态势，具体体现在：

（1）主要学科领域科学数据产生和利用初步形成体系

在国家支持下，经过几十年的努力，气象、海洋、水文、测绘、国土资源、地震、环境、农业、林业、医药卫生、疾病预防与控制等社会公益事业相继建成各自相对完备的相关领域科学数据的大规模采集、积累系统；且在国家各类科技计划、科技专项的支持下，研究院所、大专院校和国家各企事业单位产生并积累了更为广泛、丰富多样的科学数据、资料与相关信息，这些数据覆盖了我国主要的学科领域。

（2）先后建成了一批数据管理机构，数据共享机制正在形成

近 20 年来，国家各有关部门先后建成了一批数据管理机构，负责收集和整理相关部门所采集的各类数据资料，并通过数据库建设和产品加工，向用户提供信息服务，成为所在部门向社会提供公益性、基础性科学数据的服务窗口。继科技部 2001 年选择中国气象局开展科学数据共享试点工作以后，测绘、地震、林业、农业、医学、水文等部门也相继进入科学数据共享试点行列，此举促进了上述部门和行业的数据管理机构的整合，极大地增强了相关部门和行业的科学数据管理能力和促进了科学数据共享机制的建立。

（3）积极参与国际合作，形成了较为稳定的国际交流渠道

改革开放以来，各行各业的国际合作与交流迅速发展，在知识、信息、数据方面的交换活动日益频繁与深入，通过政府间组织、国际数据组织、民间交往，多方位地开展了国际间的数据合作与交流。如：世界气象组织（WMO）、国际海洋资料交换委员会（IODE）、国际天文学联合会（IAU）第五委员会（文档与天文数据）、国际标准化组织（ISO）、世界数据中心（WDC）、国际科技数据委员会（CODATA）等，我国相应部门通过参加这些组织的工作，初步建立了稳

定的科学数据交流渠道。随着互联网技术的发展和应用，目前数据用户可以通过数据交换网搜索、访问乃至下载诸多国际组织和发达国家相关的数据节点的数据和相关信息。

（4）科学数据管理正朝着数字化、网络化方向发展

20 世纪 70 年代中期以前，我国科学数据、资料与相关信息资源，主要是以纸质、薄膜、胶片以及磁带形式，被分为资料、情报、文献、图书、档案等类型保管，用户要凭介绍信到相关资料档案馆查阅、抄录或索取。随着信息技术的快速发展，科学数据的管理正朝着数字化、网络化方向发展。一方面是积极采用数字化手段采集新的数据；另一方面加大了对原有资料的数字化工作力度，一批科学数据库建成，并开始在网上提供信息服务。

2. 我国科学数据共享管理体制存在的问题

经过多年的建设，虽然我国科学数据积累和共享形成了一定规模和能力，但是，科学数据资源管理滞后，共享问题仍十分突出，已在相当程度上制约了科技进步与创新，乃至国家整体实力的提高，并造成了重复采集、重复建设和资金的浪费，突出表现为：

（1）条块分割，数据分散，缺乏国家层面的宏观管理与协调

长期以来，有关公益事业部门和单位积累的科学数据主体上只为本部门业务所利用，数据积累保存工作基本上停留在以安全妥善保管（存档）为目的。与此同时，国家各类科技计划也没有建立有效有序的数据管理制度。科学数据分散的现象十分突出。

例如，在有关青藏高原研究方面，诸多部门和多种类的国家计划相继组织了单学科或多学科的综合调查、观测、探测、试验和实验研究，并通过各自渠道广泛开展国际合作，取得了一系列科学数据和具有区域特色的研究成果。但由于共享问题没能很好解决，部门或科学家群体之间的数据、资料不能有效沟通，影响了研究水平的提高。然而，国外学者却利用其资金优势与我国不同单位分别开展合作，在其所致力的研究领域中获取了比国内研究群体更为全面的科学数据、资料，使其对一些重要科学问题的研究比国内学者更有发言权。

又如，开展气象基本要素观测涉及的部门很多，有气象、水利、海洋、航空、农业、环保、电力和军事等。各种业务职能不同、规模不等、规范标准各异的全国性气象观测站星罗棋布。由于长期部门分

割，国家缺乏宏观上的统筹规划与协调，使气象科学数据的共享问题长期存在，导致“贪大求全”、“自家有，便于维持正常工作秩序”的思想长期得不到解决，重复建设，资金浪费现象严重。如果部门之间数据共享问题得不到解决，新的重复建设还将延续，而且将耗费更多的资金。

（2）科学数据共享缺乏足额的经费支持

由于国家在科学数据方面的经费投入不足，许多提供科学数据共享服务的机构所获经费维持其正常业务尚有困难，无力在共享方面做更大贡献，只能采取有偿服务方式，来弥补经费不足。这种状况不仅使得数据的更新、加工和服务水平落后，而且又不断形成新的重复浪费。据部分自然科学专家估计，除了那些本身就是实施观测、探测、试验和实验获取数据的研究项目之外，一般综合性研究项目的成功也在于对数据量的掌握和数据质量的把握，往往需要花费项目总经费的50%左右去获取数据。由于得不到所需要的和满意的资料，有20%～60%的基本科学数据属于重复采集。

（3）缺乏有效的科学数据共享技术平台

大多数情况下，社会对科学数据的需求，主要集中在基本科学数据（特别是各类基本站的观测数据）和通过整理加工后的、服务于不同用途的数据集（产品）。因此，即使有共建共享的氛围，没有完善的数据交换标准、规范、质量控制和信息服务系统，共享依然难以实现。就共享技术而言，目前我国仍处于十分落后的状态，大量的科学数据只能为数据拥有者或本专业范围内所知和所用，绝大多数数据库也仅仅起着存储的作用。

（4）大量科学数据资源没有发挥其应有的作用

现状表明，大量的科学数据一方面仍存储于资料堆、档案柜，乃至流散在个人手中，没有经过有效的整理和建库，甚至濒临丢失；另一方面是各部门已经建成的数据库，还难以有效满足我国的经济建设和可持续发展要求，这些数据库在标准化、规范化方面存在很多问题，相当一部分数据库根本没有标准可循。就数据库的作用来讲，确实能满足相关行业的持续发展需求的还不足已有数据库总量的十分之一，而一些领域的基础性公共数据库仍有待建立。

（5）数据库维护举步维艰，数据库更新任重道远长期以来，由于国家和单位在科学数据方面的经费投入严重不足，因而导致了许多科学数据库按照项目方式一次性建设，缺乏持续的数据来源，很容易变成“死库”而逐渐降低或丧失其应用价值。

此外，有关保密的规定没能形成一套有效的密级升降与解密的评估体系，使一系列数据的作用得不到有效的发挥；对科学数据管理工作缺乏应有的定位和科学的评估体系；法规体系不健全导致社会约束力不强，共享观念淡薄，往往存在只求共享不讲共建，甚至盲目扩大索取范围方便自己，有的用户在发表文章时不注明数据来源，有的用户在未得到允诺情况下扩散给第三者（包括国外）等。凡此种种，都直接影响着科学数据管理与共享正常秩序的形成。

（三）我国科学数据共享管理体制改革的总体思路

我国科学数据共享活动要能够充分发挥其在推动科技发展、促进科技成果转化为生产力以及构建信息化社会方面的重要作用，除了要从基础科学研究方面入手，通过加强科研活动来提高全民族的科学研究水准和技术水平之外，建立一套科学、高效和有序的科学数据共享管理体制对于集中财力抓好重点课题项目的研究和开发、保证科学数据最大限度和最大范围地被社会公众所利用具有非常重要的意义。要建设具有中国特色的科学数据共享管理体制，必须要从以下几个方面着手：

1. 建立以建设创新型国家为目标的科技管理体制

目前，我国科技的总体水平同世界先进水平相比仍有较大差距，同我国经济社会发展的要求还有许多不相适应的地方，主要是：关键技术自给率低，自主创新能力不强，特别是企业核心竞争力不强；农业和农村经济的科技水平还比较低，高新技术产业在整个经济中所占的比例还不高，产业技术的一些关键领域存在着较大的对外技术依赖，不少高技术含量和高附加值产品主要依赖进口；科学研究实力不强，优秀拔尖人才比较匮乏；科技投入不足，体制机制还存在不少弊端。总之，我国科技事业发展的状况，与调整经济结构、转变经济增长方式的迫切要求还不相适应，与把经济社会发展切实转入以人为本、全面协调可持续轨道的迫切要求还不相适应，与实现全面建设小康社会、不断提高人民生活水平的迫切要求还不相适应。我们必须下更大的气力、做更大的努力，进一步深化科技改革，大力推进科技进步和创新，带动生产力质的飞跃，推动我国经济增长从资源依赖型转向创新驱动型，推动经济社会发展切实转入科学发展的轨道。这是摆在我们面前的一项刻不容缓的重大使命。

最近，胡锦涛总书记在全国科技大会上指出：建设创新型国家，核心就是把增强自主创新能力作为发展科学技术的战略基点，走中国特色自主创新道路，推动科学技术的跨越式发展；就是把增强自主创新能力作为调整产业结构、转变增长方式的中心环节，建设资源节约型、环境友好型社会，推动国民经济又快又好发展；就是把增强自主创新能力作为国家战略，贯穿到现代化建设各个方面，激发全民族创新精神，培养高水平创新人才，形成有利于自主创新的体制机制，大力推进理论创新、制度创新、科技创新，不断巩固和发展中国特色社会主义伟大事业。①

科学数据共享活动相对于传统科技活动而言是一项全新的科技事业，其本质的特征就是“共享”。在传统计划体制下，一方面大量的科技成果被束之高阁，无法及时地转化为生产力；另一方面，社会公众对于新科学和新技术又有非常迫切的需求。所以，传统计划体制下管理模式僵化、信息闭塞导致了科学数据生产出来以后不能发挥自身在促进科技进步和推动社会生产力发展方面的巨大作用。为此，必须要具有勇于创新的精神，结合我国目前科学数据共享活动的现状和特点，建立一套具有创新特征的科学数据管理体制，从总体上来改变在传统体制下所固守的落后和僵化的科技管理思想，以实现共享为目标，最大限度地推动科学数据为科技进步和社会生产力的发展服务。

2. 进一步理顺科学数据共享活动中的各种社会关系

科学数据共享活动是一个非常复杂的社会系统工程。要在管理体制上建立一个适合于共享要求的科学数据共享管理机制，必须要认真地研究在科学数据共享活动中所涉及的各种社会关系，采取综合有效的管理对策，最大限度地调动科学数据共享活动各方参与者的积极性和主动性，建立和谐一致的共享关系网络。

---

① 参见胡锦涛2006年1月9日在全国科技大会上的讲话：《坚持走中国特色自主创新道路，为建设创新型国家而努力奋斗》。

要进一步理顺科学数据共享活动中的各种社会关系，首先要抓住科学数据共享过程中的核心环节，即科学数据的共享活动，要在数据生产者、管理者与使用者之间建立科学、有效的作用机制，要最大限度地保证科学数据能够投入到使用领域，保证数据使用者的数据使用权利，数据共享要以“共享”为重点。在建立各种管理机制的同时，中心工作要保证“共享”，要打破在科学数据使用问题上的固步自封和资源浪费，要建立科学数据转化为生产力的快速制度通道，各种传播科学数据的物质设施和设备的建设，特别是科学数据共享数据网络的建设，都要保证可以用于共享的科学数据最大限度地对社会公众开放，要清除在共享环节上任何不必要的技术壁垒，建立各种数据共享交换平台，保证信息高速公路的畅通无阻。其次，要正确处理科学数据生产过程中的投资者、生产者和管理者之间的关系，进一步理顺科学数据生产的投资渠道，建立以国家投资为主、社会投资为辅的科学数据生产投资体系，最大限度地调动民间资金积极投入到科学数据的生产过程中，要逐渐淡化生产的管理环节，使投资直接进入生产环节，减少不必要的中间和中介层次，减低生产成本，提高科学数据生产的效益。最后，要建立必要和有效的科学数据管理机制，通过互联网，建立定期、经常性和永久性的科学数据共享平台，保证科学数据的供给，提高科学数据使用的效率。总之，科学数据共享管理体制的建立，要以解决“共享”问题为核心，各种制度的建立以理顺科学数据共享活动中的主要参与者之间的社会关系为目标，尽量减少和淡化行政主导的计划模式。

3. 加强科学和高效的科学数据共享管理体制

目前我国在科学数据共享领域采取的管理体制还是行政管理体制主导型的，这种体制对于保证一些重大领域或者是关系到国计民生的项目的科学数据共享方面是有一定的保障作用的。如对载人航天工程的统一管理实现了我国“神舟”系列宇宙飞船的顺利升空。但是，也要看到，一方面我们在像“神六”这样特别复杂，涉及 100 万个以上的零部件的组合，有超过 30 万以上的单位协同参加的大项目上能够取得比较成功的经验；而另一方面，那些与国民经济和公民的日常生活密切相关的普通科研项目却仍然处于低水平的摸索阶段，如只需要 10 万个左右的零部件加以组合的汽车工业在国产化方面做得很不到位，在重大的技术环节上对国外技术的依赖性仍然很强。所以，要进一步调整科学数据共享的管理思路，要将一些重大的科技项目的成果所涉及的核心技术在不影响国家安全或者是国家利益的前提下逐渐地向民用领域转移，实现高尖端科技与一般科技并行发展。这里就需要打破在科学数据使用上的制度壁垒，要在不同的科技领域之间建立比较可靠的技术共享和转化平台，为此，才能提高科学数据共享的管理机制的科学性和管理效率。只有真正地在体制上打破各种条条框框，以用为主，以共享为目标，才能建立比较有效的科学数据共享的传播和交流渠道。目前，最需要加以突破的是要在军用和民用领域开展比较有效的科学数据共享合作，特别是应当尽量地将国家投入了大量人力、物力和财力所推动的高科技项目成果及时地纳入科学数据共享领域，提高实现共享的科学数据的自身的科技含量。①

4. 提高科学数据共享管理的法制水平

在现代法治社会中，政府管理本身也必须纳入到法律的范围，也就是说，政府在对科技事业行使管理职能的时候，是依照法律来进行管理，而不是随意地行使行政职能。依法行政适用于政府管理的各个领域和各个环节。2004 年 3 月，国务院发布了《全面推进依法行政实施纲要》。该纲要提出用 10 年左右的时间，建成法治政府。要建设法治政府，最关键的一条就是要保证政府实施管理活动必须要有法可依、有法必依。在科技管理领域，特别是在科学数据共享领域，虽然科学数据共享活动涉及许多新兴的社会关系，但是，政府在科学数据共享领域也不能只是简单地使用政策手段，对于涉及全社会公众参与

---

① 美国政府投入资金建设国家级科学数据中心群，实现了公益性科学数据资源的长期积累、高效管理与广泛应用。诸如国家航空航天局（NASA）、国家海洋与大气管理局（NOAA）、地质调查局（USGS）和国立卫生研究院（NIH），都是在政策支持和政府大量资金投入下，建成了一批规模化、影响度高的科学数据中心（库），对美国的科技、经济、社会发展产生了深刻而广泛的效益。仅 NASA 于 1990 年开始构建的数据档案中心群（DAACs），2000 年度预算经费就达 2.6 亿美元。稳定、足额的投入是美国科学数据高效共享的重要保障条件之一。在 DAACs 建设中，美国联邦政府重点抓了三件事，即：统筹规划国家科学数据共享体系；在联邦政府预算中设立长期、稳定的专门经费；数据共享政策法规的制定、完善和监察。1993 年克林顿政府又提出，政府要在促进科学数据共享中主动提供服务。

的科技研究和开发项目，应当学会使用法律的手段，特别是对科学数据生产者的权利、科学数据投资者的权利以及科学数据管理者和使用者的权利，都应当严格地依据法律所确立的权利保护制度来正确地处理和调整不同的科学数据共享参与者之间的相互关系。

为了提高科学数据共享管理的法制水平，首先，应当从国家立法层面入手，对科学数据共享所涉及的主要的社会关系建立最基本的法律秩序，如对科学数据共享中所遇到的主要法律制度，共享的方式、共享中的权利保护、共享的法律争议、共享的法律效果等都应当在明确具体的权利义务关系基础之上，制定具体和可行的法律规范。特别是要以科技资源的总体共享作为国家今后一段时间内科技发展的战略目标，通过全国人大或者人大常委会制定《科技资源共享法》，将科学数据作为科技资源的一部分纳入国家的立法范围，通过全国人大或者人大常委会的立法，建立关于共享的基本法律框架和制度。其次，应当在行政法规的层次出台以科学数据共享为主要调整对象的《科学数据共享管理条例》，具体的调整对象主要集中在由国家出资为主的科技项目的共享上，通过共享条例，进一步理顺科学数据共享中各方之间的法律关系，变政策管理为法律管理，变行政命令为行政指导和行政服务，从整体上改变政府主管部门在科学数据共享活动的管理中所承担的单纯管理角色，提高政府参与科学数据共享活动管理的水平。最后，以国家科技主管部门的部门规章为主体，对于涉及科学数据共享具体活动领域的社会关系，包括科学技术研究和开发项目的审批和管理、科学数据的生产和开发、科学数据的保管、科学数据的汇交、科学数据管理、科学数据技术标准、科学数据的发布、科学数据的使用、科学数据共享的协作等领域，都可以制定一系列行之有效的部门规章，保证科学数据共享活动的参与者的各方面活动做到有章可循、有法可依。

5. 进一步加强和规范科学数据共享的计划管理手段

计划管理手段是科技管理的重要方式，也是实践证明了的行之有效的手段之一。但是，由于科技活动，特别是科技创新活动有着自身的发展规律，所以，不加区分地千篇一律使用计划管理手段来对科技活动进一步过度统一和集中化的管理，实际上并不有利于科技事业的发展。如在科技发达国家，政府对科技事业的管理，只是在重大的科技项目上制定比较详细的科技发展规划，但是，对于一般性的，特别是具有社会服务特征的科技项目，通常就不会采用特别严格的计划管理手段。计划管理手段本身是存在着许多缺陷的，它容易导致科研体制官僚化，很容易形成科技开发领域的经费和资金流向了科技发展潜力弱的领域，很容易受到各种不正之风的影响。所以，在科学数据共享领域，在保留计划管理手段的领域，一定要利用计划管理手段着重解决几项重要的基础性的科学数据共享工程的建设。主要是运用计划管理手段建设好国家科学数据共享门户网站，充分发挥国家科学数据共享门户网站在科学数据共享中的指导和协调作用，与此同时，应当集中资金支持国家重点科学数据共享中心和科学数据共享数据库的建设。对于科学数据共享具有全局性、永久性和整体性的数据中心和数据库，应当通过严格的计划手段，不断地补充资金，保证重点工程和项目的正常运转，充分发挥重点数据中心和数据库在促进科学数据共享中的核心作用。对于其他的一般形式的科学数据共享设施和设备，要尽量依靠民间的力量来进行管理，要形成一个计划管理与非计划管理相互连接的共享体系和共享网络。保证计划管住点，社会管住面，形成一个科学有序的科学数据共享管理体制。

6. 建立必要的行政许可制度

要对传统的单纯计划管理手段进行改革，在科技领域，特别是在科学数据共享领域引进各种行之有效的管理手段，其中，建立必要的行政许可制度是依靠法制手段来管理科学数据共享活动的重要体现。所谓行政许可，就是对于具有公共性的社会资源或者是涉及重大公共利益的发展项目，由政府根据最具有生产和开发条件的行政管理相对人的申请，赋予申请人从事特定的生产和经营活动的权利。行政许可制度不同于一般性地通过行政机关来对社会资源进行行政性的配给制度，而且需要行政管理相对人的申请，对于符合许可条件的申请人才能赋予其相关的权利。在科学数据共享领域，引进行政许可制度，主要是对一些重要的涉及国家安全或是重要的国防利益的项目，可以采取行政许可的方式，对于符合法律、法规所规定的严格的生产和开发条件的单位和部门，赋予其生产资格，而不是采取像在单纯的计划管理体制下的大包大揽的做法，不问一个单位是否具有承担重大科研项目的实际科研能力，在平衡管理思想的支配下，将资金或者是技术力量投入到非最优化的生产环节，结果影响了科技发展。在科学数据共享领域，引进行政许可制度，也可以将一些重要的科技成果和科学数据，通过建立严格的许可使用方式，由科技主管部门直接赋予某些部门和单位来使用，从而提高科技成果的应用率，努力地将科技成果及时地转化为社会生产力。当然，在明确了科学数据的所有权关系的基础上，可以直接使用知识产权中的许可使用制度来代替行政许可制度，通过权利杠杆来推动科技成果在生产和实践领域的推广和应用。

7. 进一步健全和完善行政合同制度

行政合同是行政机关在行使管理职权的过程中，将那些具有一定行政任务性的事项通过合同的方式，选择完成合同的行政管理相对人，通过明确彼此之间的权利义务关系的方式，来达到行政管理目标的行政协议制度。行政合同制度是行政法治化的产物，在传统的计划体制下，由于计划与生产往往脱节，行政机关单纯地掌管计划管理手段，通过计划来简单地决定实现计划的当事人，缺少对当事人执行行政指令和完成行政计划的带有具体评价指标的监督，所以，在传统计划体制下，当事人在执行行政计划的过程中，缺少必要的监督机制。而且由于通过计划手段来配给行政资源，有时带有一定的盲目性，所以，往往会导致有权执行行政计划的往往缺少必要的生产和科研开发能力，而有生产和开发能力的单位和个人又无法得到必要的科技开发项目。行政合同制度借用了民事合同的形式，但是，却对行政机关以及合同的执行人都提出了比较规范化的要求，对行政任务的完成的评价也是通过事先在行政合同中设定好的指标来进行有针对性的评价。所以，行政合同制度对于重大的科研项目的完成具有非常重要的保障作用。在科学数据共享领域引入行政合同制度，主要工作重点是放在科学数据生产领域，也就是说，为了从整体上提高科学数据生产的质量，科技主管部门可以利用行政合同制度来建立行政机关与科学数据产生单位、个人之间的比较紧密的责任联系。与此同时，行政合同还可以通过违反合同的违约责任制度对合同执行人的行为起到很好的约束作用。此外，在一些重要的军用高尖端技术转化为民用领域使用时，也可以采取行政合同的方式，既可以推动高尖端技术的应用，同时又可以有效地维护国家利益。①

8. 建立必要的科研协作制度

目前，国家科技主管部门以及相关部门组织和领导的国家“863”计划和“973”计划项目都涉及诸多科研部门和生产单位，在这些重大的科研项目研究中，科学数据是重要的成果表现形式。许多重要的科学数据的产生，既需要课题研究小组的通力合作，同时，又需要科研人员所在的部门和单位的配合。特别是那些包含了大量的子课题和分课题的研究项目，有时会涉及全国范围内的上百家或者是上千家单位的介入。在这种科研生产体制下，有时很难避免课题成果的法律归属问题以及课题组成员之间的关系协调问题。此外，从科学数据共享的环节来看，目前在全国一些重要的科研部门或单位，都有自己的比较专业化的数据中心或者数据库，其建立一般以主要的科学家或者重要的学术带头人为基础，在科研活动的过程中逐渐和自发地形成起来的。所以，同类的科研部门或者是同领域的科研人员使用相关科学数据就涉及不同的科研部门之间如何开展协作和进行协调的问题。事实上，即便是国家科技主管部门，在许多领域和许多方面也需要与专业化的科研部门和单位就科学数据共享问题来进行协作，② 所以，正确地运用科研协作制度，可以在很大程度上提高科学数据共享的效率，可以减少科学数据共享环节中不必要的成本投入，特别是科

---

① 美国国防部国防技术信息中心（DTIC）是国防科技信息计划的重要组成部分。它提供给协议客户（包括国防部、企业界和科研机构）有关计划的、在研的和已完成的国防相关研究信息。DTIC 拥有 13 个与国防部签约的由国防部授权的信息机构（IACs）。IACs 的使命是通过在清晰定义的专业领域内收集、分析、合成、发布世界范围内的科技信息来改善研究员、工程师和管理者在国防研究、开发和成果交流中的效率，保证国家安全，促进武器创新。国防部与 IACs 签署协议，包括资助、服务对象及其加工数据集以满足国防科研与开发的需求，是一套由政府推动、资助、管理兼有商业化运行的跨时间、跨地域的数据共享服务体系。

② 美国政府工业数据交换组织（GIDEP）是由联邦政府资助，海陆空三军、太空总署、航天航空管理局、能源部、国防合同管理局、加拿大国防部和美国国防部后勤总署支持。参加机构有劳工部、商务部、综合服务局、邮政服务、国家标准与技术研究院、国家安全局，还有数百个为政府服务的工业组织参与。

研协作制度可以比较好地界定科研人员之间的关系，对实行共享的科学数据成果进行合理地保护。

9. 建立科学数据共享的权利管理制度

科学数据共享的主要目标是推动科学数据的应用，促进科学数据尽快地转化为社会生产力。但是，科学数据共享也不能单纯地向社会公众无偿地提供各种科学数据，对科学数据成果不做任何法律上的保护。事实证明，那种对科学数据成果不加任何措施保护的，实际上并不利于实现共享。一方面，对科学数据成果不加任何保护，会严重地影响科研人员的生产积极性，会出现干多干少一个样，就不容易增强科研人员对生产科学数据成果的质量意识和责任心；另一方面，对科学数据不加任何形式的保护，也会使得数据使用者不懂得珍惜，同时，也不利于科学数据分门别类地进行管理。因此，在科学数据共享中，适当地引进权利管理的手段，特别是对一些重要的数据成果，可以赋予必要的数据产权，对相关的权利人进行保护，实行分层次和分级别的使用制度，可以形成一个健康有序的使用制度。

10. 健全和完善科学数据共享的保密管理制度

科学数据共享是最大程度上促进科学数据转化为社会生产力，使科学数据的生产服务于数据的使用和消费。但是，也要看到，有许多科学数据由于其自身涉及重大的国家利益，因此，在相当长的一段时间内仍然不适宜通过共享的途径自由地进入科学数据社会共享渠道，为此，有必要建立严格和规范的科学数据保密制度。当然，作为共享的前提是数据的开放性，在决定哪些数据需要保密的过程中，应当采取实事求是的态度，这里可以参考国外保密制度的相关规定，也就是说保密作为共享的例外,而开放作为一般性原则,对于确实需要保密的科学数据,要从源头上,在具体的计划和生产环节就要严格地加以管理,对不需要保密的,应当及时地将其推广到应用领域,使它们能够及时地发挥自身在促进社会生产力发展和推动科技事业进步中的作用。

11. 进一步推动科学数据共享工程的试点工作

我国的科学数据共享工作是随着国家科技主管部门所开展的科学数据共享工程的试点工作逐渐为社会各界所认同，并逐渐地走上规范化和科学化管理的轨道。目前，参加科学数据共享工程试点工作的各单位和各部门都在试点过程中积累了比较好的经验,① 但是，也应当看到，虽然有些试点单位已经建立了比较科学和规范的数据管理制度，而且科学数据共享工作开展得有声有色，但是，有些试点单位的工作却更关注自身的形式，尤其是管理和向社会公众开放的数据本身质量不高，一般性的信息数据多，而具有科学价值和使用价值的、反映客观事物发展规律和科技发展要求的数据少，简单收集和整理的文献数据多，具有应用价值的科学数据少，因此，在短时间内，许多试点单位的数据中心和数据库还没有吸收应有的数据用户访问和使用。所以，在进一步总结试点工作的经验和教训的基础上，应当建立比较规范的试点工作的评估机制，特别是可以通过国家科学数据共享门户网站来对试点单位所提供的数据服务实行比较规范化的技术指导和服务，从而进一步提高数据服务的水平和质量。

12. 进一步扩大科学数据共享的社会管理渠道

发展科技事业，特别是发展面向社会公众服务的科学数据共享事业，应当充分发挥科学数据共享的社会化管理的作用。事实上，在科技发达的国家，除了一些涉及军事和国防的高科技事业需要政府全面介入，并通过严格的行政管理手段来进行组织和协调之外，一般性的科技开发活动，特别是有广大的社会公众广泛参与的科学数据共享工程，应当首先立足于社会公众的自我组织和自我管理。在传统计划体制下的大包大揽的管理模式，不仅会造成资源的浪费和分配的不平衡，还容易滋生各种腐败现象。正如耶鲁大学管理学院金融经济学教授陈志武指出的那样，“国内目前的科技体制由国家主导，最集中的体现是由国家来分配科研经费”，“国家集中分配科研经费会产生分配不公和腐败。如 30 万元的经费，运作要花 5 万 ~10 万元。而且经费发放后，科研人员买假发票就把科研经费变成了个人收入”。② 其

① “气象科学数据共享试点”是国家科技基础条件平台工作专项中科学数据共享试点项目。2001 年底，科技部将中国气象局作为科学数据共享的第一个试点，启动了基础性工作专项资金项目“气象资料共享系统建设”。项目以数据整合和共享服务为中心，重点围绕数据标准规范建设、数据共享策略研究、数据收集研制和共享平台研制等方面开展工作。

② 赵灵敏:《管理行政化有碍科技创新》，转引自《文摘周报》2005 年 11 月 8 日第 1 版。

实，从国外的情况来看，英美等国家根本就没有什么科技部、工业部。个人搞研究就自己去找钱，向别人证明自己的创新能带来收益才能募集到科研经费。而由企业、个人组成的各种形式的公益基金则成为科研活动的最主要的资金渠道。科技活动在很大程度上是依靠民间资金来支持，并且严格地遵循着社会管理的规则，也就是说，只有那些具有创新性和可以带来可观效益的研究项目才能获得民间资金的持久性的资助。这种社会管理渠道很便利，也很有效，具有自然选择的特性，可以避免行政化管理带来的盲目性和被动性。

13. 健全和完善国家科学数据共享门户网站

国家科技主管部门在对全国范围内的科学数据共享活动进行统筹规划、统一指导和管理的过程中，除了依靠行政命令来对实行共享的各个重要的科学数据中心和数据库进行有效的指挥和领导之外，对于信息量和规模巨大的科学数据信息不可能完全通过行政命令的方式来进行管理，在建设科学数据共享工程的过程中，建立了国家科学数据共享门户网站，通过该门户网站，来连接各个数据中心和数据库，通过设立必要的数据管理制度，来为全国范围内的数据用户提供数据信息的指导和直接的数据服务。两年多的实践证明，国家科学数据共享门户网站所提供的数据信息服务方式是周全和有效的，通过在不同的数据中心和数据库之间建立有效的网站连接，极大地方便了数据用户。①

当然，国家科学数据共享门户网站在整个科学数据共享中的角色还需要进一步加以研究。首先，从管理体制上来看，目前的国家科学数据共享门户网站是部门所有性质的，而不是国家所有性质的，其管理活动直接由国家科技主管部门负责。这里就存在一个由国家科技主管部门负责管理的国家科学数据共享门户网站与其他部门建立的数据中心的相互关系问题。还有，国家科学数据共享门户网站目前连接和管理的主要是分散在各个部门或单位中的数据中心和数据库，有些数

① 如新版的农业科学数据共享网站自2004年8月初开通以来，主页访问量是17000次，团体注册用户14个，个人注册用户320个。团体用户分布在全国13个省市，团体单位类型包括研究所和大学。个人用户分布在北京、上海、浙江、江西、山东等19个省市，用户所在的单位包括研究所、大学、政府部门、企业。“中国农村现代科技信息共享服务网”也已开通，向社会提供信息服务，同时还在部分地区建立了信息服务站。

据中心和数据库是单位所有制性质的，所以，虽然通过国家科学数据共享门户网站，用户可以很快地能够访问相关的数据中心和数据库，但是，由于国家科学数据共享门户网站与各连接的相关数据中心和数据库之间的权利义务关系不是十分清晰，所以，用户在使用通过国家科学数据共享门户网站连接的数据中心和数据库时仍然存在一个权利不明确的问题。所以说，作为虚拟空间的管理者，国家科学数据共享门户网站除了在技术上对全国范围内的科学数据中心和数据库起到连接和组合的作用之外，也应当作为法律上具有一定的独立法律地位的管理实体，成立有一定的技术力量和人员队伍支持的门户网站管理机构，在获得国家科技主管部门的一定的授权前提下，对于需要通过网络连接来实现共享的重要的数据中心和数据库实行一定程度的行政化的指导，从而最大限度地提高门户网站的辐射范围，建立门类齐全、服务水平高的门户网站。

14. 运用价格和税收杠杆来规范科学数据共享中的有偿服务行为

科学数据共享并不是采取简单地无偿共享的方式，事实上，包括美国等在内的发达国家，其国内各种形式的科学数据中心在对外提供服务的时候，也建立了各种层次和各种形式的权利保护制度。这些权利保护制度，实际上限制了用户滥用权利，同时也有效地保护了科学数据权利人的生产、开发和投资等各项权益。① 但是，为了防止少数单位和部门利用科学数据对外服务不恰当地收取数据使用费，所以，应当对收费的项目实行比较规范的制度管理，其中价格是很好的调节手段。目前，一些科学数据中心在对外服务时，要么就是开发的数据范围非常有限，要么就是把一些重要的科学数据纳入收费项目的范围，并且在没有任何价格依据的情况下，向用户收取巨额的数据使用费。另一方面，一些重要的科学数据项目由于没有实行严格的权利管理制度，在数据的使用管理方面缺少必要的资金支持，自身运作难以

---

① 在澳大利亚，制定了公益数据转换政策，公益数据以转换成本发布；为满足特殊需求而升级加工数据需要支付额外的费用。然而，在英国各私人机构都可以访问数据，但需要支付一定的费用，它们试图通过出售的收入支付数据生产费用。这些年英国也在追求基础性科学数据的免费共享，英国气象局对于社会公益机构可获得优惠价格数据，对于自由研究者（未得到国家资助）经批准后可获得无偿服务，而对于国家资助项目需要收费。

为继。所以，应当对有偿提供数据服务的行为，特别是对经常性的收费项目进行价格管理和控制，使用市场机制来调节共享秩序。与此同时，对于许多没有可观经济效益或者是无法通过收费来维持自身的日常运行的科学数据中心和数据库，应当采取一些税收方面的减免政策，或者是通过税收杠杆，建立专项的数据共享基金来重点支持一些具有巨大社会效益的数据中心和数据库的运行和发展。

15. 进一步扩大科学数据共享的国际交流和合作机制

科学数据共享目前已经越出了一个国家科技活动的范围，世界许多发达国家，已经对一些基础领域的数据实行了全球性的共享,① 这种共享不仅促进了本国科技事业的发展，也带动了全球范围内的科技事业的发展。当然，也要看到，少数发达国家之所以在某些领域可以向全球开放科学数据信息，一个重要的原因还在于无偿共享的科学数据信息往往又与一些受权利保护的数据信息密切地联系在一起，在用户对某一方面的科学数据产生了使用上的依赖关系之后，很快就会受制于国外的科学数据生产者。所以，一方面，要充分利用国外科学数据共享资源，在一些重要的基础性项目上采取直接拿来主义政策，但是，另一方面，还需要进行自主性的开发，努力地通过科技创新活动来生产和创造那些为我国社会主义现代化建设所迫切需要的科学数据。特别值得一提的是，应当建立国外科学数据发展的动态监督机制，要对那些已经形成比较成熟的科学数据的项目及时地向国内用户公布最新的数据发展信息，避免在数据开发上搞盲目建设和投资。同时，还应当通过国家科学数据共享门户网站，建立科学数据共享的监督系统，建立网上的举报制度，对于过时的信息要及时公布，对于虚假或者是造假的数据要及时地予以揭露，用通过建立与国外合作和交流的科学数据共享机制，来提高国内科学数据共享的水平。此外，就科学数据共享开展深度层次上的国际学术交流对于提高国内科学数据

---

① 世界气象组织（WMO）一直遵循“无条件的、免费的交换气象资料和产品”。通过全球通信系统（GTS），各国可以每天、每时、每刻地相互交换气象资料，这是一种免费、无限制交换资料的政策。我国与国际社会的气象及其有关资料和产品交换是通过全球通信系统实时提供和交换（发送和接收）气象有关资料和产品以及通过双边合作或资料交换协议，以特定的载体和方式提供或交换气象资料和产品。

共享的水平也是很有价值的。例如，2004 年 6 月 22 日至 24 日，科技部、CODATA（国际科学技术数据委员会）发展中国家科技数据保藏任务组、CODATA 中国国家委员会和 CODATA 美国国家委员会在北京联合举办了“科学数据保护与共享战略”国际研讨会。这次研讨会的主题是探讨我国科学数据保护与共享的发展战略，进一步提高我国科技创新能力。来自中国、美国、英国、法国、日本等 12 个国家的 100 多位国内外科学家参加了会议。①

16. 将科学数据共享纳入国家信息化管理的总体框架

从科技发展的内在特征和国外的科学数据共享管理机制②来看，

---

① 参见 http：//www.sciencedata.cn/news/show.php? id=3064。

② 在美国、加拿大、澳大利亚和少数欧洲国家，向公众传播政府采集的信息是政府部门的一项重要的法律义务，公众的这种权利和政府部门的义务主要由法律制度来调整。如，美国的《信息自由法》、加拿大联邦的《信息准入法》、澳大利亚的《信息自由法》、法国的《信息科学归档文件卡片与自由法》以及俄罗斯、日本、新加坡的信息法和欧盟委员会提出的《电子欧洲：为所有人建造的信息社会》等。尽管各个国家的政策、法律环境的差异导致具体法律内容和范围不尽相同，但是，这些国家信息共享立法的出发点在于：承认公众参与国家事务的民主权利；政府部门采集信息花的是纳税人的钱，所以纳税人有权得到成果，尽管公众索取信息更主要是出于商业和各方面的需求。

美国 1967 年颁布实施并经过 4 次修改而完善的《信息自由法》，是迄今为止国际上政府信息公开方面最为完备的法律之一。其主要原则是：①政府信息公开是原则，不公开是例外；②政府信息面前人人平等；③政府拒绝提供信息要负举证责任；④法院具有重新审理的权力。其主要内容包括政府信息的获取、公开方式、豁免公开、信息的可分割性以及《信息自由法》的诉讼与反诉讼。同时，还规定除了涉及国家安全、商业秘密、个人隐私等九类信息外，公众有权利得到所有的政府信息，无论是出于何种目的。

在美国对政府生产、拥有和政府资助生产的科学数据实行“完全与开放”（full and open）共享政策。例如，NASA、NOAA、USGS、NIH 等联邦政府拥有和生产的数据以及大学、研究机构由政府资助项目产生的数据纳入“完全与开放”的共享政策管理的范围。在这种管理机制保障下，科研人员和社会各阶层均可以以不高于工本的费用，以最方便的方式，无歧视地得到各自所需的数据。依据《信息自由法》提出的信息查询要求，可以收取三种类型的费用：①查询文件的成本；②对文件进行研究，以确定其是否应该包括在所要求信息中的成本；③复制文件的成本。如果用户是用于商业目的要交上述全部三种类型的费用，而非商业目的则交纳①、③两种费用；如果是教育、科研机构或新闻媒体只需交纳复制费用。克林顿政府曾声明“只有政府信息实行低成本收费，才会使联邦政府信息发挥最大的社会效益”。

科学数据共享实际上包含了两个重要的环节，一是科学数据的开发性，一是科学数据的共享性。科学数据要实现共享，或者一个国家的科学数据要在一个很高的层次和水准上来实现共享，首先要建立必要的信息公开制度，如果实行共享的科学数据的范围过窄，尽管在实践中有大量的数据向用户无偿提供，但是，却不能从体制上根本解决科学数据的广泛应用问题。所以，科学数据共享管理体制的建设，首先取决于信息公开制度的建设，特别是那些有关高尖端技术的数据信息，应当尽量地投入到民用生产领域，这样不仅可以最大限度地利用现有的科技条件来为社会主义现代化建设服务，也可以避免在科学数据生产投入上盲目投资和重复建设。因此，要真正地推动科学数据共享管理体制的变革，需要尽早出台国家层面的《信息公开法》或者是行政法规层面的《信息公开条例》。只有信息公开制度建立起来了，进入共享领域的科学数据才不会受到阻碍，有关实行共享的科学数据的保密制度也才能有效地建立起来，所以，应当在深化科学数据共享管理体制改革的过程中，以信息公开制度的建立为突破点，及时地向社会公众和广大数据用户开放更大范围内的科学数据。

第二节 《中华人民共和国科学数据共享条例》专家建议稿及条文释义

一、《中华人民共和国科学数据共享条例》专家建议稿

中华人民共和国科学数据共享条例

目录

第一章 总则
第二章 科学数据共享管理
第三章 科学数据汇交
第四章 科学数据共享服务
第五章 科学数据使用
第六章 科学数据共享保障
第七章 法律责任

第八章 附则

第一章 总 则

第一条（立法目的和宗旨） 为了加强科学数据共享管理，充分发挥科学数据的作用，规范科学数据共享活动，特制定本条例。

第二条（条例的适用范围） 国家财政性资金资助的科技活动产生的科学数据的共享活动适用本条例。

第三条（实现共享的科学数据的法律特征） 本条例所指的科学数据是国家财政性资金资助的科技活动产生的原始观测数据、探测数据、试验数据、实验数据、调查数据、考察数据、遥感数据、统计数据、研究数据以及相关的元数据和按照某种需求系统加工的数据等科学数据。

依照本条例规定实现共享的科学数据应当具有科学价值和使用价值。

第四条（科学数据共享的基本原则） 科学数据共享应当坚持社会效益为主、社会效益与经济效益相结合的原则。

第五条（科学数据共享的总政策） 国家对科学数据实行“共享促应用”的发展战略。

科学数据共享工程建设实行多元投资、共建共管的原则。

第六条（科学数据的保密和知识产权保护） 涉及国家秘密或者知识产权的科学数据的共享，按照国家有关法律、法规的规定执行。

第七条（科学数据共享的鼓励政策） 国家鼓励科学数据共享，积极创造条件，开展科学数据共享研究，加强科学数据共享队伍建设，不断提高科学数据共享水平。

第八条（科学数据的国际合作与交流） 国家鼓励开展科学数据共享领域的国际交流与合作，充分利用国外科学数据共享资源。

第二章 科学数据共享管理

第九条（科学数据共享管理体制） 科学数据共享实行政府统一领导、各部门分工负责与社会化管理相结合的体制。

第十条（各级人民政府在科学数据共享管理中的职责） 国务院或省级人民政府统一规划全国范围内或本行政区域内的科学数据共享工程建设，对涉及科学数据共享的重大事项进行组织和协调。

国务院或省级人民政府建立科学数据共享协调和协商制度，推进全国范围内或本行政区域内的科学数据共享工程建设。

第十一条（政府主管部门在科学数据共享管理中的职责） 国务院科技行政主管部门负责全国科学数据共享的组织、管理和协调工作。

省级地方人民政府科技行政主管部门负责本行政区域科学数据共享的组织、管理和协调工作。

国务院其他行政主管部门和省级人民政府其他行政主管部门按照各自的职责负责科学数据共享的有关管理工作。

第十二条（国家科学数据共享中心（网）的地位） 国家按照统筹规划、多方共建的原则设立分布式的国家科学数据共享中心（网）。国务院科技行政主管部门会同有关部门建立国家科学数据共享中心（网）。

省级科学数据共享中心（网）的设立和运行规则由省级人民政府参照本条例确定。

国家科学数据共享中心（网）和省级科学数据共享中心（网）负责科学数据共享主体数据库的建设，组织和协调科学数据共享主体数据库实施科学数据共享。

第三章　科学数据汇交

第十三条（科学数据的法律属性）

科学数据是科技创新和国家发展的重要资源。

国家财政性资金资助的科技活动产生的科学数据的所有权属于国家。

国家财政性资金资助的科技活动产生的科学数据的所有权可以由合同约定。

第十四条（科学数据统一汇交的制度） 国家对共享的科学数据实行统一汇交的制度。

国家科学数据共享中心（网）的所属的主管部门应当制定具体的科学数据汇交办法。

第十五条（科学数据汇交的基本要求） 科学数据应当由汇交义务人按照法定程序向国家科学数据共享中心（网）汇交。

第十六条（科学数据汇交义务人） 国家财政性资金资助的科

技活动的主要负责人为科学数据汇交义务人。

科学数据汇交义务人对汇交的科学数据享有法律上所保护的各项合法权益。

第十七条（科学数据汇交义务人的汇交义务） 科学数据汇交义务人应当承担的义务：

（一）按照科学数据汇交计划汇交科学数据；

（二）按照科学数据汇交的技术规定汇交科学数据；

（三）按照汇交科学数据的程序、期限汇交科学数据；

（四）在汇交科学数据的过程中妥善保管科学数据；

（五）对汇交的科学数据的真实性负责；

（六）对汇交的科学数据的质量负责；

（七）对汇交的科学数据的科学价值和实用价值、使用方式做出说明；

（八）对汇交的科学数据的质量进行描述；

（九）对涉密的科学数据有保密义务；

（十）在汇交科学数据前应当经过所在单位的审核；

（十一）在汇交的科学数据报告上签章并声明承担有关法律责任等。

第十八条（科学数据汇交的程序） 汇交的科学数据应当包括数据目录以及数据电子文本。

科学数据汇交义务人应当向国家科学数据共享中心（网）汇交科学数据。接受科学数据的国家科学数据共享中心（网）在收到科学数据汇交义务人提交的科学数据之后，应当将数据目录送交国家科学数据共享门户网站，将数据电子文本送交有关的科学数据共享主体数据库保存。

接受科学数据的国家科学数据共享中心（网）认为汇交的科学数据不应向其汇交时，应当将科学数据汇交义务人提交的数据目录和数据电子文本送交国家科学数据共享门户网站的管理机构决定应当接受该数据的国家科学数据共享中心（网）。

第十九条（科学数据技术标准和技术规范） 国家科学数据共享中心（网）的所属的主管部门会同有关部门制定和发布与汇交科学数据相关的科学数据技术标准和技术规范。

第二十条（科学数据的专利权保护） 符合专利法规定申请专利保护条件的科学数据可以申请专利。

第二十一条（优先使用科学数据的权利） 科学数据的生产者可以向国家科学数据共享中心（网）提出保护期要求，国家科学数据共享中心（网）应当采取有效措施，保证科学数据生产者的合法权益。

第二十二条（科学数据的署名权） 科学数据的生产者对实现共享的由其生产的科学数据享有署名权。

第四章 科学数据共享服务

第二十三条（科学数据共享服务方式） 国家建立分布式的科学数据共享服务体系。

第二十四条（科学数据共享的法定条件） 汇交的科学数据在实现共享之前，必须由国家科学数据共享中心（网）向社会公示，产权没有争议的科学数据正式予以发布，对外实行共享。

第二十五条（科学数据共享的在线服务和离线服务） 国家科学数据共享中心（网）对外实行数据共享，采取在线服务和离线服务方式。

涉及国家安全和重大的国家利益的保密数据不得采取在线服务方式。

使用者要求提供离线服务的，国家科学数据共享中心（网）不得拒绝提供服务。

第二十六条（科学数据共享在线服务体系） 国家科学数据共享门户网站、国家科学数据共享中心（网）和科学数据共享主体数据库组成科学数据共享在线服务体系。

国家科学数据共享门户网站负责提供共享科学数据的数据目录服务和数据共享导航服务。

国家科学数据共享中心（网）负责向数据使用者提供相关领域的科学数据共享在线服务。

科学数据共享主体数据库负责向数据使用者提供各种形式的在线共享服务。

第二十七条（科学数据中心之间的协作服务） 国家科学数据共享中心（网）和省级科学数据共享中心（网）之间可以实现科学

数据共享的协作。

国家科学数据共享中心（网）和省级科学数据共享中心（网）之间开展科学数据共享服务协作的，应当通过书面协议明确各自在服务协作中的关系。

第二十八条（科学数据中心的合法权益） 国家科学数据共享中心（网）对实现共享的科学数据享有编辑权、发布权、数据质量监督权和数据加工处理权。

第二十九条（科学数据共享的收费制度） 国家科学数据共享中心（网）提供科学数据服务可以收取一定的服务成本费用，但是收费价格必须向社会公众公布，接受物价部门的监督。

第三十条（科学数据共享服务的法律限制） 共享受到限制的科学数据的性质、种类和范围由国务院科技行政主管部门会同产生科学数据的科技活动的主管部门按照国家有关法律的规定确定。

第五章 科学数据使用

第三十一条（科学数据使用制度） 科学数据实行分级分类的使用制度。

国务院科技行政主管部门会同有关部门制定科学数据分级分类的使用制度。

第三十二条（科学数据使用者的一般权利） 科学数据使用者有权利访问国家科学数据共享门户网站，寻求其所需要的科学数据的基本信息，获得免费的在线咨询服务。

第三十三条（科学数据使用者的特殊权利） 科学数据使用者对保密期限的科学数据或者是在知识产权保护期限内的科学数据应当按照法律规定的程序与国家科学数据共享中心（网）签订正式的数据使用许可协议，并根据数据使用许可协议行使权利。

第三十四条（使用科学数据的一般义务） 科学数据使用者应当严格遵守国家科学数据共享中心（网）所制定的数据使用的各项规定。

第三十五条（使用科学数据的特别义务） 科学数据使用者在使用有关科学数据时必须按照规定进行标注。

第六章 科学数据共享保障

第三十六条（国务院和省级地方人民政府的职责） 国务院和

省级人民政府应当将科学数据共享工程建设费用和运行费用列入本级人民政府的财政预算。

第三十七条（设立科学数据共享发展基金） 经国务院和省级人民政府财政部门批准，国务院和省级人民政府科技行政主管部门可以设立科学数据共享发展基金，筹措社会资金，不断加强对科学数据共享的投资力度。

国务院和省级人民政府财政部门应当积极创造条件，扶持科学数据共享发展基金的建设。

第三十八条（科学数据共享发展基金的作用） 科学数据共享发展基金应当主要用于支持和帮助科学数据共享工程的建设，包括国家科学数据共享中心（网）和科学数据共享主体数据库、科学数据服务网络、科学数据共享设施、科学数据共享队伍的建设等。

第三十九条（国家科学数据共享中心（网）的监督权力） 国家科学数据共享中心对实现共享的科学数据质量进行监督，凡是达不到共享质量要求的科学数据或者是不具有共享价值的科学数据，有权中止其数据的发布资格。

第四十条（国家科学数据共享中心（网）的数据保管责任） 国家科学数据共享中心（网）应当对实现共享的科学数据采取必要的保管措施，以保证科学数据能够安全、有效地被加以利用。

第四十一条（网络权力制度） 国家科学数据共享中心（网）通过网络提供科学数据服务的，应当建立各种有效的网络权利管理制度。

国家科学数据共享中心（网）对于需要保密的科学数据应当采取必要的技术措施，保证对保密科学数据的特殊使用要求。

第四十二条（科学数据共享争议处理机构） 国务院科技行政主管部门设立科学数据共享争议处理机构，负责处理科学数据共享中有关部门、单位和个人提出的争议。

凡是对科学数据质量产生的争议，国务院科技行政主管部门科学数据共享争议处理机构的处理决定在各自的管辖权限范围内具有最终法律效力。

涉及当事人具体法律权益的争议，应当先由科学数据共享争议处理机构做出处理决定，当事人对仲裁决定不服的，可以向人民法院提起诉讼。

第四十三条（科学数据汇交争议处理程序） 科学数据汇交义务人就应当汇交的科学数据是否符合汇交义务要求与接受科学数据的国家科学数据共享中心（网）发生争议的，应当由国家科学数据共享门户网站的管理机构先行进行裁决，当事人对裁决不服的，可以向科学数据共享争议处理机构提请复审。

第四十四条（行政复议处理程序） 国家科学数据共享中心（网）对其主管部门就国家科学数据共享中心（网）的管理职责作出的决定不服的，可以向国务院科技行政主管部门的行政复议机关提请行政复议，对行政复议决定不服的，可以向国务院行政复议机关提请复审，由复审机关作出终审复议决定。

第四十五条（科学数据相关人权益争议处理程序） 国家科学数据共享中心（网）与科学数据投资者、生产者和使用者发生的争议，应当先由科学数据共享争议机构作出处理决定，当事人对处理决定不服的，可以向人民法院提起诉讼。

第七章 法律责任

第四十六条（科学数据汇交义务人的法律责任） 科学数据汇交义务人不履行法律、法规所规定的汇交义务的，视不同情况，责令限期改正、通报批评、终止项目，不得再承担新的国家科技计划项目和科学研究项目或者是由国家财政性资金资助的项目；造成严重损失的，应当予以赔偿；触犯刑法的，依法追究刑事责任。

第四十七条（伪造科学数据的法律责任） 伪造科学数据或在科学数据汇交中弄虚作假的，由项目承担单位或其主管部门没收、销毁有关数据，责令限期改正；逾期不改的，取消直接责任人员承担该项目的资格，并视情节追究有关人员的行政或刑事责任。

第四十八条（国家科技计划项目承担单位的法律责任） 国家科技计划项目承担单位疏于管理，造成汇交科学数据不合格的，其主管部门可以给予通报批评；国家科技计划项目承担单位对汇交义务人提供的虚假科学数据故意包庇，情节严重的，该单位不得再承担国家科技计划项目。

第四十九条（国家科学数据共享中心（网）的法律责任） 国家科学数据共享中心（网）没有采取有效的安全保障措施，致使汇交的科学数据丢失或损坏的，应当给予有关责任人员行政处分，因之造成的损失应当由科学数据管理机构承担。

第五十条（泄密的法律责任） 对违反有关保密规定，泄露不应当公开的科学数据的有关责任人员，应当给予行政处分；触犯刑法的，依法追究其刑事责任。

第五十一条（破坏科学数据共享数据库建设的法律责任） 不遵守科学数据共享的法律规定，破坏科学数据共享数据库建设，造成严重损失的，有关责任人员应当受到行政处罚，并承担赔偿责任；属于国家工作人员的，应当处以记过以上行政处分；构成犯罪的，依照刑法规定追究刑事责任。

第五十二条（国家工作人员的法律责任） 负责管理科学数据共享工程的国家工作人员，在履行职责的过程中，有玩忽职守、徇私舞弊、以权谋私等行为的，给予记过以上行政处分；情节严重构成犯罪的，依法追究刑事责任。

第五十三条（侵犯知识产权的法律责任） 侵犯共享科学数据权利人所享有的知识产权的，除了依法承担侵权赔偿责任外，构成犯罪的，依照刑法规定承担相应的刑事责任。

第八章 附 则

第五十四条（条例的效力） 本条例正式施行之后，凡是与本条例规定不一致的，以本条例的规定为准。

第五十五条（条例的参照适用） 由其他投资方式产生的科学数据可以参照本条例的规定实现共享。

第五十六条（条例的生效日期） 本条例自 年 月 日起施行。

二、《中华人民共和国科学数据共享条例》条文释义

第1条对《科学数据共享条例》的立法目的和宗旨作了明确的规定，属于制定行政法规的基本要件，该条规定为本条例的制定提供了合法性和合理性的依据。

第2条确立了条例的适用范围。根据本条规定，条例所调整的科学数据共享活动并不涉及所有的科学数据应用领域，只有以国家财政性资金资助的科技活动产生的科学数据才应当依据本条例规定实行共

享。这样规定是基于以下几个方面的考虑：一是本条例属于行政法规性质，从立法权限上来看，行政法规无权来规定平等民事法律关系主体之间的民事法律关系，因此，对于非国家财政性资金资助的科技活动产生的科学数据是否实行共享，本条例无权做出具体规定；二是本条例调整的对象限于国家财政性资金资助的科技活动产生的科学数据，这里“国家财政性资金资助”既包括国家财政性资金全额资助，也包括国家财政性资金部分资助，“国家财政性资金资助的科技活动”范围很广，既包括执行国家科技计划项目和科学研究项目，也包括其他类型的科学研究和技术开发活动。

对于不属于本条所规定的调整对象的科学数据，条例第 57 条规定可参照本条例规定实行共享。此外，本条例第 5 条第 2 款还肯定了科学数据共享工程建设实行多元投资、共建共管的原则，该条款的规定进一步补充了本条所规定的科学数据共享的投资体制，明确了受本条例管辖的科学数据共享活动的范围。

第 3 条主要说明本条例所规定的实行共享的科学数据的自然特征和法律特性，旨在将科学数据与其他信息资源相区分。

根据本条规定，实行共享的科学数据主要包括三类，一类是原始观测数据、探测数据、试验数据、实验数据、调查数据、考察数据、遥感数据、统计数据、研究数据等具体的科学数据；二类是与上述具体数据相关的元数据；三类是在具体科学数据以及相关元数据基础之上按照某种需求系统加工的数据。本条对科学数据所做的分类主要是参照了目前科技界关于科学数据种类所持的通行看法，与《科学数据共享工程建设规划》以及科技资源发展纲要等政策文件规定的精神相一致。

本条第 2 款还强调了实行共享的科学数据的法律特性，即只有具有科学价值和使用价值的才能实行共享，不具有科学价值和使用价值的不能依据本条例实行共享。

第 4 条规定的是科学数据共享的基本原则。科学数据是一项重要的国家资源，是科技活动的最重要的成果。从推动科技成果转化为生产力的角度来看，应当最大限度地促进科学数据作为科技成果转化为生产力，充分发挥科学数据在促进科技进步和为社会服务中的作用。实行科学数据共享就是要从制度上打破科学数据使用中的制度壁垒和障碍，促进科学数据的广泛使用。科学数据共享的最大目的就是最大限度地发挥科学数据在推动科技进步和社会发展中的基础性作用，应当以社会效益为科学数据共享的主要价值目标。当然，在目前的科技管理和发展体制下，在实行科学数据共享的过程中，也要注重发挥科学数据的经济效益，实行科学数据共享的社会效益与经济效益相结合。

第5条规定了国家在科学数据领域的发展战略，即“共享促应用”。由于我国长期以来科技管理体制存在诸多弊端，导致了科学数据的利用方式简单和利用效率差，科学数据没有在推动科技进步和发展社会生产力方面发挥应有的作用。为了打破在科学数据使用方面存在的制度障碍和制度壁垒，尽可能地推动科学数据的广泛应用，国家必须要在一定时期内，将科学数据共享作为一项基本国策加以推行。实行科学数据共享有利于避免国家财政的重复投资，有利于提高科学数据的利用率，有利于充分发挥科学数据在促进科技进步和发展社会生产力方面的巨大作用。对于在现行科技管理体制下不适宜实行共享的科学数据，也要在法律规定的范围内加以合理利用，以保证最大限度地发挥科学数据作为国家重要资源的科学价值和使用价值。

本条第2款确立了科学数据共享工程建设实行多元投资、共建共管的原则。该原则反映了《科学数据共享工程建设规划》的基本要求，既肯定了有国家财政性资金资助的科技活动产生的科学数据共享的意义，同时，也鼓励其他性质的社会资金投入科学数据共享事业，提高科学数据共享的规模和水平，同时，基于多元投资的机制，建立与之相适应的共建共管体制，最大限度地促进全社会的科学数据共享。

第6条规定了涉密和有关知识产权的科学数据如何实行共享的问题。由于涉密和有关知识产权的科学数据能否实行共享涉及现行有关法律、法规的规定，所以，在遵循本条例所规定的共享原则前提下，涉密和有关知识产权的科学数据仍然应当按照现行有关法律、法规的规定执行。本条进一步体现了科学数据“合理利用”的共享要求。

第7条是关于科学数据共享的鼓励政策的规定。主要是针对目前科学数据共享研究水平不高，科学数据共享队伍不健全与科学数据共享的要求不相适应的状况提出来的，目的是要从科学研究和人才队伍建设的角度为科学数据共享提供必要的制度保障。

第 8 条强调了国家要鼓励开展科学数据的国际合作与交流，要充分利用国外的科学数据资源为发展我国的科技事业服务，同时，也要改变传统的保守观念，在科学数据利用方面尽可能地为全人类的科技进步事业作出自己应有的贡献。

第 9 条是关于科学数据共享管理体制的规定。科学数据共享涉及科学数据生产、管理、保管和使用等诸多环节，由于目前受到科学数据生产投资体制以及科技管理体制的影响，科学数据从生产到使用都没有完全纳入政府管理的范围之内。从科学数据生产来说，有许多科学数据的生产是科学家或者是科技工作者在个人从事科研活动中进行的，有些是科研企事业单位生产的，加之目前的科学数据服务体系也比较复杂，除了政府统一管理的科学数据服务体系之外，一些民间服务体系也以各种服务形式存在着，特别是向社会公众提供科学数据服务的机构很多还属于社会组织内部的服务机构，政府主管部门还没有完全建立起有效的组织制度来规范科学数据服务体系，所以，从加强对科学数据共享的管理角度来看，无论是科学数据的生产、保管和使用都应当纳入政府管理的轨道，特别是有国家财政性资金资助的科技活动产生的科学数据共享更应当建立由政府统一管理的科学数据共享体制。政府在对科学数据共享进行管理的过程中，也必须要以主管部门的管理为主，其他行政主管部门分工负责的原则，才能保证既有总管，又有分管，重点管理与一般管理相结合。此外，鉴于目前科学数据投资方式多元、产生形式复杂、使用方式不一的实际情况，在相当长的一段时间内，要规范我国科学数据共享领域的基本秩序，除了依靠政府统一管理之外，还需要社会自身建立必要的科学数据投资、生产和使用的管理制度来维护科学数据共享领域的共享秩序。充分发挥科学数据共享社会化管理在建立科学数据共享秩序中的重要作用。

第 10 条规定了各级人民政府在科学数据共享管理中的职责。由于目前科学数据的生产主要由国家财政性资金资助，而科学数据共享工程的建设也主要在省级以上行政管理区域的层次来进行，所以，本条确立了国务院和省级人民政府在科学数据共享管理中的职责，主要是对全国范围内或者本行政区域内的科学数据共享工程建设以及涉及科学数据共享的重大事项进行组织和协调，通过制定科学数据共享的发展规划和进行宏观层次的指导来推动全国范围内或本行政区域内科学数据共享事业的开展。

本条第2款规定了科学数据共享协调和协商制度。由于科学数据共享是在各级人民政府领导下进行的，并且由国务院科技行政主管部门和省级人民政府科技行政主管部门进行组织、管理和协调，同时，国务院其他行政部门和省级人民政府其他行政部门也有权对本部门的科学数据共享进行组织、管理和协调，因此，对于国务院和省级人民政府来说，要对全国范围内或本行政区域内的科学数据共享管理工作进行统一指导和协调，特别是在政府主管部门与其他政府部门之间就科学数据共享管理问题进行协调必须要通过建立一定的协调和协商制度来决定重大事项和协调各种矛盾和纠纷。

第11条主要规定了政府主管部门在科学数据共享管理中的职责，主要涉及国务院和省级人民政府的科技行政主管部门，在国务院和省级人民政府的领导下，具体负责全国范围内和本行政区域内的科学数据共享的组织、管理和协调工作，明确了科学数据共享的具体管理机构及职责。此外，还规定国务院其他行政主管部门和省级人民政府其他行政主管部门按照各自的职责负责科学数据共享的有关管理工作。通过上述对科学数据共享管理的主管部门以及一般行政主管部门职权的明确和划分，建立起比较可行的科学数据共享政府管理体制。

第12条规定了国家科学数据共享中心（网）的法律地位和主要的职责。鉴于目前有关的政府政策还没有完全明确具体实施科学数据共享的组织体系，所以，本条在参照科技部科技资源发展规划相关规定的基础上，肯定了以国家科学数据共享中心（网）为主体，以科学数据共享主体库和国家科学数据共享门户网站为补充的科学数据共享服务体系。需要说明的一点就是，本条没有明确规定上述三个服务机构以及它们是否具有正式的组织职责，这个问题需要在政府主管部门进一步明确了有关政策界限之后才能确定。

本条第1款规定了国家科学数据共享中心（网）的设立原则，确立了按照统筹兼顾、多方共建的原则设立分布式的国家科学数据共享中心（网）的模式，主要是考虑到科学数据的类型比较复杂，目前各部门对科学数据的管理方式也不相同，因此，从国家管理层面来看，设立单一的国家科学数据共享中心（网）在目前的情况下是很难做到的，因此，必须依靠现有的各部门所具有的科学数据中心来实现全国范围内的科学数据共享的目标。所以，本款规定肯定了科技部在科技资源发展规划中对建立国家科学数据共享中心（网）的设想，同时，考虑到目前在条例中还很难确立明确的关于国家科学数据共享中心（网）的管理体制，因此，本款规定由国务院科技行政主管部门会同有关部门建立国家科学数据共享中心（网）。

本条第 2 款确立省级科学数据共享中心（网）的设立原则，作为与国家科学数据共享中心（网）相对应的一级科学数据共享中心（网），其设立及运行规则由省级人民政府参照本条例的规定来确定。本条第 3 款规定科学数据共享中心（网）在各自的职责范围内有责任来负责科学数据共享主体数据库的建设，这种建设可以是国家科学数据共享中心（网）和省级科学数据共享中心（网）各自单独建设，也可以双方合作共建、共管。

第 13 条规定了科学数据的法律属性。首先第 1 款明确了科学数据是科技创新和国家发展的重要资源，明确了科学数据的法律地位和重要性。第 2 款从投资收益的角度，对国家财政性资金资助的科技活动产生的科学数据的所有权做了明确规定。这样的规定基于两点考虑：一是遵行了谁投资谁受益的投资受益原则，凡是由国家财政性资金资助产生的科学数据，原则上所有权应当属于国家。二是保证了国有资产不受非法侵犯，保障了国家财政性资金的使用效益。本条第 3 款规定国家财政性资金资助的科技活动产生的科学数据的所有权可以由合同约定。该规定是考虑到国家财政性资金资助的科技活动形式比较多样化，在资助方式和形式上，资助部门与受助者之间关系也比较灵活，既可以是指令性的，也可以是合同性质的。就同一资助项目而言，既可以是国家财政性资金全额资助，也可以是部分资助。因此，就具体某一项资助活动而言，受资助的科技活动产生的科学数据的所有权归属可以由当事人各方协商，并通过合同的形式来约定。

第 14 条对科学数据统一汇交的制度做了明确规定。科学数据共享的前提就是在各种生产过程中生产的科学数据能否通过规范和有效的途径汇交上来，为科学数据共享提供必要和充足的数据资源。目前，我国在科学数据汇交方面还没有形成统一汇交的制度，导致许多有重要科学价值和使用价值的科学数据不能及时有效地被收集起来以实现最大程度的共享。本条对科学数据统一汇交的制度作了明确要求。由于目前接受科学数据的机构分散在各种行业或部门中，加上不同种类和性质的科学数据自身的特性也有所差异，因此，科学数据具体的汇交办法应当由接受科学数据的国家科学数据共享中心（网）的主管部门根据本部门的实际情况来加以制定。但是，科学数据汇交工作不能各自为政，要有基本的制度要求和法律约束。

第 15 条对科学数据汇交的基本要求作了明确规定。本条明确了以下几个方面的汇交事项：一是科学数据应当由汇交义务人来负责具体的汇交工作；二是科学数据汇交要按照法定程序进行；三是接受科学数据的机构应当是国家科学数据共享中心（网）。此外，本条所针对的科学数据是有国家财政性资金资助的科技活动产生的科学数据，是一项义务性规定，必须加以遵守。

第 16 条对科学数据汇交义务人做了明确规定。根据本条规定，不论科学数据的具体生产者涉及多少人、多少单位和部门，依法应当具有汇交科学数据义务的是有国家财政性资金资助的科技活动的主要负责人。这样就比较明确地确定了汇交义务人的范围，防止因为汇交义务人界定不清影响了整个汇交工作的进行。

本条还规定，科学数据汇交义务人原则上对汇交的科学数据享有法律上所保护的各种合法权益，除非有其他人对此主张权利并依法获得保护之外。该规定实际上是为了使汇交义务人成为法律所确立的权利和义务相统一的行政管理相对人，便于政府管理部门对汇交工作实行有效的管理。

第 17 条具体规定了汇交义务人的各项汇交义务，既包括程序性的义务，也包括实体性的义务。汇交义务人必须严格遵守上述各项义务。

第 18 条是关于科学数据汇交方式和程序的规定。科学数据要能够被合理地加以利用，特别是要能够在最大程度上实现共享，除了科学数据本身具有科学价值和使用价值之外，科学数据能否以比较简易的形式为使用者所使用，对于发挥科学数据的应用价值也是非常重要的。因此，对于汇交科学数据提出程序性的要求，可以保证汇交的科学数据具有一定的标准格式，便于统一使用和实现共享。对于科学数据汇交来说，只有通过集中、统一和有序的程序实行汇交，科学数据才能得到有效地保管和加以利用。所以，本条突出强调了科学数据汇交的程序性要求。主要包括两个方面的内涵：一是交什么；二是交给谁。根据本条规定，科学数据汇交义务人应当就汇交的科学数据提交数据目录以及数据电子文本，这是从数据保管和使用的便利、安全等角度来确定的，符合科学数据共享的要求。本条还确立了一项重要原则，即科学数据汇交义务人应当将科学数据提交给国家科学数据共享中心（网），该规定明确了汇交义务人交给谁的问题，作此规定可以避免汇交义务人汇交困难的问题，也可以防止多头汇交，给科学数据汇交的统一管理造成不必要的麻烦。

第 19 条是关于科学数据技术标准和技术规范的规定。由于科学数据共享需要建立在网络传播平台基础之上，所以，实行共享的科学数据必须具有一定的格式，符合一定的标准，在使用时必须简便易行。为此，就必须制定相关的技术标准和技术规范。由于目前科学数据的种类繁多，所以，要制定适合各类科学数据的统一的技术标准和技术规范是比较困难的。因此，本条规定，由国家科学数据共享中心（网）的所属的主管部门会同有关部门来制定与汇交的科学数据相关的技术标准和技术规范，既考虑到了科学数据共享管理的现行体制，也考虑到了我国技术标准制定的法律程序性要求。本条通过授权立法的方式来确立科学数据的技术标准和技术规范。

第 20 条是关于科学数据的专利权保护的规定。本条的立法宗旨是为了解决科学数据自身的知识产权问题。由于目前科学数据的种类很多，不同性质的科学数据可以申请知识产权保护的条件也有所差异，在科学数据所具有的众多的知识产权权益中，以专利权的保护最为重要。因此，本条规定了符合专利法规定申请专利保护条件的科学数据可以申请专利，目的是为了给科学数据的知识产权保护提供比较宽松的法律环境。

第 21 条是关于优先使用科学数据的权利的规定。这一权利的设置通过设立保护期的方式主要是为了保障科学数据生产者的创造性劳动，对生产科学数据的创造性劳动成果表示尊重和给予必要的法律保护，符合国际惯例。

第 22 条对科学数据的署名权做了规定。根据科学数据的生产特征，科学数据的生产者在生产科学数据的过程中付出了独特的创造性劳动，因此，对其生产的科学数据享有署名权。本条符合对科学数据进行权利保护的法律要求。

第 23 条是关于科学数据共享方式的规定。科学数据共享是一项比较复杂的社会系统工程，既要保证有效供给，又要保证充分利用，因此，根据我国目前科技管理体制，首先有必要建立集中式的科学数据共享服务体系，主要是以国家科学数据共享中心（网）为核心，来向社会提供科学数据服务。但是，不同的科学数据共享服务机构也必须有一定的专业性分工，才能提供服务的效率，所以，还需要建立与国家科学数据共享中心（网）相配套的科学数据共享主体库。另外，从全国范围内的科学数据共享服务总体格局来看，除了依靠国家科学数据共享中心（网）以及科学数据共享主体数据库向社会公众系统地提供科学数据共享服务之外，在全国一级还应当建立便于科学数据使用者掌握且可共享的科学数据的整体状况的国家科学数据共享门户网站。由国家科学数据共享门户网站、国家科学数据共享中心（网）以及科学数据共享主体数据库共同构成集中与分散相结合的科学数据共享服务体系。此外，在国家科学数据中心（网）服务体系之外，还存在各种形式的省级科学数据共享中心（网）服务体系。

第 24 条是关于科学数据共享的法定条件的规定。本条设定可以共享的科学数据的几个条件，一是在汇交之后应当向社会公示，接受社会公众对汇交的科学数据提出异议；二是产权没有争议的科学数据予以正式发布后实行共享。上述关于科学数据共享的法定条件最主要的要求就是实行共享的科学数据要没有产权争议，同时要保证科学数据自身的质量，最大限度地发挥共享科学数据的社会效益和经济效益。

第 25 条是关于科学数据共享具体服务方式的规定。科学数据共享可以采取在线服务和离线服务两种形式，通常是采取在线服务，但是，在某些情况下需要采取离线服务的，科学数据共享服务机构也不得拒绝提供离线服务或者是拒绝使用离线服务。本条实际上是突出了离线服务形式作为科学数据共享的一种服务方式存在的必要性以及相关的法律保障。

第 26 条是关于科学数据共享在线服务体系的规定。根据本条规定，科学数据共享服务体系，是由国家科学数据共享门户网站、国家科学数据共享中心（网）和科学数据共享主体数据库构成的服务网络。上述提供在线服务的机构彼此在科学数据共享服务中都具有一定的服务职责，相互配合协调构成了一个完整和统一的科学数据共享在线服务体系。

第 27 条对科学数据共享中心（网）之间相互协作方式和关系作了规定，目的是为了加强科学数据共享服务机构之间的联系，特别是强化国家科学数据共享中心（网）与省级科学数据共享中心（网）之间的相互合作和联系，提高科学数据共享服务的服务规模、效率和水平。

第 28 条是关于国家科学数据共享中心（网）的法律权益的规定，是对科学数据共享服务机构的合法权益的一种确认和保障，对于保证国家科学数据共享中心（网）自身的合法权益具有非常重要的作用。

第 29 条是关于科学数据共享收费制度的规定。对于科学数据共享是否收费，本条确立了可以收费的原则，避免了对科学数据共享产生“共享就是免费的”这种不正确的认识。但是，为了规范收费行为，防止因为滥收费而影响了科学数据的共享，本条对提供科学数据服务收取费用的内容作了限制，即只能收取服务成本服用，而不能收取其他任何性质的费用。另外，科学数据共享服务机构在收取费用时必须遵守国家有关收费的办法和标准，其收费价格必须向社会公众公布，接受物价部门的监督。

第 30 条是关于科学数据共享服务的法律限制的规定。在将科学数据共享作为一项基本原则的同时，本条又保留了对某些科学数据实行限制共享的规定，体现了共享是原则、限制是例外的基本立法精神，也避免了对科学数据共享的性质产生误解，认为共享就是无偿使用、全面开放。但是，从保障共享的角度出发，本条在承认对科学数据共享进行法律限制的合法性的同时，也对法律限制作出了严格的要求，规定对限制使用的科学数据的性质、种类和范围应当由国务院科技行政主管部门会同产生科学数据的科技活动的主管部门按照国家有关法律的规定确定。

第 31 条确立了科学数据使用的基本原则。根据本条规定，科学数据实行分级分类的使用制度。这一使用制度是与本条例第 23 条所规定的分布式的科学数据共享服务体系相适应的。由于科学数据种类繁多，对科学数据的管理体制也存在按部门、按行业的特性，因此，从合理利用和有效利用的角度来看，科学数据的使用必须实行分级分类的原则。

第32条是关于科学数据使用者的一般权利的规定。其权利的核心是使用者的知情权。科学数据使用者必须有权了解与实行共享的科学数据相关的各种必要的信息，这是科学数据使用者科学和合理地使用科学数据的前提，本条对使用者的这种知情权作了肯定。

第33条规定了科学数据使用者的特殊权利。主要是针对科学数据共享中分级分类的使用制度设计的。本条规定了使用者基于本条例的规定可以使用保密的科学数据或者是在知识产权保护期内的科学数据，但是，应当根据使用许可协议来行使权利。这一规定，既保障了使用者对特殊性质的科学数据的使用权，同时，也对使用者使用这一类特殊科学数据的使用方式作了保护性规定。

第34条确立了使用科学数据的一般义务。作为使用者在使用科学数据时，必须要严格遵守国家科学数据共享中心（网）所规定的数据使用的各项规定，这是对每一个数据使用者所提出的最低限度的法律要求。如果数据使用者不按照国家科学数据共享中心（网）所规定的数据使用方式来使用实行共享的科学数据，那么，不仅会侵犯科学数据投资者、生产者和管理者的合法权益，也会给科学数据共享秩序造成严重的破坏。

第35条是关于使用科学数据的特别义务的规定。该条规定与本章所规定的使用者的使用权利相对应，是使用者使用共享科学数据的法律前提，体现了法律上的权利与义务相一致的原则。本条所规定的使用科学数据的特别义务主要是要求使用者按照使用科学数据的有关规定进行标注，目的是为了保护科学数据生产者以及其他相关权利人的合法权益不受非法侵犯。

第36条是关于国务院和省级地方人民政府保障职责的规定。为了为科学数据共享活动提供充足的财政和资金的保障，本条要求国务院和省级人民政府应当将科学数据共享工程建设费用和运行费用列入本级人民政府的财政预算。这一规定就为全国范围内或者是省级行政区域内的科学数据共享活动，尤其是科学数据共享工程建设提供了充足和可靠的资金的保障。

第37条是关于设立科学数据共享发展基金的规定。本条规定的宗旨在于通过建立受到政府财政支持的科学数据共享发展基金来为科学数据共享工程的建设提供充足的资金保障途径。

第38条明确了科学数据共享发展基金在保障科学数据共享工程建设中的重要作用，目的是为了确立科学数据共享发展基金的法律地位，增强其存在的必要性和合理性依据。

第39条通过规定国家科学数据共享中心（网）对共享科学数据的监督权来确保实现共享的科学数据的质量并为之提供一个制度保障环境。

第40条明确规定了国家科学数据共享中心（网）在数据保管方面的责任，目的是为实现科学数据的共享提供必要的资源保障，提高科学数据共享的效率。

第41条是关于网络权利制度的规定，目的是通过建立网络权利管理制度的方式来保护科学数据共享服务机构和使用者双方的合法权益不受侵犯。

第42条是关于科学数据共享争议处理机构的规定，目的是通过科学数据共享争议处理机构的仲裁活动来解决在科学数据共享过程中对共享科学数据的质量所产生的争议和纠纷，弥补司法争议处理制度的不足。

第43条是关于科学数据汇交争议处理程序的规定，目的是为了有效地解决在科学数据汇交过程中就汇交工作所产生的争议和纠纷，为科学和有效地开展汇交工作提供一种制度上的保障。

第44条是关于解决科学数据共享中出现的争议适用行政复议程序的规定，为保障科学数据共享工作的顺利开展提供了行政复议的制度保障。

第45条是关于科学数据相关人权益争议处理程序的规定，根据本条规定精神，凡是涉及科学数据投资者、生产者和使用者、管理者各自的法律权益的争议，最终都应当可以获得司法途径的救济。

第46条是关于科学数据汇交义务人的法律责任的规定。科学数据汇交义务人在科学数据汇交和实行科学数据共享中起着非常重要的作用。本条例第18条非常详细地列举了科学数据汇交义务人的汇交义务，为了保证科学数据汇交义务人能够认真地履行本条例所规定的各项义务，在本条具体规定了科学数据汇交义务人违背了汇交义务所应当承担的法律责任。

第 47 条是对伪造科学数据的法律责任的规定。伪造科学数据行为是一种非常恶劣的违法犯罪行为，并且还从根本上影响科学数据共享工程的开展。因此，对于伪造科学数据的行为必须在法律上严肃予以处理。除了对伪造的科学数据进行销毁之外，对伪造者应当给予法律上严厉的制裁，包括行政处罚和刑事处罚。

第 48 条是关于国家科技计划项目承担单位的法律责任的规定。国家科技计划项目承担单位是科学数据共享活动的重要参与者，特别是在科学数据的生产过程中，国家科技计划项目承担单位负有特定的管理和监督义务，因此，为了保证国家科技计划项目承担单位能够尽心尽职，特规定国家科技计划项目承担单位的法律责任。对疏于管理和监督的，取消其承担国家科技计划项目的资格。

第 49 条主要规定了国家科学数据共享中心（网）的法律责任。国家科学数据共享中心（网）是接受科学数据和向社会公众提供科学数据服务的机构，具有严格的保管和管理义务，违背上述义务的，应当承担相应的法律责任。由于目前在管理体制中还没有完全确定上述机构的性质，如果上述机构不是具有独立的法人地位、可以独立承担责任的机构，那么，有关保管和管理责任应当由相应的科学数据管理机构来承担。

第 50 条规定了泄密的法律责任。科学数据共享活动并不妨碍对于那些与国家安全和国家利益相关的科学数据采取有效的保密措施。共享也不意味着不受法律的保护。对于需要保密的科学数据，不论是科学数据的生产者、管理者，还是科学数据的使用者都有依据本条例的规定以及国家有关保密方面的法律规定实行保密的义务，否则就构成了泄密。本条规定的泄密责任主要是针对在科学数据共享管理中负有一定管理职责的人员。泄密责任包括行政处分责任，情节严重造成重大损失的，应当承担刑事责任。刑法与此有关的规定主要是第 111 条的泄露国家机密或情报罪。

第 51 条是关于破坏科学数据共享数据库建设的法律责任的规定。目的是为了保护科学数据共享数据库的建设，为科学数据共享提供更好的资源保障。由于破坏科学数据共享数据库建设的行为主体比较复杂，因此，本条针对不同的违法主体确立了相应的法律责任，涉及国家工作人员的，还需要依据法律、法规的有关规定承担一定行政处分的责任。

第 52 条是关于国家工作人员法律责任的规定。在科学数据共享活动中，政府管理是一项重要的工作，在履行管理职责过程中，为了避免国家工作人员玩忽职守、以权谋私等行为的发生，必须要对国家工作人员的法律责任做出明确规定。违法的国家工作人员所应当承担的法律责任主要包括行政责任和刑事责任。行政责任适用国家公务员以及国家机关工作人员奖惩方面的制度规定；违法情节严重构成犯罪的，按照刑法分则第 9 章“渎职罪”或者是第 8 章“贪污贿赂罪”的有关规定处理。

第 53 条是关于侵犯知识产权的法律责任的规定。根据本条规定，侵犯共享科学数据权利人所享有的知识产权的，首先是构成民事侵权，侵权者应当承担民事赔偿责任。对于情节严重的，根据《中华人民共和国刑法》的有关规定给予刑事处罚。刑法中的相关条文包括在刑法分则第 3 章第 7 节“侵犯知识产权罪”中（第 213 条至第 220 条）。

第 54 条是关于条例效力的规定。由于本条例是国务院制定的行政法规，因此，凡是以往在行政法规、地方性法规、政府行政规章（部委规章和地方政府规章）中关于科学数据共享的规定与本条例规定不一致的，根据立法法所规定的立法监督原则，都应当以本条例的规定为准。

第 55 条是关于条例参照适用的规定，是作为本条例第 2 条条例适用范围的补充规定。目的在于扩大条例可适用的范围以及解决目前在科学数据共享领域法律规定不健全和不完善的问题。

第五十六条是关于生效日期的规定。

第五章 《保安服务业管理条例》的起草论证及专家建议稿[①]

第一节 保安服务法律制度研究报告

关于总报告研究背景的一点说明

保安服务是以向客户提供安全保障服务为目标的活动。20 世纪 80 年代中期之前，由于社会上还没有出现专门的保安服务组织，各机关、单位的保安工作一般由机关和单位内部的保卫部门负责。20 世纪 80 年代初，深圳市开始试点成立专门的保安服务公司，为机关、单位提供商业性和社会化的保安服务，由此就产生了保安服务如何制度化和法制化、保安服务业如何依法管理、依法发展的问题。虽然迄今为止我国已经在县级以上行政区域中基本上都成立相关的保安服务机构，但是，保安服务在法律上到底是何种性质，保安服务公司应当如何设立和可以享有哪些法律权益，机关、单位和个人能够获得什么

---

① 本章内容是北京市法学会 2005 年度重点课题“保安服务法律制度研究”的最终研究成果的一部分。参加“保安服务法律制度研究”课题的人员包括顾问：李公田（北京法学会副会长）、马维亚（公安部治安管理局副局长）；咨询专家：王秀海（北京市法学会研究部主任）、赵洪颖（北京市法学会研究部副主任）、池世才（公安部治安管理局副处长）、王志达（中国法学会国际联络部副处长）；主要人员：莫纪宏（中国社会科学院法学研究所研究员）、于敏（中国社会科学院法学研究所研究员）、吕艳滨（中国社会科学院法学研究所副教授）、聂秀时（中国社会科学院法学研究所助理研究员）、朱小龙（中国社会科学院法学研究所进修生）、王诗俊（中国社会科学院法学研究所进修生）等。在此，对课题组所有成员作出的贡献，特别是对于敏研究员、吕艳滨副教授的特殊贡献表示感谢。

样的安全服务，保安服务质量能否按照《消费者权益保护法》等法律、法规的有关规定来予以监督，保安人员在提供保安服务时的权利和义务如何界定，保安服务在实行社会综合治理、建设和谐社会中的功能和作用等，这些问题在法学界没有引起法学理论研究的关注，在实践中也缺乏正式有效的法律、法规加以规范。所以，总体上来说，保安服务法律制度在我国是一项待建的制度，必须要在认真研究保安服务活动性质和特征的基础之上，通过健全和完善有关保安立法、规范保安服务活动的方式来将保安工作纳入法制轨道，使保安工作能够在建设社会主义和谐社会中发挥应有的作用。

保安服务法律制度研究课题是2005年度北京市法学会重点研究课题之一，由中国社会科学院法学研究所莫纪宏研究员担任课题组负责人，课题组共由12名成员组成。包括北京市法学会领导、公安部治安管理局领导、中国法学会国际联络小组干部以及中国社会科学院法学研究所若干研究人员。一年来，课题组在调查研究、搜集材料和召开小型学术研讨会的基础上，对于保安服务法律制度所涉及的主要问题进行了全面和充分地探讨和研究，形成了目前的最终研究报告。本研究报告在总结和分析我国保安服务业建立和发展的经验基础之上，针对目前在保安服务业中存在的各种法律问题，结合我国现行法律制度的各项规定，提出了一系列健全和完善我国保安服务法律制度的一系列对策和建议，以供国家有关部门和保安服务企业在做出决策、立法和具体从事保安服务活动时参考。

一、我国保安服务业的历史发展、现状及特征

（一）我国保安服务业的历史发展

我国保安服务业的历史可以追溯到封建社会。明、清时代曾有过“镖局”、“镖行”，是当时专门为人护送押运贵重物品或货物的一种行业。民国以后，由于战乱，加之旧时的保安服务方式简单、低效，遂使镖局等行业失去市场而告消失。新中国成立以后，为了加强各机关和单位的保安工作，机关、单位内部都设立了以安全保障为目的的内部保卫机构，同时也形成了群策群防的机关、单位和社会安全保障体系。“文革”结束后，随着1978年党的十一届三中全会的召开，党的工作重点全面转移到社会主义现代化建设上来，市场经济迅速发

展，改革开放不断深入，社会对安全防范需求日益增长。在这种大的历史背景下，1984 年 12 月，中国当代第一家企业性质的“保安服务公司”在深圳蛇口工业区诞生了。1985 年 1 月，全国政法工作会议总结了深圳首创保安服务公司的经验后，保安服务公司在全国各大中城市中如雨后春笋般地发展起来，截至 2003 年底，我国已拥有 1800 多家保安服务公司，保安从业人员已逾 73 万人。最新统计数据显示，到 2005 年底，全国保安服务公司已经达到 2200 多家，全国保安从业人员已达 400 万，在经济比较发达的地区，社会需求比较旺盛的地方，比如说北京、广东、上海、辽宁、山东、江苏，这几个省市的保安队伍均超过了 4 万人，广东省专职保安人员的数量已经达到 13.5 万，北京市正规保安服务公司所聘用的保安人员的数量也达到了 7.6 万。①

1992 年 4 月 9 日，公安部部长办公会研究决定：同意筹备成立“中国保安协会”。同年 12 月 31 日经民政部注册成立中国保安协会。1994 年 6 月 25 日至 27 日，中国保安协会在北京召开第一次会员代表大会。根据协会章程规定，其业务范围有 10 项：（1）开展调查研究，探讨在社会主义市场经济条件下促进保安服务业发展的对策；（2）开展保安服务理论、法规的研究，提供法律和业务方面的咨询服务；（3）指导地方保安协会工作；（4）组织培训保安服务公司的骨干力量，提高保安队伍的整体素质和企业管理水平；（5）组织和协调保安服务行业业务开展，举办行业研讨、信息传递、经验交流、展览展销活动；（6）组织和协调保安企业及有关单位研制、开发、引进保安技术防范的科技产品、器材、设备；（7）开展宣传，增进社会对保安服务业的了解；（8）发展同国外保安组织、企业的友好往来，进行对外业务技术交流，组织保安劳务输出，加入和参加国际保安组织的活动；（9）维护会员的合法权益，反映保安服务公司和从业人员合理意见和要求；（10）网站开通与运行、编印会刊等。由此，建立全国范围内的保安行业协会组织，比较有效地建立全国范围

---

① 公安部治安管理局副局长马维亚在 2005 年 12 月 6 日新闻发布会上公布的最新数据。参见中新网 2005 年 12 月 6 日电。http：//webcast. china. com. cn/webcast/created/565/36_1_0101_desc. htm。

内的保安服务网络。

1996 年 10 月 8 日，经公安部、外交部批准，亚洲专业保安协会中国分会成立。中国保安协会正式加入亚洲保安协会，① 扩大了中国保安服务业的国际影响，标志着中国保安行业正式与世界接轨。二十几年来，保安业存在、发展的必要性从多方面得到体现。作为我国保安服务业诞生地的深圳市，其许多方面一直在我国保安业的发展中起着领跑作用。2003 年，深圳市劳动和社会保障局、市公安局，根据保安业的社会作用、地位，针对发展需要，开始探寻保安职业化的可行性；2004 年上半年着手组织编写保安职业培训教材，下半年组织初、中级保安人员职业技能大赛，大造了声势，在全市范围内掀起了保安从业人员学业务、练本领的热潮，从真正意义上拉开了保安职业化建设的序幕。随着保安制度的发展，保安服务公司的业务也逐步规范化。以北京市保安服务总公司②的业务为例，目前可以向社会公众和客户提供以下几种安全服务内容：1. 为客户提供门卫、内部巡逻、

---

① 亚洲专业保安协会由泰国保安专业人士宋巴先生发起，于 1994 年 3 月在曼谷正式成立，成员由 14 个国家及地区保安界人士组成，包括泰国、中国香港、印度、尼泊尔、巴基斯坦、孟加拉、中国台湾、韩国、马来西亚、菲律宾、新加坡、以色列及日本等，宋巴担任亚保协主席。2001 年 10 月 27 日至 30 日，亚保协第八次年会在北京召开，来自泰国、新加坡、韩国、马来西亚、柬埔寨、中国香港、英国、美国、澳大利亚、南非等十一个国家和地区的代表 109 人以及国内各省保安协会负责人和保安服务公司的代表 120 人参加了会议。马来西亚分会主席拿多当选为亚保协主席。http：//www. csa888. cn/asso_ disp. asp？ ID = 2。

② 北京市保安服务总公司创建于 1986 年 4 月，是经北京市人民政府批准，并经北京市工商行政管理局登记注册，在北京市公安局统一领导和管理下的北京市唯一合法经营保安业务的专业公司。北京市保安服务总公司是为社会提供专业化、有偿安全防范服务的特殊企业，是新型的社会治安防范组织，是协助公安机关维护社会治安的重要辅助力量。北京市保安服务总公司是我国成立最早、规模最大的保安服务公司之一。截至 2003 年 8 月，总公司共有 28 家保安分公司，1 家保安科技发展中心，保安从业人员53 000余人，保安人防客户单位4 300多家，技防客户单位2 100多家，保安服务对象遍及全市各行各业，包括联合国驻华机构，外国驻华使馆，外国商社，政府机关，金融机构，大专院校，宾馆饭店，商场超市，集贸市场，繁华街区，居民社区等，已初步形成了覆盖全市的人防与技防紧密结合的新型安全防范网络。参见 http：//www. skysino. com/sca_ view. asp？ ID = 79。

特定目标守护、技术防范设备监控及其接处警等保安服务；2. 为客户提供贵重、危险物资的押运、保管服务；3. 为展览、展销、文娱、体育、旅游等临时性大型商业、文体活动提供保安服务；4. 安全防范咨询服务；5. 设计、生产、销售、安装、维修安全技术防范设施和保安装置以及其他经市公安机关批准的安全技术防范项目；6. 法律、法规许可的其他保安服务项目等。

从全国其他城市和地区来看，保安服务公司为社会提供的保安服务也日益正规化和制度化，特别是社会公众对保安服务的性质和特征逐渐认同，机关、单位对商业性保安服务的需求也在稳步增长，保安服务业已经成为一个稳定发展的新兴行业。当然，在这种良好的发展背景下，由于我国目前在保安服务制度化、规范化方面还缺乏比较系统的法律规定，加上一些保安人员自身素质较低，发生了一些具有较大社会影响的严重刑事案件，引起了社会公众的一些不满。所以，当务之急就是要在理论上重视研究保安服务中出现的问题，在实践中通过完善立法来保障保安服务规范有序地向前发展。

（二）我国保安服务业的现状

中国现代保安业是在改革开放的经济社会条件下，为适应三资企业和社会各界对安全需求的迅猛增加和日益多样化而兴起的。1984年底深圳蛇口首创全国第一家保安服务公司，北京市在1986年4月1日，经北京市人民政府编制委员会批准，北京市公安局成立了北京市安全服务公司，其性质“为公安局下属的事业单位，编制50人，实行企业化管理，自负盈亏”。该公司的开办费由市财政支持，并依法在北京市工商行政管理局办理了注册登记手续。1992年，在各区县保安服务公司发展的基础上，建立了全市统一的北京市保安服务总公司。

经过20多年的发展，总体上讲，保安服务业在企业数量、人员规模方面有了很大发展，服务领域大大拓展，企业经营管理不断规范，不但创造了一定的经济效益，更创造了显著的社会效益。2004年全国保安服务公司的营业收入已经达到了75亿元，实现利税近10亿元。很多大的公司，像北京、广东、上海的公司，它们一年的营业额就有5亿元以上，上海已经达到了10亿元。保安公司在实现社会效益的同时，经济效益显著增长。①

以北京市保安服务业的现状为例，目前，北京市保安服务总公司已经发展成为有28家分公司、1家独资子公司、1家参股的中外合资公司的集团公司，从业人员达到7.6万余人。截至2005年10月底，保安服务总公司经营额达6.13亿元。保安服务客户12 220家，其中人防服务客户4 725家，技防服务客户7 495家。服务对象涉及一般企业事业单位，水、电、气、热、易燃、易爆等危险品生产、贮存、运输、销售等国家重点、要害部门和单位，机关团体，金融单位，宾馆饭店，外国使领馆，国际组织驻京机构，其他涉外单位，大型活动，商业性展览展销活动等方面。经济效益也达到了一定规模，2004年北京保安服务总公司年经营额达到6亿多元，年利税达4 000多万元，其中缴纳税金1 000余万元（其中营业税及附加728万元、所得税300余万元）以及辅警支出3 000余万元。与此同时，保安服务的社会效益也非常显著，主要表现在以下几个方面：第一，维护客户安全，客户安全护卫率达到99.8%。第二，辅警成就显著。辅警业务不断扩大，辅警工作机制进一步完善。2004年保安人员在履行保安工作职责、维护客户安全的同时，抓获违法犯罪嫌疑人23 224人，协助破获刑事案件2 423起，协查治安案件7 342起，共计处理21 392人。2005年以来，保安人员协助公安机关破获了“708案”、西客站抢劫案等一系列重特大案件。截至2005年10月底，北京市保安服务总公司系统共协助公安机关抓获违法犯罪嫌疑人25 267人，公安机关从中破获各类刑事案件2 840起，治安案件7 676起，配合公安机关完成各类安全保卫勤务活动2 045场次，为维护社会安全发挥了积极作用。第三，扩大就业。容纳和安置了大量外地来京务工青年和本市下岗人员，促进了首都经济发展。保安服务业现在已经成为具有一定职业吸引力的劳动力密集型的社会职业种类。1999年，劳动和社会保障部已经把保安人员列入国家职业序列（编号：3-02-02-01），② 保安已经明确作

---

① 公安部治安管理局副局长马维亚在2005年12月6日新闻发布会上公布的最新数据。参见中新网2005年12月6日电。http：//webcast. china. com. cn/webcast/created/565/36_1_0101_ desc. htm。

② 参见《中华人民共和国职业分类大典》、《劳动力市场职业分类与代码》。

为一个职业类别，保安人员被列为两大类、329个工种，其中管理人员及专业技术人员（不是服务、生产人员岗位）序号为124，治安保卫人员序号为125。保安服务业已经正式获得了国家法律和社会公众的认可。

（三）我国保安服务业的基本特征

自20世纪80年代中期，在我国出现首家以向客户提供商业性安全服务为宗旨的保安服务公司之后，保安服务业的发展异常迅猛，主要表现为以下几个方面的特征：

1. 保安服务公司从专业化不断向社会化方向发展，形成政府主管的保安服务公司为龙头、社会各种力量开办的保安服务企业为辅助的多种所有制、多种管理模式的保安服务主体的大格局。

我国的保安服务公司最初是依附于公安机关的，也就是说，正式的保安服务公司都是由公安机关组建的，虽然有关法律规定要求保安服务公司与举办单位要实行职能分离，保安服务公司不能成为公安机关的下属机构，① 但是，迄今为止也没有从法律上完全明确举办保安服务公司的公安机关与所属的保安服务公司之间的关系。根据1988年7月公安部颁发的《关于组建保安服务公司的报告》（［88］公发14号）的规定：组建保安服务公司须经县、市公安机关审查批准，并按规定向工商行政管理机关申请登记，经核准登记发给营业执照后方可营业。保安服务公司是为客户承担保安服务和提供安全防范咨询业务的服务型企业，经济上实行独立核算，自负盈亏。保安服务公司的主管部门是公安机关，业务活动由公安机关指导和监督。所以，公安机关举办的保安服务公司是我国目前保安服务企业的最核心的组成部分。关于其他主体开办保安服务公司或从事保安服务业务的问题，目前相关的法律规定存在着不协调和不一致的地方。根据中共中央办公厅、国务院办公厅1999年5月下发的《政法机关保留企业规范管

---

① 《公安部关于进一步做好保安服务业工作的通知》公发［92］16号（1992年5月27日）要求：为了保证公安机关对保安服务公司的领导，各保安服务公司业务骨干要由公安机关选配，但不能兼任。保安服务公司既是新型服务企业，又是民间治安防范组织。公安机关在进行管理时，一定要把握保安服务公司的企业特性和性质，不能将保安服务公司办成公安机关下属的行政机构，更不得向保安服务公司和保安人员转交法律赋予公安机关和人民警察的职权。

理若干规定》的规定：保安服务公司只能由公安机关独资开办，其他任何单位、部门和个人不得经办保安服务公司。但是，在实际生活中，公安机关开办的保安服务公司虽然得到了非常迅速的发展，但私保现象仍在一些地方具有了一定的规模。

但是，随着社会主义市场经济的不断发展，社会公众日益关注自身的人身安全、财产安全，对保安服务的市场需求也越来越大。在这种情况下，除了正规的保安服务公司在依法向客户提供安全服务之外，一些社会组织或者居民社区开始自聘保安人员维护秩序，许多未经公安机关事先许可的企业组织也介入了保安服务市场。以北京市目前的保安服务市场为例，除了北京市保安服务总公司及其下属的各分公司向社会公众提供必要的人防和技防安全服务之外，还出现了其他形式的保安服务组织。如目前在北京市保安服务总公司名下的保安人员约 7.6 万人，而非正规的保安人员数目远远地超过了正规的保安人员数目。随着市场需求的扩大，企业登记的法定条件也发生了变化，加上相关法律规定滞后，形成了另一种现实，即没有经过公安机关批准，但到工商行政管理部门注册，一般以咨询和培训的名义注册了一批从事保安服务业务的公司。工商行政管理部门从 2003 年开始对注册企业的经营范围开始放宽，一般法律、法规禁止的或者是要求批准的行业，不得经营。在法律、法规没有规定的或者是未予禁止的，可以自主选择经营。因此，工商行政管理部门在企业注册登记条件上的变化导致了 100 多家没有经公安机关批准而从事保安服务业务的企业的诞生。2004 年初北京市这样的企业就发展到 100 多家，这些企业目前在管理上可以听公安机关的，也可以不听。一般都是在社会上惹出了重大的、具有显著社会影响的事端后，公安机关才不得不被动介入。目前在这些企业从事保安服务工作的约有 2 万人。

此外，物业保安是根据建设部制定的《物业管理条例》而建立的。也就是说，物业公司自己配备的保安人员在本物业小区内进行服务。北京市目前约有2 500家物业公司，雇佣的保安人员有 5 万人。由物业公司雇佣的保安人员的服务只能在小区里，不能把自己的保安雇佣给外单位。

另外，各企业事业单位内部不雇用商业性保安，自己招募或者是使用自有职工从事保安业务，从事内部保卫工作，但与保卫干部性质不一样。这类内保人员目前大概有6万。还有在娱乐场所由企业老板雇佣的保安人员，这部分人在社会上影响很大，目前大概有2万多人。①

所以，粗略地统计一下，在目前社会上存在的保安服务公司或者是保安服务市场中，由公安机关批准和认可的正规保安服务公司提供的保安人员只占到实际上从事各类保安服务业务的保安人员总数的1/3，还有2/3的保安人员都属于非正规渠道聘用的。从全国范围来看，正规渠道提供的保安人员与非正规渠道提供的保安人员的比例与北京市的情况大致相当。据统计，全国目前经公安机关自己批准组建和管理的保安服务公司是2 169家，人数已达100万人。另外，在公安机关监管之下的物业公司的保安、商场的保安，其他一些地方自建的保安，包括一些企事业单位自建的保安，这批队伍大约有300万人。②

目前，非正规渠道产生的保安人员服务的领域和范围比较宽，一方面，比较好地弥补了正规渠道提供的保安人员的数量的不足，但另一方面，也给公安机关对保安人员和保安服务市场的管理和监督带来一定的困难和问题。

2. 保安服务的服务范围也日渐扩大，从一般性的社会安全服务逐渐扩展到特殊形式的安全服务，形成了多种形式的保安服务并存的保安服务业务体系。

传统的保安服务业务主要是提供人防服务，即通过向客户提供保安人员的方式，来帮助客户解决安全防护的问题。保安人员所提供的安全服务一般限于警戒、巡逻和协助客户维持安全秩序等。随着保安服务业务的拓展，技防业务和咨询、培训等业务也逐渐成为保安服务的重要项目。我国的保安服务的服务范围目前也已经拓展到以人防服务为主，以技防服务为辅等一系列的综合性的保安服务产品体系。从1984年深圳蛇口成立第一家保安服务公司至今，中国保安业走过了

---

① 本报告引用的上述数据是课题组成员于2005年11月24日在北京市内保局调查时了解到的，并没有精确的统计。

② 公安部治安管理局副局长马维亚在2005年12月6日新闻发布会上公布的最新数据。参见中新网2005年12月6日电。

22年的发展历程。在此期间，我国的保安业务已由单一的人力防范，发展为人防、技防、犬防、押运、保安咨询、劳务输出等为一体的全方位的保安服务网络。以北京保安服务总公司为例，目前的经营范围就包括下列事项：提供保安服务，派驻保安人员；保安人员培训；提供安全信息咨询；设计、安装安全技术防范设备；销售、维修安全技术防范器材等。

3. 保安服务对象的规模、数量也不断增加，目前已经基本上涵盖了各类性质的社会客户。

保安服务最初的服务对象是一些三资企业、居民社区以及宾馆、旅游胜地等安全问题比较突出，依靠自身的保安力量无法有效地解决安全防护的单位和场所。但是，随着社会主义市场经济的不断发展，社会公众对商业性的安全服务形式逐渐予以认可，因此，越来越多的领域开始产生对商业性保安服务的需求。目前，保安服务公司或者是其他保安服务组织可以向客户提供的服务范围涉及门卫验证、内部安全巡视检查、目标守护、大型活动会议秩序维护、物资押运、安全产品的设计研究开发、安全工程施工、设施监护（报警服务）等。保安服务公司通过与客户之间签订安全服务合同和劳务服务合同的方式，已经建立了与社会各界紧密联系的保安服务客户网络。一些重要的国家机关、首脑部门和军事要地，在维持日常秩序或者是安全护卫中也开始使用社会上的商业性保安来弥补自身安全保护力量的不足。例如，浙江省义乌市民间镖局拥有吸引客户的过硬“三招儿”。队员均为义乌当地青年，训练有素，身手敏捷，护款时佩证上岗，3人一组，身穿防弹衣，头带钢盔，手持盾牌、电警棍，使用专门车辆和保险箱，并在护款车上装备了GPS卫星定位系统等先进设施，此其一；其二，与客户签订护款协议，同时与保险公司签订护款保险合同，约定一旦发生意外，即由保险公司赔付损失，年最高赔偿额为300万元，一次最高赔偿为150万元，这不但让客户放心，也让镖局自己有不怕万一失手的底气；其三，根据客户需求，不断健全护款流程，开发新的业务。① 据《都市快报》报道：“现在义乌的银行门口几乎没

---

① http：//bbs. qq. com/cgi-bin/bbs/show/content？club =3&groupid =11024&messageid = 14207。

有人敢抢钱了。”民间镖局——义乌保安服务公司在全国率先推出的有偿护款服务，不但使公司护款业务从零起步，做到一年护款22亿元，还使当地“两抢”案件大幅下降，其中尾随银行取款人抢夺案件几近绝迹。① 当然，在保安服务客户普及化的过程中，也出现了一些以保护民营企业老板人身安全为主要任务的“私人保镖”等现象，引发了一些新的社会问题，② 也引发了社会公众对私镖问题的不同认识，这些是需要认真加以研究和对待的。

4. 保安服务公司在服务方式上坚持了社会服务与辅警服务相结合，在追求经济效益的同时，社会效益也是保安服务公司着重追求的企业目标。

保安服务公司的经营服务项目和安全服务活动与公安机关的工作有着紧密联系，其社会功能都是维护社会安全和治安秩序。根据1988年7月公安部颁发的《关于组建保安服务公司的报告》的规定，保安工作，在业务上受公安机关领导。广义上讲，所有保安服务活动，都具有辅警性质，保安组织的某些安全服务工作，比如大型活动、重要会议的警务活动安全保卫方案，报案力量与警察是按照一定比例配备的。保安的一些业务如交通、治安巡逻、社区保卫都是直接受公安机关管理的。我国目前保安服务在辅警方面的作用是非常显著的。以北京市保安服务总公司为例，就先后颁布了一些辅警的规章制度。如《辅警勤务管理规定》、《固定点联网报警系统接处警管理办法》、《保安纠察办法》等。但是，也存在着保安服务公司辅警任务重，保安服务公司无偿投入过多，企业负担加大的问题。从全国范围来看，保安人员在辅助警察维持社会治安、发现违法犯罪线索等方面取得了令人可喜的成绩。据统计，2004年，全国各地保安人员为公安机关提供的破案线索就有10万条，这对公安机关侦查破案、维护

---

① http://bbs.qq.com/cgi-bin/bbs/show/content? club =3&groupid =11024&messageid =14207。

② 《公安部关于进一步做好保安服务业工作的通知》（1992年5月27日）规定：保安人员不得充当任何人的贴身保镖，不得参与客户的经济纠纷和为客户催款讨债。

治安方面提供了很大的帮助。保安人员直接抓获犯罪嫌疑人 10.7 万人。①

5. 目前我国的保安服务市场还没有完全向国外保安服务公司开放，保安服务业的发展还受到一定的特殊政策的保护。

我国的保安服务市场长期以来主要是对内的安全服务市场，即便是涉及外国贵宾、外国企业等有关的人防安全服务，也是由国内的保安服务公司来提供相关的服务业务。以北京市保安服务总公司为例，其下属的分公司中就有一个是专门从事外事服务的。② 近年来，已有一些国外的保安企业开始在我国从事一些保安咨询、保安技术防范产品的推销等工作，甚至有个别外资企业还试图进入我国金融押运领域。与之相伴的是，关于外资能否进入保安行业的争论从未停止过。不过，保安服务市场带有一定的特殊性，即使是发达国家也不会无原则地允诺完全放开本国的每一块市场，特别是保安服务市场。因为像金融现钞押运等实行武装押运的保安业务，直接涉及枪支配备、管理和使用，关系到社会稳定、公共安全和金融安全等十分敏感的问题。2006 年，根据我国加入 WTO 的承诺，我国将开始放开保安市场。但是，保安市场上的某些领域对于外国保安企业来说要有相应的限制性规定。公安部治安管理局负责人就保安服务市场向外国企业开放的事情曾经明确表态："比如说防暴枪，因为在我国火器和枪支的管制历来是比较严格的，就算国外保安企业进入中国的保安市场，在带枪武

---

① 参见中新网 2005 年 12 月 6 日电文《中国 400 万人从事保安工作，北京保安人员超过警察》。

② 北京市保安服务总公司外事分公司成立于 1996 年 9 月，隶属于北京市保安服务总公司，是北京市唯一一家从事外事保安服务的专业保安公司。公司主要业务有：外国驻华使、领馆，外资、合资公司，外国商社、公寓，高级涉外宾馆、饭店、别墅的保安服务；商业性展览、展销等大型活动的安全服务；安全技术防范服务；特种保安服务；聘用制法警服务等。

公司秉承"客户为本、服务至上、精益求精"的经营理念，采用先进的行业规范管理模式，突出外事保安特色，始终以"全方位、高品质、专业化"服务为根本，赢得了客户的广泛信赖，在保安服务行业中创造了优良的商业信誉和品牌形象。http：//www. wsbaoan. com. cn/home. htm。

装押运方面也要受到一些限制。”① 保安服务市场如何向外国企业开放，目前还处于研究和探索阶段。

6. 政府主管部门对保安服务公司的管理方式正在从政企不分的管理模式向政府主管部门主要对保安服务公司实行监督管理的模式转变和过渡。

我国的保安服务公司从成立一开始，就完全附属在公安机关之下。2000 年的《公安部关于保安服务公司规范管理的若干规定》规定：保安服务公司只能由公安机关组建，其他任何单位、部门、个人不得组建。直辖市和省会市以及省辖市公安局和县（市）级公安局可以组建保安服务公司。省、自治区公安厅、地区公安处、派出所（警署）和公安机关内部各部门、企事业单位不得组建保安服务公司。保安服务公司由人民政府公安机关统一领导和管理。公安机关治安管理部门是保安服务公司的主管部门，代表公安机关对保安服务业实施管理和监督，规范保安服务业的经营方向，指导保安队伍建设。

因此，公安机关与其所开办的保安服务公司之间的从属关系在法律文件中已作了规定，如《公安部关于保安服务公司规范管理的若干规定》规定保安服务公司不得冠以公安机关名称，应作为独立的法人实体，实行独立核算、自主经营、自负盈亏，独立承担民事责任。公安机关与保安服务公司在经济上彻底脱钩，不得抽调、占用公司资产，不得以任何方式在公司报销或者提取费用，不得为公司提供任何形式的经济担保。但实际上，公安机关与其开办的保安服务公司在所有权关系上存在着密切的联系，也就是说，实际上是开办保安服务公司的公安机关是保安服务公司的产权所有人。此外，公安机关还通过派遣公安人员进入保安服务公司的管理层的方式来全面影响保安服务公司的各项业务活动。为防止这一现象，在《公安部关于保安服务公司规范管理的若干规定》也有明确规定。该规定要求：保安服务公司应向工商行政管理部门登记注册，公司法定代表人人选须经公安机关治安管理部门审核。公安机关的现职领导干部不得在保安服务公司兼职，选派民警到保安服务公司工作，由公安机关人事部门按

---

① 公安部治安管理局副局长马维亚在 2005 年 12 月 6 日新闻发布会上的发言。参见中新网 2005 年 12 月 6 日电。

干部管理权限办理。从公安机关选派到保安服务公司工作的民警可以保留警籍，但不得着警服。在保安服务公司工作期间，晋级、晋衔等与其他民警相同，工资和福利待遇只能任选其一。以北京市保安服务总公司为例，从 1996 年 12 月开始，经北京市人民政府编制委员会批准，北京市保安服务总公司挂市公安局保安管理处的牌子，并核定为正处级事业单位。2003 年，保安行政管理职能与企业经营职能分离，保安服务公司成为纯粹经营单位。目前，北京市保安服务总公司由北京市内保局保安处进行管理。

所以，公安机关对自身成立的保安服务公司还没有从管理体制上真正脱钩，在人、财、物上还存在着千丝万缕的法律联系，这种复杂的关系也在某种程度上阻碍了保安服务公司的自主经营，影响了保安服务公司的发展规模。但最近，随着民营化的保安服务企业的出现以及中国即将对外国企业开放保安服务市场，传统的公安机关与其所属的保安服务公司政企不分的局面正在逐步得到改进。

7. 保安服务的内容从主要提供人防服务逐渐增加到包括技防服务在内的多品种、全方位的安全服务相结合的安全服务产品体系，商业性安全服务正在成为我国服务业的一个最有发展前景和活力的行业。

我国的保安服务公司向社会公众和客户提供的安全服务，长期以来属于一种特许经营项目。公安部曾经发布了相关的法律文件明确地规定了保安服务公司的服务内容和经营范围。《公安部关于保安服务公司规范管理的若干规定》规定：保安服务公司的经营范围：（一）企事业单位、机关团体、居民住宅区、公共场所的安全守护；（二）货币、有价证券、金银珠宝、文物、艺术品及其他贵重物资和爆炸、化学等危险物品的押运；（三）展览、展销、文体、商业等活动的安全保卫；（四）研制开发、推广应用各类安全技术防范产品，承接各类安全技术防范系统工程，并提供相应的技术服务；（五）安全防范咨询服务。此外，该规定还明确规定：保安服务公司不得从事下列活动：（一）提供个人人身保安服务；（二）经营各类枪支、弹药、管制刀具等器械；（三）经营人民警察的警用标志、制式服装和警械。保安服务公司不得从事非保安业务，不得从事生产和商贸活动，不得接受企业挂靠，不得延伸办企业。

所以，总的看来，目前我国各类保安服务公司所提供的保安服务业务中，人防服务的比重比较大，以北京市保安服务总公司的收入为例，劳动力密集型的保安劳务收入占 94.6%；技术和资金密集型的技术防范业务收入，包括技术防范服务收入，技术防范工程收入只占 2.85%；押运服务业务比重更小。① 因此，总体上来说，我国的保安服务企业基本上还是劳动密集型的服务企业，所提供的产品服务种类虽然齐全，但不同类型的产品种类分布比例还不均衡，企业自我发展的内在潜力还不是很大，还需要在提高技防等服务产品的数量和质量上进一步开拓市场，进一步优化保安服务企业的产品服务结构和经济效益，增加企业自身的造血功能。

8. 保安服务公司正在从产权模糊的集体所有制或者是国家所有制的产权制度逐渐地向民营化方向发展，保安服务行业所提供的社会安全服务正在不断走向市场化、规范化。

保安服务目前在我国现有法律框架下属于特许经营项目，根据国务院保留的行政许可项目［《国务院对确需保留的行政审批项目设定行政许可的决定》（自 2004 年 7 月 1 日起施行），《国务院办公厅关于保留部分非行政许可审批项目的通知》（2004 年）］，“设立保安培训机构审批”属于保留的行政许可项目，“开办保安服务企业审批”属于保留的非行政许可审批项目，因此，保安服务仍然是特许经营项目。另外对押运特别是武装押运有严格的审批管理规定。公安部 2005 年印发的《保安押运公司管理暂行规定》对押运车辆、注册资金、枪支使用都有严格规定。所以说，尽管目前社会上出现了非正规渠道的保安服务企业或者组织，但是，由于有关的政策和文件将许多重要的保安服务业务限定为特许经营项目，因此，除了正规的保安服务公司可以涉足所有的保安服务业务领域之外，其他类型的保安服务企业或组织实际上从事的保安服务业务非常有限，大多局限在向客户提供人防服务方面。因此，在非人防领域的安全服务业务还缺少必要的市场竞争机制，要真正开拓市场，特别是要应对向 WTO 成员国开放保安服务市场，必须取消不必要的限制保安服务的经营许可规定，只对个别领域加以特许经营的限制。

---

① 上述数据来自于 2005 年 11 月 24 日在北京市保安服务总公司的调研活动。

总之，我国目前的保安服务业的发展是以各级公安机关成立的保安服务公司为主体、以物业保安以及其他社会组织所提供的保安服务业务为补充，商业性保安服务与内部保安服务相结合的综合性的保安服务体系。由于受到传统体制的影响，目前的保安服务市场还没有完全开放，一是还没有向外国企业开放，二是许多重要的保安服务业务属于特许经营项目，加上保安服务公司主要以劳动密集型的人防服务为中心，所以，保安服务业还没有实现完全的市场化。此外，民营资本还很难进入保安服务市场，保安服务的对象还没有扩展到私人安全服务领域，加上目前的保安人员的文化素质低，在制度上又缺少相关的法律、法规规定，还缺少保安服务业的国家服务标准和行业服务标准，因此，不论是从管理体制上，还是从保安服务业的制度化和规范化方面来看，都需要在进一步完善和健全相关法律制度的基础上大力发展保安服务业，并使之逐步走向成熟。既要关注社会效益，充分发挥保安力量在辅警中的作用，同时也要注意经济效益，增强保安服务企业自身的造血功能和在市场中的生存能力，以适应社会经济的发展以及社会公众对安全需求不断增长的要求。

二、目前我国保安服务业制度化和法律化的现状、存在的主要问题及其原因分析

（一）目前我国保安服务业制度化和法律化的现状

我国的保安服务业已经历了 20 多年的发展历程，但是，其法制化的程度却不能令人满意，其基本状况表现为：至今没有有关保安服务业的专门性法律、法规，甚至缺乏法律、法规层面上统一的专门性规定，迄今为止，保安服务业的发展及其管理主要依靠有关的政策性文件，以及散见于有关法规中的相关规定、有关部门在不同时期发布的有关规范性文件、有关的地方性法规等。

我国关于保安服务业最早的政策性文件大概可以追溯至 1985 年 1 月经中央批准的全国政法工作会议文件。该文件中提出，借鉴国外经验，在大中城市创办保安服务公司，承担大型营业性展览、展销和文体活动，以及外商独资、合资企业的保安业务，建立这样一个在公安部门直接领导下的服务公司，既能满足社会需要，有利于治安管理，又有利于缓和警力不足的困难。在此基础上，1988 年 7 月 2 日

发布的《公安部关于印发〈关于组建保安服务公司的报告〉的通知》成为发展保安服务业比较直接的依据。根据该通知的规定，保安服务公司是为客户承担保安服务和提供安全防范咨询业务的服务型企业，经济上实行独立核算，自负盈亏。保安服务公司的主管部门是公安机关，业务活动由公安机关指导和监督，组建保安服务公司须经县、市公安机关审查批准，并按规定向工商行政管理机关申请登记，经核准登记发给营业执照后方可营业。

之后，由于保安服务组织在队伍管理、经营业务、人员培训、保安服装标志等方面的混乱状况较为普遍，一些地方不断发生保安人员侵犯公民人身权利等违法犯罪案件。有关部门还多次下发了文件，要求规范保安服务业的管理。如1999年5月2日的《公安部关于进一步做好保安服务业工作的通知》、1997年11月6日的《关于清理整顿保安服务行业的决定》、2000年3月1日的《公安部关于印发〈公安部关于保安服务公司规范管理的若干规定〉的通知》、2002年11月22日的《清理非法保安组织规范保安服务市场专项整治工作方案》等。根据上述规定，公安机关应当在经济上与保安服务公司彻底脱钩，严禁将保安服务公司当作公安机关谋福利的实体。而且，保安服务公司应当由公安机关统一领导和管理，公安机关治安管理部门是保安服务公司的主管部门，代表公安机关对保安服务业实施管理和监督，规范保安服务业的经营方向，指导保安队伍建设。保安服务公司只能由公安机关组建，其他任何单位、部门、个人不得组建。

截至目前为止，保安服务业行政管理的法规依据主要是政府主管部门的规范性文件，根据公安部2004年《关于保留、修改、废止部门规章及规范性文件的通知》，清理了中华人民共和国成立以来由公安部主办起草的现行有效的法律、行政法规、部门规章以及由公安部或有关业务局下发的规范性文件共1 871件（其中规范性文件1 738件）。在决定保留的558件公安规章和规范性文件中，有关保安管理的规范性文件有2件：其一是1988年7月公安部《关于组建保安服务公司的报告》；其二是1992年5月公安部《关于进一步做好保安服务业工作的通知》。另外，有决定修改的规范性文件4件（另有已经决定废止的规范性文件7件）。

目前对于保安服务业有着直接影响的政策性文件主要是中共中央

办公厅、国务院办公厅1999年5月下发的《政法机关保留企业规范管理若干规定》。该规定声明：保安服务公司只能由公安机关独资开办，其他任何单位、部门和个人不得经办保安服务公司。这一规定对目前保安服务业的发展有着很大的影响，需要在实践中加以不断修改和完善。

为了加强对保安服务业的管理，公安部、国务院法制部门曾经在前几年组织起草《保安服务业管理条例》。但是，由于在一些基本法律关系上没有理清，特别是公安机关与保安服务公司之间的关系没有彻底明确，所以，一度出台希望很大的《保安服务业管理条例》遭到搁浅。在实践中，为了加强对本行政区域内的保安服务业的管理，天津、广东、广西、河南、辽宁、云南等十几个省、市、自治区的人大常委会或人民政府都先后制定了地方性法规或地方性政府规章。(1) 有关保安服务业的地方性法规。例如，1995年11月27日云南省第八届人民代表大会常务委员会第十七次会议通过，1995年11月27日云南省第八届人民代表大会常务委员会公告第43号公布，自1996年4月1日起施行，根据2004年6月29日云南省第十届人民代表大会常务委员会第十次会议《云南省人民代表大会常务委员会关于修改和废止16件涉及行政许可的地方性法规的决定》修正的《云南省保安服务管理条例》；1999年8月3日经湖南省第九届人民代表大会常务委员会第十次会议通过并予公布，自1999年10月1日起施行的《湖南省保安服务管理条例》；1997年1月18日由广西壮族自治区第八届人民代表大会常务委员会第二十六次会议通过并予公布，自公布之日起施行的《广西壮族自治区保安服务管理条例》；2002年11月29日辽宁省第九届人民代表大会常务委员会第三十四次会议通过并根据2004年9月29日辽宁省第十届人民代表大会常务委员会第十四次会议《关于修改〈辽宁省保安服务管理条例〉的决定》修正的《辽宁省保安服务管理条例》等。(2) 地方政府规章。例如，2000年4月17日福建省人民政府第54号令发布并根据2004年7月7日福建省人民政府发布的《福建省人民政府关于修改〈福建省保安业务管理办法〉的决定》进行修订的《福建省保安业务管理办法》；2002年12月27日根据山西省人民政府第159号令发布并于2003年2月1日起施行的《山西省保安服务业管理暂行办法》；1998年1月9

日天津市人民政府发布并2002年1月18日根据天津市人民政府《关于修改〈天津市保安服务业管理规定〉的决定》修订的《天津市保安服务业管理规定》等，河南省和黑龙江省人民政府也制定了相应的保安服务业的管理办法。

北京市在加强保安服务业法制化方面还进行了一些立法工作。2005年9月20日北京市政府办公厅转发市公安局《关于加强保安服务企业和保安培训机构监督管理工作的意见》，对保安企业开办程序及经营范围、关于培训机构设立程序及培训内容等作出了规定。目前，北京市人民政府已经起草了《北京市保安服务业管理条例》（草案），属于地方政府规章类别。

另外，近几年国务院颁布实施的行政法规，如《娱乐场所管理条例》、《物业管理条例》、《专职守护押运人员枪支使用管理条例》等对于保安服务业也有相应的规定。比如，《娱乐场所管理条例》中规定，娱乐场所经营单位应当建立、健全各项安全制度，按照国家有关规定配备保安人员，保安人员须经县级以上地方人民政府公安机关培训，经培训并取得资格证书的，方可上岗。

总之，目前我国关于保安服务业方面的立法：一是不统一，还没有出台以保安服务业为调整范围的专业性的保安服务法律或行政法规，因此，有关保安服务业的相关制度，都是分散在一系列政策或者是法律、法规以及规范性文件中，不利于建立统一、有效的保安法律制度，很多重大的保安理论问题没有得到解决。二是立法的层次较低。目前有关保安服务方面的立法，只有公安部发布的一些规范性文件，在地方上也只有十几个省、市人大或者人民政府出台了有关保安服务的条例或办法，在一些重大的保安服务制度方面，如公安机关与保安服务公司的关系、保安企业民营化、外国企业进入中国保安市场等问题上，还缺少全国性的可以统一予以实施的保安制度。三是有关保安立法的理论相对滞后，重大的有关保安服务业的法制理论问题，学术界基本上没有介入，保安服务业在市场经济中的法律定位还不是十分清晰，许多保安服务业务仍然属于特许经营的范围，有关安全服务的基本民事法律关系还没有得到民事法律或者是消费者权益保护法等重大的保障人身权利或者财产权利的部门法的高度关注。因此，保安服务业的法制建设任务很重，尤其是保安服务业方面的立法工作需要进一步加强。

（二）我国保安服务业制度化和法律化方面存在的主要问题

从保安服务业在我国存在的20多年的历史来看，保安服务业制度化和法律化过程中主要出现的问题及原因有以下几个方面：

1. 立法严重不足。总体上来说，我国的保安服务业还处于无法可依的状态。如上所述，当前，我国保安服务业的管理主要依赖于有关部门就保安服务业专门下发的有关文件进行管理，迄今为止，尚没有就保安服务业制定专门性的法律乃至行政法规。有关的规范性文件只是对保安服务企业的设立、经营、管理等作了若干比较原则的规定，缺乏操作性，事实上，从保安服务企业的组建、管理，到保安服务企业的服务范围、提供服务的方式，再到保安人员提供服务时的权利义务等都没有权威的、统一的规定。这在很大程度上制约着我国保安服务企业的健康发展。目前在国家立法层面的规范保安服务业的只有公安部出台的《关于保安服务公司规范管理的若干规定》这一部委规范性文件，在地方上也只有十几个关于保安服务的地方性法规和地方政府规章，地方性法规与地方政府规章相互配套的更少，只有个别省、市制定了这样的地方性法规或地方政府规章。如广东省的《广东省保安服务管理条例》和《广东省保安服务管理条例实施细则》等。这样的立法状况是不利于从总体上来确定保安服务业的法律地位以及在保安服务过程中各方之间的法律关系的。特别是保安服务涉及一些民事权利事项，仅仅由公安部的规定来提供一种政策性依据，这种立法状况与立法法所强调的法治精神是不相吻合的。所以，要解决保安服务法律化的问题，必须在立法上下功夫。

2. 保安服务的法律性质还有待于进一步探讨。目前公安部出台的《关于保安服务公司规范管理的若干规定》中规定，保安服务公司是为社会提供专业化、有偿安全防范服务的特殊性企业，是协助公安机关维护社会治安，预防和减少违法犯罪的重要力量。保安服务公司由人民政府公安机关统一领导和管理。公安机关治安管理部门是保安服务公司的主管部门，代表公安机关对保安服务业实施管理和监督，规范保安服务业的经营方向，指导保安队伍建设。保安服务公司只能由公安机关组建，其他任何单位、部门、个人不得组建。直辖市和省会市以及省辖市公安局和县（市）级公安局可以组建保安服务公司。省、自治区公安厅、地区公安处、派出所（警署）和公安机关内部各部门、企事业单位不得组建保安服务公司。保安服务公司不得冠以公安机关名称，应作为独立的法人实体，实行独立核算、自主经营、自负盈亏，独立承担民事责任。公安机关与保安服务公司在经济上彻底脱钩，不得抽调、占用公司资产，不得以任何方式在公司报销或者提取费用，不得为公司提供任何形式的经济担保。上述规定并没有完全弄清保安服务企业的法律性质，存在着许多价值上的矛盾。如果保安服务企业属于独立的民事主体，那么，个人只要符合申办条件，也应当根据法律规定的条件获得许可，但是，公安部的规定只允许公安机关设立保安服务公司，实际上是政企不分的模式。特别是保安服务公司的管理层由公安机关的工作人员担任，这种管理模式很难分清保安服务公司是在提供民事服务，还是在代表公安机关提供行政服务。因此，应当根据《行政许可法》的规定，来重新界定保安服务公司的法律地位，要依据特许经营权的思路来改造保安服务公司的企业性质，增强法律、法规对其约束力。

3. 保安服务的范围显得相对较窄，应当建立起以保护消费者的安全利益为核心的保安服务体系。根据公安部目前的规定，保安服务不包括为个人的人身安全提供安全服务，而在实践中，恰恰是个人对安全服务存在着广泛的需求。在正规的保安服务公司无法为个人的人身安全提供服务的情况下，就出现了私人保镖和不合法地提供安全服务的情况，引发了一些不必要的法律纠纷。保安服务公司雇佣的保安人员文化素质比较低，以北京市保安服务总公司对3 036名保安人员的学历调查为例，其中小学毕业的387人，占12.747%；初中毕业的920人，占30.303%；高中毕业的909人，占29.941%；大专毕业的416人，占13.702%；大学毕业的404人，占13.307%。保安人员的主体学历是大专文凭以下。同时由于一些机关、单位私自雇佣的保安人员素质太差，没有起码的服务水平，有些甚至是不法分子，因此，出现了一些广为社会关注的由保安人员的行为引发的违法犯罪案件和民事侵权行为。所以，从对保安服务规范管理的角度来看，应当通过制度改革来将所有的安全服务行为都纳入到法制轨道。

4. 由于缺乏较高位阶的专门性立法，造成了在实际管理中，保安服务业的管理同其他法律、法规确立的制度之间存在着矛盾。这其中，比较典型的例子就是保安服务业管理同《行政许可法》有关规定之间的矛盾。按照《行政许可法》第12条的规定，直接涉及国家安全、公共安全、经济宏观调控、生态环境保护以及直接关系人身健康、生命财产安全等的特定活动，需要按照法定条件予以批准的事项，是可以设定行政许可的。但是，该法也明确规定，本法第12条所列事项，法律可以设定行政许可，尚未制定法律的，行政法规可以设定行政许可，必要时，国务院可以采用发布决定的方式设定行政许可，实施后，除临时性行政许可事项外，国务院应当及时提请全国人民代表大会及其常务委员会制定法律，或者自行制定行政法规。而有关保安服务业的行政许可，其依据均是公安部的有关规范性文件，由于《行政许可法》出台后，部委规章或者是规范性文件已经不能再设立行政许可项目，所以，保留公安部确立的保安服务的特许经营项目实际上与《行政许可法》的基本法律精神相违背。毫无疑问，现行的保安服务业管理机制是同现行的行政许可制度相矛盾的。而这一矛盾只能通过加强保安服务业的立法来解决。

5. 由于缺乏保安服务业的专门立法，关于保安服务业的认识不统一，也造成了国家的有关政策、有关部门的规范性文件同地方有关法规之间，以及地方有关法规相互之间在具体制度上的矛盾。比如，按照国家的有关政策，保安服务企业是禁止其他投资主体投资开办的，而只能由公安机关独自开办，① 但是，各地方出台的有关的法规中并没有此类规定。类似这样的情况无疑会给公安机关的执法带来困难。而且，由于对于保安服务业及其管理机制缺乏统一的规定，导致有关的地方法规中关于保安服务业的具体制度也是有差异的，这种地区间的差别往往会影响保安服务业在全国范围内的市场化。

6. 由于缺乏保安服务业的专门立法，在我国加入WTO逐步履行入世承诺过程中，不利于提高我国保安服务业在国外竞争者面前的竞争力。我国加入WTO后，保安服务业作为服务业的一部分，逐步扩大对外开放、允许外国或者境外的保安企业进入是迟早的事情。而我

---

① 中共中央办公厅、国务院办公厅1999年5月下发的《政法机关保留企业规范管理若干规定》。该规定声明：保安服务公司只能由公安机关独资开办，其他任何单位、部门和个人不得经办保安服务公司。

国的保安服务业由于长期以来是由一家保安服务企业垄断一个地区的保安服务业，保安服务业企业缺乏必要的竞争机制，随着国外保安服务企业的逐步进入，现有企业的服务质量及其服务的专业化很难适应将来客户的要求。同时，由于缺乏保安服务业的专门性法律规定，对于保安服务企业的服务范围、地位、职责、从事业务过程中的权利义务等均没有权威性的规定，在国外保安企业全方位进入国内的情况下，不能有效地规制其行为。事实上，这也必将会对我国的保安服务业造成严重的冲击。

7. 保安服务的方式不太规范以及保安人员的权力模糊。目前在社会上存在的保安服务方式很不规范，特别是保安人员所持有的安全设备和所采取的保安手段没有得到有效控制。存在着保安人员权力过大的问题，有的甚至在行使着公安人员的职权。所以，应当通过立法的方式来明确保安人员提供保安服务可以采取的服务方式和手段，使得客户能够明确了解自己的合法权益。保安服务业立法的缺位还导致保安服务企业与保安从业人员之间的权利义务关系不明确，不利于其从事保安服务工作。首先，现行的有关规范性文件中对于保安服务企业、保安从业人员等违反保安管理的有关规定所应承但的法律责任没有做出切实可行的规定，这不利于规范保安人员的行为，也不利于监督管理机构依法实施监管。① 其次，对于保安人员的权利义务缺乏必要的明确规定。现在，关于保安人员可配备的武器装备、保安人员行使职责过程中的职责权限、保安人员的各种福利待遇②等，均没有明确的法律规定，这既不能规范保安人员的履行职务行为，又不能确保

---

① 目前，由于规范保安人员的行为的法律制度不健全，致使许多保安人员滥用职权，给居民人身安全造成巨大伤害。2005 年 8 月 3 日，佛山市禅城区深村北东村誉洞大街外来工张保中未办理暂住证，与该村检查的小区保安发生争执后挥手击中一名小区保安，数名小区保安随即追上前用木棍将张保中打至小腿粉碎性骨折，而被击中的小区保安也被诊断为双耳混合性耳聋。http：//news. 163. com2005-08-04 13：58：16 来源：广州日报。

② 课题组在北京市保安服务总公司调研时发现，目前各地保安服务公司只给保安人员上意外事故险和健康险，而工伤保险、失业保险以及养老保险绝大多数保安服务公司都没有为其所聘用的保安人员提供，保安人员成了最没有劳动保障的“社会职业”。

其安于本职工作，从总体上说，是不利于保安服务业的健康发展的。

总的来说，我国的保安服务业经历了从无到有、从不健全到逐步完善的过程，有关的规范性文件借助其灵活性，在我国保安服务业的健康发展过程中起到了积极的作用。但是，随着保安服务业的进一步发展以及来自于国内外的种种压力，现行的缺乏法律法规的状况所带来的种种弊端也逐步暴露出来，并已经很难适应我国保安服务业进一步发展的需求。为此，迫切需要结合我国的实际国情，进一步加快我国保安服务业的法制化进程。就现有的保安服务制度化的情况来看，保安服务公司与公安机关、保安服务公司与保安人员、保安服务公司与客户、保安人员与客户、保安人员与居民等之间的法律关系并不是非常清晰，需要从法理上进行认真研究，在制度上设立起比较科学的管理机制。

（三）我国保安服务业制度化和法律化方面存在的问题的原因分析

总结我国保安服务业二十几年来在制度化和法律化方面的经验和教训，之所以会出现保安服务业方面相关的制度和法律的发展远远落后于实际生活中保安服务业蓬勃发展的要求，以及随着社会主义市场经济的不断发展，社会公众对商业性保安产生越来越多的需求的状况，出现了作为社会的上层建筑的制度和法律落后于保安服务业发展的现实的局面，主要的原因有以下几个方面：

1. 对保安服务业的政策规制过于严厉，导致了保安服务业的发展规模受到体制的限制以及保安服务公司自身的法律地位不能完全地独立。我国保安服务业最早是从深圳发展起来的，但是，由于保安服务的特殊性质，使得在最初成立保安服务企业的时候，有关政策对保安服务业作为一个整体的服务行业的发展就控制得比较严。这里主要集中在两个重要的文件中。一是中共中央办公厅、国务院办公厅1999年5月下发的《政法机关保留企业规范管理若干规定》。该规定声明：保安服务公司只能由公安机关独资开办，其他任何单位、部门和个人不得经办保安服务公司。二是根据中共中央办公厅、国务院办公厅1999年5月下发的《政法机关保留企业规范管理若干规定》的精神而由公安部制定的《关于保安服务公司规范管理的若干规定》。该规定强调：保安服务公司只能由公安机关组建，其他任何单位、部门、个人不得组建。直辖市和省会市以及省辖市公安局和县（市）级公安局可以组建保安服务公司。省、自治区公安厅、地区公安处、派出所（警署）和公安机关内部各部门、企事业单位不得组建保安服务公司。保安服务公司由人民政府公安机关统一领导和管理。公安机关治安管理部门是保安服务公司的主管部门，代表公安机关对保安服务业实施管理和监督，规范保安服务业的经营方向，指导保安队伍建设。由于这两个文件从体制上就将保安服务公司定位在公安机关开办上，实际上是实行政企不分的体制。所以，一方面，其他性质的保安服务企业或者是保安服务业务缺少制度上的合法性，另外一方面，也导致了公安机关开办的保安服务公司长期以来其法律地位无法明确，相关的法律、法规也无从确立保安服务公司的权属机制以及相关的权利和义务，保安服务公司被社会公众和客户视为“二公安”，保安服务公司自身的职能也被限制在以社会效益为主，以实现辅警功能为中心，经济效益不是保安服务公司关注的重要问题。此外，由于保安服务公司的成立受到了政策的限制，保安服务也很难真正地按照市场的要求实行行业化，建立行业规范和准则，只能依靠在一个行政区域内由一个保安服务总公司来领导一些下属的分公司。全国范围内的保安服务市场机制无法有效地建立起来，这种状况从某种程度上也影响保安服务行业相关的法律关系的发育和成熟。所以，保安服务业制度化和法律化的水平和程度较低，是由在这一领域的政策强势地位造成的。要真正将保安服务业纳入法律的轨道，建立各项具有稳定性和可靠性的制度，必须要对上述两项重要的政策进行调整。

2. 保安服务相对于其他服务形式所具有的特殊性，导致了政府对保安服务市场的监管采取了非常谨慎的态度。在我国的保安服务市场正式建立之前，国家机关、企事业单位以及各种社会组织的安全问题是由自身的安全保卫力量来保证，很少依靠社会上提供的商业性保安服务。但是，随着市场经济的不断发展，传统的社会组织形态发生了变化，包括企事业单位在内的各种社会组织内部成员之间的社会关系发生了巨大变化，社会成员之间的社会联系紧密程度下降，因此，也就导致了社会公众对自身安全需求的提高。三资企业、旅游胜地、居民小区等新型的社群、社区的产生，使得传统体制下的依靠内部保卫力量来保证居民和公众的人身安全和财产安全的安全服务模式不再适应新情况和新形势的需要，加上社会公众对自身安全的需求品种和层次都有所提高，因此，就产生了对商业性保安服务的需求。但是，由于政府在退出传统的安全服务领域的过程中，并没有建立起一套健全和有效的安全服务机制，所以，对于许多重要的安全服务形式，政府仍然无法放弃直接管理和控制的手段，这些领域涉及银行押运、武装防护、技术防护、重点防护以及特殊安全服务等。政府基本上采取了行政特许的手段来严格控制这一类的保安服务的市场准入，结果导致了保安服务公司的服务业务范围受到严重限制。一方面，正规的保安服务公司也是将主要精力放在向客户提供人防服务上，保安服务公司成了劳动密集型的服务企业，企业自身的发展潜力刚性化，发展后劲严重受阻；另一方面，由于正规保安服务公司不能完全满足社会公众和客户对人防安全服务的需要，导致了社会上出现了各种主要以提供人防安全服务为特征的形形色色的保安服务企业。这些非正规的保安服务企业由于仅仅是向客户提供劳务型的保安服务，所以，与客户形成的服务关系也非常简单，相对于政府管理来说也比较容易。由此导致了政府管理部门与保安服务企业之间的管理与被管理关系相对简单，这种管理关系也使得政府管理部门不愿意投入大量精力去建立与保安服务企业之间的管理互动关系。政府通过严格地掌控少数保安服务领域的准入审批机制，就可以解决保安服务业领域的主要问题。所以，保安服务业领域的管理关系相对比较简单，也导致了有关保安服务业的制度和法律出台慢，甚至个别领导还没有认识到要依靠制度和法律来规范保安服务市场的重要性。

3. 由于保安服务公司在所有权关系以及在服务功能上与公安机关存在着千丝万缕的联系，所以，尽管相关的法律文件规定保安服务公司在经营行为上和利益分配机制上要与公安机关脱钩，但实际上，在所有权归属、干部管理、利润分配、辅警协警等方面，保安服务公司起到了“准公安机关”的作用。由于作为主渠道的保安服务公司与公安机关之间存在着过于紧密的工作、人事和利益等方面的联系，所以，将保安服务公司从公安机关彻底分离虽然在理论上探讨过，在政策中也强调过，但在实际中却很难做到。公安机关与保安服务公司之间的模糊法律关系具有很强的现实性和适应性，所以，要从体制上彻底理顺保安服务公司与公安机关之间的关系非常困难，这也就导致了很难在现有的体制框架内，就保安服务公司的法律地位、保安服务公司与公安机关之间的关系、保安服务公司的企业功能等法律问题彻底地加以澄清，因此，模糊不清的法律实践也阻碍了保安服务业走向制度化和规范化的进程。

4. 由于我国在加入 WTO 之时没有承诺立即向外国保安服务企业开放中国的保安服务市场，所以，在相当长的时间内，我国的保安服务市场缺少必要的外部竞争机制和市场压力，这样就导致了保安服务市场的基本规范、保安服务业的行业标准和质量标准都没有建立起来。保安服务业基本上自生自长，其还缺少外部压力和与国际惯例接轨的迫切需求，加上国内非正规性质的保安服务企业根本不可能在同一层次上与正规的保安服务公司之间开展公平竞争，所以，保安服务业的市场秩序一直没有得到有效的确立。保安服务市场的不成熟、保安服务业对制度化和法律化的要求不紧迫，导致了有关保安服务业的立法工作相对滞后。

5. 由于保安服务市场涉及面广，导致许多部门从本部门的利益和管理体制出发，对保安服务业做了不同性质的规定，影响了政府主管部门对保安服务市场进行统一的监督和管理。事实上，目前根据《物业管理条例》产生的居民小区的保安队伍就很难接受公安机关的监督和管理，一些大型商场、旅游景点也是依靠自己招聘的保安人员来维持内部秩序，虽然这些保安人员实际上从事保安服务业务，但由于在人事关系上走的是内部保卫人员的管理制度，导致公安机关也很难直接插手进行业务监督和管理。特别是目前许多非正规渠道聘请的保安人员往往是部队的复员和退伍的军人，这些人自身素质较高，稍微加以培训就可以适应保安工作的要求，而正规保安服务公司招聘的保安人员自身素质往往不太高，所以，在实际中，许多客户还是乐于聘用从部队复员或退伍的军人，有的甚至还与部队建立了比较固定的联系，一旦战士复员，就直接从部队输送到服务单位从事保安服务工作。因此，保安人员自身素质的参差不齐，导致了正规渠道培训出来的保安人员在保安服务市场并不具备特别强的竞争力，客户在市场上可以自由选择的局面也导致了正规的保安服务公司的发展受到影响，同时也助长了保安服务市场的不规范。所以，在商业性保安服务与单位内部保安服务两种体制不统一的情况下，政府管理部门很难对保安服务市场实行统一和有效的集中管理。

6. 由于目前我国保安服务企业大多属于劳动密集型的，所以，企业自身发展的潜力并不是很大，加上政府在这一方面并没有多大的政策倾斜或者是税收上的减免扶持政策，导致了保安人员待遇低、福利差，保安人员队伍稳定性较差。由于保安人员队伍不稳定，使得保安服务公司要对保安人员实行严格的制度管理或者是建立特别严厉的制度来管制保安人员比较难。这样，就导致了实践中许多保安服务公司对所聘保安人员疏于管理。一方面，保安人员的行为规范很难建立起来，另一方面保护保安人员合法权益的制度也很难有效建立起来，许多保安服务公司自身发展潜力不足，陷入了勉强维持的困境等。

总之，造成目前保安服务业制度化和法律化方面存在各种各样的问题的原因非常复杂。既有政策方面的，也有制度方面；既有管理方面的，也有社会方面的；既有保安服务企业内部的原因，也有目前存在着正规与非正规保安服务市场并行造成的需求与供给的矛盾、管理与脱管之间的矛盾；既有产权关系不清造成的制度松弛，也有缺少内外部的竞争压力，无法建立真正有效的市场运行机制的问题等。这些原因是长期存在的，需要从政策、制度、市场和社会等各个方面来入手，进行全面和系统地改革才能收到实效。保安服务业的制度化和法律化绝不是简单地制定和出台几部法律和行政法规就能解决的，必须从体制和从制度源头上抓起。

三、健全和完善我国保安服务法律制度的对策和建议

（一）进一步完善我国保安服务业制度化的立法工作，建立保安法体系

鉴于我国当前保安服务业发展的实际情况和对其法制化的迫切需要，在今后推进我国保安服务业法制化的进程中，有必要适时地针对保安服务业制定专门的立法。加强保安服务业的立法，通过法律手段明确保安服务业的法律地位等相关问题，这是提高保安服务业服务质量的重要保障，也是世界上有关国家和地区促进保安服务业健康发展的重要经验。美国、英国、比利时、南非、澳大利亚、日本、韩国乃

至我国香港地区均制定有保安服务业方面的专门性法律。① 我国极有必要充分借鉴有关国家和地区在保安服务业法制化方面的成功经验，结合我国保安服务业的发展的实际情况，进一步推进我国保安服务业法制化进程。

在推进保安服务业法制化的进程中，要逐步完善保安服务业的法律体系。关于保安服务业，国外已经有丰富的立法经验可供参考，而我国近二十年来也积累了大量的实践经验，立法的时机已经成熟。同时，由于保安服务业的立法涉及的问题比较多，而且，需要同其他相关的法律制度进行协调，因此，比较理想的，是通过制定全国性的法律推进其法制化。浙江省诸暨市全国人大代表赵林中在2001年3月的九届全国人大四次会议上，曾经提出了《关于尽快制定〈中华人民共和国保安法〉的议案》。同年5月，他收到国务院法制办公室的答复件："目前有关部门正在进行保安法的调研、起草工作，您的具体立法建议，将在该法起草和审议过程中得到认真研究。"② 这说明，制定有关保安服务方面的专门性法律的重要性已经得到了人大代表和国家立法机关的高度关注。

当然，如果现阶段制定法律存在难度，也可以采用由国务院制定行政法规的形式加以解决。③ 目前拟制定的可以是行政法规性质的《保安服务业管理条例》。在法律或者行政法规中，要对保安服务业所涉及的各种基本事项加以明确规定。同时，就某些较为具体的事项，可以授权有关的部门制定实施细则，并可以预留一定的空间，允

---

① 如《加拿大私人调查者与保安服务条例》、《英国2001年私人保安业法案》、《比利时保卫企业、保安企业及内部保卫部门法案》、《南非共和国私人保安业法案》、《美国纽约州对于私人调查者，保释实施代理人，守护、护卫或巡查代理以及保安人员颁发执照的法案》等，参见公安部三局编《一些国家、地区保安法规汇编》，2002年8月。

② 2003年5月28日"中国人大新闻"，参见 http://www.people.com.cn/GB/14576/22217/1900782.html。

③ 随着我们法治进程的发展，随着行政许可法的实施，我们正在把内部性的文件上升为国家的法律法规，正在抓紧起草全国统一的保安条例，这个工作正在进行当中。公安部治安管理局副局长马维亚在2005年12月6日新闻发布会上公布的最新数据。参见中新网2005年12月6日电。http://webcast.china.com.cn/webcast/created/565/36_1_0101_desc.htm。

许各地方根据当地的实际情况制定相应的地方性法规、规章。对现有的有关保安服务方面的地方性法规和地方政府规章中所确立的为实践证明是成功有效的制度加以充分肯定。由此，形成包括法律、法规、规章在内的全方位的保安服务业的法律体系。

在立法过程中，应当将各种专业性的保安服务企业以及各种内部保安组织均纳入法律规范的范围之内。在保安服务业的范围方面，应当恢复《公安部关于印发〈关于组建保安服务公司的报告〉的通知》中提到的“提供保护财产或人身安全的服务”方面的规定，满足社会上对此方面的需求，并允许设立从事民事调查业务的组织，借此，将黑保镖、私人侦探等纳入法制轨道，依法加以规范。同时，应当明确保安服务业的性质和地位，对各种保安服务组织的设立、投资主体、法律地位等做出明确的规定。尤为重要的是，立法中应当明确公安机关同保安服务组织之间的关系。现行体制下，公安机关同保安服务组织之间是一种领导和被领导的关系，而且，公安机关同保安服务组织之间没有真正做到政企分开，这成为保安服务业管理中迫切需要解决的问题。因此，在进行立法的过程中，应当根据国家关于发展保安服务业的有关精神和实际的需要，进一步明确政企分开的原则，将现有的公安机关开办的保安服务公司的产权关系移交国有资产管理部门，从产权、资金和人事关系上与公安机关彻底脱钩，保安服务公司完全按照市场规则来操作。允许投资主体的多元化，实行各种所有制形式的保安服务企业平等竞争的格局，逐步将公安机关对保安服务企业直接的领导转变为对保安服务组织设立和从事保安服务活动合法性方面的审查、对保安人员的培训等的事前监管以及对保安服务企业提供服务方面的事中、事后监督。另外，应当明确保安服务组织在辅助公安机关维持社会治安和公共安全方面的职责与义务，规范其在着装、标志、配备武器装备方面的行为，并就国家对保安服务组织的相应的扶持政策如减免税收问题等做出相应的制度安排。

另外，在立法中应当对保安人员的从业保障机制做出规定。这其中，最为重要的便是通过法律的明确规定强化对保安从业人员的社会保障机制，要求保安服务企业必须为其从业人员购买各种社会保险及意外伤害保险。现在，保安服务企业往往不为其从业人员购买养老、失业、医疗保险，特别是，不为其购买意外伤害保险，一旦其从业人员因执行职务行为遭受到人身伤害，其生活将失去保障。而保安服务企业也存在着因其从业人员在执行职务过程中遭受伤害而承担高额赔偿的风险。所以，还应当适时建立与保安服务业务相关的保险制度。除此之外，由于我国还缺乏类似于机动车第三者责任险的机制，即保安服务企业在受客户委托从事业务过程中，给客户或者第三人造成损害的，首先根据其投保限额，由保险公司予以偿付，只有确立该制度，才能避免保安服务企业因无力承担给他人造成的损害而面临破产的风险。为此，在法律中必须将为从业人员购买社会保险、意外保险、第三者责任险作为保安服务企业的法定义务。

（二）转变政府管理职能，强化对保安服务业的依法管理

我国的保安服务企业在产生和发展的过程中一直是在政府的严格监督和管理下进行活动的，但是，由于体制上的原因，实际生活中在正规保安服务公司之外还发展出了其他形式的保安服务企业或者保安服务队伍，因此，对保安服务企业的监督和管理机制是不健全和不到位的。20世纪八九十年代，最初在全国各地出现的保安服务公司都属于与公安机关政企不分性质的企业，保安服务公司在产权、资金、人事以及利润分配等方面与公安机关有着千丝万缕的联系。但另一方面，由于正规渠道的保安服务公司不能满足市场对商业性保安服务的需求，因此，从其他渠道又发展出一些不规范的保安服务企业或保安服务业务。这些不规范的保安服务企业或者保安服务业务，基本上不在公安机关的监督和管理的范围之内。而从整个社会公众来说，由于分不清到底谁是正规的，谁不是正规的，所以，因为非正规渠道产生的保安服务企业或者是保安服务业务所造成的服务质量差、企业内部管理混乱、保安人员违法乱纪等现象都直接影响到正规的保安服务公司为社会公众和客户提供保安服务时的良好的商业形象。但是，作为正规渠道的保安服务公司的管理机关，一方面，在政企不分的体制下，对保安服务公司的业务和管理活动大包大揽，甚至将保安服务公司视为公安机关的内部机构，搞一套人马，两块牌子，如北京市保安服务总公司曾挂牌北京市公安局保安管理处，显然，保安服务公司又成了公安机关的内设的机构；另一方面，对于那些非正规渠道的保安服务企业或保安服务业务，公安机关又鞭长莫及。所以，形成了公安机关作为保安服务企业的主管部门，对正规渠道的保安服务公司管得

过死，而对非正规渠道的保安服务企业又疏于管理。保安服务市场竞争无序、保安人员违法乱纪等问题没有得到很好地根治和解决。

为进一步贯彻落实1998年《中共中央办公厅国务院办公厅关于印发〈政法机关不再从事经商活动的实施方案〉的通知》和1999年《中共中央办公厅国务院办公厅关于印发〈政法机关保留企业规范管理若干规定〉的通知》精神，巩固公安机关与所办经营性企业彻底脱钩的成果，加强公安机关对保安服务公司的领导和管理，规范保安服务行为，完善保安服务管理制度，公安部于2000年3月1日制定了《公安部关于保安服务公司规范管理的若干规定》。该规定重申：保安服务公司只能由公安机关组建，其他任何单位、部门、个人不得组建。直辖市和省会市以及省辖市公安局和县（市）级公安局可以组建保安服务公司。省、自治区公安厅、地区公安处、派出所（警署）和公安机关内部各部门、企事业单位不得组建保安服务公司。保安服务公司不得冠以公安机关名称，应作为独立的法人实体，实行独立核算、自主经营、自负盈亏，独立承担民事责任。公安机关与保安服务公司在经济上彻底脱钩，不得抽调、占用公司资产，不得以任何方式在公司报销或者提取费用，不得为公司提供任何形式的经济担保。尽管《公安部关于保安服务公司规范管理的若干规定》对保安服务公司的经营活动在强调公安机关与保安服务公司经济上彻底脱钩的基础上，实行完全的自主经营，但是，这些正规渠道的保安服务公司的资产归属和利润分配方式并没有得到根本解决。虽然在保安服务公司的服务方式、保安人员的素质培训和保安服务规范化和标准化等方面都进行了严格要求，但从总体上来说，对正规渠道的保安服务公司的严格监管并没有对整个产权不明、投资主体多元化的保安服务市场主体的格局产生实质性影响。特别是在工商行政管理机关改变了注册登记的经营范围制度之后，那些直接到工商行政管理机关注册登记、从事与保安服务业务相关的企业根本不在公安机关的监管之列，公安机关有时连这些企业在干什么也不是非常清楚，要进行监督更是非常困难，只能根据群众举报的线索来对那些明显违法乱纪的行为进行查处。

为了规范全国的保安服务市场，加强对各类保安服务企业服务活动的严格管理，建议通过立法的形式建立对于各类保安服务企业进行严格监管的制度。首先，对从事保安服务业务的企业，不管是何种性质的企业，在登记注册之前，都应当到公安机关进行备案登记，公安机关一般只进行形式要件的审查，没有特殊情况，应当允许登记，要防止公安机关滥用审查职权，限制保安服务企业的发展；其次，在保安服务企业按照法律、法规登记之后，如果从事保安服务业务，公安机关有权力进行定期或者是不定期的检查和监督，特别是公安机关可以通过对某些种类的保安服务业务的特许来对保安服务企业的经营活动的合法性进行有效的监督，对于保安服务企业的一般性经营活动，公安机关只作为一般管理者的角色来进行管理，制定和颁布一定的规则和服务标准，对违法乱纪行为进行查处；再次，对所有的保安人员，不论在何种性质的场合为客户提供何种性质的保安服务，不管是内部保安人员还是商业性保安人员，都必须在接受保安培训机构的正规培训之后，获得保安人员上岗资格证书后才能上岗，否则，就是非法服务，对雇主和保安人员一经查实，就可以给予必要的处罚；在公安部建立全国范围内的保安服务公司档案登记制度、在省级公安部门建立本行政区域内的保安人员人事档案制度，通过电子服务系统，对保安服务公司以及保安人员进行网络化管理，将政府管理与社会监督结合起来，提高对保安服务公司和保安人员的管理效率。

（三）切实保障保安服务企业的经营自主权，逐步推进保安服务企业的民营化

世界各国保安行业的诞生和保安服务公司的出现，是保安服务社会化、市场化的必然要求。随着我国市场经济的深入发展，由保安服务公司提供社会性的安全服务已经成为我们今天社会的普遍做法。据统计，自 1984 年底深圳蛇口首创全国第一家保安服务公司起，经过 20 多年的发展，全国保安服务企业已发展到数千家，400 万人从事保安工作。据有关政府部门领导介绍“发达国家的概念，一般的警察和保安的比例是 1∶6，一百万的警察，就有五六百万的保安。现在，中国警察的总数是 170 万人，保安是 400 万人左右，所以还要继续发展”。① 在我国，保安服务已经成为一种专门的业务领域，保安人员已被劳动和社会保障部列入国家职业序列。

---

① 2005 年 12 月 6 日中新网。

保安服务公司作为一种为服务对象提供社会化安全服务的经济组织，其性质我们可以作如下两个方面的分析。

一方面，从保安服务公司提供服务的有偿性和经营内容来看，与市场上的其他经济组织同样，其有自己的经营范围，形成了特定的行业领域，有其特定的服务对象。它依照法律规定进行登记，在法律规定的范围内从事有偿的服务性经营活动，依法享有权利、履行义务，并以自己的财产对外承担民事责任。从这些特征来看，我们可以确定，保安服务公司是一种营利的民事活动主体。

另一方面，保安服务公司提供的不是商品或者劳务的服务，而是按照他人的要求向服务对象提供相应的人身和财产安全保障，是一个比提供简单的劳务内涵更加丰富的安全服务，这种安全服务首先由保安人员所提供的劳务构成，但是，这种劳务又与对客户的安全保障紧密结合起来，需要特殊的工作技能。身体健康和生命安全不仅是公民个人的最大利益，而且涉及公共秩序的安全与稳定。因此，拟设立保安服务公司者必须具备相应的资质，获得从业资格证书，并必须向国家主管部门申请取得许可认定。保安服务公司的成立和废止都应当向国家主管部门备案，并接受公安部门的指导监督。这是保安行业与其他行业不同的特殊之处。

从保安服务企业的上述两个特点来看，保障保安服务企业的经营自主权应当从两个方面着手，一个是严格施行“准入制”，由国家制定标准，拟从事保安服务者取得国家规定的相应资格证书，向国家主管部门提出申请，经审核符合从事保安服务业的条件方能得到认可。另一个是明确保安服务企业经营自主权的范围与内容。在保安服务企业的设立和经营活动符合国家法律的前提下，允许其自主地依法经营保安服务业务。

1. 我国保安服务企业及其经营的现状与问题

目前我国的保安服务企业状况比较复杂，有记者经过调查，将保安服务企业分为两大类，一类是具备提供保安服务条件，经过国家批准或者由公安机关建立的保安服务公司，另一类是除此以外的其他“保安人员”，这些“保安人员”，“有与保安服务公司联建的，与保安服务公司无关但经过公安机关批准的，有打政策‘擦边球’的，也有些根本是不合法组建的”。① 而且，这种各类“保安人员”大量存在，从而在客观上给保安市场造成了不小的混乱。

也有人对合法（指在某些方面经公安机关批准）成立的保安服务企业进行过调查，认为我国保安服务业的主体大致有两种，其一是公安机关组建的保安服务公司，是为客户承担保安服务和提供安全防范咨询业务的服务型企业，由公安机关实行统一领导，归口管理。保安服务公司在性质上属于企业单位，在经济上与公安机关分开，其收入只用做自身建设。保安服务公司成立要经省、自治区、直辖市的公安厅、局审批，经当地工商行政管理部门登记注册，并报公安部治安局备案。依照有关规定，保安服务公司的法定代表人由公安机关委派或聘任。公安机关可选派部分干警担任公司的业务骨干，也可聘请少量能坚持工作的离退休公安干警到公司工作。其二是企事业单位自建的保安组织。单位自建的保安组织，是由企事业单位根据实际需要，在单位内部组建的专门负责守卫、巡逻、防盗、防自然灾害事故的安全防范组织，它不对外开展有偿保安服务业务。单位自建的保安组织必须接受当地公安机关的领导，其负责人的确定，必须经当地区、县（市）公安局（分局）审核同意，同时向公安派出所报告开展工作情况，接受公安机关检查、指导。②

针对这种现状，业内人士分析认为，目前国内的保安服务行业并没有形成真正的竞争模式，仍处于一种垄断体制下。③ 所以，必须要从制度上真正打破目前保安服务企业所有制单一的格局，吸收多方资金和多种性质的资金进入保安服务领域，扩大保安服务主体的范围，实行在依法经营基础上的保安服务企业的民营化，在一些普通的人防安全服务领域，可以考虑引进个人资本，建立针对居民小区安全服务的私人性质的保安服务企业，形成一个以国有制为核心、多种投资主体为基础、私人资本为补充的多元化的保安服务投资主体制度。

---

① 王涛：《“眼花缭乱”的保安市场——保安市场现状调查分析》，载《中国保安》2005 NO.1 第 19 页。

② 林莉红：《保安服务的法律问题》，载《1995-2005 Tsinghua Tongfang Optical Disc Co., Ltd. All rights reserved.》第 74 页。

③ 王涛：《“眼花缭乱”的保安市场——保安市场现状调查分析》，载《中国保安》2005 NO.1 第 19 页。

2. 保障保安服务企业经营自主权的条件

（1）准入制的建立

保障保安服务企业的经营自主权，首先是开放保安服务行业市场，只要不是禁止从事该行业的人，接受培训具备了该行业的从业资格证书，经审核具备了经营保安服务业的条件者，就应当允许其从事保安服务业。所有参与保安服务市场的保安服务业者，在统一的法律规定面前一律平等，自由竞争。这样，认可和培训就非常重要。国家对保安服务业采取的总的方针，应当是放宽限制，强化监督管理，对违法行为加重处罚力度。

（2）明确服务范围

建立准入制度之后，还要划定保安服务企业能够活动的范围，即明确保安服务的范围。保安服务的提供是保安服务者与接受服务者在平等自愿的基础上，经过协商就保安服务达成保安服务合同。这种保安服务提供的，只是日常的安全防卫，它可以是门卫、维持秩序、防止盗窃发生等通常接受服务者自己能够做的事情，也可以是贵重物品的押送，危险物品的处理、运输等需要专业人员实施的安全处理业务。但无论哪种情况，都是民事主体之间的合同关系。保安服务公司的职务范围，根据公司与客户签订的合同内容确定。保安服务公司及其保安人员实施了合同约定外行为的，由保安服务公司承担责任。

保安服务业者不是公权力机关，不能执行属于公安机关的任务，即使参加“辅警工作”，也没有限制他人自由，拘束他人身体，搜查他人身体或者扣押他人证件、财物的权力。保安人员在辅警工作中造成他人损害的，公安机关应对受害人承担赔偿责任，但不排除其对有过错的保安服务业者进行追偿的权利。

保安服务不得干预保安服务接受者（客户方）内部的罢工、劳资纷争等公民正当权利行使活动，也不得为客户追索各种债务，因为这些都是雇主与雇员私人间的利益之争，或者是债务纠纷，与保安服务公司提供的安全服务没有关系。保安业者要对自己在执行保安服务业务时实施的违反法律、法规、规章的行为承担相应的法律责任。

（3）排除法外干扰

政府在严格施行准入制，明确保安服务范围的前提下，应当确保保安服务企业享有依法根据市场的需求自己决定经营项目、经营方式等自由。除负责审核检查和认定保安服务公司资格，给予业务指导，监督其经营外，任何公安机关不得干涉保安服务公司的合法经济活动，更不得无偿使用保安服务公司的人、财、物力，要求保安服务公司参加辅警工作时，应当支付合理的薪酬。只有对配带枪支、使用警具等特殊保安设施或者是设备，可以依据法律、法规的相关规定，对保安服务企业和保安人员通过严格的特许经营制度来加以监控。

除此之外，其他影响保安服务公司正常经营的因素，政府一经发现就应及时消除。

（四）不断扩大保安服务业的服务范围，进一步完善商业性保安服务的社会化体系，健全安全服务的民事服务法律制度

在世界范围的保安服务业社会化的大趋势下，我国的保安服务业的社会化不仅是可能的，而且已经呈现出一种迅速发展的必然趋势。据统计，现在中国已有400万人从事保安工作。目前，全国已有20多个省、自治区、直辖市开办了专业的金融押运公司，这是保安战线中的高端服务，他们带着防爆枪，开着运钞车，不但服务于金融单位，还要为一些公司押送字画，为一些珠宝厂商押送贵重物品，为一些大型展销、展览场所运送贵重物品。比如说前不久在北京举办的毕加索的百年画展，投保一亿元，就交给金融押运公司。所以，保安在整个社会经济生活中，在人们的日常生活中，确实无时不在，作用越来越大。① 如果是这样，那么当务之急是顺应这种社会化的良好趋势，及早在立法上采取妥当的对策将保安服务业引导上健康发展的道路。

关于是否应当采取立法的措施，有学者介绍了一些其他国家的情况："亚洲许多国家保安都已立法，规定了企业的营业范围、权利、标准。但西方的很多国家至今也没有立法，譬如说英国，保安立法就争论了很多年，直到前年才出台了一部相关的法律。之所以迟迟不肯立法，英国内政部的解释是：保安服务行业作为一个企业本身并没有什么特殊性，用于规范企业的法律对于它也是适用的，譬如对于保安

① 公安部治安管理局副局长马维亚在2005年12月6日新闻发布会上公布的最新数据。参见中新网2005年12月6日电。http：//webcast. china. com. cn/webcast/created/565/36_1_0101_desc. htm。

服务公司的雇员，和对别的任何公司雇员的要求是一样的，对任何企业都是适用的，没有必要进行单独立法。”① 这一信息非常重要，它告诉我们了这样一个现实，即有其民主传统和资本主义革命比较彻底的西方，针对作为民间企业的保安服务公司立法并不具有迫切性，而亚洲许多国家，包括资本主义改良相对多一些的日本同样制定了《保安业法》。同时，英美等国虽然没有就保安服务业立法，但它们都有保安服务行业协会，都制定了行业协会章程、规则，那些规章很好地发挥了规范行业行为的作用,从某种意义上说,这等于有了实质上的“法”。从我国的社会发展水平以及保安服务业的发展状况来看,保安服务业社会化和健康发展的首要对策仍然是立法。围绕着建立和健全完善的民事保安服务制度,相关的立法应当解决如下一些问题。

1. 明确保安服务企业的定位

保安服务要实现社会化，首先要对“保安服务业”等概念作出明确的定义，确立其作为民营企业经营保安服务业的合法地位。这样才能形成一个行业领域，使保安服务行业的从业者能够处于其行业领域的合法地位上，努力依据规范从事正常的“保安服务业”。关于这一点，有许多国家和地区的经验可供我们参考。②

---

① 马剑：《保安立法，何时破晓？保安立法若干问题之探析》，载《中国保安》2004 年第 12 期，第 8 页。

② 例如加拿大、比利时、南非、新加坡和我国澳门等国家和地区保安方面的法规和英美的保安协会章程、规则等都可参考。日本警备（保安）业法第 2 条规定，“本法律中所谓‘警备业务’，是指符合以下各项中某一项的业务，应他人的需要实施的行为：1. 警戒、防止事务所、住宅、演出活动场所、停车场、游园地等（以下称‘警备业务对象设施’）盗难等事故发生的业务；2. 警戒、防止人或车辆混杂拥挤场所或者这些有通行危险场所发生负伤等事故的业务；3. 警戒、防止搬运中的现金、贵金属、美术品等相关盗难等事故发生的业务，对人身体发生的危害，在其身边进行警戒、防止的业务（第 1 款）。本法律中所谓‘警备业’，是指实施警备业务的营业（第 2 款）。本法律中所谓‘警备业者’，是指接受第 4 条的认定经营警备业者（第 3 款）。本法律中所谓‘警备员’，是指警备业者的使用人及以其他从业者从事警备业务的人（第 4 款）。本法律中所谓‘机械警备业务’，是指使用警备业务用机械装置（通过设置在警备业务对象设施的机器将感知到的有关盗难等事故发生的信息传输到设置在该警备业务对象设施以外的设施的机器，以及为进行接收的装置，由内阁府令规定的机器）实施第 1 款第 1 项的警备业务（第 5 款）。本法律中所谓‘机械警备业’，是指实施机械警备业务的警备业（第 6 款）”。

2. 建立健全的“准入制”

要将社会化性质的保安服务引入机关、团体、社会组织和社区等的安全保卫工作之中，首先就要取得上述这些保安服务对象的信赖与认可，要做到这一点，就必须由国家制定统一可靠的国家标准，由相关国家主管部门负责审核，严格施行准入制。

保安服务业的从业资格必须依法律规定，这是由这种业务在某种程度上关系到服务对象的人身和财产安全，或者说是在一定程度上为服务对象提供安全保障这一特性决定的。关于保安服务业的从业资格、保安人员从事保安服务的就职资格等，国家都应有严格的规定。有的国家对保安服务业的从业资格和保安人员从事保安服务的就职资格作排除规定。例如，日本保安业法第3条①规定了保安业的要件，对保安服务业的从业者作了11项限制规定，以防止不良人员从事该行业给保安服务对象造成损害。

3. 建立严格的培训制度

---

① 第3条：“符合以下各项之一者，不得经营警备业：1. 成年被监护人或者被保佐人或者破产者未得到权利恢复者；2. 被处以监禁以上刑，或者违反本法律规定被处以罚金刑，自其执行终了，或者接受执行解除之日起算未经过五年者；3. 在最近五年间，违反本法律的规定、基于本法律的命令的规定或者处分、或者实施了违反有关警备业务的其他法令的规定的重大不正行为、国家公安委员会规则规定的行为者；4. 有相当的理由足以认定有实施国家公安委员会规则规定的，集团性地，或者常习性地实施暴力不法行为及相当的其他罪的违法行为危险的人；5. 关于根据防止暴力团员实施不当行为等的法律（平成三年法律第七十七号）第十二条或者第十二条之六的规定的命令和同法第十二条之四第二款的规定的接受指示者，自接受该命令或指示之日起算尚未经过三年者；6. 酒精、麻药、大麻、鸦片或幻觉剂的中毒者；7. 国家公安委员会规则规定的由于心身障碍不能适当正确地实施警备业务者；8. 无营业上与成年人同一能力的未成年人，但该人为警备业者的继承人，其法定代理人不符合前各项中之一的场合除外；9. 有相当的理由不能认定每个营业所选任第十一条之三第一款的警备员指导教育责任人的人；10. 法人的役员（指执行业务的社员、董事、执行官和准于这些人者，无论是否有咨询员、顾问及其他任何名称者，含被认定为拥有与对法人执行业务的社员、董事、执行官和准于这些人者同等以上支配力者。）中符合第一项至第七项之一者；11. 符合第四项者通过出资、融资、交易及其他关系对其事业活动有支配性影响者。”

可以考虑建立两级培训考核制度，对保安人员进行专业训练。① 首先国家制定从业人员资格标准，未参加培训者不能取得资格证书。进一步地讲，制定各种具体保安服务的标准和规范，例如机关、学校等的门卫，厂区、校区和住宅区等的警戒巡逻，仓库、重要设施等的守卫，放射性材料、化学品及各种有毒有害危险物质的运输押送，都规定从业人员必须具备的知识，并进行培训和考核，合格者发给从业资格证书。也可以参照日本的做法，规定保安业者及保安人员为适当正确地实施保安业务，必须努力提高有关保安业务的知识及能力。保安业者为使其保安人员能够适当正确地实施保安业务，除根据保安业法的规定外，还必须根据内阁府令的规定进行教育，并实施必要的指导及监督。由公安委员会按照国家公安委员会规则规定的类别，根据国家公安委员会规则的规定，对保安人员或者想成为保安人员者进行有关该类别知识及能力的检定。并设置保安人员指导教育责任人，要求保安业者必须对每个营业所，制作有关保安人员指导及教育的计划，基于其计划进行指导及教育保安人员的业务。公安委员会对符合条件者，交付保安人员指导教育责任人资格者证。保安人员指导教育责任人情况有变化时必须及时报告公安委员会，发生失格情况时，可以根据内阁府令的规定，命令交回其保安人员指导教育责任人资格者证。

对使用各种保安服务设备的所谓技防保安服务，更应当进行认真的训练，严格的考核，使保安人员熟悉其使用的保安服务设备，成为该种类技术设备的专家，从而符合保安服务专业化、职业化的趋势。

4. 建立保安服务行业协会

---

① 对保安员的培训，现在一般采取两种形式，一个是岗前培训，包括中国的保安协会都有自己的培训基地，特别是培训保安的中层领导干部。对于保安员来说，各地都有培训基地、培训中心、培训学校。另外是岗中培训，特别是上规模的保安公司，像北京七万多人的保安公司，他们自己有非常健全的培训体系，培训基地占地60亩，有相应知识、体能、法律法规、政策方面的教育，岗中的培训也是比较健全的。特别是2005年11月，国务院召开了职业教育大会，同时，国务院发了决定，对保安公司的培训更加明确了方向，提供了政策支持。公安部治安管理局副局长马维亚在2005年12月6日新闻发布会上公布的最新数据。参见中新网2005年12月6日电。http：//webcast. china. com. cn/webcast/created/565/36_1_0101_ desc. htm。

建立保安服务行业协会，实现最起码的自律、自治。保安服务业的行业协会应当是依法成立的行业自律组织，同时也是维护自身利益的自治组织。一方面对内制定行业协会规章，促进从业者认真执行行业规范，处理违反规定者，保持行业组织始终符合法律规定的基准。另一方面，作为法人代表为自己的成员服务，维护保安服务从业者和保安人员的合法权益。这方面可以参照英美的行业协会章程和规则。

5. 严格区分自身的保安服务业务与协助警察的“辅警工作”

保安服务公司是为服务对象提供安全服务的营利经济组织，一般是与服务对象就服务内容、范围以及要求，服务报酬、劳动待遇等进行协商，在意思一致的基础上签订合同，双方履行合同约定的内容，保安服务公司指派自己的保安人员执行合同约定的职务。这是保安服务公司的日常业务。除此之外，保安服务公司还常常协助公安机关作一些维护社会治安、预防和打击违法犯罪的工作，即所谓“辅警工作”。

保安服务的正常业务与“辅警工作”这两种职务，性质是不同的。根据合同约定向服务对象提供的安全服务属于履行合同的私法上的行为，辅助警察进行的维护社会治安、制止违法、打击犯罪等活动属于辅助警察执行的公法上的职务行为。前者是保安服务公司作为独立的法人、经济组织自己实施的行为，如果给他人造成了损害，就要自己承担赔偿责任。后者已经不是保安服务公司自己的独立行为，而是辅助警察行为的一部分，保安服务公司在履行辅警功能时，应获得公安机关的特别授权或者是事后的明确认可，因此，保安服务公司执行警察的命令造成他人损害时，就要由指挥其行为的警察机关负责赔偿。

反之，接受服务的法人、组织、团体的日常安全警卫、各种演出、展览、学术活动以及商品推销等商业性活动的秩序维持及事故防范等是该法人、组织、团体自己的安全事务，这时，即使警察协助其活动的秩序维持，也是对该接受服务者私法性质的事务的协助。如果在该活动现场出现犯罪行为，警察采取行动制止，这与一般情况下处理社会治安突发情况的性质是相同的。

6. 政府在保安服务业社会化中的任务

严格区分保安服务业的日常保安服务提供活动和“辅警工作”，

避免发生民间保安服务行为与公权力行使辅助行为混淆，给保安服务对象或他人带来损害的现象发生。

解决所谓“政企不分”的问题，是在保安服务领域实现市场规则的关键。如何给予保安服务企业更大的经营自主权是政府应当研究的问题。

关于产权的问题，与社会上其他公司无异，保安服务公司独立核算、自负盈亏，拥有充分的人、财、物的支配权及企业的自主权。

政府对其的依法审核、监督、管理部分应当是作为国家机关的公安机关，或者公安委员会，而不是公安部门某个机构或者许多机构，任何派出所、交警大队均不得干涉保安服务公司的业务。如果邀请保安服务公司参与“辅警工作”，与保安服务公司向其他民间客户提供服务性质同样，公安机关应当支付合理的费用，而不是挤占保安服务公司的利润留成。

关于保安服务公司的股份制改造问题，参照公司法的规定即可。

这些都需要政府采取必要的措施，真正将保安服务企业作为独立的经济组织对待。

（五）建立公平、合理的安全服务市场竞争机制，提高保安服务业的整体服务水平

在对现行的保安服务制度进行改革的过程中，其中一个最重要的改革目标就是要建立保安服务市场的必要的规章制度，规范保安服务行为，控制保安服务的质量，建立公平、合理的安全服务市场竞争机制，提高保安服务业的整体服务水平，全面提升保安服务市场的竞争力。

1. 健全保安服务公司内部的各项规章制度

保安服务市场要规范，首先依赖于保安服务公司自身要建立起比较规范有序的管理制度。总结近年来保安服务市场的总体经营状况，之所以会出现一些保安服务领域客户存在严重不满和社会公众对保安人员的素质存在负面评价的问题，是因为一些非正规渠道的保安服务公司或者保安人员自身素质太低，企业内部管理混乱，甚至有些企业对聘用的保安人员根本不进行严格管理，以致有许多违法犯罪分子利用保安服务市场管理混乱的机会，冒充保安人员或者是骗取客户的信任，实施违法犯罪活动，造成了比较恶劣的社会影响。

其实，目前正规渠道的保安服务公司一般都建立起了比较健全的内部管理制度。以北京市保安服务总公司为例，先后就业务发展、辅警工作和队伍管理颁发了近三十个内部规章，对于提高保安人员的素质和保安服务公司的服务质量，赢得客户信任，争取更大的客户市场起到了非常重要的保障作用。如在业务管理方面，就出台了《北京市保安服务公司各分公司经理岗位目标责任书》、《北京市保安服务总公司客户服务中心工作规范》、《北京市保安服务总公司保安服务收费办法》、《北京市保安服务总公司关于加强安全生产的暂行规定》等；在辅警工作方面，先后出台了《北京市保安服务总公司保安协警勤务管理规定》、《保安队伍配合公安机关处置突发事件工作预案》、《北京市保安服务总公司固定点联网报警系统接处警管理办法》等；在队伍管理方面，也出台了《保安系统各级领导岗位职责》、《北京市保安服务总公司保安纠察办法》、《保安系统六条禁令》、《北京市保安服务总公司保安人员奖励工作实施办法》等。① 很显然，北京保安服务总公司已经形成了比较严格和规范的内部管理和对外开展服务业务以及发挥在辅警中的积极作用的各项规章制度。这些规章制度的建立都有效地保证了北京市保安服务总公司所属的保安人员在为客户提供保安服务的过程中，能够尽心尽责，服务周到，赢得客户好评和获得稳定可靠的服务市场。

但是，相比之下，目前在物业公司管理下的保安人员或者是商场聘用的保安人员，以及一些商业性公司开展的保安业务服务，不论是其内部管理，还是其对外服务，都不是非常规范。一方面表现在这些保安服务企业自身没有建立起严格的规章制度，对保安人员的管理松弛，有的甚至将违法犯罪分子都吸收进保安人员队伍，给客户的安全造成严重威胁；另一方面，由于这些保安服务企业没有建立起严格的用人制度，由于工资低、待遇不好，造成保安人员流动性大，不能很好地对外开拓服务市场，也无法在保安服务市场中获得比较稳定和可靠的客户来源。所以，为了提高保安人员的素质，从整体上提升保安服务市场的服务水平，就必须要强化对保安服务企业的内部管理，建

① 参见北京市保安服务总公司办公室编制的《北京市保安服务总公司企业管理文件选编》，2005 年 10 月。

立严格的规章制度。对此，作为主管部门的公安机关可以对保安服务企业的内部规章制度进行定期或者是抽样检查，对于那些内部管理制度混乱的应当限期整顿，经劝告屡教不改的，应当建议工商机关不予年审登记或者是取消经营资格。

2. 尽快制定和通过保安服务业的全行业的国家标准或行业标准

保安服务业是以劳动密集型为主的劳务服务市场，所以，从某种意义上来说，保安服务公司在向客户提供保安服务时，更容易建立起比较规范的服务标准体系。因为客户对安全的需求种类和层次都是比较相似的，而保安人员通过自身的劳务向客户提供保安服务的能力和服务内容都是相同和相似的，因此，为了在保安服务公司与客户、保安人员与客户之间建立比较规范和稳定的服务关系，特别是从全国的保安服务行业的整体角度出发，应当制定适用于保安服务公司与保安人员的全国性的国家标准或行业标准。① 只有确立全国性的国家标准和行业标准，保安服务市场才能真正地打破地区封锁，保安服务公司才能在市场竞争中跨越区域的界限，在全国范围内建立起稳定可靠的客户服务网络。与此同时，确立保安服务行业的全国性的国家标准和行业标准也可以增强国内保安服务企业在国际市场上的竞争力，在我国依据 WTO 规则的要求于 2006 年年底向 WTO 成员国的保安企业开放了国内市场之后，能够在适用于全行业的国家标准和行业标准的保护下，有效地与国外的保安企业开展公平和有效的市场竞争，同时也有利于中国保安服务企业走出国门，开拓海外的客户服务市场。

目前，由于体制的原因，我国的保安服务企业主要是按区域来划分和限制自身的服务范围的，在这种情况下，就缺少适用于全国范围内的保安服务行业应当遵循的国家标准和行业标准，只是在某些行政区域内有着适用于该行政区域的保安服务业的服务标准。虽然这些服

---

① 公安部治安管理局副局长马维亚在 2005 年 12 月 6 日新闻发布会上的发言指出：根据新的政策和立法，我们将制定一系列的管理规范，比如说我们要制定国家保安员的职业标准。中国保安的发展方向是职业化、专业化、社会化，我们要将它作为国家职业种类中的一种，培养我们保安长期爱岗敬业的精神，提供一些政策的支持。我们要制定国家保安员的标准，我们要制定保安服务的操作规程和质量控制标准。我们还要制定保安服务企业资质认证的办法。http：//webcast. china. com. cn/webcast/created/565/36_1_0101_ desc. htm。

务标准对于规范保安服务市场秩序，提高保安人员的服务质量和意识，建立客户与保安服务公司的相互信任关系和有效的业务联系起到了较好的作用，但是，这些标准还没有摆脱区域的限制，还缺少全国性的国家标准和行业标准，这样就使得全国各地的保安服务公司的服务质量和服务水平参差不齐，保安人员的素质也是相差很大，严重影响了保安服务市场的发展和保安服务公司跨区域之间的横向协作和联合。因此，要加快研究和制定适用于全国范围内的保安服务企业的国家标准和行业标准，并且将保安服务纳入消费者权益保障体系。

3. 建立和健全保安服务业的行业协会以及规范保安服务业的行业协会章程，提高保安服务行业的自治和自我管理能力

目前，由于受到政策因素的影响，保安服务公司主要是由公安机关设立和进行管理，因此，保安服务公司之间的跨地区、跨行业之间的协作和联系还无法有效地建立，原本应当由保安服务业自发进行管理的事务实际上都由公安机关或者是政府有关部门代替了。全国性的保安协会虽然早已经建立起来①，但是，这一协会本身还不是利益组合型的，而是情况和信息沟通型的，并不能真正地在全国范围内的各保安服务公司之间建立比较有效的组织联系。所以，要建立全国性的保安服务大市场的概念，除了在体制上要保证保安服务公司与公安机关完全脱钩，建立起完全受市场规律支配的保安服务企业之外，更重要的还是要充分发挥保安协会在协调、联系和组织全国范围内的保安服务企业的作用，特别是要让保安协会成为协调全国范围内的保安服

---

① 中国保安协会是由中华人民共和国公安部主管，经民政部批准登记成立的全国性保安服务行业组织与社团法人。协会的宗旨是：遵守宪法、法律、法规和国家政策，协助公安机关组织、协调保安服务业务，规范保安服务行业行为，提高保安队伍素质，提高保安服务水平，加强行业自身建设，促进保安服务业健康发展。

中国保安协会领导成员由会长、副会长和秘书长组成。会长为协会法定代表人。中国保安协会主要设有：秘书处、人事处、财务处、经济技术开发部、对外联络部、高级培训中心、《中国保安》杂志社和中国保安协会网络信息中心等部门。

1994 年 6 月 25 日至 27 日，中国保安协会在北京召开第一次会员代表大会，大会选举产生了中国保安协会第一届理事会。按照中国保安协会章程的规定，中国保安协会于 2000 年 6 月 28 日至 30 日在广西壮族自治区桂林市召开了第二届会员代表大会。会议对第一届理事会的工作进行了全面总结，选举产生了第二届理事会。http：//www. csa888. cn/asso_ disp. asp？ ID = 1。

务市场的分配、保安服务的标准和保安服务企业维护自身权益的行业自治组织，通过制定和出台相关的行业自治规范，建立全国范围内的保安服务体系。实现从过去的公安办保安向社会办保安的模式过渡，真正地解决保安服务市场目前政企不分和双轨经营的弊端，进一步发挥商业性保安在维护社会秩序、保障企事业单位和居民安全方面的重要作用。

4. 扩大与国外保安服务企业的交流渠道，在开放保安服务市场的同时，借鉴和吸收国际化的服务标准和规范，提高我国保安服务企业在国际保安服务市场中的竞争力

保安服务业要面对即将向 WTO 成员国开放保安服务市场的新情况，除了从自身深挖潜力，形成统一和规范有序的市场秩序之外，更重要的是要提高在与外国同行之间开展服务竞争的竞争力。长期以来，我国的保安服务主要是以人防服务为主，对技防和其他形式的保安服务重视不够，因此，保安服务企业在为社会公众提供安全的品种和质量方面就很有限。对此，必须认真地予以对待，否则就会在我国对外国企业开放了保安服务市场之后，在允许外国保安服务企业进入的保安服务领域，很容易丧失市场份额，在与外国同行竞争的过程中失去应有的服务市场，而且也很难打入国际市场，进一步提升保安服务公司的国际竞争力。因此，保安服务公司必须要建立与国外保安服务企业的企业联系和合作关系，① 要经常性派遣人员到国外学习，学习保安业务知识和先进的管理经验，要走出劳动密集型的服务模式，通过引进先进的科学技术和管理方法，全面提升我国保安服务企业在国内外保安服务市场上的竞争力，特别是依靠我国保安服务企业自身人力资源的优势，力争占取一部分国际市场。

（六）尊重和保障保安人员的合法权益，努力营造稳定和可靠的保安人员队伍

---

① 北京市保安服务总公司目前已经与美国 CE 公司、集宝公司、日本的西科姆公司、英国的士瑞克公司等国际知名的安防企业进行了广泛接触，并就保安项目合作和市场开放等问题，达成了广泛共识，拟签订各种性质的合作协议。参见北京市保安服务总公司办公室制《北京市保安服务总公司调研文章选编》，2005 年 10 月。

随着保安服务业的不断发展，保安人员的队伍也不断壮大，而且，保安人员在协助公安机关维护社会治安方面也发挥着越来越大的作用，但是，保安人员的地位一直比较低，而且，人们对保安人员往往欠缺必要的尊重，不仅如此，保安人员的权益保障问题一直没有引起人们必要的关注。由于现实中对保安人员权益的保障不够健全，既影响到保安人员的切身利益，又影响到整个保安服务业的健康发展。根据劳动法的规定，保安人员享有与保安服务业者签订劳动合同的自由和权利，有领取报酬的权利，有保障劳动时间和休假的权利，有获得劳动安全保护和劳动保险的权利，有获得学习和职业培训的权利，有享受社会保险和福利的权利，在与雇主发生争议时，有向劳动仲裁委员会提起劳动争议的权利，等等。总之，保安人员与其他行业的从业人员同样，享有任何普通公民应当享有的一切合法权益。

当前，我国保安人员的权益保障存在的主要问题大体表现为如下几个方面。

首先，保安人员的薪金普遍较低。薪金较低是当前我国保安人员普遍面临的问题。据调查，当前，我国大多数城市中正规的保安服务公司聘用的保安人员的工资多在600～800元之间，而一些非正规保安服务公司聘用的保安人员的工资则在300～500元之间。而在深圳，保安人员的工资水平相对于其他地区，还是比较高的，约为每月1 600元，并且，企业可以上下浮动30%。但是，深圳市职工的平均工资每年都在提高，其中2001年是2 162元，2004年已经提高至2 661元，然而，保安人员的工资水平却一直保持着原有的水平，这对保安人员而言是很不公平的。这一状况有着众多的负面作用。一是由于薪金较低，导致整个保安服务业缺乏吸引力，很少有本地居民及高学历人员愿意从事保安人员的工作，这不利于整个保安人员服务水平的提高。二是保安人员的普遍低收入和低素质，也会造成保安人员同有关的客户之间的心理和实际的冲突，某些保安人员打人、甚至侵害客户合法权益的案件都与此有一定的关联。

其次，大多数保安人员不能享受基本的社会保险。按照我国社会保障方面的有关规定，企事业单位应当为其职工办理养老、医疗、失业等基本的社会保险，并为其交纳公积金，但是，现在，绝大多数保安服务企业是不为其保安人员办理上述社会保障的。据《南方日报》

2005年7月27日的一份报道显示，某市11家正规保安服务公司中，有5家明确表示不为保安人员购买社会保险，只购买商业性的人身意外保险，每年90多元；有4家表示会为保安人员购买社会保险，但是只有工伤保险和住院医疗保险，其中有的表示在保安人员干满一段时间后，如果表现好，可以考虑为其购买社会养老保险；仅有两家保安服务公司表示会在转正后为保安人员购买所有的社会保险。这只是从一个侧面反映了我国当前保安服务业中保安人员基本社会保障机制的问题。如果考虑到各种非正规的保安服务企业，那么，这种状况就会更加严重。事实上，现在一些住宅小区物业管理公司等机构内部聘任的保安人员以及各种未经注册擅自经营保安服务业务的企业聘用的保安人员都是享受不到社会保障方面的待遇的。而且，据称，保安人员不享受社会保险待遇已经成为了一个不成文的行规。其结果是导致广大的保安人员普遍对未来缺乏信心，不利于保安服务行业的稳定。尤其是保安服务在工作的性质上具有相当的风险性，保安人员在执行工作过程中，一旦身体健康遭受到损害，如果没有完善的社会保障机制，其今后的生活将失去任何的保障。因此，缺乏完善的社会保障机制往往导致保安人员的合法权益很难得到有效的保障。

总的来说，当前我国对于保安人员的权益保障问题重视不够，保安服务企业由于种种原因忽视保安人员权益的问题比较普遍，这一状况既侵害到保安人员的合法权益，又不利于整个保安服务行业的健康发展。另外，当前比较受关注的另一个问题便是保安人员受到客户或者其他主体人身伤害的问题，这也是属于保安人员权益保障的问题，但是，该问题从根本上与普通人的人权权益保障问题并没有本质区别，因此，本部分不作为重点加以探讨。

为了确保保安服务业的健康发展，必须高度重视保安人员的权益保障问题，为此，有必要结合对保安服务企业的监管，强化企业的责任，并通过逐步确立相应的制度，以进一步完善对保安人员权益的保障问题。

首先，应当确立保安人员的最低工资制度。一般接受保安服务者支付给保安服务企业劳务费，由保安服务企业发给保安人员工资。保安服务公司的收入中，多少为支付给保安人员的工资，应明确比例，制定适当的收入标准。应当把作为保安人员工资的部分与公司经营的收益和经费等部分分开。有报道说“国外的保安服务业是高文化、高素质、高技术、高收入的职业，其收入是警察的三至四倍”。[①] 这种说法不太确切，或许有的国家的有的保安人员是这样。据资料表明，日本的“保安人员”的收入一般没有警察高。况且，保安人员薪酬一般与其所从事的保安服务内容挂钩，没有一个“统一”的标准。笼统讲国外保安收入如何高，容易产生误解，反而不利于保安人员利益的保护，目前应当首先明确保安服务公司与保安人员的“分成比例”。有些住宅小区按每月每位保安人员800元的标准向保安公司支付费用，而保安公司只给保安人员350～400元的薪酬。这种比例是否适当，需要政府有关部门予以研究，以便在各领域的保安行业内规定一个统一的比例基准，维护保安人员的合法权益。由于保安服务业在服务过程中具有一定的风险性，因此，应当结合该特点并综合考虑其他行业的工资水平具体确定保安人员合理的工资标准。并且，应当针对保安服务业的实际情况，研究制定保安人员的最低工资标准，要求保安服务企业必须严格执行该工资标准。

其次，保障8小时工作时间和按照劳动法规定加班的权利。保安服务工作经常加班、上夜班，应当依法保障保安人员的休息权和领取加班费、夜班费的权利。另外，保安人员的休假问题应当引起注意，往往越是节假日，保安人员越忙，常常得不到应有的节假日，应当要求保安服务公司采取措施加以改进，且监管部门要经常对保安公司进行检查。

再次，应当完善保安人员的社会保险机制。严格地讲，按照我国的现行法律法规，为职工办理各类社会保险乃是企业的法定义务，但是，该制度在现实的执行中存在许多问题，企业逃避社会保险金交纳义务的现象比较明显。因此，要解决保安人员的社会保险问题，从根本上还是要依赖于进一步完善国家的社会保障制度，只有整个国家的社会保障制度逐步健全，保安人员的社会保障问题才能够得到最终的解决。但是，这并不意味着在对于完善保安人员的社会保障体制而言，构建保安服务业的监管机制毫无作为。事实上，完全可以通过加

---

① 孟凡球：《当前影响和制约我国保安服务业发展的主要问题及建议》，载《中国保安》2004年第7期，第34页。

强对保安服务企业的监管强化保安人员的社会保障机制。在这方面，最主要的一点就是，可以将保安服务企业为职工办理各类社会保险作为对其实施日常监管和年审的一个重要内容，凡不能依法为职工交纳社会保险费的，监管机关可以对其实施警告乃至处罚，并可以以此为理由，判定其年审不合格。借此，可以在一定程度上规范保安人员的社会保险机制。

最后，应当针对保安服务业的实际情况，引入专门的意外伤害综合保险制度。最低工资制度以及社会保险制度只能解决保安人员基本的生存保障问题，由于保安服务工作具有较高的风险性，在履行职务过程中，遭受意外伤害的可能性比较大，仅仅依靠基本的社会保险是不能确保保安人员在遭受严重意外伤害后得到及时有效地治疗的。因此，还应当引入强制性的意外伤害综合保险制度。① 凡加入该行业的人员，均应当按照企业和个人共同负担或者其他独自负担的原则，保障保安人员加入意外伤害综合保险。一旦保安人员在执行职务过程中遭受意外伤害，除了可以依法向加害方及保安服务企业索赔之外，保安人员还可以通过意外伤害综合保险获得一定数额的经济补偿，以确保其伤病能够得到及时救治，免去保安人员的后顾之忧。

总之,为了保安服务业的健康发展,为了切实保障保安人员的合法权益,应当至少从上述几个方面着手完善保安人员的权益保障机制。

（七）严格地规范保安服务企业、保安人员与服务对象之间的关系，完善保安服务合同，建立规范有序的安全服务市场秩序

要规范保安服务市场，加强保安服务业的法制建设，归根结底是应当严格地按照市场运作的要求来处理保安服务企业、保安人员、客户之间的法律关系，其中，最重要的法律手段就是健全和完善保安服务合同制度，将保安服务市场中的各方主体之间的法律关系完全建立在平等、自愿和等价有偿的基础之上。此外，即便是保安服务企业履行自身的辅警和协警义务时，除了要获得公安机关的授权或者是特别

---

① 2001 年到 2004 年 4 年的时间，全国保安人员在和违法犯罪分子搏斗中就牺牲 119 名，有 10181 名保安人员负伤。公安部治安管理局副局长马维亚在 2005 年 12 月 6 日新闻发布会上公布的最新数据。参见中新网 2005 年 12 月 6 日电。http://webcast.china.com.cn/webcast/created/565/36_1_0101_desc.htm。

许可从事特定的辅警和协警活动之外，公安机关也要对保安服务公司在辅警和协警过程中所花费的实际费用进行适当补偿，以保证保安服务企业能够正常开展业务活动。

1. 保安服务合同的性质

根据合同法的规定，合同是平等主体的自然人、法人、其他组织之间设立、变更、终止民事权利义务关系的协议。合同当事人的法律地位平等，当事人依法享有自愿订立合同的权利，且应当遵循公平原则确定各方的权利和义务，当事人订立、履行合同，应当遵守法律、行政法规，尊重社会公德，不得扰乱社会经济秩序，损害社会公共利益。依法成立的合同，对当事人具有法律约束力，受法律保护。当事人应当按照约定履行自己的义务，不得擅自变更或者解除合同。这些合同的一般原则，对保安服务合同也是当然适用的。

保安服务的范围一般是应保安服务对象的要求，在其住所、工作地、财产所在地，或者在其活动的各种公共场所、人车混杂拥挤的场所进行警戒和防止盗窃及人身事故的发生，以及防止运送中的现金及其他贵重物品丢失，防止或看护运输中的危险品造成人身及财产损害等。由于保安业务具有这些内容和特征，保安服务必然涉及服务对象的人身、财产安全，又与社会公共秩序相关联，这样在许多方面就需要接受公安机关的指导和监督。尽管如此，保安服务业务的私人性，即民事活动的性质并未改变。保安服务的提供不具有公权力行使的意义，在执行其保安服务接受者要求的职务时，不得实施罚款、扣押物品、拘束人身等处罚和处置行为。

2. 保安服务合同的基本条款和签订时应注意的问题

在向服务对象提供服务时，保安服务公司应与服务接受方（客户）就保安服务活动签订保安服务合同。保安服务合同的基本条款应当包括保安服务的事项、安全保障的具体要求、保安服务所使用设备、保安服务活动所需经费、保安人员薪酬、双方的权利义务和职责以及发生违约时的赔偿与处理等。

在签订合同时，保安服务业者应当对保安服务的业务实施现场或者对安全保障对象进行调查，在全面了解服务对象的安全状况的情况下，就保安服务的具体内容、要求、费用以及合同履行中的各种问题，与接受保安服务方进行约定，为保障保安服务合同的顺利履行，保安服务接受方也应本着诚实信用的精神，如实介绍情况。一旦由于情况不明发生损害时，属于接受服务方没有如实介绍情况致使保安人员无法采取正确措施导致损害发生的，应当由接受服务方承担责任；属于保安服务提供方没有对服务接受方提出的疑点进行认真调查疏忽大意造成的，应由保安服务提供方承担责任。

合同中应规定具体的保安服务事项，如门卫、巡逻、守卫仓库，维持秩序、设置安全设施，押运贵重物品、运输危险物品等具体内容。提供技防的保安服务公司应就具体的技防安全保护对象和保证设备始终处于良好状态等做出规定。

依据所提供具体保安服务事项的人力、物力消耗情况和器材使用状况，约定接受服务方应支付的经费和保安人员的薪酬。

基本条款中还应规定保安人员在实施保安服务业务时，必须着装，可以携带护身用具。其着装颜色、样式和所携带护身用具的种类、规格都应向公安机关备案。必须规定保安人员护身用具的使用，不得超过自我保护的限度，不得伤害他人。公安机关认为在维持公共安全上有必要时，可以制定规则，限制或禁止使用。

鉴于保安服务行业的特点，有的国家保安行业协会制定出专门的保安服务业的行业基准，发放给各保安服务公司遵照执行。这对于规范保安服务行为，保护保安服务对象的利益，防止业界同行间的恶性竞争行为都是有利的，值得我国保安服务业参考借鉴。

3. 保安服务合同的履行

保安服务提供的是对保安服务对象安全利益的保护，因此，保安服务公司及保安人员在实施保安服务行为时，应当特别注意严格遵守保安服务合同的约定，行为必须符合国家法律的规定，不得超越法律赋予的权限。在职务执行中，不得侵害保安服务接受方及其他人的权利及自由，不得干涉任何个人或团体的正当活动。例如，不得干预保安服务接受方雇员的罢工和集会活动，不得介入劳动争议事件，也不得参与保安服务接受方与他人的债务纠纷等。在超市执行保安服务职务者，发现偷盗商品的人可以将其移交公安机关，但不得伤害其人身。在使用电子监视器执行保安业务时应当严格按照规定选择安装位置，正确使用，以防造成对他人人格权的侵害等。所有使用保安服务器材的保安服务业者均负有保证其保安服务器材不会造成他人人身或财产损害的义务。

在保安服务实施过程中，保安人员护身用具的使用，不得超过自我保护的限度，不得伤害他人。公安机关认为在维持公共安全上有必要，发出限制或禁止使用护身用具的命令时，保安人员必须服从。

在合同履行过程中，遇有合同未约定事项，双方应当及时协商解决。在遇到不及时处理就可能给服务接受方带来损害且来不及向保安服务接受者报告的紧急情况时，应及时采取措施避免损害发生或者扩大，事后按照紧急避险的情况处理。

4. 损害赔偿责任

保安服务公司向服务对象提供保安服务是通过作为其雇员的保安人员的职务执行行为实现的，二者之间形成雇主与雇员的关系。根据民法的规定，雇主对雇员负有选任、教育和监督的义务。具体而言，保安服务公司对准备雇用的人员必须进行严格审查，防止不符合条件者进入公司，给服务对象造成损害。保安服务公司还有经常对保安人员进行保安业务基本知识及技能的教育和对其主要从事的保安业务的专门知识和能力进行教育的义务。并且，负有监督保安人员依法执行保安服务业务的职责。当保安人员在保安业务的职务执行中给他人造成损害时，保安服务公司对此负赔偿责任。从这种情况来看，保安服务公司对服务对象承担的是一种严格责任。例如，超市保安打伤人，保安服务公司与超市就要连带地对受害人承担损害赔偿责任。

保安服务行业在我国粗具规模，出现的问题不少，特别是保安人员侵害服务对象的事件屡有发生，甚至出现个别坏人以保安人员的身份实施犯罪行为的现象。这些问题虽然均可依据现行法律追究行为人的民事、刑事责任，但仍然要制定专门的保安服务业法，强化保安服务公司的责任，使损害防范于未然，使保安服务业得到健康发展。

另外，保安人员超出保安服务的服务范围，干预罢工、劳资纷争，或者介入保安服务接受方的债务纠纷，给他人造成损害的，保安服务公司亦应对受害人承担责任。

保安服务公司根据公安机关的要求参加“辅警工作”造成他人损害的,由该公安机关对受害人承担赔偿责任。但不排除公安机关追偿权的行使,不过是否可以对保安人员进行追偿,其决定权应当在人民法院。应当通过赔偿诉讼程序,由人民法院根据个案的具体情况和公平的原则作出是否允许保安服务业者向其雇用的保安人员追偿的决定。

（八）进一步强化保安服务的技术含量，依靠电子网络，建立面向全国的保安服务电子网络系统，改进和完善保安服务的产品结构，提高保安服务全行业的整体经济效益

保安服务要突破仅仅依靠劳动密集型的劳务服务的局限，就必须要走人防与技防相结合的发展模式，特别是要增强保安工作的科技含量，充分运用先进的科技手段，提高保安服务的服务能力，拓展保安服务的服务领域和全面提升保安服务的服务质量。因此，有必要在人防服务的各个领域引进技防措施，提高为客户服务的整体效率。具体来说，在今后一段时间内，在有条件的地区，应当抓好以下三个方面的网络建设：

1. 建设好电子保安联网报警系统。目前，在许多高档的住宅小区都安装了电子保安联网报警系统，该系统对于保证小区的治安起到了非常重要的作用。这种电子保安联网报警系统可以在保安服务的各个领域加以推广。具体来说，可以在各个保安服务公司之间建立有效的信息联系和报警网络，并与公安机关的110等报警系统联接，充分利用遍布城市各个社区的保安人力资源，在主要的客户区安装电子报警系统，提高预警和快速反应能力，一旦出现险情，公安、保安专业处警队、险情发生区和附近保安人员三级处警，实现“一点有警，多方支援”，充分利用保安服务力量的整合效应，从小保安观念发展到大保安的思路，实现全城或者是全区的保安服务联网行动。

2. 建设好内保防空网。目前，除了商业性保安服务公司之外，城市中的国家机关、企事业单位和社会组织内部也有自己的内部保安服务体系。如何将这些分散在各单位和各部门的内部保安服务力量有效地组合起来，也是提高保安服务质量和水平的重要举措。具体做法是可以在当地公安机关的统一协调和指挥下，通过信息网络将各个单位和部门的内部保安力量以及保安设施有效地整合起来，建立以辅警协警为目标、以强化社会治安综合治理为基本任务、以着重应对突发性重大事件为突破点的全社会性的群策群防的社会安全保障系统。通过该系统的建设，保证各单位、各部门能够有效地配合公安机关掌握社会警情和险情，协助公安机关及时研判警情和险情，高效调配警力，直接获取犯罪证据，减少人工成本，提高处警响应速度和精确打

击犯罪活动的能力。

3. 以中心城市为核心，建立中心城市与城乡结合部以及周边农村社区之间的警情和险情信息的电子预报和管理系统，进一步扩大电子保安系统的社会功能，增强电子保安系统的辐射功能。并在此基础上，建立全国城市与城市、地区与地区之间的电子保安信息系统，并将电子保安信息系统与公安机关的应急反应系统有效地组合起来，将全国的警情和险情集中和统一起来，便于对那些具有跨地区、跨部门影响的重大警情和险情，以及可能产生全国性影响的突发性公共安全事件情况进行跟踪分析，利于调动各种警力和保安力量来及时地参与预防工作和处警工作。

总之，应当将电子保安系统纳入电子政府和信息管理系统之中，最大限度地发挥保安服务在维护社会治安、保障公众安全、应对和处理重大突发事件等公共危机方面的作用。要转变小保安的思想，树立大保安的意识，① 要有全国一盘棋的战略考虑，要使保安服务系统在提高自身技术含量的基础上，真正地起到辅警协警、维护社会公众安全等方面的应有作用。

（九）集中力量办大事，以北京2008年举办奥运会为契机，提高全国保安服务市场的保安服务力量之间的综合协作和配合能力，建立全国性的保安力量的人才后备库，解决全国范围内对保安服务的市场需求问题，最大限度地保障保安服务的有效供给

目前的保安服务市场是按照地区来组建的。根据公安部制定的《关于保安服务公司规范管理的若干规定》，保安服务公司只能由公安机关组建，其他任何单位、部门、个人不得组建。直辖市和省会市以及省辖市公安局和县（市）级公安局可以组建保安服务公司。省、自治区公安厅、地区公安处、派出所（警署）和公安机关内部各部门、企事业单位不得组建保安服务公司。根据上述规定，即便是公安

---

① 中共中央政治局委员、书记处书记、国务委员、公安部部长周永康同志提出过，要把保安作为一个大事业来办，不是一般小的事情，所以，保安工作在以后将占据重要地位。公安部治安管理局副局长马维亚在2005年12月6日新闻发布会上公布的最新数据。参见中新网2005年12月6日电。http://webcast.china.com.cn/webcast/created/565/36_1_0101_desc.htm。

机关，也不是所有公安机关都可以组建在本行政区域内从事保安服务的保安服务公司，只有直辖市和省会市以及省辖市公安局和县（市）级公安局可以组建保安服务公司。这种法律限制实际上并没有以社会公众对保安服务的市场需求为基础，而仅仅是以方便对保安服务公司的管理为依据的。在这种情况下，不仅许多地方需要建立正规的保安服务公司，由于权限问题，本地公安机关无法设立，而且根据公安部的规定设立的保安服务公司自身也存在着许多子公司没有独立的法人地位，不能适应市场的需求而很好地组织保安服务力量来满足市场的需求的问题。至于说，在全国范围内，因为某地区范围内在某一时段发生某件重大的社会事件需要临时向本行政区域之外的保安服务公司借用保安力量的，不同区域内的保安服务公司之间的相互业务协作就会出现各种各样的法律问题。首先是领导和组织管理体制上存在麻烦，因为实际中由于设立保安服务公司的公安机关对保安服务公司实行专管专营制度，所以，不同区域内的保安服务公司之间的协作实际上涉及它们共同的主管机关如何协调彼此之间的关系问题；其次，由于目前保安服务公司在提供保安服务方面还没有完全实行市场化，不同区域内的保安服务公司之间进行横向联合如何承担费用的问题和如何进行经济核算的问题等都没有得到很好地解决；再次，由于目前大多数保安服务公司的保安人员都是来自农村的青壮年劳动力，所以，在那些农村劳动力人口相对较少的地区，就很难招聘到必要数目的保安人员，一旦这些地区出现了重大或者是紧急的社会事件需要扩大保安人员队伍和加强保安力量建设的，就会出现人员储备不足的情况。以北京市为例，面对即将来临的 2008 年的北京奥运会，根据市场初步估计，至少需要近 20 万左右的保安力量，但是，目前所具有的正规保安服务公司提供的保安力量不到 8 万人，而要在短时间内补充近 10 万左右的保安人员，实际上是一个非常艰巨的任务。当然，依靠北京市自身来挖掘潜力也是一个办法，如向其他非正规渠道的保安服务企业借用保安人员，但无论如何，面对这样的具有世界影响的举世盛会，没有一支高素质的保安队伍是不行的。例如，2008 年北京奥运会将需要 5000 多名专业的安检保安，现在通过认证的只有 100 名。这 5000 多名专业保安主要是帮助民警进行防爆炸、安全检查等工作。在保安的种类里，本来没有专门的安检保安，今后将设立安检保安，这会成为一种长期的职业，而不仅仅是为奥运会工作。据北京市公安局防爆安检处处长朱益军介绍说，安检保安将从北京市现有的专业保安中挑选一部分，再从单位内保人员中挑选一部分，还要从外省市的专业保安中选取一部分，除此之外，还要从社会上进行招募。所以，从现在起，北京市保安服务总公司就可以建立与周边省、市保安服务公司之间的横向联系，实行保安服务公司跨地区之间的横向联合。如果单纯走扩大规模的路子，很可能会导致奥运会之后，在短时间内无法通过市场来消化剩余的保安力量，不仅导致保安力量的浪费，也很容易因为大批保安人员的下岗而引发新的社会问题。所以，建议北京市奥组委在组织北京市保安服务总公司下属的保安力量为奥运会的各项安全设施和场所提供保安服务时，应当立即着手与天津市、河北省毗邻北京市的周边县市，山西省毗邻北京市的周边县市等地的保安服务公司建立业务联系，借用这些地区的保安人员临时组成为北京2008年奥运会服务的保安力量。从现在起组织这些周边地区的保安服务公司的保安人员进京与北京市保安服务总公司下属的保安人员进行针对性培训和联合性的演习，争取把北京2008年奥运会期间的各项保安工作做好。

在注重不同区域的保安服务公司之间进行保安人员的调剂和横向联合的同时，保安服务公司自身的保安人员内部结构也要进行相应调整。一方面，要增加技术人员的比重，扩大保安服务公司技防服务的能力，改进保安服务公司为客户提供的服务产品的结构，提高保安服务公司的服务质量和效率；另一方面，也要根据客户对保安服务的特殊要求，有针对性培训一批女性保安人员、① 特种保安人员。在某些保安服务领域，甚至可以特许招聘外籍保安人员来从事特殊的保安服务工作。

为了从整体上发挥保安服务在辅警和协警方面的作用，将保安人

① 目前，在西方国家，女性保镖得到了广泛认可。许多西方政要、社会名流都配有女性保镖。据报道，俄罗斯现在从事保镖的女性大约有500人，占俄罗斯保镖总数的2%。谈起男女保镖之间的差异，俄罗斯专家认为，从长远角度来看，女性更适合这个职业。因为女性很少酗酒，她们很关注自身的生理、心理状态。男性在这项工作中按逻辑办事，但女性还有情绪方面的感知，她们能够感觉到危险，并且相信自己的感觉，最终能够做出正确的选择。

员队伍发展成名符其实的保护公众安全、维护社会治安的第二警察力量，从长远角度来看，要在参照国外保安力量建设的经验基础上，在合理地配置保安力量与警察力量之间关系的基础上，将保安人员的队伍控制在一个适度的规模内。

总的来说，要进一步规范我国保安服务市场，除了要制定一批调整保安服务业的基本社会关系的法律、法规之外，更重要的还是要从保障保安服务企业的经营自主权、明确保安服务的质量和标准、提高保安人员的自身素质以及建立一些行之有效的监督和管理制度入手，这样才能收到事半功倍的效果。当务之急是着手制定一部调整保安服务业活动的行政法规性质的《保安服务业管理条例》，明确保安服务公司的市场准入条件，打破保安服务公司与公安机关政企不分的局面，建立公平、合理和有序的市场竞争机制。与此同时，应当在履行WTO承诺、向国外保安企业开放局部领域的保安服务市场的过程中，依据相关的国际惯例，建立必要的规章和制度，保证我国的保安服务业能够在整体上健康有序地向前发展。

第二节 国外保安服务法律制度的历史演变、现状和主要特点

一、国外保安服务法律制度的历史演变

（一）保安的概念及相关含义

在国外保安制度理论和保安服务业的法律建设实践中，保安业的含义涉及保安、保安业和私人警务等几个相关的概念。保安与保安业有联系，但也有区别。对保安业的称呼，目前并不统一。在大多数西方国家一般都要加私人两个字，即私人保安业，在日本叫警备业。国外对保安一词的解释很简单，就是指解除威胁、实现安全。我国现在使用的保安、保卫、护卫、安全等词，在英语中实际上就是一个单词，Security。按照我国台湾学者郭志裕的解释，保安是民法上保护自身权利的一种手段。自身包括个人与社会组织，自身的权利包括财产权和人身权。通过这种手段，可以解除对自身安全的威胁。我国的一些学者认为，保安是指保安机构与保安人员为了客户的人身安全与

财产安全等安全事项所从事的各种活动。

在欧美等西方国家中，目前把警务工作一般分为两类，即公共警务与私人警务，还有一种观点认为存在着第三种形式，即混合警务，也就是说，公共与私人的成分都有。公共警务就是指政府提供的，或者说是履行政府管理职能的警察所提供的、所从事的警务工作。对公共警务一词中的“公共”的用法与目前国内外流行的公共管理学中的“公共”的含义是一致的，因此，在称为公共警务之前，也有人称之为行政警务，指政府的行政部门提供的警务，是政府履行公共管理和公共服务职能的重要形式和内容，以政府的公共财政作为经费来源。私人警务指非政府部门，或非政府警察提供的警务工作，具有民事服务的特征，属于商业性的警务，以客户所支付的相关费用和与客户签订的相关的民事服务合同为前提。对于私人警务的概念，在我国学术界经常会出现一些概念上的误解。有人认为私人警务就是私人所有的保安公司提供的警务，或是为私人提供服务的警务，这种理解是不全面的。国外的保安业基本上可以分为两类，一类是我们常见的保安公司，这种保安属于合同制保安；此外还有一类是专有保安，也有人翻译为定向保安，是单位自己雇佣的人员或组建的机构，为单位自己服务，类似于我国企事业单位内部成立的护卫队与保卫工作机构。这两种都称为私人警务。如在英国内政部设立的保安与物业管理处，这个机构就属于内阁办公室的一个机构，为内政部提供人力防范服务、安全产品服务与其他特殊服务，这种机构提供的安全服务也属于私人警务的范围。

在国外，为什么把私人保安业的工作也称为警务工作，其主要原因是在英语中，警务一词（policing）由警察（police）演化而来，而警察的词根又与政治（politics）、政策（policy）、政体（polity）一致，因此，认为警务工作涉及在一个社会中的社会—政治功能（social—political—function），而不仅仅是国家事务和法律制度。从这个意义上讲，一般把警务工作理解为一种广义的社会规范。我国有的学者认为，我国目前的公安制度与警察制度既有联系，又有区别。现实社会中列入警察序列的一些人员和组织所从事的并不一定是警察工作，而未列入警察序列的一些人员和组织却可能在从事实实在在的警察工作。我国目前的公安应理解为（或翻译为）人类社会的公共安全，基本上可以从狭义上来理解公安业务属于警察业务的一部分。关于私人保安业（Private Security Industry）的含义，最有代表性的是英国内政部作出的解释：私人保安业是一种公司，这种公司通过雇佣工作人员来对个人和其他社会组织的人身与财产安全提供保护，或者通过安置一定的装置系统来提供安全保护。

因此，国外的保安业实际上是属于广义上的警务活动的一部分，作为与履行政府公共管理职能的警察相对应，保安业主要是指由非警察来实施的警务活动，具有一定的“私法”性质。

（二）保安业的起源和历史发展

如果从私人警务的角度分析，有人认为保安业历史可以上溯到16世纪。因为在16世纪的英国已出现了资本主义的萌芽，从16世纪到18世纪，资本主义手工业与商业都有了发展，因此私人财产开始积累，出现了一些有钱的富人和私人企业主，他们雇佣一些身强力壮的人看护自己的财产。到1798年，英国的西印度公司已经有了海上武装押运人员（又称为海上警察），1800年在泰晤士河也出现了类似的武装人员。在美国，有的学者认为在1649年，也有的认为在1643年在波士顿就有了第一个由殖民者组织的守夜队伍，防止印第安人的袭击与防止火灾的发生。即在建立殖民地的过程中就有了保安业务。

如果从以公司形式出现的私人调查机构的角度分析，国际保安业界普遍认为，1850年在美国出现的平克顿侦探社（公司）是最早的保安服务企业。平克顿侦探社最早的业务主要是侦破发生在铁路系统的盗窃案件，并提供各种警卫业务，后来发展成为一个综合性的保安公司。而英国的私人侦探机构比美国要晚半个世纪。

如果从保安产品制造业出现的角度来分析，可以认为保安业出现于1852年。因为在1852年，美国波士顿一个叫破培（Pope）的人发明了一种入侵防盗装置，而且申请了专利，他把专利又卖给了一家私人公司，这家公司从此垄断安全报警装置产业达100多年。

如果从护卫业产生的角度分析，实际上几乎在平克顿侦探公司产生的同时，美国的Henry Wells 和 William G. Fargo 成立了美洲快运公司，主要对从事海上运输的商船提供保护服务，包括使用武装警卫。在英国1926年出现了专门的护卫公司机构，不仅在公路、铁路，而且在空中护送现金与各种有价值的物品。

从以上情况可以看出，保安业的发展过程是一个很复杂的过程。在其发展过程中，有的公司消失了，有的壮大为全球性的公司。从整体上看，保安业真正得到发展的时间是在20世纪的六七十年代。其中一个主要因素是在“二战”之后工业与商业的恢复和进一步的发展（亚洲一些国家与地区的保安业发展虽然比西方国家晚一些，但基本上也处于这个阶段）导致了对私人的人身和财产的安全的期望的增大，而保安业壮大是在20世纪70年代至80年代。以英国的怡和公司（Securicor）为例，1935年成立时只有15名人员，1951年不过170人，但在20世纪60年代末、70年代初，发展到10 000人，3 400辆车，而现在在本土和海外总共约有50 000多人。

从保安业内部的管理发展阶段分析，保安业大致上经历了以下几个发展阶段：20世纪30年代，保安业主要侧重于工作方法与措施研究；20世纪40年代，保安业已经开始关注如何有效开展保安服务业务，为客户提供更好的、高质量的保安服务；20世纪五六十年代，保安服务业开始引入管理科学的分析概念和手段，如推行目标管理，把保安业作为企业来经营，把企业管理的原理与方法引入保安业中来，强调了保安服务企业自身的科学管理和经营效应；20世纪70年代，保安业着重加强了宣传工作，实现预算优先的目标，即通过宣传保安业，使社会机构与组织在经费预算时优先考虑安全问题，保安服务业开始成为社会公众关注的热门产业；从20世纪80年代开始，保安服务业进入全面加强质量管理的阶段，通过实现预算优先的目标，保安业得到了发展，但保安服务质量却因此引来了广泛的批评，如用户的投诉、政府与警方的批评，有的警察局长说，保安从业人员中的犯罪率较高，只考虑经济效益而忽视社会效益，有的说对保安人员训练不够、监督不够等，这些都促使保安业加强对服务质量和服务意识的管理；20世纪90年代以来，保安服务业产业化的规模越来越大，产业化的趋势也越来越明显，保安服务业开始渗透到商业开发，如经营制造业、通信业、旅店业、金融业等产业，保安服务企业也开始加强战略性风险管理研究，包括危机管理，对市场的研究和保安服务业的不断全球化，成为目前全球范围内保安服务业发展的新的增长点。

(三) 保安服务业在一些国家的主要发展过程

为客户提供安全服务为内容的保安服务，实际上是随着资本主义的产生而逐渐出现的。在保安服务业不断发展的过程中，人们对自身的人身权利和财产权利的高度关注始终是推动保安服务业不断得到重视和发展的最主要的社会动因，保安服务业在各国的发展主要的动力还是来自于市场需求的推动以及人们对自身安全的需求的增加。所以，各国的保安服务业的历史实际上与本国经济发展的历史、政府管理模式演变的历史以及人权保护的历史是密切相关的。

1. 美国保安服务业的历史发展

美国是当今世界上保安业最发达的国家，研究与考察美国保安业的历史发展过程，对于了解保安业理论研究的发展以及对于世界保安业的发展状况的了解都是十分必要的。美国曾经是英国、法国、西班牙以及荷兰等国的殖民地，早在16世纪，这几个国家就开始在这一地区进行争夺。到十七八世纪，英国先后排挤了西班牙、荷兰和法国的殖民势力，在大西洋沿岸建立了13个殖民地。美国的保安业与其司法制度一样，在文化上、理念上颇受英国传统的影响。因此，考察美国的保安业的历史发展，也必然要联系到英国保安业的历史与发展。

(1) 自我保护的理念

从英国的历史传统来看，自我保护与自我帮助的理念一直被认为是保持社会秩序稳定的基础，法律被最有效地运用于那些实行自我保护的人，一直到现在，个人与公共财产的保护在很大程度上仍然被认为是个人与社区的责任。这种在英国的法律中所体现出来的理念与原则，也被美国的法律制度所适用。在保护个人财产方面，美国法律授予了个人自我保护的权利。正如一位评论家所说，“如果一个人有幸拥有自己的住宅，那就是自己的一座堡垒，为了保护其财产与生命安全，个人被赋予了甚至使用致命武力的权力”。“在普通法的原则下，任何人都有较广泛的权威来保护自己及其家庭，在某种程度上，也包括其土地的安全。”当然，自我保护的理念并不意味着可以赋予个人无限的权利。非杀伤性武器使用的法律规定就涉及对个人在保护自身财产时权利的限定。一般情况下，当犯罪分子的行为威胁的对象仅是财产的安全时，法律并不允许使用致命的、报复性的武力，因为法律考虑的首先是人的生命而不是财产。如果一个人要使用足以致命的武力，则其理由必须是正当的，并且与所受到的武力威胁应是相当的。自我保护的理念发展到中世纪的英国与欧洲，逐步出现了保安（即私人警务）的现象。如在封建制度下的地主与奴仆之间的关系，有人就认为它相当于当今社会的合同制保安，也是建立私有的、自我警务力量的基础。因为在中世纪封建社会时期，集中在个人领地或村庄里生活的贵族、领主、地主与普通居民，需要各自对自己的安全负责，地主奴仆的关系成为实现自我保护的一种途径。自我保护理念在历史实践中的进一步发展，就是在一些小村庄成立属于居民自己管理的所谓警务人员。当犯罪分子实施犯罪，或重要的犯罪分子需要被拘押时，通过“鸣金擂鼓”的方式，召集一些身强力壮的男子进行协助。这种方式虽然有效，但仅限于封建领地或贵族的庄园，处于相对封闭的状态。随着每一个封建领地或贵族庄园都出现了自己的保安系统，而且由于没有成文法典，因而国家和地区的安全问题由于管辖权和自身利益的冲突而一度陷入混乱状态。加之这种自我保护理念之下的古老体制无法适应犯罪率的增长和城镇的发展，因而促进了警务方式的发展和变化，促进了执法系统和保安系统的不断完善。所以，美国的保安服务业是由英国法律中的对人身和财产的自我保护的理念催生的，特别是人身自由与财产自由的自然法观念更是使得人们要更多地求助于自身的力量，而不是从政府那儿去获得帮助来保护个人的人身自由和私有财产。这一点与大陆法系通过国家和政府来保护人民的人身和财产权利的思路有着很大的不同。所以，以自我保护的理念为基础建立起来的自我安全保护措施或者是通过接受他人提供的有偿保安服务来有效地保护自己，成为美国独立后社会公众所普遍认同的一项安全原则。

（2）殖民地时期的美国

美国在成为殖民地之前的保安现象以及其他有关的警务模式，现在还没有太多的可供研究的资料。殖民地时期的美国被殖民者认为是一个新世界。在殖民地时期，由于英国的影响，维护社会治安的形式基本沿用了英国曾有过的地方官、警务人员以及财产看护者相结合的做法。不过，警务人员与财产看护者都不是现代意义上的制服警察和私人保安人员，警务人员相当于一个地区负责一般司法事务的总管。

即使在美国独立初期，也几乎没有正式的执法体系，对个人生命与财产的保护很大程度上仍属于自己的事务，地方官、警务人员和看护者各有自己的职责范围，又相互配合。美国后来形成的看护体系实际上就是殖民者在商业保护与人身安全保护相结合的基础上派生出来的。殖民者最初组织看护队伍并不是为了寻求商业或公务保护，而是出于对火灾、流浪者以及印第安人的袭击的恐惧。1634 年在波士顿成立的夜间看护力量被认为是美国第一支组织起来的夜间看护力量。当时规定，从事看护服务是每一个 18 岁以上男性公民的义务，值守的时间一般从下午九点或十点到次日日出。由于从事看护职业收入较少、职业的社会声望低、工作时间又长等因素，再加上没有必要的执法权力，因此要找到有能力的男子从事这种职业是很困难的，也不能满足实践的需要。

在 19 世纪中叶美国正式警察产生之前，随着城镇人口的增长，城市规模的扩大以及犯罪率的上升，导致地方官、地方警务人员以及看护力量相结合的这种维护治安的方式与体系已不适应执法工作的需要，但是这种实践一直被维持着。对于殖民者以及美国独立之后的美国政府维持这种传统的执法方式与体系的原因，有的学者认为这并不是意味着社会秩序稳定，而是政府出于对国家与公共力量进行控制的谨慎态度。因为“国家权力的原则与执法活动具有深刻的、持久的影响”。特别是在美国革命之后，联邦政府一直在机警地寻求控制与管理国家和地方事务的途径。执法与保安体系，像社会生活一样具有多面性，在一段时间里被州和地方政府控制的实践，虽然能体现国家权力的思想，但在国家面临日益严重的社会问题时，许多城市在处理骚乱等事件时准备严重不足的现实，促使政府考虑在处理社会问题时需要组织与界定公共与私人执法的新方法。这种新方法就是在新警察的产生以及警察产生前后一段时期内保安业的进一步发展壮大。

（3）工业革命与开发西部时期

19 世纪前半期美国社会最明显的变化就是城市化、犯罪的增长以及对更有效的执法活动的需求。已存在的私人保安业由于仅限于小规模的城市、从事商业服务和对商人进行保护，因而私人警务人员的工作大部分属于保持社会秩序的稳定和谐，但在较大城市中，对公共警察部门的需要已变得日益强烈。在 1829 年英国内政大臣创立现代警察之前，实际上在美国也出现了适应社会发展需要的警察雏形。

如在1800年的纽约市已建立了第一个有报酬的负责白天看护财物的警察队伍。1829年英国现代警察模式的出现对美国产生了广泛的影响，各地纷纷效仿。1833年在费城出现了白昼警察，1838年波士顿也出现了白昼警察，纽约市在1844年成立了白昼与夜晚结合起来的（即全时制）统一的警察力量，芝加哥在1851年也效仿了纽约的做法。美国的现代警察就这样像滚雪球似的越来越普遍，社会对公共警察的需要也开始超过了由私人保安提供的保护个人利益的需要。即便如此，现代警察力量的发展并没有宣告私人保安业的消亡，而是同时得到了持续的增长和扩展。一方面在警察队伍的形成过程中，包含了许多私人警务的成分（如看护）在内；另一方面，在一些城市成立白昼警察之后，夜间的看护仍然要依靠私人保安人员。即使有了全时制的警察机构，私人保安在打击犯罪方面仍然起到了对公共执法机构的补充作用，公共执法力量致力于执法和维护秩序，而私人保安则在守护方面进行扩展。

美国私人保安业发展壮大的主要内在因素是商业的发展、公共执法机构管理的延伸以及19世纪40年代、50年代向西部的开发与扩展。19世纪，美国警察机构的主要服务领域是大城市，它们的管辖权被严格地限定在它们自己的领域。而大商业与大工业发展所带来的安全问题又往往超越了警察本身的管辖权，因此，公共警察对私人商务和商业发展所提出的安全问题既没有能力，也没有经验提供保护。出于多种利益的考虑，商人与商业协会开始雇佣保护自身利益的安全服务人员。商业的发展与运输业的发展有着天然的联系，运输业的兴起和发展对安全有了新的要求，同时对私人保安业也起到了推动作用。Henry Wells 和 William G. Fargo 在19世纪50年代建立了美洲快运公司，开展了为东部和远西地区的货物运输提供安全服务，包括使用武装护卫、带装甲的马车以及专门的调查事务。在铁路运输成为最大的商业运输资源之后，其安全问题也经常受到犯罪行为的干扰。美国内战发生之前，铁路运输部门与平克顿的私人侦探公司互相签订合同，负责铁路运输的安全。内战之后，在铁路内部成立自己的警察力量成为一种趋势，铁路警察成了追捕抢劫犯、防止小偷小摸和贪污、保护火车不受侵袭的专用工具。同时，由于铁路警察的管辖权范围较大，使其成为19世纪后半期最接近于代表国家警察力量的一支队伍。平克顿及其私人侦探公司在美国私人保安业的发展历史上是有一席之地的。在美国，1850年，平克顿成立了第一个合同制的私人侦探机构。他是一个苏格兰移民，开始从事炮管的制造与贸易。在美国开发西部过程中，他的力量主要用来保护中西部地区的铁路。当时也正是美国内战时期，铁路非常重要。由于平克顿对铁路工业的协助，使他有机会遇到伊利诺斯州的铁路运输中心首席工程师、副州长George B. McClellan，此人后来成为内战时期的联军司令，他带着平克顿与一批侦探组建了美国第一个军事情报机构。这可以认为是平克顿公司发展史上的一个成功的里程碑。内战之后，随着移民数量的增加和工业的发展，劳资冲突增加，社会下层的各种秘密结社也在发展，工人经常组织罢工。平克顿公司的保安人员经常被雇佣来处理纠纷和争端，这种形势一方面为平克顿公司带来了进一步发展的机遇，同时也经受着考验。由于经常被企业主雇佣来镇压工人的罢工，因此声誉也在逐步下降。1892年宾夕法尼亚州的钢铁工人举行罢工时，300名武装的平克顿公司的人员偷偷地进入工厂，与大约10 000名工人对峙，最后发生暴力冲突，导致3名平克顿公司的守卫人员与5名工人死亡。愤怒的工人包围了平克顿公司的人员，最后迫使其投降。这次事件导致平克顿公司的形象受到极大的影响，是私人保安业遇到的重大的挫折，也被认为是美国私人保安业在其发展史上的一个重要的转折点。在19世纪末20世纪初，平克顿成为破坏罢工和充当劳工间谍的象征，以至于国会的司法委员会对平克顿公司和私人保安业组织了一次正式的调查，而且国会通过了平克顿法，其中提到："由平克顿公司雇佣的个人和类似的组织，不能由美国政府所雇佣，也不能被哥伦比亚特区政府所雇佣。"从此，平克顿公司声明不再介入任何劳工的纠纷。尽管发生在19世纪的劳工纠纷是美国私人保安业发展过程中的一个重要转折点，但并不意味着对私人保安力量的使用和需要已经衰落。平克顿和其他的私人保安组织在开发西部的过程中仍然有新的发展机遇。平克顿公司仍然控制着铁路的安全与调查业务，而Wells和Fargo控制着公共马车的运输，在城镇和西部新开发的领土上的执法活动很大程度上被控制在地方官和私人保安的手中。

古老的自我保护、自我帮助的法治信条在美国西部的开发实践中显露着最后的作用。另一方面，随着西部的开发，西部的商人、贸易者、银行家、各种行会组织以及农场与养殖场主为了相互之间的利益，以各种形式联合起来成立自己的调查与执法机构，有的城市或城镇甚至组织了商业警察。这些私人调查机构虽然没有官方的身份，但可以得到官方的认可，有时还被赋予官方执法官员的权力。这些不仅使私人保安业的市场越来越大，而且私人调查机构与看护力量也在同时发展，美国东部地区所出现过的私人保安业的繁荣局面在美国的西部又重新出现。以现代社会的标准来看，当时美国西部的司法与执法活动对应有的程序很少给予关注，在洛杉矶和旧金山，警察部门起初也是志愿维持治安的人员组成的。在一段时间里，所有主要的运输系统和商业利益，均由私人保安力量以多种方式进行保护，私人保安力量被看作一种准执法机构来为社会提供安全服务。这在某种程度上导致了合法权利被滥用的现象。对此，怀俄明州于 1889 年制定了一项法规，以约束私人保安滥用权利。其他西部各州也相继通过了类似的法律规定。自此，美国的保安业进入了一个相对稳定的发展时期。

（4）“二战”后的发展趋势和特点

第二次世界大战期间以及其后的若干年，社会形势的发展对美国的私人保安业在需求种类、组织形式等方面产生了深刻的影响。战争期间对秘密的保护以及重要目标的易受攻击性对国内的安全带来了更多、更高的需求。由于对兵员和安全保卫的双重需要，美国政府不可能单纯依靠已显得力不从心的地方政府与各州警察，工厂、饮用水及其水源、大量的基础设施、通讯设施以及服务设施的保护必须依靠私人保安业。到“二战”结束时，有大约 20 万以上的男女保安人员在各种保安组织机构中为他们的国家与政府服务。“二战”结束之后，由于美国所设想的世界武力的现实对比格局，冷战的实际存在和对战争的恐惧以及随时出现的种种有关战争的谣言等因素，各种类型的安全需要显著地增长，使得私人保安人员的重要性与作用再次凸现出来，私人保安力量也随之增长。私人保安服务和产品已从战前的国防领域扩展到战后的公共和私人的所有领域和部门，保密或防止窃密也成为安全需求增长的领域。美国现在最大的保安公司之一威肯哈特（Wachenhut）公司就是在这种历史背景下成长起来的。也就是从那时起，美国的私人保安业就持续增长，保安人员在数量上超过了宣誓警察和政府部门的其他非武装守卫人员，其比例约在2:1或3:1之间；1982年保守的统计数字是449 000专有制保安人员，641 000合同制保安人员。世界市场的开拓和物品制造工艺的革新、货币流通的变化以及其他流通票据的使用对私人保安在新领域的发展也起着催化作用。如银行业从自动出纳机到无纸支票的革命，从有线通信交易到信用卡的发行等，所有这些新的实践都引发了新的犯罪，即在技术领域中的犯罪成为一种新的犯罪的浪潮，特别是计算机犯罪和白领犯罪的结合，是最具破坏性的，往往使一些企业蒙受巨大的损失。传统的诸如入室盗窃、抢劫、商业与零售业中顾客的偷窃与雇员的小偷小摸虽然数量仍然不小，但其损失与新的犯罪种类相比是微不足道的。正如有的学者指出的："这种现实导致的结果是对私人保安人员使用的扩展，而且也标志着人们在预防犯罪方面又依赖于私人警务力量。现代警察的发展和膨胀反映出警务工作向依赖私人警务和19世纪创立的私人保安业的转移，而目前这种转移又在向相反的方向进行。尽管警察在预防犯罪方面的作用在扩大，但现状表明，公共执法部门在致力于暴力犯罪与对犯罪做出反应时，私人保安业在预防犯罪方面起着更重要的作用。这也是经济现状迫使公共执法部门寻求减少工作负担的主要途径。"20世纪90年代，美国保安业的从业人员数量发展到200万左右，这是对新的犯罪领域安全需求的反映。美国私人保安业的发展历史与现实表明，私人保安业在司法行政中的作用不仅是多方面的，而且有着稳固的地位。其服务领域不仅承担了私人的财产与个人的生命安全，而且包括了损失预防、保险以及计算机信息安全。无论是作为一种实践，还是作为一种体制与过程，私人保安业已渗透到美国的执法传统中去了。

2. 澳大利亚保安服务业的历史发展

澳大利亚是一个位于大洋洲的联邦制国家，全国面积达768万多平方公里，人口仅1 875万，经济发达，人口稀少。澳大利亚只有200多年的开发历史，长期属于英国殖民地，目前还属于英联邦国家，居民95%以上是英国等欧洲人后裔。澳大利亚的历史、民族和国家体制特点决定了其保安服务业的发展源流、管理体制与英国的保安服务业的历史传统有着密不可分的联系。澳大利亚保安业源自殖民时期的英国，现在澳大利亚主要的保安公司也多为欧洲和北美的保安公司。

19世纪末，英国集宝、Group4、怡和（Securicor）等保安公司开始进入澳大利亚。早期保安服务以人防、押运、物防与消防为主，产品多为机械类锁具、门禁器材。20世纪60年代以来，电子技术和电子产品开始进入保安服务的各个领域，同时商务调查、保险调查业务也得到了新的发展。目前，全澳有保安公司2 000多家，其中最大的保安公司是集宝公司，营业额占全国市场50%以上；其次是Group4公司，营业额占全国市场的30%左右。经过长期的发展，澳大利亚保安队伍远大于警察队伍，仅新南威尔士州，1997年保安队伍就达32 000人，而警察队伍只有13 100人。到2001年，保安队伍增长了23%，同期警察只增加1.5%左右。澳大利亚联邦其他7个行政区的保安队伍也是警察的3~5倍左右。

澳大利亚保安公司经营服务的范围非常广泛。一是人防，主要有企业或个人护卫、交通管理、商场或住宅区管理、大型活动保安、机场行李检查存放和专业保安培训等；二是押运，主要有贵重、危险物品押运，贵重物品寄存，现金与硬币点算处理，自动取款机（ATM）等金融网络服务维修和国际押运等；三是安全技术防范，主要有物防系统工程、电子安全防范系统工程、安全防范报警监控、安全技术防范产品与系统维修保养和平安钟监控等；四是消防，主要有消防系统工程、特种风险消防系统工程、消防报警监控和消防系统维修保养等；五是公司风险管理，主要有重要会议、办公场所的反窃听技术检测和反跟踪技术服务；六是侦探和商务调查，主要有私家侦探、商务咨询调查和保险调查等。此外，社区医护也是澳大利亚近年来保安服务的一个重要方向。

澳大利亚保安公司既有提供各种类型服务的综合类保安公司，也有专业类保安公司。一些跨国集团保安公司多属于综合类保安公司，但侦探或调查类公司都是专业类公司。与英、美等国家一样，澳大利亚保安行业主要是私人保安公司，因此，在法律上保安公司保安人员履行服务职责的权利是公民权利的延伸，不能大于公民维护自身自由、生命和财产的权利。在理论上，澳大利亚保安人员的权利渊源于英国普通法的一些基本原理。英国普通法认为，任何公民有保护自己财产及为此而寻求帮助的权利（自我保护的理念），并认为任何公民对正在犯罪的人有予以拘禁的权利。根据这些原理和澳大利亚联邦与州有关法律的规定，澳大利亚保安人员主要权限有搜查、拘禁、调查权，但行使搜查、调查权时要经依法授权或依法进行。对保安人员行使权利的要求是依法并合理地使用力量，强调坚持财产权低于生命权、有限与适时使用必要力量的原则。保安人员装备也是以防卫器械为主，主要有手枪、对讲机、警棍、手铐与电筒等，并且也注重对保安人员自身生命安全的保护，法律允许且保安公司也要求，保安人员一旦遇到抢劫，应予以配合，因为服务对象都已投保。当然，保安人员在生命受到直接威胁并不影响公共安全的情况下，可以使用武器自卫。目前澳大利亚保安服务行业中普通的保安人员还是属于过渡性职业，一般从业时间为 5 ~ 7 年，并且也属于低收入阶层，素质普遍不高。为此，近年来，澳大利亚保安行业加大保安队伍培训力度，根据保安服务的需要设置了 8 个不同级别的岗位，并进行相应的培训。15 年前，保安人员一经招录就可上岗，现在要求必须经过不低于 2 个星期的培训，并取得警察部门核发的执照后方可上岗。同时，由于待遇偏低，管理职位有限，保安人员晋升机会少，澳大利亚保安人员的流失率也比较高。从新南威尔士州的情况看，各保安公司全职保安人员的年流失率大多在 20% ~30% 。

尽管如此，澳大利亚保安行业还是认为，随着经济发展，个人和企业面临越来越多的威胁，以及保安行业服务技术、质量不断提高和服务领域不断拓宽，特别是随着公共安全防范向社会化、专业化发展和各国警务工作改革，保安行业的前景还是广阔的。美国“9·11”事件发生以后，全球保安服务市场进一步扩大。从全球经济来看，近几年保安行业的年增长率一直在 5% 左右，高于经济总增长率 1.5 个百分点。澳大利亚保安服务业管理受联邦制影响，全国没有统一的保安立法，各州都有自己的保安管理法规和有关标准。一个公司或保安人员在一个州取得执照到另一州从业还要继续申请，但有些州对于管理较为规范的州的执照往往也认可。警方核发的保安行业执照分三类：一是高级执照，只发给雇主和主要培训机构；二是一类执照，只发给人力服务机构；三是二类执照，只发给技术服务、销售和培训机构。澳大利亚保安行业协会较多，除澳大利亚私人调查行业协会外，其中影响最大的是 1970 年 7 月 10 日成立的澳大利亚保安行业协会（ASIAL），这是一个由全国私人保安企业与专业人士组成的行业社团，全澳主要的保安公司都是其会员。该协会主要职能是制定行业行为与道德准则、协助政府立法、争议与投诉裁决和协调行业与警方关系及通过互联网为会员提供信息、组织行业活动等服务。

澳大利亚公共安全防范的大量工作都已经走向社会化、职业化、市场化和技术化，这一趋势推动着保安服务业的不断发展。

(1) 保安服务业发达，保安服务市场日益走向规模化、集约化。澳大利亚只是个人口不足2 000万的国家，但其保安服务公司却有2 000多家。以私人保安公司为主的保安服务市场日趋成熟，保安行业服务技术水平与创新能力都位居世界前列，保安服务市场信息反映与传递速度极快。保安服务市场两极化趋势也非常明显，全澳虽有数千家保安公司，但市场已被少数几家公司垄断，仅集宝公司就占市场份额的50%，Group 4 公司占市场份额的30%以上，这些跨国公司业务伸展到全球各地，规模庞大，技术水平高，创新能力和抗风险能力都很强。

(2) 新兴保安业务发展迅猛，但传统的人防业务仍是保安业的重要方面。以集宝公司为例，保安服务范围广阔，遍及社会生活的方方面面，从传统的人防、押运和调查渗透到物业、物流、交通管理和医护等各个领域，同时人防等传统服务项目也得到迅速发展，并出现新的模式，特别是巡逻守护和大型保卫活动。在悉尼市，集宝公司为服务客户包括家庭提供安装报警器，客户个人上班后或单位下班后打开报警器，集宝公司派出巡逻车在这些区域机动巡逻守护，一有报警信号，能在最短时间内到达报警点。2000 年悉尼奥运会期间，保安公司也提供了保安、巡逻、保镖、保险箱、保安调查、水上保安等大量人防服务，当时警方出动了9 000名警察，招聘了29 000名专业保安人员。集宝公司除有一批训练有素的专职保安人员外，还根据市场需求特点，招录了一些兼职保安人员，对这批人进行必要的培训后，作为公司的储备力量，一旦市场需要，随时派出。兼职保安人员平时都有自己的工作，集宝公司不需为此增加薪水开支。兼职保安人员制度确保了集宝公司对市场特别是大型文体活动的临时保安需求具有的极大灵活性，悉尼奥运会期间，集宝公司派出的保安人员大多是兼职保安人员。

(3) 安全防范技术服务发达，以电子技术和生物技术为核心的安全防范技术得到了广泛应用。从报警系统、中央监控到卫星定位、交通管理、消防探测技术、公司资产与风险管理等各个方面，都广泛使用了高科技数码技术。在过去的几年中，数码技术的广泛运用取得了明显的效果，仅悉尼市偷车案件就下降了70%，人身袭击案件减少了一半，为保险公司追回了50万澳元的骗保损失。同时，个人辨别技术也很发达，已从个人密码、身份识别卡、个人密码与身份识别卡结合发展到生物辨别，并且生物辨别技术也已向掌形鉴别、指纹辨别、眼球辨别和面形辨别4个方面全面推进，识别的成功率和准确率大大提高。目前这项技术已广泛应用于物理通行、数码通行、财务交易、身份核实、考勤和监察等各个方面，集宝公司员工进出公司和考勤就使用了这种生物识别卡，既方便、准确，又提高了效率。

（4）注重吸纳高素质人才，培训规范并走向产业化。在激烈的国内外保安服务市场竞争下，没有高素质的管理、技术与服务人才，没有现代化的经营管理和高技术产品的开发与良好服务，任何公司要占领市场，赢得良好的社会声誉和可观的经济效益是十分困难的，因此，澳大利亚保安业特别是大的保安公司是十分注重引进高素质人才的，并加强对公司员工的培养与培训。在澳大利亚，集宝公司就聚集了一大批计算机、电子技术、消防工程、经营管理、安全防范工程等方面的专门人才和专家，特别是其数码技术和反窃听技术专家在全澳都是一流的人才。同时，公司还注重对普通保安人员进行严格培训。15年前，保安人员不经培训即可上岗，现在，新保安人员必须经过不低于2周至1个月的培训并取得州警察部门发给的执照方可上岗。在澳新南威尔士州，保安人员根据素质和服务要求分为基本巡逻、保镖、人群控制、风险管理、保安顾问、保安设施安装与保养、调查、培训等8个级别，每个级别保安人员必须经过相应培训并应取得认可执照才能上岗。集宝公司培训资质由成立于1990年的英国保安行业培训组织（SITO）授权认可，培训标准参考英国并依据州保安培训标准。此外，澳大利亚一些保安公司，特别是集宝公司在加强内部员工培训的同时，还开始为社会上其他公司提供保安培训服务，近年来还积极为亚太地区的保安公司提供培训服务，成为公司发展的一个新的增长点。集宝公司仅通过对外培训服务每年就赚取200万澳元利润。

（5）保安界与警察部门保持一种合作、互动的伙伴关系。为集中精力和资源处理重大案件，并由于无法提供某些经济的服务，澳大利亚警察部门逐渐把过去由警方承担的事务委托给保安公司，保安业因此得到了越来越快的成长。例如，对于交通违例停泊、犯人押运、轻犯在家监管等工作在一些地方都交给保安公司管理。在新南威尔士州，所有政府和警察机构的保安都由集宝公司提供。同时，保安公司开展的机动巡逻服务、家庭报警、押运等一系列服务也得到了警察部门的大力支持。可以说，澳大利亚保安界和警方之间形成了一种健康、互动的合作伙伴关系。这种关系还表现在保安管理上，各州警察部门下设的负责保安管理的机构都由警察部门和保安协会专业人士共同组成，在保安公司内部，许多高级管理人员都来自于前警官。在法治严明和私人办保安的条件下，保安界和警方这种和谐的关系，对于保安业发展和警务工作改革都具有积极的意义。

3. 英国保安服务业的发展历史

英国是私人保安业最具悠久历史的国家。英国私人保安业以私人保安公司最具代表性。私人保安公司最主要的业务是室内安全与技术监督。他们为各公司服务，充当保安员或私人侦探。

现在，英国一些大企业仍然雇用私人侦探破案，而不惊动警察。因此，私人保安公司就有了巨大的市场。这些英国私人保安公司，还以合同形式为公共地区或半公共地区提供安全员，主要是进行安全巡逻工作。雇用公共或半公共地区安全员，出资者常常是市议会或者市政部门。这类合同安全员，还负责学校、医院、地方法庭、图书馆设施的安全工作。

在英国有最著名的4家私人保安公司。它们的总资产达20亿英镑，占据了英国私人保安业63%的市场。此外，在英国还有一种正规警察通过合同雇用私人警察，从事警察内部服务性和社会服务性工作，直至押送犯人的工作。

根据英国经济与社会研究委员会1994年的统计结果，英国至该年末人口为5 900余万，从事保安业的公司有7 842家，从业人员约有160 200人（不包括单位内部保安部门的128 230名职员），而警察只有129 000人，可见英国民间保安业的规模已超过公共警察机关，而且仍在继续增长中。1994年产值已超过25亿英镑，并且估计每年的增长率在9%至22%之间。以1935年创立，后改名为怡和（Securicor）的英国最大保安公司为例，1999年，该公司在英国本土及海外雇有员工7万余名，当年营业额超过13.54亿英镑，约合人民币170多亿元。

英国民间保安业的业务范围是随着社会的发展和市场需求的扩大而扩展的。1995年英国下议院内政事务委员会提交的有关民间保安业的研究报告表明，民间保安业的活动范围已逐渐扩展到公共警察的业务活动领域，以致两者的界限越来越模糊。从理论上讲，民间保安业的核心功能应该是提供守卫、巡逻、安全检查、押送等，但实际上已远远不止这些。英国学者焦思顿（Jonston）在其《私人警务的再生》（The Rebirth of Private Policing）一书中对英国民间保安业的活动范围作了概括，认为其活动范围涉及社区巡逻、警卫、逮捕、搜查、参与起诉和审讯、财产保护、安全检查、交通控制、停车场管理、风险管理与评估、现钞押运、税款收缴、安全防范技术装置的安装与设计等。一些民间保安公司的高级主管还被一些大公司甚至政府部门雇请提供安全咨询，对安全管理进行安排和监督。因为英国直到2001年才有专门的保安法，法律对民间保安业的业务范围一直并无明确规定，完全以市场供求为调节机制，所以各保安公司都竞相扩大服务领域及对象。比如1994年，英国著名的保安公司Group 4与政府签约，负责管理伍兹监狱（The Wolds Prison），这是第一家由私人管理的监狱。并且早在1989年，英国政府出于经济成本与人力成本的考虑，将犯人押送交给怡和（Securicor）和Group4这两家民营保安公司，由他们与政府签约负责此项任务。据报道，英国有138所监狱，其中有8所为私人投资开办，这8所私人投资开办的监狱中，有4所由保安服务公司承担管理。怡和（Securicor）公司除在英国承担管理监狱的工作外，还在美国开办了4个帮教有劣迹行为青少年的帮教所。①

英国对民间保安业的管理长期缺少统一的法律。1979年英国内政部提交的有关民间保安业的报告中指出，政府对保安业的态度是支持自我规范和管理，并且指出英国的公司法和雇员保护法可以适用于任何公司和雇员，也就是说有关民间保安业的权利、义务和责任以及

① 类似我国的工读学校。

保安公司雇员的权利、义务和责任都可以遵循上述两部法律来解决。1990年，英国国会议员卫尔勒提出保安业法草案（Security Industry Bill 1990），试图把保安业管理纳入法律体系，规范保安业的管理，其内容是由保安行业提供基金建立独立的督导单位来管理保安业，授权警察机关考核保安公司雇员并查询其平时的基本表现，但因担心造成大保安公司垄断，影响小保安公司生存和抵触商业自由政策，最终没获得通过。

目前英国对民间保安业的管理基本依赖行业组织，要求所属会员自律，并且各种保安项目均有自己的协会。比较有代表性的行业协会有以下几个：

（1）英国保安协会（British Security Industry Association，BSIA）。为结合同行和提升服务质量，并加强与政府部门的沟通，1967年八家保安公司联合成立了该协会，至今已有350多家保安公司加入。协会有9个部门，每个部门均有委员会负责会员资格审查。目前，它在各地有10个分支机构。英国保安协会有定期训练的课程与教材，为会员公司提供训练与教材方面的服务；通过协会彼此交流信息，增强联系；对顾客也提供各会员服务项目及相关资料；协会也把加强与警察机关的联系和互动作为一项重要工作来抓。协会下面还设有保安监察组织，其主要职能是用政府规定的服务业标准对提供人工看护的民间保安业进行评估和监察。

（2）国际专业保安协会（International Professional Security Association，IPSA）。此协会成立于1958年，宗旨是提升保安业之专业水准，研究发展保安系统。会员种类有公司会员和个人会员两种。协会为新进保安人员或在职保安管理人员及保安经理分别提供初级、进修级和高级训练课程；出版专业杂志“专业保安”（Professional Security）、各种保安教材；召开各种研讨会和举办保安器材展。协会设有专门的研究机构“保安国际研究所”（International Institute of Security），定期进行保安管理测验。为使会员准备测验，协会还设有函授学校（Correspondence Training College），提供28个星期的保安课程。

（3）全国保安系统认证委员会（National Approval Council of Security System，NACSS）。此委员会于1991年成立，由包括保安公司、政府部门、保险公司在内的专业人士所组成，对包括入侵警报（Intruder Alarm)、门卫管制（Access Control)、闭路电视（CCTV）和中央控制台（Central Monitoring Station）在内的四种保安器材审核认证。

（4）保安业督导会（The Inspectorate of Security Industry，ISI)。人力警卫是英国保安业最频繁的服务方式，此督导会和保安器材的认证委员会性质一样，是考核人力警卫保安公司条件是否合格而给予证明的组织。督导会于1992年成立，对申请认证的人力警卫保安公司进行业务督导，并对保安人员的表现记录、业务状况、勤务情形和教育训练内容进行审核。虽然在管理上，英国保安业并无法律上的严格规范和专门要求，① 但对保安业而言，如何赢得社会的信赖和提升公司的信誉是扩展业绩的关键。因此，通过协会自律，让顾客和政府部门了解保安业的品质是英国保安业努力的目标。

尽管英国政府认为自我规范是对保安业最适当的管理方法，但总的来看，其效果与社会各界的期望有很大差距。1995年内政事务委员会有关民间保安业研究报告的结论部分指出："由于民间保安业的活动领域越来越多地进入警察的活动领域，由于有越来越多的证据证明用法律规范民间保安业的优点大于其不足，由于要和大多数欧洲国家的标准趋于一致，现在已经到了用立法形式对民间保安业进行控制的时候了。"1988年英国警察局长协会（Association of Chief Police Officers）为了解保安人员的品德和表现，向英格兰、威尔士的48个警察局发出问卷，调查辖区保安公司，结果发现，有609家值得深入了解，721家有问题存在，从业员工有犯罪记录的有326家，因而也要求对民间保安业进行法律规范。另外，由于民营保安公司不被强制要求加入前述的各个保安协会，而且显然为数众多的小公司并没有加入，所以保安协会对这部分保安公司无规范作用可言。"尤其是这种事实，导致了有些部门对保安业法律规范的呼吁。"

目前英国保安行业的从业人员已达30万到50万之间，而且这个

---

① 2001年《英国私人保安业法》确立了保安业管理当局对私人保安业的四项管理职能：1. 执行本法所授予的与颁发执照和批准有关的职能；2. 经常对保安服务提供和包括保安人员行为在内的其他服务提供进行督查；3. 本着保护公众的目的，对继续提供督查服务中所涉及的任何服务的人的行为及其有效性进行监控；4. 确保对个人行为和业务的必要的检查。

数字还会随着社会需求的增多而不断增长。在过去，尽管保安行业已粗具规模，但是行业形象一直不是很好，行业缺少法律的良好管理，公众的评论也是批评居多。自从 2001 年的《私人保安业法》颁布之后，这种情形有所改观。

2001 年制定的《私人保安业法》是第一次对私人保安行业的立法。但是，该法没有包含电子报警的内容，只是规定人力保安和机动保安。这是因为保安行业还处于一种迅速发展阶段，还不稳定；而且，在英国任何人都可以出售和安装电子报警设备。

在英国，还有其他一些法律，尽管没有直接规定报警行业的内容，但也会对这个行业产生影响。例如《数据保存法》中的内容不仅仅只是涉及数据，还包括了图像录制、图像的清晰度、录制内容的保存、播放、获取和清除、录制机器的保存和相关人员可以获得录制内容的权利等内容。除此之外，《人权法案》中有关隐私权以及 1993 年的《噪音法》和 1974 年的《污染控制法》中有关噪音的规定都会对私人保安行业产生影响。

4. 日本保安服务业的历史发展

1962 年，日本成立了第一家保安公司——西科姆公司，公司当初的业务是巡逻保安。在当时，社会一般仍然认为“水和安全应当是免费的”。1964 年东京奥运会之后，随着日本经济的高速增长，日本保安业也快速发展起来，其主要业务有设施保安、交通疏导、现金运送等项目。1972 年，日本制定了第一部《警备业法》（即《保安业法》），当时从事保安行业的公司有 780 家，保安人员约 4.1 万人，已经成为一个比较大的产业。与此同时，日本的技防业务取得了长足的发展。1982 年，《警备业法》进行了重大修改，增设了技防一章。2004 年又对《警备业法》做了最新修改。目前，该法共 8 章 22 条，包括总则、保安业、保安业务实施上的义务、教育、机械保安业、监督、杂则和罚则以及附则等。目前，日本保安行业的公司已达3 500 家，从业人员约 13.4 万人。保安业成为安全产业的核心。

日本的保安服务业历史悠久（40 多年），以 SECOM 为代表的日本保安服务企业实行人防与技防相结合的方针，服务规范，防范效果良好，其经营理念、服务模式、质量技术管理和以市场为导向的技术开发方针发挥了非常重要的作用。SECOM 公司成立于 1962 年。其创始人饭田亮先生不仅创建了东京“保安保障公司”，而且由东京向外辐射，逐渐承担了全国大部分都道府县的保安保障业务，并推动成立了全国保安业协会，促成了日本《警备业法》的制定。随着全球经济一体化进程的不断深入，日本的社会治安问题日益突出，饭田先生于是在 1985 年将公司名称改为 SECOM(Security Communication)，并向全球发展。截至 2003 年底，已在日、美、印尼、马来西亚、新加坡、韩国、我国台湾和香港等 16 个国家和地区建立了 170 多家分公司，拥有员工 28 000人，销售总额达8 000亿日元(合 570 亿元人民币)，利润 300 亿日元(合 21 亿元人民币)，成为连续 30 年税、利双增的安防企业集团，是位居世界安防(保安)业前五位的国际集团公司。

SECOM 的服务模式是人防与技防合二为一，以保安服务为龙头，推动系统（方案）研究—产品技术开发—产品质量控制—服务质量保证。目前，SECOM 不仅仍保留着人力保安业务，而且在技防业务方面实现了安防、消防、网络安全服务的一体化。由于 SECOM 的服务模式能够保证防范效果和服务质量，因而，在全日本 1000 多家保安—安防公司中，SECOM 保持了 50% 以上的市场占有率，成为日本保安业名符其实的龙头老大。

松下集团是国际上安防视频监控领域最大的生产商之一，其监控产品遍布世界各地，用于各类公共安全设施的安全监控。由于生物识别技术的迅速发展，特别是国际反恐斗争的迫切需求，像松下这样的国际型大企业以及众多的安防监控企业，都在大力开发“个人身份认证”的相关产品。掌形识别、指纹识别及其相关产品已在安防市场上展开了激烈竞争；松下和 SECOM 的虹膜识别产品已付诸试(使)用，估计在 1 ~ 2 年之内，虹膜识别产品、声纹识别产品以及面像识别产品将会在国内外安防市场上展开激烈的角逐。

由于大量 IT 企业进入安防市场，安防产品和系统的数字化、网络化、智能化将势不可挡，松下集团开发的网络摄像机以及以网络为平台的视频远程传输与监控技术已进入实用化阶段，它们将与“个人身份认证”技术和产品一起，带来安防监控技术的一次新的革命。可以说，日本的保安服务业务的发展得到了高科技的大力支持，侧重强化了技防服务的内容，因此，增强了日本保安服务企业的市场竞争力和提高了保安服务企业的经济效益，而且在国际保安服务市场中也获得了巨大的市场份额。

5. 欧盟国家保安服务业发展的现状

在所有的欧盟国家中，保安服务业的各项职责有如下几项内容：(1) 分析、咨询、策略服务；(2) 教学和培训；(3) 建筑物和厂房的保卫、门卫；(4) 火灾防范（工厂和办公大楼消防工作）；(5) 区域巡逻、人身护卫、快递服务和文件传送；(6) 金钱的安全处置；(7) 为铁路沿线建筑设置安全点；(8) 对环境和工程的保护；(9) 紧急情况处置；(10) 报警追踪；(11) 技术性设备的远程安全保护；(12) 贸易展览会和博物馆安全保卫：(13) 活动和会议的保安服务；(14) 维护公共交通。由原联邦德国技术监督与安全防范行业中一家成员公司作出的一项调查显示，按职责的首字母 A-Z 顺序排列，例如报警追踪、紧急状况呼叫的响应、区域巡逻等，共有上百种不同的职责，从单纯的守夜人到万能的安全服务提供者，这一发展速度可谓迅雷不及掩耳。

在欧洲，保安业作为一个整体有将近 96.75 亿欧元的成交额，粗略地估算在 1 万多家公司中有527 700名职员。其中 450 家公司是专门负责现金押运，大概有雇员 5 万名，使用约 1.1 万辆专用装甲运钞车，年成交额约为16 亿欧元。业内人士认为私人保安业在欧洲这个市场是具有吸引力的，并且相信随着欧盟持续不断的发展，以及签订由国家认可或具有国际水平的合约数量的增加，会对保安业起到生长催化剂的作用。专家预测保业在欧洲市场的年增长率为 5% 到 8%。

欧盟国家保安业的发展规模表①

国家	公司数量	以 10 亿欧元为单位成交量	职员的数量
比利时	104	250	8 500
丹麦	300	?	3 000
德国	2 700	3 500	145 000

① 本表转引自《欧洲保安行业发展概况》，王萌编译，《中国安防产品信息》2004 年第 4 期。

续表

国家	公司数量	以10亿欧元为单位成交量	职员的数量
芬兰	200	?	4 000
法国	1 600	1 356	73 000
希腊	400	?	5 000
英国	2 000	1 300	125 000
爱尔兰	550	150	9 000
意大利	720	1 100	45 000
卢森堡	12	?	1 200
荷兰	950	492	19 000
奥地利	70	130	6 000
葡萄牙	186	?	?
瑞典	290	405	16 000
西班牙	900	992	68 000
总数	10 982	9 675	527 700

至于有特色的发展只有在安全技术的领域中能够看到，例如出入口控制技术，其中值得一提的是，其远程安全图像监视系统在某一距离内能将某种特征激活而使可监视区域加倍。无论怎样，更高的技术含量以及安保服务的国际化是保安业发展的一个明显趋势。在保安业走向全球化的阶段，欧盟国家就已有了两家全球性的保安公司。作为第一个占领全球市场的先驱是前瑞典的公司 Securitas AB。其2003年销售额大约50亿欧元，2004年达到约65亿欧元，它在32个国家雇用了21万名保安人员。第二家全球性保安公司是 Falck，它是一家丹麦的公司。在公司运营的开始阶段就宣布用27亿美元买下美国的 Wackenhut 安全公司，包括大约6万名职员，Wackenhut 在负责监狱犯人的改造业务市场中处于领导地位。另外，还有 Group 4 保安公司的总成交额大约是50亿美元，它在全世界的80个国家中雇用了20.5万名保安人员。处于第三位的全球性保安公司是英国的怡和公司(Securicor)，它在44个国家有12万名保安人员，营业额达到27亿

欧元。

从目前的趋势来看，欧盟国家的保安业呈现以下发展趋势：(1)在所有欧洲国家中，私人保安公司对于内部安全的重要性正在增加。(2) 行业经济效益的重要性将会继续增长。(3) 警察与私人保安公司的合作势必加强，而且不同的合作模式需要以不同的实际情况和法律为依托。(4) 除了法律问题，合同的实际履行也必须得到恰当的关注。(5) 公共资金的限制使提供合格的服务越来越难，特别是在安全服务这一领域。

欧盟国家保安服务业之所以发展良好，主要有以下几个方面的因素（以德国和比利时为例)：

(1) 其保安服务业的生存和发展，有国家的认可和法律的保障，即在国家具备一定的法律地位。德国和比利时都通过立法的形式将保安服务业与其他企业同等对待，将其纳入工商管理会管理，而与警察部门无任何隶属关系。从德国的情况看，德国保安企业最早出现于19世纪末期，国家规定允许私人设立保安服务公司，其最早的保安立法是1927年。任何人只要达到法律规定的设立保安企业的条件，都可以申请建立保安服务公司。目前，德国保安企业行业协会已下设400多个分会，保安从业人员达140 000人。

(2) 保安服务业的发展空间很大，已渗透到各个领域和行业。从德国和比利时保安服务业的总体情况看，其保安服务业主要包括三个方面：一是人力保安；二是安全电子系统的保安；三是押运现钞及贵重物品方面的服务，且政府为保安服务业的要害部门，包括监控中心、货币押运等配备了枪支。德国保安服务业已在政府建筑物和使领馆、机场、体育比赛、盗窃现场保护、取消载重汽车标识、扣留驾驶执照、送罚款通知书、非法移民遣送、押运囚犯、国家银行的现钞押送等多个领域提供保安服务，设立了企业保安、小区保安、货币和贵重物品保安、报警电话中心等多种保安机构。而比利时保安集团“Group 4”公司的保安业务已在私人保镖、公关人员、流动巡逻、为商场抓小偷和货币处理等方面得到发展，并取得了较好的效益。

(3) 保安服务业的生存和发展，最关键的一点就是要有诚实的信誉。第一，保安企业和保安从业人员必须有一定的信用。德国法律规定，申请建立保安企业必须符合三个条件：一是无犯罪记录；二是银行信用；三是经过正规的保安专业资格培训并取得资格证书。保安从业人员也必须具备三个条件：一是本人无犯罪记录；二是银行无欠款，并有诚信；三是经过专业培训。第二，保安从业人员必须具备一定的素质，为确保从业人员的素质，德国对保安从业人员在培训内容、等级等方面都作了明确规定。在培训内容上，根据不同岗位需要进行不同的知识培训，包括保安技术、医疗知识、处理应急问题等方面的内容。保安培训分初级、中级和高级三个等级，中级必须是从事保安行业6年以上人员才能申请，高级必须是中级3年以上人员才能申请。设立保安企业必须是从事中级职业6年以上或高级管理人员才能申请。第三，有严格的规章制度和管理措施。无论是德国保安企业，还是比利时保安企业，每个部门、每个岗位都有严格的规定，凡是客户要求保密的事项，保安企业都不许向任何人泄露。例如，在德国银行保安集团法兰克福中央控制中心，进门必须输入临时通行证，进入一个门，门关闭后才能开启第二个门。供游客参观的只是该公司运输的价值较低的证券车辆控制系统，其他价值较高的运输控制系统是客户要求不准向外透露的，所以不对任何人开放，这也是其保安企业的一种诚信。第四，其保安服务企业有自己的行业标准，并逐步向集团化方向发展，且具备雄厚的经济实力。德国保安企业行业协会成立于1901年，是由各保安企业自发成立的，其职责是代表保安企业与政府对话，协调客户与企业的关系，规范保安企业的行为，并代表政府对保安企业进行考察等。为此，该协会制定了行业管理标准，每家企业都必须达到这个标准才能获准通过。从比利时保安集团“Group 4”公司的情况看，由于该公司是跨国公司，其技术、资金实力较为雄厚，所以其发展规模大，市场占有率也大。该公司在世界80多个国家有业务活动，是世界第二大保安服务公司，共有员工21.5万人，其业务在比利时的保安市场上占据首位，共有员工5 500名。目前，比利时共有保安公司111家，而“Group 4”公司的市场占有率为38%，无论是保安人员还是现钞押运、电子安全系统，均占据第一位。

（4）有社会各界的大力支持与协作配合。一是政府的支持，政府从法律、政策上给予了必要的支持。二是警察部门的支持。目前，德国和比利时的保安企业均为私人企业，与警察部门没有任何的隶属关系，但其业务的开展始终不能离开警察部门的支持，其保安对象一旦发生问题和案件，他们都要及时报告警察部门，其监控中心与警察局始终有专线电话保持联系。对一些重要活动的安全保卫都能与警察部门积极取得联系与合作，特别是美国“9·11事件”后，保安企业与警察的合作越来越多，且关系越来越密切。三是保险公司等有关部门的支持。在德国，保险公司在政策上给保安业以很大的支持，常由保险公司对投保的企业或个人提出要达到什么样的安全标准才给予投保，这样有力地支持了保安服务业的发展。四是企业的支持和社会的认可。企业与个人是保安企业的服务对象，只有取得客户的认可、信任，保安企业才能发展。在德国的保安企业中，客户重点部位的钥匙都在保安监控中心有一套备用的，一旦发生问题，保安公司即可赶赴现场，有时警察也要到保安公司取钥匙，这一点足以证明客户对保安公司的信任。目前德国黑森州林堡市有30%的居民家中都安装了不同型号的报警器。

综上所述，可以发现，保安服务业在国外的产生和发展是随着商品经济的发展和对人身自由和财产自由的法律保护而兴起的，是近代资本主义文明的产物。保安服务最初以人防为主，随着新技术的发展，保安服务的形式也由人防为主转向以技防服务为主，从国内市场转向建立全球范围内的国际大市场。在这一历史发展过程中，保安业始终与作为政府管理的警察力量相互配合，在维护社会秩序，保障公民的人身安全和财产安全过程中发挥着重要作用。相对于政府的警察管理来说，私人保安业的发展主要是依据法律和保安业的行业协会和自治组织来统一、有效地整合商业性的保安服务力量，为社会公众和客户提供全面和系统的保安业务服务。

二、国外保安服务法律制度的现状和主要特点

“二战”后，随着人权保障事业的国际化，人的安全问题成为各国立法关注的重点。围绕着如何实现和平，保障个人的安全问题，各国先后制定了一系列法律规范来确立保安服务的法律地位，同时也建立了比较规范的保安服务制度，保安服务业也日趋规范化、制度化。

（一）美国保安服务法律制度的现状和特点

美国在建立保安服务业制度的过程中，以各州的立法为基础，建

立了关于保安服务业的比较规范的服务制度和管理制度。以纽约州为例，2001年4月就通过了《对于私人调查者，保释实施代理人，守护、护卫或巡查代理以及保安人员颁发执照的法案》。根据该法案的规定，“保安公司”是指任何人、商号、股份有限公司、法人、公共实体或某类商号、股份有限公司、法人或公共实体的附属机构或部门，此处某类是指雇佣一个或一个以上保安、或自己作为保安在所有权基础上为其自身所用或在合同基础上为本州范围内的其他个人、商号、股份有限公司、法人、公共实体或附属机构所用。“保安员”是指个人而不是警察，该个人受雇于保安公司，在本州范围内主要履行以下一项或多项职能：（1）保护个人人身或财产不受伤害、防止盗窃或其他非法行为的损害；（2）制止、监视、侦查或报告有关事件，以阻止任何非法或未经授权行为的发生，这类行为包括但不限于非法或未经授权的入侵或进入、盗窃、故意破坏、滥用、纵火或对所有权的侵犯；（3）街道巡查；（4）对安装或使用的报警系统进行复核，以阻止或发现未经授权的侵入、抢劫、盗窃、偷窃、小偷小摸以及其他损失，并且维持受保护处所的安全。但是，其条件是保安在执行任务时要受到联邦政府与注册登记和培训有关的规章的约束，但在自愿基础上提供该类服务的保安，不受条款的约束。该法案规定，任何保安公司不得随意雇佣人员作为保安人员，任何他人不得受雇为保安人员或充任保安人员之职，除非该个人拥有合法的从事保安业务的资格证书。保安公司雇佣保安人员必须严格依据法律规定的程序，同时要保障保安人员的各项权利，包括为保安人员提供良好的社会保险。而保安人员一旦违反法律或者是利用其职务进行诈骗、欺骗或虚假陈诉，经州政府做出决定后，保安公司不得再行雇佣。该法案还为保安人员确立了比较健全的规章制度。该法案强调，保安人员在履行职务的过程中要强制执行安全政策、规则、规章和程序。同时，一旦被任命为治安法官后，或者是执行官职能的警察后，就不得再担任保安人员，以此来严格区分警察与保安人员的身份，防止保安人员滥用职权。对于保安公司，该法案要求所有保安公司作为雇主应以雇佣通知形式向州政府提供所雇佣保安人员的信息。

由此可见，美国目前的保安业主要受各州法律规范，但是，对保安公司和保安人员，都建立了比较严格的管理制度。保安行业基本上属于法律上严格加以管理的特许行业，不管是保安公司开业，还是保安人员上岗，都必须符合法律所规定的严格的“准入”条件。

（二）欧盟国家保安行业法律架构及特点

目前，通过国家制定相关法律规定和颁发许可证在大多数欧盟国家成为普遍做法，各个业务部门的活动由错综复杂的法律所管理，但是这些法律适用的范围却是有所不同的。例如，欧洲北部的国家中对警察的一些责任会有较南部相对严厉的法律和规定。一些欧盟国家对私人保安业主的有关规定有：比利时：由总公司颁发为期5年的许可证；德国：地方治安办公室检查个人及财政状况，参加工商部门举办的40小时培训研讨；丹麦：由警察给年龄在25岁以上，有稳定的经济基础和专业资格的人颁发执照；法国：由法兰西共和国的地方代表颁发为期5年的许可证；希腊：警察颁发执照；荷兰：由法务部颁发为期5年的许可证；挪威：地方警察局长颁发执照；瑞典：经24个管理地区的委员同意后颁发执照；西班牙：进入总公司注册并能够满足某些要求，比如说专业人士适合的要求；意大利：客户告知警察某保安公司将要负责他的财产安全，还要提供关于这家公司的相关材料，警察同时要求该公司做出相应保证。具体来说，欧盟国家目前在保安行业所确立的法律制度有以下几个方面的特点。

1. 不同领域中对特定的方面有不同的规定

（1）举例来说，上述第三方责任保险在比利时、法国、葡萄牙、德国、西班牙和瑞士是强制执行的。

（2）在比利时和法国，雇佣有从警经验的人或相关的退役军人要受到某些特殊的限制。

（3）在意大利和西班牙则相反，只接受早先有从军经验的申请者。

（4）在法国，有破产经历意味着其不可能再从事保安业的经营。

（5）在希腊，守卫和保安人员的薪水不能低于一个警察的初始工资。

（6）在西班牙，私人保安公司都拥有一个个人身份验证码（ID数字号码），所有的文件和出版物上都要使用这个号码。

2. 保安的法律权限

与警察的权力相比，私人保安业没有特别的权力，或者可以说没有超出“平常市民”的权利，在多数欧洲国家中，保安业的职员只有和老百姓一样的权利。在比利时、丹麦、德国、芬兰、瑞典和法国，国家强制性规定保安人员只拥有这些所谓人人都有的权利，不能拥有特殊权利。毫无疑问，私人保安公司在合同的框架内被授权提供专业的服务，个人权利不一定要自己亲自行使，保安公司在一般的劳动划分中能够代表第三方，个人无需亲自保卫自己房子的安全，而是利用第三方的服务来行使这一权利。

3. 职员资格和培训

在欧洲，私人保安公司制定了一系列训练计划来适应保安多种工作的需要，职员在不同的专业训练中得到不同的资格证书并积累不同的专业经验，正常情况下，公司会对职员进行与其职责和责任相关的培训。由于保安工作不同方面的专业需求不同，所以仅仅仿效警察的训练计划是不够的。在欧洲，很难把各国推荐的基本培训课程进行比较，因为它们几乎各不相同。例如一份 1996 年的材料中介绍说，德国保安职员将来必须参加 24 小时培训研讨，而雇主则要参加 40 个小时，这不是一般意义上的专业培训课程，但却是进入本行业的必经之路，参加者仅仅对必要的法律体制有一个概括性的了解，在完成之后，由工商部门给参加者颁发一份证书；再如，瑞典规定培训时间必须是 227 个小时，其中 120 小时是在职培训；英国、意大利和奥地利均没有特殊要求。欧洲领导级的安全协会（COESS）站在雇主一边，而国际网络工会欧洲分部（UNI-Europa）则代表职员利益，他们合作推出了一本欧洲保安业有关职业培训标准的基础手册。

当然，关于标准的补充性决定还要经过全面的考虑，但他们希望各国内的合作伙伴采用这个标准，该标准基本包含了以下几个领域：保安业的法律架构、交流沟通、急救、防火、工作关系和特殊的专业知识。

4. 设备和武器

大多数国家规定保安业的职员必须穿着统一制服并使用 ID 身份卡，并规定了多数的保安人员不能携带武器。有一些国家，例如丹麦，携带武器是被完全禁止的。一般而言，携带武器只在某些特定情况中得到允许，比如现金押运，或履行在政府严格控制之下的职责，并且这些携带武器的工作要有岗前培训。在德国，所有保安职员中只有约6%的人可以携带武器，主要是执行包括核动力工厂保安、军事地带保安、现金押运和一些特别的任务时。在颁发持有武器许可证之前，一定要完善相关武器的法条，这与制定普通市民的相关法律情况一样。

5. 国家与私人保安行业的合作

在现代欧洲社会中，警察不可能确保每个人或每个部分财产的安全，他们有能力，但并不意味着在安全行业上实行垄断。多数欧洲国家的预算限制已使警察开始重新审视其责任和职责。除了上面提过的标准和一般的安全服务，有些国家的保安公司还承担了其他一些工作，有时是非常复杂的任务。由于这些任务涉及特殊的资格要求，因而制定专门的法律是必需的，此外，这样做还能规范保安培训的类型和范围，使保安公司如同置于国家机构的管理之中，这些特殊的任务诸如：(1) 比利时、英国、德国、瑞典的保安公司承担飞机场安全控制任务；(2) 德国、法国的保安公司承担核动力工厂保卫任务；(3) 德国的保安公司承担军事宅邸的守卫任务；(4) 奥地利、德国的部分保安公司承担疏导交通的任务；(5) 瑞典的保安公司承担 ID 身份识别卡的制造和支援消防队的服务；(6) 荷兰保安公司负责防止过量捕鱼；(7) 英国保安公司还承担押送部分囚犯，建造和管理监狱的任务。尽管有上面这些关于保安行业特殊任务的例子，但是仍有多数的任务与预防工作相关联，例如，在私法领域中关于危险排除和预防犯罪袭击的相关法律规定。这是欧洲保安业为确保国内安全而做出的一个必不可少的重要贡献。私人保安公司不与警察竞争，因为二者的作用是不能进行比较的，警察的职责不仅是维护公共安全和秩序，还有阻止危险及犯罪的发生。这些工作对于国会和政要在政治竞争中依靠政绩争取基金是必要的。而私人保安公司的工作以私法合同为法律依据，除了很少的例外，保安公司的职员没有特别的权限，他们只能把自己当作普通人且只拥有自我防卫权。总之，将来，发展警察和私人保安公司之间以全社会安全利益为目标的伙伴关系式合作在欧洲是非常重要的。

(三) 日本、英国和新加坡三国保安服务立法模式的特点比较

就世界范围看，日本、英国和新加坡分别代表了三种比较典型的安防立法模式。但有意思的是，安防业并非起源于其中的任何一国，

而是发端于美国。

1972 年，日本制定了第一部《警备业法》（即《保安业法》），当时从事保安行业的公司有 780 家，保安人员约 4.1 万人，已经成为一个比较大的产业。

在英国，长期以来，私人保安业以行业自治为主，政府很少介入保安行业，但是，2001 年英国通过的《私人保安业法》则将保安公司与保安人员的行为纳入了政府法制管理的框架内。

新加坡对安防行业的立法规制较少。新加坡的保安业包括人防和技防两大部分。1972 年新加坡国会通过《新加坡共和国工商保安公司法》，成立了新加坡工商保安公司。工商保安公司属于新加坡内政部，主要从事武装警卫和现场护送。同时，它持有辅助警察部队的执照，拥有和正规警察相同的服装、军阶和权力。除工商保安公司外，新加坡还存在多家以安全防范为主要业务的公司，但目前还没有相应的法律对其进行调整。

以下就日本、英国和新加坡立法模式中的主要内容作一比较，以期更深入地了解这三种模式之间的差异以及发展趋势，以供我国立法时吸取有益经验。

1. 从业人员的规定

日本《警备业法》（2004 年最新修正）的基本特征就是对保安公司进行最小的限制，让其自由发展。现在日本国会又在酝酿对其进行修改，其中的一个重要目标就是要加强考核，实现保安业者整体或保安人员整体的提高。

在市场准入方面，原来采取的是申报制度，预备从事保安业务的公司向公安委员会申报之后，不需要经过后者认定批准，第二天即可开业。但是现在申报制改为认定制，凡是有法律规定的禁止从业的人都不可以从事保安业务。这些禁止性规定都是针对具体人的。比如，不能有犯罪记录，不能与黑社会组织有牵连等。

按照日本《警备业法》，公安委员会对于保安人员或将成为保安人员者可以进行有关保安业务知识和能力的审定。公安委员会对符合法律规定条件的人颁发保安人员教育指导负责人资格证书，再由取得保安人员教育指导负责人资格者对其所属企业的保安人员进行培训。保安公司有义务对本公司的保安人员承担教育义务。

英国2001年的《私人保安业法》设立了保安行业管理局，目的是改进保安行业形象，帮助公众了解该行业的管理方式和管理机关，使保安行业成为拥有更多的培训机会、更多的收入、更体面的工作环境、更具有吸引力的行业。保安行业管理局是英格兰和威尔士唯一一个管理私人保安行业的机构，并可以向内政大臣直接报告问题。保安行业管理局的主要职能是给从事私人保安行业中不同领域的从业人员颁发从业许可证，并进行一定的管理。私人保安行业内部的具体分类在私人保安业法中有规定，但是内政大臣可以对其进行适当的修改。保安行业管理局还根据具体的工作种类规定从业人员获得从业许可证必须掌握的专业技术，并公布出来以供公众查验。即使是那些已经从事过私人保安行业的人要申请从业许可证的话，也要向保安行业管理局证明自己已具备必需的专业技术，这就需要参加保安行业管理局认可的短期职业培训班。

对于每一个从事该行业的人，管理局都要进行公开的登记。管理局的检查人员有权进入任何一个建筑内部（一家保安公司的办公室）查看公司职员的从业许可证是否有效。在实施监察执法行为时，检查人员都会和当地政府、警察以及其他机构互相配合来完成。

没有许可证的从业人员会面临国家的起诉。治安法庭的法官可能会判决6个月的监禁、5000英镑的罚款或者两者并罚。

新加坡对非武装警卫设有执业许可制度。执照由无线电署的执照部颁发，实行一年一换的制度。它对执业人的审定主要是看有没有违法犯罪前科。但报警监控中心的成立只需要领取工商执照而不需要保安执照，并实行登记制度。只有在无线电署登记后，该报警监控中心才能获得一条电话热线，提供监控服务。

2. 报警处置方式

日本技防业最基本的特征主要体现在《警备业法》第11条规定的快速应对体制。其要求是，保安公司收到异常信号后发出指令给待机所，对现场进行确认，快速出动。快速应对要求在25分钟内赶到现场，警情确认后，应立刻将信息报告警察。

误报发生时，警察应迅速对误报的原因进行调查，并督促该保安公司采取改善措施，并上报结果。连续误报2次或多次以上时，应劝其从根本上采取措施并将措施的详细内容书面上报。若保安公司误报率较高，或误报原因是由于机器设备维修不善造成时，警察有权进入控制中心进行检查、指导、监督，并要求该公司制定改善措施。

在英国，很长时间以来，误报警和资源浪费的问题几乎存在于英国标准学会、保安系统与报警器检查机构和国家保安检查机构的各个委员会的工作中。自从 DD243 标准引入了确认设备之后，误报警的次数减少到 65 万左右。在过去的 15 年中误报警率从 97% 降到 89%。目前，警察出警后确认的误报警率为 65%。

在英国，用户安装确认警情的技术设备后，必须向警方交纳一定的管理费用，从警方获得一个登记号，以便警方可以接到报警信号。用户需要指定至少 2 名专业负责人员。这些专业负责人员在接到报警信号 20 分钟之内要赶到现场并可以传送信号。保安公司将用户填写完毕的表格收集后交给警察。警方收到表格之后，就会把登记号发放给保安公司。这就意味着警方已经将客户安装的报警系统和中央信号接收中心加以连接。然后警方还会将警方的管理政策和措施书面告知用户，并将所有的信息纳入计算机管理系统，来监督每个报警器运行的情况。

如果系统发出 2 次误报警信号，警方就会通知保安公司和用户：警方出警的级别将降为 2 级。这时警方会继续监控报警设备。在一段时间之后，如果该设备没有出现误报警现象，警方出警等级恢复为 1 级；如果情况没有任何好转，那么警方会建议用户终止使用该设备。如果系统发出 5 次误报警信号，警方会将出警等级降为 3 级，即警察收到报警信号后不再出警。只有系统在连续 3 个月内不再发出误报警信号，保安公司才能要求警方重新将出警等级恢复为 1 级。否则，如果警方没有收到任何要求，就会中断系统和中央信号接收中心的连接。

新加坡的监控公司必须把每一个顾客的资料和电话号码传给警察。有事的话警察输入号码就可以调出公司的地址，就可以派警车前去。有了警报时，监控公司要先打电话给顾客，问他需不需要报警，需要的话才报警。警察去响应属于义务。警察到达后先要勘查是否有破门而入的迹象；若没有，警察必须等客户来后才能进去。客户若在 60 分钟内不到达，警察就可以离开。第二天，警察将送交客户一封警告书。假如 12 个月客户被警告 3 次，警察就会把系统切断，此后一年之内该客户不能通过任何一家监控公司进行报警监控。

3. 监督管理

日本《警备业法》第六章规定了公安委员会和警察当局对保安行业和技防行业的监督情况。保安公司必须将从业人员的名单准备好，以备警察当局检查。在必要情况下，警察当局有权要求保安公司停业。

英国国家保安检查机构是经英国认证服务处认可的监督、检查机构，在国家安全系统批准委员会的指导下监督电子保安系统安装商的经营行为。它成立于30多年前，成立的目的是为了提高产品质量，减少误报警的次数。该检查机构一年对保安公司检查两次，检查方式主要有两种：抽查少量的电子保安系统或者检查公司的质量监督系统。

保安系统与报警器检查机构是一个独立的检查机构，负责保安公司能否安装、维护闯入者报警器、访问控制和闭路电视等设备的许可。该检查机构还是一个非营利性的组织，通过要求全国经营安防设备的公司进行登记的方式，来保护使用安防设备的用户，防止安防设备公司给用户提供不合格、不安全的安防设备。

三、国外保安服务法制建设中可以值得借鉴的经验

（一）国外保安服务业法制建设的发展得到了比较好的理论支持

私人保安业为什么能得到发展，而且在西方作为警务工作的核心问题来看待，这与国外保安服务业的相关理论研究是分不开的。可以说，私人保安业的根本理论基础是作为市民社会的市民自治理论，作为市民自治的形式，私人保安业与作为履行公共管理职能的警察业是相辅相成的。一个成熟的市民社会首先要通过个人或者是第三者来保护自身的人身和财产安全，只有在个人能力不及的地方，才需要履行公共管理职能的警察的介入。因此，从理论上来看，国外保安服务业的发展，尤其是制度化和法制化的趋势，至少可以发现以下几个特征：

1. 较早期的理论比较著名的是所谓的警察真空理论，即当你需要警察的时候，周围总是没有警察。警察不能最大程度地随时满足个人的安全需求，其原因一是人力资源的限制，二是效率问题。其中效

率问题是由私营企业比政府更有效率的观点推论而来的，即认为私人警务比政府提供的警务更有效率。换句话说，由于警察，乃至于政府的各种服务效率低而使得私人警务获得生存和发展的机会。

2. 在英美等国家，政府政策的导向也是私人保安业发展的重要原因之一。如在美国，自我帮助、自我保护一直被认为是关于保持社会秩序稳定的执法基础。这种思想与做法可追溯到早期的民主化过程中。1929 年联邦政府曾发布过一个法案，警察不能提供的安全服务留给保安公司，这使美国由私人侦探为主的保安业找到了新的发展方向，逐步发展成为现代意义上的保安业，工作重心由单纯的犯罪案件调查转移到各种危险发生之前的预防。值得一提的是，从 20 世纪 70 年代开始，美国司法部启动了一系列的研究项目，一直到 20 世纪 80 年代，解决了许多社会关注的有关私人保安业的问题。如著名的 Hallcrest 研究报告，对私人保安业提出了 13 项有效的建议，使私人保安业在更大的领域里开展业务；美国国家刑事司法标准与建设目标咨询委员会在 1976 年的一项研究报告提出了私人保安业发展完善的 9 项目标，解决了警察与私人保安业相互制约的问题。在英国，现在能找到的依据是 1979 年内政部关于私人保安业的一份报告，在此报告中明确指出："在现代社会中，没有任何一个国家的政府对犯罪的侵害问题提供全部的保护，对于个人和组织来讲，政府明确地希望采取理智的措施来预防犯罪，其合理的途径就是通过付钱给别人而得到安全服务。"对于英国政府为什么持此态度，理论上有几种解释。第一种解释认为是政府的财政危机。随着经济的发展，人们生活水平的提高与财富的积累，人们的安全需求在普遍增长。而另一方面犯罪率却在上升。政府要满足日益增长的社会需求，就要增加警察编制，增加警察编制又意味着增加财政支出。政府由于安全的财政支出过大，又会招致反对党或社会舆论的批评。因此，政府必须在政策上鼓励社会组织和个人雇请保安公司提供安全服务。另外，为了缓解政府的财政危机，内政部出台了一份调查报告，这就是有名的波森调查，题目是《警察核心与附带任务评论》。波森调查是在 1993 年底由财政部推动，内政部成立的由波森领导的调查小组，目的是考察警察的工作，提出有关开展核心警察工作最低成本、效益的方法与建议，评议可转让的警察附带任务的范围。警察局长协会对此的声明是："我们认为，该调查有省钱愿望的驱使，警方可能被迫让步，放弃极为重要的社会服务角色。有必要开展全面、公开的社会大讨论，以便让社区就它们未来需要的警务工作类型具有发言权。”波森调查发现，通过采取一系列的改革措施，政府每年有可能节约两亿英镑经费。英国Group4所提供的资料表明，由政府的警察管理监狱，每个犯人每周需430英镑，而把监狱承包给私人保安业管理，每个犯人每周只需350英镑，所节省的80英镑可救助两名失业者。所采取的改革措施包括：在警察机构内部设置文职人员；把一些非重要的警务工作分派出去。警察局长协会和皇家警队曾列举出37项可考虑转让给非警察机构的“附带任务”，如停车场管理，护送超大型物品的道路运输，执行驱逐出境，管理全国的罪犯记录系统，为大型公共活动提供保卫，寻找失踪者，经销酒类许可证等。其中一些是没有争议的，有些存在争议。几乎与波森调查同时，内政部在1993年的《警察改革白皮书》中，认为警察部门的工作迷失了方向。“警察的主要工作是打击犯罪，而在一个有代表性的工作日，呼叫电话只有18%与犯罪有关，警察直接对付犯罪的时间只占工作时间的40%。”警察的活动偏离了正确的方向和中心任务，因此，政府要对警察进行导航，使警察的工作重点与政府确定的重点保持一致。第二种解释认为，政府持此观点的原因是要把预防犯罪，保持社会稳定的责任——起码是部分责任转嫁到私人保安业身上，从而使警察免受因无法控制犯罪增长而受到的指责。也就是说，当预防犯罪、安全管理等方面的工作做得不是很好时，公众埋怨的是私人保安业而不是政府和警察。长此以往，它迫使社会承认这样一个事实，即警察在预防犯罪方面的能力是有限的，或是无能为力的，从而进一步增加社区、社会组织寻求解决自身安全的可能性。

3. 私人保安业发展的另一原因是加拿大多伦多大学的两位学者提出的大众财产理论。在20世纪后期，社会发展导致了私人财产的大量积累。一方面是对私人财产保护的需求在增长，而警察又难以满足，另一方面是越来越多的社会公共生活是在私人所有权下的场所与土地上发生的。有的人认为私人警务不像公共警务一样受到司法制度的许多程序的控制，因此不愿意让警察干预发生在私人所有的公共场所和土地范围内的矛盾与纠纷，而希望私人保安业介入，以此来维护私人所有权的自主性和独立性。

4. 有的学者提出社会结构的改变也是导致私人保安业发展的主要因素之一。在西方国家中，社会结构的改变主要是指社会文化结构的改变、国家结构的改变以及随之而来的经济结构的改变。在社会文化结构方面，表现在不同的社会阶层中，由于种族、宗教信仰、区域、民族、国籍等方面的差异，使得一个国家的主流文化发生了改变，产生了多种文化的交汇；在国家的结构方面，随着新公共管理理论的兴起与推动，产生了一些准政府机构和代理机构，欧洲在政治上的超国家趋势（即欧盟宪法草案所推动的欧洲一体化趋势）对国家主权的削弱，经济领域中的一些国家的私有化过程对公共与私人关系平衡的改变等，这些因素综合在一起，就不可避免地提出一个问题：一个一元化的警务体系是否可能满足正在变化的日益多样化和多元化社会体系的需求？结论肯定不是十分乐观的。

5. 犯罪率的增长。犯罪率的增长是一个全球性的问题。犯罪率的增长不仅表现在绝对数量在增长，而且复杂程度也在增加。警察数量的增长总是低于犯罪率增长的比例，导致供求矛盾突出；另一方面，社会公众的求助电话增长率也大大地高于警察资源的增长率。由于警察满足不了由犯罪率增长而带来的安全需求，导致个人与社会组织不得不求助于保安业。

6. 公共管理理论与思想的推动。从 20 世纪 70 年代开始，西方各国的公共管理（政府对社会事务的管理）遇到了前所未有的挑战，原因主要是由于在“二战”之后，各国政府普遍采用了凯恩斯主义的主张，对社会经济生活实行了全面的干预。导致的结果是：政府扩展，机构臃肿，效率低下，政策失效乃至政府失灵。于是在客观上引发了 20 世纪 70 年代至 80 年代间发生的西方政府改革的浪潮，更多地从经济学的角度和途径研究公共管理或政府管理问题，并形成了新的公共管理学。有的学者提出了政府改革的十大原则，如：掌舵而不是划桨；授权而不是服务；把竞争机制注入到政府行为中去；满足公众的需要，而不是官僚政治的需要；以市场作为导向等。关于政府的改革，讨论的实质性问题实际上是如何处理好政府与企业、政府与社会、政府与市场之间的关系。主要观点有：（1）政府来源于社会，是社会的组成部分，在提供社会公共事务服务方面，社会既不要排斥政府，政府也不要包办社会，而应当确立起政府与社会之间的良性互动关系，提倡社会对政府权力的制约，完善社会的自治能力。（2）在政府的职能方面，认为要按照“小政府，大社会”的模式，建立有效责任政府，加强宏观，放开微观，提高质量，削减数量，充分调动社会力量参与解决社会问题。通过确立企业的主体地位，使政府从参与办经济实体和社会团体的大量事务中解脱出来，将政府兴办管理的大部分公共企业通过私有化或私营化交给市场和社会，尽可能地将政府部门承担的社会服务出让、出租或承包出去，从而转换政府的职能。（3）提倡竞争，以私补公，打破政府的垄断，将市场规则广泛地引入政府部门的管理，建立政府部门与私营企业之间的伙伴关系。在这种理论的推动下，各国政府都相应地进行了改革，如英国在20世纪70年代初至80年代末就进行了以下几项改革：把公共服务承包给私人企业，政府仍给予支持；政府放宽对企业实施的政策，允许私营企业经营以前由政府垄断经营的项目；把国有企业或政府资产卖给私人经营。美国、日本等国也都采取了一系列的措施，减少公共事业管理方面、经济管理方面的许多限制。公共管理理论与政府改革的实践对私人保安业的发展起了深刻的影响作用，警务私有化也成为警务改革与发展的趋势之一（英国警务改革的四大趋势：分权化、集权化、私有化、欧洲化）。这种趋势可以简单地归纳为：警务私有化以及在市场经济条件下对安全服务进行自由选择的理论与思潮的影响。在英美和其他西方国家，有关警务私有化的思想和理论按照不同的程度可以分为三种类型：一种是自由主义或无政府理论。这种理论主张，在提供安全服务与其他公共服务方面，政府不应当充当任何角色，所有的社会服务都应当由私人组织承担。如果政府要干预，就请政府划出自己的一块领地。警务工作就该像任何其他商品一样，在市场上供消费者选择，消费者通过花钱买安全，可以付给私人保安业钱，也可以付给警察钱，各种安全机构都可以在市场上展开竞争。第二种是政府有限功能学说，或称为有限政府、有能力的政府，主张政府应为自发的市场活动提供基本的条件，如合法的工作场地、维护社会治安的制度和国家的安全体系等，但市场活动的主体不应该是国家。这种观点既不反对政府卷入警务活动的市场，也不反对政府对警务工作有一定的强制行为，反对的只是对市场的垄断，政府应保证私人保安业按照市场经济的原则去发展。第三种观点是公众选择理论。这种理论认为，无论是在市场上提供的安全服务，还是其他商品，无论是国家提供的，还是个人提供的，都必须按照优胜劣汰的原则，供公众进行选择，警务工作和安全服务从组织形式到服务方式都应向多样化发展，以满足每个人和每个社会组织的兴趣与爱好。尽管这些观点仅限于理论上的探讨，但对西方国家私人保安业的发展确实起到了一定的推动作用。人们在观念上普遍认为安全服务是一种可以在市场上买到的特殊商品，市场的需求确实已成为保安业发展的主要推动力。相比之下，我国保安服务业虽然自20世纪80年代中期已经开始产生，但是，由于长期以来，保安服务业的发展只是依附于辅警协警的要求，加上公安机关与保安服务公司之间在法律上的政企不分的关系，所以，一直缺少比较有效的理论来支持保安服务业自身的体制改革，保安理论研究明显落后于社会实践对保安服务业日益增长的需求。

（二）国外保安服务业法制化的理论对我国的借鉴意义

借鉴国外保安业的发展与理论研究，讨论我国保安业的发展，需要考虑以下几个相关的问题：

1. 改革开放所带来的社会结构的变化。如经济结构的变化、社会阶层结构的变化所带来的对安全需求的变化。

2. 加入世界贸易组织后政府管理经济职能的变化以及国外保安业对国内市场的冲击。

3. 我国大部分地区公安机关财政经费、人员编制的短缺与社会治安形势相对严峻，对安全需求不断上升之间的矛盾，以及从经济学的角度来思考国家的警务工作。

4. 政企分开的市场经济原则与竞争机制的建立与目前实际上公安机关独家经营的矛盾。

5. 安全观念上的改变，人们从对政府提供安全的环境的期待，到依靠自身或他人的力量来维护人身和财产安全。

6. 关于立法和法制建设的问题。大多数国家对保安业有立法，但也有的国家没有立法。如美国的联邦政府对保安业也没有立法。美国现在只有45个州有立法。在老布什政府执政的后期以及克林顿政府执政期间，关于保安立法的提案很多，美国副总统戈尔于1991年就提出过关于保安人员雇佣标准的法案，但遭到了批评与反对，有的保安公司提出，用户就是标准。英国的立法问题也讨论了很长时间，但直到2001年才出台了一部《私人保安业法》，而且该法也只是涉及了保安业的部分领域，许多问题仍然留给了保安行业自我管理和约束。我国对保安业的立法呼声很高，全国人大代表也提出了保安法的草案，公安部和国务院法制办公室也曾经起草和审议过相关的保安服务法规草案，因为体制问题长期得不到有效解决而遭搁浅，但立法对于促进保安业发展的关系值得认真讨论，应当选择一个合适的时机出台相关的行政法规或者是法律。借鉴国外保安立法的经验，我国目前所进行的保安立法以及保安服务法制建设，拟可以从以下几个方面着重加以考虑：

（1）大力发展保安服务业，积极促进警务工作改革。澳大利亚社会治安秩序良好，在全世界都有口皆碑，在居民日常生活中，一般很少见到警察。这除了澳大利亚国民素质较高和高效、有力的警务工作的原因外，发达的保安服务业也是其中极为重要的原因。保安公司通过自己的高效、完善的服务，不仅确保了客户单位的安全，直接维护了社会治安，而且为警务工作改革提供了新的思维视角。应当说，反映市场经济要求的保安服务业繁荣壮大了，我们的群防群治工作就有了很好的技术基础，警方也可以最大限度地从社会治安防范工作中解放出来，集中力量打击犯罪。从澳大利亚发展保安业的经验看，我们首先要整合公安机关内部的管理资源，协调统一管理政策，特别是治安、科技、消防、交通管理和通信、指挥等部门应当统一认识，打破部门限制，明确这些领域的社会服务都是属于保安服务范畴，都是保安服务公司可以开展的保安业务。在对保安服务业进行管理规划时，上述有关部门和协会要统一研究，协调管理。同时还要真正解放思想，借鉴国际保安发展经验，积极按照“三个代表”重要思想的要求，放宽保安服务范围，推动保安服务业发展。要树立大保安的意识，在发展警力与发展保安业方面，要重点支持低成本运作的保安服务业。

（2）积极培育保安服务市场，促进保安骨干企业的形成。经济学原理和我国改革实践都证明，市场配置资源是最有效率的，行政垄断和地区封锁无助于保安服务业的健康成长。必须迅速培育全国统

一、开放、竞争、有序的保安服务市场，努力解决目前存在的因公安机关与保安服务公司政企不分而造成的地域封锁、部门垄断的问题，为保安服务业企业的健康成长创造必要的市场条件。同时，作为做大做强中国保安业工作的标志，要抓紧发展全国性骨干保安集团企业。骨干企业往往是先进技术与产品的研发和承载者，也是一个行业发展水平的标志，一个国家经济需要一些有效率的骨干企业支撑，一个行业也是如此。可以说，中国保安服务业在我国经济舞台乃至国际保安服务市场上缺少必要影响力的关键原因就是没有自己真正的有竞争力的龙头企业。从全球保安服务市场看，规模化、集约化是市场经济发展的客观规律与必然结果，2001 年 Tyco、Securitas、Secom、Falck \ Gruop4、Chubbd 等 5 家最大的保安公司就占了全球保安服务市场份额的 24%，其他 25 家公司占 21%，剩下的 5 万多家公司只占 55%。在我国加入世界贸易组织后，保安服务业走向世界是必然的趋势，要在世界保安服务市场占有一席之地，特别是在 2006 年向外国企业开放了国内保安服务市场后，通过市场和政府引导，通过资产重组、股份制等方式培养我国骨干保安企业是十分必要与紧迫的。

（3）规范保安培训，统一培训标准，确立国家级保安服务质量标准体系，尽快提高我国保安队伍素质。澳大利亚、英国等国家的经验表明，科学、统一的培训标准和严格、规范的培训管理是提高保安队伍和保安企业素质的重要条件，也是提升整个保安行业管理与服务水平的需要。反观我国目前的培训工作，一方面，保安培训体制受到了行政机关的垄断，而另一方面，正规的培训渠道也没有统一的培训标准，对保安人员没有给予科学的分级培训与管理，各地培训内容不一，且重法纪、体力训练，轻技术、经营管理、职业服务意识培养，直接影响了培训质量和服务质量。为迅速扭转这一局面，有必要尽快对保安人员（包括管理人员）进行科学分类、分级，颁发相应资格证件，并根据工作要求，制定相应的培训标准（可以作为知识产权保护）。同时，加强对保安培训市场的监管，明确培训机构的资质条件。

（4）充分发挥行业社团组织作用，努力提高行业管理水平。从国外保安业管理情况看，保安行业协会在促进行业发展工作中发挥了很大作用，为政府部门和会员企业提供了很好的服务，行业协会的威信也很高。因此，我国保安行业管理可以借鉴澳大利亚、英国等国家的经验，通过行业协会加强行业管理。应当说在这些方面，我国保安行业协会建设已取得了很大成绩，既有全国性的中国保安协会，也有一些地方性保安协会，但在管理水平与工作成效方面，我国行业协会还有一定的差距，还需要学习借鉴包括澳大利亚、英国在内的许多国家和地区的工作经验，深化内部管理，大力开展国际交流。同时，针对目前涉及保安服务的行业协会众多（除中保协会外，还有安防协会、消防协会等）的问题，需要给予适当整合，统一管理，以提高保安行业管理的效率，避免出现相互抵触的行业管理问题。

第三节 《保安服务业管理条例》专家建议稿及条文释义

一、《保安服务业管理条例》（专家建议稿）

保安服务业管理条例

第一章 总 则

第一条 为了加强对保安服务组织和保安人员的管理，提高保安服务质量，促进保安服务业发展，维护社会治安秩序，制定本条例。

第二条 在中华人民共和国境内设立保安服务组织，招聘保安人员和从事保安服务活动，必须遵守本条例。

第三条 本条例所称的保安服务组织，分为下列两类：

（一）社会保安服务组织，指符合法律规定的条件，经公安机关批准，依法向工商行政管理部门登记注册，为社会提供守护、押运等安全防范有偿服务的企业。

（二）内部保安服务组织，指经公安机关批准，由企业、事业单位设立，从事内部守护、押运等安全防范的组织。

本条例所称的保安人员是指被保安服务组织招聘，向客户或者本单位提供保安服务的人员和从事保安服务管理的人员。

第四条 公安机关是保安服务业的行政主管部门。各级公安机关对管辖区域内的保安服务组织及其保安人员实施监督管理和业务指导。

第五条 社会保安服务组织在向客户提供保安服务时，必须签订书面合同。合同应当载明社会保安服务组织的名称，法律上的监管机构，提供保安人员的数量，客户应当向保安人员提供的安全设施、工作条件和有关福利待遇，保安服务的业务范围，保安服务的期限，保安服务合同生效期限内有关安全责任事故的承担方式，违反合同的法律责任等。

任何单位不得与个人签订保安服务合同。

社会保安服务组织与个人客户签订保安服务合同的，应当将签订的保安服务合同送交法律上的监管机构备案。

第六条 内部保安服务组织招聘保安人员的，内部保安服务组织所在的单位应当与被招聘的保安人员签订劳动合同，保证保安人员与本单位职工享有同等的劳动权利。

社会保安服务组织招聘保安人员的，应当与保安人员签订书面聘用合同。聘用合同必须载明保安人员在聘用期内的各项权利，保安人员应当享有必要的休息时间，劳动保障参照企业员工的福利待遇执行。

第七条 外国保安服务企业在中华人民共和国境内从事保安服务业务的，必须报请保安服务业务所在地的省级人民政府公安机关审批，并报公安部备案。

外国保安服务企业在中华人民共和国境内不得从事法律、法规禁止从事的保安服务业务。

外国保安服务企业在中华人民共和国境内与中国保安服务组织合作、合资从事保安服务业务的，应当遵守中华人民共和国有关中外合资、合作的法律、法规的规定，办理企业登记注册，并将登记注册情况报送中外合资、合作企业所在地的省级人民政府公安机关备案。

第八条 依法登记注册的中国保安服务组织在国外从事保安服务业务的，应当将所在国从事的保安服务业务的性质、范围和服务方式等信息报送公安部备案。

第九条 中国保安协会是中华人民共和国境内的保安服务组织的行业组织，负责协助技术监督部门起草、制定、修改保安服务的操作规程和服务标准。

中国保安协会负责对外代表中国保安服务组织，与外国保安服务组织开展业务、信息、人员的交流和合作。

第十条 在中华人民共和国境内从事保安服务的保安服务组织有协助公安机关维持社会秩序和公共安全的义务。

国家采取必要的税收优惠政策，支持和鼓励保安服务组织充分发挥在其辅警和协警中的作用。

第二章 保安服务组织的设立、变更、撤销和保安人员的招聘

第十一条 县级以上人民政府所在地的城市，可以根据需要设立社会保安服务组织。

星级宾馆饭店、省级以上风景名胜区、自然保护区、开发区的管理机构和其他确需设立内部保安服务组织的企业、事业单位，可以设立内部保安服务组织。

未设立内部保安服务组织的单位，需使用保安人员的，应当向社会保安服务组织聘用。

第十二条 设立保安服务组织应当具备下列条件：

（一）保安服务组织的负责人必须熟悉保安业务，具有相应的法律知识，未被依法判处有期徒刑以上的刑罚；

（二）有固定的经营场所；

（三）有公安机关认可的社会保安服务组织章程或者内部保安服务组织的管理制度；

（四）法律、法规规定的其他条件。

第十三条 设立社会保安服务组织应当向所在地的县（市、市辖区）公安机关申请，经省级人民政府公安机关批准，取得《保安服务许可证》，并依法向当地工商行政管理部门登记注册后，方可从事保安服务。

设立内部保安服务组织，应当向所在地的县（市、市辖区）公安机关申请批准，报省级人民政府公安机关备案，取得《内部保安服务许可证》后，方可从事保安服务。内部保安服务组织不得对外提供保安服务。

《保安服务许可证》、《内部保安服务许可证》由省级人民政府公安机关统一印制。

第十四条 社会保安服务组织因法定代表人、地址、名称、服务

项目和范围等发生变更，应当按设立程序申请换发《保安服务许可证》，并向当地工商行政管理部门办理变更登记手续。

内部保安服务组织因负责人等发生变更，应当按设立程序申请换发《内部保安服务许可证》。

第十五条 保安服务组织停止、撤销的，应当向原发证的公安机关缴销《保安服务许可证》或者《内部保安服务许可证》。

第十六条 保安人员必须具备下列条件：

（一）年龄为18周岁至45周岁，管理、专业技术人员的年龄可以适当放宽；

（二）无违法犯罪记录，品行良好；

（三）初中以上文化程度，专业技术人员须有中专以上学历；

（四）身体健康。

第十七条 招聘保安人员应当公开进行、择优录取，同等条件下，优先招用军队、武警部队的复员退伍军人。

被招聘的保安人员，必须经其户口所在地或者暂住地的公安派出所审核同意。

保安服务组织正式聘用以及辞退保安人员，应当报所在地县级人民政府公安机关备案。

第十八条 被招聘的保安人员必须参加岗前培训，经县级以上人民政府公安机关考核，取得保安人员合格证后，方准上岗执勤。

在岗的保安人员必须参加规定的保安业务培训。

第十九条 对保安人员的岗前培训和在岗培训，由所在地县级以上公安机关组织实施，也可以委托公安院校或者有条件的社会保安服务组织进行。

保安人员培训的时间、内容、方式等由省级人民政府公安机关规定。

第二十条 社会保安服务组织和设立内部保安服务组织的单位招聘保安人员，应当依照国家规定，接受有关部门的监督管理并办理有关聘用手续。

第三章 保安服务组织及保安人员的职责

第二十一条 保安服务组织的经营范围：

（一）企事业单位、机关团体、居民住宅区、公共场所的安全守护；

（二）货币、有价证券、金银珠宝、文物、艺术品及其他贵重物资和爆炸、化学等危险物品的押运；

（三）展览、展销、文体、商业等活动的安全保卫；

（四）研制开发、推广应用各类安全技术防范产品，承接各类安全技术防范系统工程，并提供相应的技术服务；

（五）安全防范咨询服务。

保安服务公司不得从事下列活动：

（一）经营各类枪支、弹药、管制刀具等器械；

（二）经营人民警察的警用标志、制式服装和警械。

保安服务公司不得从事非保安业务，不得从事生产和商贸活动，不得接受企业挂靠，不得延伸办企业。

第二十二条 保安服务组织的职责：

（一）依法开展保安服务活动，维护客户或者本单位的治安秩序，预防和制止违法犯罪活动；

（二）教育、管理保安人员，维护保安人员合法权益；

（三）辅助和协助公安机关维护社会秩序和公共安全；

（四）法律、法规规定的其他职责。

第二十三条 保安人员的职责：

（一）依法执行守护、押运等安全防范任务；

（二）及时报告发生在执勤区域内的刑事、治安案件，协助公安机关保护发案现场、维护秩序，提供情况，发现违法犯罪人员，应当及时扭送公安机关处理；

（三）做好执勤区域的防火、防盗、防爆炸、防治安事故的工作，发现不安全隐患应当及时消除，不能消除的，及时报告；

（四）遵守执勤纪律，文明执勤；

（五）法律、法规规定的其他职责。

第二十四条 保安人员履行职责，应当身着统一的服装，佩戴标志和保安人员执勤牌，携带保安人员工作证。

第二十五条 保安人员履行职责时，可以配备统一规定的保安器械和通讯、报警设备；遇有本人或者被保护目标受到不法侵害时，可以使用保安器械予以制止；当不法侵害行为得到制止时，应当立即停止使用。

保安人员非履行职责时，不得携带保安器械。

第二十六条 禁止保安人员有下列行为：

（一）剥夺、限制公民人身自由；

（二）辱骂、殴打他人或者唆使他人打人；

（三）敲诈勒索财物；

（四）阻碍国家机关工作人员依法执行公务；

（五）罚款或者没收财物；

（六）扣押他人合法证件和来源合法的财物；

（七）私自为他人提供保安服务；

（八）为客户、本单位提供催款逼债或者其他非法服务。

第四章 监督管理

第二十七条 公安机关应当建立保安服务督察制度，对保安服务组织、保安人员的工作情况和纪律作风进行经常性督察。

第二十八条 保安服务组织应当在公安机关指导下，建立保安人员的登记、学习、训练、执勤、奖惩等管理制度，并报所在地的市、县公安机关备案。

第二十九条 社会保安服务组织和设立内部保安服务组织的单位，应当加强对保安人员的管理、教育和业务技能训练，提高保安人员的素质，经常检查保安人员执行纪律、制度的情况，及时制止和纠正违法违纪行为，并定期向公安机关报告工作。

保安服务组织应当定期对保安人员进行全面考核，考核结果作为对保安人员奖惩的依据，并书面通知本人及客户单位。

第三十条 保安服务收费的项目和标准，由社会保安服务组织提出意见，报当地物价部门批准。

社会保安服务组织应当将保安服务合同在订立之日起 15 日内报所在地的市、县公安机关备案。

第三十一条 保安服务组织、客户单位、设立内部保安服务组织的单位，不得指使保安人员从事非法活动。

第三十二条 保安人员的服装、标志、执勤牌、工作证件样式和保安器械种类由省级人民政府公安机关规定。

未经省级人民政府公安机关批准，任何单位和个人不得制造或者销售保安器械、服装、标志、执勤牌、证件。

保安器械、服装、标志、执勤牌、证件仅限于保安人员使用，其他单位和个人不得非法持有和使用。保安人员因辞职、辞退等原因不再从事保安服务工作的，保安服务组织应当收回其使用的保安器械、保安标志、执勤牌及有关证件，并上交主管公安机关。

第三十三条 在中华人民共和国境内从事保安服务的外国保安服务企业，应当接受公安部以及省级人民政府公安机关的监督和管理，定期向公安部有关部门通报在中华人民共和国境内从事保安服务业务的相关信息。

第五章 奖励与处罚

第三十四条 保安服务组织及其保安人员具备下列条件之一的，由当地人民政府或者公安机关予以表彰奖励：

（一）预防、制止违法犯罪或者在同违法犯罪人员作斗争中，表现突出的；

（二）在抢险救灾，预防治安灾害事故或者其他事故，保卫社会公共财产和公民生命财产安全，成绩显著的；

（三）在安全防范的其他方面成绩显著或者有较大贡献的。

第三十五条 保安人员在制止违法犯罪活动中，符合“见义勇为”条件的，由公安机关报有关部门授予“见义勇为”公民荣誉称号。

第三十六条 未经批准擅自设立保安服务组织或者从事保安服务的，由县级以上公安机关予以取缔，没收违法所得，可以并处2 000元以上10 000元以下罚款。

内部保安服务组织对外提供保安服务的，由县级以上公安机关责令停止服务，没收违法所得，可以并处2 000元以上10 000元以下罚款。

第三十七条 不按本条例第六条、第十六条和第十七条规定招聘保安人员的，由县级以上公安机关责令辞退违法招聘的保安人员，并按每违法招聘一名保安人员处以500元以上1 000元以下罚款。

第三十八条 违反本条例第三十一条规定的，由其主管部门给予行政处分；由县级以上公安机关处以5 000元以上30 000元以下罚款，并对指使者和直接责任人员分别处以500元以上2 000元以下罚款；

构成犯罪的，依法追究刑事责任。

第三十九条 有下列情形之一的，由县级以上公安机关责令其限期改正；逾期不改的，可处以500元以上1 000元以下罚款：

（一）保安服务组织违反本条例第十四条、第十五条规定，不办理变更、停业、撤销手续的；

（二）社会保安服务组织不按规定将保安服务合同报公安机关备案的；

（三）保安服务组织使用未取得合格证的保安人员上岗执勤的；

（四）保安服务组织配备非统一规定的保安器械、服装、标志、执勤牌、证件的；

（五）保安服务组织拒绝接受公安机关的监督管理的。

第四十条 违反本条例第三十二条第二款规定的，由县级以上公安机关没收非法制造、销售的保安器械、服装、执勤牌、标志、证件及其违法所得，并处以违法所得1倍以上4倍以下的罚款。

非法持有或者使用保安器械、服装、标志、执勤牌、证件的，由县级以上公安机关予以没收，并处以200元以下罚款。

第四十一条 保安服务组织违反本条例第二十一条规定，情节严重的，由原批准的公安机关吊销《保安服务许可证》或者《内部保安服务许可证》。

第四十二条 保安人员违反本条例第二十六条规定，有第（五）项、第（六）项、第（七）项、第（八）项规定行为之一的，由县级以上公安机关处以200元以下罚款，情节严重的可以吊销保安人员合格证；有第（一）项、第（二）项、第（三）项、第（四）项规定行为之一的，由县级以上公安机关吊销其保安人员合格证，并依照《中华人民共和国治安管理处罚法》予以处罚；构成犯罪的，依法追究刑事责任。

社会保安服务组织的保安人员不作为，给客户造成损失的，社会保安服务组织应当负责赔偿。

第四十三条 当事人对公安机关作出的行政处罚决定不服时，可以依法向上一级公安机关申请复议；对复议决定不服的，可以依法向人民法院提起诉讼。

第四十四条 国家机关工作人员滥用职权，徇私舞弊，侵犯保安服务组织和保安人员合法权益的，由其主管部门给予行政处分；造成经济损失的，应当负责赔偿；构成犯罪的，依法追究刑事责任。

第六章 附 则

第四十五条 本条例自颁布之日起正式生效。

二、《保安服务业管理条例》条文释义

第1条（内容略）

立法宗旨：本条是关于条例立法目的和宗旨的规定。目的是要阐明制定《保安服务业管理条例》的立法必要性。

立法涵义：本条规定突出体现了四个基本内涵：一是要加强对保安服务组织和保安服务人员的管理；二是通过本条例所确立的有关保安服务的各项规章制度，来达到提高保安服务质量的宗旨；三是制定本条例还在于要促进保安服务业长期和稳定地健康发展；四是本条例还旨在通过确立保安服务的基本制度和规则，来建立关于保安服务行业的基本社会秩序。

立法依据：本条例的立法依据主要是目前在我国业已存在的关于保安服务的各项政策和规范性文件，同时，还总结了关于保安服务的相关地方性法规和地方政府规章中的为实践证明是比较成功的好的立法经验。

参考法规：

《云南省保安服务管理条例》第1条：为了加强对保安服务组织和保安人员的管理，提高保安服务质量，促进保安服务业发展，维护社会治安秩序，制定本条例。

《广东省保安服务管理条例》第1条：为加强对保安服务组织和保安员的管理，规范保安服务行为，发挥保安服务协助维护社会治安的作用，根据国家有关法律、法规，结合我省实际，制定本条例。

《广西壮族自治区保安服务管理条例》第1条：为了加强对保安服务组织和保安人员的管理，提高保安服务质量，促进保安服务业发展，维护社会治安秩序，根据国家有关规定，结合本自治区实际，制定本条例。

《湖南省保安服务管理条例》第1条：为规范保安服务行为，加强对保安服务的管理，发挥保安服务在维护社会治安中的作用，根据国家有关法律、法规的规定，结合本省实际，制定本条例。

《辽宁省保安服务管理条例》第 1 条：为加强保安服务管理，规范保安服务行为，发挥保安服务在维护社会治安中的作用，根据有关法律、法规，结合我省实际，制定本条例。

《天津市保安服务业管理规定》第 1 条：为加强保安服务业管理，规范保安服务活动，依据国家有关法律、法规，结合本市实际情况，制定本规定。

《福建省保安业务管理办法》第 1 条：为加强保安组织和保安人员的管理，提高保安业务质量，发挥保安组织协助公安机关维护社会治安的作用，规范与保安业务相关的活动，根据国家有关规定，结合本省实际，制定本办法。

《河南省社会保安服务管理办法》第 1 条：为了加强社会保安服务组织和保安人员的管理，提高保安服务质量，促进保安服务业健康发展，根据国家有关规定，制定本办法。

《吉林省保安管理若干规定》第 1 条：为了加强对保安活动的管理，更好地发挥保安在经济建设中的作用，根据国家有关规定，结合本省实际，制定本规定。

《山西省保安服务业管理暂行办法》第 1 条：为了加强对保安服务业的管理，规范保安服务行为，促进保安服务业健康发展，发挥保安在经济建设和维护社会治安中的作用，根据国家有关规定，结合本省实际，制定本办法。

第 2 条（内容略）

立法宗旨：本条是关于条例适用范围的规定。

立法涵义：本条从以下两个层次和三个角度规定了条例的适用范围。一是确定了条例适用的地域效力，即在中华人民共和国境内适用；二是确立了条例调整对象的范围，包括三个方面：（1）凡是在中华人民共和国境内设立保安服务组织的行为受本条例调整；（2）在中华人民共和国境内招聘保安人员的行为受本条例调整；（3）在中华人民共和国境内从事保安服务活动受本条例的约束。

立法依据：本条例作为国务院制定的行政法规，其适用范围具有一般性，因此，条例的地域效力涉及中华人民共和国全境。而条例在对事的效力上，主要突出了三个重要的保安服务活动事项，具有很强的针对性和实践性。

参考法规：

《云南省保安服务管理条例》第2条：在本省行政区域内设立保安服务组织，招用、聘用保安人员和从事保安服务活动，必须遵守本条例。

《广东省保安服务管理条例》第2条：本省行政区域内的保安服务管理适用本条例。

《广西壮族自治区保安服务管理条例》第二条：在本自治区行政区域内设立保安服务组织，招聘保安人员和从事保安服务活动，必须遵守本条例。

《湖南省保安服务管理条例》第2条：在本省行政区域内从事保安服务、培训及其有关管理活动，均须遵守本条例。

《辽宁省保安服务管理条例》第2条：在本省行政区域内设立保安服务企业、内部保安组织，招聘保安人员和从事保安服务活动，应当遵守本条例。

《天津市保安服务业管理规定》第2条：本市行政区域内设立保安服务公司，招聘保安人员，从事保安服务及其他相关活动，均应遵守本规定。

《福建省保安业务管理办法》第2条：在本省行政区域内从事保安业务及其相关活动的组织和个人，必须遵守本办法。

《河南省社会保安服务管理办法》第2条：在本省行政区域内设立社会保安服务组织（以下简称保安服务组织），招收、培训、聘用保安人员和从事保安服务活动，必须遵守本办法。

《吉林省保安管理若干规定》第2条：在本省行政区域内从事保安以及与保安有关的活动，均须遵守本规定。

《山西省保安服务业管理暂行办法》第2条：凡在本省行政区域内从事保安服务以及与保安服务有关的活动，均须遵守本办法。

第3条（内容略）

立法宗旨：本条通过明确受本条例约束的管理对象，即保安服务组织的类型和内涵、保安服务人员的含义，旨在进一步明确条例的适用范围，强化条例对人的法律效力。

立法涵义：本条明确了受本条例的各项规定约束的行为主体——

保安服务组织和保安人员的内涵。本条将受条例约束力的保安服务组织分为两种类型，一类是社会保安服务组织，指符合法律规定的条件，经公安机关批准，依法向工商行政管理部门登记注册，为社会提供守护、押运等安全防范有偿服务的企业；另一类是内部保安服务组织，指经公安机关批准，由企业、事业单位设立，从事内部守护、押运等安全防范的组织。本条通过对保安服务组织的分类，来分别确立这两类保安服务组织依据本条例规定所必须遵循的共同的以及不同的行为规范。此外，本条将受本条例管辖的保安人员也分为提供保安服务人员和从事保安服务管理的人员，进一步明确了受本条例管辖的行为主体的范围。

立法依据：本条的立法依据是目前公安部制定的有关保安服务管理对象的政策和规范性文件，同时也吸收了有关地方性法规和地方政府规章的规定。

参考法规：

《云南省保安服务管理条例》第 3 条：本条例所称的保安服务组织，分为下列两类：

（一）社会保安服务组织：指经公安机关批准，依法向工商行政管理部门登记注册，为社会提供守护、押运等治安防范有偿服务的企业。

（二）内部保安服务组织：指经公安机关批准，由企业、事业单位设立，从事内部守护、押运等治安防范的组织。

本条例所称的保安人员，是指被社会保安服务组织或者设立内部保安服务组织的企业、事业单位招用，从事保安服务的人员。

《广东省保安服务管理条例》第 3 条：本条例所称的保安服务组织为保安服务公司和内部保安组织。

保安服务公司是指专门从事有偿安全防范服务，维护保安服务目标安全的企业。

内部保安组织是指机关、企业事业单位及其他组织设立的从事内部守护、巡逻等工作的安全防范组织。

《广西壮族自治区保安服务管理条例》第 3 条：本条例所称的保安服务组织，分为下列两类：

（一）社会保安服务组织，指经公安机关批准，依法向工商行政管理部门登记注册，为社会提供守护、押运等安全防范有偿服务的企业。

（二）内部保安服务组织，指经公安机关批准，由企业、事业单位设立，从事内部守护、押运等安全防范的组织。

本条例所称的保安人员是指被保安服务组织招聘，从事保安服务的人员。

《辽宁省保安服务管理条例》第 3 条：本条例所称的保安服务企业，是指具有独立法人资格，为社会提供专业化、有偿安全防范服务的特殊性企业。

本条例所称的内部保安组织，是指经公安机关批准，由企业、事业单位设立，从事内部守护、押运等安全防范的组织。

本条例所称的保安人员，是指保安服务企业或者内部保安组织聘用，从事保安服务的人员。

《福建省保安业务管理办法》第 3 条：本办法所称的保安组织为保安业务公司和内部保安组织。

保安业务公司是指专门从事有偿安全防范业务，维护保安业务目标安全，协助公安机关维护社会治安的特殊性企业。

内部保安组织是指机关、团体和企业、事业单位及其他组织设立的从事内部守护巡逻等工作的安全防范组织。

本办法所称的保安人员是指被保安组织招用或聘用，依照本办法规定从事保安工作的人员。

第 4 条（内容略）

立法宗旨：本条是关于保安服务业管理体制的规定。

立法涵义：本条明确了公安机关是保安服务业的行政主管部门，从行政管理体制上明确了保安服务业的行政管理与被管理的基本关系。本条所确立的保安服务业的行政管理体制具有以下几个方面的特征：一是各级公安机关是保安服务业的行政主管部门；二是公安机关只对本行政区域内享有管辖权的保安服务组织和保安人员依据本条例的各项规定进行管理；三是公安机关作为保安服务业的行政主管部门，既可以对管辖范围内的保安服务组织，也可以对管辖范围内的保安人员的行为依法进行管理；四是公安机关作为行政主管部门的管理方式包括实施监督管理和进行业务指导两种类型。

立法依据：中央和国务院颁布的关于保安服务业的管理体制的政策，公安部发布的对保安服务业进行行政管理的规范性文件，与保安服务业的行政管理体制相关的地方性法规和地方政府规章的相关规定。

参考法规：

《云南省保安服务管理条例》第5条：公安机关是保安服务业的行业主管机关。各级公安机关对管辖区域内的保安服务组织及其保安人员实施监督管理和业务指导。

工商、税务、劳动、物价等部门应当依照各自的职责，配合公安机关加强对社会保安服务组织的管理。

《广东省保安服务管理条例》第4条：各级公安机关依照本条例对保安服务组织实施监督管理和业务指导。

工商、税务、劳动、价格等部门依照各自的职责，协同公安机关实施对保安服务的管理。

《广西壮族自治区保安服务管理条例》第4条：公安机关是保安服务业的行业主管机关。各级公安机关对管辖区域内的保安服务组织及其保安人员实施监督管理和业务指导。

《湖南省保安服务管理条例》第3条：县级以上人民政府公安机关负责对本行政区域内保安服务实施监督管理，工商行政、劳动、价格、教育等部门按照各自的职责，做好保安服务的有关监督管理工作。

《辽宁省保安服务管理条例》第5条：省、市、县（含县级市、区，下同）公安机关是保安服务行业的行政主管部门，负责本行政区域内保安服务的监督管理。

工商、税务、劳动和社会保障、物价等部门按照各自职责，对保安服务依法进行监督管理。

《天津市保安服务业管理规定》第4条：市公安局是保安服务业的行政主管部门，统一对全市保安服务业实施管理、监督、指导。各公安分（县）局负责本辖区内的保安服务业的日常管理工作。

《福建省保安业务管理办法》第5条：各级公安机关依法对从事保安业务及其相关活动的组织和个人实施监督管理和检查指导。

工商、税务、劳动、物价等部门依照各自的职责，协同公安机关实施对保安业务公司监督管理。

《河南省社会保安服务管理办法》第6条：公安机关是保安服务业的主管机关，应加强对保安服务组织的监督管理，对保安人员的合法权益予以保护。

工商、税务、劳动、物价等部门应当依照各自的职责，积极配合公安机关依法对保安服务组织进行监督管理。

《吉林省保安管理若干规定》第4条：县级以上人民政府公安机关负责本行政区域内保安活动和与保安有关活动的管理工作，以及对违反本规定行为的处罚。

第23条：县级以上人民政府公安机关，应当加强对保安服务企业业务活动的检查和监督，发现问题及时处理。

《山西省保安服务业管理暂行办法》第4条：县级以上人民政府公安机关是保安服务业的行业主管机关，负责对保安服务以及与保安服务有关的活动实施监督管理。

第5条（内容略）

立法宗旨：本条是关于保安服务性质和方式的规定。本条确立了以保安服务合同为基础来建立保安服务组织与客户之间的民事性质的安全服务关系，明确了保安服务关系是基本的民事法律关系，需要以民事服务性质的保安服务合同作为保安服务关系成立的基本法律要件。

立法涵义：本条突出强调了保安服务组织与客户之间建立保安服务法律关系必须以双方之间签订民事性质的保安服务合同为前提。同时对在保安服务组织与客户之间签订民事性质的保安服务合同还规定了几个基本法律要件：一是保安服务组织与客户之间的民事性质的保安服务合同必须是书面形式的，口头形式订立的保安服务协议不受法律保护；二是保安服务组织与客户之间书面签订的保安服务合同必须包括本条所列举的一些基本合同条款，否则就属于合同条款存在瑕疵。根据本条规定，依法签订的保安服务合同必须规定下列事项：合同应当载明社会保安服务组织的名称，法律上的监管机构，提供保安人员的数量，客户应当向保安人员提供的安全设施、工作条件和有关福利待遇，保安服务的业务范围，保安服务的期限，保安服务合同生效期限内有关安全责任事故的承担方式，违反合同的法律责任等；三是规定了签订保安服务合同的合法主体的范围，即只有社会保安服务组织可以与客户签订保安服务合同，包括内部保安组织在内的其他任何单位和个人都不得与客户签订保安服务合同，否则，就是非法经营行为；四是规定保安服务对象应当受到法律上的必要监督和限制，本条规定，社会保安服务组织与个人客户签订保安服务合同的，应当将签订的保安服务合同送交法律上的监管机构备案。这一规定虽然肯定了个人可以作为与保安服务组织签约的客户，但是，考虑到个人客户的特殊性，本条规定要求社会保安服务组织与个人客户之间的签订的保安服务合同应当送交法律上的监管机构备案，目的是要加强对这一类保安服务合同的法律上的监督和控制。

立法依据：本条规定的主要法律依据是《中华人民共和国民法通则》、《中华人民共和国合同法》等有关民事合同的法律、法规的规定，以及有关保安服务组织与客户之间关系的政策和规范性文件的规定，同时还参照了相关的地方性法规和地方政府规章的规定。

参考法规：

《云南省保安服务管理条例》第 23 条：社会保安服务组织应当依法与客户单位签订保安服务合同。保安服务合同应当载明服务内容、服务期限、劳务费用、违约责任等内容。

社会保安服务组织应当将保安服务合同在订立之日起十五日内报所在地的县级公安机关备案。

《广东省保安服务管理条例》第 11 条：保安服务公司为客户提供保安服务，双方必须依法签订合同，合同应载明服务项目、服务期限、费用、违约责任、损害赔偿、终止合同条件等内容。

《湖南省保安服务管理条例》第 9 条：保安服务企业提供保安服务，必须与接受保安服务的客户在自愿、平等的基础上依法签订书面合同，并明确其服务标的、期限、质量、报酬、损害赔偿、终止合同条件、违约责任和解决争议的方法等内容。

《辽宁省保安服务管理条例》第 11 条：保安服务企业为客户提供保安服务，双方应当依法签订合同，合同应载明服务项目、收费标准、服务期限、违约责任、损害赔偿、终止合同条件等内容。

保安服务企业应当公开服务项目和收费标准。

《天津市保安服务业管理规定》第 7 条：保安服务公司进行保安

服务，应依法与客户签订保安服务合同，明确保安服务范围、方式、期限、劳务费用以及双方的权利、义务和违约责任。

《福建省保安业务管理办法》第 13 条：保安业务公司提供保安业务应当依法与客户单位订立保安业务合同。保安业务合同应当载明业务内容、业务期限、劳务费用、违约责任等内容。

《河南省社会保安服务管理办法》第 21 条：保安服务组织应当依法与客户签订保安服务合同，保安服务合同应当载明服务内容、服务期限、劳务费用、违约责任等内容。

《吉林省保安服务管理规定》第 16 条：保安服务企业对外开展经营活动必须与其服务的客户签订合同，并严格履行合同规定的义务。

《山西省保安服务业管理暂行办法》第 13 条：保安服务企业开展经营活动应当与其服务的客户签订合同，并严格履行合同约定的义务。

第 6 条（内容略）

立法宗旨：本条的立法目的在于确立保安服务组织与保安人员之间的劳动合同关系，以此来规范保安服务组织的用工行为和保障保安人员的合法的劳动权益。

立法涵义：本条在保安服务组织与保安人员之间确立了基本的劳动法律关系。基于本条例对保安服务组织的分类，在不同性质的保安服务组织中工作的保安人员与保安服务组织之间虽然在法律上的权利义务关系是相同或相似的，但也存在着保安服务组织与保安人员由于保安服务组织的性质不同，而反映在劳动用工制度上存在着若干制度上的差异。本条首先明确了不论是内部保安服务组织，还是社会保安服务组织，它们都必须与保安人员之间签订正式的劳动合同，给予受聘的保安人员以特殊的劳动权益的保障基础上，才能聘用保安人员从事保安服务活动或者保安服务管理活动。其次，本条对内部保安服务组织和社会保安服务组织与保安人员之间的劳动关系作了不同的规定，虽然在法律上这两种劳动合同没有明显的差异，但在劳动管理体制上还是有着不同的法律要求。对于内部保安服务组织招聘保安人员的，本条要求内部保安服务组织所在的单位应当与被招聘的保安人员签订劳动合同，保证保安人员与本单位职工享有“同等”的劳动权利。而对于社会保安服务组织招聘保安人员的，本条规定应当与保安人员签订书面聘用合同。聘用合同必须载明保安人员在聘用期内的各项权利，保安人员应当享有必要的休息时间，劳动保障“参照”企业员工的福利待遇执行。一个是“同等”，一个是“参照”，体现了劳动关系上的细微差异。

立法依据：本条的主要法律依据是有关劳动关系和劳动合同的法律、法规的规定，如《中华人民共和国劳动法》、《中华人民共和国合同法》等；同时又参照了有关保安服务的相关政策和规范性文件的规定，以及有关保安服务组织与保安人员之间的劳动关系的地方性法规和地方政府规章的规定。

参考法规：

《云南省保安服务管理条例》第 12 条：社会保安服务组织和设立内部保安服务组织的单位与被招用的保安人员，应当依照国家有关规定签订劳动合同。

社会保安服务组织和设立内部保安服务组织的单位，应当依照国家有关规定参加社会保险。根据需要可以为保安人员办理人身意外保险。

《广东省保安服务管理条例》第 18 条：保安员实行劳动合同制。保安员的社会保险由保安服务组织统一办理。

《湖南省保安服务管理条例》第 11 条：保安服务企业招聘保安人员应当依法签订劳动合同，明确其工作内容、期限、劳动保护和劳动条件、报酬、劳动纪律、合同终止的条件、违约责任等内容。

《辽宁省保安服务管理条例》第 12 条：保安服务企业聘用保安人员应当依法签订劳动合同，明确其工作内容、期限、劳动保护和劳动条件、报酬、社会保障、劳动纪律、合同终止条件、违约责任等内容。

《天津市保安服务业管理规定》第 15 条：保安服务公司与被录用的保安人员，应依照国家有关规定签订劳动合同。

《河南省社会保安服务管理办法》第 12 条：保安服务组织招用的保安人员，应依照国家有关规定签订劳动合同。

保安服务组织，可依照国家有关规定为保安人员办理社会保险。

《黑龙江省保安服务公司管理规定》第 15 条：保安服务公司应

与招收招聘的保安人员签订合同，明确双方的权利和义务，并到当地公安机关备案，到劳动部门办理有关手续。

《吉林省保安服务管理规定》第 19 条：保安服务企业聘用保安人员，必须与其签订劳动合同，并依法为其办理社会保险。

《山西省保安服务业管理暂行办法》第 14 条：保安服务企业聘用保安人员，必须按照有关劳动法律法规的规定签订劳动合同，办理社会保险，依法保障和维护保安人员的合法权益。保安人员的待遇不得低于其从业所在地的最低工资标准。

第 7 条（内容略）

立法宗旨：本条是有关外国保安服务企业如何在中华人民共和国境内开展保安服务业务活动的规定。旨在解决根据 WTO 规则的要求，在我国于 2006 年 10 月之后对外国保安服务企业开放了国内保安服务市场之后，如何规范外国保安服务企业在中华人民共和国境内开展保安服务业务活动。

立法涵义：本条主要规定了外国保安服务企业在华开展保安服务业务需要在法律上履行的手续；外国保安服务企业在华开展保安服务业务活动应当受到的法律上的限制；外国保安服务企业在华进行投资和合作所应当遵循的法律规定。关于外国保安服务企业在华开展保安服务业务活动，本条突出强调了“必须报请保安服务业务所在地的省级人民政府公安机关审批，并报公安部备案”；关于外国保安服务企业在华开展保安服务业务活动应当受到的法律上的限制，本条没有具体地列举相关事项，而是采取了原则性的规定，即“不得从事法律、法规禁止从事的保安服务业务”，主要是考虑到对外国保安服务企业在华从事保安服务业务活动应当进行的限制，必须既考虑到 WTO 规则的一般要求，同时又要考虑到我国国内法上的相关的制度规定，所以，只是做了原则性要求，具体事项还需要依靠其他的立法来进行调整；关于外国保安服务企业在华合作和投资的问题，本条规定原则上遵循与其他类型的外国企业在华合作与投资的相关法律规定。

立法依据：本条的立法依据主要包括中国加入 WTO 的议定书，国内法上关于中外合资、中外合作经营企业的法律、法规的规定，以及公安部等部委颁发的对保安服务行业的管制和许可规定等。

第8条（内容略）

立法宗旨：本条是关于中国保安服务企业依据WTO规则，在中国向外国保安服务企业开放了国内市场之后，国内的保安服务企业如何利用这一机会对外开展保安服务市场，参与国际竞争的问题。

立法涵义：由于在国际保安服务市场上主要遵循市场竞争的规律，所以，中国的保安服务企业如何参与国际保安服务市场的竞争是企业自身经营自主权的范围。但因为涉及保安服务行业是一个特种行业，在国外开拓保安服务市场时，中国保安服务企业可能会涉及利用国外法律所允许而中国法律所不允许的服务方式为客户提供保安服务，所以，中国保安服务企业在国外保安服务市场参与国际竞争也涉及这些企业在国内法上的权利义务问题，因此，为了保证中国保安服务企业在国际保安服务市场更好地开展市场竞争，本条规定了依法登记注册的中国保安服务组织在国外从事保安服务业务的，应当将所在国从事的保安服务业务的性质、范围和服务方式等信息报送公安部备案。目的是为了给中国保安服务企业在国外开拓保安服务市场提供更好的法律帮助。

立法依据：本条主要立法依据是中国加入WTO的议定书，有关中国企业在境外如何受到国内法保护的政策和规范性文件，有关国际民事法律关系的准据法等。

第9条（内容略）

立法宗旨：本条的立法目的在于确立保安服务行业协会的法律地位和保安服务行业协会在保安服务业的行业自治中的重要作用。

立法涵义：本条主要突出了中国保安协会作为中国境内的保安服务组织的行业组织的法律地位，同时明确了作为全国性的行业组织，中国保安协会的主要作用是为全行业的保安服务组织提供保安服务的“操作规程和服务标准”，同时，中国保安协会还负有对外代表中国保安服务组织与外国保安服务组织开展业务、人员和信息交流的任务。

立法依据：本条主要参考法律依据是《中国保安协会章程》，国务院技术监督部门制定的各类行业技术规程和质量标准以及有关建立和健全保安服务业的行业组织的政策和规范性文件的规定。

第10条（内容略）

立法宗旨：本条规定了中华人民共和国境内从事保安服务活动的保安服务组织有辅警和协警的义务；同时，又通过规定给予保安服务组织以经营上的税收政策的优惠，来鼓励保安服务组织在履行辅警和协警任务中发挥自身应有的重要作用。

立法涵义：本条所确立的法律制度有两项，一是保安服务组织有辅警和协警的义务；二是对于保安服务组织在辅警和协警中所发挥的重要作用给予税收政策上的支持和鼓励。

立法依据：有关发挥保安服务组织在辅警和协警中的作用的政策和规范性文件，有关减免保安服务企业的税收负担的规范性文件等是本条的立法依据。

参考法规：

《国家税务局关于对保安服务公司征免税的通知》

各省、自治区、直辖市税务局，各计划单列省辖市税务局：

接公安部来函，要求对各地成立的保安服务公司给予免税照顾。考虑到保安服务公司是以提高社会安全防范能力为目的的特殊企业，目前尚属初创阶段，且收费标准较低，为扶持其发展，经研究决定：

一、免征保安服务公司1989年度的国营企业所得税。

二、保安服务公司应照章缴纳营业税。个别企业纳税有困难的，可按税收管理体制的规定，由税务机关给予适当的减免税照顾。

第11条（内容略）

立法宗旨：本条是关于设立保安服务组织权限的规定。

立法涵义：本条主要确立了社会保安服务组织和内部保安服务组织设立的权限的规定，主要是为了规范保安服务组织的设立行为，强化对保安服务组织的行业管理。本条所规定的保安服务组织的设立条件，采取的是限制性设立的立法模式，即只有符合本条所规定的特殊条件的，才能设立保安服务组织；凡不符合本条所规定的设立条件的，不得设立保安服务组织。本条规定了三个层次的设立条件：一是县以上人民政府所在地的城市，可以根据需要设立社会保安服务组织；星级宾馆饭店、省级以上风景名胜区、自然保护区、开发区的管理机构和其他确需设立内部保安服务组织的企业、事业单位，可以设立内部保安服务组织；三是未设立内部保安服务组织的单位，需使用保安人员的，应当向社会保安服务组织聘用。上述三个方面的规定基本上界定清楚了保安服务组织设立的法定范围。

立法依据：公安部有关设立保安服务组织的规范性文件以及参照有关保安服务组织设立的地方性法规和地方政府规章的相关规定。

《公安部关于保安服务公司规范管理的若干规定》，三、保安服务公司只能由公安机关组建，其他任何单位、部门、个人不得组建。直辖市和省会市以及省辖市公安局和县（市）级公安局可以组建保安服务公司。省、自治区公安厅、地区公安处、派出所（警署）和公安机关内部各部门、企事业单位不得组建保安服务公司。

《云南省保安服务管理条例》第6条：县级以上人民政府所在地的城市，可以根据需要设立社会保安服务组织。

星级宾馆饭店、省级以上风景名胜区、自然保护区、开发区的管理机构和其他确需设立内部保安服务组织的企业、事业单位，可以设立内部保安服务组织。

未设立内部保安服务组织的单位，需使用保安人员的，应当向社会保安服务组织聘用。

《广西壮族自治区保安服务管理条例》第5条：县以上人民政府所在地的城市，可以根据需要设立社会保安服务组织。

星级宾馆饭店、自治区级以上风景名胜区、自然保护区、开发区的管理机构和其他确需设立内部保安服务组织的企业、事业单位，可以设立内部保安服务组织。

未设立内部保安服务组织的单位，需使用保安人员的，应当向社会保安服务组织聘用。

第12条（内容略）

立法宗旨：本条规定了保安服务组织设立的一般条件，这些条件是保证保安服务组织正常开展保安服务业务活动所必须具有的组织和行为能力的法律保障。

立法涵义：本条所规定的设立保安服务组织的一般条件主要突出了三项基本法律要求：一是对保安服务组织的负责人提出了法律上的要求，规定必须熟悉保安业务，具有相应的法律知识，未被依法判处有期徒刑以上的刑罚。主要是因为保安服务行业是一个特殊行业，以保护安全为服务的主要形式。因此，保安服务组织的负责人的知识、能力和法律背景对于保安服务组织能否合法地开展活动具有非常重要的影响作用，故对保安服务组织的负责人做出了特殊的法律要求；二是对保安服务组织做了必须有固定的营业场所的法律要求，因为保安服务组织主要是以提供劳务为基础的企业，所以，对于保安服务组织向客户提供的保安人员必须经过严格的招聘程序，同时还需要有严格的培训、教育、监督等程序，因此，保安服务组织必须有固定的经营场所才能履行上述职责；三是保安服务组织作为向客户提供劳务为主的服务型企业，本身必须有健全和完善的规章制度，而不是在社会上随意招聘人员就可以营业，必须要有健全的内部规章制度和选人机制，才能确保客户的利益。此外，本条还规定了保安服务组织要依法设立，还要具有法律所规定的企业登记注册所必须的其他基本条件。

立法依据：本条的主要法律依据有《中华人民共和国公司法》、《企业法人登记条例》以及有关保安服务组织的审批、注册的相关政策和规范性文件的规定，参照有关设立保安服务组织的地方性法规和地方政府规章的规定等。

参考法规：

《公安部关于保安服务公司规范管理的若干规定》

一、保安服务公司是为社会提供专业化、有偿安全防范服务的特殊性企业，是协助公安机关维护社会治安，预防和减少违法犯罪的重要力量。

四、保安服务公司不得冠以公安机关名称，应作为独立的法人实体，实行独立核算、自主经营、自负盈亏，独立承担民事责任。

公安机关与保安服务公司在经济上彻底脱钩，不得抽调、占用公司资产，不得以任何方式在公司报销或者提取费用，不得为公司提供任何形式的经济担保。

九、保安服务公司要建立健全党、团组织，并充分发挥党、团组织在公司的政治核心作用和骨干作用，加强思想政治工作。

《云南省保安服务管理条例》第7条：设立保安服务组织应当具备下列条件：

（一）保安服务组织的负责人熟悉保安业务，具有相应的法律知识；

（二）有公安机关认可的社会保安服务组织章程或者内部保安服务组织的管理制度；

（三）法律、法规规定的其他条件。

《广东省保安服务管理条例》第6条：设立保安服务公司，应当具备下列条件：

（一）有符合国家法律、法规和政策规定的名称、章程、组织机构和服务范围；

（二）有符合国家规定并与服务范围相适应的注册资金；

（三）有固定的经营场所和必要的设备、设施；

（四）能够独立承担民事责任；

（五）有一定数量的保安员和专业技术人才；

（六）法定代表人具有大专以上学历和一定的法律专业水平，有从事三年以上保安管理工作经验；

（七）国家规定设立公司法人的其他条件。

第七条：设立内部保安组织，应当具备下列条件：

（一）有专职的管理人员；

（二）有固定的办公场所；

（三）有一定数量的保安员；

（四）有健全的管理制度和福利制度。

《广西壮族自治区保安服务管理条例》第6条：设立保安服务组织应当具备下列条件：

（一）保安服务组织的负责人必须熟悉保安业务，具有相应的法律知识；

（二）有固定的经营场所；

（三）有公安机关认可的社会保安服务组织章程或者内部保安服务组织的管理制度；

（四）法律、法规规定的其他条件。

《湖南省保安服务管理条例》第6条：设立保安服务企业，必须具备下列条件：

（一）有固定的经营场所和与经营项目相适应的服务设施；

（二）有二十名以上保安人员和专业技术人员；

（三）有符合国家规定并与经营项目相适应的注册资金；

（四）有符合公安机关规定的管理制度；

（五）法律、法规规定的其他条件。

《辽宁省保安服务管理条例》第8条：设立保安服务企业应当具备下列条件：

（一）有符合规定的名称和章程；

（二）有固定的经营场所和必要的服务设施；

（三）有与经营业务相适应的注册资本；

（四）有与经营业务相适应的管理机构和管理人员；

（五）能够独立承担民事责任；

（六）符合国家关于设立保安服务企业的其他规定。

《天津市保安服务业管理规定》第6条：设立保安服务公司应当具备下列条件：

（一）有固定的经营场所和必要的服务设施；

（二）有与经营业务相适应的注册资金；

（三）有与经营业务相适应的管理人员。

《福建省保安业务管理办法》第7条：设立保安业务公司应当具备下列条件：

（一）有符合国家法律、法规和政策规定的名称、章程、组织机构和业务范围；

（二）有符合国家规定并与业务范围相适应的注册资金；

（三）有固定的经营场所和必备的设备、设施；

（四）有一定数量的保安人员和专业技术人员；

（五）法定代表人具有大专以上学历和一定的法律专业水平及保安管理工作经验；

（六）国家设立企业法人的其他条件。

《河南省社会保安服务管理办法》第7条：设立保安服务组织应当具备下列条件：

（一）有固定的经营场所和必要的服务设施；

（二）具有与经营业务相适应的注册资金；

（三）有与经营业务相适应的工作人员；

（四）有公安机关认可的保安服务章程。

《吉林省保安管理若干规定》第7条：设立保安服务企业，必须具备下列条件：

（一）固定的工作场所；

（二）与服务项目相适应的装备；

（三）二十名以上取得保安员资格证书的保安人员；

（四）省人民政府公安机关规定建立的管理制度和行为规范；

（五）属于国家特许组建保安服务企业的单位。

第8条：从事保安装备生产、经营活动，必须具备下列条件：

（一）固定的生产、经营场所；

（二）开展生产、经营活动所必须的设备和设施；

（三）与生产、经营项目相适应的专业技术人员；

（四）生产、经营的保安装备符合公安部的统一规定；

（五）符合省人民政府公安机关的其他有关规定。

第9条：有偿培训保安人员必须符合本规定规定的条件，经市州人民政府公安机关审核同意，依法到有关部门办理审批手续后，方可进行。

《山西省保安服务业管理暂行办法》第6条：设立保安服务企业，应当具备下列条件：

（一）固定的工作场所；

（二）与服务项目相应的装备；

（三）公司组织机构和保安服务章程；

（四）有二十名以上取得保安员资格证书的保安人员和相应数量的专业技术人员；

（五）20万元以上的注册资金；

（六）有符合公安机关规定的管理制度；

（七）符合国家设立保安服务企业的有关规定。

第7条：保安服务企业法定代表人任职资格：

（一）政法专业大专以上文化程度；

（二）从事公安工作五年以上；

（三）有一定的经营管理能力；

（四）作风正派、热爱保安服务事业。

第13条（内容略）

立法宗旨：本条主要规定了设立保安服务组织的申请、审批和登记、备案程序。

立法涵义：本条对设立社会保安服务组织和内部保安服务组织的

申请、审批和登记、备案程序做了不同性质的法律要求，规范了保安服务组织的设立的程序。对于设立社会保安服务组织来说，在正式获得依法从事保安服务活动的法律条件之前，必须要经过以下几个程序：一是应当向所在地的县（市、市辖区）公安机关申请；二是经省级人民政府公安机关批准；三是取得《保安服务许可证》；四是依法向当地工商行政管理部门登记注册。对于设立内部保安服务组织，在获得依法从事保安服务业务的法律条件之前，必须经过下列几项程序：一是应当向所在地的县（市、市辖区）公安机关申请批准；二是报省级人民政府公安机关备案；三是取得《内部保安服务许可证》。与设立社会保安服务组织的条件不同的是，内部保安服务组织作为企事业单位的内部机构，不需要经过工商登记即可以开展内部保安服务活动。由于内部保安服务组织未经过工商登记注册，所以，本条也规定，内部保安服务组织不得对外开展保安服务业务。另外，本条还特别强调《保安服务许可证》、《内部保安服务许可证》由省级人民政府公安机关统一印制。目的是为了防止地方公安机关在审批保安服务组织时审批行为的形式要件不规范，造成滥发许可证等现象的出现。

立法依据：有关企业工商登记的法规规定，有关保安服务组织开展业务活动的法定条件的政策和规范性文件的规定，以及参照有关保安服务组织登记注册和开展业务活动的地方性法规和地方政府规章的规定等。

参考法规：

《公安部关于保安服务公司规范管理的若干规定》

五、保安服务公司应向工商行政管理部门登记注册，公司法定代表人人选须经公安机关治安管理部门审核。

《云南省保安服务管理条例》第 8 条：设立社会保安服务组织，应当向所在地的县级公安机关申请，报地、州、市公安机关批准，核发《云南省社会保安服务许可证》。

设立内部保安服务组织，应当向所在地的县级公安机关申请，报地、州、市公安机关批准，核发《云南省内部保安服务许可证》。

《广东省保安服务管理条例》第 8 条：设立保安服务组织，应当向所在地县级以上（含县级，下同）公安机关提出申请。保安服务公司由接受申请的公安机关提出意见，经地级以上市公安机关审核，报省公安机关批准；内部保安组织由县级以上公安机关批准。

公安机关接受申请后，必须在规定期限内作出批准或者不批准的决定，并书面通知申请人；作出不批准决定的，应当说明理由。

经公安机关批准设立的保安服务公司向工商行政管理部门登记后方准营业。

《广西壮族自治区保安服务管理条例》第7条：设立社会保安服务组织应当向所在地的县（市、市辖区）公安机关申请，经地区（市）公安机关审核，报自治区公安机关批准，取得《广西壮族自治区保安服务许可证》，并依法向当地工商行政管理部门登记注册后，方可从事保安服务。

设立内部保安服务组织，应当向所在地的县（市、市辖区）公安机关申请，报地区（市）公安机关批准，取得《广西壮族自治区内部保安服务许可证》后，方可从事保安服务。内部保安服务组织不得对外提供保安服务。

《广西壮族自治区保安服务许可证》、《广西壮族自治区内部保安服务许可证》由自治区公安机关统一印制。

《湖南省保安服务管理条例》第5条：设立保安服务企业，应当向所在地人民政府公安机关提出申请，经上一级人民政府公安机关审查批准，并向当地工商行政管理部门申请领取营业执照。

自治州、设区的市人民政府公安机关批准设立保安服务企业，必须报省人民政府公安机关备案。

《天津市保安服务业管理规定》第5条：设立保安服务公司应当经所在地公安分局审核，报市公安局批准，并依法向工商行政管理部门申请登记。

《福建省保安业务管理办法》第8条：设立保安业务公司由县（市、区）公安机关提出申请的，须经设区的市或者地区行政公署的公安机关审核后，报省公安厅核准；由设区的市公安机关提出申请的，直接报省公安厅核准。经批准设立的，持批准文件向工商行政管理部门依法办理企业登记注册手续后方可营业。

其他任何部门、单位和个人不得经办保安业务公司。

《河南省社会保安服务管理办法》第8条：设立保安服务组织，

应当由所在地的县级公安机关提出申请，经市、地公安机关审核，报省公安机关批准，核发河南省社会保安服务许可证，并依法向当地工商行政管理部门登记注册后，方可从事保安服务。

未经省公安机关批准，一律不得设立保安组织，从事保安活动。

《黑龙江省保安服务公司管理规定》第10条：县（市、区）设立保安服务公司，应经市（地区）公安机关审核同意，报省公安厅审批；省辖市设立保安服务公司，直接报省公安厅审批，持批件到当地工商行政管理部门登记注册，领取营业执照，并到税务机关办理税务登记后，方可营业。

《吉林省保安管理若干规定》第6条：设立保安服务企业以及从事保安装备生产、经营活动，均须符合本规定规定的条件，经市州人民政府公安机关审核，报省人民政府公安机关批准后方可进行。法律、法规、规章规定需要办理其他手续的，按照规定办理。

《山西省保安服务业管理暂行办法》第5条：保安服务业应当坚持统筹规划，合理布局的原则。设立保安服务企业，须由县级以上人民政府公安机关提出申请，经设区的市（地）级公安机关审核，报省级公安机关批准并向省工商行政管理部门申请登记注册，领取营业执照后方可营业。

省级公安机关负责保安服务企业的资质审核。

第8条：保安服务必须由保安服务企业进行，其他任何单位建立的内部保卫组织，不得以任何名义开展具有保安性质的活动。

第14条（内容略）

立法宗旨：本条是关于保安服务组织的法律上的变更程序的规定，目的是要规范保安服务组织的变更制度，规范保安服务组织的变更行为。

立法涵义：本条对社会保安服务组织和内部保安服务组织发生变更，应当履行的法律程序都作了明确的要求。本条要求，不论是社会保安服务组织，还是内部保安服务组织，如果发生变更，都必须换发《保安服务许可证》后才能继续经营，而社会保安服务组织还需要向工商部门办理相应的变更登记手续。

立法依据：有关企业登记注册的法规，有关保安服务组织变更的政策和规范性文件的规定，以及参照有关地方性法规和地方政府规章的规定。

参考法规：

《广西壮族自治区保安服务管理条例》第 8 条：社会保安服务组织因法定代表人、地址、名称、服务项目和范围等发生变更，应当按设立程序申请换发《广西壮族自治区保安服务许可证》，并向当地工商行政管理部门办理变更登记手续。

内部保安服务组织因负责人等发生变更，应当按设立程序申请换发《广西壮族自治区内部保安服务许可证》。

《湖南省保安服务管理条例》第 13 条：保安服务企业因法定代表人、地址和名称等发生变更，应当按规定报原批准机关审核，并到当地工商行政管理部门办理变更登记手续。

《辽宁省保安服务管理条例》第 13 条：保安服务企业变更名称、注册资本、经营范围等重要事项或者解散的，应当分别向公安机关和工商行政管理部门办理变更或者注销登记。

保安服务企业不得出租、出借、转让保安服务行业许可证和营业执照。

《福建省保安业务管理办法》第 23 条：保安业务公司法定代表人的任职或更换，须经公安机关批准。

内部保安组织负责人的任职或更换，应向审批公安机关备案。

第 15 条（内容略）

立法宗旨：本条立法目的在于规范保安服务组织的停止和撤销行为。

立法涵义：本条规定保安服务组织的停止和撤销，必须要向原发证的公安机关缴销《保安服务许可证》或者《内部保安服务许可证》。主要是防止少数不法分子利用保安服务组织的停止和撤销，利用保安服务许可证来从事非法经营活动。

立法依据：本条主要法律依据是企业法人登记管理的法规，以及有关保安服务组织的停止和撤销的政策和规范性文件的规定，以及参照相关的地方性法规和地方政府规章的规定。

参考法规：

《广西壮族自治区保安服务管理条例》第 9 条：保安服务组织停止、撤销的，应当向原发证的公安机关缴销《广西壮族自治区保安服务许可证》或者《广西壮族自治区内部保安服务许可证》。

第 16 条（内容略）

立法宗旨：本条的立法目的在于规范保安人员的任用条件，防止将不合格的人员招聘为保安人员，从而维护客户利益和损害保安服务公司的形象。

立法涵义：本条对保安人员的任用条件作了四个方面的要求，即一是年龄要求，规定年龄为 18 周岁至 45 周岁，管理、专业技术人员的年龄可以适当放宽；二是品格要求，规定无违法犯罪记录，品行良好；三是文化程度的要求，规定初中以上文化程度，专业技术人员须有中专以上学历；四是身体条件的要求，规定身体健康。应该说，本条所规定的上述四个条件对于保安人员向客户提供合格的保安服务是最基本的法律要求，而且也符合保安服务以提供劳务为主的服务特征。

立法依据：本条的立法依据主要是有关劳动方面的法律、法规，以及参照有关任用保安人员的政策要求和相关的地方性法规和地方政府规章的规定。

参考法规：

《云南省保安服务管理条例》第 9 条：保安人员必须具备下列条件：

（一）品行良好，自愿从事保安工作；

（二）被招用时，年龄为十八周岁至四十五周岁；

（三）身体健康，能胜任保安工作；

（四）具有初中以上文化程度；

（五）具有必要的法律知识、保安业务知识和技能。

受过治安拘留、劳动教养或者刑事处罚的，不得担任保安人员。

《广东省保安服务管理条例》第 16 条：应聘保安员须具备下列条件：

（一）18 周岁以上，55 周岁以下的中国公民；

（二）身体健康；

（三）遵纪守法，品行良好，无犯罪记录；

（四）初中毕业以上文化程度，专业技术人员须具有相应的学历或者资格；

（五）经公安机关批准设立的培训机构培训合格，取得由县级以上公安机关发给的《广东省保安员资格证》。

《广西壮族自治区保安服务管理条例》第10条：保安人员必须具备下列条件：

（一）年龄为18周岁至45周岁，管理、专业技术人员的年龄可以适当放宽；

（二）无违法犯罪记录，品行良好；

（三）初中以上文化程度，专业技术人员须有中专以上学历；

（四）身体健康。

《湖南省保安服务管理条例》第15条：保安人员应当具备下列条件：

（一）品行良好，遵纪守法；

（二）年龄在十八周岁以上，五十周岁以下；

（三）初中毕业以上文化程度；

（四）身体健康；

（五）具有《保安从业人员资格证书》；

（六）法律、法规规定的其他条件。

《辽宁省保安服务管理条例》第18条：保安人员应当具备下列条件：

（一）年满十八周岁；

（二）身体健康；

（三）具有初中毕业以上文化程度；

（四）遵纪守法，有良好品行。

《天津市保安服务业管理规定》第14条：保安人员必须具备下列条件：

（一）遵纪守法，品行良好，自愿从事保安工作；

（二）身体健康，年满18岁；

（三）具有初中以上文化程度；

（四）无违法犯罪记录。

从流动人口中招聘保安人员，应当按照本市流动人口管理的有关规定执行。

《福建省保安业务管理规定》第16条：保安人员必须具备下列

条件，并经公安机关考试合格，取得《福建省保安员资格证》：

（一）品行好，自愿从事保安工作；

（二）被招用时，年龄为18～45周岁；

（三）身体健康，能胜任保安工作；

（四）具有必要的法律知识，保安业务知识和技能。

《河南省社会保安服务管理办法》第9条：保安人员必须具备下列条件：

（一）年龄为18～35周岁；

（二）具有初中以上文化程度；

（三）身体健康，能胜任保安工作；

（四）经过岗前培训，取得保安人员上岗资格证。

受过治安拘留、劳动教养或者刑事处罚的不得担任保安人员。

《黑龙江省保安服务公司管理规定》第14条：保安人员应具备下列条件：

（一）政治可靠，作风正派，热爱保安服务工作；

（二）具有高中文化程度；

（三）年龄十八周岁至三十五周岁；

（四）身体健康，五官端正，口齿清楚，男身高一米七零以上，女身高一米六零以上。

（五）无前科劣迹。

《黑龙江省保安服务公司管理规定》第17条：保安人员必须遵守下列规定：

（一）严格遵守和执行法律、法规和政策；

（二）保守国家机密和保安服务业务的秘密；

（三）服从领导，听从指挥；

（四）坚守岗位，提高警惕，尽职尽责；

（五）着装整齐，举止端庄，非执勤时间不准着工作服上街；

（六）文明执勤，礼貌待人，严禁打人、骂人，侮辱人格；

（七）执勤时发现问题应及时报告；

（八）执勤时不准行使公安人员的职权，不准饮酒、赌博或借工作之便谋取私利；

（九）不准动用客户的财物。

《吉林省保安服务管理若干规定》第 24 条：保安人员必须具备下列条件：

（一）年满十八周岁；

（二）身体健康；

（三）无违法犯罪记录；

（四）具有初中以上文化程度。

《山西省保安服务业管理暂行办法》第 15 条：保安人员应当具备下列条件：

（一）年满十八周岁的中华人民共和国公民；

（二）遵守国家法律、法规；

（三）身体健康；

（四）品行良好；

（五）具有高中毕业以上文化程度；从事专业技术的人员，必须具有大学专科以上学历；

（六）须经专门培训，取得省级公安机关颁发的保安从业人员资格证书。

有下列情形之一的，不得担任保安人员：

（一）受过刑事处罚的；

（二）未取得保安从业资格证书或被吊销保安从业资格证书的。

第 17 条（内容略）

立法宗旨：本条是关于招聘保安人员的法律程序和特殊要求的规定，目的是更好地规范保安人员的招聘程序。

立法涵义：本条对招聘保安人员的程序做了原则性要求，提出了招聘保安人员两项原则，即“公开进行”原则以及“择优录取”原则。同时，还规定了招聘保安人员的一些特殊要求，即在同等条件下，优先招用军队、武警部队的复员退伍军人。目的是为了提高保安人员队伍的整体素质。此外，本条对招聘和辞退保安人员还规定了相关的审核和备案程序，目的是为了保证被聘用的保安人员的质量以及强化对保安人员队伍的管理。

立法依据：本条的立法依据是有关劳动方面以及人事任免方面的法律、法规，有关的政策性文件以及参照有关的地方性法规和地方政府规章的规定等。

参考法规：

《云南省保安服务管理条例》第 10 条：招收保安人员应当公开进行，同等条件下，优先招用军队、武警部队的复员、退伍人员。

被招用的保安人员，必须经其户口所在地或者暂住地公安派出所审核同意。

《广西壮族自治区保安服务管理条例》第 11 条：招聘保安人员应当公开进行、择优录取，同等条件下，优先招用军队、武警部队的复员退伍军人。

被招聘的保安人员，必须经其户口所在地或者暂住地的公安派出所审核同意。

保安服务组织正式聘用以及辞退保安人员，应当报所在地县级公安机关备案。

《河南省社会保安服务管理办法》第 10 条：招收保安人员应当公开进行，同等条件下，优先招用复员、退伍军人和企业下岗职工。

被招用的保安人员，须经其户口所在地或暂住地公安派出所出具证明。

发布招收保安人员的广告，必须报省公安机关批准。

《黑龙江省保安服务公司管理规定》第 13 条：全民所有制保安服务公司的保安人员，实行全民合同制，可从符合条件的在职人员或退伍军人中选配，不足部分可面向社会公开招收。招收办法按照国家和省的有关规定执行。集体所有制的保安服务公司可向社会公开招聘。招聘办法可参照全民合同制的招工办法执行。

第 18 条（内容略）

立法宗旨：本条是对保安人员上岗前的培训要求，目的是为了保证保安人员队伍的整体素质和保安服务的质量。

立法涵义：本条所规定的保安人员的培训制度包括两个方面：一是上岗前的培训，目的是为了保证被聘用的保安人员具有上岗服务的基本条件；一是在岗培训，目的是为了进一步提高保安人员的服务水平和服务质量。

立法依据：本条的立法依据是有关劳动培训和人事培训方面的法律、法规的规定，有关保安人员的培训的政策和规范性文件，以及参照有关的地方性法规和地方政府规章的规定。

参考法规：

《公安部关于保安服务公司规范管理的若干规定》

十五、保安服务公司要切实保障保安人员的合法权益，建立相应的社会保障制度；充分发挥职工代表大会的民主管理和民主监督作用；加强对保安人员的教育和管理，建立健全保安人员学习、培训、工作、监督检查和奖惩制度。

《云南省保安服务管理条例》第 11 条：被招用的保安人员，应当参加岗前培训，并经县级以上公安机关考核合格。

在岗的保安人员必须参加规定的保安业务培训。

对保安人员的岗前培训和在岗培训，由所在地县级以上公安机关组织实施，也可以委托公安院校或者有条件的社会保安服务组织及其他单位进行。

保安人员培训的时间、内容、方式等由省公安厅另行规定。

《广西壮族自治区保安服务管理条例》第 12 条：被招聘的保安人员必须参加岗前培训，经县以上公安机关考核，取得保安人员合格证后，方准上岗执勤。

在岗的保安人员必须参加规定的保安业务培训。

《河南省社会保安服务管理办法》第 11 条：公安机关应当对招用的保安人员进行岗前和在岗培训。

除公安机关外，其他任何单位和个人不得开办保安服务培训机构。

第 19 条（内容略）

立法宗旨：本条是关于保安人员培训制度的规定，目的是为了规范保安人员的培训制度，提高对保安人员的培训质量。

立法涵义：本条所规定的保安人员培训制度，提出了两个方面的要求。一是保安人员的岗前和在岗培训，必须由所在地县级以上公安机关组织实施。二是对保安人员的培训，也可以以委托培训的方式进行，主要是委托公安院校或者有条件的社会保安服务组织进行。此外，为了提高培训质量，本条还规定，保安人员培训的时间、内容、方式等由省级人民政府公安机关规定。

立法依据：本条的立法依据主要是有关职工培训的劳动和人事方面的法律、法规，以及有关保安人员培训制度的政策，以及参照有关的地方性法规和地方政府规章的规定。

参考法规：

《云南省保安服务管理条例》第 11 条：被招用的保安人员，应当参加岗前培训，并经县级以上公安机关考核合格。

在岗的保安人员必须参加规定的保安业务培训。

对保安人员的岗前培训和在岗培训，由所在地县级以上公安机关组织实施，也可以委托公安院校或者有条件的社会保安服务组织及其他单位进行。

保安人员培训的时间、内容、方式等由省公安厅另行规定。

《广西壮族自治区保安服务管理条例》第 13 条：对保安人员的岗前培训和在岗培训，由所在地县级以上公安机关组织实施，也可以委托公安院校或者有条件的社会保安服务组织进行。

保安人员培训的时间、内容、方式等由自治区公安机关规定。

第 20 条（内容略）

立法宗旨：本条是关于招聘保安人员的相关监督制度的规定，目的是为了保证保安人员的招聘制度能够合法、公正和有效地进行。

立法涵义：本条对招聘保安人员的程序的合法性作了进一步补充规定，建立了对招聘保安人员制度的监督机制。本条没有对具体的监督机制和监督内容作规定，便于各地制定相关实施条例的时候，根据本地区的实际情况，采取不同的变通措施。

立法依据：本条依据是有关职工任用的劳动人事方面的法律、法规的规定，以及有关反对用工制度腐败现象的政策规定，以及参照有关的地方性法规和地方政府规章的规定。

参考法规：

《广西壮族自治区保安服务管理条例》第 14 条：社会保安服务组织和设立内部保安服务组织的单位招聘保安人员，应当依照国家规定，接受有关部门的监督管理并办理有关聘用手续。

第 21 条（内容略）

立法宗旨：本条是关于保安服务组织的经营范围的规定，目的是为保安服务组织的经营活动提供一个合法性界限。

立法涵义：本条在确立保安服务组织的经营范围的合法性时，从三个不同的角度进行了详细地规定：一是详细列举保安服务组织可以合法从事的保安服务的业务范围，包括五个方面：(1) 企事业单位、机关团体、居民住宅区、公共场所的安全守护；(2) 货币、有价证券、金银珠宝、文物、艺术品及其他贵重物资和爆炸、化学等危险物品的押运；(3) 展览、展销、文体、商业等活动的安全保卫；(4) 研制开发、推广应用各类安全技术防范产品，承接各类安全技术防范系统工程，并提供相应的技术服务；(5) 安全防范咨询服务。二是规定了保安服务组织禁止从事的行为范围，包括两个领域：(1) 经营各类枪支、弹药、管制刀具等器械；(2) 经营人民警察的警用标志、制式服装和警械。三是一般性规定了保安服务组织作为特殊性质的企业不得超范围经营，即保安服务公司不得从事非保安业务，不得从事生产和商贸活动，不得接受企业挂靠，不得延伸办企业。

立法依据：本条的立法依据主要是有关保安服务组织的经营范围的政策和规范性文件的规定，同时参照了有关的地方性法规和地方政府规章。

参考法规：

《公安部关于保安服务公司规范管理的若干规定》

十、保安服务公司的经营范围：

（一）企事业单位、机关团体、居民住宅区、公共场所的安全守护；

（二）货币、有价证券、金银珠宝、文物、艺术品及其他贵重物资和爆炸、化学等危险物品的押运；

（三）展览、展销、文体、商业等活动的安全保卫；

（四）研制开发、推广应用各类安全技术防范产品，承接各类安全技术防范系统工程，并提供相应的技术服务；

（五）安全防范咨询服务。

十一、保安服务公司不得从事下列活动：

（一）提供个人人身保安服务；

（二）经营各类枪支、弹药、管制刀具等器械；

（三）经营人民警察的警用标志、制式服装和警械。

保安服务公司不得从事非保安业务，不得从事生产和商贸活动，不得接受企业挂靠，不得延伸办企业。

《辽宁省保安服务管理条例》

第10条：保安服务企业的经营范围：

（一）企事业单位、机关团体和公共场所、居民住宅区的安全守护；

（二）货币、有价证券、金银珠宝、文物、艺术品及其他贵重物资和爆炸、化学等危险物品的押运；

（三）展览、展销、文体、商业等活动的安全保卫；

（四）研制开发、推广应用各类安全技术防范产品，承接各类安全技术防范系统工程，并提供相应的技术服务；

（五）安全防范咨询服务；

（六）其他保安服务项目。

《湖南省保安服务管理条例》

第7条：保安服务企业可以依法经营下列业务：

（一）提供安全守护服务；

（二）为展览、展销、文化、体育、旅游等活动提供安全服务；

（三）为贵重、危险物品以及其他需要押运的物品提供安全押运服务；

（四）按照国家有关规定，提供安全技术防范设备设计、安装、咨询和维修服务。

国家对保安服务企业的经营范围另有规定的，从其规定。

第8条：保安服务企业不得从事生产、商贸活动和法律、法规禁止的其他活动。

《福建省保安服务业务管理办法》

第10条：保安业务公司依法向社会提供下列保安业务项目：

（一）为机关、团体、企业、事业单位、居民住宅区、集贸市场、银行、金融证券交易场所、机场、码头、车站、仓库等场所提供安全守护；

（二）货币、有价证券、金银珠宝、文物、艺术品及其他贵重物质和爆炸、化学危险物品的押运；

（三）展览、展销和经营性的文娱、体育、商贸、旅游等活动的安全保卫；

（四）提供消防安全业务；

（五）提供报警保安业务；

（六）防火、防盗、防爆、报警、通讯等保安技术防范设备器材的销售；

（七）安全技术防范设施、工程和保安装置的设计、安装、保养和维修；

（八）安全防范咨询；

（九）其他经公安机关批准的安全防范业务项目。

公安机关不得参与保安业务公司正常的具体的业务经营活动。

第 11 条：保安业务公司不得从事非保安业务活动。

保安业务公司禁止经营下列物品：

（一）军警用枪支、弹药和警用械具、标志以及制服；

（二）钢珠枪、催泪枪、仿真手枪和管制刀具等杀伤性器械；

（三）国家禁止经营的其他物品。

第 22 条（内容略）

立法宗旨：本条的立法宗旨在于明确保安服务组织的基本法律职责，规范保安服务组织的各种行为，为建立保安服务组织的基本活动制度奠定法律基础。

立法涵义：本条主要规定了保安服务组织有三个方面的基本职责：一是在维护客户的安全方面的职责；二是在保护保安人员方面的职责；三是辅警和协警方面的职责。上述三项基本职责是任何从事保安服务业务活动的保安服务组织必须履行的，或者是说必须无条件做到的，否则，就违背了保安服务组织设立的基本宗旨。

立法依据：本条的立法依据主要是有关保安服务组织的职责和义务方面的政策和规范性文件的规定，同时参照了有关的地方性法规和地方政府规章的规定。

参考法规：

《公安部关于保安服务公司规范管理的若干规定》

七、保安服务公司要按照《娱乐场所管理条例》的规定，加强对派往营业性歌舞、游艺等娱乐场所保安员的管理工作，对被派往这些场所的保安人员要实行定期换岗、定期轮训，防止违法乱纪情况的发生。

十四、保安服务公司要按照国家有关规定加强财务管理，建立健全各项财务规章制度，配备合格的财务会计人员，严格各项收入、支出核算，强化企业资产管理，确保国有资产保值增值。

十五、保安服务公司要切实保障保安人员的合法权益，建立相应的社会保障制度；充分发挥职工代表大会的民主管理和民主监督作用；加强对保安人员的教育和管理，建立健全保安人员学习、培训、工作、监督检查和奖惩制度。

《云南省保安服务管理条例》第13条：保安服务组织的职责：

（一）依法开展保安服务活动，维护客户或者本单位的治安秩序，预防和制止违法犯罪活动；

（二）管理保安人员，维护保安人员合法权益；

（三）法律、法规规定的其他职责。

《广西壮族自治区保安服务管理条例》第15条：保安服务组织的职责：

（一）依法开展保安服务活动，维护客户或者本单位的治安秩序，预防和制止违法犯罪活动；

（二）教育、管理保安人员，维护保安人员合法权益；

（三）法律、法规规定的其他职责。

《福建省保安业务管理办法》第10条：保安业务公司依法向社会提供下列保安业务项目：

（一）为机关、团体、企业、事业单位、居民住宅区、集贸市场、银行、金融证券交易场所、机场、码头、车站、仓库等场所提供安全守护；

（二）货币、有价证券、金银珠宝、文物、艺术品及其他贵重物质和爆炸、化学危险物品的押运；

（三）展览、展销和经营性的文娱、体育、商贸、旅游等活动的安全保卫；

（四）提供消防安全业务；

（五）提供报警保安业务；

（六）防火、防盗、防爆、报警、通讯等保安技术防范设备器材的销售；

（七）安全技术防范设施、工程和保安装置的设计、安装、保养和维修；

（八）安全防范咨询；

（九）其他经公安机关批准的安全防范业务项目。

公安机关不得参与保安业务公司正常的具体的业务经营活动。

《河南省社会保安服务管理办法》第 13 条：保安服务组织的职责：

（一）依法开展保安服务活动；

（二）严格履行保安服务合同，维护客户的合法利益；

（三）积极协助公安机关维护社会治安秩序；

（四）严格保安队伍管理，维护保安人员合法权益；

（五）法律、法规规定的其他职责。

《吉林省保安管理若干规定》第 13 条：保安服务企业可以从事下列经营性的服务活动：

（一）财产的守护、押运；

（二）爆炸、剧毒、放射性物品，化学危险品的守护、押运；

（三）大型活动安全保卫；

（四）特定场所安全保卫；

（五）符合国家规定的人身安全保卫；

（六）安全技术防范服务；

（七）法律、法规未禁止的其他保安服务活动。

《山西省保安服务业管理暂行办法》第 9 条：保安服务企业应当履行下列职责：

（一）协助公安机关维护社会治安，保障保安服务目标的安全；

（二）管理保安人员，维护保安人员的合法权益；

（三）定期向公安机关报告工作情况；

（四）法律、法规、规章规定的其他职责。

第 10 条：保安服务企业可以从事下列服务活动：

（一）机关、团体、学校、企业、事业单位、居民住宅区、集贸市场、金融保险机构、证券交易场所、机场、码头、车站、仓库等场所的安全守护、巡逻；

（二）货币、有价证券、金银珠宝、文物、美术品及其他贵重财产和爆炸、剧毒、放射性物品、化学危险品、运输物资的守护、押运；

（三）展览、展销、产品交易和商业性文娱、体育等大型商贸活动的安全保卫；

（四）符合国家法律、法规规定的人身安全保卫；

（五）产品交易及大型活动的护卫；

（六）安全技术防范咨询服务；

（七）国家规定的其它保安服务业务。

第23条（内容略）

立法宗旨：本条是关于保安人员基本职责的规定，目的是为了提高保安人员自身的服务意识和服务水平，同时又有利于对保安人员实行规范化的管理。

立法涵义：本条所规定的保安人员的职责主要涉及四个方面：一是在人防服务方面的职责，即依法执行守护、押运等安全防范任务；二是在防止犯罪行为方面的职责，即及时报告发生在执勤区域内的刑事、治安案件，协助公安机关保护发案现场、维护秩序，提供情况，发现违法犯罪人员，应当及时扭送公安机关处理；三是防患于未然方面的职责，主要是做好执勤区域的防火、防盗、防爆炸、防治安事故的工作，发现不安全隐患应当及时消除，不能消除的，及时报告；四是值勤方面的职责，即遵守执勤纪律，文明执勤等。通过明确保安人员的基本职责，旨在防止保安人员不认真履行职责，同时也可以有效地避免保安人员超越职责，滥用职权实施违法犯罪的行为。

立法依据：本条的立法依据是有关保安人员职责的政策和规范性文件的规定，同时参照有关的地方性法规和地方政府规章的规定。

参考法规：

《公安部关于保安服务公司规范管理的若干规定》

十二、保安人员的职责：

（一）执行守护、押运等安全防范任务；

（二）按照国家和行业标准，提供设计、安装保养、维护安全技术防范设施和保安装置等保安技术服务；

（三）对发生在执勤区域内的刑事案件、治安案件和治安灾害事故，及时报告当地公安机关和客户单位，采取措施保护发案现场，协助公安机关维护发案现场秩序；

（四）落实防火、防盗、防爆炸、防破坏等治安防范措施，发现执勤区域内的治安隐患，立即报告客户单位和公安机关主管部门，并协助予以处置；

（五）法律、行政法规和规章规定的其他职责。

保安人员可以查验出入执勤区域的车辆、物品的出入手续。对现行违法犯罪行为应当及时制止，对现行违法犯罪嫌疑人应当扭送公安机关处理。保安人员要主动向公安机关反映治安情况和信息，支持和配合公安机关执法办案，不得以任何理由拒绝或者妨碍公安机关和其它执法部门依法执行公务。

保安人员执行一般任务时，可根据需要配备和使用橡胶警棍等非杀伤性防卫器械；执行押运任务时，按照国家有关规定配备必要的武器装备。保安防卫器械的配备标准和使用办法由公安部另行制定。

《云南省保安服务管理条例》第 14 条：保安人员的职责：

（一）依法执行守护、押运等治安防范任务；

（二）保护发生在执勤区域内的刑事、治安案件现场，协助公安机关维护发案现场秩序；

（三）依照有关规定，查验出入执勤区域人员的证件和车辆、物品的出入手续；

（四）做好执勤区域内的防火、防盗、防爆炸、防治安事故的工作；

（五）法律、法规规定的其他职责。

保安人员在履行职责时，发现犯罪分子，应当及时扭送公安机关或者保卫组织处理；发现不安全隐患应当及时消除，不能消除的，及时报告。

《广东省保安服务管理条例》第 19 条：保安员履行下列职责：

（一）保护服务单位的财产安全、维护服务场所的正常秩序；

（二）保护服务区域内发生的刑事、治安案件或者灾害事故现场，维护现场秩序；

（三）把现行违法犯罪嫌疑人员扭送公安机关或者保卫组织；

（四）做好服务区域内的防火、防盗、防爆炸、防治安灾害事故等安全防范工作。

《广西壮族自治区保安服务管理条例》第 16 条：保安人员的职责：

（一）依法执行守护、押运等安全防范任务；

（二）及时报告发生在执勤区域内的刑事、治安案件，协助公安机关保护发案现场、维护秩序，提供情况，发现违法犯罪人员，应当及时扭送公安机关处理；

（三）做好执勤区域的防火、防盗、防爆炸、防治安事故的工作，发现不安全隐患应当及时消除，不能消除的，及时报告；

（四）遵守执勤纪律，文明执勤；

（五）法律、法规规定的其他职责。

《辽宁省保安服务管理条例》第21条：保安人员履行下列职责：

（一）执行守护、押运等安全防范任务；

（二）保卫大型活动和重要场所；

（三）按照国家和行业标准，提供设计、安装保养和维护安全技术防范设施、保安装置等保安技术服务；

（四）对发生在执勤区域内的刑事案件、治安案件和灾害事故，及时报告当地公安机关和客户单位，采取措施保护发案现场，协助公安机关维护发案现场秩序。

（五）落实防火、防盗、防爆炸、防破坏等治安防范措施；

（六）法律、法规规定的其他职责。

《天津市保安服务业管理规定》第17条：保安人员应当履行下列职责：

（一）纠正违反安全管理规定的行为；

（二）做好执勤区域的防火、防盗、防爆炸、防治安事故的工作，发现不安全隐患应当及时消除，不能消除的，及时报告；

（三）保护执勤区域内的刑事、治安案件和灾害事故现场，维持现场秩序。

保安服务公司保安人员还应当依照合同规定，保护客户合法权益不受侵害，保证客户的安全。

《福建省保安业务管理办法》第17条：保安人员履行下列职责：

（一）依法执行守护、押运等治安防范任务；

（二）保护发生在执勤区域内的刑事、治安案件现场，协助公安机关维护发案现场秩序；

（三）依法查验出入执勤区域人员的证件和车辆、物品的出入手续；

（四）做好执勤区域内的守卫、巡逻和防火、防盗、防破坏、防爆炸、防治安灾害事故的工作，纠正和制止违反安全管理的行为；

（五）法律、法规规定的其他职责。

保安人员在履行职责时，发现现行犯罪嫌疑人应当及时扭送公安机关处理；发现不安全隐患应当及时消除，不能消除的，及时报告。

《河南省社会保安服务管理办法》第 14 条：保安人员的职责：

（一）执行守护、押运等任务；

（二）制止违法活动，在执勤区域内协助公安机关维护社会治安；

（三）查验出入执勤区域人员的证件和车辆、物品的出入手续；

（四）法律、法规规定的其他职责。

《吉林省保安服务管理若干规定》第 26 条：保安人员具有下列职责：

（一）按照客户单位的规定，在其服务的区域，查验人员和车辆的通行证件以及客户单位物品的外出手续，制止违反规定的行为；

（二）在服务区域内发现可疑物品，及时报告公安机关处理；

（三）制止正在进行的违法犯罪活动，并将嫌疑人送交公安机关处理；

（四）完成客户委托的保护人身、财产安全的其他活动。

《山西省保安服务业管理暂行办法》第 18 条：保安人员应当履行下列职责：

（一）执行守护、押运、巡逻、保卫等安全防范任务；

（二）按照国家和行业标准，执行设计、安装、保养、维修安全防范设施和保安装置等技术服务任务；

（三）对执勤区域内正在发生的刑事案件、治安案件、治安灾害事故应采取紧急措施予以制止，及时报告当地公安机关和客户单位，并保护发案现场，协助公安机关维护发案现场秩序；

（四）落实防火、防盗、防爆炸、防破坏等治安防范措施，发现执勤区域内的治安隐患，应立即报告有关机关和客户单位，并采取相应措施；

（五）法律、法规、规章规定的和合同约定的其他职责。

第24条（内容略）

立法宗旨：本条是关于保安人员从事保安服务活动时严格服务形式和服务标志的规定，目的是为了保证保安人员以规范、整齐和有序的精神风貌为客户提供规范化的服务。

立法涵义：本条规定对保安人员的规范化服务方式提出的要求包括了三个方面：一是应当身着统一的服装；二是佩戴标志和保安人员执勤牌；三是携带保安人员工作证。

立法依据：本条的立法依据是有关保安人员服务形象和服务方式的政策和规范性文件的规定，同时参照有关保安人员的服务质量的地方标准和地方性法规和地方政府规章的规定。

参考法规：

《公安部关于保安服务公司规范管理的若干规定》

十六、保安服装和保安标志实行全国统一制式、统一标准、统一管理，定点生产供应。式样由公安部负责制定。保安人员执行任务时必须着统一的保安服装、佩戴统一的保安标志。

《云南省保安服务管理条例》第23条：保安人员执勤，应当身着统一的服装，佩戴标志和保安人员工作证。违者不得上岗。

《广西壮族自治区保安服务管理条例》第17条：保安人员履行职责，应当身着统一的服装，佩戴标志和保安人员执勤牌，携带保安人员工作证。

《辽宁省保安服务管理条例》第23条：保安人员执行勤务时，应当着统一的保安服装，佩戴统一的保安标志，并持有保安人员工作证件。

保安人员的保安服装、证件不得转借他人使用。

《福建省保安业务管理办法》第18条：保安人员执勤，应当身着全省统一的着装标志和佩戴《保安人员执勤证》，遵守执勤纪律、文明执勤；并按规定佩戴保安器械、通讯和报警等用具。在非值勤期间，保安人员不得着保安装，不得携带保安器械。

专门从事重要的金融、贵重物资、仓储、科研单位的专职守护、押运保安人员，确有必要配备枪支、警械的，依照国家有关规定执行。

《河南省社会保安服务管理办法》第22条：保安人员执勤，必须身着省公安机关统一规定的服装，佩戴统一的保安执勤标志。

《吉林省保安服务管理若干规定》第 28 条：保安人员可以配备法律、法规和规章允许配备的与保安工作有关的器械装备。

第 25 条（内容略）

立法宗旨：本条是关于保安人员佩戴保安器械和使用保安器械的规定，目的是规范保安人员使用保安器械的行为，防止保安人员使用保安器械不当而给他人的人身权利造成非法侵害。

立法涵义：本条从四个角度规定了保安人员佩戴和使用保安器械的情况，一是可以佩戴保安器械的情况，即保安人员履行职责时，可以配备统一规定的保安器械和通讯、报警设备；二是可以使用保安器械的情形，即遇有本人或者被保护目标受到不法侵害时，可以使用保安器械予以制止；三是应当节制使用保安器械的情形，即当不法侵害行为得到制止时，应当立即停止使用；四是禁止使用保安器械的情形，即保安人员非履行职责时，不得携带保安器械。上述四个方面的规定，比较好地规范了保安人员佩戴和使用保安器械的各种情况。

立法依据：本条的立法依据主要是有关保安人员从事保安服务活动的合法权利的政策和规范性文件的规定，同时参照有关的地方性法规和地方政府规章的规定。

参考法规：

《公安部关于保安服务公司规范管理的若干规定》

保安人员执行一般任务时，可根据需要配备和使用橡胶警棍等非杀伤性防卫器械；执行押运任务时，按照国家有关规定配备必要的武器装备。保安防卫器械的配备标准和使用办法由公安部另行制定。

《云南省保安服务管理条例》第 24 条：保安人员执勤，可以配备统一规定的保安器械和通讯、报警等设备，不得配备枪支、警械。因执行押运钞票、贵重物品或者守护重点金融目标等勤务，需要临时配备枪支、警械的，经县级公安机关批准可以借用，执勤完毕必须及时归还。

法律、行政法规另有规定的，从其规定。

第 25 条：保安人员应当遵守执勤纪律，文明执勤；上岗前或者执勤中，严禁酗酒；非执勤时间，不得携带保安器械外出。

《广西壮族自治区保安服务管理条例》第 18 条：保安人员履行

职责时，可以配备统一规定的保安器械和通讯、报警设备；遇有本人或者被保护目标受到不法侵害时，可以使用保安器械予以制止；当不法侵害行为得到制止时，应当立即停止使用。

保安人员非履行职责时，不得携带保安器械。

《天津市保安服务业管理规定》第 18 条：保安人员执行勤务可以配备国家统一规定的保安器械和通讯、报警等设备。

保安人员执行勤务时，人身安全受法律保护；对无理辱骂、殴打执勤保安人员的，公安机关应依法处理。

《河南省社会保安服务管理办法》第 23 条：保安人员执勤时，应当认真履行职责，文明执勤，遵守执勤纪律；非执勤时间，不得携带保安器械。

第 26 条（内容略）

立法宗旨：本条是关于保安人员禁止行为的规定，目的是规范保安人员的服务活动，防止保安人员滥用职权，给他人的人身或财产造成不应有的损失，同时也可以有效地防范保安人员在履行职责过程中实施违法犯罪行为。

立法涵义：本条为保安人员确立了七个方面的禁止行为事项，这七个方面，有两项是涉及保障人身自由的，即禁止剥夺、限制公民人身自由；禁止辱骂、殴打他人或者唆使他人打人。有三项是涉及财产安全的，即禁止敲诈勒索财物；禁止罚款或者没收财物；禁止扣押他人合法证件和来源合法的财物。有两项是涉及非法服务的，即禁止私自为他人提供保安服务；禁止为客户、本单位提供催款逼债或者其他非法服务。有一项是涉及妨碍公务的，即禁止阻碍国家机关工作人员依法执行公务。上述七项禁令都是基于保安服务的性质和实践经验总结出来的，必须加以严格禁止，否则，就会助长保安人员利用履行职务之便，随意侵犯他人的人身自由和财产，违法从事保安服务，破坏社会秩序。

立法依据：本条的立法依据是有关保护人身权利和财产权利的法律、法规的规定，以及确定保安人员的禁止行为的相关政策和规范性文件的规定，同时参照有关的地方性法规和地方政府规章。

参考法规：

《公安部关于保安服务公司规范管理的若干规定》

十三、保安人员不得有下列行为：

（一）剥夺、限制公民人身自由；

（二）搜查他人的身体或者扣押他人合法证件、合法财物；

（三）辱骂、殴打他人或者教唆殴打他人；

（四）私自为他人提供保安服务；

（五）阻碍国家机关工作人员依法执行职务；

（六）为客户追索各类债务或者解决劳务纠纷；

（七）其他违反法律、法规和规章的行为。

《云南省保安服务管理条例》第 17 条：保安人员不得有下列行为：

（一）剥夺、限制公民人身自由；

（二）辱骂、殴打他人或者唆使他人打人；

（三）敲诈勒索财物；

（四）阻碍国家机关工作人员依法执行公务；

（五）罚款或者没收财物；

（六）扣押他人合法证件和来源合法的财物；

（七）私自为他人提供保安服务；

（八）为客户或者本单位提供催款逼债等非法服务。

《广东省保安服务管理条例》第 20 条：保安员禁止从事下列活动：

（一）阻碍国家机关工作人员依法执行公务；

（二）非法剥夺、限制他人人身自由；

（三）罚款或没收财物；

（四）扣押他人证件或者财物；

（五）辱骂、殴打他人或者教唆殴打他人；

（六）私自为他人提供保安服务；

（七）处理民事纠纷、经济纠纷或者劳动争议；

（八）其他违反法律规定的活动。

《广西壮族自治区保安服务管理条例》第 19 条：禁止保安人员有下列行为：

（一）剥夺、限制公民人身自由；

（二）辱骂、殴打他人或者唆使他人打人；

（三）敲诈勒索财物；

（四）阻碍国家机关工作人员依法执行公务；

（五）罚款或者没收财物；

（六）扣押他人合法证件和来源合法的财物；

（七）私自为他人提供保安服务；

（八）为客户、本单位提供催款逼债或者其他非法服务。

《湖南省保安服务管理条例》第 20 条：保安人员在执行勤务时，不得有下列行为：

（一）限制他人人身自由；

（二）刁难、侮辱、殴打他人或者搜查他人身体、财物；

（三）扣押他人证件或者财物；

（四）罚款或者没收财物；

（五）妨碍执法机关依法执行公务；

（六）查办案件；

（七）擅离职守或者酒后执勤；

（八）法律、法规禁止的其他活动。

《辽宁省保安服务管理条例》第 22 条：保安人员不得有下列行为：

（一）剥夺、限制公民人身自由；

（二）搜查他人身体、住所和场所，扣押他人合法证件、合法财物；

（三）辱骂、殴打他人或者教唆殴打他人；

（四）泄露守护目标、押运物资等的秘密；

（五）玩忽职守，不履行职责和义务；

（六）阻碍国家机关工作人员依法执行职务；

（七）以工作之便敲诈勒索客户；

（八）为客户追索各类债务或者解决劳务纠纷；

（九）私自提供保安服务；

（十）其他违反法律、法规的行为。

《福建省保安业务管理办法》第 20 条：保安人员不得有下列行为：

（一）非法剥夺、限制公民人身自由；

（二）辱骂、殴打他人或者唆使他人打人；

（三）敲诈、勒索财物；

（四）阻碍国家机关工作人员依法执行公务；

（五）罚款或者没收财物；

（六）扣押他人合法证件和财物；

（七）擅自为他人提供保安业务；

（八）其他非法侵犯公民合法权益的行为。

《河南省社会保安服务管理办法》第 17 条：保安人员不得从事下列活动：

（一）非法限制公民人身自由；

（二）辱骂、殴打他人或者唆使他人打人；

（三）敲诈勒索财物；

（四）阻碍国家机关工作人员依法执行公务；

（五）罚款或者没收财物；

（六）扣押他人合法证件和来源合法的财物；

（七）擅自提供保安服务或为客户从事追讨债款等活动。

《吉林省保安管理若干规定》第 17 条：雇佣保安人员的客户和保安服务企业禁止要求保安人员从事下列活动：

（一）阻碍国家机关工作人员依法执行公务；

（二）剥夺、非法限制他人人身自由；

（三）辱骂、殴打他人；

（四）搜查他人的身体和物品；

（五）扣押他人的证件和物品；

（六）罚款或者没收财物；

（七）处理民事纠纷或者劳动争议；

（八）为赌博、卖淫嫖娼或者制造、贩卖、扎吸毒品以及其他违法活动提供保护；

（九）以保安人员的名义从事保护人身、财产安全以外的活动；

（十）其他违反法律、法规、规章规定的活动。

《山西省保安服务业管理暂行办法》第 21 条：保安人员不得有下列行为：

（一）非法剥夺、限制公民人身自由；

（二）搜查他人身体和携带的物品；

（三）扣押他人合法证件、合法财产；

（四）辱骂、殴打他人或者唆使殴打他人；

（五）私自为他人提供保安服务；

（六）阻碍国家机关工作人员依法执行职务；

（七）为客户追索各类债务或者解决劳务纠纷；

（八）罚款及没收财物；

（九）其他违反法律、法规的行为。

第27条（内容略）

立法宗旨：本条是关于建立保安服务监督制度的规定，目的是为了监督保安服务公司和保安人员的服务行为，防止其侵犯客户合法权益和从事违法乱纪的活动，是保证保安服务活动的合法性的重要制度。

立法涵义：本条规定在建立保安服务监督制度的时候，主要强调了该制度的三个方面的特征：一是强调了公安机关应当建立保安服务督察制度，这就说明公安机关是保安服务行业的法律监管机构；二是明确了保安服务监督对象和范围，即对保安服务组织、保安人员的工作情况和纪律作风进行监督；三是确认了保安服务监督的方式是进行经常性督察。

立法依据：本条的立法依据是有关对保安服务活动进行法律监督的政策和规范性文件的规定，同时参照有关的地方性法规和地方政府规章的规定。

参考法规：

《公安部关于保安服务公司规范管理的若干规定》

八、公安机关治安管理部门要加强对保安服务公司工作的日常检查、监督，发现问题，及时整改。每年会同有关部门对保安服务公司领导班子成员进行一次考核，并配合政府审计部门对公司财务状况进行审计。

《云南省保安服务管理条例》第18条：公安机关应当建立保安服务督察制度，对保安服务组织、保安人员的工作情况和纪律作风进行经常性督察，预防和纠正违法违纪行为。

《广西壮族自治区保安服务管理条例》第20条：公安机关应当

建立保安服务督察制度，对保安服务组织、保安人员的工作情况和纪律作风进行经常性督察。

《辽宁省保安服务管理条例》第 25 条：公安机关应当建立保安服务监督制度，对保安服务企业、内部保安组织进行监督检查。

第 26 条：保安服务企业、内部保安组织应当接受公安机关和其他有关部门的监督管理。

《河南省社会保安服务管理办法》第 18 条：公安机关应当建立保安服务督察制度，对保安服务组织、保安人员的纪律作风和工作情况进行经常性督察，预防和纠正违法违纪行为。

第 28 条（内容略）

立法宗旨：本条是关于保安服务组织要健全对保安人员的内部管理制度的规定，其目的是强调保安服务组织应当强化内部管理，健全内部的各项规章制度，提高自身的规范化服务水平。

立法涵义：本条在确立保安服务组织建立和健全内部管理制度的过程中，突出了三个基本要求：一是应当在公安机关指导下进行；二是全面建立保安人员的登记、学习、训练、执勤、奖惩等管理制度；三是要将建立管理制度的情况报所在地的市、县公安机关备案，以便进行监督。

立法依据：本条的立法依据是关于对健全保安服务组织的内部管理制度和加强对保安服务组织的监督方面的政策和规范性文件的规定，同时参照有关的地方性法规和地方政府规章的规定。

参考法规：

《公安部关于保安服务公司规范管理的若干规定》

八、公安机关治安管理部门要加强对保安服务公司工作的日常检查、监督，发现问题，及时整改。每年会同有关部门对保安服务公司领导班子成员进行一次考核，并配合政府审计部门对公司财务状况进行审计。

《云南省保安服务管理条例》第 20 条：保安服务组织应当在公安机关指导下，建立保安人员的学习、训练、执勤、奖惩等管理制度，并报所在地的县级公安机关备案。

《广西壮族自治区保安服务管理条例》第 21 条：保安服务组织应当在公安机关指导下，建立保安人员的学习、训练、执勤、奖惩等管理制度，并报所在地的市、县公安机关备案。

《河南省社会保安服务管理办法》第 20 条：保安服务组织应当建立严格的学习、培训、执勤、奖惩等管理制度，加强对保安人员的管理、教育和训练，及时制止和纠正违法违纪行为，并定期向公安机关报告工作。

第 29 条（内容略）

立法宗旨：本条也是关于保安服务组织应当加强对保安人员的管理和监督的规定，与第 27 条立法目的不同的是，本条的立法宗旨侧重于强调对保安人员素质的提高以及对保安人员服务质量的要求上，同时，将对保安人员素质的考察与向客户提供服务结合起来，以期提高保安服务组织在客户中的信誉。

立法涵义：本条主要强调的是对保安人员的动态管理和目标管理上，不同于第 28 条所强调的建立和健全保安服务组织的内部管理制度的规定。本条规定确立了两项动态和目标管理制度，一是社会保安服务组织和设立内部保安服务组织的单位，应当加强对保安人员的管理、教育和业务技能训练，提高保安人员的素质，经常检查保安人员执行纪律、制度的情况，及时制止和纠正违法违纪行为，并定期向公安机关报告工作。二是保安服务组织应当定期对保安人员进行全面考核，考核结果作为对保安人员奖惩的依据，并书面通知本人及客户单位。上述规定形成了保安服务组织对公安机关和客户双向负责的制度格局，目的在于提高保安服务组织的自身的服务质量和水平。

立法依据：本条的立法依据是有关提高保安服务组织的服务水平和质量的政策和规范性文件的规定，同时参照有关的地方性法规和地方政府规章的规定。

参考法规：

《公安部关于保安服务公司规范管理的若干规定》

七、保安服务公司要按照《娱乐场所管理条例》的规定，加强对派往营业性歌舞、游艺等娱乐场所保安员的管理工作，对被派往这些场所的保安人员要实行定期换岗、定期轮训，防止违法乱纪情况的发生。

八、公安机关治安管理部门要加强对保安服务公司工作的日常检查、监督，发现问题，及时整改。每年会同有关部门对保安服务公司领导班子成员进行一次考核，并配合政府审计部门对公司财务状况进行审计。

《广西壮族自治区保安服务管理条例》第 22 条：社会保安服务组织和设立内部保安服务组织的单位，应当加强对保安人员的管理、教育和业务技能训练，提高保安人员的素质，经常检查保安人员执行纪律、制度的情况，及时制止和纠正违法违纪行为，并定期向公安机关报告工作。

保安服务组织应当定期对保安人员进行全面考核，考核结果作为对保安人员奖惩的依据，并书面通知本人及客户单位。

第 30 条：保安服务收费的项目和标准，由社会保安服务组织提出意见，报当地物价部门批准。

社会保安服务组织应当将保安服务合同在订立之日起 15 日内报所在地的市、县公安机关备案。

立法宗旨：本条是关于保安服务收费的规定以及关于保安服务合同备案的规定，目的是为了对保安服务组织向客户提供的保安服务是否具有合法性和合理性进行必要的监督。

立法涵义：本条规定从两个角度对保安服务组织向客户所提供的保安服务进行法律监督，一是合理性监督，主要是对保安服务收费的监督；一是合法性监督，即对保安服务合同是否符合法律的基本要求的监督。

立法依据：本条的立法依据是有关劳务合同、劳务收费的法律、法规的规定，同时参照有关的地方性法规和地方政府规章的规定。

参考法规：

《广东省保安服务管理条例》第 10 条：保安服务收费应当遵循公平、合理的原则，保安服务质量应当与服务收费相适应。

保安服务收费实行政府指导价和市场调节价。

政府指导价由省人民政府价格主管部门会同省公安机关制定。县级以上价格主管部门可以在政府指导价范围内，结合当地实际，确定当地的收费标准。

保安服务收费的项目和标准应当向客户公布。

《广西壮族自治区保安服务管理条例》第 23 条：社会保安服务组织应当依法与客户单位签订保安服务合同。保安服务合同应当载明服务内容、服务期限、劳务费用、违约责任等内容。保安服务收费的项目和标准，由社会保安服务组织提出意见，报当地物价部门批准。

社会保安服务组织应当将保安服务合同在订立之日起15日内报所在地的市、县公安机关备案。

《湖南省保安服务管理条例》第10条：保安服务收费应当遵循公平、合理原则。保安服务质量应当与服务收费相适应。保安服务收费由省人民政府价格主管部门会同省人民政府公安机关制定指导价格。具体收费由双方根据指导价商定。

《福建省保安业务管理办法》第12条：保安业务收费应当遵循公平、合理的原则，保安业务质量应当与业务收费相适应，并经物价部门批准。

第31条（内容略）

立法宗旨：本条是对保安人员的服务活动的合法性要求，主要是防止保安人员在履行职责的过程中在外在的压力或者是唆使下实施违法乱纪的行为。

立法涵义：本条对保安人员的服务活动的合法性要求是从禁止保安人员自身之外的因素的干扰和迫使的角度出发的，因为保安人员受雇于保安服务组织，同时又替客户服务，在劳动雇佣关系上处于弱势地位，所以，为了阻止保安服务组织和客户利用保安人员害怕解雇的心理弱点，从而唆使或者是逼迫保安人员从事非法活动。

立法依据：本条的立法依据主要是有关治安管理、企业管理方面的法律、法规的规定，同时参照有关的地方性法规和地方政府规章。

参考法规：

《云南省保安服务管理条例》第16条：保安服务组织、客户单位、设立内部保安服务组织的单位，不得指使保安人员从事非法活动。

《广西壮族自治区保安服务管理条例》第24条：保安服务组织、客户单位、设立内部保安服务组织的单位，不得指使保安人员从事非法活动。

《湖南省保安服务管理条例》第16条：保安服务企业的保安人员必须按照企业的指派为客户提供保安服务，不得私自提供保安服务。

保安人员应当按照合同约定履行职责，遵守职业道德，文明执勤。

任何单位和个人不得指使保安人员从事违法活动。保安人员对违法指令有权拒绝执行。

《福建省保安业务管理办法》第21条：任何单位组织或个人不得指使保安人员从事超越其职责范围的非法活动。对单位组织或个人非法指使行为，保安人员有权拒绝执行，并有权依法提出批评、检举和控告。

在岗的保安人员必须按规定参加保安业务轮训和年度考核。

《河南省社会保安服务管理办法》第16条：保安服务组织和客户不得指使保安人员从事职责以外的活动。

《山西省保安服务业管理暂行办法》第20条：任何单位、个人不得指使保安人员从事违反法律、法规的活动。保安人员对超越法律、法规、规章的指令，有权拒绝执行。

第32条（内容略）

立法宗旨：本条是关于保安人员的服务标志管理制度的规定，目的是为了防止保安服务组织或者是社会上的其他组织和个人随意生产或者使用保安人员的服务标志，从而严重地扰乱和破坏保安服务市场的经营秩序。

立法涵义：本条规定主要从三个方面规定了保安人员的服务标志管理制度。一是确立了保安人员的服务标志的管理机制，即保安人员的服装、标志、执勤牌、工作证件样式和保安器械种类由省级人民政府公安机关规定。二是规定禁止随意生产或销售保安人员的服务标志，即未经省级人民政府公安机关批准，任何单位和个人不得制造或者销售保安器械、服装、标志、执勤牌、证件。三是保安人员的服务标志的使用方式，即保安器械、服装、标志、执勤牌、证件仅限于保安人员使用，其他单位和个人不得非法持有和使用。保安人员因辞职、辞退等原因不再从事保安服务工作的，保安服务组织应当收回其使用的保安器械、保安标志、执勤牌及有关证件，并上交主管公安机关。

立法依据：本条的立法依据主要是关于保安人员的服务标志的政策和规范性文件的规定，以及有关的地方性法规和地方政府规章的规定。

参考法规：

《公安部关于保安服务公司规范管理的若干规定》

十六、保安服装和保安标志实行全国统一制式、统一标准、统一管理，定点生产供应。式样由公安部负责制定。保安人员执行任务时必须着统一的保安服装、佩戴统一的保安标志。

《云南省保安服务管理条例》第26条：未经省公安厅批准，任何单位和个人不得制造、销售保安器械、服装、标志、证件。

保安器械、服装、标志、证件仅限于保安人员使用，其他单位和个人不得非法持有和使用。

保安人员的服装、标志、工作证样式和保安器械种类由省公安厅另行规定。

《广东省保安服务管理条例》第21条：保安员上岗必须按规定穿着制式服装、佩戴标志和上岗证，并按规定佩戴和使用保安器械，在履行职责过程中，遇到本人或保护目标受到不法侵害时，可以使用保安器械予以制止。

在非上岗时间，保安员不得穿着制式服装和佩戴保安器械。

《广西壮族自治区保安服务管理条例》第25条：保安人员的服装、标志、执勤牌、工作证件样式和保安器械种类由自治区公安机关规定。

未经自治区公安机关批准，任何单位和个人不得制造或者销售保安器械、服装、标志、执勤牌、证件。

保安器械、服装、标志、执勤牌、证件仅限于保安人员使用，其他单位和个人不得非法持有和使用。保安人员因辞职、辞退等原因不再从事保安服务工作的，保安服务组织应当收回其使用的保安器械、保安标志、执勤牌及有关证件，并上交主管公安机关。

《湖南省保安服务管理条例》第17条：保安人员在执行勤务时，必须着统一的保安服装，佩戴标志，持执勤证件，可以佩戴规定的保安器械。

保安人员在非执行勤务时，不得着保安制服和携带保安器械。

保安人员的保安服装和保安器械不得转借他人使用。

《辽宁省保安服务管理条例》第28条：保安服装、保安标志和保安器械按照国家有关规定，实行统一制式、统一标准、统一管理，由省公安机关监制。

未经省公安机关批准，任何单位和个人不得从事保安服装、保安标志和保安器械的生产和销售。

《天津市保安服务业管理规定》第19条：保安人员上岗执勤，必须身着统一的保安服装，佩戴统一的标志符号。

保安服装、标志符号和证件的设计、制作和供应，按国家规定执行。

《福建省保安业务管理办法》第24条：未经省公安厅批准，任何单位和个人不得制造、销售保安器械、着装、标志、证件。

保安器械、着装、标志、证件仅限于保安人员使用，其他单位和个人不得非法持有和使用。

保安人员的着装、标志、证件样式和保安器械种类由省公安厅另行规定。

《河南省社会保安服务管理办法》第24条：未经省公安机关批准，任何单位和个人不得制造、销售和非法持有、使用保安器械、服装、标志、证件。

《山西省保安服务业管理暂行办法》第23条：保安人员执行任务时应身着统一的保安服装、佩戴保安器械和专门标志并持证上岗。

保安人员可以配备法律、法规允许配备的与保安工作有关的器械装备。

保安人员服装、标志及证件为保安人员专用，由省级公安机关负责统一管理，其他个人和组织不得违法仿制、销售、购买和使用。

第33条 在中华人民共和国境内从事保安服务的外国保安服务企业，应当接受公安部以及省级人民政府公安机关的监督和管理，定期向公安部有关部门通报在中华人民共和国境内从事保安服务业务的相关信息。

立法宗旨：本条是关于在华从事保安服务业务的外国保安服务企业应当接受监督管理的规定，目的是为了规范在华的外国保安服务企业的保安服务行为，防止不正当竞争行为的出现以及防范违法犯罪行为的发生。

立法涵义：本条在规定对在华的外国保安服务企业的保安服务活

动进行制度性监督时，突出强调了两个方面的内容：一是规定在中华人民共和国境内从事保安服务的外国保安服务企业，应当接受公安部以及省级人民政府公安机关的监督和管理；二是规定在中华人民共和国境内从事保安服务的外国保安服务企业，定期向公安部有关部门通报在中华人民共和国境内从事保安服务业务的相关信息。上述规定将对外国保安企业的监督管理和情况通报有机结合起来，既保证了其合法经营的权利，同时又可以有效地监督其行为的合法性。

立法依据：本条的立法依据是中国加入 WTO 的议定书，中国关于中外合资、合作企业以及外商独资企业的监督管理的法律、法规的规定。

第 34 条（内容略）

立法宗旨：本条是关于对保安服务组织和保安人员进行奖励的规定，目的是为了对作出成绩的保安服务组织和保安人员进行鼓励。

立法涵义：本条所规定的奖励对象包括两类，既包括对保安服务组织进行奖励，也包括对保安人员进行奖励。对应当受奖励的行为进行了三个方面的概括，主要有：（1）预防、制止违法犯罪或者在同违法犯罪人员作斗争中，表现突出的；（2）在抢险救灾，预防治安灾害事故或者其他事故，保卫社会公共财产和公民生命财产安全，成绩显著的；（3）在安全防范的其他方面成绩显著或者有较大贡献的。

立法依据：本条的立法依据主要是有关保安服务组织和保安人员的政策和规范性文件的规定，以及参照有关的地方性法规和地方政府规章。

参考法规：

《公安部关于保安服务公司规范管理的若干规定》

十五、保安服务公司要切实保障保安人员的合法权益，建立相应的社会保障制度；充分发挥职工代表大会的民主管理和民主监督作用；加强对保安人员的教育和管理，建立健全保安人员学习、培训、工作、监督检查和奖惩制度。

《云南省保安服务管理条例》第 27 条：保安服务组织及其保安人员具备下列条件之一的，由当地人民政府或者公安机关予以表彰奖励：

（一）预防、制止违法犯罪或者在同犯罪分子作斗争中，表现突出的；

（二）抢险救灾，预防治安事故或者其他事故，保卫社会公共财产和公民生命财产安全，成绩显著的；

（三）在治安防范的其他方面成绩显著或者有较大贡献的。

《广西壮族自治区保安服务管理条例》第26条：保安服务组织及其保安人员具备下列条件之一的，由当地人民政府或者公安机关予以表彰奖励：

（一）预防、制止违法犯罪或者在同违法犯罪人员作斗争中，表现突出的；

（二）在抢险救灾，预防治安灾害事故或者其他事故，保卫社会公共财产和公民生命财产安全，成绩显著的；

（三）在安全防范的其他方面成绩显著或者有较大贡献的。

《天津市保安服务业管理规定》第20条：公安机关对具备下列条件之一的保安服务公司、保安机构和保安人员，应当予以奖励：

（一）预防、制止违法犯罪或者在同犯罪分子作斗争中表现突出的；

（二）抢险救灾，预防治安事故或者其他事故，保护公共财产和公民生命财产安全，成绩显著的；

（三）其他保安服务成绩显著应予以表彰的。

《福建省保安业务管理办法》第26条：保安组织及其保安人员具备下列条件之一的，由公安机关予以表彰奖励：

（一）预防、制止违法犯罪中表现突出的；

（二）抢险救灾、预防治安事故或者其他事故，保卫社会公共财产和公民生命财产安全成绩显著的；

（三）在治安防范的其他方面成绩显著或者有较大贡献的。

《河南省社会保安服务管理办法》第25条：保安服务组织及保安人员具备下列条件之一的，由当地人民政府或者公安机关予以表彰奖励或授予“见义勇为先进分子”等荣誉称号：

（一）预防、制止违法犯罪或者在同犯罪分子作斗争中表现突出的；

（二）抢险救灾、预防治安灾害事故，保卫社会公共安全和公民生命财产安全成绩显著的；

（三）在治安防范的其他方面有较大贡献的。

《吉林省保安管理若干规定》第5条：保安服务企业和保安人员在保护国家财产和人民生命财产安全，协助公安机关维护社会治安秩序的工作中做出突出贡献的，由公安机关或其所在单位给予表彰或者奖励。

第35条（内容略）

立法宗旨：本条是关于授予保安人员荣誉称号的规定，目的是为了表彰见义勇为的保安人员的高尚行为。

立法涵义：本条规定侧重强调对在制止违法犯罪活动中，符合“见义勇为”条件的保安人员，由公安机关报有关部门授予“见义勇为”公民荣誉称号。

立法依据：本条的立法依据是有关奖励保安人员的政策和规范性文件的规定，同时参照有关的地方性法规和地方政府规章的规定。

参考法规：

《公安部关于保安服务公司规范管理的若干规定》

十五、保安服务公司要切实保障保安人员的合法权益，建立相应的社会保障制度；充分发挥职工代表大会的民主管理和民主监督作用；加强对保安人员的教育和管理，建立健全保安人员学习、培训、工作、监督检查和奖惩制度。

《云南省保安服务管理条例》第28条：保安人员在制止违法犯罪活动中，事迹特别突出，符合“见义勇为”条件的，由公安机关报请有关部门授予“见义勇为公民”荣誉称号。

《广西壮族自治区保安服务管理条例》第27条：保安人员在制止违法犯罪活动中，符合“见义勇为”条件的，由公安机关报有关部门授予“见义勇为”公民荣誉称号。

第36条（内容略）

立法宗旨：本条是针对从事非法保安服务的行为的惩罚性规定。

立法涵义：本条对从事非法保安服务应当受到本条例惩罚的行为分为两类，一类是未经批准擅自设立保安服务组织或者从事保安服务的，由县级以上公安机关予以取缔，没收违法所得，可以并处2 000元以上10 000元以下罚款。一类是针对内部保安服务组织的，即内部保安服务组织对外提供保安服务的，由县级以上公安机关责令停止服务，没收违法所得，可以并处2 000元以上10 000元以下罚款。上述两种情况基本上涵盖了非法从事保安服务活动的情形。

立法依据：本条的立法依据是有关工商登记管理、治安管理以及行政处罚等方面的法律、法规，以及参照有关的地方性法规和地方政府规章。

参考法规：

《云南省保安服务管理条例》第 29 条：违反本条例，有下列情形之一的，由县级公安机关处以一千元以上、五千元以下罚款：

（一）未经批准设立保安服务组织或者从事保安服务的；

（二）不按规定的条件、程序招用、聘用保安人员的；

（三）未经公安机关委托，擅自培训保安人员的。

公安机关除依照前款规定处罚外，对违反前款第（一）项规定的，依法予以取缔；对违反前款第（二）项规定的，责令辞退擅自招用、聘用的保安人员；对违反前款第（三）项规定的，没收非法所得。

《广西壮族自治区保安服务管理条例》第 28 条：未经批准擅自设立保安服务组织或者从事保安服务的，由县级以上公安机关予以取缔，没收违法所得，可以并处2 000元以上10 000元以下罚款。

内部保安服务组织对外提供保安服务的，由县级以上公安机关责令停止服务，没收违法所得，可以并处2 000元以上10 000元以下罚款。

《湖南省保安服务管理条例》第 28 条：违反本条例规定，有下列行为之一的，由县级以上人民政府公安机关给予警告，责令停办，没收违法所得，可并处一千元以上一万元以下罚款：

（一）擅自设立保安服务企业、保安培训机构或者开展保安培训业务、保安服务活动的；

（二）聘用不符合本条例第十五条规定的保安人员的。

聘用不符合本条例第十五条规定的保安人员，应当予以辞退。

《天津市保安服务业管理规定》第 21 条：违反本规定有下列行为之一的单位或个人，由公安机关责令停止活动，并处1 000元以上10 000元以下罚款；有违法所得的，可处 3 万元以下罚款：

（一）未经批准，设立保安服务公司或者从事保安服务的；

（二）未经批准，设立保安培训机构或者培训保安人员的。

未经批准，招聘保安人员的，由公安机关处1 000元以下罚款。

《福建省保安业务管理办法》第27条：违反本办法规定，有下列情形之一的，由县级以上公安机关责令改正，处以1万元以下罚款；有违法所得的，处以违法所得1至3倍罚款，但最高不得超过3万元；并依法予以没收或者取缔：

（一）擅自设立保安组织或者设立保安教育培训机构的；

（二）保安业务公司超越经营范围从事经营活动的；

（三）非法制造、销售、持有或者使用保安器械、着装、标志、证件的；

（四）擅自从事保安业务、保安教育培训经营活动的；

（五）擅自从事防火、防盗、防爆、报警等安全防范技术业务、咨询经营活动的。

《河南省社会保安服务管理办法》第26条：未经批准擅自设立保安服务组织或者从事保安服务的，由公安机关予以取缔，并可处1 000元以上、5 000元以下罚款。

保安服务组织不按规定的条件、程序招用的保安人员，由公安机关责令辞退。

未经批准设立保安培训机构的，由公安机关责令停办，可并处5 000元以上、10 000元以下罚款。

《吉林省保安服务管理若干规定》第31条：未按本规定经过公安机关审核批准或者审核同意，开展经营性保安活动，保安装备生产、经营活动，以及有偿培训保安人员的，责令立即改正，没有违法所得的，处以5 000元以上10 000元以下的罚款；有违法所得的，处以10 000元以上20 000元以下罚款。

《山西省保安服务业管理暂行办法》第28条：保安服务企业有下列情形之一的，由有管辖权的公安机关责令改正，对拒不改正的处5 000元以上10 000元以下罚款，并对其直接负责的主管人员和其他直接责任人员处500元以上2 000元以下罚款；

（一）违反本办法第十五条规定录用保安人员的；

（二）以挂靠、承包等形式变相转让经营权的。

第30条：有下列情形之一的，由有管辖权的公安机关予以公告取缔，并处10 000元以上30 000元以下罚款：

（一）未经批准设立保安服务企业的；

（二）未经批准设立保安培训机构或开展保安培训业务的；

（三）非保安服务企业对外提供保安服务的；

（四）单位内部自行组建保安组织并对外提供保安服务的。

第 37 条（内容略）

立法宗旨： 本条旨在规范保安人员的招聘行为，惩罚违法招聘保安人员的行为。

立法涵义： 本条对违法招聘保安人员的行为所确立的惩罚措施包括两个方面：一是由县级以上公安机关责令辞退违法招聘的保安人员；二是按每违法招聘一名保安人员处以 500 元以上1 000元以下罚款。

立法依据： 本条的立法依据是有关劳动关系、职工任用和行政处罚等方面的法律、法规的规定，同时参照有关的地方性法规和地方政府规章。

参考法规：

《云南省保安服务管理条例》第 29 条：违反本条例，有下列情形之一的，由县级公安机关处以一千元以上、五千元以下罚款：

（一）未经批准设立保安服务组织或者从事保安服务的；

（二）不按规定的条件、程序招用、聘用保安人员的；

（三）未经公安机关委托，擅自培训保安人员的。

公安机关除依照前款规定处罚外，对违反前款第（一）项规定的，依法予以取缔；对违反前款第（二）项规定的，责令辞退擅自招用、聘用的保安人员；对违反前款第（三）项规定的，没收非法所得。

《广西壮族自治区保安服务管理条例》第 29 条：不按本条例第十条、第十一条规定招聘保安人员的，由县级以上公安机关责令辞退违法招聘的保安人员，并按每违法招聘一名保安人员处以 500 元以上1 000元以下罚款。

《辽宁省保安服务管理条例》第 32 条：保安服务企业、内部保安组织违反本条例规定，有下列情形之一的，由公安机关责令改正，可并处 500 元以上5 000元以下的罚款：

（一）未按本条例的规定聘用保安人员的；

（二）未按规定给保安人员配发器械的。

《福建省保安业务管理办法》第28条：有下列情形之一的，由县级以上公安机关责令改正违法行为，处以1 000元以下罚款：

（一）非法招用、聘用非保安人员从事保安业务活动的；

（二）内部保安组织负责人的任职或更换未按规定向审批公安机关备案的；

（三）保安组织未按规定组织保安人员参加岗位轮训和年度考核的。

第38条（内容略）

立法宗旨：本条是对唆使或逼迫保安人员实施违法行为的惩罚性规定。

立法涵义：本条对唆使或逼迫保安人员实施违法行为设定了三种形式的法律责任制度：一是行政处分责任制度，即违反本条例第31条规定的保安服务组织，由其主管部门给予行政处分；二是行政处罚责任制度，即违反本条例第31条规定的客户单位及指使者和直接责任人员，由县级以上公安机关处以5 000元以上30 000元以下罚款，并对指使者和直接责任人员分别处以500元以上2 000元以下罚款；三是刑罚责任制度，即对构成犯罪的，依法追究刑事责任。

立法依据：本条的立法依据是有关行政处分、行政处罚和刑罚的法律、法规的规定，同时参照有关的地方性法规和地方政府规章的规定。

参考法规：

《云南省保安服务管理条例》第30条：保安服务组织、客户单位、设立内部保安服务组织的单位，指使保安人员从事非法活动的，由县级公安机关处以2 000元以上、8 000元以下罚款，并对指使者和直接责任人员分别处以200元以上、1 000元以下罚款；构成犯罪的，依法追究刑事责任。

《广西壮族自治区保安服务管理条例》第30条：违反本条例第二十四条规定的，由其主管部门给予行政处分；由县级以上公安机关处以5 000元以上30 000元以下罚款，并对指使者和直接责任人员分别处以500元以上2 000元以下罚款；构成犯罪的，依法追究刑事责任。

《福建省保安业务管理办法》第 29 条：保安业务公司、设立内部保安组织的单位或者接受保安业务的单位，强令保安人员超越职责范围从事非法活动的，由县级以上公安机关给予警告或者通报批评；情节严重和侵犯他人合法权益的，对主要责任人依法追究其相关的法律责任；构成犯罪的，依法追究其刑事责任。

第 30 条：保安组织超越权利范围，造成后果和非法侵害公民、法人或其他组织合法权益情节严重的，由县级以上公安机关依法予以取缔；对有关责任人员依法追究其法律责任。

《河南省社会保安服务管理办法》第 27 条：保安服务组织、客户指使保安人员从事职责以外活动的，由公安机关处以2 000元以上、5 000元以下罚款。

第 39 条（内容略）

立法宗旨：本条是对保安服务组织拒绝履行法定职责或者是疏于管理或者是实施本条例所禁止的行为设定的惩罚性规定。

立法涵义：本条规定主要是针对保安服务组织的五种违法行为实施行政处罚。这五种违法行为都是本条例明文规定禁止的行为。包括：（1）保安服务组织违反本条例第十四条、第十五条规定，不办理变更、停业、撤销手续的；（2）社会保安服务组织不按规定将保安服务合同报公安机关备案的；（3）保安服务组织使用未取得合格证的保安人员上岗执勤的；（4）保安服务组织配备非统一规定的保安器械、服装、标志、执勤牌、证件的；（5）保安服务组织拒绝接受公安机关的监督管理的。本条还规定，实施了上述违法行为应当进行的行政处罚方式分为两种：一是由县级以上公安机关责令其限期改正；二是逾期不改的，可处以 500 元以上1 000元以下罚款。

立法依据：本条的立法依据是有关行政处罚的法律、法规规定，同时参照了有关的地方性法规和地方政府规章的规定。

参考法规：

《云南省保安服务管理条例》第 31 条：有下列情形之一的，由县级公安机关责令其改正，并处以1 000元以上、3 000元以下罚款：

（一）社会保安服务组织或者设立内部保安服务组织的单位不按规定参加年度检验的；

（二）社会保安服务组织不按规定将保安服务合同报公安机关备

案的。

《广西壮族自治区保安服务管理条例》第31条：有下列情形之一的，由县级以上公安机关责令其限期改正；逾期不改的，可处以500元以上1 000元以下罚款：

（一）保安服务组织违反本条例第八条、第九条规定，不办理变更、停业、撤销手续的；

（二）社会保安服务组织不按规定将保安服务合同报公安机关备案的；

（三）保安服务组织使用未取得合格证的保安人员上岗执勤的；

（四）保安服务组织配备非统一规定的保安器械、服装、标志、执勤牌、证件的；

（五）保安服务组织拒绝接受公安机关的监督管理的。

第40条（内容略）

立法宗旨：本条是对违法制造和销售、非法持有或者是使用保安器械和保安人员的服务标志进行惩罚的规定。

立法涵义：属于本条规定应当受到行政处罚的违法行为分为两种，一是非法制造、销售的保安器械、服装、执勤牌、标志、证件；二是非法持有或者使用保安器械、服装、标志、执勤牌、证件。对上述两种违法行为的处罚程度也不一样。非法制造、销售的保安器械、服装、执勤牌、标志、证件，由县级以上公安机关没收非法制造、销售的保安器械、服装、执勤牌、标志、证件及其违法所得，并处以违法所得1倍以上4倍以下的罚款。非法持有或者使用保安器械、服装、标志、执勤牌、证件的，由县级以上公安机关予以没收，并处以200元以下罚款。

立法依据：本条的立法依据是有关行政处罚的法律、法规的规定，同时参照有关的地方性法规和地方政府规章的规定。

参考法规：

《云南省保安服务管理条例》第32条：违反本条例第26条规定的，由县级公安机关没收非法制造、销售的保安器械、服装、标志、证件及其非法所得，并可处以非法所得1至4倍的罚款。

非法持有或者使用保安器械、服装、标志、证件的，由县级公安机关予以没收，并处以二百元以下罚款。

《广东省保安服务管理条例》第 30 条：非法生产、仿制、销售保安员制式服装、标志、证件及保安器械的，由县级以上公安机关没收违法所得及非法财物，并处 3 万元以上 5 万元以下罚款。

《广西壮族自治区保安服务管理条例》第 32 条：违反本条例第 25 条第 2 款规定的，由县级以上公安机关没收非法制造、销售的保安器械、服装、执勤牌、标志、证件及其违法所得，并处以违法所得 1 倍以上 4 倍以下的罚款。

非法持有或者使用保安器械、服装、标志、执勤牌、证件的，由县级以上公安机关予以没收，并处以 200 元以下罚款。

《辽宁省保安服务管理条例》第 36 条：违反本条例规定，未经公安机关批准，擅自从事保安服装、保安标志和保安器械的生产和销售的，由公安机关没收违法产品及违法所得，可并处违法所得 1 倍以上 3 倍以下的罚款。

《天津市保安服务业管理规定》第 32 条：擅自生产、销售保安服装、标志符号和证件的，由公安机关处1 000元以上 1 万元以下罚款；有违法所得的，可处 3 万元以下罚款。

非法持有或者使用保安服装、标志符号和证件的，由公安机关予以收缴，并处警告或 200 元以下罚款。

第 41 条（内容略）

立法宗旨：本条是对违法的保安服务组织取消其经营资格的惩罚性规定。

立法涵义：本条针对违反本条例、情节严重的保安服务组织，规定了吊销《保安服务许可证》或者《内部保安服务许可证》的行政处罚。

立法依据：本条的立法依据是有关行政许可和行政处罚的法律、法规的规定，同时参照有关的地方性法规和地方政府规章。

参考法规：

《云南省保安服务管理条例》第 33 条：保安服务组织违反本条例，情节严重的，由公安机关吊销《云南省社会保安服务许可证》或者《云南省内部保安服务许可证》。

《广东省保安服务管理条例》第 26 条：有下列情形之一的，由县级以上公安机关根据情节轻重，对保安服务组织给予警告、责令限期改正、责令停业整顿、没收违法所得的处罚，可并处5 000元以上10 000元以下罚款；对保安服务组织负责人和其他直接责任人员给予警告或者处1 000元以上5 000元以下罚款：

（一）违反本条例招聘保安员；

（二）违反规定为保安员配备制式服装、标志和器械；

（三）所属保安员在执行职务中违纪、违法造成严重后果。

《广西壮族自治区保安服务管理条例》第33条：保安服务组织违反本条例，情节严重的，由原批准的公安机关吊销《广西壮族自治区保安服务许可证》或者《广西壮族自治区内部保安服务许可证》。

《天津市保安服务业管理规定》第23条：保安服务公司违反本规定，有下列行为之一的，由公安机关责令限期整改，并处1 000元以上1万元以下罚款，有违法所得的，处3万元以下罚款；逾期不改的，责令撤销保安服务公司：

（一）参与治安案件、刑事案件调查处理或者参与客户经济纠纷以及为客户催款讨债的；

（二）经营本规定第十一条所列项目的；

（三）雇用非保安人员从事保安服务的；

（四）不履行规定职责，致使发生重大刑事案件或者治安灾害事故的。

第42条（内容略）

立法宗旨：本条是对违反了本条例的规定，实施违法犯罪行为的保安人员所设定的处罚制度。

立法涵义：本条为违法的保安人员设立的处罚制度包括三种类型：一是行政处罚制度，包括由县级以上公安机关处以200元以下罚款，情节严重的可以吊销保安人员合格证；或由县级以上公安机关吊销其保安人员合格证，并依照《中华人民共和国治安管理处罚法》予以处罚；二是刑罚制度，即构成犯罪的，依法追究刑事责任；三是民事赔偿制度，即社会保安服务组织的保安人员不作为，给客户造成损失的，社会保安服务组织应当负责赔偿。

立法依据：本条的立法依据是有关行政处罚、治安管理处罚和民事赔偿的法律、法规的规定，以及有关的地方性法规和地方政府规章的规定。

参考法规：

《云南省保安服务管理条例》第 34 条：保安人员违反本条例第 17 条规定，有第（5）项、第（6）项、第（7）项、第（8）项规定行为的，由县级公安机关处以 200 元以下罚款，必要时可以吊销其保安人员合格证；有第（1）项、第（2）项、第（3）项、第（4）项规定行为的，由县级公安机关吊销其保安人员合格证，并依照《中华人民共和国治安管理处罚条例》予以处罚；构成犯罪的，依法追究刑事责任。

《广东省保安服务管理条例》第 28 条：保安员违反本条例规定，情节轻微的，由保安服务公司或者内部保安组织所在单位给予处分；情节严重的，予以辞退，并由县级以上公安机关注销其《广东省保安员资格证》；违反《中华人民共和国治安管理处罚条例》的，依法给予治安处罚；构成犯罪的，依法追究刑事责任。

《广西壮族自治区保安服务管理条例》第 34 条：保安人员违反本条例第 19 条规定，有第（5）项、第（6）项、第（7）项、第（8）项规定行为之一的，由县级以上公安机关处以 200 元以下罚款，情节严重的可以吊销保安人员合格证；有第（1）项、第（2）项、第（3）项、第（4）项规定行为之一的，由县级以上公安机关吊销其保安人员合格证，并依照《中华人民共和国治安管理处罚条例》予以处罚；构成犯罪的，依法追究刑事责任。

社会保安服务组织的保安人员不作为，给客户造成损失的，社会保安服务组织应当负责赔偿。

《湖南省保安服务管理条例》第 32 条：保安人员在执行勤务时，给客户造成经济损失的，由保安服务企业按照合同约定承担赔偿责任。

《福建省保安业务管理办法》第 31 条：保安人员违反本办法规定，未履行义务或超越职责范围侵害公民、法人或者其他组织合法权益的，由县级以上公安机关责令改正，给予警告，并可处以 200 元罚款；情节严重的，收回《福建省保安员资格证》，并依照《中华人民共和国治安管理处罚条例》予以处罚；构成犯罪的，依法追究刑事责任。

《河南省社会保安服务管理办法》第 28 条：保安人员违反本办法第十七条规定，由公安机关收缴其保安人员上岗资格证。触犯《治安管理处罚条例》的，依照《治安管理处罚条例》予以处罚；构成犯罪的，依法追究刑事责任。

《黑龙江省保安服务公司管理规定》第 32 条：保安人员违反本规定的，保安服务公司可视情节轻重给予批评教育、警告、记过、罚款、留用察看、解除合同等处罚，并记入本人档案；构成犯罪的，由司法机关依法追究刑事责任。

《吉林省保安服务管理若干规定》第 37 条：由于保安服务企业的过错或者保安人员的失职给其服务的客户造成损失的，保安服务企业应当依法赔偿。

《山西省保安服务业管理暂行办法》第 24 条：因保安人员失职给客户造成损失的，保安服务企业应当依照合同承担赔偿责任。保安服务企业赔偿损失后，可以依照合同约定对有故意或者重大过失的有关人员追偿部分或者全部赔偿费用。

第 26 条：保安人员违反本办法第 21 条规定，侵犯公民、法人和其他组织合法权益的，由保安人员值勤所在地县级以上公安机关给予警告，可以并处 100 元以上 500 元以下罚款；情节严重的，由县级以上公安机关吊销其保安从业资格，报市（地）和省级公安机关备案。违反治安管理法律法规的，依照治安管理法律法规进行处罚；构成犯罪的，依法追究其刑事责任。

第 43 条（内容略）

立法宗旨：本条是关于当事人合法权益受到公安机关侵犯可以提起行政复议或行政诉讼的权利救济制度的规定。

立法涵义：本条对公安机关作出的行政处罚决定不服的，规定了行政复议和行政诉讼的权利救济制度，其特点是确立了复议前置的原则，也就是说，当事人要先申请复议，对复议不服的，才能再向人民法院提起行政诉讼。

立法依据：本条的立法依据是行政复议法和行政诉讼法的有关规定。

参考法规：

《云南省保安服务管理条例》第 35 条：当事人对公安机关作出

的行政处罚决定不服的，可以在接到处罚通知之日起十五日内向上一级公安机关申请复议；对复议决定不服的，可以在接到复议决定书之日起十五日内向人民法院提起诉讼。

法律另有规定的，从其规定。

《广东省保安服务管理条例》第 32 条：保安服务组织或者保安员对公安机关作出的行政处罚不服的，可由保安服务公司、内部保安组织所在单位或者保安员本人依法申请行政复议或者提起行政诉讼。

《广西壮族自治区保安服务管理条例》第 35 条：当事人对公安机关作出的行政处罚决定不服时，可以依法向上一级公安机关申请复议；对复议决定不服的，可以依法向人民法院提起诉讼。

《湖南省保安服务管理条例》第 34 条：当事人对行政机关的具体行政行为不服的，可以依法申请行政复议或者提起行政诉讼。

《河南省社会保安服务管理办法》第 30 条：当事人对公安机关作出的行政处罚决定不服的，可依法申请复议或提起行政诉讼。

《吉林省保安服务管理若干规定》第 38 条：具有下列情形之一的，当事人可以依法申请行政复议或者提起行政诉讼：

（一）认为符合条件申请设立保安服务企业，从事有偿培训保安人员活动和保安装备生产、经营活动，公安机关审核未依法同意和批准的；

（二）公安机关办理审核、审批手续，超过规定期限的；

（三）对行政处罚决定不服的。

《山西省保安服务业管理暂行办法》第 32 条：公安机构可以依据国家有关行政强制措施的法律法规对违法行为实施行政强制措施。

对公安机关做出的行政处理不服的，可以依法申请复议或依法向人民法院提起行政诉讼。

当事人对行政处理决定或行政处罚不申请行政复议、不向人民法院提起诉讼又不履行的，由做出行政决定或行政处罚的机关向人民法院申请强制执行。

第 44 条（内容略）

立法宗旨：本条是对实施了违法犯罪行为的国家机关工作人员的处罚性规定。

立法涵义：本条对滥用职权，徇私舞弊，侵犯保安服务组织和保安人员合法权益的国家机关工作人员，设立了三种处罚形式：一是行政处分制度，即由其主管部门给予行政处分；二是赔偿制度，即造成经济损失的，应当负责赔偿；三是刑罚制度，即构成犯罪的，依法追究刑事责任。

立法依据：本条的立法依据是有关国家机关工作人员惩戒的法律、法规的规定。

参考法规：

《云南省保安服务管理条例》第36条：国家机关工作人员违反本条例，滥用职权，徇私舞弊，侵犯保安服务组织和保安人员合法权益的，由其主管部门给予行政处分；构成犯罪的，依法追究刑事责任。

《广东省保安服务管理条例》第31条：国家机关工作人员滥用职权，侵犯保安服务组织和保安员合法权益的，由其主管部门依法给予行政处分；构成犯罪的，依法追究刑事责任。

《广西壮族自治区保安服务管理条例》第36条：国家机关工作人员滥用职权，徇私舞弊，侵犯保安服务组织和保安人员合法权益的，由其主管部门给予行政处分；造成经济损失的，应当负责赔偿；构成犯罪的，依法追究刑事责任。

《辽宁省保安服务管理条例》第37条：公安机关工作人员在保安审批和监督管理工作中，滥用职权、玩忽职守、徇私舞弊的，由所在单位或者上级主管部门给予行政处分；构成犯罪的，依法追究刑事责任。

《福建省保安业务管理办法》第32条：国家机关工作人员违反本规定，滥用职权、徇私舞弊，侵犯保安组织和保安人员、以及从事与保安业务相关活动的单位和个人合法权益的，由主管部门依法给予行政处分；构成犯罪的，依法追究刑事责任。

《山西省保安服务业管理暂行办法》第31条：公安机关工作人员在实施保安服务监督管理工作中玩忽职守、滥用职权、徇私舞弊，尚不构成犯罪的，由主管机关依法给予行政处分；构成犯罪的，依法追究刑事责任。

第六章　附　　则

第45条（内容略）

有关保安服务的地方性法规、地方政府规章与本条例的规定不相抵触的，可以继续生效。

立法宗旨： 本条是关于本条例时间效力的规定。

立法涵义： 本条确立了本条例自颁布之日起生效的原则，同时确立了旧法与新法不得抵触的原则。

立法依据： 本条的立法依据主要是中华人民共和国立法法的相关规定。

第六章 《彩票管理条例》的立法说明及专家建议稿[①]

第一节 《中华人民共和国彩票管理条例》的立法说明

《中华人民共和国彩票管理条例》（以下简称《条例》）是中国社会工作协会彩票工作委员会彩票法研究课题组经过长达一年多时间的调查研究，在总结我国现行关于彩票立法经验的基础之上，结合国外彩票立法和彩票管理制度中值得参考的资料，经过反复论证，几易其稿制定的。该条例作为彩票立法领域的行政法规，对目前我国彩票市场领域所存在的各种社会关系进行了全面规范，具有比较好的综合管理功能。

由于彩票市场在我国还处于发育阶段，从彩票的印制、发行、销售，到彩票的监督管理以及对彩票公益金的使用，基本上都处于摸索阶段，还没有相对成熟和比较固定的做法，为此，课题组在借鉴国外彩票立法和彩票管理经验的基础上，对彩票的基本法律性质，彩票的基本法律结构，彩民的权利和义务，彩票的印制、发行和销售，彩票收益的分配，彩票管理和监督体制，彩票印制、发行和销售中法律争议的处理，彩票公益金的使用以及彩票市场中的基本法律关系进行了较为全面地规范，基本上建立了适合中国彩票市场特征的彩票管理体制。

本条例共 9 章 82 条，内容涉及彩票管理的全部领域。为了维护彩票市场的秩序，保护彩民的合法权益，健全彩票市场管理体制，

---

① 本课题是作者于 2004 年接受中国社会工作协会彩票工作委员会的委托进行研究的，参加本课题研究的还有刘俊海教授、于敏教授、韩世远副教授、陈欣新副教授、吕艳滨博士和李岩博士等。

《条例》确立了以下几个方面的立法原则：

1. 合法性原则。目前由于彩票市场管理制度不健全，出现了各种形式的彩票，包括私人彩票和各种类似彩票游戏性质的有奖销售等，这些不规范的彩票形式的存在，严重地扰乱了彩票市场秩序，为此，《条例》第6条明确规定，“未经合法程序产生的彩票不受本条例保护”。为了保障彩票市场的合法有序，《条例》还禁止不具有法定资格的企业印制彩票，获取印制许可的印制企业不得非法印制未经审批的彩票，不具有销售许可证的单位和个人不得代销彩票等，这些规定都从不同角度突出了彩票的合法性原则。

2. 公平、公正和公开原则。彩票是一种特殊性质的票据，是通过中奖机会来吸收社会公众参加的。对于社会公众来说，对彩票的投资既有投资社会公益事业的动机，也有通过购买彩票获得中奖机会的目的。由于彩票不能像其他有价证券那样可以在市场上自由流通，因此，彩票制度是否科学合理，彩票的发行、销售过程中是否公开透明，彩民能否按照所购买的彩票获得中奖机会，直接关系到彩票市场的信誉。所以，本条例突出强调了彩票管理应当坚持公平、公正和公开原则。

3. 依法保护彩民合法权益原则。在彩票发行、销售过程中，由于彩票发行和销售属于政府委托行为，在彩票销售过程中，通过彩票实际上建立了政府与彩民之间的特殊的行政合同关系。政府作为彩票发行和销售方，必须要依法保护彩民的合法权益，这样才能保证彩票市场公平有序地存在和发展。为此，本条例规定了彩票销售收入应当将50%作为返奖奖金，目的是为了保护彩民获得足够的中奖机会。另外，条例还规定，依法持有彩票的彩民是彩票收益的合法所有权人，弃奖奖金转入返奖奖金等规定，都是从最大限度来维护彩民参与彩票市场应当获得的合法利益。

4. 取之于民、用之于民的原则。政府通过发行彩票的形式来筹措社会资金，可以最大限度地利用社会资金来兴办社会公益事业，弥补政府财政资金投入的不足。发行彩票不能被少数机构和个人用于谋取不正当利益，因此，本条例在彩票收益分配比例上，对发行经费的比例作了严格的限制，规定发行经费应当控制在15%以下，而社会公益金应当在35%之上。这些规定都很好地体现了彩票作为一种特殊性质的票据取之于民、用之于民的原则精神。

5. 统一管理原则。有鉴于彩票市场长期以来实行多头管理，几家争利的混乱情况，条例明确了彩票市场管理体制，规定了国务院财政部门为国务院彩票行政主管部门，其他职能部门只能依据条例的规定，对彩票的发行、销售、收益分配和公益金的使用的某些方面依法实行监督，同时，实行“收支两条线”原则，可以很好地防范政府部门利用管理彩票市场的权力来谋取部门利益和小团体利益，提高彩票管理的效率和科学性。

为了准确地体现上述各项原则，条例在设计具体条文和具体法律制度的过程中，又从不同角度来反映上述各项原则的要求，建立比较规范的彩票市场管理秩序。

第1章“总则”共7条，规定了条例制定目的以及条例所遵循的有关彩票管理的法律原则，对整个条例制度的设计起到了基础性的保障作用。

第2章“彩民的权利与义务”共13条，对彩民的权利和义务作了较为全面地规定，突出了彩民在彩票法律关系中的地位，有利于明确保护彩民的合法权益。此外，该章还规定了彩民中奖依法纳税的原则，这一规定体现了权利与义务对等原则，体现了彩票取之于民、用之于民的社会公益特性。

第3章“彩票的印制”共6条，规定了印制彩票必须按照计划和额度进行，防范彩票印制失控而导致彩票市场的失序混乱，此外，本章对印制彩票企业实行许可证管理制度，可以有效地监督印制彩票企业的印制活动，保证发行和销售的彩票符合必要的质量标准，防止因彩票印制的瑕疵而引发各种不必要的争议。

第4章“彩票的发行”共6条，规范了彩票发行体制，特别是确立了彩票发行机构的性质是国有独资的非营利性机构以及对彩票发行机构的法律职能予以明确，便于彩票发行渠道畅通，合法有序。

第5章“彩票的销售”共17条，对彩票销售机构的性质，彩票销售方式，彩票销售过程中各方参与人之间的法律关系，彩票中奖中的当事人权益保护等都作了比较好的规定，不仅明确了彩票销售机构的法律责任，而且还有利于规范彩票销售市场秩序，防止各种非法机构介入彩票销售市场，继而从事违背彩票发行的目的，破坏彩票市场的基本法律制度。

第6章“彩票收益分配”共6条，依据彩票自身的公益性质，对彩票销售收入根据彩票的性质和功能进行了合理的分配，其中返奖奖金不低于50%，发行经费不超过15%，社会公益金不低于35%。这种收益分配比例较好地体现了彩票的公益性质。此外，为了防止彩票销售收入被少数人以权谋私，条例还规定了彩票销售收入中发行经费和社会公益金收支两条线原则，加强了彩票行政主管部门对彩票收益的监督，保证了彩票收益分配的公平和公正。

第7章“彩票的管理和监督”共10条,规定了以国务院财政部门为核心的彩票行政管理体制,既突出了彩票管理的国家统一性,同时又体现了彩票市场管理的综合性,有利于建立合理有效的彩票市场秩序。

第8章“法律责任”共14条，对彩票市场管理涉及的各个管理环节都确立了相应的法律责任机制，既有针对参与彩票市场的彩票发行机构和彩票销售机构的，也有针对一般社会公众的，还有强调在彩票管理过程中相关国家工作人员的法律责任的，可以说，不仅法律责任的主体比较全面，法律责任的形式和种类多，法律责任覆盖的事由也非常广泛，基本上规范了彩票市场管理的所有环节和领域，因此，该章设立的法律责任建立了比较完善的法律责任机制来维护彩票市场管理秩序。

第9章“附则”共3条，规定了条例的性质和生效期限。

总之，本条例通过确立立法原则和在各章节中对各项具体法律制度和权利义务的设计，比较好地规范了彩票市场运行机制，对于规范政府对彩票市场的管理行为，保障彩民的合法权益，建立完善的彩票市场秩序具有非常重要的保障作用。

第二节 《中华人民共和国彩票管理条例》专家建议稿

（中国社会工作协会彩票工作委员会立法建议稿）

中华人民共和国彩票管理条例

目录

第一章 总则

第二章　彩民的权利与义务
第三章　彩票的印制
第四章　彩票的发行
第五章　彩票销售
第六章　彩票收益分配
第七章　彩票的管理和监督
第八章　法律责任
第九章　附则

第一章　总　则

第一条　为了保护彩民的合法权益，规范彩票市场秩序，促进社会公益事业的不断发展，制定本条例。

第二条　彩票的印制、发行、销售、收益分配以及对彩票市场的管理与监督等彩票活动，适用本条例。

第三条　本条例所称彩票，是指在中华人民共和国境内发行的，供彩民在自愿选择的基础上购买，并可以按照特定的游戏规则获得中奖机会的票据。

彩票按照游戏规则的不同，分为即开型彩票、数字型彩票、乐透型彩票和足球型彩票等类型。

第四条　彩票不记名，不挂失，不返还本金，不计付利息。

第五条　彩票的印制、发行、销售、收益分配以及对彩票市场的管理与监督，应当保证合法、公正、公平、公开、有序。

第六条　未经合法程序产生的彩票不受本条例保护。

在中华人民共和国境内的外国彩票以及只在特别行政区境内合法有效的彩票不受本条例保护。

第七条　国家根据社会公益事业发展的需要，积极地促进彩票市场的完善和发展。

第二章　彩民的权利与义务

第八条　凡是购买合法彩票，并且持有可能存在中奖机会的彩票的自然人、法人或者是其他社会组织，属于本条例所规定的彩民。

第九条　限制行为能力或者是无行为能力的彩民购买彩票的，其购买的彩票应当在监护人的监护下妥善保管和依法处理。其购买的彩票获奖的，必须在监护人的有效监护下才能领取价值超过 10 元以上的奖品或奖金。

第十条 两个以上的彩民共同购买彩票的，其共同购买的彩票获得中奖机会的，获得的奖品或奖金当事人事先有约定的，按照事先约定的方式分配奖品或奖金；事先没有约定的，应当按照共同购买彩票的出资人出资比例分配。

第十一条 合法持有彩票的彩民是彩票收益的所有权人。

以委托关系对彩票收益的所有权人主张权利的，必须出具彩票收益分配方式清晰、委托内容符合法律、法规要求的书面委托协议。

第十二条 合法持有彩票的彩民，可以按照彩票的票面原值向其他人转让彩票，但不得伪造、涂改。

禁止转让非法彩票。

第十三条 在彩票开奖前，彩民擅自打开彩票的，彩票中奖机会无效。

在彩票开奖之后，获奖彩票中不得由彩民擅自打开的密码事项，彩民擅自打开的，彩票中奖机会无效。

第十四条 彩民有依据合法持有的彩票享有获得中奖机会、领取奖品或奖金的权利

第十五条 彩民必须在合法的期限内领取奖品或奖金。逾期的中奖彩票不得领取奖品或奖金。

第十六条 获奖彩民有依法纳税的义务。

第十七条 获奖彩民的个人隐私资料在未征得本人同意的情况下，不得予以公开。

第十八条 任何金融机构不得向彩民提供贷款用于购买彩票。

第十九条 任何法人或社会组织不得将购买的彩票作为职工的工资或固定福利。

第二十条 国家机关或者是接受财政拨款的单位不得使用财政拨款购买彩票。

第三章 彩票的印制

第二十一条 彩票应当由持有国务院彩票主管部门颁发的彩票印制许可证的印制企业印制。

第二十二条 拥有印制许可证的印制企业不得印制未经国务院彩票主管部门批准的彩票。

第二十三条 拥有印制许可证的印制企业不得委托未取得印制许可证的印制企业代印彩票。

第二十四条 印制彩票应当按照国务院彩票主管部门审定的彩票样式进行。

拥有印制许可证的印制企业在印制彩票的过程中，应当接受国务院彩票主管部门指定机构的监督和检查。

拥有印制许可证的印制企业印制的彩票不合格的，应当在国务院彩票主管部门指定机构的监督下予以销毁。

第二十五条 印制彩票的拥有印制许可证的印制企业应当对彩票的质量负责。因为彩票质量问题造成的经济损失，由该彩票的印制企业承担。

第二十六条 彩票开奖器具应当按照国务院彩票主管部门和国务院技术监督管理部门规定的统一技术标准配置。

第四章 彩票的发行

第二十七条 彩票发行实行审批制度。

第二十八条 彩票发行必须经过国务院彩票主管部门审核并经国务院批准后，才能进行。

未经国务院批准，任何政府部门、社会组织和个人不得在中华人民共和国境内发行彩票，也不得以有奖游戏或有奖促销等方式变相发行彩票。

第二十九条 彩票发行机构是指经过国务院彩票主管部门许可设立的，在全国范围内组织彩票发行和销售工作，并经国务院批准的国有独资非营利性机构。

第三十条 彩票发行机构负责确定彩票品种，拟定彩票游戏规则，提出彩票印制计划，确定统一的发行和销售软件，组建全国彩票电子信息网络系统，并经国务院彩票主管部门审核后实行。

第三十一条 国家对彩票发行实行额度管理。

第三十二条 彩票发行机构在发行彩票过程中，应当接受相关业务行政主管部门的指导。

第五章 彩票销售

第三十三条 彩票销售实行许可证管理制度。

彩民之间的彩票转让必须按照彩票票面价值进行。溢价或低价转让的彩票不受本条例保护。

第三十四条 彩票销售机构是指接受彩票发行机构的业务指导，按照省级行政区域组织彩票销售活动，并取得国务院彩票主管部门颁发的彩票销售许可证的国有独资非营利性机构。

第三十五条 彩票销售机构可以直接从事彩票零售业务，也可以通过社会公开招募方式委托其他单位和个人代理彩票零售业务。

从事彩票零售业务的单位和个人，应当经彩票销售机构审核并经省级财政部门批准后，取得由国务院彩票主管部门统一印制的彩票零售许可证。

第三十六条 彩票销售机构通过公开招募方式委托其他单位和个人代理彩票零售业务的，必须签署正式的委托合同。

委托合同应当是经国务院彩票主管部门监制的格式合同。

彩票销售机构不得将彩票零售业务委托给个别单位和个人，不得因为委托零售形成彩票零售市场的垄断。

第三十七条 彩票销售机构通过签署承包合同的方式将彩票销售业务转让给其他单位和个人的，必须对承包销售和个人的销售彩票行为进行监督，不得将对彩民承担的法律责任转嫁给承包销售单位和个人。

未取得彩票零售许可证的单位和个人不得出售彩票。

第三十八条 彩票销售机构、取得彩票零售许可证的单位和个人应当由国务院彩票主管部门通过全国性的报刊或者是省级报刊向社会公示。

未经公示的机构、单位和个人不得从事彩票零售业务。

第三十九条 彩票游戏规则等重要的彩票信息由彩票销售机构向社会公示，并接受社会公众的咨询和监督。

第四十条 从事彩票零售业务的机构、单位和个人，应当将彩票经营许可证放置在经营场所的显著位置。

第四十一条 彩票应当按照游戏规则确定的价格销售，不得以溢价或折价销售。

第四十二条 彩票只能以人民币现金或银行借记卡购买。

第四十三条 彩票一经购买，不得退换。

彩民持有的彩票因彩民保管不当，造成难以辨认的，有缺陷的彩票不能作为兑奖凭证。

第四十四条 5000元价值以上的奖品或奖金应当由彩票销售机构负责兑奖。

即开型彩票需要当场兑奖的奖品或奖金超过5000元的，彩票销售机构应当派人员在现场负责监督兑奖。

第四十五条 采用统一摇奖方式产生中奖结果的开奖活动必须经过公证机构公证，未经公证，开奖活动及中奖结果无效。

由于不可抗力原因导致不能按期开奖的，经国务院彩票主管部门或者其授权的机构批准，可以延期开奖。

第四十六条 彩票中奖奖金应当以人民币现金形式一次性予以兑付，不得以实物、有价证券或其他形式支付。

变造伪造的彩票或者因受损无法辨认的彩票，不得兑奖。

第四十七条 彩票兑奖期限不得超过30天。

逾期未兑奖的彩票失效，应当兑付的彩票奖金计入下次彩票返奖奖金总额。即开型彩票未兑奖的奖品或奖金可作为彩票销售机构的发行收入。

第四十八条 省际间的彩票联合销售的，须经彩票发行机构报国务院彩票主管部门批准。

第四十九条 兑奖彩票必须保存2年。兑奖彩票的销毁必须经公证机关公证，并在国务院彩票主管部门或者是其授权的机构监督下进行。

未售出的彩票需要销毁的，必须经公证机关公证，并在国务院彩票主管部门或者是其授权的机构监督下进行。

第六章 彩票收益分配

第五十条 彩票资金是指彩票销售收入实现后取得的资金，包括彩票返奖奖金、公益金和发行经费。其中，返奖奖金不得低于彩票资金的50%，发行经费不得高于彩票资金的15%，公益金不得低于彩票资金的35%。

第五十一条 返奖奖金应当按照游戏规则的规定支付给中奖者。

彩票单注奖金设定最高限额，最高限额由国务院彩票主管部门确定。

第五十二条 彩票销售机构可以根据国务院彩票主管部门的规

定，使用返奖奖金设立调节基金，用于防范不可预见的奖金支出风险，调节浮动奖奖金以及设立特别奖。弃奖奖金转入调节基金。

调节基金不得透支使用。

第五十三条 彩票发行经费应当用于彩票发行和销售机构开展彩票发行、销售活动。

彩票印制费用应当包括在彩票发行费用中。

第五十四条 彩票公益金应当用于国务院确定的社会公益事业，不得用于商业性投资项目和其他营利性项目。

彩票公益金应当实行独立预决算制度，但不得平衡预算。

彩票公益金用于社会公益事业时，可以建立必要的成本核算制度。

第五十五条 彩票公益金中央与地方分配比例由国务院财政部门确定，地方政府间的分配比例由省级财政部门确定。

第七章 彩票的管理和监督

第五十六条 国务院财政部门是国务院彩票主管部门，负责统一管理和协调全国的彩票印制、发行、销售工作。

国务院财政部门负责审批彩票发行规模和额度，批准彩票公益金使用计划，制定彩票公益金分配方案，审查彩票发行机构和彩票销售机构的资金使用情况是否符合彩票管理法律规定。

县级以上地方各级人民政府财政部门负责监管本辖区彩票市场，管理纳入本级财政彩票专户的资金。

第五十七条 中国人民银行负责监督彩票的印制和发行是否符合国家有关票据管理的法律、法规。

第五十八条 彩票发行机构所在的国务院主管部门负责拟定彩票公益金的使用计划，编制彩票发行规模和额度，并对彩票公益金的使用部门进行业务指导。

第五十九条 地方各级人民政府应当依法保障本行政区域内彩票发行和销售活动的正常进行，协调政府各职能部门打击各种危害彩票市场的违法活动。

第六十条 省级以上财政部门应当在每年7月底前向同级人民政府提交上一年度本地区彩票公益金筹集、分配和使用情况报告，并向社会公告。

第六十一条 彩票发行和销售机构应当将彩票公益金及时足额上缴财政专户，不得截留或挪作他用。

第六十二条 彩票公益金和发行费按照“收支两条线”原则，纳入财政彩票专户管理，专款专用。

第六十三条 彩票发行机构和彩票销售机构年度财务报告应当经社会中介机构审计后报同级财政部门备案。

第六十四条 彩票公益金使用部门应当根据财政部门下达彩票公益金数额编制年度公益金使用计划，报同级财政部门批准后执行。

彩票公益金使用部门应当在规定时间内向同级财政部门报送经审计机关或财政部门委托的社会中介机构审计的公益金使用情况报告。

第六十五条 纳入财政彩票专户的彩票公益金应当接受审计机关的年度审计。

第八章 法律责任

第六十六条 违反本条例规定，擅自发行、销售或者变相发行、销售彩票和销售境外或特别行政区彩票的，由国务院彩票主管部门或者是其委托的部门责令停止发行、销售，没收违法彩票和违法所得，并处违法所得1倍至5倍以下，但不低于1万元的罚款；对负有责任的国家工作人员，依法给予记过以上的行政处分。

第六十七条 违反本条例规定，变造伪造彩票的，责令改正，没收违法彩票和违法所得，并处违法所得1倍以上5倍以下，但不低于1万元的罚款；对负有责任的国家工作人员，依法给予记过以上的行政处分。

第六十八条 彩票发行机构有下列行为之一的，责令改正，没收违法彩票和违法所得，并可以视情节轻重处5万元以上30万元以下的罚款；对负有责任的国家工作人员，依法给予记过以上的行政处分：

（一）未在批准的年度彩票发行额度内发行彩票的；

（二）未按照国务院财政部门批准的游戏规则和发行销售方式发行彩票的；

（三）未在持有彩票印制许可证的企业印制彩票的；

（四）未按照规定使用发行经费的；

（五）其他违反彩票管理规定的行为。

第六十九条 彩票销售机构有下列行为之一的，责令改正，没收违法彩票和违法所得，并可以视情节轻重处5万元以上30万元以下的罚款；情节特别严重的，责令停业整顿直至吊销彩票销售许可证；对负有责任的国家工作人员，依法给予记过以上的行政处分：

（一）未按照国务院财政部门批准的游戏规则和发行销售方式销售彩票的；

（二）未按照规定进行彩票宣传和信息披露的；

（三）未按照规定兑付奖金和使用调节基金的；

（四）未按照规定使用发行经费和调节基金的；

（五）截留、挪用或未按规定解缴彩票公益金的；

（六）其他违反彩票管理规定的行为。

第七十条 从事彩票零售业务的单位和个人有下列行为之一的，责令改正，没收违法彩票和违法所得，并可视情节轻重处1000元以上5万元以下的罚款；情节特别严重的，吊销彩票零售许可证：

（一）未按规定进行彩票宣传和信息披露的；

（二）故意向未成年人推销彩票的；

（三）诱惑、胁迫他人购买彩票的；

（四）截留、挪用彩票资金的；

（五）非法操控彩票中奖机会的；

（六）其他违反彩票管理规定的行为。

第七十一条 违反本条例规定，出售、出租、出借或转让彩票印制、发行、销售和零售许可证的，一律予以吊销；有违法所得的，并处违法所得1倍以上5倍以下，但不低于1万元的罚款；对负有责任的国家工作人员，依法给予记过以上的行政处分。

第七十二条 违反本条例规定，未取得彩票印制许可证，擅自印制彩票的，没收违法印制的彩票和违法所得，并处违法所得1倍以上5倍以下，但不低于1万元的罚款；对负有责任的国家工作人员，依法给予记过以上的行政处分。

第七十三条 利用伪造的彩票骗取奖品或奖金，或者是与彩票零售单位和个人窜通，非法占有彩票中奖机会的彩民，除没收违法所得，并处违法所得1倍以上5倍以下，但不低于2000元的罚款；情节特别严重触犯刑法的，依法追究刑事责任；对负有责任的国家工作人员，依法给予记过以上的行政处分。

第七十四条 公证机关在彩票公证过程中，弄虚作假，与当事人相互勾结，给彩民利益造成重大损失，或者是造成严重的社会影响的，取消公证机关进行彩票公证的资格，有关的责任人员应当依法给予记过以上的行政处分，情节严重触犯刑法的，依法追究刑事责任。

第七十五条 彩票管理、发行和销售人员以及直接参与彩票规则设计、彩票印制的人员应当遵守本条例的各项规定。徇私舞弊、利用职权谋取不正当利益的，责令改正，没收违法所得，处以违法所得1倍以上5倍以下的罚款；属于国家工作人员的，依法给予记过以上的行政处分。

第七十六条 因职务或业务故意泄露彩票中奖人秘密，造成不良后果的，对直接责任人员和负有主管责任的人员处以1万元以上5万元以下的罚款；属于国家工作人员的，依法给予记过以上的行政处分。

第七十七条 彩票公益金使用部门或单位未按照规定使用彩票公益金的，责令限期缴回，没收未按照规定使用公益金形成的资产，并扣减下一年度相同规模的公益金；情节严重的，取消其公益金使用资格；有违法所得的，没收违法所得；对属于国家工作人员的直接责任人员和负有主管责任的人员，依法给予记过以上的行政处分。

第九章　附　则

第七十八条 有关彩票的对外合作事宜由国务院另行制定条例加以规定。

第七十九条 本条例生效后，凡与本条例规定不一致的规定，以本条例规定为准。

第八十条 本条例自　　年　月　日起施行。

第七章　《民间组织法》的立法说明及专家建议稿①

第一节　《中华人民共和国民间组织法》（专家建议稿）立法说明

《中华人民共和国民间组织法》（专家建议稿）（以下简称《民间组织法》）由中国社会科学院法学研究所“社团法律制度研究”课题组在近两年的比较研究和调查研究的基础上，根据我国目前民间组织管理体制的特点，结合国内外相关的立法经验，在反复征求各方面专家的意见和建议的基础上起草的。该法共6章59条，对民间组织的登记、法人地位，民间组织的管理和监督以及民间组织的解散、终止和撤销等作了比较详细的规定。

一、《民间组织法》的特点

（一）突出了民间组织立法的中国特色

民间组织这一概念在法理上和在实践中都有不同意义上的理解。本法所采纳的民间组织并不是一般法理意义上的民间组织，而是符合我国目前行政管理体制特点的特定的社会组织，也就是说，民间组织是指目前由民政管理部门和编制管理部门登记管理的四类社会组织，包括由民政管理部门登记注册的社团、基金会和民办非企业单位，由编制管理部门登记注册的事业单位。作为本法调整对象的仅仅限于上

---

① 本章为2004年度由荷兰大使馆资助的“社团法律制度研究”课题研究成果的一部分，其中专家建议稿中的部分内容吸收了吕艳滨、吴玉章、谢海定等先生的意见，在此表示感谢。

述四类社会组织，其他类型的社会组织尽管具有民间组织的法理特性，但不属于本法的调整领域。

（二）强调了民间组织的公益性特征

民间组织通常是与政府组织相对应的社会组织，但是，从法理上来看，民间组织存在的目的是多元化的，既可以是以营利为目的，也可以是以公益为目的。对于以营利为目的的民间组织，主要由调整企业的法律制度来加以规范，包括公司法、合伙法等；对于不以营利为目的的民间组织，由于其活动的宗旨和方式都与企业组织不一样，因此，在法律上所具有的法律功能和法律地位就与企业组织明显不同。对于以公益为目的的民间组织，我国法律制度中迄今为止还没有统一规范的法律来加以规定，所以，本法从宏观和整体上可以对以公益为目的的民间组织的活动进行比较系统的规范，弥补了以往立法的不足。

（三）明确了民间组织的法人地位

民间组织虽然是以公益活动作为组织存在的宗旨，但是，民间组织要能够在所从事的公益活动中对社会承担其应有的道德和法律责任，必须要按照法人组织的要求来规范自身的活动。只有按照法人组织的要求来活动，民间组织才能获得必要的法律地位，特别是独立承担法律责任的法律地位。本法明确了民间组织的法人地位，同时又通过特别条款确定了民间组织作为法人组织的一些特殊的法律上的权利和义务，以区别于企业法人。这种规定方式，既可以保证民间组织的独立性，同时又有利于民间组织依法开展各项公益活动。

（四）提出了登记设立的法律要求

民间组织是由非政府的民间人士自愿组成的，属于宪法所保护的结社自由的行为。从法理上来看，凡是社会组织，都可以依据宪法所规定的结社自由而成立，但是，只有那些遵守法律、法规规定的社会组织才能受到法律的保护。这也是结社自由的基本法律界限。本法所调整的对象是指经过登记注册主管部门登记注册的民间组织，对于那些未经登记注册的自发设立的民间组织，不能依据本法规定享有相应的法律上的权利，特别是不能获得依据本法所具有的法人资格。

二、《民间组织法》的重要法律制度

为了给民间组织开展公益活动提供比较系统和详细的法律依据，

全面规范民间组织的各项行为，在立法的过程中，课题组还根据我国民间组织管理制度的特征，设立了一系列相互联系的有关民间组织的法律制度，这些法律制度从整体上明确了民间组织的法律地位，规范了民间组织的活动，确立了民间组织的管理与监督体制，有利于我国民间组织活动的规范化和法治化。这些重要的法律制度主要包括：

（一）登记注册制度

《民间组织法》首先明确了民间组织的登记注册制度。根据本法的规定，凡是属于本法调整对象的民间组织，都必须经登记注册主管部门的登记注册。由于民间组织的类型不同，所以，登记注册主管部门的性质也不一样。《民间组织法》基本上肯定了现行的登记注册管理体制，规定了两种性质的登记注册主管部门，即对社团、基金会和民办非企业单位进行登记注册的民政管理部门以及对事业单位进行登记注册的编制管理部门。另外，本法还对不同类型的民间组织在登记注册中所需要的特殊条件作了详细规定。如本法从第 11 条到第 14 条，对社团、基金会、民办非企业单位和事业单位的登记注册中的特殊事项作了分别规定。第 12 条规定，全国性公募基金会的原始基金不低于 800 万元人民币，地方性公募基金会的原始基金不低于 400 万元人民币，非公募基金会的原始基金不低于 200 万元人民币；原始基金必须为到账货币资金。原始基金超过 2000 万元的非公募基金由发起人向国务院民政管理部门申请登记。第 13 条规定，民办非企业单位的名称应当符合国务院民政管理部门的规定，不得冠以“中国”、“全国”、“中华”等字样。第 14 条规定，事业单位实行分级登记管理。分级登记管理的具体办法由国务院机构编制管理机关规定。上述各项规定，既体现了登记注册制度的一般特征，也体现了登记注册制度中的特殊要求。可以说，本法对民间组织的登记注册做了多角度、全方位的规定，具有较强的针对性和实用性。

（二）独立法人制度

《民间组织法》对民间组织所从事的公益活动提出了很高的要求，规定经登记注册后的民间组织，除了少数情形外，一般即可获得法人资格，并且必须要以法人的身份来从事各项活动。规定民间组织的法人地位，目的是为了使民间组织能够独立地依法开展各项公益活动，免受外界的非法干涉。与此同时，赋予民间组织的法人地位，并且以民间组织的资产对外承担法律责任，有利于在法律上保护第三者的利益，防止民间组织缺少必要的民事行为能力而影响正常的民事法律活动。

由于民间组织不同于一般的企业法人，它存在的目的是为了公益事业，所以，为了在法律上防止有人利用民间组织的这一法律特征来谋取不正当的利益，本法对民间组织作为法人的权利作了一些限制。主要包括第29条规定的"民间组织不能以自身财产提供担保，不得向金融机构申请贷款"。该条规定主要的目的是防止不当利用民间组织这种形式来诈骗金融机构的贷款，从而扰乱金融市场秩序。另外，本法第37条还规定，民间组织的资产主要来源于社会捐赠的，在民间组织依法解散、终止和撤销后，其剩余资产应当依据法律规定的方式转移给政府主管部门指定的性质相同或相似的民间组织。该条规定实际上是对民间组织的资产的一种法律监督制度。因为社会捐赠的资产往往都是带有特定捐赠目的的资产，如果在民间组织依法解散、终止和撤销后，这些资产不能实现其捐赠的目的，那么，社会捐赠制度很可能会被人利用民间组织这种形式侵吞资产所破坏。因此，本法对于社会捐赠资产的处理，采取了公益信托的管理方式。当然，对于并不是来源于社会捐赠的民间组织的资产，在民间组织解散、终止或撤销时，还是应当依照法律、法规的有关规定来处理，总的原则是债权人和资产所有权人应当获得相应的法律上的补偿。上述这些规定，体现了民间组织作为法人组织区别于一般企业法人组织的特殊的法律特征。这些规定已经使民间组织法人具有了"公益法人"的特点，突出了非营利组织的法律特征。

（三）双重管理制度

对民间组织的双重管理制度，是我国长期以来形成的对民间组织的一项基本管理制度。《民间组织法》基本上继承了这一管理制度，也就是说，对民间组织在法律上实行业务管理和登记管理。但是，双重管理体制并不影响民间组织所具有的独立的法人地位。作为业务主管部门来说，它与民间组织的关系不是上下级的关系，而只是依法监督与被监督的关系。业务主管部门主要是依法进行监督，对民间组织所从事的公益活动是否符合公益目的的要求进行业务监督，对于民间组织在从事公益活动中存在的违法行为有权给予适当的行政处罚，但是，没有权力干涉民间组织的内部活动，也没有权力撤销实施违法行为的民间组织。民间组织除了在业务上要接受业务主管部门的监督之外，还必须接受登记注册主管部门的监督。登记注册主管部门监督的范围主要是民间组织的法人行为能力，如果登记注册主管部门发现民间组织不再具备民间组织的行为能力的，就要依法予以解散、终止或者是撤销。

《民间组织法》对民间组织设立的双重管理制度，有利于充分发挥业务主管部门和登记注册主管部门各自在管理和监督民间组织依法开展公益活动方面的监管作用，既提高了监管工作的效率，也便于民间组织认真地执行法律、法规的各项规定。

（四）年检制度

年检制度是民间组织的业务主管部门和登记注册主管部门依法监督民间组织所从事的各项公益活动的最有效的法律监督手段。年检制度的设立有利于监管机关对民间组织的活动实行定期的监督，依据年检制度可以比较好地监督民间组织的各项活动，对于不符合继续存在的条件或者是实施了违法犯罪行为的，可以通过年检来发现并及时地予以处理。《民间组织法》第46条第2款规定：民间组织的组织章程没有规定终止情形的，两年没有在登记注册主管部门进行年检的，登记注册主管部门有权予以注销。该条规定集中体现了年检制度作为对民间组织活动的监督制度的重要意义。此外，本法还通过年检制度将对民间组织的业务监管与登记注册监管结合起来，比较好地体现了双重管理制度的作用。如本法第42条第1款规定：民间组织在接受登记注册主管部门年检期限届满时仍没有找到新的业务主管部门的，经登记注册管理部门批准，可以将年检期限延长6个月。但最多不得超过1年。民间组织超过1年期限没有接受登记注册主管部门年检的，登记注册主管部门应当予以撤销。可见，设立年检制度有利于对民间组织实行必要的法律监管。

（五）法律责任制度

为了保证民间组织依法行使权利，也为了保证有关的管理部门和国家工作人员认真执法，《民间组织法》还专门设立了一章“法律责任”，对与实施本法相关的法律责任进行了详细规定。主要有三种类型的法律责任：一类是没有获得登记许可，以民间组织名义活动的，应当受到行政处罚，情节严重的，应当承担刑事责任；第二类是经过合法程序登记成立的民间组织，从事了违法行为的，应当受到行政处罚，情节严重的，应当承担刑事责任；第三类是民间组织管理部门的国家工作人员实施违法犯罪的，应当承担相应的法律责任。此外，《民间组织法》还规定了必要的法律上的救济措施。规定申请登记不予批准的，可以提起行政复议。对行政主管部门处理决定不服的，可以提请行政复议，对行政复议不服的，可以向人民法院提起行政诉讼。考虑到目前我国民间组织登记注册制度的实际情况，本法第23条第2款规定了对登记注册不服的行政复议终局裁定制度。该条款规定：国务院民政管理部门和编制管理部门是民间组织登记注册的最高行政复议机关，其作出的行政复议决定具有最终法律效力。这一规定体现了我国行政复议制度的基本特征和当前民间组织登记注册制度的实际要求。

总之，《民间组织法》通过明确民间组织的法律特征，规定了一系列保障民间组织依法从事社会公益事业的法律制度。这些法律制度的建立有利于从整体上来保护民间组织的合法权利，充分发挥民间组织在从事社会公益事业方面的积极作用。

第二节　《中华人民共和国民间组织法》专家建议稿

中华人民共和国民间组织法

目录

第一章　总则
第二章　民间组织的登记
第三章　民间组织的法人地位
第四章　民间组织的管理与监督
第五章　民间组织的解散、终止和撤销
第六章　法律责任
第七章　附则

第一章　总　　则

第一条　为了加强对民间组织活动的管理与监督，进一步发挥民间组织在社会生活中的积极作用，保障结社自由的充分实现，依据宪法，制定本法。

第二条 本法适用于依法在民政管理部门进行登记，以从事社会公益事业活动为宗旨、不以营利为目的的社团、基金会和非企业法人单位等非企业法人组织。

在编制管理部门进行登记的以从事社会公益事业活动为宗旨、不以营利为目的的事业单位参照本法执行。

未经合法程序注册登记的社会组织不适用本法规定。

第三条 民间组织必须由与其从事的社会公益事业相关的政府行政主管部门作为业务主管部门，并在业务活动中接受业务主管部门的监督。

第四条 民间组织的登记注册主管部门主要负责审查和监督经过合法登记而存在的民间组织是否具有法人组织的行为能力，对于不具有法人组织行为能力的，应当依法及时予以撤销。

第五条 经过登记注册的民间组织依法从事与其登记许可事项相关的社会公益活动，不受任何组织和个人的非法干涉。

第六条 民间组织变更为企业法人组织的，必须在登记注册主管部门申请注销之后，在企业法人组织登记注册管理部门重新进行注册登记取得企业法人资格。

企业法人组织变更为民间组织的，必须在企业法人组织登记注册主管部门申请注销之后，经民间组织登记注册主管部门重新进行注册登记取得民间组织资格。

第七条 国务院民政管理部门和编制管理部门是民间组织的全国性的行政主管部门。

国务院民政管理部门和编制管理部门负责审查和监督由其登记的全国性民间组织，负责制定指导民间组织依法开展活动的相关政策。

第八条 外国民间组织未经登记注册主管部门许可的，不得在中华人民共和国境内以民间组织的名义进行活动。

第二章 民间组织的登记

第九条 社团、基金会和民办非企业法人单位由民政管理部门进行登记。

事业单位由编制管理部门进行登记。

第十条 社团、公募基金会、民办非企业单位、事业单位在登记注册之前必须经过有关业务主管部门的审批。

非公募基金会的登记注册应当符合法律、法规的相关规定。

第十一条 社团登记应当符合下列法定条件：

（一）具有一定数量的注册资金；

（二）正式和固定的活动场所；

（三）决策和管理机构；

（四）一定数量的工作人员；

（五）明确的组织章程；

（六）相关的业务主管部门；

（七）发起人以及法定代表人；

（八）解散和终止方案；

（九）其他法律、法规规定的事项等。

第十二条 全国性公募基金会的原始基金不低于800万元人民币，地方性公募基金会的原始基金不低于400万元人民币，非公募基金会的原始基金不低于200万元人民币；原始基金必须为到账货币资金。

原始基金超过2000万元的非公募基金由发起人向国务院民政管理部门申请登记。

第十三条 民办非企业单位的名称应当符合国务院民政管理部门的规定，不得冠以“中国”、“全国”、“中华”等字样。

第十四条 事业单位实行分级登记管理。分级登记管理的具体办法由国务院机构编制管理机关规定。

第十五条 全国性的民间组织登记应当由国务院民政管理部门和国务院编制管理部门负责，并在全国性报刊和政府公报上向社会公布。

第十六条 民间组织的名称、住址、性质、活动范围、法人代表改变的，应当在登记机关申请变更登记。

第十七条 民间组织不按照登记事项进行活动，登记注册主管部门应当给予警告，情节严重，造成重大损失或不良社会影响的，登记注册主管部门有权撤销登记。

第十八条 经登记注册的民间组织，登记注册主管部门应当在全国性报刊或省级报刊上定期或按年度进行公布，并接受社会公众的监督。

第十九条 没有业务主管部门或者是停止活动两年以上的民间组织，不得再登记注册。

第二十条 同一登记注册主管部门登记注册的民间组织不得使用同一名称或者是相近的名称。

第二十一条 被撤销登记的民间组织不得再以相同的法律理由在任何登记注册主管部门重新登记注册。

第二十二条 符合登记注册条件，登记注册主管部门不予登记的，申请者可以向登记注册主管部门的上级主管部门申请复议或者是登记注册主管部门所在的人民政府行政复议部门进行复议。

国务院民政管理部门和编制管理部门是民间组织登记注册的最高行政复议机关，作出的行政复议决定具有最终法律效力。

第三章 民间组织的法人地位

第二十三条 经合法登记注册的民间组织取得法人资格。

依照法律规定可以不以法人组织名义活动的民间组织，应当由登记注册主管部门向社会公示其依法存在的理由和活动的主要内容、承担法律责任的方式等事项，接受社会公众监督。

第二十四条 不能以自身能力承担民事责任的社会组织，不得以具有法人身份的民间组织的名义进行活动。

第二十五条 民间组织以自身拥有的全部财产对外承担民事法律责任。

第二十六条 经登记注册获得法人资格的民间组织，具有独立的法律地位，不受业务主管部门和登记注册主管部门的非法干涉。

第二十七条 获得法人资格的民间组织一经登记注册，应当按照企业法人的有关法律规定，建立内部财务管理制度。

第二十八条 民间组织不能以自身财产提供担保的，不得向金融机构申请贷款。

第二十九条 民间组织的法人代表、领导机构、工作人员由民间组织按照组织章程产生，任何组织和个人不得干涉民间组织内部的人事管理制度。

第三十条 具有法人资格的民间组织在登记注册时必须提供民间

组织的章程。

民间组织按登记注册主管部门批准的章程进行活动。

民间组织的章程需要加以改变的，必须在登记注册主管部门进行变更登记。

第三十一条 不具有法人资格的民间组织需要以法人资格活动的，必须经过登记注册主管部门的批准。

第三十二条 申请法人资格的民间组织的注册资金额由法律、法规作出具体规定。不符合法定条件的，不得申请登记注册。

第三十三条 民间组织的自身资金不能偿还对外债务的，必须申请登记注册主管部门予以注销。

被注销的民间组织的债权人有权申请登记注册主管部门撤销不能偿还到期债务的民间组织。

第三十四条 民间组织下属的企业法人组织独立以自身的财产独立承担法律责任。

民间组织以从下属的企业法人组织获得的资产对下属的企业法人组织承担连带法律责任。

第三十五条 民间组织的资产只有符合法律规定的才能在民间组织内部员工之间进行分配。

第三十六条 民间组织的资产主要来源于社会捐赠的，在民间组织依法解散、终止和撤销后，其剩余资产应当依据法律规定的方式转移给政府主管部门指定的性质相同或相似的民间组织。

第四章 民间组织的管理与监督

第三十七条 民间组织实行双重管理体制。

民间组织按照其从事的社会公益活动的公益性质和类型由相关的政府主管部门或者是法律、法规授权的组织或者是政府主管部门委托的组织作为业务主管部门。

除法律、法规规定的情形外，民间组织没有业务主管部门的，登记注册主管部门不予登记注册。

第三十八条 各级人民政府民政管理部门和编制管理部门作为民间组织的登记注册主管部门，负责审查和监督民间组织的存在、活动是否符合法律、法规规定的条件以及是否具备民间组织依法应当具备的行为能力。

民间组织的业务主管部门和登记注册主管部门的国家工作人员不得担任由其管理和实施监督的民间组织的法定代表人。

第三十九条 民间组织改变业务主管部门的，应当在征得登记注册主管部门同意的基础上，在登记注册主管部门办理相关的变更登记注册手续。

第四十条 民间组织的业务主管部门和登记注册主管部门负责民间组织的年检工作，并通过报刊或政府公报及时地公布年审情况，接受社会的监督。

第四十一条 民间组织在接受登记注册主管部门年检三个月前可以提出变更业务主管部门。

民间组织在接受登记注册主管部门年检期限届满时仍没有找到新的业务主管部门的，经登记注册管理部门批准，可以将年检期限延长6个月。但最多不得超过1年。民间组织超过1年期限没有接受登记注册主管部门年检的，登记注册主管部门应当予以撤销。

第四十二条 主要接受来自政府财政资助的民间组织，其活动应当接受来自政府有关部门的监督。

第四十三条 主要接受来自政府财政资助的民间组织的主要负责人应当由相关的政府业务主管部门任命。

由政府业务主管部门任命的民间组织的主要负责人应当向政府业务主管部门负责，接受其监督。

第五章 民间组织的解散、终止和撤销

第四十四条 民间组织的决策机构就提前解散民间组织做出决定的，必须征得民间组织业务主管部门的批准，并报登记注册主管部门依法注销。

提前解散民间组织的，必须向登记注册主管部门提交民间组织的资产评估报告、解散民间组织的申请文件、与解散民间组织善后事宜相关的处理方案等。

登记注册主管部门认为提请提前解散的民间组织不具备解散条件，或者是解散民间组织会严重地妨碍公共利益或者是第三者利益的，可以对提请解散民间组织的申请不予批准，并要求民间组织进行清理整顿。经清理整顿后又提出解散民间组织要求的，应当由民间组织业务主管部门直接处理与解散民间组织相关的事宜，并报登记注册

主管部门审核。

第四十五条 民间组织符合下列条件的，可以提出提前解散的申请：

（一）缺少活动经费的；

（二）半年以上无法开展正常的业务活动的；

（三）民间组织的决策机构不能开展工作的；

（四）民间组织无法产生法定代表人的；

（五）民间组织改变业务活动性质的。

第四十六条 民间组织依据组织章程的规定予以终止。

民间组织的组织章程没有规定终止情形的，两年没有在登记注册主管部门进行年检的，登记注册主管部门有权予以注销。

第四十七条 民间组织缺少业务主管部门一年以上的，登记注册主管部门有权不予重新登记，并有权予以注销。

第四十八条 民间组织被注销终止的，民间组织的剩余资产由登记注册主管部门依据法律、法规的规定处理。

第四十九条 民间组织违反法律、法规的规定，实施了依据刑法规定，应当承担刑事责任的违法犯罪行为的，登记注册主管部门有权予以撤销。

被撤销的民间组织，其善后事宜由登记注册主管部门处理。

第六章 法律责任

第五十条 未经登记注册，以民间组织名义活动的，登记注册主管部门有权予以取缔。登记注册主管部门有权对有关责任人员处以1万元以上罚款。情节严重触犯刑法的，依法追究其刑事责任。

第五十一条 不按照组织章程活动，或者是故意违反法律、法规的民间组织，登记注册主管部门有权对直接责任人员处以1万元以上罚款。情节严重触犯刑法的，除对直接责任人员依法追究其刑事责任之外，登记注册主管部门有权对违反法律、法规的民间组织做出予以撤销的决定。

第五十二条 凡年检不合格的民间组织，登记注册主管部门有权责令其进行清理整顿。清理整顿仍然不合格的，登记注册主管部门有权予以注销。

第五十三条 民间组织的业务主管部门对于从事违反法律、法规活动的民间组织，有权对其直接责任人员提出警告。对于不听劝告情节严重的，业务主管部门有权建议登记注册主管部门予以撤销。

第五十四条　对于以企业法人名义活动的民间组织，除了工商行政管理部门有权对其做出处罚之外，登记注册主管部门也有权对其作出不超过 2 万元的罚款处罚。

第五十五条　民间组织的业务主管部门以及登记注册主管部门的国家工作人员，在对民间组织行使管理职权过程中，徇私舞弊、以权谋私、玩忽职守的，应当依法给予行政处分。

第五十六条　民间组织对业务主管部门以及登记注册主管部门做出的行政处罚决定不服的，可以向业务主管部门以及登记注册主管部门的上一级机关提起行政复议。

当事人对行政复议机关做出的行政复议决定不服的，可以向人民法院提起行政诉讼。

第七章　附　　则

第五十七条　本法实施之后，凡是涉及到民间组织的法律、法规和规章与本法规定不一致的，以本法规定为准。

第五十八条　本法依据立法法的规定，由全国人民代表大会常务委员会负责解释。

第五十九条　本法自　　年　月　日起正式施行。

第八章 《人权保障法》的立法说明及专家建议稿[①]

第一节 《中华人民共和国人权保障法》的立法说明

一、《中华人民共和国人权保障法》的立法目的和宗旨

《中华人民共和国人权保障法》（专家建议稿）立法目的和宗旨主要出于五个方面：

1. 制定本法是为了我国开展人权保障事业的需要。虽然人权保障事业在我国已经得到了蓬勃发展，但是，毕竟我们在人权保障领域起步较晚，不仅是人权保障制度的设计存在着许多不合理的地方，人权保障实践还存在着许多不尽如人意之处，更重要的是，人权保障意识还没有在全社会得到全面认同，不论是政府，还是社会公众，都缺少应有的人权保障知识，这些问题的存在严重影响了我国人权保障事业的发展。制定本法，通过确立人权保障的基本制度，可以为人权保障实践提供一整套比较规范和有序的依据，有利于促进人权保障事业的健康发展。

2. 本法是以全国人民代表大会制定的法律的形式来专门规定人权保障的法律，属于人权保障领域的基本法律。在此之前，我国宪法

---

① 《中华人民共和国人权保障法》是作者在2004年“人权入宪”之后，为了推动人权在我国法律中的具体保护提出的立法专家建议稿。最初发表在作者的个人专著《国际人权公约与中国》（世界知识出版社2005年版）一书中。在该书中，作者在研究国际人权公约与我国国内法的人权法律保护制度的基础上，提出了将人权的国际保护和国内保护有机结合在一起的最佳思路是制定《中华人民共和国人权保障法》来具体落实宪法中关于人权保障的规定。

以及其他法律、法规、规章对于人权保障都从不同的角度有所规范，但是，并没有形成一个非常科学严密的人权保障的完整体系，甚至在不同的人权保障制度之间还存在各种价值矛盾，严重地影响了人权保障事业的生存和发展，所以，为了使人权保障规范化和制度化，特制定本法，来统一和规范我国目前存在的各种人权保障法律制度，为我国人权保障事业的健康发展提供一个清晰的发展思路和规范化的制度保障体系，通过制定本法的形式来集中规定我国人权保障政策和法律规范很有必要。

3. 人权保障事业目前已经成为一个全球性的课题，以联合国人权保障机构为核心所开展的人权国际保护事业近年来也得到了突飞猛进的发展。世界各国逐渐接受联合国人权机构所确立的人权保障标准，各国之间也不断地开展人权保障的国际交流和合作，为此，制定《中华人民共和国人权保障法》，按照目前国际社会通行的人权保障标准来确立我国的人权保障原则，建立起比较规范的人权保障制度，是我国人权保障事业健康和有序发展的必然要求。因此，从推动人权保障的国际交流和合作的角度来看，制定本法具有非常重要的实践意义。

4. 制定《中华人民共和国人权保障法》，可以合理地安排我国国内法上人权保障的法律结构，建立起以每个自然人都享有的普遍人权为基础，以公民的基本权利为重点，以宪法和法律所保障的特殊主体享有的宪法和法律权利为补充的人权法律保障体系，从而使得我国国内法上所建立的人权保障体系适应实施国际人权公约的要求。根据两个国际人权公约的规定，凡是在公约中所保护的普遍人权，除了个别权利之外，一般都是以所有的自然人作为权利主体的主体性权利，而在我国目前国内法上，不论是宪法保护的权利，还是一般法律所保护的权利，都没有以每个自然人个体作为权利主体的主体性权利，所以，从严格意义上讲，我国目前国内法并不具备实施国际人权公约所保护的普遍人权的条件，因为国内法上没有与国际人权公约所保护的普遍人权相一致的主体性权利。如果仅仅以国内法上对公民权利的规定作为履行国际人权公约义务的保障，实际上是缩小了对国际人权公约的保障责任。为了从制度上改变这一被动局面，就必须要制定一部以每一个生活在中华人民共和国境内的自然人个体作为权利主体的人权保障法，全面落实我国已经批准的国际人权公约对普遍人权保护所提出的要求。所以说，制定《中华人民共和国人权保障法》有利于进一步完善我国国内法履行国际人权公约的保障机制。

5. 制定《中华人民共和国人权保障法》有利于完善我国宪法权利制度，建立起科学合理的宪法权利保障体系。目前，我国现行宪法中并没有以每一个自然人作为权利主体的宪法权利，这种宪法权利结构不利于履行两个国际人权公约保障普遍人权的法律义务，所以，必须将普遍人权的观念引进宪法。但是，将普遍人权全面引进宪法，需要对宪法作出全面修改，从目前的修宪条件来看，还不成熟。2004年3月14日通过的《中华人民共和国宪法修正案》将“国家尊重和保障人权”写进了宪法，尽管迄今为止对该条宪法修正案中所规定的“人权”的含义还缺少统一的认识。不过，从履行国际人权公约义务的要求来看，通过宪法解释的手段，将“国家尊重和保障人权”中的“人权”解释为国际人权公约所保护的“普遍人权”，也就是说，以每一个自然人作为权利主体而享有的普遍人权，就可以以此来完善我国宪法权利的结构，使普遍人权也成为我国宪法权利的重要内容。为了使“国家尊重和保障人权”的规定落到实处，通过制定《中华人民共和国人权保障法》的形式来充实宪法修正案对“人权”进行保障的内容，并通过目前的司法保障体制来实施人权保障法，就可以使为国际人权公约所肯定的普遍人权在我国国内法上的制度获得除了立法和行政保护手段之外的司法渠道的保护，进一步扩大了我国国内法上实现人权的保障渠道。

总之，在目前的情况下，制定《中华人民共和国人权保障法》不仅必要，而且可行，应当抓住“人权入宪”所提供的立法机遇，及时制定和出台《中华人民共和国人权保障法》。

二、制定《中华人民共和国人权保障法》的法律依据

《中华人民共和国人权保障法》（专家建议稿）在确立立法目的和宗旨的同时，还对制定该法的法律依据作了明确的规定。根据该法规定，制定该法的法律依据有两个方面：一是中华人民共和国宪法的规定；二是有关国际人权公约（主要是两个国际人权公约）的规定。宪法作为该法制定的依据，是由我国宪法作为根本法的特性决定的。

宪法是我国的根本大法，它确立了人权保障的一般原则，并且也设立了不同层次的人权保障制度，其他法律、法规和规章都必须以宪法为依据，否则就构成了违宪。《中华人民共和国人权保障法》作为我国人权保障领域的专门性法律以及全国人民代表大会通过的基本法律，也必须以宪法为依据，这样才能保证我国人权保障立法的法制统一原则。将国际人权公约作为该法的立法依据之一，说明了作为国际人权公约的缔约国的我国高度重视并全面准确地履行了国际人权公约下的义务。目前我国已经批准20几个国际人权公约，根据这些国际人权公约的基本要求，我国政府都有义务通过立法的措施来保证这些国际人权公约在我国的准确实施。其中，对我国人权保障的国内立法影响最大的应当属于联合国1966年通过的两个国际人权公约，即《经济、社会和文化权利国际公约》和《公民权利和政治权利国际公约》。虽然我国目前只批准了《经济、社会和文化权利国际公约》，但是，签署《公民权利和政治权利国际公约》也意味着我国政府必须遵守该公约的基本精神，同时，应当积极创造条件，争取早日批准该公约。由于我国实行社会主义制度，社会主义法制的高度统一要求我国在处理国际人权公约与国内法之间的关系时，不能简单地采用“纳入”的方式，不能在国内法上直接适用国际人权公约的规定，因此，从法治原则出发，通过制定《中华人民共和国人权保障法》，将国际人权公约，尤其是《经济、社会和文化权利国际公约》和《公民权利和政治权利国际公约》的规定的主要内容转化成国内法的形式，是我国政府履行国际人权公约下的缔约国义务的最重要的法律形式，既保存了我国的独立的法律主权，同时，又最大限度地遵守了国际义务。所以，又可以从某种意义上说，《中华人民共和国人权保障法》是两个国际人权公约在国内法上的实施法，两个国际人权公约在我国是通过《中华人民共和国人权保障法》的各项规定来实现的。

总之，本条开宗明义地规定了本法的立法宗旨和合法性来源，明确了人权保障领域国际法与国内法的关系，并且在宪法与该法之间建立比较清晰的价值联系，既树立了宪法的根本法权威，同时，又明示了该法在我国人权保障法律制度中所占据的重要法律地位。

三、《中华人民共和国人权保障法》的主要调整范围

人权保障事业是一项复杂的社会系统工程，涉及方方面面的社会关系，特别是对于负有人权保障责任的国家机关来说，更是应当将保障人权作为行使国家权力的根本目标。该法所调整的社会关系，主要是国家权力机关、国家行政机关、国家审判机关和国家检察机关在履行自身职权的过程中，有责任通过各种形式来保障和促进人权的实现。该法也分门别类地规定了国家权力机关、国家行政机关、国家审判机关和国家检察机关在人权保障方面各自所应当承担的不同性质和不同形式的责任。同时，还对我国作为国际人权公约的缔约国，如何履行国际人权公约下的缔约国义务，如何有效地开展人权保障领域的国际交流和合作，以及如何将《经济、社会和文化权利国际公约》和《公民权利和政治权利国际公约》中所规定的普遍人权转化为国内立法上受到具体法律保护的法律权利等事项都作了非常细致的规定。因此，该法是我国人权保障事业领域的基本法律，全面系统地规定了我国国内法上的人权保障制度。

四、《中华人民共和国人权保障法》的主要章节结构

《中华人民共和国人权保障法》（专家建议稿）总共 10 章共计 106 条，包括第 1 章“总则”，第 2 章“人权保障机构”，第 3 章“国家权力机关在人权保障中的责任”，第 4 章“国家行政机关在人权保障中的责任”，第 5 章“国家审判机关、国家检察机关在人权保障中的责任”，第 6 章“突发事件与紧急状态处置期间的人权保障”，第 7 章“公民权利与政治权利的保障”，第 8 章“经济、社会和文化权利的保障”，第 9 章“人权保障的国际交流与合作”以及第 10 章附则。

《中华人民共和国人权保障法》章节结构设计和安排既考虑了以国家机关的保障责任为前提的实现人权的保障机构和保障机制，同时又对每一种受到该法保护的普遍人权受到该法保护的内容进行详细规定，另外，还对紧急状态时期的人权保障制度以及人权的国际交流和合作作了规定。应当说，基本上兼顾了人权国内法保护与国际法保护的特点，同时，又按照人权保障的基本要求对受到法律保障的人权与人权实现的保障机制加以全面系统的规定，为普遍人权在我国国内法

上获得有效实现的保障机制提供了可靠的法律保障。

五、《中华人民共和国人权保障法》所确立的人权保障的主要法律原则

《中华人民共和国人权保障法》主要确立了以下几个方面的法律原则：

1. 人权保障的普遍性原则。《中华人民共和国人权保障法》确立了受该法所保障的权利对象是每一个在中华人民共和国境内生活和居住的自然人，因此，该法与以往国内法上对人权的保障方式有所不同，它扩大了人权主体的范围，使得普遍人权在国内法上得到了法律的承认并获得可以实现的法律机制。

2. 人权保障的平等性原则。《中华人民共和国人权保障法》在确立了人权主体的普遍性的同时，还规定，每一个符合该法保护条件的人权主体在受到该法保护时都是平等的，不仅表现为中国公民之间的平等，而且也表现为中国公民与外国人、无国籍人之间的平等，以及外国人、无国籍人相互之间的权利平等。

3. 人权保障的开放性原则。《中华人民共和国人权保障法》在规定应当受到该法所保护的人权时，没有排除并没有在该法中得到明确规定，但是符合该法所规定的人权保障精神的，由其他法律形式加以保障的普遍人权，对该法所保障的各项具体人权的内涵，也没有作狭义的限制，体现了人权保障的开放性。

4. 人权保障的协调性原则。《中华人民共和国人权保障法》特别关注了人权保障的有效性和科学性，确立了解决权利冲突的基本法律原则，在该法所规定的人权与人权之间，该法规定的人权与宪法和其他法律所规定的权利之间建立了有机联系，注重了人权保障的实效性。

5. 人权保障的终极性原则。《中华人民共和国人权保障法》建立了人权保障的最终救济机制，给人权的法律救济提供了一整套完善的法律机制。设立了人权保障委员会作为实施该法的最重要的机构。

6. 人权保障的发展性原则。《中华人民共和国人权保障法》对人权保障所赖以存在的社会条件与人权保障的水平给予了高度关注，注重了人权保障的现实性和可行性，尤其是针对我国人权保障的具体实

际，确立了比较系统的人权保障与国际人权公约下义务相一致的国内法上的标准。

总之，《中华人民共和国人权保障法》确立了上述各项人权保障应当遵循的法律原则，为建立和健全我国国内法上的人权保障机制提供了基本的法律依据。

第二节 《中华人民共和国人权保障法》(专家建议稿)

目录

第一章 总则
第二章 人权保障机构
第三章 国家权力机关在人权保障中的责任
第四章 国家行政机关在人权保障中的责任
第五章 国家审判机关、国家检察机关在人权保障中的责任
第六章 突发事件与紧急状态处置期间的人权保障
第七章 公民权利与政治权利的保障
第八章 经济、社会和文化权利的保障
第九章 人权保障的国际交流与合作
第十章 附则

第一章 总 则

第一条 为了切实保障人权事业的健康发展，进一步加强对人权的法律保障，推动人权领域的国际交流与合作，根据中华人民共和国宪法所确立的人权保障原则，参照国际人权公约的有关规定，制定本法。

第二条 在中华人民共和国境内制定有关人权保障的法律、法规和规章，通过行政管理措施来为人权的实现提供各种条件，对侵害人权的行为实现司法救济，在全社会进行人权宣传和人权教育，根据中华人民共和国已经缔结和参加的国际人权公约履行公约下的缔约国应尽义务，进行人权领域的国际交流和合作等活动，适用本法。

第三条 本法所称的人权是指在中华人民共和国境内生活和工作的所有的自然人依据本法的规定所享有的各项法律权利。

任何人基于本法规定都享有平等保护和平等对待，禁止一切形式

的歧视。

国家保障男子和妇女平等享有本法所规定的各项人权，创造一切条件，逐步消除妇女与男子在社会地位上各种事实上的不平等现象。

根据特殊的法律身份享有的法律权利属于人权的一种特殊形式，应当符合本法所规定的人权保护的基本原则。

中华人民共和国宪法所确立的人权保护原则和联合国通过的《世界人权宣言》、《经济、社会和文化权利国际公约》和《公民权利和政治权利国际公约》等重要的国际人权公约中所主张的人权保护原则，是解释本法所规定的人权涵义的基本法律依据。

第四条 国家尊重和保障人权。

国家机关和国家机关工作人员在履行宪法和法律职责的过程中，应当依据宪法和法律，尊重和保障人权，并为人权的实现创造各种必要的法律条件和提供必要的制度保障。

任何组织或者个人不得违背宪法和法律所规定的保障人权的各项规定。

任何组织或者个人都不得有超越宪法和法律的特权。

第五条 人权的实现只受本法或者是其他法律根据宪法的规定所施加的限制。

不经本法或者是其他法律规定的特殊程序，不得限制或者剥夺任何人依据本法所享有的各项人权。

人权受到限制或者是被剥夺的个人应当有权通过司法审判程序获悉权利受限制或者是被剥夺的法律理由，并有权做出陈述和反驳。

第六条 中华人民共和国公民以及在中华人民共和国境内生活和工作的外国人、无国籍人及其他自然人都有权受到本法的保护。在依据本法享有的人权受到侵犯之后，可以依据本法规定的法律程序请求有关国家机关给予权利救济。

第七条 本法所规定的人权不得限制宪法和其他法律所规定的各项权利的实现。

本法所规定的各项人权不得作为限制彼此之间权利内涵的依据。

宪法和其他法律所规定的各项权利不得作为限制本法所规定的人权的依据。

第八条 国家为了公共利益的需要和目的，可以依据本法所确立的法律程序，对本法所规定的各项人权的实现方式做出临时性限制。

依据法律规定被剥夺生命权的自然人，不得被解释为依据本法享有的其他人权被当然剥夺。

第九条 本法规定的各项人权不得予以滥用。

行使本法所规定的人权时，构成对一般民事权利限制的，只有构成承担刑事责任的，才应当对一般民事权利受到限制的当事人承担民事责任。

行使本法所规定的人权时，涉及中华人民共和国刑法所保护的公共利益和其他个人利益的，应当优先考虑本法所保护的人权的实现。

第十条 国家工作人员在担任公职期间依据本法所享有的人权应当服从法律所规定的职业性限制。

第十一条 国家大力发展人权教育事业，在全社会普及和推广人权保障知识。

教育部门和各类学校应当将人权教育课程纳入国民教育体系。

第十二条 国家鼓励各种以人权保障为宗旨的社会团体的生存和发展，保障其合法的权利和利益。

第十三条 国家提倡和发展公民教育事业，促进全社会公众的公民意识的不断提高。

国家不断健全和完善公民身份制度，加强对公民基本权利的法律保护。

第十四条 任何人行使本法所规定的人权必须同时履行与本法所规定的人权相对应的各项法律义务和社会责任。

第十五条 本法为实施中华人民共和国宪法所规定的人权保障制度的具体法律，本法所规定的各项人权应当推定与中华人民共和国宪法所规定的人权保障原则和人权保障制度相一致。在实施本法的过程中，涉及本法与中华人民共和国宪法规定不一致或者相抵触的情形，应当提请全国人民代表大会常务委员会进行宪法解释。

第十六条 凡是《中华人民共和国宪法》中所规定的公民基本权利没有制定相应的法律、法规来保障实施的，应当参照本法相关规定来加以保护。

凡是《中华人民共和国宪法》和本法所保障的各项人权和公民的基本权利缺少法律上必要的实施程序的，应当在司法审判程序中直接引用《中华人民共和国宪法》和本法的有关规定。

第二章 人权保障机构

第十七条 尊重和保障人权是各级国家权力机关、国家行政机关、国家审判机关和国家检察机关等国家机关的重要的宪法和法律职责。

国家机关工作人员在依法履行职权时，有义务尊重和保障人权。

第十八条 全国人民代表大会以及县级以上地方各级人民代表大会设立人权保障委员会作为专门委员会，负责全国范围内和本行政区域内的人权保障事务。

全国人民代表大会以及县级以上地方各级人民代表大会的人权保障委员会在人民代表大会会议闭会期间，受同级人民代表大会常务委员会的领导。

第十九条 各级人民代表大会人权保障委员会是各级人民代表大会常设的专门委员会。委员会主任由各级人民代表大会常务委员会主任兼任。委员会委员由各级人民代表大会常务委员会组成人员通过选举方式或者任命方式产生，其中应当优先考虑法律专家以及与人权保障实践密切相关的实际部门的人员。

第二十条 人权保障委员会由主任1人，副主任2~3人，委员10~15人组成。

人权保障委员会委员的任期与同级人民代表大会的每届任期相同。

人权保障委员会的具体组织方式和活动方式由全国人民代表大会常务委员会以及县级以上地方各级人民代表大会常务委员会制定单行规则加以规定。

第二十一条 人权保障委员会的主要职责包括以下几个方面：

（一）对本法实施的情况进行研究，就重大问题向同级人大常委会提出建议；

（二）对国家行政机关、国家审判机关和国家检察机关实施本法的行为进行监督，并提出改进工作、提高人权保障水准的意见和建议；

（三）接受同级人民代表大会及其常务委员会的委托，就实施本法的重要问题开展专项调查；

（四）接受社会各界对实施本法所进行的咨询；

（五）组织本行政区域的人权宣传和教育工作，并对人权宣传和教育工作提供指导性意见；

（六）同级人民代表大会及其常务委员会交办的其他事项。

第二十二条 全国人民代表大会人权保障委员会设立人权实施保障组与人权案件争议仲裁组。人权保障委员会委员分别作为人权实施保障组与人权案件争议仲裁组的组成人员。

人权实施保障组负责研究本法在实施过程中需要加以解释的事项，人权案件争议仲裁组负责审查不服最高人民法院的终审判决并涉及本法所规定的人权保障的案件，对最高人民法院是否要重新审理有关案件提出建议。

第二十三条 全国人民代表大会常务委员会可以就本法在实施过程中出现的重大问题组成特定问题调查委员会，特定问题调查委员会成员主要由人权保障委员会委员担任。

特定问题调查委员会在调查中发现需要对本法作出解释的，应当将有关问题提交人权保障委员会人权实施保障组研究；如果发现最高人民法院已经生效的判决与本法规定的人权保障的精神不一致，应当提请人权保障委员会人权案件争议仲裁组研究，并向最高人民法院提出重新审理有关案件的建议。

第二十四条 人权保障委员会就本法实施过程中需要加以解释的事项向全国人民代表大会常务委员会提出正式的法律解释案，由全国人民代表大会常务委员会通过正式的法律解释程序审议后予以公布。

第二十五条 最高人民法院在审理本法所规定的人权保障案件时，对于本法所规定的具体内容的涵义存有疑义的，应当请求全国人民代表大会常务委员会作出正式的法律解释。在全国人民代表大会常务委员会作出正式的法律解释之前，停止对有关案件的审理。

第二十六条 县级以上地方各级人民代表大会人权保障委员会负责协助同级人民代表大会及其常务委员会做好与实施本法相关的本行政区域内的人权保障工作。

第二十七条 全国人民代表大会常务委员会下设国家级人权研究中心，作为辅助全国人民代表大会人权保障委员会开展工作的专业研究机构。

国家人权研究中心的组成和活动方式，由全国人民代表大会常务委员会通过单行规则加以规定。

第二十八条 全国人民代表大会常务委员会下设国家级人权保障新闻发布中心，负责代表中华人民共和国对外发布中国人权保障事业发展情况的各种信息。

国务院可以设立人权保障新闻发布中心，受国家人权保障新闻发布中心的委托，对外发布有关人权保障发展情况的各种信息。

国家人权保障新闻发布中心和国务院人权保障新闻发布中心属于全国人民代表大会常务委员会和国务院的办事机构，其组成和活动方式由内部规则加以规定。

第二十九条 最高人民法院是保障本法所规定的人权实现的最高司法机构，其作出的关于人权保障的判决具有最终的法律效力。

最高人民法院作出的与本法所规定的人权相关的最终判决确有错误的，应当按照本法所规定的法律程序处理。

第三十条 最高人民法院设立人权审判庭，负责审理与本法所规定的人权相关的一审和终审案件。

高级人民法院可以设立人权审判庭，负责审理与本法所规定的人权相关的一审案件。

中级人民法院和基层人民法院在审理案件的过程中，发现案件涉及本法所规定的人权保障事项的，并且无法按照普通审判程序来审结案件的，应当停止对案件的审理，将案件提交高级人民法院审理，也可以直接提交最高人民法院审理。

人民法院审理涉及本法所规定的人权案件的具体审判程序由全国人民代表大会常务委员会制定人权案件审判程序规则具体加以规定。

第三章 国家权力机关在人权保障中的责任

第三十一条 依据宪法和立法法的规定享有立法权的各级国家权力机关在制定法律、法规时，应当根据本法所确立的人权保障的基本精神，在法律、法规中通过建立各种具体的法律制度，保障和促进本法所规定的各项人权的实现。

第三十二条 对本法所规定的各项人权只能通过全国人民代表大会及其常务委员会制定的法律加以限制。

第三十三条 任何人根据本法规定所享有的各项人权只有根据

《中华人民共和国刑法》的明确规定并经人民法院审判才能予以剥夺。

第三十四条 有立法权的地方国家权力机关及其常设机构在制定实施国家法律的地方性法规时，不得限制国家宪法和法律所规定的公民权利，也不得在地方性法规中增设国家法律所没有规定的公民义务。

地方性法规应当创造立法条件，增设国家法律中没有明确规定的公民权利。

第三十五条 有立法权的国家权力机关及其常设机构不得对《中华人民共和国宪法》所规定的公民的各项基本权利以及本法所规定的各项人权的实现设定许可制度。

第三十六条 全国人民代表大会常务委员会批准的国际条约或国际协定，不得与本法所规定的人权保障精神相抵触。

第三十七条 凡是有地方立法权的地方国家权力机关，可以制定本法的实施条例，但必须报请全国人民代表大会常务委员会批准后才能生效。

第四章 国家行政机关在人权保障中的责任

第三十八条 国家行政机关应当依据《中华人民共和国宪法》和本法的规定，在履行自身的行政职权的过程中，将保障人权和公民的基本权利作为各项管理活动的首要目标。

第三十九条 为了促进人权保障事业的健康发展，国家行政机关应当采取各种有效的措施，为《中华人民共和国宪法》和本法所规定的人权和公民的基本权利的实现提供有力的制度保障。

第四十条 国家行政机关在依法制定行政法规、行政规章时，不得在行政法规、行政规章中对《中华人民共和国宪法》和本法所规定的人权和公民的基本权利作出限制性规定。

行政法规、行政规章可以设立实现《中华人民共和国宪法》和本法所规定的人权和公民的基本权利的保障制度。

第四十一条 国务院通过制定行政法规，发布行政决定的方式设立行政许可制度的，不得对《中华人民共和国宪法》和本法所规定的人权和公民的基本权利产生实质性限制。

有立法权的地方人民政府通过制定地方政府规章设定行政许可制

度的，不得涉及《中华人民共和国宪法》和本法所规定的人权和公民的基本权利事项。

第四十二条 国家行政机关在实施法律、法规和规章的过程中，如果发现有关法律、法规和规章与保护《中华人民共和国宪法》和本法所规定的人权和公民的基本权利的要求相冲突的，应当停止执行有关法律、法规和规章。并将有问题的法律、法规和规章提交上一级人民政府直至提交国务院审查。国务院可以将有关问题提交全国人民代表大会人权保障委员会进行审议。

第四十三条 行政复议机关在进行复议过程中，发现作出具体行政行为所依据的法律、法规和规章存在与保护《中华人民共和国宪法》和本法所规定的人权和公民的基本权利的要求不一致的，应当将有关的法律、法规和规章提交上一级行政复议机关审查，直至提交国务院行政复议部门审查。国务院行政复议部门可以依照职权，将有关问题提交全国人民代表大会人权保障委员会审议。

第五章 国家审判机关、国家检察机关在人权保障中的责任

第四十四条 国家审判机关在司法审判过程中，涉及与本法所规定的人权案件的，应当优先适用本法的规定。

第四十五条 国家检察机关应当依据本法的规定，对公安机关、国家安全机关、司法行政机关以及审判机关在刑事案件的侦查、起诉、审判和执行中行使职权的活动进行依法监督。

对人民法院违反本法规定作出的各类判决，人民检察院有权提起抗诉。

第四十六条 剥夺生命权、且不立即执行的死刑判决必须由中级人民法院作出，并经高级人民法院的复核才能生效。

第四十七条 剥夺生命权、且立即执行的死刑判决必须由高级人民法院作出，并经最高人民法院的复核才能生效。

最高人民法院可以直接作出剥夺生命权、且立即执行的死刑判决。

第四十八条 各级人民法院作出的剥夺生命权的死刑判决，应当在判决作出最迟 3 日前将作出死刑判决的事实和法律依据公布在《人民法院报》、《检察日报》上，社会公众有权对死刑判决的合法性和合理性提出质疑。

第四十九条 最高人民法院在复核立即执行的死刑判决作出复核决定最迟10日前应当将同意死刑判决的事实依据和法律理由向全国人民代表大会人权保障委员会报告。

人权保障委员会经过审议后，大多数委员不赞同最高人民法院的复核意见的，应当提请全国人民代表大会常务委员会决定是否同意最高人民法院的复核意见。

第五十条 剥夺罪犯依据本法享有的除生命权之外的其他人权的，由最高人民法院作出最终决定。

凡是剥夺罪犯终身享有本法所规定的某项人权的，应当由最高人民法院提请全国人民代表大会人权保障委员会审议，人权保障委员会大多数委员不赞同的，剥夺罪犯终身享有本法所规定的某项人权的判决不得生效。

根据本法规定，在紧急状态期间也不得予以剥夺的人权，任何机构都不得作出剥夺权利的决定。

第五十一条 人民法院错误作出限制或剥夺本法所规定的各项人权的判决，受害人有权请求国家赔偿。

第六章 突发事件与紧急状态处置期间的人权保障

第五十二条 在处置突发事件期间，国家行政机关可以依法限制公民的权利、增加公民的义务。

在实行紧急状态期间，有权决定进入紧急状态的国家机关可以决定限制或者剥夺本法所规定的各项人权。但是，生命权、不受虐待或者刑讯逼供权、不受奴役或者苦役权、受到公正审判权、法律面前人人平等的权利和宗教信仰自由不得予以限制或者剥夺。

第五十三条 为处置突发事件，国家行政机关应当公平、公正地采取各项有效的措施，不得因为民族、种族、性别、职业、语言、宗教信仰或者社会地位的不同区别对待。

第五十四条 国家行政机关为应对突发事件采取的措施，应当与突发事件可能造成的社会危害的性质、程度和范围相适应；有多种措施可供选择的，应当选择对当事人权益损害最小的措施。

第五十五条 国家行政机关应当及时返还为处置突发事件征用的公民、法人或者其他组织的财产；不能返还或者财产毁损的，应当依法给予补偿。

国家行政机关为处置突发事件征收公民、法人或者其他组织财产的，应当按照被征收财产的实际价值给予补偿。

第五十六条 公民、法人或者其他组织认为行政机关和行政机关工作人员应对突发事件的具体行政行为侵犯自己合法权益的，可以依法申请行政复议或者提起行政诉讼；其合法权益受到损害的，有权依法要求赔偿。

第五十七条 中华人民共和国政府根据国家缔结或者参加的国际条约和应对突发事件的实际需要，同外国政府和有关国际组织在平等互利基础上开展合作与交流。

凡是居住和生活在中华人民共和国境内的非中华人民共和国公民依据本法享有的人权在突发事件与紧急状态处置期间享有与中华人民共和国公民的同等保护。

第七章 公民权利与政治权利的保障

第五十八条 人人享有生命权。非依据《中华人民共和国刑法》关于剥夺生命权的刑罚规定和《中华人民共和国刑事诉讼法》所确立的死刑审判程序，不得任意剥夺任何人的生命。

国家设立死刑赦免和减刑制度。对一切判处死刑的案件均得给予大赦、特赦或减刑。

对 18 岁以下的未成年人，不得判处立即执行的死刑。

对孕妇不得执行死刑。不得以强迫已经怀孕的妇女流产的方式来判处其死刑。

国家应当致力于死刑制度的改革，逐步废除对非暴力侵犯生命的犯罪的死刑制度。

第五十九条 任何人均不得加以酷刑或施以残忍的、不人道的或侮辱性的待遇或刑罚。

任何人均不得未经其自由同意而施以医药或科学试验。凡是自愿参加医药或科学实验的，应当获得终身的健康保险和必要的健康补偿费用。

严禁刑讯逼供。

各级人民政府有义务采取必要措施，防止家庭暴力行为的发生。

第六十条 任何人不得使为奴隶；一切形式的奴隶制度和奴隶买卖均应予以禁止。

任何人不应被强迫役使。只有依照法律承担赋税义务的，可以实行以工代赈。

依法被判处刑罚的，应当承担法律所规定的劳动义务。

依法履行服兵役义务的，应当履行军事指挥机构的各项命令。

在突发事件或紧急状态期间，国家行政机关或者是决定紧急状态的机构可以设定紧急法律义务，实行社会动员。

第六十一条 任何人有权享有人身自由和安全。任何人不得加以任意逮捕或拘禁。除非依照法律所确定的根据和程序，任何人不得被剥夺自由。

任何被逮捕的人，在被逮捕时应被告知逮捕他的理由，并应被迅速告知对他提出的任何指控。

任何因刑事指控被逮捕或拘留的人，应当有权要求及时审讯，并有权要求在合理的时间内予以释放。刑事诉讼的被告人在不影响审判的情况下，可以申请取保候审或监视居住。

任何因逮捕或拘留被剥夺自由的人，有权向人民法院提起诉讼，以便人民法院能不拖延地决定逮捕或拘禁他是否合法以及如果逮捕或拘留不合法时命令予以释放。

任何遭受非法逮捕或拘禁的受害者，有得到赔偿的权利。

第六十二条 所有被剥夺自由的人应给予人道待遇及尊重其固有的人格尊严。

除特殊情况外，刑事审判中的未决犯应与已决犯分开关押，并应给予适合于未决犯者身份的分别待遇；被控告的少年应与成年人分开关押，并应尽速予以判决。

监狱制度应将犯人改造和重新社会化作为狱政管理的基本目标。少年犯应与成年人分开执行刑罚，并应给予适合其年龄及法律地位的人道待遇。

第六十三条 任何人不得仅仅由于无力履行合同义务而被判刑。

因躲避债务拒不执行人民法院判决，构成妨碍公务犯罪行为的，应当按照《中华人民共和国刑法》承担刑事责任。

第六十四条 合法处在中华人民共和国领土内的每一个人在中华人民共和国境内有权享受迁徙自由和居住自由。

任何人有自由进出中华人民共和国国境。

本条所规定的自由，除受法律所规定并为保护国家安全、公共秩序、公共卫生或道德、或他人的权利和自由所必需且与本法所规定的其他权利不抵触的限制外，应不受任何其他限制。

第六十五条 合法处在中华人民共和国境内的外国人、无国籍人以及其他非中华人民共和国公民，只有按照依法作出的决定才可以被驱逐出境。

除非因国家安全原因的紧急需要外，应准予被驱逐出境的人提出反对驱逐出境的理由。有关国家机关应当给予被驱逐出境的人申诉和答辩的机会，并允许其聘请中华人民共和国执业律师代为申诉。

第六十六条

（一）所有的人在人民法院面前一律平等。在判定对任何人提出的任何刑事指控或确定他在一件诉讼案中的权利和义务时，人人有资格由一个依法设立的合格的、独立的和无偏倚的人民法院审判庭进行公正的和公开的审讯。基于道德的、公共秩序的或国家安全的理由，或保护诉讼当事人的隐私，或在特殊情况下人民法院审判庭认为公开审判会损害公共利益时，可以禁止记者和公众出席全部或部分审判；但对刑事案件的任何判决应公开宣布，涉及儿童和少年的案件需要的除外。

（二）凡受刑事控告者，在未依法证实有罪之前，应有权被视为无罪。

（三）在判定对他提出的任何刑事指控时，人人完全平等地有资格享受以下的最低限度的保证：

（1）迅速以一种他懂得的语言详细地告知对他提出的指控的性质和原因；

（2）有相当时间和便利准备他的辩护并与其选择的律师联络；

（3）受审时间不被无故拖延；

（4）出席受审并亲自替其辩护或经由其所选择的法律援助人员进行辩护；如果没有法律援助，要通知其享有这种权利；在公共利益有此需要的案件中，为其指定法律援助，而在其没有足够能力支付法律援助费用的案件中，为其免费；

（5）讯问或业已讯问对其不利的证人，应当使对其有利的证人在与对其不利的证人相同的条件下出庭和受讯问；

(6) 如其不懂或不会说法庭上所用的语言，免费为其提供翻译；

(7) 不被强迫作不利于他自己的证言或强迫承认犯罪。

(四) 对少年的案件，在程序上应考虑到他们的年龄和帮助他们重新做人的需要。

(五) 凡被判定有罪者，应有权由上级人民法院对其作出的有罪判决进行复审。

(六) 因错误审判而判处刑罚的人，在事后被宣告无罪的，应当享有获得赔偿的权利，除非其被判刑是因为自身原因造成的。

(七) 任何人已经依据刑事程序被定罪判刑或宣告无罪的，不得就同一罪名再行审判或给予加重处罚。

第六十七条 任何人的任何作为或不作为，在其发生时依照中华人民共和国刑法规定不构成犯罪的，不得确认其实施了犯罪行为。任何人依据犯罪时的刑法规定所判处的刑罚低于作出判决时的刑法所规定的刑罚的，应当以犯罪时的刑法所规定的刑罚量刑。如果作出判决时的刑法所规定的刑罚低于犯罪时的刑法所规定的刑罚的，应当以作出判决时的刑法所规定的刑罚量刑。

第六十八条 任何人在任何地方在法律面前的人格有权得到承认。

第六十九条 任何人的私生活、家庭、住宅或通信秘密不得加以任意或非法干涉，他的荣誉和名誉不得加以非法攻击。

为享有上述权利，人人有权享受法律保护，以免受这种干涉或攻击。

第七十条 任何人有权享受思想、良心和宗教信仰自由。此项权利包括维持或改变其宗教信仰的自由，以及单独或集体、公开或秘密地以礼拜、戒律、实践和教义来表明其宗教信仰的自由。

任何人不得被强迫维持或改变其宗教信仰。

表明自己的宗教信仰的自由，仅只受法律所规定的以及为保障公共安全、秩序、卫生或道德、或他人的基本权利和自由所必需的限制。

少数民族地区的宗教信仰自由受到保护。少数民族的未成年人的父母或监护人可以为子女提供其接受能力所能理解的宗教教育。

第七十一条 任何人有权持有主张，不受干涉。

任何人有自由发表意见的权利；此项权利包括寻求、接受和传递各种消息和思想的自由，而不论国界，也不论口头的、书写的、印刷的、采取艺术形式的、或通过其所选择的任何其他媒介。

本条第二款所规定的权利的行使带有特殊的义务和责任，因此得受某些限制，但这些限制只应由法律规定并为下列条件所必需：

（一）尊重他人的权利或名誉；

（二）保障国家安全或公共秩序，或公共卫生或道德。

第七十二条 任何鼓吹战争的宣传，为本法所禁止。

任何鼓吹民族、种族或宗教仇恨的主张，构成煽动歧视、敌视或强暴者，为本法所禁止。情节严重构成犯罪的，按照刑法规定处理。

本条并不禁止因为抵抗外来侵略或者平叛分裂国家的行为所进行的战争动员。

第七十三条 和平集会的权利应被承认。对此项权利的行使不得加以限制，除了依法以及为维护国家安全或公共安全、公共秩序，保护公共卫生或道德或他人的权利和自由的需要而施加的限制。

第七十四条 任何人有权享受与他人结社的自由。

对此项权利的行使不得加以限制。除了法律所规定的限制以及为维护国家安全或公共安全、公共秩序，保护公共卫生或道德，或他人的权利和自由所必需的限制。

本条不禁止对人民军队或人民警察行使此项权利加以合法的限制。

第七十五条 家庭是天然的和基本的社会单元，并应受社会和国家的保护。

已达结婚年龄的男女缔结婚姻和成立家庭的权利应被承认。

只有经男女双方自由的和完全的同意，才能缔结婚姻。

国家通过立法等措施保证缔结婚姻的男女双方在结婚、结婚存续期间和离婚时的权利和责任平等。在离婚的情况下，儿童的权益应当受到必要保护。

第七十六条 每一个儿童应有权享受家庭、社会和国家为其未成年地位给予的必要保护措施，不因种族、肤色、性别、语言、宗教、国籍或社会出身、财产或出生而受任何歧视。

每一个儿童出生后就立即加以登记，并应有一个名字。

凡是出生在中华人民共和国境内的每一个儿童都有权取得中华人民共和国国籍。但是，已经取得其他国家国籍的除外。中华人民共和国公民只有一个国籍。

第七十七条 中华人民共和国公民依据中华人民共和国宪法和本法应有下列权利和机会：

（一）直接或通过自由选择的代表参与公共事务；

（二）在定期选举中享有选举权和被选举权，这种选举权应是普遍的和平等的并以无记名投票方式进行，以保证选举人的意志的自由表达；

（三）在一般平等的条件下，参加国家机关和政府组织的公务活动。

本条所规定的权利只有依据《中华人民共和国刑法》规定，并且由人民法院作出判决才能予以限制或剥夺。

第七十八条 所有的人在法律面前一律平等，并有权受法律的平等保护。

禁止任何歧视并保证所有的人得到平等的和有效的保护，以免受基于种族、肤色、性别、语言、宗教、政治或其他见解、国籍或社会出身、财产，出生或其他身份等任何理由的歧视。

第七十九条 中华人民共和国各民族一律平等。国家保障各少数民族的合法的权利和利益，维护和发展各民族的平等、团结、互助关系。禁止对任何民族的歧视和压迫，禁止破坏民族团结和制造民族分裂的行为。

国家根据各少数民族的特点和需要，帮助各少数民族地区加速经济和文化的发展。

各少数民族聚居的地方实行区域自治，设立自治机关，行使自治权。各民族自治地方都是中华人民共和国不可分离的部分。

各民族都有使用和发展自己的语言文字的自由，都有保持或者改革自己的风俗习惯的自由。

各民族公民都有用本民族语言文字进行诉讼的权利。人民法院和人民检察院对于不通晓当地通用的语言文字的诉讼参与人，应当为他们翻译。

在少数民族聚居或者多民族共同居住的地区，应当用当地通用的语言进行审理；起诉书、判决书、布告和其他文书应当根据实际需要使用当地通用的一种或者几种文字。

第八章　经济、社会和文化权利的保障

第八十条　任何人享有工作权，包括应有机会凭其自由选择和接受的工作来谋生的权利，国家采取适当措施来保障这一权利的实现。

为充分实现这一权利而采取的措施应包括技术的和职业的指导和训练，以及在保障个人基本政治和经济自由的条件下达到稳定的经济、社会和文化的发展和充分的生产就业的计划、政策和技术。

第八十一条　任何人有权享受公正或良好的工作条件，特别要保证：

（一）最低限度给予所有工人以下列报酬：公平的工资和同值工作同酬而没有任何歧视，特别是保证妇女享受不差于男子所享受的工作条件，并享受同工同酬；保证他们自己和他们的家庭得有符合本法规定的过得去的生活；

（二）安全和卫生的工作条件；

（三）任何人在其行业中适当的提级的同等机会，除资历和能力的考虑外，不受其他考虑的限制；

休息、闲暇和工作时间的合理限制，定期给薪休假以及公共假日报酬。

第八十二条　任何人有权组织工会和参加其所选择的工会，以促进和保护其享有的经济和社会利益。组织工会应当按照《中华人民共和国工会法》所规定的程序进行。

本条不应禁止对人民军队或人民警察或国家行政机关工作人员行使这些权利加以合法的限制。

第八十三条　任何人有权享受社会保障，包括社会保险。

第八十四条　对作为社会的自然和基本的单元的家庭，特别是对于它的建立和当它负责照顾和教育未独立的儿童时，应给予尽可能广泛的保护和协助。

对母亲，在产前和产后的合理期间，应给以特别保护。在此期间，对有工作的母亲应给以给薪休假或有适当社会保障福利金的休假。

应为一切儿童和少年采取特殊的保护和协助措施，不得因出身或其他条件而有任何歧视。儿童和少年应予保护免受经济和社会的剥削。雇佣他们做对他们的道德或健康有害或对生命有危险的工作或做足以妨害他们正常发育的工作，依法应受惩罚。

任何组织或个人不得雇佣不符合法律规定的童工。

第八十五条 任何人有权为他自己和家庭获得相当的生活水准，包括足够的食物、衣着和住房，并能不断改进生活条件。

任何人享有免于饥饿的基本权利。

国家为保证本条所规定的权利的目的，充分利用科技知识、传播营养原则的知识和发展或改革土地制度以使天然资源得到最有效的开发和利用等方法，改进粮食的生产、保存及分配方法，保障粮食有效供应。

第八十六条 任何人有权享有能达到的最高的体质和心理健康的标准。

为充分实现这一权利，国家采取积极有效的措施，减低死胎率和婴儿死亡率，使儿童得到健康的发育；改善环境卫生和工业卫生的各个方面；预防、治疗和控制传染病、风土病、职业病以及其他的疾病；创造保证人人在患病时能得到医疗照顾的条件。

第八十七条 任何人有受教育的权利。

国家发展社会主义的教育事业，提高全国人民的科学文化水平。

国家举办各种学校，实行免费初等义务教育，发展中等教育、职业教育和高等教育，并且发展学前教育。

国家发展各种教育设施，扫除文盲，对工人、农民、国家工作人员和其他劳动者进行政治、文化、科学、技术、业务的教育，鼓励自学成才。

国家鼓励集体经济组织、国家企业事业组织和其他社会力量依照法律规定举办各种教育事业。

国家推广全国通用的普通话。

第八十八条 任何人有权：

（一）参加文化生活；

（二）享受科学进步及其应用所产生的利益；

（三）对其本人的任何科学、文学或艺术作品所产生的精神上和物质上的利益，享受被保护之利。

为充分实现这一权利，国家采取保存、发展和传播科学和文化所必需的措施。

国家尊重进行科学研究和创造性活动所不可缺少的自由。

第八十九条 国家尊重和保障联合国国际人权公约所规定的各项集体人权，包括自决权、生存权和发展权，全面推进人权保障事业的健康发展。

国家采取各种措施，不断消除《公民权利和政治权利国际公约》和《经济、社会和文化权利国际公约》中所保障的各项人权在国内法保障体系中实施的差距，努力提高人权保障水平，推进人权国内法保护的不断完善和全面进步。

第九章 人权保障的国际交流与合作

第九十条 尊重和保障人权是中华人民共和国政府在人权保障的国际交流与合作领域的重要指导思想。

第九十一条 中华人民共和国缔结和参加的国际人权公约以及公约的任择议定书，在人民法院依据本法规定审理有关人权案件时，可以作为人民法院审判案件时参照适用的法律依据。

第九十二条 中华人民共和国政府已经签署但尚未批准的国际人权公约以及公约的任择议定书中保障人权的禁止性要求不得再在国内立法中予以保护性的立法。

第九十三条 中华人民共和国未签署、未批准和参加的国际人权公约以及公约的任择议定书，其人权保障的基本立法精神应当得到国内立法的尊重和关注。

第九十四条 中华人民共和国各级国家机关有义务认真履行中华人民共和国已经缔结和参加的国际人权公约以及公约的任择议定书所规定的缔约国政府应尽的公约下的各项义务。

第九十五条 中华人民共和国积极参加有关人权保护的双边、多边条约以及联合国机构组织的国际人权公约或者是区域性人权公约的缔结，并采取各种有效的国内法措施来推动这些国际人权公约在国内法中的实施。

第九十六条 凡居住在中华人民共和国境内的外国人、无国籍人以及其他非中华人民共和国公民与中华人民共和国公民同等享有本法所规定的各项人权。

凡是本法规定之外的各项宪法和法律权利，居住在中华人民共和国境内的外国人、无国籍人以及其他非中华人民共和国公民依据国际法一般规则所规定的国民待遇的要求享受中华人民共和国宪法和法律的保护。

第九十七条 中华人民共和国政府以及中华人民共和国政府驻外机构有义务采取一切必要措施保护在境外居住和生活的中华人民共和国公民依据本法规定所享有的各项人权。

在境外居住和生活的香港特别行政区居民、澳门特别行政区居民以及台湾同胞的各项人权受到与中华人民共和国公民同等的保护。

第九十八条 驻华外交机构以及外交人员在中华人民共和国境内侵犯本法所规定的各项人权的，不得享有外交豁免权。

第九十九条 中华人民共和国政府驻外机构以及外交人员在境外侵犯本法所规定的各项人权的，应当接受侵权地所在国的司法管辖，有关涉及国家主权或者是重大国家利益的事项除外。

第一百条 中华人民共和国政府积极推动人权保障领域的人权宣传、教育等方面的国际交流与合作，保障在中华人民共和国境内从事人权宣传、教育的机构和人员的各项合法权益。

第一百零一条 在中华人民共和国境内的任何组织和个人不得以保障本法所规定的各项人权的实现为由，从事违反中华人民共和国宪法和法律的规定的活动。

第十章 附　　则

第一百零二条 本法所规定的各项人权应当与中华人民共和国宪法相一致的精神予以解释。

中华人民共和国宪法的修改不得限制或者剥夺本法所规定的各项人权。

第一百零三条 全国人民代表大会人权保障委员会负责解释本法的各项组织工作。

全国人民代表大会常务委员会根据全国人民代表大会人权保障委员会提出的解释本法的建议，依据法定程序作出正式解释。

第一百零四条 全国人民代表大会人权保障委员会下设《中华人民共和国人权保障法》专家小组作为日常办公咨询机构，负责对本法的解释和本法实施中的重大问题进行研究和论证，提出有关决策意见。

《中华人民共和国人权保障法》专家小组应当由从事人权研究和教育的专家和学者以及从事人权保障事务的政府官员、法官、检察官、律师和外交官组成。

第一百零五条 本法生效后，凡是法律、法规、规章中与本法规定不一致的地方，以本法规定和对本法所作出的法律解释的规定为准。

第一百零六条 本法自 年 月 日起正式生效。

第九章　立法的基本理论问题探讨

第一节　中国法律、法规立法权限划分的合宪性研究①

法律、法规是中国社会主义法律体系中的最重要的法律形式，也是社会主义法律制度的基础。根据现行宪法、立法法和组织法的规定，全国人大及其常委会有权制定法律，国务院有权制定行政法规，省、自治区和直辖市以及较大的市的人民代表大会及其常务委员会有权制定地方性法规。虽然《中华人民共和国立法法》的立法宗旨主要是为了解决各种法律形式之间的立法权限划分问题，② 但是，不论是在立法理论上，还是在立法实践中，法律、法规（包括行政法规和地方性法规）立法权限划分问题并没有得到根本性的解决，③ 因此，

---

① 本节是北京天则经济研究所 2003 年度社会招标的课题研究成果之一，作者为课题承担人。

② 全国人大法工委国家法室张世诚主张："立法权限的划分是立法法所要解决的最核心的问题。"参见张世诚：《立法法的基本原则及立法权限的划分》，《中国行政管理》，2000 年第 4 期。

③ 蔡定剑在国家行政学院召开的立法法草案座谈会上，曾经对立法法草案中存在的法律、法规立法权限划分的问题作了非常有说服力的分析，而蔡定剑指出的问题在正式通过的《中华人民共和国立法法》中仍然存在。蔡定剑认为，"从宪法法理角度分析，立法法草案关于立法权限的划分不是没有值得研究的地方，如现行草案把一些本应由全国人大立法的权利规定给了国家行政机关和地方立法机关。这些权利涉及宪法规定的公民基本权利的保障问题，是不应由行政机关来立法的。比如，现行草案第 7 条第 5、6 项涉及公民的三大基本权利：公民的政（下转 415 页）

有必要从法理上对法律与行政法规、法律与地方性法规、行政法规与地方性法规、地方性法规与地方性法规以及全国人大制定的法律与全国人大常委会制定的法律相互之间的立法权限划分做出更加科学的界定，最大限度地避免因为法律、法规立法权限之间的冲突给立法工作带来混乱，从而影响法律、法规内容的确定性和社会主义法律体系的科学性。本研究报告从对法律、法规立法权限划分进行合宪性评价的角度出发，试图为解决法律、法规立法权限划分中存在的价值矛盾和冲突寻找一个新的理论视角，并为在立法实践中解决法律、法规立法权限划分存在的具体问题提供一些可行的对策方案。

一、立法权限的概念以及立法权限划分的意义

立法权限是一个国家立法制度中的最重要的问题，是法律规范形式和内容合法性的基础。所谓立法权限，其实质就是在一个法治国家内，可以通过立法形式来行使的全部国家权力。立法权限是相对于行政管理权限、司法审判权限等而言的，它涉及的是立法权与其他性质的国家权力之间的关系，是立法权区别于行政权、司法权等其他形式国家权力的法律标准。作为一个国家立法权的整体，立法权限可以按

（上接 414 页）治权利、公民的人身自由和公民的财产权。只规定了公民的政治权利由全国人大制定法律，对公民的人身自由，只把涉及人身自由的处罚的立法权归全国人大专有立法，这意味着把其他限制和剥夺公民人身自由的立法权留给了行政机关和地方立法机关。还有对公民财产权的限制与剥夺的立法权，也给了行政机关和地方立法机关，草案只规定了对非国有财产的征收才归全国人大立法。这里对非国有财产的剥夺权却不包括在全国人大的专有立法权限内，而剥夺财产比征收财产更严重（剥夺财产是无偿的，征收财产是有偿的）。可见这些规定把全国人大对公民人身自由和财产权的专有立法权限制得很小，而给行政机关和地方的权力放得很大。这里涉及一个基本的宪法和法理问题，涉及宪法规定的公民基本权利的限制与剥夺的立法权，是不是只能由全国人大行使，还是行政机关和地方立法机关都可以行使？宪法为什么要规定公民的基本权利，就是说这些权利应由国家法律加以保障，而不可由任何机关或个人加以限制和剥夺，如果因社会公共利益需加以限制和剥夺，只能由代表社会公益的最高立法机关制定法律，而不能是其他的立法机关。如果这个权力不由立法机关专有，而是行政机关和地方都可享有，公民基本权利就难以保障”。转引自《法制日报·两会新闻网络版》，2000 年 3 月 8 日。

照一定的标准和方式来进行划分，可以由单一的立法主体来行使立法权，也可以由不同的立法主体来行使立法权。如果由单一的立法主体来行使立法权，就不涉及立法权限的划分问题，如在英国，从理论上看，议会（下议院）在立法时，不受其他机关的限制；① 如果由不同的立法主体来行使立法权限，那么，就涉及对立法权限进行划分的问题，② 如美国、德国等联邦制国家，联邦和各州之间依据联邦宪法的规定享有不同性质和不同领域的立法权。因此，立法权限的概念反映了立法权作为一种重要的国家权力在整个国家权力体系中的地位以及与其他性质的国家权力之间的关系，而立法权限的划分则体现了一个国家立法权行使的方式以及不同立法主体所享有的立法权的范围。

立法权限划分问题非常重要。中国著名立法学专家李林教授认为："现代宪政理论认为，倘若国家的立法权限划分不当，将产生以下不良后果：一是可能出现中央过分集权或者地方过分分权的状况，在多数情况下，无论出现哪一种状况，都会对国家的稳定和社会的发展带来损害；二是可能造成政治体制结构失衡和政治权力行使失控，给管理造成混乱，阻碍社会进步，甚至引发社会动乱；三是对立法造

① Cf. Courteney Ilbert: Legislative Methods and Forms, p. 310.

② 关于立法权限的概念和立法权限划分的意义，李林认为，立法权限"是指一个主权国家中现行全部有关需要通过立法方式加以调整、控制和规范的事项的权力范围，即立法主体行使立法职权的权力限度和内容范围。对立法权限进行划分，主要目的是为了科学而合理地决定立法事项的不同归属，既包括立法的实体性权力内容的分配，也包括其形式要件的确认和划分，确定哪些主体可以成为立法主体以及这些主体在立法权限体制中的地位及其相互关系，它们各自制定的规范性法律文件的效力等级（位阶）等。现代政治和法治具有动态的和不断发展变化的特性，它们对立法既有稳定不变的要求，又有适时适量加以变更调整的要求。从立法体制上对立法权限做出尽可能科学而切合实际的划分，就是这种要求的一个集中体现。如何在既有的立法体制基础上对有关的立法权限重新划分，其实质是国家中政治关系、经济关系和社会关系的重新定位，是对权力格局的调整和权力背后的利益的重新分配"。上述观点与作者看法基本一致，但是，作者在定义立法权限概念时使用了比较和区分的方法，将立法权限放在整个国家权力体系中来考察其性质，应当说，论证角度更清晰一些。参见李林：《中国立法权限划分》，转引自中国法学网 http://www.iolaw.org.cn"学者专栏·李林文集"。

成损害，出现立法无序，如越权立法、重复立法、立法懈怠等以立法谋私的现象，导致法律体系的混乱和法律难以实施。因此，立法权限划分是一项敏感而细致的‘切蛋糕’的政治和法治系统工程，必须慎之又慎。"① 作者认为，立法权限划分不当除了会产生上述如李林教授所指出的弊端之外，最突出的法理问题是会搅乱一个法治国家中不同性质的国家机关之间的权力分工秩序和中央与地方之间的稳定的宪法关系，甚至会危及到现代宪法所赖以存在的人民主权学说以及代议制民主的合法性。首先，现代法治社会的国家权力是依据人民主权学说建立起来的，根据人民主权学说的要求，只有人民自己或者是通过人民代表组成的代表机关或代议机构才有权行使立法权，而国家行政机关、国家司法机关等其他国家机关应当按照人民或者是人民代表机关或议会制定的法律来履行自身的职权，否则就会破坏法治原则的精神。因此，现代法治的基本精神要求立法权应当掌握在人民或人民代表机关或议会手上，否则就会影响立法权的民主基础。其次，在现代法治社会中，国家机关的设置应当以国家权力的有效运作为前提，而不是以国家机关自身行使国家权力的便利为基础，立法权限划分不清，很容易导致同一个国家机关既掌握立法权，又掌握执行权，甚至还享有某种程度上的司法权，造成权力过于集中，容易引发如资产阶级启蒙思想家孟德斯鸠在《论法的精神》一书中早就指出的滥用职权的现象。② 最后，不论是联邦制国家，还是单一制国家，中央与地方的关系必须要有一定的确定性，而这种确定性首先表现在中央与地

---

① 参见中国法学网 http：//www. iolaw. org. cn“学者专栏·李林文集”。有关立法权限划分的重要意义的文章还可以参见张中秋、张明新：《对中国立法权限划分和立法权运行状况的观察与思考》，《政法论坛》2000 年第 6 期。

② 孟德斯鸠在《论法的精神》一书中在论及“英格兰政制”问题时明确指出：“当立法权和行政权集中在同一个人或同一个机关之手，自由便不复存在了；因为人们将要害怕这个国王或议会制定暴虐的法律，并暴虐地执行这些法律。如果司法权不同立法权和行政权分立，自由就不存在了。如果司法权同立法权合而为一，则将对公民的生命和自由施行专断的权力，因为法官就是立法者。如果司法权同行政权合而为一，法官便将握有压迫者的力量。如果同一个人或是由重要人物、贵族或平民组成的同一个机关行使这三种权力，即制定法律权、执行公共决议权和裁判私人犯罪或争讼权，则一切便都完了。”参见孟德斯鸠：《论法的精神》（上卷），张雁深译，商务印书馆 1997 年版，第 156 页。

方在立法权限上应当有明确的划分，如果这种立法权限划分不清，就会导致中央与地方关系的混乱，继而会影响一个国家的国家结构形式的稳定。

总之，立法权限划分问题十分重要，它涉及一个国家的法治状况和水平，也关系到一个国家立法制度的确定性、科学性和权威性。立法权限划分问题如果没有科学地加以解决，那么，要建立一个完整和科学的法律体系也是不可能的。所以，如果要在2010年初步建成具有中国特色的社会主义法律体系，立法权限划分问题必须作为最重要和最基础性的课题来加以研究，并在立法实践中采取各项必要的措施来理顺立法权限划分中的各种法律关系。

二、中国法律、法规立法权限划分的历史演变及现状

（一）中国法律、法规立法权限划分的历史演变

中华人民共和国成立初期，由于以普选为基础的各级人民代表大会尚未产生，因此，由中国人民政治协商会议代行全国人民代表大会的职权。在这一时期，由于法律、法规的形式不是十分规范，因此，立法权限划分没有成为立法中的突出问题。

从1954年宪法颁布到1979年五届全国人大二次会议前，中国实行的是中央集权的立法模式。在这个时期，立法权限比较集中，除民族自治地方的自治机关之外，其他地方权力机关均不享有立法职权，国家行政机关亦无立法方面的职权。

1954年宪法规定，全国人民代表大会是行使国家立法权的唯一机关，有权修改宪法和制定法律；全国人大常委会有权解释法律和制定法令；国务院有权根据宪法、法律和法令，制定行政措施，发布决议和命令；地方各级人民代表大会依照法律规定的权限通过和发布决议；自治区、自治州、自治县的自治机关可以依照当地民族的政治、经济和文化的特点，制定自治条例和单行条例，报请全国人民代表大会常务委员会批准。

1955年第一届全国人大第二次会议通过的《关于授权常务委员会制定单行法规的决议》，把享有国家立法权的范围扩大到了全国人大常委会。该决议解释授权的目的是，“随着社会主义建设和社会主义改造事业的进展，国家急需制定各项法律，以适应国家建设和国家

工作的要求。在全国人民代表大会闭会期间，有些部分性质的法律，不可避免地急需常务委员会通过实施。为此……授权常务委员会依照宪法的精神、根据实际需要，适时地制定部分性质的法律即单行法规”。1959 年，第二届全国人大第一次会议，进一步授权全国人大常委会在全国人大闭会期间根据情况的发展和工作的需要，有权修改现行法律中已经不适用的条文。民族自治地方的自治机关有权制定自治条例和单行条例，报全国人大常委会批准。

1975 年宪法和 1978 年宪法基本上沿袭了 1954 年宪法关于立法权限划分的规定，采取的仍然是中央集权式的立法模式。这是 1954 年宪法对立法权限划分规定自然延伸的结果，即毛泽东讲的“立法权集中在中央”。立法的中央集权是这一时期中国实行高度集中的计划经济体制的政治需要，是与这一时期立法工作的特点相适应的。这种立法权限划分体制在“重人治、轻法治”的思想的配合下，严重阻碍了中国立法的发展进程。据统计，从 1954 年宪法颁布后到 1979 年，包括各种意见、办法、命令、决议、决定、通知、报告、答复等在内的中央立法共1 115件，年均 59 件，地方因无立法权所以记录为零。中央集权的立法模式强有力地保证了中央对全国各项事业的集中统一领导，但也在相当程度上影响了地方积极性的发挥，阻碍了中国社会主义法制的全面发展。①

从 1979 年第五届全国人民代表大会第二次会议至今，中国立法权限划分采取的是集权式的分权立法模式。党的十一届三中全会以后，为了适应全国工作重点转移到社会主义现代化建设上来的需要，改变中央立法集权的状况，调动中央和地方的积极性，1979 年 7 月，第五届全国人大第二次会议通过了《中华人民共和国地方各级人民代表大会和地方各级人民政府组织法》，明确规定省、自治区、直辖市的人民代表大会及其常委会，根据本行政区域的具体情况和实际需要，在和国家的宪法、法律、政策、法令、政令不抵触的前提下，可以制定和颁布地方性法规，并报全国人大常委会和国务院备案。至此，地方国家权力机关开始享有一定程度上的立法权。

---

① 参见李林：《中国立法权限划分》，转引自中国法学网 http：//www.iolaw.org.cn“学者专栏·李林文集”。

1982年宪法则比较明确地确立了立法权限划分为集权模式和分权模式。具体表现在以下几个方面：1. 宪法第4条第4款确立了中央与地方的基本宪法关系，规定中央和地方的国家机构职权的划分，遵循在中央的统一领导下，充分发挥地方的主动性、积极性的原则。2. 规定全国人大及其常委会行使国家立法权，继续保持中央集权式的立法体制，宪法第62条规定：全国人大有权修改宪法，制定和修改刑事、民事、国家机构的和其他的基本法律；第67条规定：全国人大常委会有权解释宪法和法律，有权制定和修改除应当由全国人民代表大会制定的法律以外的其他法律，在全国人民代表大会闭会期间，对全国人民代表大会制定的法律进行部分补充和修改，但是不得同该法律的基本原则相抵触。3. 扩大了立法权的行使主体的范围，将立法权主体扩大到国家行政机关和地方国家权力机关。如宪法第89条规定：国务院有权根据宪法和法律，制定行政法规。宪法第100条规定：省、自治区和直辖市的人民代表大会和它们的常务委员会，在不同宪法、法律、行政法规相抵触的前提下，可以制定地方性法规，报全国人民代表大会常务委员会备案。4. 继续保留民族自治地方自治机关的立法权。宪法第116条规定：民族自治地方的人民代表大会有权依照当地民族的政治、经济和文化的特点，制定自治条例和单行条例。自治区的自治条例和单行条例，报全国人民代表大会常务委员会批准后生效。自治州、自治县的自治条例和单行条例，报省或自治区的人民代表大会常务委员会批准后生效，并报全国人民代表大会常务委员会备案。

1982年宪法在规定立法体制，确立立法权限划分原则的过程中，首次明确了法律、法规（包括行政法规和地方性法规）是中国社会主义法律规范的两种重要的表现形式，并且在宪法第5条明确规定：一切法律、行政法规和地方性法规都不得同宪法相抵触。对法律、法规明确地提出了“合宪性”的要求。

严格地说，在1982年宪法诞生之前，由于法律、法规没有成为宪法和法律中所确认的两种有效的独立法律形式，所以，从法理上来看，虽然存在着立法权限划分问题，如全国人大制定的法律与全国人大常委会制定的法令之间立法权限的划分就是一个在立法实践中引起争议的问题,① 但是，在制度上却不存在法律、法规立法权限划分问题。

值得一提的是，关于“法规”的立法主体，1982 年 12 月 10 日第五届全国人民代表大会第五次会议通过的《关于修改〈中华人民共和国地方各级人民代表大会和地方各级人民政府组织法〉的若干规定的决议》还规定，“省、自治区的人民政府所在地的市和经国务院批准的较大的市的人民代表大会常务委员会，可以拟订本市需要的地方性法规草案，提请省、自治区的人民代表大会常务委员会审议制定，并报全国人民代表大会常务委员会和国务院备案”。上述规定，实际上开始考虑扩大地方性法规立法主体的范围。1986 年第二次修改的《中华人民共和国地方各级人民代表大会和地方各级人民政府组织法》第 7 条规定，省、自治区的人民政府所在地的市和经国务院批准的较大市的人民代表大会，可以制定地方性法规，报省、自治区的人大常委会批准后施行。1992 年 7 月，第七届全国人大常委会第二十六次会议通过决定，授予深圳市的人大及其常委会以制定法规的权力。1994 年和 1996 年又先后授予厦门市、珠海市及汕头市的人大及其常委会制定法规权。至此，“法规”作为一种独立完整的法律形式在中国立法制度中得到了充分肯定。

根据 1982 年宪法及有关组织法的规定，法律、法规立法权限划分主要包括以下几项原则性内容：

1. 法律与法律之间的立法权限划分原则。现行宪法对全国人大制定的法律与全国人大常委会制定的法律之间的立法权限划分采取了“列举法”和“排除法”。宪法第 62 条第 3 项通过“列举法”规定了全国人大制定法律的立法权限，也就是说，全国人大有权制定和修改

---

① 1954 年宪法和 1978 年宪法都规定了地方各级人民代表大会在本行政区域内，保证“法律、法令”的遵守和执行。很显然，由这两部宪法所规定的全国人大常委会制定的“法令”与全国人大制定的“法律”都属于地方人大行使职权的“依据”。但是，从 1954 年宪法诞生到 1982 年宪法制定的 28 年间，无论是立法理论界，还是立法实际部门，都没有对法律、法令之间的立法权限如何划分进行过研究和讨论，反映了在这一段时期中国立法理论的落后。由于对全国人大制定的“法令”的性质认识不一致，1982 年宪法取消了“法令”这种形式。参见 1954 年宪法第 58 条和 1978 年宪法第 36 条。

刑事、民事、国家机构的和其他的基本法律；第67条第2项通过“排除法”规定了全国人大常委会制定法律的立法权限，即全国人大常委会有权制定和修改应当由全国人大制定的法律以外的其他法律。

2. 法律与行政法规之间的立法权限划分原则。关于法律与行政法规之间的立法权限划分，宪法并没有像区分全国人大制定的法律与全国人大常委会制定的法律相互之间的立法权限那样来区分法律与行政法规之间的立法权限，只是在第89条第1项规定，国务院根据宪法和法律，制定行政法规。从该规定的性质来看，法律应当是行政法规制定的“依据”。制定法律的立法权与制定行政法规的立法权之间存在从属性质的关系。

3. 法律与地方性法规之间的立法权限划分原则。宪法对法律与地方性法规之间的立法权限划分也没有确立明确的划分标准。只是在第100条中，确立了两者之间关系的原则。即省、直辖市（包括自治区①）的人民代表大会和它们的常务委员会，在不同法律相抵触的情况下，可以制定地方性法规，报全国人民代表大会常务委员会备案。很显然，法律与地方性法规之间的立法权限划分是通过“不相抵触原则”来处理的。

4. 行政法规与地方性法规之间的立法权限划分原则。宪法对行政法规与地方性法规之间的立法权限划分同样也没有明确的划分标准。也是在第100条中规定，在不同行政法规相抵触的前提下，省、直辖市和自治区的人大及其常委会有权制定地方性法规。两者之间立法权限的划分也是通过“不相抵触原则”来处理的。

5. 地方性法规与地方性法规之间的立法权限划分原则。根据1995年第三次修改的《中华人民共和国地方各级人民代表大会和地方各级人民政府组织法》第7条第2款的规定，省、自治区的人民政府所在地的市和经国务院批准的较大的市的人民代表大会根据本市的具体情况和实际需要，在不同宪法、法律、行政法规和本省、自治区

① 现行宪法第115条的规定，自治区、自治州、自治县的自治机关行使宪法第三章第五节规定的地方国家机关的职权。根据上述规定，自治区的人民代表大会及其常委会在不同法律相抵触的情况下，也有权制定地方性法规。

的地方性法规相抵触的前提下，可以制定地方性法规，报省、自治区的人民代表大会常务委员会批准后施行，并由省、自治区的人民代表大会常务委员会报全国人民代表大会常务委员会和国务院备案。从上述规定可以看到，省、自治区的人民政府所在地的市和经国务院批准的较大的市的人民代表大会制定的地方性法规与省、自治区和直辖市人民代表大会及其常务委员会制定地方性法规之间立法权限的划分也是通过“不相抵触原则”来处理的。

总的来说，根据现行宪法及组织法的规定，法律、法规之间的立法权限划分原则主要分为三种方式，一种是相互排斥型的，即全国人大可以制定法律的，全国人大常委会不得制定，立法权限之间存在着排斥关系；一种是依据型的，也就是说国务院必须依据法律来制定行政法规，立法权限之间存在着从属关系；一种是不相抵触型的，其实质是要求立法权限之间不存在矛盾。

（二）*以立法法为基础的法律、法规立法权限划分的现状及特征*

1982年宪法制定之后，依据该宪法所确立的立法体制，在具体的立法实践中，全国人大及其常委会制定了一批法律，国务院和地方国家权力机关也制定了大量的行政法规和地方性法规。但是，由于法律、法规之间立法权限划分并没有产生非常清晰的界定标准，所以，在实际的立法工作中，仍然出现了法律、法规立法权限划分上的混乱。在这种大的立法背景下，2000年3月15日第九届全国人民代表大会第三次会议通过了《中华人民共和国立法法》。立法法制定的一个重要宗旨就是立法应当依照法定的权限和程序，从国家整体利益出发，维护社会主义法制的统一和尊严。① 为了保证立法活动能够依照法定的权限进行，立法法在第二章第一节专门规定了“立法权限”，并以此来解决在法律、法规立法权限划分上存在的各种价值矛盾和冲突。根据《中华人民共和国立法法》的规定，中国法律、法规立法权限划分的原则和标准进一步得到明确，与1982年现行宪法所确立的法律、法规立法权限划分的原则相比，立法法的规定要具体和完善得多，主要表现在以下几个方面的特征。

1. 法律与法律之间的立法权限划分原则和标准。立法法关于全

---

① 参见《中华人民共和国立法法》第4条。

国人大制定的法律与全国人大常委会制定的法律之间立法权限的划分原则基本上沿袭了现行宪法的规定，也就是说，通过排除立法法所列举的全国人大的立法权限来确定全国人大常委会的立法权限。立法法第7条规定：全国人民代表大会制定和修改刑事、民事、国家机构的和其他的基本法律。全国人民代表大会常务委员会制定和修改除应当由全国人民代表大会制定的法律以外的其他法律；在全国人民代表大会闭会期间，对全国人民代表大会制定的法律进行部分补充和修改，但是不得同该法律的基本原则相抵触。与现行宪法规定不同的是，立法法第8条还对法律可以规定的事项进行了列举以及作出了概括性规定，主要包括“（一）国家主权的事项；（二）各级人民代表大会、人民政府、人民法院和人民检察院的产生、组织和职权；（三）民族区域自治制度、特别行政区制度、基层群众自治制度；（四）犯罪和刑罚；（五）对公民政治权利的剥夺、限制人身自由的强制措施和处罚；（六）对非国有财产的征收；（七）民事基本制度；（八）基本经济制度以及财政、税收、海关、金融和外贸的基本制度；（九）诉讼和仲裁制度；（十）必须由全国人民代表大会及其常务委员会制定法律的其他事项”。值得注意的是，上述规定实际上还确立了法律与行政法规、法律与地方性法规之间立法权限划分的原则。这一原则的基本特征是凡是立法法规定应当制定法律的事项，不得制定行政法规和地方性法规，这是处理法律与行政法规、法律与地方性法规之间立法权限划分的重要标准，这一标准类似于全国人大制定的法律与全国人大常委会制定的法律之间的立法权限划分标准，即法律与行政法规、法律与地方性法规之间立法权限划分存在着相互排斥的逻辑关系。但是，立法法并没有提供一个处理法律与行政法规、法律与地方性法规之间立法权限划分符合排中律的划分标准，因为立法法第8条第10项还规定了具有模糊性的应当由法律规定的事项，所以，第8条第10项的规定又使法律与行政法规、法律与地方性法规之间的立法权限划分出现了可能交叉的区域。这是立法法在划分立法权限上仍然没有彻底加以解决的问题。

2. 法律与行政法规之间的立法权限划分原则和标准。关于法律与行政法规之间的立法权限划分的标准，除了在立法法第8条第10项所确立的划分原则之外，立法法第56条仍然确立了宪法所规定的

“依据”标准和法律与行政法规之间的从属关系，只不过更加具体一些。立法法第 56 条第 2 款第 1 项规定，“为执行法律的规定需要制定行政法规的事项”可以制定行政法规，这里实际上进一步明确了法律与行政法规之间立法权限从属关系的内涵。此外，根据立法法第 9 条和第 56 条第 2 款第 2 项的规定，行政法规也可以通过授权方式来规定应当由法律规定的事项，如第 9 条明文规定：本法第 8 条规定的事项尚未制定法律的，全国人民代表大会及其常务委员会有权作出决定，授权国务院可以根据实际需要，对其中的部分事项先制定行政法规，但是有关犯罪和刑罚、对公民政治权利的剥夺和限制人身自由的强制措施和处罚、司法制度等事项除外。上述规定说明，依据立法法所确立的法律与行政法规之间立法权限划分的原则，法律与行政法规在立法权限的效力上虽然存在从属关系，但是，法律与行政法规在立法事项上却存在着一定的交叉关系。但是，根据立法法第 56 条第 2 款第 2 项的规定，行政法规的立法权限，特别是立法事项并不完全从属于法律，行政法规还可以规定宪法第 89 条所规定的国务院有权行使的行政管理职权事项。

3. 法律与地方性法规之间的立法权限划分原则和标准。根据现行宪法所确立的划分原则，法律与地方性法规立法权限之间主要的要求是“不相抵触”，表现在形式逻辑的特征上就是不矛盾。立法法对这一“不相抵触原则”又作了进一步的规定，主要表现为两个方面：一是地方性法规的立法事项从属于法律的立法事项，如立法法第 64 条第 1 款第 1 项规定，地方性法规可以涉及“为执行法律的规定，需要根据本行政区域的实际情况作具体规定的事项”，在这种情形下，地方性法规的立法权限从属于法律的立法权限；二是可以规定不属于法律规定的事项，并且不与法律的立法原则相抵触，如立法法第 64 条第 2 款规定：除本法第 8 条规定的事项外，其他事项国家尚未制定法律的，省、自治区、直辖市和较大的市根据本地方的具体情况和实际需要，可以先制定地方性法规。在国家制定的法律生效后，地方性法规同法律相抵触的规定无效，制定机关应当及时予以修改或者废止。

4. 行政法规与地方性法规之间的立法权限划分原则和标准。立法法关于行政法规与地方性法规立法权限之间的关系与对法律与地方性法规之间立法权限划分的规定基本上是一致的，其核心精神是“不相抵触原则”。一方面，立法法规定，地方性法规为执行行政法规的规定，可以规定需要根据本行政区域的实际情况作具体规定的事项；另一方面，凡是除该法第八条规定的事项外，其他事项国家尚未制定法律或者行政法规的，省、自治区、直辖市和较大的市根据本地方的具体情况和实际需要，可以先制定地方性法规。在国家制定的法律或者行政法规生效后，地方性法规同法律或者行政法规相抵触的规定无效，制定机关应当及时予以修改或者废止。

5. 地方性法规与地方性法规之间的立法权限划分原则和标准。与现行宪法相比，立法法在总结地方组织法以及其他相关法律立法经验的基础之上，对地方性法规与地方性法规之间的关系作了详细规定。立法法第63条规定：较大的市①的人民代表大会及其常务委员会根据本市的具体情况和实际需要，在不同宪法、法律、行政法规和本省、自治区的地方性法规相抵触的前提下，可以制定地方性法规，报省、自治区的人民代表大会常务委员会批准后施行。省、自治区的人民代表大会常务委员会对报请批准的地方性法规，应当对其合法性进行审查，同宪法、法律、行政法规和本省、自治区的地方性法规不相抵触的，应当在四个月内予以批准。从立法法的上述规定来看，由于较大的市的人民代表大会及常务委员会制定的地方性法规必须报省、自治区的人民代表大会常委会批准后施行，因此，从立法权限的效力来看，较大的市的人民代表大会及常务委员会制定的地方性法规的立法权限完全从属于省、自治区人大及常委会制定的地方性法规的立法权限。而且从严格意义上来看，较大的市的人民代表大会及常委会并不享有法律上独立的制定地方性法规的立法权限。

总的来说，以解决法律、法规立法权限划分为重要立法宗旨的《中华人民共和国立法法》通过具体的制度设计，进一步细化了现行宪法所规定的法律、法规立法权限划分的基本原则，在许多问题上提出了具体的划分标准，弥补了宪法规定的缺陷和不足。但是，立法法

---

① 立法法所规定的较大的市是指省、自治区的人民政府所在地的市，经济特区所在地的市和经国务院批准的较大的市。参见《中华人民共和国立法法》第63条。

在详细规定法律、法规立法权限划分的标准时仍然存在着标准模糊、界限不清的地方，许多划分标准在法理上也存在着不可克服的价值矛盾，这种价值矛盾的存在也必然会影响在具体的立法实践中来正确地处理法律、法规立法权限划分中所出现的各种法律关系。突出的问题表现在以下几个方面：

1. 全国人大制定的法律与全国人大常委会制定的法律之间的立法权限并没有完全界定清楚。立法法仍然采用现行宪法关于全国人大制定法律的立法权限与全国人大常委会制定法律的立法权限的划分方法，虽然从逻辑上看，全国人大常委会有权制定和修改应当由全国人大制定的法律以外的法律似乎确立了对全国人大应当制定法律的事项全国人大常委会不得制定法律的立法权限划分标准，但实际上这种标准本身带有相当大的不确定性。因为宪法和立法法都没有通过列举的方式来穷尽全国人大制定法律的立法事项，所以，使用排除法来确定全国人大常委会制定法律的立法权限很显然具有一定的不确定性，在“应当由全国人大制定的法律”概念本身内涵和外延都不是非常周延的情况下，“应当由全国人大制定的法律以外的法律”概念就具有更大的不确定性。因此，不论是现行宪法，还是立法法，都没有彻底地完成划分全国人大与全国人大常委会之间立法权限的任务，全国人大，特别是全国人大常委会在制定法律时，其立法事项仍然存在着一定的随意性。如关系到国家权力与公民权利、国家权力与国家权力基本宪法关系的《中华人民共和国戒严法》，从法理上来看，无论如何应当由全国人大来制定，而实际上却是由全国人大常委会通过的。全国人大常委会制定戒严法的事例使法理上对全国人大制定法律的“基本性”的解释产生了巨大的困难。

2. 法律与行政法规立法权限划分的原则和标准在立法法中还存在着一定的价值矛盾。从立法法第 54 条规定来看，立法法跟现行宪法一样，不仅规定了国务院制定行政法规要依据法律，而且要依据宪法，这在理论上就存在着行政法规的立法权限既从属于法律，同时，行政法规的立法权限又可以直接来自于宪法的价值判断。特别是立法法第 54 条第 2 款第 2 项规定：行政法规可以规定“宪法第八十九条规定的国务院行政管理职权的事项”。上述设计很显然会导致行政法规自身立法权限存在着不可克服的价值矛盾，在实践中也会引起行政法规立法依据的冲突。根据目前宪法和立法法关于行政法规立法权限的规定，国务院制定行政法规的立法权限至少存在三个立法依据：一是宪法依据；二是法律依据；三是授权立法依据。至于说国务院在制定某一个具体的行政法规时，到底是依据什么，立法权限来自何处，这些问题根本没有办法在理论上给予自圆其说的解释。①

3. 法律与地方性法规立法权限划分的原则和标准逻辑上缺少周延性，不确定的地方还很多。立法法虽然肯定了宪法所规定的地方性法规与法律立法权限之间的“不相抵触原则”，但是，立法法第 8 条第 10 项与第 64 条第 2 款的规定又使得法律与地方性法规之间立法权限的划分存在着不确定性。立法法第 8 条第 10 项规定，法律可以规定“必须由全国人民代表大会及其常务委员会制定法律的其他事项”，但是，立法法并没有说明什么事项属于立法法第 8 条规定的事项之外的“必须”由全国人大及常委会制定法律的事项。而且谁有权、通过什么样的形式来认定这些“必须”制定法律的事项也是不清楚的，根据宪法所规定的基本立法原则，这里的“必须”事项原则上应当由全国人大及其常委会来决定，所以，对于享有制定地方性法规立法权限的地方人大及其常委会来说，要做到“不相抵触”是比较困难的。与此同时，立法法第 64 条第 2 款又规定，立法法第 8 条规定的制定法律的事项之外，如果没有制定法律的，省、自治区、直辖市和较大的市根据本地方的具体情况和实际需要，可以先制定地方性法规。从此处规定又可以看到，立法法没有明确规定由法律规定

---

① 最高人民法院副院长江必新在国家行政学院召开的立法法草案座谈会上，对立法法草案关于国务院制定行政法规的权限的弊端进行了分析。江必新指出：立法法草案规定：行政法规可以就下列事项作出规定：（1）为执行法律的规定需要制定行政法规的事项；（2）宪法第 89 条规定的国务院职权中的行政管理事项。一方面该规定与全国人大及其常委会的立法权限不一致，依宪法第 89 条的规定，国务院的职权十分广泛，上述第（2）项不仅与草案第七条的（1）、（2）、（6）、（8）等项相矛盾，而且与授权立法的有关规定有冲突；另一方面，与地方权力机关的立法权限也不无矛盾。与其如此，不如将宪法第 89 条的某些项目（如（3）、（4）等项）作为自主立法事项，其余事项属于执行性行政法规事项。授权国务院立法的事项，原则上只能限于草案第 7 条第（3）、（6）、（8）等项，不宜太宽。但既然是授权立法，所立之法就应当视为法律，并与法律具有同等效力。转引自《法制日报·两会新闻网络版》，2000 年 3 月 8 日。

的事项，地方性法规又可以有权自主地涉及这些事项。很明显，对立法法没有明确属于法律规定的事项，立法法上述两条规定对这些未知事项的立法权限作了两种价值方向完全相反的指引，这种立法技术上的瑕疵必然会使得地方性法规与法律“不相抵触原则”成为一个非常不确定的价值标准。

4. 行政法规与地方性法规立法权限划分的原则和标准在宪法中是以“不相抵触原则”来处理的，但是，在立法法中却扩大了这一原则，同时也确认了地方性法规与行政法规立法权限之间的从属关系。根据立法法第64条第1款第1项的规定，地方性法规可以根据行政法规的规定，规定需要根据本行政区域的实际情况作具体规定的事项。至于在何时适用从属关系，何时适用“不相抵触原则”，现行宪法和立法法都没有提供准确的答案。

至于不同的地方性法规立法权限之间的关系，由于立法法规定了较大的市的人民代表大会及其常务委员会根据本市的具体情况和实际需要，在不同宪法、法律、行政法规和本省、自治区的地方性法规相抵触的前提下，可以制定地方性法规，报省、自治区的人民代表大会常务委员会批准后施行。因此，较大的市的人民代表大会及其常务委员会制定地方性法规的立法权限与省、自治区人大及其常务委员会制定的地方性法规的立法权限之间完全是从属关系，在法理上不存在任何争议。

总之，立法法在努力确立法律、法规立法权限划分原则和标准的同时，由于现有的宪法制度的不完善以及立法技术的不成熟，又使得立法法所确立的法律、法规立法权限划分原则和标准存在着诸多价值矛盾和不确定性，在立法实践中必然会导致法律、法规立法权限之间的价值矛盾和冲突，这种价值矛盾和冲突不仅表现为法律、法规立法事项上的交叉和非专属性，而且还表现在法律、法规制定主体立法权限的法律效力上的相互矛盾和不一致等方面。这些现象的存在都会严重阻碍法律、法规作为社会主义法律体系中两种独立的法律形式而存在的意义，混淆不同法律形式的规范功能，影响社会主义法律体系的建立，所以，必须要从法理上对现行宪法和立法法中就法律、法规立法权限划分中存在的问题给予科学和合理的评析，找出一条解决上述问题的最佳路径。

三、中国法律、法规立法权限划分合宪性评价中存在的主要问题

为什么以解决法律、法规立法权限划分为立法宗旨的立法法仍然不能有效地解决法律、法规立法权限划分中的价值矛盾呢？在立法法之外，是否还存在着解决法律、法规立法权限划分中存在的价值矛盾的其他办法或理论路径？这些问题在传统的立法理论中并没有得到充分的讨论。

总结国外法治国家立法权限划分成功的经验，可以发现，要真正地解决法律、法规立法权限划分问题，必须引进“合宪性评价”的概念，也就是说，只有根据“合宪性”的价值要求来确立法律、法规立法权限划分的原则和标准，才能有效地摆脱传统立法理论关于法律、法规立法权限划分所陷入的价值困境，并通过建立合理和科学的立法权限划分机制来妥善地解决在法律、法规立法权限划分中所产生的各种价值矛盾。

（一）“合宪性”概念的含义及合宪性评价的意义

合宪性，英文为 constitutionality，作为一个制度性的概念，最早出现在1803年美国最高法院所判决的马伯里诉麦迪逊案件中。① 在该案件的判决中，马歇尔大法官代表最高法院明确地提出法律应当具有“合宪性”，与宪法相抵触的法律和立法行为无效。马歇尔法官指出：合众国宪法的特殊表述肯定和加强了所有成文宪法的基本原理，即和宪法抵触的法律是无效的；在宣布什么是合众国的最高法律时，宪法首先提到了宪法本身，而不是一般性的合众国的法律，只有根据宪法制定的法律，才具有最高法律的地位。② 所以，从司法审查的实践来看，合宪性的概念最早是作为对国会立法是否具有宪法上的依据以及是否符合宪法的要求提出的，合宪性不仅要求立法机关在制定法

① 合宪性这个概念其实在18世纪90年代美国最高法院的司法审查中就开始运用，这些判决都毫无例外地假定国会立法合宪性的权力，并且没有法律因为合宪性问题而被判为无效，直到1803年马伯里诉麦迪逊案件发生后，合宪性这个概念才真正地得到了最高法院的讨论。参见保罗·布莱斯特等：《宪法决策的过程：案例与材料》（上册），张千帆等译，中国政法大学出版社2002年版，第79页。

② 参见保罗·布莱斯特等：《宪法决策的过程：案例与材料》（上册），张千帆等译，中国政法大学出版社2002年版，第93页。

律、法规时需要享有宪法上所规定的立法权限，同时，立法机关在依据宪法所规定的立法职权进行立法活动时必须以宪法的规定为依据，不能超越立法职权或者是滥用职权来制定侵犯宪法所确立的各项基本宪法制度的法律和法规。

合宪性概念在司法审查领域的运用过程中，产生了许多重要的关于合宪性的重要原则，其中最突出的就是合宪性推定原则。所谓合宪性推定原则，就是在法院没有宣布一项法律或法规违反宪法之前，应当推定该法律或法规符合宪法。该原则的核心精神就是要尊重立法机关制定法律或法规的权威。美国最高法院早期的司法审查活动中就已经表现出司法机关对立法机关立法活动的普遍尊重，到了20世纪80年代，以国会立法的预先假定合宪为基础，来评价总统执行法律行为的效力成为美国最高法院中的一条公认的准则。在INS v. Chadha一案中，① 美国最高法院作出了以下判决：总统应当假定法律的合宪性。然而法令和宪法相冲突的情况必定会出现。在这种情况下，总统可以且应当行使其自由裁量权，决定法令是否合宪。在可能的地方，总统应当规避宪法问题来解释条款。② 推定立法机关的立法合宪在其他国家的司法审查或者是宪法诉讼中也得到了肯定。如联邦德国宪法法院在合宪性推定原则的基础上还发展出“宪法附合的法律解释”(Die verfassungskonforme Auslegung des Gesetzes) 原则，其基本含义是：当一种法律的合宪性与违宪性的比重相同时，宪法法院应把它解释为符合宪法的内容，作出合宪性判断。在1953年宪法法院判决中，宪法法官认定：任何一种法律只要存在解释为符合宪法的可能性时不应宣布为违宪。③ 在日本最高法院的违宪审查中，也认同了合宪性推定原则。

近年来，有关法律违宪或合宪的简单的宪法判断模式也逐渐被取

---

① Cf. 462 U. S. 919，942 n. 13 (1983)。

② 参见保罗·布莱斯特等：《宪法决策的过程：案例与材料》(上册)，张千帆等译，中国政法大学出版社2002年版，第55～56页。

③ 参见韩大元：《论宪法解释程序中的合宪性推定原则》，载《政法论坛》2003年第2期。

代，违宪审查的判决呈多元化趋势，共有违宪确认决定、一部分违宪确认决定、一部分合宪确认决定、限定的合宪决定、不一致决定、立法敦促（立法警告）决定、附条件违宪决定、适用违宪和暂定的违宪决定等。①

合宪性概念的产生对于现代法治社会的立法体制的建设是非常重要的。由于以合宪性概念为基础，确立了宪法作为立法活动的基本依据，因此，传统意义上法律、法规立法权限冲突都可以通过引进宪法依据和立法权限争议的概念来加以解决。合宪性概念的出现，可以使人们在判断一个行为是否符合宪法的要求上避免作出要么是合宪要么是违宪的简单性判断结论。合宪性概念给人们提供的是一个多视角的分析正当性的框架。在合宪性评价机制中，宪法依据可以判断法律、法规立法权限冲突的一方谁具有正当性和合法性理由；立法权限争议处理机制可以通过合宪性审查机制来妥善地解决立法机关的权限争议，避免立法权限争议的存在而影响法律、法规在实际生活中的立法效力。当然，值得注意的是，在国外司法审查过程中所确立的“合宪性”概念是以法治原则和现代宪政理念为基础的，也就是说，“合宪性”中的“宪法”本身应当是体现了现代法治原则和宪政价值的宪法，如果仅仅具有宪法的形式，而宪法中所确立的各项具体的宪法制度不符合法治原则和宪政精神的要求，如果宪法中存在着大量的以人治理念为基础建立起来的宪法制度和不科学的、不规范的制度设计，那么，这样的宪法是很难为“合宪性”提供有效的宪法依据的。

（二）从合宪性的要求出发看法律、法规立法权限划分中存在的主要问题

从合宪性的角度来看待中国法律、法规立法权限划分问题，很显然，这是一种全新的分析视角。虽然中国现行宪法对法律、法规立法权限划分提供了一定的指导原则，并且立法法也以这一原则为基础，确立了法律、法规立法权限划分的具体标准，但是，立法法并没有以“合宪性”为核心来处理法律、法规立法权限之间的关系，更多地只

---

① 参见韩大元：《论宪法解释程序中的合宪性推定原则》，载《政法论坛》2003 年第 2 期。

是按照宪法所规定的立法行政层级管理体制的要求来处理法律、法规立法权限划分问题，因此，存在着抽象意义上讲“合宪性”，而在具体问题上则仍然按照行政层级化管理的思路来处理法律、法规立法权限划分的立法倾向。具体说，从合宪性的角度来看，中国法律、法规立法权限划分存在着以下几个方面的问题：

1. 没有以宪法为依据来划分全国人大与全国人大常委会各自享有的立法权限的界限。无论是现行宪法，还是立法法，对全国人大制定的法律与全国人大常委会制定的法律的立法权限划分都是以“应当由全国人大制定的法律以外的事项”来作为全国人大常委会制定法律的立法依据。问题的关键是“应当由全国人大制定的法律”在制度上由谁、通过何种方式来加以判断，这个问题并没有交代清楚。如果全国人大常委会在这个问题上与全国人大产生不同认识，根据现行宪法所确立的人民代表大会制度的基本原则，全国人大在此问题上享有最终的解释权。如果这样的判断能够成立，相应地在法理上就会引发两个重要问题，一是全国人大由于掌握了处理全国人大制定的法律与全国人大常委会制定的法律立法权限划分的最终决定权，在法理上，全国人大可以将全国人大常委会的立法权限缩小到零，如果这种情况出现，那么，全国人大常委会实际上是不享有独立的制定法律的立法权限的，因此，从制度上完全可以通过设定全国人大授权全国人大常委会制定法律的方式来解决全国人大制定的法律与全国人大常委会制定的法律立法权限之间的价值矛盾，而没有必要采取目前这样的方式加以规定；二是如果全国人大对全国人大制定的法律和全国人大常委会制定的法律立法权限划分享有最终决定权，那么，现行宪法所规定的全国人大常委会有权解释宪法的规定就会与这种推论相互矛盾，必须取消全国人大常委会有权解释宪法的规定，否则，如果承认全国人大常委会对宪法享有解释权，那么，在全国人大制定法律与全国人大常委会制定法律的立法权限划分上，就是全国人大常委会享有最终解释权，“应当由全国人大制定的法律”就必须由全国人大常委会来进行解释，如果这样的推论是成立的，那么，全国人大制定法律的立法权限就受到全国人大常委会宪法解释权的制约，在逻辑上反而会出现全国人大制定法律的立法权限从属于全国人大常委会的制定法律的立法权限的结论。所以，不以宪法作为划分全国人大与全国人大常委会制定法律的立法权限的依据，是根本不可能有效地解决在划分全国人大与全国人大常委会各自所享有的立法权限之间的价值矛盾的。

2. 从合宪性角度来看，行政法规不可能既依据宪法，又依据法律来制定。这是因为依据法律制定行政法规，其实质就是国务院依据全国人大及其常委会的授权来制定行政法规，从这个意义上来看，国务院依据法律制定的行政法规的立法权限从属于法律的立法权限。然而，国务院如果依据宪法来制定行政法规，那么，这种制定行政法规的立法权限就是来源于宪法，只能通过修改宪法或者是解释宪法的程序来加以限制，并且这种依据宪法制定的行政法规在法律效力上应当与全国人大及其常委会依据宪法所制定的法律的效力是相等的。如果这样的推论是合理的，那么，国务院制定行政法规的立法权限又可以是独立于全国人大及其常委会的立法权限之外的，并且还可能与全国人大及其常委会所享有的立法权限发生权限争议，即各自根据宪法的规定来强化自己依据宪法所享有的立法权限。如果允许这样的推论存在，那么，现行宪法所确立的人民代表大会制度的基本原则就会受到破坏，因为根据现行宪法第 3 条的规定，国家行政机关、审判机关、检察机关都由人民代表大会产生，对它负责，受它监督。国务院由全国人大产生，对全国人大负责，受全国人大监督，而不可能在制度上与全国人大发生对抗。承认国务院可以依据宪法制定行政法规，实际上就是等于承认国务院与全国人大及其常委会在立法权限上存在着权力制约的宪法关系，很显然，这样的推论与宪法所规定的人民代表大会制度的基本制度发生价值矛盾。

值得注意的是，根据中国现行的授权立法制度，在全国人大及其常委会制定的法律的立法权限与国务院制定的行政法规的立法权限之间还存在着双重性质的授权关系。除了宪法第 89 条、立法法第 54 条所规定的国务院依据法律制定行政法规的一般性授权立法形式之外，从 1979 年至今，全国人大及其常委会还向国务院进行了三次特别授权：第一次是 1983 年，全国人大常委会授权国务院修改和补充关于安置老弱病残干部暂行办法和关于工人退休退职暂行办法；第二次是 1984 年，全国人大常委会授权国务院制定和发布税收试行条例；第三次是 1985 年，全国人大常委会授权国务院必要时对有关经济改革和对外开放工作中的问题制定暂行规定和条例。① 如果从合宪性的角度来看这些特别授权，在法理上就是有问题的。因为全国人大常委会通过授权方式授予国务院的立法事项首先要证明是否具有宪法上的依据，宪法关于上述特别授权的内容是赋予了全国人大及其常委会，还是直接赋予了国务院，这个问题根据目前的宪法学和立法学理论以及现行宪法的规定是很难回答的。所以，将合宪性的概念引入法律与行政法规立法权限划分中，会发现现行宪法以及立法法对上述问题的处理方法不免过分简单化，没有能够找到问题的症结所在。

3. 将合宪性概念引入法律与地方性法规立法权限的划分上，也会发现，现行宪法与立法法对上述问题的处理方案是不太科学的。根据中国现行宪法的规定，人民代表大会制度是中国的根本政治制度，全国人民代表大会和地方各级人民代表大会都由民主选举产生，对人民负责，受人民监督。根据现行宪法、地方组织法的规定，中国的人民代表大会共分四个层级，在中央一级是全国人民代表大会，在地方分三级，包括省级人民代表大会、县级人民代表大会以及乡镇级人民代表大会。既然都是通过民主程序由人民选举产生的人民代表机构，在各自行政区域范围内，人民代表机构都应当拥有一定程度上的立法自主权，否则，通过选民和选举单位产生的人民代表的意志就无法得到准确的体现。如果民意不具有一定的自主性和独立性，就意味着民意要受到外来限制，这是与现代宪政的基本原则不相吻合的。

从合宪性的要求出发，目前宪法及立法法所规定的地方性法规立法权限必须具有区分于法律立法权限的独立的权限内容，否则，法律与地方性法规之间的立法权限的划分就不具有合宪性。因此，法律与地方性法规立法权限的划分首先涉及宪法上所规定的中央与地方的关系。

从国外宪法的相关规定来看，在处理中央与地方立法权限划分上，采取了不同的立法体制。

在联邦制国家，联邦的立法权来自各州或成员邦（或共和国）及其人民的同意，联邦和州或邦享有的立法权限以制宪时的约定为基准。宪法是人民和政府之间的契约，同时也是各州或邦与中央政府间

---

① 参见陈伯礼：《授权立法研究》，法律出版社 2000 年版，第 66 ~ 67 页。

的契约。例如，美国宪法对联邦和州的立法权限的事项做了比较明确的划分，联邦和州分别在各自的立法权限范围内进行立法。宪法第10修正案规定，“宪法未授予合众国、也未禁止各州行使的权力，由各州各自保留，或由人民保留”。该条修正案规定了联邦和州立法权限划分的准则：联邦拥有“授予的权力”，州拥有“保留的权力”。联邦享有的“授予的权力”是宪法第1条至第4条所列举的立法权限；根据联邦最高法院的解释可以从授予的权力合理引申出来的立法权限，为“默示的权力”。为了确保联邦制的贯彻，保证联邦和州按照各自的权限进行立法，美国宪法还禁止联邦或者州行使某些权力，并且规定了联邦和州可以共同享有的立法权限。根据这些宪法规定和联邦最高法院的有关宪法解释，美国联邦和州的立法权限被具体分为以下内容：

授予联邦的立法权限：1. 征税、借款、发行货币；2. 管理对外贸易和州际贸易；3. 制定统一的归化法和破产法；4. 规定伪造合众国证券和货币的罚则；5. 设立邮政局和兴建邮政道路；6. 颁发专利权和版权；7. 设立联邦法院；8. 规定和惩罚公海上的海盗行为和违反国际法的犯罪行为；9. 宣战、颁发捕获敌船许可状，制定关于陆上和水上捕获的规章；10. 建立陆军、海军；11. 征召民兵；12. 管理领地，管理财产；13. 厘定度量衡；14. 办理外交和缔结条约；15. 接纳新州加入联邦；16. 提出宪法修正案。

联邦的默示立法权限：1. 建立银行和其他公司，引申自征税、借款和管理商业的权力；2. 为道路、学校、健康、保险等提供经费，引申自兴建邮政道路、提供公共福利、国家防务和管理商业的权力；3. 设立军事学院和海军学院，引申自建立和保持陆军和海军的权力；4. 发电和出售剩余物资，引申自处置政府财产、管理商业和宣战等权力；5. 帮助和管理农业，引申自征税、提供公共福利和管理商业的权力。

禁止联邦行使的立法权限：1. 不得对任何州输出的商品征税；2. 间接税税率应当全国统一；3. 不得剥夺权利法案所做的保证；4. 在商业上，不得给予任何一州优惠于其他州的待遇；5. 未得到州的同意，不得改变州的疆界；6. 不得把新接纳的州置于低于创始州的地位；7. 不得允许奴隶制；8. 不得授予贵族爵位；9. 不得通过剥夺公民权利的法案或追溯既往的法律;10. 不得中止人身保护状的特权,除非发生叛乱和入侵;11. 未经正当法律程序,不得剥夺任何人的生命、自由和财产。

保留给州的立法权限:1. 管理州内的工商业;2. 建立地方政府;3. 保护健康、安全,维护道德;4. 保护生命、财产和维持秩序;5. 批准宪法修正案;6. 举行选举;7. 改变州宪法和州政府。

禁止州行使的立法权限：1. 不得铸造货币，在和平时期不得保持军队和兵舰；2. 不得缔结条约；3. 不得制定损害合同义务的法律；4. 不得否定人民享有法律的同等保护；5. 不得违反联邦宪法或阻挠联邦法律的实施；6. 不得因种族、肤色和性别而剥夺公民的选举权；7. 不得对进口货和出口货征税；8. 不得允许奴隶制；9. 不得授予贵族爵位；10. 不得通过剥夺公民权利的法案或者追溯既往的法律；11. 不得中止人身保护状的特权，除非发生叛乱或者入侵；12. 非经正当法律程序，不得剥夺任何人的生命、自由和财产。

联邦和州都可以行使的立法权限：1. 征税；2. 借款；3. 设立银行和公司；4. 设立法院；5. 制定和实施法律（在各自权限范围内）；6. 为公共目的而征用财产；7. 兴办公共福利。

美国的立法体制还有一项内容，就是联邦法的法律效力高于州法的效力。美国宪法第6条明确规定，合众国的宪法、法律和同外国缔结的条约，都是全国的法律，各州必须遵守；州的宪法或者法律，凡是同联邦宪法、法律和条约相抵触者，一律无效。这项规定确立了联邦法在美国立法体制中的地位，解决了联邦法不能在各州实施的法律问题。

在单一制国家，地方的权力来自中央政府的授权。中央政府是否授予地方立法权以及授予多少立法权，完全由中央政府按照既定的思路和原则在宪法或法律中加以规定。如英国传统上实行的是在中央集权控制下的地方有限分权模式，中央与地方的关系是监督控制与被监督、被控制的关系，在立法权限上，只有威斯敏斯特（英国议会）享有立法权，而英格兰、威尔士、苏格兰和北爱尔兰地方议会则不享有立法权。1998年，大不列颠联合王国议会通过《苏格兰法》，并以此成立了苏格兰议会。根据《苏格兰法》的规定，苏格兰议会的主要权力包括：（1）可以就授权领域制定独立的法律或者进行实施性的立法；（2）负责制定每年达170亿英镑的预算；（3）可以对个人所得税进行3%以内的变动。经过改革后的苏格兰议会可以在教育领域自行立法。而在此之前是由联合王国议会立法。事实上，在此之前，苏格兰地区是世界上唯一拥有自己的教育制度，但缺少自己的教育立法的地区。苏格兰议会成立后有两个层次的立法权，一是原始的立法权；二是附属性的立法。而在立法方面，威尔士立法会只有附属性的立法权限。苏格兰议会被授权的立法事项还有：负责教育与培训，卫生和社会工作，地方政府、住房和规划，司法、警察和消防，环境、农业和渔业。英国议会制度改革的历史说明在传统的单一制国家中，特别是在存在地方议会的前提下，要让地方议会不享有一部分独立的立法权限是很难发挥地方议会的功能，而且与现代宪政的基本价值理念也不相吻合。当然，目前，也有一些单一制国家目前仍然采用中央集权的立法模式，如朝鲜、越南、斯里兰卡、土耳其等。

中国在处理香港和澳门问题时，根据“一国两制”方针和“港人治港”、“澳人治澳”、“高度自治”的原则，根据中国宪法第31条的规定，通过香港特别行政区基本法和澳门特别行政区基本法授予香港和澳门特区以较多（高度自治）的地方立法权限。但是，根据香港和澳门基本法的规定，无论香港特别行政区和澳门特别行政区的高度自治权有多大，都不是其固有的，而是来自于中央政府的授权。

中国在处理中央政府与民族自治地方的自治机关的关系时，也比较好地体现了中央授权的原则。如现行宪法第116条规定：民族自治地方的人民代表大会有权依照当地民族的政治、经济和文化的特点，制定自治条例和单行条例。自治区的自治条例和单行条例，报全国人民代表大会常务委员会批准后生效。自治州、自治县的自治条例和单行条例，报省或者自治区的人民代表大会常务委员会批准后生效，并报全国人民代表大会常务委员会备案。以自治区的自治条例和单行条例立法权限为例，由于需要全国人大常委会批准后才能生效，实际上自治区的自治条例和单行条例的立法权限是基于授权立法形式获得的。

然而，中国现行宪法和立法法在处理法律、地方性法规立法权限划分上并没有确立内容比较清晰的界定原则和标准。现行宪法第100条规定了地方性法规与法律的“不相抵触原则”，而立法法第64条又确立了法律与地方性法规立法权限之间的从属关系，同时又肯定了地方性法规立法权限一定的独立性。这种处理方式实际上使得中央与地方的立法权限划分处于一种不确定状态之中。根据宪法和立法法所确立的法律与地方性法规立法权限的划分原则和标准，既无法肯定地方性法规的立法权限完全来自于法律的授权，也无法判断地方性法规的立法权限具有一定程度的独立性。所以，从合宪性角度来看待目前宪法和立法法所确立的法律与地方性法规立法权限划分的原则和标准，并没有以此建立起严格和科学意义上的宪法关系。

特别值得一提的是，在立法实践中，还存在着全国人大及其常委会向有权制定地方性法规的地方人大进行特别授权的现象。如在1982年宪法颁布之前，全国人大常委会在1981年11月26日通过决议，授权广东省、福建省人民代表大会及其常委会制定所属经济特区的各项单项经济法规。1982年宪法颁布后，1988年第七届全国人大一次会议又在《关于建立海南省经济特区的决议》中，授权海南省人大及其常委会，根据海南经济特区的具体情况和实际需要制定法规，在海南经济特区实施。此外，1992年、1994年和1996年，全国人大常委会又先后向深圳、珠海、汕头和厦门市人大及其常委会授权制定适用于经济特区的法规或规章。如果说1981年全国人大向广东省、福建省人大及其常委会的授权在当时的历史背景下由于省级人大依据1978年宪法不享有立法职权是符合宪法上的授权理论的话，那么，全国人大常委会后来向经济特区的授权立法在合宪性上就存在可以值得探讨的问题了。全国人大法工委国家法室主任李援在2003年8月28日召开的经济特区立法座谈会上明确地指出：特区授权立法与法制统一原则可以说本身就是一对矛盾。① 在2003年11月25日至26日在海南省海口市举行的“经济特区授权立法联系会议”上，来自经济特区立法部门和全国人大的领导以及全国著名的立法专家在探讨中国经济特区授权立法制度的特点时，代表们都指出了目前在立法法中得到肯定的经济特区授权立法制度在宪法理论上确实存在很多价值矛盾，特别突出的问题就是“一区两法”，即在经济特区存在授权立法和地方性立法两种形式，对于经济特区立法机关来说，哪些事项通过授权立法来加以规定，哪些事项通过地方性立法的形式来加以

① 参见经济特区授权立法联系会议材料（2003年11月，海口）之一，《全国人大有关领导和专家谈经济特区授权立法》。

解决，至少目前在法理上很难讲清楚。全国人大法律委员会委员张春生也指出，根据现在经济特区发展的现状，今后向经济特区授权立法的活动应当要采取更加谨慎的态度。① 这些都说明了目前存在于实际中的授权立法制度，由于授权主体与被授权主体在立法权限上的基本宪法关系并不是非常清晰，导致了立法权限划分很难具有科学性。

4. 从合宪性的角度来看，立法权反映了代表机关的意志，是民主原则在法律制定活动中的重要体现。只有立法权掌握在人民或者是由人民选举产生的人民代表组成的人民代表机构手上，才能保证立法权的正当性。但是，根据立法法第 64 条的规定，地方性法规的制定仍然要以行政法规为依据，这样的规定实际上与现代宪政的基本精神是不相符合的。这样的规定实际上在法理上支持了行政机关可以向代表机关授权，这里的法理依据与现代宪法所确立的民主原则的基本要求是相反的。类似的这种制度设计还可以从立法法关于较大的市制定地方性法规的权限依据中体现出来。立法法第 63 条规定，省、自治区的人民代表大会常务委员会在对报请批准的较大的市的地方性法规进行审查时，发现其同本省、自治区的人民政府的规章相抵触的，应当作出处理决定。该规定也是与中国现行宪法第 3 条所规定的国家行政机关由国家权力机关产生，对国家权力机关负责，受国家权力机关监督的基本宪法精神不一致。

总之，从合宪性的角度来分析目前中国宪法、立法法以及其他法律所确立的法律、法规立法权限划分原则和标准，确实存在着大量的不能运用宪法原理科学地予以解释的现象和问题。所以，要真正在法律、法规立法权限划分上确立一个科学合理的界定标准，必须引进合宪性评价机制，只有把立法权限划分问题上升到宪法学理论研究的高度，才能找到解决这个问题的有效思路。

四、解决中国法律、法规立法权限划分合宪性的主要法律对策

基于中国法律、法规立法权限划分的现状，从合宪性的要求出发，必须要以树立宪法在划分立法权限中的权威性法律地位为基础，

---

① 参见经济特区授权立法联系会议材料（2003 年 11 月，海口）之一，《全国人大有关领导和专家谈经济特区授权立法》。

从完善基本的宪法制度入手，通过制定和修改宪法和立法法的相关规定，废止那些不具有合宪性的立法权限划分制度，建立有利于法律、法规立法权限划分的立法制度，才能真正地解决目前存在于中国立法体制中的法律、法规立法权限划分上的价值矛盾和权限冲突，进一步健全和完善中国的立法权限划分机制，为2010年建设具有中国特色的社会主义法律体系提供必要的法理依据和制度性保障。具体而言，要改变目前法律、法规立法权限划分中存在各种价值矛盾和权限冲突的现状，从合宪性评价的角度出发，主要应当采取以下几个方面的法律对策：

（一）从完善基本的宪法制度入手，理顺立法权限划分中的基本宪法关系

宪法是中国的根本大法，是人们行为的基本准则，也是社会主义法制统一的法律基础。现行宪法第5条第3款规定：一切法律、行政法规和地方性法规都不得同宪法相抵触。所以，宪法不仅仅是行为规则，也是仲裁规则，包括根据宪法的规定对法律、法规立法权限划分中出现的各种价值矛盾和冲突依据一定的法律程序进行裁决。

但是，应当看到，尽管近些年来从中央领导到普通老百姓，宪法意识有了一定程度的提高，不过，究竟如何依据宪法来作为评价人们行为是非对错的标准，如何根据宪法的规定来正确地划分法律、法规之间的立法权限，这些问题不仅在实践中没有很好地加以解决，在法理上也没有认真地加以研究。由此造成了两张皮的现象，即一方面在法律、法规中突出强调宪法的重要性，另一方面在立法实践中却又将宪法束之高阁。宪法的法律功能和作为仲裁规则的作用根本没有受到应有的重视。这种形式上重视宪法，实质上轻视宪法的现象不仅反映在有的司法审判实践中不将宪法作为人民法院审判案件的法律依据，而且还反映在立法中既肯定宪法的规范指导作用，又在设计具体的立法制度，特别是立法权限划分机制时将宪法的规范作用搁置一边。以立法法为例，第87条规定：法律、行政法规、地方性法规、自治条例和单行条例、规章如果存在“下位法违反上位法规定”的，由有关机关依照本法第88条规定的权限予以改变或者撤销。也就是说，该条规定确立了“下位法不得违反上位法”的立法原则。但是，仔细考虑这一原则，实际上是违反了现行宪法规定精神的。现行宪法规

定，法律、行政法规和地方性法规不得与宪法相抵触，因此，判断法律、行政法规和地方性法规是否有效的标准应当是以是否符合宪法的要求为核心。如果按照立法法第87条所确立的“下位法不得违反上位法”的立法原则，一旦符合宪法的法规与违宪的法律发生冲突，也应当要求法规服从法律，很显然，这样的立法原则将宪法的权威完全搁置在一边不加以考虑。在近期交付法学界讨论的《最高人民法院关于审理行政案件适用法律规范若干问题的规定》（征求意见稿）对人民法院审理行政案件的法律依据所确立的标准更是置宪法的根本法地位于不顾，将宪法只视为人民法院审理行政案件可以参考的依据，而根据宪法制定的法律、行政法规、地方性法规可以是法定依据，部门规章和地方政府规章可以作为参照依据，这样的设计完全颠倒了宪法与法律、法规之间的关系，如果付诸实施，必然会造成宪法的权威地位大受损害。① 所以，在立法法第90条已经明确规定“国务院、中央军事委员会、最高人民法院、最高人民检察院和各省、自治区、直辖市的人民代表大会常务委员会认为行政法规、地方性法规、自治条例和单行条例同宪法或者法律相抵触的，可以向全国人民代表大会常务委员会书面提出进行审查的要求，由常务委员会工作机构分送有关的专门委员会进行审查、提出意见”的情况下，《最高人民法院关于审理行政案件适用法律规范若干问题的规定》（征求意见稿）对宪法适用于司法审判的态度仍然采取消极主义和回避的方式，不免使人们产生“叶公好龙”的失望感。

所以说，不从宪法的规定出发来理顺立法权限划分中的各种法律关系，不可能从根本上解决目前存在于法律、法规立法权限划分中的价值矛盾和冲突。而要基于宪法确立法律、法规立法权限划分中的各项法律关系，就必须从完善最基本的宪法制度入手。

当前，在对法律、法规立法权限划分进行合宪性评价的过程中，

---

① 《最高人民法院关于审理行政案件适用法律规范若干问题的规定》（征求意见稿）第1条规定：人民法院审理行政案件，依据法律、行政法规、地方性法规、自治条例和单行条例，依据最高人民法院司法解释，参照部门规章和地方政府规章。第7条规定：人民法院审理行政案件，可以参考法律、行政法规、地方性法规、自治条例和单行条例、规章以外的其他合法有效的规范性文件。

最需要建立的宪法制度是宪法适用制度和宪法解释制度。由于中国长期以来在具体的宪法实施过程中缺少上述两项制度，使得人们对人民法院在司法审判中适用宪法的合法性产生怀疑，而全国人大常委会虽然依据宪法享有解释宪法的职权，但却在实践中从未正式地行使过宪法解释权，故在如何将宪法适用于具体的案件和具体的法律事实问题上，没有一套有效的法律程序和机制。最高人民法院也好，全国人大常委会也罢，在具体的实践中，总是尽量绕开宪法来解决问题，这样做的结果不仅使宪法的法律功能和作为仲裁规则的作用无法得到有效的发挥，还很容易给人们形成一个错误的印象，似乎宪法问题不能碰，只有全国人大常委会说了算。结果，本来依据现代宪政的基本精神作为公民权利武器的宪法，由于启动宪法的法律功能和发挥宪法作用的机制被国家机关牢牢控制，公民的宪法权利与国家机关所享有的宪法权力对比的过程中明显地处于劣势地位。另外，从法理上来看，将宪法适用于具体的案件与宪法解释还不完全是相同的宪法制度。宪法适用主要解决宪法对具体的案件和当事人生效的问题，宪法适用的效力只针对具体的当事人，而宪法解释是对宪法条文的释义，所产生的效力是对不特定的公民个人和组织的。宪法在司法审判中适用无疑会涉及宪法解释，但是，作为现行宪法已经明确了宪法解释权属于全国人大常委会的情况下，各级人民法院，特别是最高人民法院在审理具体的民事、刑事和行政案件过程中适用宪法根本不存在任何法律上的障碍。如果案件当事人或者是人民法院对在司法审判中适用宪法需要对宪法进行解释的事项不清楚或者是不能作出肯定性结论的，就可以由最高人民法院依据立法法第 90 条的规定，通过向全国人大常委会提出违宪审查请求的方式来解决在司法审判中适用宪法需要对宪法进行解释的问题。

总之，宪法适用制度不建立，宪法解释制度不启动，宪法就不可能作为仲裁规则来评价人们的行为，法律、法规立法权限划分也就不可能得到合宪性意义上的法律评价，宪法就只能永远束之高阁。宪法只有在解决具体问题、具体价值矛盾的过程中才能真正地发挥其规范指引作用。有了具体的宪法适用制度和宪法解释制度，不论是法律、法规立法主体之间的立法权限的冲突，还是法律、法规在具体立法事项上的矛盾，都可以通过宪法适用和宪法解释来妥善地加以解决。当然，要能够使宪法被正确地加以适用以及对宪法作出合理的解释，宪法中所确立的基本国家制度和社会制度本身也应当符合法治原则和现代宪政的基本精神。如果宪法中所确立的基本国家制度和社会制度自身或相互之间存在着严重的价值矛盾，这样的宪法即使被适用于具体的司法审判实践，也不可能依据有效的程序作自圆其说的解释。因此，将合宪性的概念引入法律、法规立法权限划分领域，不仅要强调“依据宪法”的要求，更重要的是要突出合宪性中的“宪法”应当是符合现代法治原则和宪政基本精神的宪法原则和宪法规定。

（二）以宪法为依据，改革立法体制，建立科学的立法权限划分机制

作为专门解决法律、法规立法权限划分问题的立法法仍然不能很好地解决这些问题的最重要原因之一，就是以立法法为基础建立起来的立法体制本身的合宪性就存在问题。从目前国外法治国家的立法状况来看，没有一个国家制定了像中国这样的以划分立法权限为目的的专门的立法法。由于中国现行宪法本身没有区分清楚制宪权、立法权以及立法权与其他性质的国家权力之间的界限，所以，在立法法自身的立法权限的合宪性都存在疑问的情况下，要依靠立法法来正确地、有效地界定法律、法规立法权限划分的原则和标准，不仅在法理上是困难的，在实践中也难以付诸实施。因此，解决法律、法规立法权限划分中价值矛盾和冲突的思路还是应当回到合宪性评价中来。

应当说，现行宪法关于立法权限划分的规定是比较系统的、全面的，但是，从合宪性的要求角度来看，也存在着对立法权限划分模糊不清和自相矛盾的地方，这些问题概括起来包括：

1. 制宪权和立法权没有区分开来

尽管现行宪法未明确确认“制宪权”的概念，但是，作为包含了制定宪法、解释宪法和修改宪法在内的制宪权中的部分内容，如修改宪法的权力和解释宪法的权力，宪法作了明确规定。宪法规定全国人民代表大会有权修改宪法，全国人大常务委员会有权解释宪法，而宪法还同时规定，全国人民代表大会制定和修改法律，全国人民代表大会常务委员会有权制定、修改和解释法律。所以，很明显，现行宪法所设计的“制宪权”主体与“立法权”主体在逻辑上是存在交叉的，这样，在法理上来看，就很难解决全国人民代表大会及其常务委

员会所行使的“立法权”是否合宪。因为从立法权限上来看，对全国人民代表大会及其常务委员会行使立法权是否合宪的判断权仍然在全国人民代表大会及其常务委员会，故全国人民代表大会及其常务委员会很难作出自己所享有的立法权限违宪的判断。

2. 立法权概念设置的不对称

现行宪法只确立了“国家立法权”的概念，而没有明确说明在“国家立法权”之外是否还有其他性质的立法权，所以，除了全国人民代表大会及其常务委员会依据宪法享有“国家立法权”之外，其他国家机关是否依据宪法可以享有立法权，或者是其他性质的国家机关依据宪法享有的是什么性质的立法权，现行宪法都没有给予明确交代。这样就为界定全国人民代表大会及其常务委员会行使“国家立法权”与其他性质的国家机关行使其他性质的“立法权”造成制度上的障碍，使得宪法完全失去了立法权限划分的功能。因此，从宪法规范的角度来看，中国现行宪法并没有建立完整的立法权限划分的概念，而只是通过列举的方式，规定了有关国家机关可以进行的立法活动，除了全国人民代表大会及其常务委员会是依据宪法在行使“国家立法权”之外，其他性质的国家机关依据宪法所进行的立法活动是否具有“立法权”的依据，宪法没有给予明确说明。所以，其他性质的国家机关所进行的立法活动是依据全国人民代表大会及其常务委员会的授权进行立法，还是依据宪法所规定的立法权限进行立法，这个问题至少在宪法条文的规定上是很难作出明确结论的。

3. 行政法规的立法依据不很清楚

现行宪法在规定国务院制定行政法规时，确立了“依据宪法和法律”的原则。从立法权限划分上来看，国务院制定行政法规的依据可以视为三种情形：一是依据宪法制定行政法规；二是依据法律制定行政法规；三是既依据宪法，又依据法律制定行政法规。虽然从宪法和法律条文的依据上很难论证行政法规的立法参考依据，但是，从制宪权和立法权的价值区分可以看到，依据宪法制定行政法规和依据法律制定行政法规，其权限来源不同。如果是依据宪法制定行政法规，那么，这种制定行政法规的立法权限应当来自宪法，具有与全国人民代表大会及其常务委员会依据宪法所享有的国家立法权同等的效力，如果与全国人民代表大会及其常务委员会制定的法律相冲突，这种立法权限之争就必须通过宪法程序来加以解决。但是，现行宪法又规定，国务院又可以根据法律制定行政法规，从立法权限上看，国务院依据法律制定行政法规，这种立法权限来自于全国人民代表大会及其常务委员会，因此，如果国务院依据法律制定行政法规的立法权限与全国人民代表大会及其常务委员会的立法权限发生冲突，国务院制定行政法规的立法权限必须服从全国人民代表大会及其常务委员会的立法权限，因为两者之间是授权与被授权的关系。

由于现行宪法第 89 条所规定的行政法规立法依据的含混性,使得国务院从法理上在制定行政法规时至少获得两种立法权限,即从宪法获得的立法权限和从法律获得的立法权限。但是,从立法权限划分的原则来看,如果这两种立法权限之间没有明确界限的话,也就是说,国务院在什么情况下可以依据宪法制定行政法规,在什么情况下可以依据法律制定行政法规,这两种情形没有法律上的明确区分的话,那么,国务院制定行政法规的立法权限就是含混不清,在法理上也无法对国务院制定行政法规的立法权限是否具有合宪性作出科学的判断。

与国务院制定的行政法规的立法权限模糊不清相类似的情况是,根据现行宪法的规定,国务院各部、委在发布命令、指示和规章时,其立法权限既可以来自全国人民代表大会及其常务委员会制定的法律,也可以来自国务院制定的行政法规,至少说,具体来源于何种立法权限,宪法上没有作出明确交代。这样的规定,也为判断国务院各部、委制定命令、指示和规章的立法权限造成了制度上和法理上的困难。

4. 立法权限来源的模糊性

现行宪法在关于地方性法规制定权限的来源规定上，没有明确说明制定地方性法规的立法权限依据，而且采用了一个非常笼统且模糊的规定，即“在不同宪法、法律、行政法规相抵触的前提下，可以制定地方性法规”。从法理上来看，地方性法规制定的立法权限可以来自于宪法、法律和行政法规三者，因为只要地方性法规避免与宪法、法律和行政法规相抵触就可以。这样的立法权限依据更是在法理上容易造成混乱。上述模糊的规定意味着，地方性法规只要与宪法不相抵触，就可以从宪法获得立法依据；只要与法律不相抵触，就可以从法律获得立法依据；只要与行政法规不相抵触，就可以从行政法规获得依据。至于说，具体制定某个地方性法规的立法权限来自于何处，根据现行宪法的上述规定，根本无从判断。所以，从合宪性角度来看，除非地方性法规是直接依据宪法制定的，否则，都不存在合宪性的问题。

当然，从确定立法权限的清晰度来看，现行宪法在自治条例和单行条例的立法权限的规定上是比较清晰的。宪法规定，自治区的自治条例和单行条例，报全国人民代表大会常务委员会批准后生效。自治州、自治县的自治条例和单行条例，报省或者自治区的人民代表大会常务委员会批准后生效，并报全国人民代表大会常务委员会备案。

不难看出，根据宪法的上述规定，由于自治区的自治条例和单行条例应当由全国人民代表大会常务委员会批准后生效，从立法权限上来看，自治区的自治条例和单行条例的立法权在全国人民代表大会常务委员会，而不在自治区人民代表大会及其常务委员会。同样，自治州、自治县的自治条例和单行条例的立法权限也不在自治州、自治县的立法机关，而在省或自治区的人民代表大会常务委员会。所以，从立法权限划分的原则来看，所谓自治区有权制定自治区范围内适用的自治条例和单行条例的观点是缺少宪法依据的，自治区依据宪法规定只能有权享有制定在自治州、自治县范围内适用的自治条例和单行条例。这一点只有从考察自治条例和单行条例立法权限的合宪性的过程中才能准确地揭示出来。

鉴于现行宪法在确定立法权限划分原则中存在的上述问题，从科学地界定立法权限划分原则出发，要保证法律、法规立法权限划分具有合宪性的基础，或者是可以进行科学意义上的“合宪性”评价，必须从法理上解决立法权限划分的科学性以及从制度上解决立法权限划分的可行性。为此，可以考虑的在立法权限上进行宪法改革的建议包括以下几点：

（1）将修改宪法的权力改为由地方各级人民代表大会行使，具体方案可以设计为由四分之三省级地方人民代表大会通过。理由是中国实行的是人民代表大会制度，全国人民代表大会是在省级地方各级人民代表大会基础之上产生的，为了约束全国人民代表大会及其常务委员会行使立法权的活动，应当由省级地方各级人民代表大会来行使修改宪法的权力，这样就可以将制宪权的正当性与人民代表大会制度的正当性有机地结合起来。目前的宪法设计很难看出全国人大由地方人大选举产生对于地方人大来说有什么实质性的意义。

(2) 规定国务院只能依据法律制定行政法规，确立国务院作为国家最高行政机关的“执行功能”。国务院不能从宪法上获得直接的立法权限，否则，就会构成对全国人民代表大会及其常务委员会依据宪法所享有的“国家立法权”的挑战。

(3) 规定省、自治区和直辖市人民代表大会及其常务委员会可以依据“宪法”享有“地方立法权”，作为与全国人民代表大会及其常务委员会依据宪法享有“国家立法权”的对应性立法权，从而通过宪法建立明确的法律、地方性法规立法权限划分标准，并以宪法作为划分全国人民代表大会及其常务委员会与省、自治区和直辖市的人民代表大会及其常务委员会享有立法权限的划分依据。由于宪法本身的正当性建立在人民意志和地方各级人民代表大会的表决之上，因此，宪法可以科学地、合理性划分“国家立法权”和“地方立法权”。

(4) 建立明确的委托立法制度。凡是依据宪法规定不能享有“国家立法权”和“地方立法权”的国家机关，都必须通过享有立法权的国家机关的明确授权才能制定相应的法律规范。

只有将中国宪法所规定的立法权限划分机制与中国宪法所确定的人民代表大会制度所确立的基本组织原则有机地协调起来，才能从制度上解决中国立法权限划分的科学性，才能保证立法权限划分的合宪性，否则，合宪性判断机制根本就无法建立。

(三) 建立立法权限争议处理机制

在现代法治社会中，宪法规范与其他性质的法律规范一样，在确定法律、法规立法权限划分原则和标准的过程中，都不可能做到一劳永逸，为法律、法规立法权限划分提供一个绝对可靠的原则和标准。因此，法律、法规立法权限划分中的灰色区域总是存在的，法律、法规立法权限划分之间的价值矛盾和冲突是经常发生的，因此，指望通过一部立法法来从制度上彻底解决这些矛盾和冲突是不现实的，也不符合辩证法的要求。因此，在制度上允许法律、法规立法权限划分之间的价值矛盾和冲突在一定范围内和一定程度上存在本身是不可怕的，问题的关键是在制度上应当对此设计出一套相应完善的应对机制来有效地化解这些潜在的价值矛盾和冲突。而在解决这些价值矛盾和冲突的过程中，可以更有效地运用合宪性评价的手段来妥善地解决各种价值矛盾和冲突，建立相对稳定和成熟的宪法关系和宪法秩序。目前，在国外采用违宪审查制度的国家中，大多在宪法上规定了立法权限争议机制，在实践中也通过设定专门的法律程序来解决法律、法规立法权限之间的价值矛盾和冲突。

以联邦德国为例，根据联邦基本法第93条的规定，联邦宪法法院有权对在联邦法律或州法与本基本法在形式上和实体上是否一致，或州法与其他联邦法律是否一致方面发生意见分歧或怀疑时，经联邦政府、州政府、联邦议院三分之一的议员的要求进行裁决。该条规定在实际的司法审判中主要分为两类纠纷，一类是法律法规审查案，即审查法律法规的效力；另一类是机关争议，即审查制定法律法规的机关是否具有制定法律法规的立法权限。① 西班牙《宪法法院组织法》第60条也规定，如果中央政府与自治团体之间发生权限冲突，可以依据宪法法院组织法的规定将有关的权限争议提交宪法法院解决。

中国现行宪法和立法法没有设定立法权限冲突中的机关争议处理机制，只是简单地确立了“下位法不得违反上位法”原则以及按照行政层级管理模式建立起来的立法监督制度。立法法第88条规定：改变或者撤销法律、行政法规、地方性法规、自治条例和单行条例、规章的权限是：1. 全国人民代表大会有权改变或者撤销它的常务委员会制定的不适当的法律，有权撤销全国人民代表大会常务委员会批准的违背宪法和本法第66条第2款规定的自治条例和单行条例；2. 全国人民代表大会常务委员会有权撤销同宪法和法律相抵触的行政法规，有权撤销同宪法、法律和行政法规相抵触的地方性法规，有权撤销省、自治区、直辖市的人民代表大会常务委员会批准的违背宪法和本法第66条第2款规定的自治条例和单行条例；3. 国务院有权改变或者撤销不适当的部门规章和地方政府规章；4. 省、自治区、直辖市的人民代表大会有权改变或者撤销它的常务委员会制定的和批准的不适当的地方性法规；5. 地方人民代表大会常务委员会有权撤销本级人民政府制定的不适当的规章；6. 省、自治区的人民政府有权改变或者撤销下一级人民政府制定的不适当的规章；7. 授权机关有权撤销被授权机关制定的超越授权范围或者违背授权目的的法规，必要

---

① 参见刘兆兴：《德国联邦宪法法院总论》，法律出版社1998年版，第249页。

时可以撤销授权。不难看出，根据立法法第 88 条所确立的立法监督机制，即便是下级立法机关认为上级立法机关的立法权限缺少宪法依据，那么，在制度上也只能服从上级立法机关的立法意志，根本没有制度上的渠道来对上级立法机关的立法权限是否具有合宪性提出质疑。

由此可见，中国的法律、法规立法权限划分体制带有严重的行政管理色彩。在这种体制下，合宪性的价值远远低于行政层级化管理的效力。法律、法规立法权限之间的价值矛盾和冲突的解决不是以是否具有宪法上的依据来作为解决问题的标准，而是以法律、法规立法主体在国家行政层级化管理体系中所处的层次和权威来作为处理问题的依据。很明显，这样的制度设计没有把宪法的法律权威放在应有的地位，很容易形成官本位色彩很浓的立法体制。为此，建议全国人大常委会在启动宪法解释制度的过程中，设立专门的程序来解决不同立法主体之间发生的立法权限争议。

第二节　立法权限划分的合宪性审查①

一、问题的由来及研究价值

立法权限划分是一个国家立法制度赖以建立的价值基础，是现代法治社会中最核心的制度设计。立法权限划分是否科学、有效，直接关系到一个国家的法律制度能否建立在全面、系统和科学的法律规范体系基础之上，是实行“法治”的制度前提。

立法权限划分从广义上来看，包括如何划分制宪权和立法权；②从狭义上来看，主要是如何划分立法权。狭义上的立法权根据行使立法权的主体性质的不同，可以分为立法机关的立法权、行政机关的立

① 本节是作者承担的北京天则经济研究所 2003 年度社会招标课题的初步研究成果。

② 19 世纪中叶，在实证主义宪法学盛行的德国，G·拉班德和 G·耶林等法实证主义者们否认了制宪权概念本身的合理性。他们认为，宪法制定权、宪法修改权与立法权是同一概念，没有实质上的区别。这种宪法学说实质上否认了宪法制定权的权力性与宪法规范效力的最高性，在一定程度上导致了宪法理论与宪法实践的矛盾与冲突。参见徐秀义、韩大元主编：《现代宪法学基本原理》，中国人民公安大学出版社 2001 年版，第 34 页。

法权和司法机关的立法权；从行使立法权主体所管辖的行政区域来看，可分为中央立法权和地方立法权；从行使立法权主体是否可以独立地行使立法权，可以分为独立的立法权和授予的立法权；从立法权行使的行为方式来看，可以分为制定法律规范的权力、解释法律规范的权力和修改法律规范的权力等。不管是何种意义上的立法权，在性质上都属于一种创制法律规范的国家权力，① 具有公共管理和社会管理的职能。

在传统的非法治社会中，由于最高立法权掌握在君主手上，所以，立法权限划分在很大程度上取决于君主个人的意志。在现代法治社会中，由于确立了人民主权原则，因此，最高立法权也就是制宪权的主体并不具有客观性，而是价值论意义上的“人民”。所以，立法权限划分也必须依据一定的价值原则来进行，否则，就可能导致立法权限划分混乱无序状况的出现。

要解决立法权限划分的科学性问题，就必须要严格地按照现代法治社会所赖以建立的现代宪法理念作为解决立法权限划分中所产生的各种问题的重要价值手段。根据现代宪法的基本理念，国家的最高立法权，即制宪权，只能由人民行使，其他任何组织和个人都不能行使制宪权，只有这样，才能保证人民主权原则的价值完整性。② 人民行使制宪权的方式有多种价值路径，包括由制宪会议产生宪法，由全民公决产生宪法等。国家的一般立法权主体由宪法加以确定，根据宪法所确立的国家权力配置方式的不同，一般立法权主体可以是单一的立法权主体，也可以是多元的立法权主体。在宪法确立了单一的立法权主体的情况下，由于立法权依据宪法的规定只能由唯一的主体来行使，其他组织和个人不经授权不得行使立法权，因此，在这种国家权力配置方式下，不存在立法权限划分问题。关于立法权限划分可能存

---

① 创制法律规范比制定法律规范具有更广泛的价值内涵，它既可以包括有立法权的机关对习惯法的认可，也可以包括解释和修改法律规范的活动。而制定法律规范主要是立法机关根据正式的立法程序创造新的法律规范。所以，在宪法学理论上，一般应当采用宪法创制的概念来统帅宪法制定、宪法修改、宪法解释以及宪法惯例等形成和产生宪法规范的活动。

② 卢梭在《社会契约论》中指出：“立法权是属于人民的，而且只能是属于人民的。”参见卢梭：《社会契约论》，商务印书馆 1996 年版，第 75 ~ 76 页。

在的价值问题就是，如何防止立法权主体滥用立法权侵犯应当由人民行使的制宪权。在宪法承认多元的立法权主体的情况下，在价值上就存在一个如何在宪法中根据一个明确的事权划分标准将各类立法权主体所享有的不同性质的立法权有效地区分开来的问题。从严格的意义上来看，目前在宪法上仅仅确立单一的立法权主体的很少，绝大多数都确立了多元的立法权主体，都或多或少地存在着立法权限划分的问题。

我国目前宪法所确立的立法权主体比较复杂，主要有以下几个特点：

一是制宪权主体与立法权主体没有实行严格的制度分离，致使立法权限划分的宪法上的依据不足。

二是立法权主体多元，并且立法权主体之间的基本法律关系模糊，使得立法权限划分的意义不是非常清晰。

三是立法权的事权界定缺少明确的法律界限和具体的可操作性，立法权限交叉的问题没有在制度上得到根本解决。

四是立法权限划分的权威性不够，没有统一行使立法权限划分权力的价值主体或者是明确的法律制度。

五是宪法没有在立法权限划分中发挥基础性的价值建构作用，立法权限划分的合宪性不仅在宪法学理论上，而且在立法实践中被严重忽视，立法权限划分缺少必要的法理指导，带有盲目性、非规范性。

之所以会导致我国立法权限划分出现上述种种问题，其根本原因还在于我国目前的立法制度还不是严格地按照现代宪法的基本理念构建起来的，传统计划经济模式和行政管理模式以及各种人治因素的影响还非常大。不仅在理论上没有建立起科学的立法权限划分理论，而且在实践中也没有真正地去贯彻现代宪法的基本理念，在部门利益、地方利益、长官意志以及各种急功近利的非法治因素的驱使下，使得立法权限划分带有很大的主观性、随意性。这些问题的存在导致了在立法实践中大量的立法权限冲突、法律规范冲突、立法质量低下等现象的产生，严重地阻碍了我国立法活动的开展，影响了立法机关的声誉，对贯彻实施“依法治国、建设社会主义法治国家”的治国方略，实现到2010年建成有中国特色的社会主义法律体系的战略目标产生了不可小视的负面影响，这些问题必须引起高度重视。而解决这些问题的唯一正确的思路就是应当从现代宪法的基本理念出发，在正确地看待宪法在立法权限划分中的基础性价值建构作用的前提下，以突出立法权限划分的合宪性为重点，全面、系统地改造现行的立法权限划分价值观念和制度设计，争取以规范、有效的宪法理论为指导来建立科学、规范的立法权限划分机制。

二、合宪性的价值功能及分析方法

合宪性①是宪法学的一个重要研究范畴，也是宪法制度中的一个重要价值判断机制。合宪性概念的价值功能主要包括：（1）强调政府行为和公民行为的正当性；（2）要求将宪法规定和宪法价值作为政府行为和公民行为的直接依据；（3）对宪法所确立的价值目标通过制度化的手段来予以实现；（4）对不符合宪法规定和宪法价值的行为进行必要的防范和纠正；（5）确立宪法作为国家最高法律形式的法律权威等。

合宪性是实现现代宪法基本理念的重要价值手段，没有合宪性概念和合宪性判断机制作为宪法制度的核心要素，就很难保证宪法能够在实际中发挥根本法的作用。因此，在法治比较健全的国家中，都在理论上建立了有关合宪性的基本理论，在制度上设定了合宪性的判断机制。

在立法权限划分领域，强调立法权限划分的合宪性非常重要。强调立法权限划分的合宪性，是为立法权限划分提供了一种非常明确的价值标准。在现代法治社会中，具有合宪性的立法权限划分，在理论上是可以自圆其说的，在实践中也可以避免立法权限划分上的主观性、随意性，保证立法权限划分具有一定的客观性和可操作性。

从国外宪法制度中设立的合宪性判断机制来看，对于立法权限划分合宪性的分析方法比较简单。依据法治原则，原则上，不论是何种性质的立法机关，只要是依据宪法行使立法权的行为，首先推定为合

---

① 合宪性是与正当性、合法性相关的概念，从价值形态上来看，合宪性属于正当性的范畴，合法性也属于正当性的范畴。合宪性强调的是要以宪法原则和宪法规范作为评价事物和行为对错的标准，但是，合宪性不能解决自身的正当性问题。在明确区分宪法与法律的不同功能的制度下，合法性是低于合宪性的正当性要求。合法性是对事物和行为符合法律规范的要求，而法律规范自身的正当性来源于合宪性。所以，在现代法治社会中，由宪法的正当性、合宪性和合法性构成了一个事物和行为正当性的价值体系。

宪。正如日本最高法院在都教组案件判决中所指出的那样，作为具体实施宪法的法律来说，它们的立法目的通常情况下应当解释为“合宪”，而不是“违宪”，这是出于对立法行为正当性的尊重。因此，只要不是存在非常明显地违反宪法的情况，一般情况下，即便法律中规定了各种限制宪法权利的措施，也不能简单地视为“违宪”。因为法律对行为作出的限制总是有一个界限，超过了法律规定的界限一般应当视为“违宪行为”，但是，不能因为在实际中可能会出现超越法律所规定的界限的行为，而认定法律对这种界限的规定本身就是违宪的。所以，从宪法学理论上来看，不应当对法律上所规定的对宪法权利所作出的限制当然视为违宪行为，而首先应当视为合宪行为，除非法律上的限制明显不合理。①

这种分析方法的意义在于应该假设立法机关存在的首要任务就是依据宪法履行职权，而不应该假设立法机关不可能和无法依据宪法履行职权。因此，对于立法机关行使立法权的行为来说，具有合宪性是一般特征，也是法治原则的基本要求；不具有合宪性是特殊情况，需要通过制度上设立的合宪性判断机制来加以解决。

对于立法权限划分是否具有合宪性，首先要考虑一个国家的宪法理论上有没有区分制宪权与立法权的价值特征，在制度上有没有通过具体的法律程序将这两种立法权的行使方式严格地区分开来，如果这两个问题没有解决好，要在制度上建立科学的立法权限划分机制是很困难的，甚至是不可能的。其次，一个国家的宪法是将立法权赋予了唯一的立法权主体，还是赋予了不同的立法权主体。如果是赋予了唯一的立法权主体，那么，任何没有获得宪法授权的主体都不得行使立法权，或者是在没有享有立法权的唯一主体的授权下不得行使立法权，否则，擅自行使立法权，就不具有合宪性。再次，对于宪法上确立了多元的立法权主体的，应当建立宪法上的解决立法权限划分的争议解决机制和违宪审查机制。有权依据宪法行使立法权的主体在行使立法权的过程中，很容易超越宪法所赋予的立法权的权限范围，但是，这种超越立法权限的行为如何处理，不能简单而论。在宪法规定

---

① 参见日本最高法院 1969 年 4 月 2 日大法庭判决，《刑集》23 卷 5 号，第 305 页。

非常明确的情况下，超越立法权限的立法行为应当视为不具有合宪性，并通过违宪审查机制予以纠正；对于宪法规定不是非常明确的，就应当通过对宪法所确立的立法权限划分机制进行必要的宪法解释，对不同立法权主体依据宪法所享有的立法权的权限范围作出更精确地界定。

因此，有关立法权限划分的合宪性问题，在价值形态上存在以下几个方面的特征：(1) 立法权限划分无法进行合宪性判断；(2) 超越立法权限行使立法权不具有合宪性；(3) 行使立法权出现立法权限争议需要重新赋予合宪性；(4) 未按照法治原则来建立立法权限划分机制等。

从现代宪法的基本理念出发，要科学地解决立法权限划分的正当性、合理性等价值问题，必须要通过建立立法权限争议解决和超越立法权限行使立法权的违宪审查价值来保证立法权限划分的合宪性问题。对于未按照法治原则来建立立法权限划分机制或者是没有在制宪权与立法权之间建立必要的价值区分机制的，都无法在宪法理论上和在宪法制度上建立科学的确认立法权限划分的合宪性的判断机制。

三、样本的选择方式及样本的特征

立法权限划分问题是我国宪法学理论研究和宪法制度建设中长期存在的“瓶颈”问题。中华人民共和国成立以来，在我国立法领域中存在着立法权限划分不清、法律规范相互冲突、立法质量比较差等种种现象，对这些问题，至少到目前为止，在宪法学理论上并没有进行过比较系统和科学的分析；在实践中，也没有建立有效地解决问题的机制。面对到 2010 年建成具有中国特色的社会主义法律体系的战略目标，究竟我们能不能在理论上提供充分的论据和在制度上提供必要的保障，这些问题，尽管已经为理论界和实践部门所关注，但并没有形成系统的、科学的有说服力的解释理论。究其根源，在于解决立法权限划分问题的整体思路缺少现代宪法的基本理念的指导，没有引进立法权限划分的合宪性的评价机制。由于宪法作为根本法在国家法制建设过程中具有“整合”和“系统化”的作用，所以，离开了“合宪性”的价值基准，立法权限划分问题不仅在理论上不可能获得真正的解决，在实践中也只能导致立法权限划分机制无法摆脱混乱无序的状况。

基于合宪性自身的价值特征和在法律上的表现形式，从宪法学理论上来看，要对我国立法权限划分进行合宪性评价，必须正确地选择与立法权限划分密切相关的分析样本，通过运用合宪性的分析方法，来对分析样本是否可以进行合宪性分析，是否可以得出具有合宪性结论等作出严格的法理上的基本判断，以此来为建立科学的立法权限划分理论和为建设具有中国特色的社会主义法律体系提供比较可靠的、系统的实证分析思路。

根据上述所分析立法权限划分的合宪性所具有的四个价值特征，作者将选择在我国立法制度中具有典型意义的立法资料来进行对照性分析，并在对照性分析基础之上，得出相关的结论。为此，将选择以下几个立法文件作为分析立法权限划分的合宪性的分析样本：

1.《中华人民共和国宪法》（1982 年）（以下简称“现行宪法”）。宪法是一个国家的根本大法，是合宪性的价值源泉，也是立法权限划分的价值标准。对立法权限划分的合宪性的考察，必须对我国现行宪法与立法权限划分之间的价值关系进行总体性考察。

2.《中华人民共和国立法法》（2000 年）（以下简称“立法法”）。立法法是由全国人大通过的专门规定立法权限划分的基本法律。对立法权限划分的合宪性研究，很显然，立法法是一个最重要和最标准的分析样本。

3.《中华人民共和国国防法》（1997 年）（以下简称“国防法”）。国防法在宪法上没有明确中央军事委员会具有立法权的情况下，规定了中央军事委员会可以制定军事法规，这一规定涉及立法权的来源，适合于进行合宪性分析。

4.《中华人民共和国地方各级人民代表大会和地方各级人民政府组织法》（1995 年）（以下简称“地方组织法”）。地方组织法在宪法规定之外，对地方性法规的立法主体的范围进行了扩大，另外，还规定了地方政府规章的制定权限，属于在宪法之外明确立法权限的法律，是否具有合宪性值得深入加以研究，因此，可作为分析样本。

5.《城市流浪乞讨人员收容遣送办法》（1982 年）（以下简称“收容遣送办法”）。收容遣送办法在 2003 年初“孙志刚”案件发生后，由于“三公民上书”引起了社会各界对该收容遣送办法是否合宪的普遍关注，对于国务院是否有权制定收容遣送办法，应当从法理上给予科学地回答，所以，该办法作为样本具有较强的现实意义和学术价值。

6.《浙江省地方立法条例》（2001 年）。该地方立法条例由于涉及了立法权限划分问题，因此，被作为地方性法规的范例选为样本，进行相关的合宪性分析。

四、样本中存在的问题及解决问题的可行性思路

立法权限划分是立法制度的基础，也是建设有中国特色的社会主义法律体系的制度保障。1999 年宪法修正案明确地将“依法治国，建设社会主义法治国家”的治国方略写进了宪法，这就意味着，我国的社会主义法制建设必须贯彻现代法治原则，必须符合现代宪法的基本理念的要求。因此，对立法权限划分提出合宪法性的价值要求是必要的，也是可行的。说它是必要的，因为不论从我国现行宪法的规定来看，还是从建设社会主义法治国家的要求来看，都必须要以宪法为依据来建立我国的立法制度，宪法是一切法律形式和法律规范存在的合法性依据。说它是可行的，是因为对立法权限划分提出合宪性的要求，可以依据《中华人民共和国立法法》规定的违宪审查程序，对有关立法权限划分的合宪性问题依据法律的规定进行制度上的评价，并可以产生制度上的约束力。所以，立法权限划分的合宪性研究具有非常重要的理论价值和实际意义。

由于立法权限划分问题归根到底是一个宪法学的基本理论问题，所以，有关立法权限划分的理论观点都应当以宪法学的基本原理为分析依据，并在结合现实的宪法制度规定基础之上，形成比较系统的学术思路。对于本报告所选择的分析样本，由于涉及合宪性的价值要求，所以，在对分析样本进行合宪性价值判断的时候，将主要论述分析样本存在的问题，同时提出解决这些问题的比较可行的学术思路。

（一）《中华人民共和国宪法》中所确立的立法权限划分机制的合宪性评价

1. 与合宪性相关的问题要点

现行宪法作为国家的根本大法，确立了国家机关立法权限划分的总体标准，是立法权限划分的“合宪性”评价的依据。如果宪法中

没有对立法权限划分的有关原则作出明确的规定，那么，整个法律制度层面上的立法权限划分就很难进行有效的合宪性评价。从现行宪法的有关规定来看，涉及立法权限划分的规定主要包括以下几个方面：

（1）关于宪法修改权的规定

现行宪法第62条第1项规定：全国人民代表大会有权修改宪法。第64条第1款规定：宪法的修改，由全国人民代表大会常务委员会或者1/5以上的全国人民代表大会代表提议，并经全国人民代表大会以全体代表的2/3以上的多数通过。

（2）有关宪法解释权的规定

现行宪法第67条第1项规定，全国人民代表大会常务委员会有权解释宪法。

（3）关于国家立法权的规定

现行宪法第58条规定：全国人民代表大会和全国人民代表大会常务委员会行使国家立法权。

现行宪法第62条第3项规定：全国人民代表大会有权制定和修改刑事、民事、国家机构的和其他的基本法律。

现行宪法第67条第2项规定：全国人民代表大会常务委员会有权制定和修改应当由全国人民代表大会制定的法律以外的其他法律；第3项规定：在全国人民代表大会闭会期间，对全国人民代表大会制定的法律进行部分补充和修改，但是不得同该法律的基本原则相抵触。

（4）关于法律解释权的规定

现行宪法第67条第4款规定：全国人民代表大会常务委员会有权解释法律。

（5）关于制定行政法规的规定

现行宪法第89条第1项规定：国务院根据宪法和法律，规定行政措施，制定行政法规，发布决定和命令。

（6）关于制定命令、指示和规章的规定

现行宪法第90条第2款规定：各部、各委员会根据法律和国务院的行政法规、决定、命令，在本部门的权限内，发布命令、指示和规章。

（7）关于制定地方性法规的规定

现行宪法第100条规定：省、直辖市的人民代表大会和它们的常务委员会，在不同宪法、法律、行政法规相抵触的前提下，可以制定地方性法规，报全国人民代表大会常务委员会备案。另外，现行宪法第115条规定：自治区、自治州、自治县的自治机关行使宪法第3章第5节规定的地方国家机关的职权。根据此条规定，自治区的人民代表大会和它们的常务委员会有权制定地方性法规。

（8）关于制定自治条例和单行条例的规定

现行宪法第116条规定：民族自治地方的人民代表大会有权依照当地民族的政治、经济和文化的特点，制定自治条例和单行条例。自治区的自治条例和单行条例，报全国人民代表大会常务委员会批准后生效。自治州、自治县的自治条例和单行条例，报省或者自治区的人民代表大会常务委员会批准后生效，并报全国人民代表大会常务委员会备案。

（9）关于立法权限合宪性要求的规定

现行宪法第5条第3款规定：一切法律、行政法规和地方性法规都不得同宪法相抵触。

2. 合宪性判断中存在的问题

应当说，现行宪法关于立法权限划分的规定是比较系统的、全面的，但是，从合宪性的要求角度来看，也存在着对立法权限划分模糊不清和自相矛盾的地方，这些问题概括起来包括：

（1）制宪权和立法权没有区分开来

尽管现行宪法未明确确认“制宪权”的概念，但是，作为包含了制定宪法、解释宪法和修改宪法在内的制宪权中的部分内容，如修改宪法的权力和解释宪法的权力，宪法作了明确规定。宪法规定全国人民代表大会有权修改宪法，全国人民代表大会常务委员会有权解释宪法，而宪法还同时规定，全国人民代表大会制定和修改法律，全国人民代表大会常务委员会有权制定、修改和解释法律。所以，很明显，现行宪法所设计的“制宪权”主体与“立法权”主体在逻辑上是存在交叉的，这样，在法理上来看，就很难解决全国人民代表大会及其常务委员会所行使的“立法权”是否合宪。因为从立法权限上来看，对全国人民代表大会及其常务委员会行使立法权是否合宪的判断权仍然在全国人民代表大会及其常务委员会，故全国人民代表大会及其常务委员会很难作出自己所享有的立法权限违宪的判断。

（2）立法权概念设置的不对称

现行宪法只确立了“国家立法权”的概念，而没有明确说明在“国家立法权”之外是否还有其他性质的立法权，所以，除了全国人民代表大会及其常务委员会依据宪法享有“国家立法权”之外，其他国家机关是否依据宪法可以享有立法权，或者是其他性质的国家机关依据宪法享有的是什么性质的立法权，现行宪法都没有给予明确交代。这样就为界定全国人民代表大会及其常务委员会行使“国家立法权”与其他性质的国家机关行使其他性质的“立法权”造成制度上的障碍，使得宪法完全失去了立法权限划分的功能。因此，从宪法规范的角度来看，我国现行宪法并没有建立完整的立法权限划分的概念，而只是通过列举的方式，规定了有关国家机关可以进行的立法活动，除了全国人民代表大会及其常务委员会是依据宪法在行使“国家立法权”之外，其他性质的国家机关依据宪法所进行的立法活动是否具有“立法权”的依据，宪法没有给予明确说明。所以，其他性质的国家机关所进行的立法活动是依据全国人民代表大会及其常务委员会的授权进行立法，还是依据宪法所规定的立法权限进行立法，这个问题至少在宪法条文的规定上是很难作出明确结论的。

（3）行政法规的立法依据不很清楚

现行宪法在规定国务院制定行政法规时，确立了“依据宪法和法律”的原则。从立法权限划分上来看，国务院制定行政法规的依据可以视为三种情形：一是依据宪法制定行政法规；二是依据法律制定行政法规；三是既依据宪法，又依据法律制定行政法规。虽然从宪法和法律条文的依据上很难论证行政法规的立法参考依据，但是，从制宪权和立法权的价值区分可以看到，依据宪法制定行政法规和依据法律制定行政法规，其权限来源不同。如果是依据宪法制定行政法规，那么，这种制定行政法规的立法权限应当来自宪法，具有与全国人民代表大会及其常务委员会依据宪法所享有的国家立法权同等的效力，如果与全国人民代表大会及其常务委员会制定的法律相冲突，这种立法权限之争就必须通过宪法程序来加以解决。但是，现行宪法又规定，国务院又可以根据法律制定行政法规，从立法权限上看，国务院依据法律制定行政法规，这种立法权限来自于全国人民代表大会及其常务委员会，因此，如果国务院依据法律制定行政法规的立法权限与全国人民代表大会及其常务委员会的立法权限发生冲突，国务院制定行政法规的立法权限必须服从全国人民代表大会及其常务委员会的立法权限，因为两者之间是授权与被授权的关系。

由于现行宪法第 89 条所规定的行政法规立法依据的含混性，使得国务院从法理上在制定行政法规时至少获得两种立法权限，即从宪法获得的立法权限和从法律获得的立法权限。但是，从立法权限划分的原则来看，如果这两种立法权限之间没有明确界限的话，也就是说，国务院在什么情况下可以依据宪法制定行政法规，在什么情况下可以依据法律制定行政法规，这两种情形没有法律上的明确区分的话，那么，国务院制定行政法规的立法权限就是含混不清，在法理上也无法对国务院制定行政法规的立法权限是否具有合宪性作出科学地判断。

与国务院制定的行政法规的立法权限模糊不清相类似的情况是，根据现行宪法的规定，国务院各部、委在发布命令、指示和规章时，其立法权限既可以来自全国人民代表大会及其常务委员会制定的法律，也可以来自国务院制定的行政法规，至少说，具体来源于何种立法权限，宪法上没有作出明确交代。这样的规定，也为判断国务院各部委制定命令、指示和规章的立法权限造成了制度上和法理上的困难。

（4）立法权限来源的模糊性

现行宪法在关于地方性法规制定权限的来源规定上，没有明确说明制定地方性法规的立法权限依据，而且采用了一个非常笼统且模糊的规定，即“在不同宪法、法律、行政法规相抵触的前提下，可以制定地方性法规”。从法理上来看，地方性法规制定的立法权限可以来自于宪法、法律和行政法规三者，因为只要地方性法规避免与宪法、法律和行政法规相抵触就可以。这样的立法权限依据更是在法理上容易造成混乱。上述模糊的规定意味着，地方性法规只要与宪法不相抵触，就可以从宪法获得立法依据；只要与法律不相抵触，就可以从法律获得立法依据；只要与行政法规不相抵触，就可以从行政法规获得立法依据。至于说，具体制定某个地方性法规的立法权限来自于何处，根据现行宪法的上述规定，根本无从判断。所以，从合宪性角度来看，除非地方性法规是直接依据宪法制定的，否则，都不存在合宪性的问题。

当然，从确定立法权限的清晰度来看，现行宪法在自治条例和单行条例的立法权限的规定上是比较清晰的。宪法规定，自治区的自治条例和单行条例，报全国人民代表大会常务委员会批准后生效。自治州、自治县的自治条例和单行条例，报省或者自治区的人民代表大会常务委员会批准后生效，并报全国人民代表大会常务委员会备案。

不难看出，根据宪法的上述规定，由于自治区的自治条例和单行条例应当由全国人民代表大会常务委员会批准后生效，从立法权限上来看，自治区的自治条例和单行条例的立法权在全国人民代表大会常务委员会，而不在自治区人民代表大会及其常务委员会。同样，自治州、自治县的自治条例和单行条例的立法权限也不在自治州、自治县的立法机关，而在省或自治区的人民代表大会常务委员会。所以，从立法权限划分的原则来看，所谓自治区有权制定自治区范围内适用的自治条例和单行条例的观点是缺少宪法依据的，自治区依据宪法规定只能有权享有制定在自治州、自治县范围内适用的自治条例和单行条例。这一点只有从考察自治条例和单行条例立法权限的合宪性的过程中才能准确地揭示出来。

3. 解决问题的学术方案

鉴于现行宪法在确定立法权限划分原则中存在的上述问题，从科学地界定立法权限划分原则出发，要保证立法权限划分具有合宪性的基础，或者是可以进行科学意义上的“合宪性”评价，必须从法理上解决立法权限划分的科学性以及从制度上解决立法权限划分的可行性。为此，可以采纳的学术方案包括以下几点：

(1) 将修改宪法的权力改为由地方各级人民代表大会行使，具体方案可以设计为由3/4省级地方人民代表大会通过。理由是我国实行的是人民代表大会制度，全国人民代表大会是在省级地方各级人民代表大会基础之上产生的，为了约束全国人民代表大会及其常务委员会行使立法权的活动，应当由省级地方各级人民代表大会来行使修改宪法的权力，这种学术方案可以将制宪权的正当性与人民代表大会制度的正当性有机地结合起来。

(2) 规定国务院只能依据法律制定行政法规，确立国务院作为国家最高行政机关的“执行功能”。国务院不能从宪法上获得直接的立法权限，否则，就会构成对全国人民代表大会及其常务委员会依据宪法所享有的“国家立法权”的挑战。

(3) 规定省、自治区和直辖市人民代表大会及其常务委员会可以依据“宪法”享有“地方立法权”，作为与全国人民代表大会及其常务委员会依据宪法享有“国家立法权”的对应性立法权，从而通过宪法建立明确的立法权限划分标准，并以宪法作为划分全国人民代表大会及其常务委员会与省、自治区和直辖市的人民代表大会及其常务委员会享有立法权限的划分依据。由于宪法本身的正当性建立在人民意志和地方各级人民代表大会的表决之上，因此，宪法可以科学地、合理性划分“国家立法权”和“地方立法权”。

(4) 建立明确的委托立法制度。凡是依据宪法规定不能享有“国家立法权”和“地方立法权”的国家机关，都必须通过享有立法权的国家机关的明确授权才能制定相应的法律规范。①

只有将我国宪法所规定的立法权限划分机制与我国宪法所确定的人民代表大会制度所确立的基本组织原则有机地协调起来，才能从制度上解决我国立法权限划分的科学性，才能保证立法权限划分的合宪性，否则，合宪性判断机制根本就无法建立。

(二)《中华人民共和国立法法》中所确立的立法权限划分机制的合宪性评价

1. 与合宪性相关的问题要点

立法法是全面确立我国立法权限划分机制的法律。一方面，立法法基本上肯定了我国现行宪法关于立法权限划分的各项规定，另一方面，立法法又在现行宪法之外确立了若干新的立法权限划分原则，具

---

① 我国目前在授权立法方面存在比较混乱的状况。如海南省人大及其常委会，目前既可以依据宪法和立法法等法律的规定行使制定地方性法规的立法权，同时，又可以依据全国人大的授权决定，制定相应的特区法规。但是，究竟哪些事项应当制定地方性法规，哪些事项应当制定特区法规，在实践中很难区分，在理论上更是很难加以说明。参见 1988 年 4 月第七届全国人大第一次会议决定。该决定规定：“授予海南省人民代表大会及其常务委员会，根据海南经济特区的具体情况和实际需要，遵循国家有关法律、全国人民代表大会及其常务委员会有关决定和国务院有关行政法规的原则制定法规，在海南经济特区实施，并报全国人民代表大会常务委员会和国务院备案。”这种既享有地方立法权，又享有中央立法的授权，实际上造成了海南省人大及其常委会行使立法权时合法性的混乱。

有对立法权限进行实质划分的意义。属于立法法补充宪法关于立法权限划分的规定或者是立法法在宪法规定之外对立法权限作出新的划分的规定主要有以下几个方面：

（1）立法法对宪法的补充规定

关于全国人民代表大会及其常务委员会依据宪法享有的“国家立法权”的范围，立法法采取了具体列举和抽象概括相结合的方式。特别重要的是，立法法第8条第10项规定：全国人民代表大会及其常务委员会制定法律的权限除了包括立法法第8条第1项至第9项列举的事项之外，还确立了一个立法权限划分的原则，即“必须由全国人民代表大会及其常务委员会制定法律的其他事项”。

关于国务院制定行政法规的事项，立法法第56条第2款第2项规定：行政法规可以就宪法第89条规定的国务院行政管理职权的事项进行立法。很显然，宪法第89条只规定了国务院可以依据宪法制定行政法规，但没有规定具体如何依据宪法制定行政法规，立法法的上述规定，是对国务院依据宪法制定行政法规的立法权限的补充规定。

关于地方性法规的立法权限，立法法第64条第1款第2项规定：属于地方性事务需要制定地方性法规的事项可以制定地方性法规。这一规定，在现行宪法中没有加以明确，属于补充规定。

关于自治条例和单行条例的立法权限，立法法第66条第2款规定：自治条例和单行条例可以依照当地民族的特点，对法律和行政法规的规定作出变通规定，但不得违背法律或者行政法规的基本原则，不得对宪法和民族区域自治法的规定以及其他有关法律、行政法规专门就民族自治地方所作的规定作出变通规定。

（2）立法法在宪法之外新的规定

立法法在现行宪法所确立的立法权限划分机制之外，还确立了若干立法权限划分形式，主要包括：

立法法第71条第1款规定：国务院各部、委员会、中国人民银行、审计署和具有行政管理职能的直属机构，可以根据法律和国务院的行政法规、决定、命令，在本部门的权限范围内，制定规章。立法法扩大了宪法所规定的制定部委规章的立法权主体，增加了“中国人民银行、审计署和具有行政管理职能的直属机构”。

立法法第 63 条第 2 款规定：较大的市（指省、自治区的人民政府所在地的市，经济特区所在地的市和经国务院批准的较大的市）的人民代表大会及其常务委员会根据本市的具体情况和实际需要，在不同宪法、法律、行政法规和本省、自治区的地方性法规相抵触的前提下，可以制定地方性法规，报省、自治区的人民代表大会常务委员会批准后施行。立法法第 73 条第 1 款规定：省、自治区、直辖市和较大的市的人民政府，可以根据法律、行政法规和本省、自治区、直辖市的地方性法规，制定规章。可见，较大的市的人民代表大会及其常务委员会制定地方性法规和较大的市的人民政府制定规章的立法权限都是立法法在宪法规定之外独立加以规定的。

立法法第 93 条第 1 款规定：中央军事委员会根据宪法和法律，制定军事法规。第 2 款规定：中央军事委员会各总部、军兵种、军区，可以根据法律和中央军事委员会的军事法规、决定、命令，在其权限范围内，制定军事规章。很明显，不论是军事法规的立法权限，还是军事规章的立法权限，在现行宪法中都没有明确加以规定，属于立法法的创造性规定。

2. 合宪性判断中存在的问题

立法法的出台其根本目的就是要正确地进行立法权限的划分，来建立比较科学的立法机制。但是从合宪性原则来考察，立法法在对立法权限划分的制度设计上，还存在着很多价值矛盾，这些问题的产生，严重地影响了立法法的立法目标的实现。

（1）立法法自身的合宪性依据不足

立法法是由全国人民代表大会制定的。而现行宪法第 58 条规定：全国人民代表大会和全国人民代表大会常务委员会行使国家立法权。由于宪法只规定了全国人民代表大会行使“国家立法权”，而没有笼统地规定行使“立法权”，或者是“唯一的行使立法权的国家机关”。所以，全国人民代表大会依据宪法的规定是否有权制定适用于“法律、行政法规、地方性法规、自治条例和单行条例的制定、修改和废止”的“立法法”，不仅在法理上，而且在宪法规定上，也存在需要进一步加以解决的问题。立法法自身的合宪性很难作出准确判断。如果全国人民代表大会依据宪法有权制定这样的立法法，那么，就意味着，立法权限划分的权力属于全国人民代表大会，全国人民代表大会是依据宪法唯一拥有立法权的国家机关，其他国家机关的立法权限都是全国人民代表大会通过某种方式授予的。在这种情况下，就不存在立法权限划分问题，而只存在立法权限的授权程序问题。如果全国人民代表大会依据宪法不是享有唯一立法权的国家机关，那么，除了宪法明确授予全国人民代表大会的“国家立法权”，全国人民代表大会可以通过制定法律，以授权的方式授予其他主体行使之外，对于宪法没有授予全国人民代表大会的“立法权”，全国人民代表大会是无权制定法律来划分立法权限的，否则，就不具有合宪性。这样的立法权限划分任务只能通过修改宪法的程序来完成，而不是通过立法法的形式来承担。所以，立法法在确立立法权限划分机制上的合宪性依据是明显不足的。

（2）立法法提供了不具有合宪性价值的立法权限划分原则

从宪法的最高性来看，全国人民代表大会及其常务委员会作为国家的最高权力机关，其法律职权应当由宪法加以规定。全国人民代表大会及其常务委员会的权力不能超过宪法，否则，就会影响宪法的根本大法的地位，从而危及宪法所赖以建立的人民主权原则。但是，立法法在确立立法权限划分原则时，规定了全国人民代表大会及其常务委员会制定法律的权限包括“必须由全国人民代表大会及其常务委员会制定法律的事项”，然而，这里却缺少必要的“判断主体”，也就是说，从法理上来看，如何来解决“必须由全国人民代表大会及其常务委员会制定法律的事项”，谁说了算？通过什么样的程序来实现？这些在立法法中都没有明确地交代，很显然是忽视了宪法在确立立法权限划分原则上的基础性作用。在事实上会造成全国人民代表大会及其常务委员会的立法权限由全国人民代表大会及其常务委员会自身决定的现象，这样就会引发全国人民代表大会是否是依据宪法享有唯一立法权的国家机关的质疑。

（3）立法法创造了宪法所没有规定的立法权限

有关较大的市的人民代表大会及其常务委员会制定地方性法规的立法权限，中央军事委员会制定军事法规的立法权限以及中央军事委员会各总部、军兵种、军区制定军事规章的立法权限，就其立法权限的本质来说，应当由宪法加以规定。但是，立法法却在没有宪法依据的前提下，对这些立法权限加以确认。从法理上来看，如果这些立法权限来自于全国人民代表大会的授权是无可非议的，即“依据法律”来行使上述立法权限，完全符合立法权限划分的原则要求。但是，立法法在确立上述立法权限的依据时，既涉及了宪法，又涉及了行政法规，甚至还涉及了地方性法规自身。这在全国人民代表大会制定立法法时，实际上就已经代表了国务院、有权制定地方性法规的省、自治区的人民代表大会及其常务委员会向有关的立法主体授权了。这样的规定在法理上很显然是侵犯了其他立法主体的立法权限。

3. 解决问题的学术方案

立法法在立法权限划分的合宪性上所造成的问题比较复杂，既有现行宪法本身不完善造成的，也有立法理论上的不科学原因。要使立法法在立法权限划分上具有合宪性，解决问题的学术方案首先应当建立在修改宪法不恰当的规定上。第一，只有宪法明确了全国人民代表大会及其常务委员会行使的“国家立法权”的性质，才能以此为基础来确定全国人民代表大会及其常务委员会在国家立法体制中的地位。从现代宪法的基本原理出发，结合我国人民代表大会制度的特点，一般不宜将全国人民代表大会及其常务委员会确立为“唯一享有立法权的国家机关”，应当建立与“国家立法权”相对应的“地方立法权”概念。第二，全国人民代表大会应当修改目前制定的立法法，只能依据宪法的授权，制定规范自身立法行为的立法程序法，或者是将自身依据宪法所享有的立法权进行规范授权的授权法。第三，应当通过修改宪法的方式，在国家立法权和地方立法权之间建立必要的事项划分机制，同时确定地方立法权行使的主体。第四，通过立法法建立规范的委任立法和授权立法制度，将行政机关的立法权限统一确定为基于国家权力机关的授权立法，使得行政机关与国家权力机关之间在立法权限划分方面的关系与我国人民代表大会制度所确立的国家权力机关与国家行政机关之间的基本组织关系一致起来，避免使得国家权力机关与国家行政机关在权力关系上相互隶属，形成事实上的权力制衡关系，坚持人民代表大会制度所确立的监督与被监督的关系。第五，修改宪法，将军事法规、军事规章的立法权限规定在宪法中，以保证我国宪法所确立的立法权限划分机制的统一，维护宪法在建构国家统一的立法制度方面的最高法律权威。

（三）《中华人民共和国国防法》中所确立的立法权限划分机制

的合宪性评价

1. 与合宪性相关的问题要点

国防法在宪法规定的立法权限之外，在第 13 条第 5 项规定：中央军事委员会根据宪法和法律，制定军事法规，发布命令和决定。该规定明确授予了中央军事委员会制定军事法规的立法权限。

2. 合宪性判断中存在的问题

国防法是在立法法之前出台的。对于一个并不是以划分立法权限为目的的由全国人民代表大会制定的法律能否直接规定立法权限划分的内容，这个问题是值得研究的。从法理上来看，如果全国人民代表大会在制定国防法时，仅仅规定中央军事委员会“依据法律”，制定军事法规。那么，这种立法权限划分方式还是符合宪法理论的。因为全国人民代表大会有权通过法律的形式来向其他主体授予相应的立法权限。问题的关键是，国防法在确立中央军事委员会的立法权限时，规定中央军事委员会“依据宪法和法律”，制定军事法规。这里引出的问题是全国人民代表大会能否通过法律的形式来向中央军事委员会授予宪法上的立法权限。很显然，这样的规定是不符合宪法规定精神的。

3. 解决问题的学术方案

为了保证立法权限划分的科学性，应当对国防法关于中央军事委员会“依据宪法和法律，制定军事法规”的规定作出修改，根据立法权限划分的一般宪法原则，应当修改为中央军事委员会“依据法律，制定军事法规”。或者是在修改宪法的过程中，将中央军事委员会“依据宪法”，制定军事法规的立法权限写进宪法，使中央军事委员会获得宪法上的立法权限。

（四）《中华人民共和国地方各级人民代表大会和地方各级人民政府组织法》中所确立的立法权限划分机制的合宪性评价

1. 与合宪性相关的问题要点

地方组织法在宪法规定的立法权限之外，扩大了立法主体的范围。主要内容涉及两个方面：

（1）较大的市的人民代表大会及其常务委员会有权制定地方性法规

地方组织法第 7 条第 2 款规定：省、自治区的人民政府所在地的市和经国务院批准的较大的市的人民代表大会根据本市的具体情况和实际需要，在不同宪法、法律、行政法规和本省、自治区的地方性法规相抵触的前提下，可以制定地方性法规，报省、自治区的人民代表大会常务委员会批准后施行，并由省、自治区的人民代表大会常务委员会报全国人民代表大会常务委员会和国务院备案。

（2）较大的市的人民政府有权制定规章

地方组织法第60条第1款规定：省、自治区的人民政府所在地的市和经国务院批准的较大的市的人民政府，可以根据法律、行政法规和本省、自治区的地方性法规，制定规章，报国务院和省、自治区的人民代表大会常务委员会、人民政府以及本级人民代表大会常务委员会备案。

2. 合宪性判断中存在的问题

从合宪性角度来看，地方组织法上述关于较大的市的人民代表大会及其常务委员会有权制定地方性法规和较大的市的人民政府可以制定规章的规定是存在问题的。

现行宪法只规定全国人民代表大会及其常务委员会行使国家立法权，没有确立地方立法权的概念，也没有赋予全国人民代表大会及其常务委员会行使唯一的立法权。所以，较大的市的人民代表大会及其常务委员会制定地方性法规的立法权限，根据地方组织法规定应当由省、自治区的人民代表大会常务委员会批准，说明立法权限不在较大的市的人民代表大会及其常务委员会，而在于批准该地方性法规的省、自治区的人民代表大会常务委员会。所以说，批准较大的市的人民代表大会及其常务委员会制定地方性法规的立法权限在省、自治区的人民代表大会常务委员会，而不在全国人民代表大会及其常务委员会。由于宪法并没有规定全国人民代表大会及其常务委员会可以行使地方立法权或者是唯一享有立法权的国家机关，所以，地方组织法作为由全国人民代表大会制定的基本法律来规定较大的市的人民代表大会及其常务委员会制定地方性法规的立法权限是不恰当的，在宪法上找不到明文的依据，不具有合宪性。同样，关于较大的市的人民政府制定规章的立法权限，也与全国人民代表大会及其常务委员会的宪法职权无关，通过地方组织法来加以规定，在立法依据上有越俎代庖之嫌。

此外，从地方组织法关于较大的市制定地方性法规和规章的立法权限设计来看，也是存在问题的。关于较大的市的地方性法规，由于必须获得省、自治区人民代表大会常务委员会的批准才能生效，所以，较大的市的人民代表大会及其常务委员会实际上并没有制定地方性法规的立法权限，而只有从属性的或者是附属性的立法权限。但是，较大的市人民政府制定的规章却可以独立地生效，很显然，较大的市的人民政府获得了地方组织法所赋予的独立的制定规章的立法权限。这样的立法权限划分方式，使得较大的市的人民政府在立法权限方面反而比较大的市的人民代表大会及其常务委员会具有更大的自主权，不利于发挥较大的市的人民代表大会及其常务委员会在行使地方立法权方面的作用。

3. 解决问题的学术方案

要解决地方组织法关于较大的市的人民代表大会及其常务委员会制定地方性法规和较大的市的人民政府制定规章的立法权限的合宪性，必须在宪法中对较大的市制定地方性法规和地方政府规章的立法权限加以明确规定。特别是要明确地方立法权的概念，或者是确立全国人民代表大会及其常务委员会是唯一享有立法权的国家机关，这样才能解决全国人民代表大会及其常务委员会在制定法律时进行立法权限划分时的合宪性问题。

（五）《城市流浪乞讨人员收容遣送办法》立法权限的合宪性评价

1. 与合宪性相关的问题要点

《城市流浪乞讨人员收容遣送办法》是国务院于1982年5月12日发布的。该办法第2条规定：家居农村流入城市乞讨的、城市居民中流浪街头乞讨的以及其他露宿街头生活无着的人员予以收容、遣送。该办法颁布之后，对于符合该办法规定的人员，一直由城市收容遣送部门负责予以收容遣送。2003年4月，由于“孙志刚被收容致死案”的曝光，社会各界对收容遣送办法是否具有合宪性提出了质疑。最具有代表性的是“三公民上书”事件。5月14日，华中科技大学法学院的俞江、中国政法大学法学院的腾彪和北京邮电大学文法学院的许志永三位法学博士以中国公民的名义，将一份题为《关于审查〈城市流浪乞讨人员收容遣送办法〉的建议书》传真至全国人大常委会法制工作委员会，建议全国人大常委会对收容遣送制度进行违宪审查。该建议书写道：

全国人民代表大会常务委员会：

《中华人民共和国立法法》第88条第2款规定，全国人大常委会有权撤销同宪法和法律相抵触的行政法规。第90条第2款规定，公民认为行政法规同宪法或法律相抵触的，可以向全国人大常委会书面提出进行审查的建议。

我们作为中华人民共和国公民，认为国务院1982年5月12日颁布的，至今仍在适用的《城市流浪乞讨人员收容遣送办法》，与我国宪法和有关法律相抵触，特向全国人大常委会提出审查《城市流浪乞讨人员收容遣送办法》的建议。

三位博士指出，根据《中华人民共和国宪法》第37条规定，中华人民共和国公民的人身自由不受侵犯。任何公民，非经人民检察院批准或者决定或者人民法院决定，并由公安机关执行，不受逮捕。禁止非法拘禁和以其他方法剥夺或者限制公民的人身自由，禁止非法搜查公民的身体。《中华人民共和国行政处罚法》第9条规定，限制人身自由的行政处罚，只能由法律设定。《中华人民共和国立法法》第8条和第9条规定，对公民政治权利的剥夺、限制人身自由的强制措施和处罚，只能制定法律。因此，1982年由国务院颁布的收容遣送办法及其实施细则中限制公民人身自由的规定，违反了宪法、行政处罚法和立法法。所以建议对《城市流浪乞讨人员收容遣送办法》进行违宪和违法审查。

"孙志刚案件"以及"三公民上书"引起了社会各界广泛关注，产生了巨大的社会影响。

6月18日，国务院总理温家宝主持召开国务院常务会议，审议并原则上通过了《城市生活无着的流浪乞讨人员救助管理办法（草案）》，决定在对该办法草案进行进一步修改后，由国务院公布施行，同时废止1982年5月国务院发布的《城市流浪乞讨人员收容遣送办法》。

两天后，6月20日，国务院总理温家宝签署国务院第381号令，公布施行《城市生活无着的流浪乞讨人员救助管理办法》。《办法》自2003年8月1日起施行。《办法》规定，1982年5月国务院发布的《城市流浪乞讨人员收容遣送办法》同时废止。

自此，《城市流浪乞讨人员收容遣送办法》由于被宣告废止，有关的合宪性问题之争也就告一段落。但是，如何从法理上来判断收容遣送办法是否具有合宪性，一直没有得到理论界有说服力的回答。

2. 合宪性判断中存在的问题

收容遣送办法从立法权限划分来看，是由国务院制定的。由于该办法是在现行宪法之前出台的，因此，该办法的直接的宪法依据是1978年宪法。根据1978年宪法第32条第1款的规定：国务院根据宪法、法律和法令，规定行政措施，发布决议和命令，并且审查这些决议和命令的实施情况。由于制定“行政法规”是1982年现行宪法第89条第1款赋予国务院的立法权限，而收容遣送办法不属于1982年现行宪法所规定的“行政法规”的范围。依据1978年宪法第32条第1款的规定，收容遣送办法应当属于国务院作出的“决议和命令”的范围。由于1982年现行宪法颁布之后，并没有在法律形式上通过正式的法律解释途径将收容遣送办法正式确定为国务院制定的“行政法规”，所以，在1982年现行宪法颁布之后，收容遣送办法在宪法上的地位只能相当于国务院制定的决定和命令。由于全国人民代表大会及其常务委员会以及国务院一直没有通过正式的法律途径来废止该办法，所以，该办法在法理上应当被视为具有法律效力。至于说，该办法在立法权限上是否合宪，不应当从该办法的内容上来看，而应当从国务院是否有权制定该办法的立法权限来看。由于1978年宪法赋予了国务院发布决议和命令的权力，所以，该办法在出台的时候是有宪法上的依据的。

1982年现行宪法诞生之后，根据法律的继承性原则，在现行宪法之前制定的法律规范，只要没有被废止，就可以继续有效。所以，在现行宪法诞生之后，收容遣送办法仍然是具有法律效力的，具有立法权限上的合宪性。随着社会主义法制建设的发展，全国人民代表大会先后出台了《中华人民共和国行政处罚法》和《中华人民共和国立法法》。根据行政处罚法和立法法的规定，原来由收容遣送办法规定的收容遣送措施，必须由法律来加以规定。所以，在收容遣送办法被废止之前，就会产生立法权限上的冲突。这种冲突并不意味着收容遣送办法不具有合宪性，而是宪法本身没有对这个问题规定清楚。所以，从立法权限划分的合宪性角度来考察，收容遣送办法并没有违反宪法规定，但是，其所规定的内容与行政处罚法和立法法的规定相冲突，应当通过解决立法权限争议的方式来加以解决。

3. 解决问题的学术方案

由于收容遣送办法在立法权限上并没有明显不合宪的地方，所以，要解决收容遣送办法的规定与行政处罚法和立法法发生相互矛盾的问题，就应当通过建立立法权限争议处理机制的方式来解决收容遣送办法中所存在的不合理的规定。在法理上不宜轻率地作出收容遣送办法违宪的结论。立法权限争议处理机制的建立对于健全和完善我国的立法制度是非常重要的。我国目前在制度上主要采取的是以行政层级化的立法监督机制来处理有关的立法权限争议的，其中最大的问题就是很容易排斥合宪性的价值判断，如根据立法法的规定，如果行政法规与法律相抵触的，应当撤销行政法规。① 这种立法监督制度没有考虑到被撤销的行政法规是否具有合宪性，如果具有合宪性，与不具有合宪性的法律发生了冲突是否仍然要撤销具有合宪性的行政法规，至少根据目前立法法所设计的立法监督制度，即便与法律相抵触的行政法规具有合宪性，也要保留法律，撤销行政法规。由此可见，我国立法法所确立的立法监督制度并不是严格意义上的立法权限争议处理机制，而是一种立法管理机制，是依靠立法主体自身的宪法地位来决定立法权限的分配规则的，不利于维护立法权限划分的合宪性原则。

（六）《浙江省地方立法条例》立法权限的合宪性评价

1. 与合宪性相关的问题要点

在立法法出台之后，全国各省、自治区、直辖市的人民代表大会都根据立法法所确立的立法权限划分原则，结合本地区的实际情况，制定了相应的有关地方立法的地方性法规。2001 年 2 月 16 日浙江省第九届人民代表大会第四次会议通过、2001 年 2 月 16 日浙江省第九届人民代表大会公告公布、自 2001 年 3 月 1 日起施行的《浙江省地方立法条例》就是这些有关地方立法的地方性法规的样本。

---

① 《中华人民共和国立法法》第 88 条第 2 项规定：全国人民代表大会常务委员会有权撤销同宪法和法律相抵触的行政法规，有权撤销同宪法、法律和行政法规相抵触的地方性法规，有权撤销省、自治区、直辖市的人民代表大会常务委员会批准的违背宪法和本法第 66 条第 2 款规定的自治条例和单行条例。

有关该地方立法条例的立法权限的规定，集中体现在该条例第1条和第3条第1款中。该地方立法条例第1条规定：为了规范地方立法活动，完善立法程序，加强立法监督，提高立法质量，根据《中华人民共和国立法法》、《中华人民共和国地方各级人民代表大会和地方各级人民政府组织法》和本省实际，制定本条例。该地方立法条例第3条第1款还明确规定：地方立法应当遵循《中华人民共和国立法法》确定的立法原则。

2. 合宪性判断中存在的问题

从合宪性的角度不难看出，《浙江省地方立法条例》第1条和第3条第1款明确地将“宪法”排斥在该条例制定的立法权限依据的范围之外。只有地方组织法和立法法才是该地方立法条例的“依据”。这样的规定在法理上存在着一个严重的问题，就是宪法不是地方立法权限划分的直接法律依据，只有地方组织法和立法法才是地方立法权限划分的直接法律依据。这种立法判断很显然是不具有合宪性的。①依据现代宪法的基本原理，立法权限划分首先是宪法的重要法律功能，而且可以说是宪法的主要法律功能。即便是立法法、地方组织法自身的立法权限也来自于宪法。在我国现行宪法没有明确排除“地方立法权”概念以及没有明确肯定全国人民代表大会及其常务委员会是唯一行使立法权的国家机关的情况下，将地方立法权限的依据直接肯定为来自于全国人民代表大会制定的立法法和地方组织法，是缺少宪法上的依据的。实际上排斥了宪法在确立立法权限划分上的法律地位，将合宪性价值从地方立法中排除出去。不过，令人费解的是，即便像该地方立法条例在第1条和第3条第1款明确排斥了宪法在确定地方立法权限的地位的情况下，仍然在第5条第1款规定：较大的市的人民代表大会及其常务委员会可以根据本市的具体情况和实际需要，在不同宪法、法律、行政法规和本省的地方性法规相抵触的前提

---

① 《浙江省地方立法条例》之所以将宪法作为地方立法条例的“依据”予以排除，实际上与浙江省人大在制定该条例时弄不清宪法到底对地方立法有什么约束作用有关。这个问题也反映在最高人民法院于1986年作出的司法解释中。该司法解释将宪法从人民法院审判民事、经济案件的法律依据中排除出去，其主要原因还在于对宪法如何在具体实际中加以适用缺少理论上的研究。

下，制定地方性法规，报省人民代表大会常务委员会备案。这一规定中仍然将宪法作为较大的市的人民代表大会及其常务委员会制定地方性法规的模糊意义上的立法依据。① 这就说明，该地方立法条例在客观上并没有完全排除宪法在确立地方立法权限划分方面的作用，只是在主观上缺少有关立法权限划分的合宪性意识，没有能够意识到宪法在立法权限划分中的基础性价值建构作用。

3. 解决问题的学术方案

针对《浙江省地方立法条例》在确立地方立法权限的法律依据时忽视宪法的作用的现象，从理论上来看，解决问题的思路有两条：一是在宪法中具体明确地方立法权的概念，使地方人民代表大会及其常务委员会从宪法上获得明确肯定的立法权限；② 二是在地方立法中，特别是在有关地方立法权限划分的地方性立法中，应当将宪法作为制定地方性法规、地方政府规章的依据。否则，就很容易导致地方立法权限划分偏离合宪性的要求。

五、结论

根据本报告以上所进行的研究和分析，有关我国立法权限划分的合宪性问题，至少可以作出以下几项判断：

1. 由于目前我国在宪法制度上，没有实现制宪权与立法权的完全意义上的制度分离，所以，制宪权主体与立法权主体在制度设计上的部分重合，使得宪法作为立法权限划分的法律依据的功能大为降

---

① 这种现象说明在我国目前省级人大制定地方性法规时，由于缺少违宪审查机制，所以，立法者很少能够自觉地意识到立法所确立的相关法律制度之间存在着明显的价值矛盾。故基于我国的国情，建立像法国式的宪法委员会，对立法进行事先审查是很有必要的。这种机制可以帮助立法机关提高遵守宪法的意识。

② 在联邦制国家，一般宪法都规定了组成联邦的邦或州专有立法权。而且邦或州还享有制宪权。在许多联邦国家的联邦宪法中，对地方的专有立法权规定得比较详细，如印度宪法规定，各邦得就以下事项行使立法权，包括公共秩序、警察、监狱、交通、土地、市场和集市、土地税、农业税、通行费、人头税等共 66 项。参见 1949 年《印度宪法》各邦职权表，姜士林主编：《世界宪法大全》（上卷），中国广播电视出版社 1989 年版，第 581～582 页。我国是单一制国家，但是，为了调动地方人大在立法中的积极性，应当通过宪法授予地方人大一定程度的地方立法权，以适应各地方立法工作的需要。

低，立法权限划分的合宪性问题在理论上探讨的价值存在一定的缺陷，在实践中，合宪性对立法权限划分的价值约束也是软化的，很难通过具体的制度完全体现出来。这一现象说明了我国宪法制度价值设计方案存在着本质上的缺陷，必须通过修改宪法的方式，来使制宪权主体与立法权主体完全分离。具体的建议是应当将修改宪法的权力交给3/4以上的省级人民代表大会的通过，① 改变目前宪法第64条所规定的宪法的修改"由全国人民代表大会以全体代表的三分之二以上的多数通过"。

2. 现行立法法在确立立法权限划分原则时，存在着多重价值矛盾。这些矛盾表现在立法权限划分的标准与宪法职权划分的标准相冲突、立法权限划分的标准与宪法所确立的根本政治制度的价值要求不一致、立法权限划分的"虚拟化"、立法权限划分的交叉重叠等方面，这些矛盾和问题的存在使得立法法不仅没有完成立法权限划分的任务，相反由于立法法所设计的不太科学的立法权限划分原则反而引发了大量的合宪性问题，不仅影响了立法法的实施，而且也严重地阻碍了我国宪法在立法权限划分方面各项规定的实施，甚至立法法本身的出台在宪法上的"依据"也没有得到有效地论证，所以，不论从立法形式，还是从对立法权限划分所设计的制度来看，立法法都存在大量的"违宪"因素。解决问题的制度手段有三个方案：一是废除立法法，通过宪法修改的方式来确立立法权限划分机制；二是建立立法权限划分的合宪性审查机构，通过对立法权限划分的合宪性的制度保障，来解决立法权限划分中存在的各种价值矛盾和违宪现象；三是

---

① 事实上，根据我国现行宪法第59条第1款的规定，全国人民代表大会由省、自治区、直辖市和军队选出的代表组成。此项规定说明，全国人民代表大会实际上是由代表了省、自治区、直辖市和军队利益的地方人大选出的代表组成的，因此，根据现行宪法和全国人大组织法的规定，全国人民代表大会议决事项的权力实际上是受到地方人大代表的控制的。如果有占多数的地方人大代表团合议在全国人大大会期间主张通过或者否决某些法律议案或者是宪法修正案，在理论上是可以成功的。所以，将修改宪法的权力交给四分之三以上的省级人民代表大会通过，不仅与我国现行人民代表大会制度的组织体制不相矛盾，而且还可以使目前的全国人民代表大会与地方各级人民代表大会之间的关系更加清晰，有利于形成对全国人民代表大会的制约和监督机制。

将行政法规作为地方性法规立法依据的制度予以废除，形成以国家权力机关作为享有立法权主体的立法权限划分机制。

3. 通过建立保障立法权限确定性的宪法解释制度，来防止各种立法权限争议现象的发生，同时，可以通过宪法解释制度，来保证立法权限划分的合宪性，避免各种不具有合宪性的或者是非法治的观点和因素影响立法权限划分的正当性和合理性，特别是要废除目前立法法建立的仅仅以立法主体的权威性和法律地位来解决立法权限冲突的立法监督机制，引进立法权限的合宪性概念，建立立法权限争议处理机制，建立符合现代宪法的基本理念要求的立法制度，并以科学、规范的立法制度为基础来实现到 2010 年建成有中国特色的社会主义法律体系的战略目标。

4. 将对法律规范的抽象性审查引入司法审判制度中，可以从改革现有的行政诉讼制度入手，将抽象行政行为以及行政立法行为纳入人民法院司法审查的范围，通过强化宪法在司法审判中的适用性，来弥补在宪法规定中确立立法权限划分机制的价值缺陷，进一步保障立法权限划分的合宪性。在时机成熟的时候，可以通过建立宪法诉讼制度的形式，来解决依据科学的立法权限划分原则所产生的各种法律规范在价值上的统一性、协调性，提高宪法作为现代法治社会的基础性价值地位，最终实现具有中国特色、符合人类价值准则的社会主义宪政目标。

第三节　法律、法规的违宪审查标准①

俞江等三位博士上书全国人大常委会，要求对国务院 1982 年 5 月 12 日颁布的、至今仍在适用的《城市流浪乞讨人员收容遣送办法》进行违宪审查，这是我国宪政发展过程中的一件引人注目的大事，也是《立法法》颁布以来，由公民启动该法第 90 条第 2 款要求全国人大常委会审查与宪法和法律相抵触的行政法规的最受社会各界关注的事例。社会各界对该事件反应强烈，许多人支持俞江等三位博士在建议书中的观点，但是，作为一个严肃的宪法学理论和实践问

---

① 本节内容曾刊登在《法学前沿》2004 年第 1 期上。

题，透过俞江等三位博士的建议书，作者认为，应当全面正确地来认识法律、法规的违宪问题，在缺少充足的法理和法律依据的情况下，不要轻易地认为某项法律、法规违反了宪法，因为世界各国违宪审查活动对此都持比较谨慎和科学的态度。

一、通过什么样的法律程序可以审查法律、法规的违宪问题？

通过什么样的法律程序可以审查法律、法规的违宪问题，这既是一个理论问题，又是一个制度问题。

从宪法学理论来看，如果要提出审查法律、法规的违宪问题，首先要回答为什么立法机关所制定的法律、法规会违宪？作为由人民选举的代表机关制定的法律、法规会故意违反宪法的规定吗？如果法律、法规违反宪法，立法的正当性在哪里？宪法学理论上一般是以立法权的越权和立法所代表的利益不当来解决法律、法规的违宪问题的，一般很少直接挑战法律、法规的具体内容，除非法律、法规的内容存在着与宪法规定明显相背的地方。从立法权的角度来看，如果立法机关超越了宪法所规定的立法职权立法，那么，其他的立法主体就可以以此为由来申请审查法律、法规的违宪，目的在于正确地界定不同立法机关依据宪法的规定所享有的不同的立法职权。从公民角度而言，由于法律、法规是代表意志的反映，而这种意志体现了社会不同的利益要求，因此，如果某一公民认为法律、法规没有体现自己依据宪法规定所享有的合法权益，那么，他就可以根据自己遭到损害的法益来申请审查法律、法规是否违宪，所以，在国外违宪审查活动中，公民的宪法诉愿必须要基于某项具体的利益提出，主要是针对普通案件审理的法律、法规依据进行的。如果不存在具体的请求保护的利益，而是由公民抽象地提出要审查法律、法规是否违宪，实际上会导致违宪审查机关无法判断应当通过违宪审查来维护谁的法益，同时也可能会导致立法机关制定的法律、法规受到公民的不合理的全面挑战。从法理上来看，如果允许这种制度存在，实际上会导致法律、法规所代表的不同利益不能有效地整合在一起的现象的产生。因此，国外违宪审查制度一般不接受公民在没有具体的需要保护的法益的情况下提出的对法律、法规的违宪审查。

从制度上来看，有的国家是通过普通程序来审查法律、法规的违宪，如美国、日本；有的国家是通过专门的宪法法院来审查法律、法规的违宪问题，如德国、意大利、俄罗斯等。也有在立法通过之前进行事前违宪审查的，如法国的宪法委员会，但是，这种审查主要限于议会制定的组织法等法律，目的是防止议会超越宪法所规定的立法职权进行立法。

我国目前依据宪法和立法法的规定，对法律、法规虽然存在着立法监督制度，但是，却缺少严格的法律监督程序，特别重要的问题是，目前在理论上还没有解决宪法与普通法律、法规之间的价值关系，因此，尽管在法理上我们强调法律、法规不得与宪法相抵触，但在实际上，人们往往支持法律、法规是宪法的具体化的观点，宪法目前还只是行为规则，而不是可以直接适用的仲裁规则。因此，从立法权和立法所反映的法益角度来提起对法律、法规的违宪审查，不论是在理论上，还是在制度上，都存在着许多值得加以研究的问题。

二、判断法律、法规违宪的方法和标准是什么？

由于法律、法规往往是由代表机构制定的，因此，为了保障立法机关的立法权威和立法的正当性，维持宪法制度的稳定，在国外的违宪审查活动中，一般情况下，对法律、法规作合宪性解释。即便是立法机关在法律、法规中对宪法所规定的公民权利作出了明确的法律限制，也不能轻易地认为这种法律限制就是违宪的。如日本最高法院在都教组案件的判决中就明确指出，既然宪法将实施宪法的权力交给了立法机关，那么，就应当对立法机关的立法保持必要的尊重。立法机关的立法对宪法所规定的公民权利作出限制，目的是为了使宪法所规定的公民权利能够得到实现，而不是阻止公民权利的实现。因此，只要依据宪法规定作出的立法限制，就不能视为违宪。当然，法律、法规在限制人们行为的时候也应当有一个界限，如果法律、法规对宪法所规定的公民权利作出了不合理的限制，那么，就可能产生违宪问题。而判断法律、法规所设定的不合理的限制的标准通常应当从法益比较的角度来考虑，如果限制所实现的利益大于不限制所实现的利益，那么，不能视为法律、法规所设定的限制违宪；如果限制所实现的利益明显小于不限制所实现的利益，那么，才能来考虑法律、法规的违宪问题。① 所以，在判断法律、法规是否违宪时，应当给法律、法规以较大的自主空间，这既是对宪法实施的有效保障，也是对立法机关立法权威的尊重和保护。立法机关的立法一般情况下应当推定为合宪，而不是违宪。

三、国务院制定的《城市流浪乞讨人员收容遣送办法》能确认是违宪吗？

国务院制定的《城市流浪乞讨人员收容遣送办法》是否违宪，应当加以认真研究。俞江等三位博士提出了很好的问题，而且是一个很有意义的问题。从宪法学理论上来看，考察这个问题主要应当从两个角度来进行：一是国务院有无权限来制定这样的行政法规？二是这样的行政法规是否已经出现了明显的不合理的法律限制？

根据我国现行宪法第 89 条第 1 款的规定，国务院依据宪法和法律制定行政法规；另外，宪法第 51 条也规定，公民在行使自由和权利时不得损害国家、集体和社会的利益以及他人的自由和权利。因此，从现行宪法的规定来看，很难作出结论说国务院无权制定《城市流浪乞讨人员收容遣送办法》，从立法权越位的角度提起违宪审查请求比较困难。

从《城市流浪乞讨人员收容遣送办法》所规定的法律限制来看，存在着两种相反的法益，一种是通过《城市流浪乞讨人员收容遣送办法》所规定的限制所实现的法益，另一种就是由于受到《城市流浪乞讨人员收容遣送办法》的限制而无法实现的法益，两种法益之间比较后谁更加重要，这个问题并不能简单地作出判断，至少目前在宪法学理论上也很难轻易地下结论，更何况这是一个具体的制度问题呢？

所以，如果从严格的违宪审查理论出发来对国务院制定的《城市流浪乞讨人员收容遣送办法》是否违宪作出审查，至少需要经过认真地研究之后才能作出有说服力的结论。因此，俞江等三位博士提出了一个很好的宪法问题，但这个宪法问题要想找到很好的解决方

---

① 参见《宪法判例百选Ⅱ》，别册《法学家》No. 69，有斐阁，1980 年 5 月版。

案，至少目前在理论上和在制度上都需要做进一步的知识积累和制度准备。

四、如何来建立和健全我国的违宪审查机制？

应当说，不论从法理上，还是从制度上，都会发现三公民上书都很难启动我国的违宪审查程序，要真正地推动违宪审查制度的建立，我们还需要在理论上进一步深入地研究，做更多的知识积累工作；在制度上作必要的改革，争取在规范和科学的意义上来构建符合现代宪政精神的违宪审查机制。

从法理上来看，三公民上书行为只不过是行使宪法所规定的民主监督权利的政治行为，属于公民对国家机关行为的监督，而不具有严格的规范意义的法律效力。我国《立法法》第 90 条第 2 款规定，公民认为行政法规同宪法或法律相抵触的，可以向全国人大常委会书面提出进行审查的建议。但是，《立法法》并没有规定一定要将公民的审查建议纳入法律程序。所以，全国人大常委会有关工作机构只需要履行一下收文手续，而无须给予提出审查建议的公民以明确答复。只有国务院、中央军事委员会、最高人民法院、最高人民检察院和各省、自治区、直辖市的人民代表大会常务委员会根据《立法法》第 90 条第 1 款的规定，认为行政法规、地方性法规、自治条例和单行条例同宪法或者法律相抵触的，可以向全国人民代表大会常务委员会书面提出进行审查的要求，这才能构成法律意义上的“审查请求权”。

从制度上来看，虽然我国《立法法》规定了全国人大及其常委会可以审查与宪法相违背的法律、法规，但是，《立法法》中还存在着一些技术漏洞，如全国人大制定的法律如果与宪法相违背就没有相应的救济程序来解决违宪问题。另外，从目前的立法体制来看，也存在一些需要在理论上和制度上进一步加以研究和解决的问题。现行宪法第 89 条第 1 款规定，国务院根据宪法和法律，制定行政措施，制定行政法规，发布决定和命令。此项规定一方面肯定了国务院制定行政法规的权力，但另一方面，该条规定也产生了一个立法制度的基本构造问题，即国务院制定行政法规的“法律依据”。根据宪法第 89 条第 1 款的规定，很显然，“宪法”和“法律”都是国务院制定行政法规的依据，如果国务院依据“宪法”制定行政法规，由于国务院可以根据宪法的规定来对抗对其制定的行政法规提出的违宪审查请求，因此，就必须要有一个专门的违宪审查机构才能来判定行政法规是否违宪，而不是目前仅有制定法律权限的全国人大常委会。所以，可以看到，由于我国目前缺少完善的宪法解释制度，加上宪法、立法法等法律自身对立法制度的规定还存在着许多不规范的地方，因此，如何来判定法律、行政法规与宪法相抵触，是很难轻易作出明确结论的。

当然，从完善我国违宪审查机制的角度出发，当务之急是应当依据宪法的规定建立起比较规范的宪法解释制度。根据现行宪法第67条的规定，全国人大常委会有权解释宪法。但是，全国人大常委会根据什么样的法律程序来解释宪法至今仍未有相关的立法。由于宪法解释制度是违宪审查制度中最核心的环节，只有启动宪法解释制度，才能在法律、法规与宪法之间建立起比较规范的价值联系。所以，应当首先制定一部《宪法解释程序法》，建立必要的辅助全国人大常委会行使宪法解释权的机构，然后将宪法解释制度与《立法法》所规定的违宪审查建议和请求制度有机地结合起来，才能为建立和健全我国的违宪审查机制奠定必要的法律基础和组织保障。

因此，尽管目前理论界和社会上有许多意见认为国务院制定的行政法规《城市流浪乞讨人员收容遣送办法》可能存在着与宪法、法律相抵触的地方，但是，在目前我国宪法理论和宪法制度没有完全解决宪法与法律、法规之间的价值关系的前提下，要贸然作出《城市流浪乞讨人员收容遣送办法》违宪的结论，不仅在理论上是苍白的，在制度上也存在不少障碍。因此，明智的做法就是应当在研究我国宪法制度和政治制度基本特征的基础之上，结合现代宪法的基本原理，通过实行必要的宪法改革，来构建一个比较科学和规范的违宪审查机制。

五、职权立法理论是阻碍对行政法规进行违宪审查的最大的法理障碍

纵观俞江等三位博士提出的“建议书”，其中有一个最重要的问题就是，三位博士的“建议书”并没有明确《城市流浪乞讨人员收

容遣送办法》究竟在何种意义上与现行宪法的规定相违背。表面上来看，只要一种宪法之外的法律规定了与宪法精神不一致的东西，就可以简单地作出违宪的判断。但是，从现代宪法学基本原理来看，宪法与法律、行政法规之间的价值关系首先不是通过各自条文规定的多少、差异来加以判断的，而是通过蕴藏在宪法、法律和行政法规背后的权力关系和正当性依据来判断的。宪法与法律、行政法规属于不同性质的法律，它是基于人民主权原则的价值产生的，是一种政治法。宪法规范的含义必须结合大量的宪法价值和宪法原理来加以系统解释，不可能简单地望文生义。所以，仅仅是简单地对照宪法条文来判断法律、行政法规的违宪，是不可能得出正确结论的。其次，宪法作为一个国家具有最高法律效力的法律，它通过法律的形式规定了不同国家机关所享有的宪法职权，包括立法机关在内都应当基于宪法的规定来行使自身的职权，因此，立法机关的立法是否违宪，首先要考察这样的立法是否具有宪法上的依据，即是否是宪法授权的立法，如果不属于宪法上的授权立法，那么，对于这样的立法就不可能产生违宪审查的问题。因为在立法实践中，有许多法律规范不是直接依据宪法制定的，而是依据法律或者是其他法律形式制定的，所以，从立法监督的角度来看，合宪性与合法性是两个不同的价值概念。合宪性要求的是凡是依据宪法制定的法律规范应当符合宪法的精神；合法性是对依据法律制定的法律规范所提出的与法律保持一致的要求。

从严格的法治原则出发，要保证法律规范的合宪性和合法性，首先要求不论是何种形式的法律规范（除宪法规范之外），应当在法律规范的表现形式中指明法律规范的正当性来源，也就是说，是依据宪法的规定产生的，还是依据法律的规定或者是其他法律形式产生的。依据宪法产生的，就会产生合宪性问题；依据法律产生的，就会产生合法性问题。通常在法律规范的表现形式中，会出现两种不符合法治原则要求的“法律依据”，一种是不表明法律规范是根据何种法律制定的，即不明确指出制定法律规范的法律依据；另一种是同时指明根据宪法、法律或者是两种以上的法律依据。这两种情况下的立法，既不可能作出合宪性判断，也不可能作出合法性判断。前一种情况是立法机关自行创造立法权，很明显不符合法治原则所要求的“不得超越职权”的精神，后一种情况将两种没有加以证明是相互一致的法律依据作为立法的共同依据，很明显具有规避合宪性判断和合法性判断的倾向。

《城市流浪乞讨人员收容遣送办法》是在现行宪法颁布之前颁布的，因此，从法理上来看，它不可能是依据现行宪法制定的，因此，也就不存在合宪性判断的问题，从违宪审查的技术要求来看，不可能进行准确的违宪审查；从该办法的立法依据来看，也没有明确指出是根据何种法律制定的，由于缺少明确的法律依据，在立法监督技术上无法作出该办法与何种法律相违背的违法判断。从审查该办法的立法正当性的角度来看，只有两种结论，一种结论就是该办法缺少必要的立法权限上的正当性基础，根本无需经过严格的违宪审查和违法审查就应当予以废止；另一种结论就是目前在行政法学理论上为许多学者所推崇的“职权立法”理论，也就是说，国务院有权根据自己所行使的行政管理权的需要，来进行相应的职权立法。因此，要解决《城市流浪乞讨人员收容遣送办法》的正当性问题，必须要对目前在行政法学理论上认可的“职权立法”理论进行认真的论证。

在实行三权分立的宪法体制下，由于行政机关仅仅是执行机关，所以，行政机关不可能享有“职权立法”的权力，行政机关的任何活动都必须要有宪法和法律的依据，即便是行政机关要制定相应的行政法规或规章，也必须明确指出制定这种行政法规和规章的宪法和法律依据，行政立法的性质是一种授权性立法，没有宪法和法律的授权，行政机关不可能自行立法，否则就会破坏权力分立的基本价值理念。

我国实行的是人民代表大会制度，在宪法上没有确立权力分立的价值观，因此，立法权根据宪法的规定不是某个国家机关专有的权力，各级人民代表大会也不是唯一的专门的立法机关，其他国家机关也可以依据宪法来制定相应的法律规定。如国务院依据现行宪法第89条第1款的规定，可以“依据宪法和法律”，制定行政法规，规定行政措施，发布命令和决定。所以，从法理上来看，国务院制定“行政法规”、发布“命令和决定”的法律依据，既可以是“宪法”，也可以是“法律”，甚至还可以是“宪法和法律”两种法律依据。因此，这样的规定就为国务院在制定行政法规，发布命令和决定的权限上带来了很大的空间。如果宪法规定了国务院一定的行政职权，那么，国务院根据宪法第89条第1款的规定，完全有理由进行自主立法，而无需征得全国人大的同意；只有国务院依据法律制定行政法规，发布命令和决定时才必须受到全国人大及其常委会的立法监督。由此可见，“职权立法”理论通过对宪法第89条第1款的合理解释，使得国务院在立法上获得了较大的自主权。因此，如果国务院在制定的行政法规中没有明确指明法律依据是什么，也不能随意作出结论，认为由此产生的行政法规是不符合法治原则要求的。

但是，从法治原则的要求来看，“职权立法”理论实际上造成了国家立法体制的不统一，特别是产生了立法权限如何划分、谁来划分立法权限等比较复杂的宪法理论问题。从宪法学的基本原理来看，宪法是由人民来制定的，因此，人民所掌握的宪法制定权是一切国家机关立法权的正当性基础，所以，如果国家机关之间发生了立法权限的争议，就可以由人民来最终裁决。然而，由于人民只是一种价值化的宪法制定主体，在实际生活中并没有客观地存在，所以，在许多国家，人民行使立法权是通过一定的宪法程序如全民公决或者是公民复决制度来实现的。① 我们国家迄今为止还没有在理论上承认全民公决制度的正当性，所以，一旦国家机关之间的立法权限划分出现争议，目前在制度上还不能有效地解决这种争议，因此，关于法律违宪、行政法规违宪、行政法规违法等价值判断无法在制度上得到最终的确证。故在没有建立具有宪法监督职能的宪法委员会或者是宪法法院的前提下，要对法律、法规的合宪性进行有效和科学的审查，是很难进行的。法理上也很难建立比较有力的学说。

因此，如果不走出“职权立法”理论的怪圈，将现代宪政的基本价值观点引进我国的立法领域，要建立比较科学的立法监督机制是比较困难的。表现在对三位博士提出的违宪审查请求上，既没有、也不可能提出有效的违宪审查的法理，既然如此，又如何能让立法机关来解决这种蕴藏在我国立法体制中的深刻矛盾呢？所以，在我国，目

---

① 瑞士就实行公民对立法的复决制度，因此，按照瑞士的宪法理论，国家立法权不完全掌握在立法机关手上，还掌握在人民手上。在其他欧洲国家，如列支敦士登，其国家理事会在“太阳能室内游泳池案”的判决中也强调了民主国家中，人民也掌握立法权的观点。参见“Bulletin on Constitutional Case-Law”, Edition 1997, 1, Venice Commission, Council of Europe.

前实行立法监督的最有效途径就是在不同的国家机关之间进行协调，并且采取修改法律规定的方式来避免作出“违宪”或“违法”的价值判断。

第四节　《立法法（草案）》的合宪性研究①

《中华人民共和国立法法》已经由2000年3月15日第九届全国人民代表大会第三次会议通过。该法在起草过程中曾引起了我国宪法学界的广泛讨论。由于《中华人民共和国立法法》涉及与我国宪法制定权、宪法修改权、立法权相关的基本宪法理论问题，因此，有必要对《中华人民共和国立法法》所涉及的基本宪法理论问题作出深入地探讨。作者认为，《中华人民共和国立法法》1999年10月18日征求意见稿中所反映出来的宪法问题最具有典型意义，其中最基本的宪法问题就是宪法制定权的意义。不难看出，由于该草案没有认真地关注宪法制定权的逻辑力量，以致以该草案为蓝本的《中华人民共和国立法法》遇到了许多不可克服的逻辑上的矛盾，可以说，《中华人民共和国立法法》的出台对我国宪法学理论研究提出了巨大的挑战。

（一）《立法法（草案）》合宪性的分析方法

《中华人民共和国立法法（草案）》（以下简称《立法法（草案）》）经全国人大常委会审议后在向社会各界广泛地征求了意见。②

---

① 本节内容曾经在《立法法（草案）》征求意见的过程中提交全国人大常委会法制工作委员会，受到了有关领导的高度关注。作者曾将本节的相关内容收录在作者专著《现代宪法的逻辑基础》（法律出版社2001年版）一书中。为了保持原貌，在形成本书时尽量没有修改，以避免对目前正在生效的《中华人民共和国立法法》产生消极影响。

② 本处所引证的《中华人民共和国立法法（草案）》系1999年10月18日由全国人大常委会委员长会议交由全国人大常委会审议的征求意见稿。由于该草案涉及制宪权与立法权之间关系的基本法理态度，加上《中华人民共和国立法法》基本上沿用了1999年10月18日的立法指导思想，所以，作为具有研究价值的典型事例，作者以该草案来分析目前在我国宪法学界和法理学界关于“制宪权”问题存在的一些模糊认识，以期正本清源。

《立法法（草案）》的重要意义是非常明确的，正如《立法法（草案）》第1条所指出的那样："为了规范立法活动，保障和发展社会主义民主，推进依法治国，根据宪法，制定本法。"从《立法法（草案）》的法律依据来看，《立法法（草案）》第3条也作了明确地交代，即"立法应当根据宪法，依照法定的权限和程序，维护社会主义法制的统一和尊严"。很显然，从《立法法（草案）》的立法宗旨来看，就是要根据宪法的规定，通过制定专门的法律来规范立法秩序，维护我国立法制度的统一和协调，从而以此推进依法治国，为在2010年建设具有中国特色的社会主义法律体系奠定必要的法律基础。由于《立法法（草案）》至关重要，因此，有必要对《立法法（草案）》的内容进行严格的逻辑考察，其中最重要的考察手段就是以分析《立法法（草案）》的合宪性为基础，来全面探讨《立法法（草案）》的内容能否实现《立法法（草案）》的立法宗旨。

现代宪法制度区别于传统法律制度的最大的特点就在于，它以民主政治作为公共权力的基础，以法治作为社会公共生活的组织手段，以保障人权作为市民社会的最低福利，以实现自由作为人类社会的最崇高的理想。① 因此，作为宪法制度形式化的体现——宪法，它首先是一种社会道德价值的体现，其中集中体现的是一个特定民族国家所崇尚的政治价值；它其次又表现为一种规则，即在社会道德价值和政治价值支配下的基本法律规范。宪法与普通法律的关系不能基于法律的历史传统来解释，而应当基于宪法所赖以产生的人文价值来进行严格的逻辑释义，这就表现在一方面，宪法中的基本法律规范必须依据宪法的基本价值原则而存在；另一方面，基于宪法中的基本法律规范的规定而产生的其他形式的法律规范与宪法中的基本法律规范之间的关系必须以严格的逻辑规律为基础进行合理地演绎，任何超越宪法中的基本法律规范的规定而直接依靠社会道德价值和政治价值创设其他形式的法律规范的法律规范创制行为都毫无例外地会在逻辑上否定宪法中的基本法律规范存在的合理性，从而使一个国家的法律规范体系

---

① 现代宪政是一种综合协调性的社会价值，以民主、法治、人权和自由等社会的基本善性价值之间的相互协调为宗旨，而不单纯片面地强调某一方面的社会价值。它是人类文明发展到现阶段最合理的社会价值的体现。

背离基本的逻辑规律，导致无法合理地进行逻辑构造的混乱的立法秩序的出现，也就从根本上否定了“法的统治”的形式意义。① 果若如

---

① 法治理念有传统与现代之别。传统的法治理论是与人治理论相对立的。古希腊的柏拉图是主张人治的，及所谓“贤人政治”或者是“哲学王”统治。他提出：“除非哲学家成为国王……国家就不会解脱灾难，得到安宁。”在他看来，国家好比一个病人，统治者好比一个医生，只有医术高明的医生才能治好病人的病。亚里士多德则不同意他的老师柏拉图的看法。在回答“由最好的一人或由最好的法律统治哪一方面较为有利”这个问题时，亚里士多德认为“法治应当优于一人之治”。其主要理由是：法律是由许多人制定出来的，多数人的判断总比一个人的判断要可靠；人难免感情用事，实行人治易出偏私，而法治是没有感情的；实行法治可以反对专横与特权；法律有稳定性和连续性的特点，可以不因为领导人的改变而随意被改变；法律比较原则，但是并不能成为实行人治的理由。作为治国的原则，亚里士多德提出：“法治应包含两重含义：已成立的法律获得普遍的服从，而大家所服从的法律又应该本身是制定得良好的法律。”（［古希腊］亚里士多德：《政治学》，商务印书馆 1965 年版，第 162、163、167 页。）

我国春秋战国时期，法家主张法治，儒家主张人治。儒家讲“礼治”、“德治”，实际上就是“人治”。作为治国的理论，儒家认为，“为政在人”，“其人存，则其政举，其人亡，则其政息”。（《礼记·中庸》）法家反对儒家这种看法，认为治国好坏不在君主，而在于有没有良好的法律制度。法家认为，所谓“圣人之治”是一人之治，治国方略来自个人的内心，而“圣法之治”则来自众人之心，因此，治国方略来自事物本来的道理。法家主张，应当公布成文法，强调“刑无等级”、“君臣上下贵贱皆从法”，“故治民无常，唯治为法。法与时转则治，治与世宜则有功。……时移而治不易者乱”。（《韩非子·心度》）

从古代法治理论的作用来看，虽然反对人治，但是，法治理论的前提仍然是为了巩固统治阶级的政权服务。法治与人治的差异只在于统治阶级统治人民的手段不同，并没有反映绝大多数劳动人民的意志和利益。法治理论的产生是为了防止统治阶级的随心所欲，但并不是限制统治阶级的权力。

近代法治理论是在资产阶级反封建的过程中产生的，集中表现在资产阶级启蒙思想家的著作中。近代法治理论是与自由理论紧密相关的，主张法治是为了反抗封建王权的束缚，因此，近代法治理论具有反对个人统治、集权统治，主张个人自由的核心价值理念。如孟德斯鸠认为：“专制政体是既无法律又无规章，由单独一个人按照一己的意志与反复无常的性情领导一切。”（［法］孟德斯鸠：《论法的精神》上册，商务印书馆 1961 年版，第 8 页。）

近代法治理论确立了个人自由、平等价值，并且在制度上得到了实践。反映在国家政治制度形式上就是依据宪法和法律设立国家立法机关、行政机关和司法机关，并基于权力制衡原则，强调法律对国家生活和社会生活的绝对支配（下转 489 页）

此，法律秩序不仅无法摆脱道德秩序的束缚，而且会丧失自身存在的独立的社会价值。所以，考察“法的统治”秩序，必须从宪法规范的合理性开始，并依据宪法规范来确定其他形式的法律规范的合理性。

《立法法（草案）》的根本宗旨就是要依据宪法建立一个合理的立法秩序，从而保证以宪法规范为基础建立起来的一个国家整个法律规范体系成为一个逻辑严谨、形式合理和内容科学的行为规则体系。要达到以上目的，必须进行两个方面的逻辑考察，即《立法法（草案）》所依据的宪法是一个自身科学、严密的法律规则，可以为《立法法（草案）》提供逻辑清晰的创设行为规则的演绎路径；另一个方面是《立法法（草案）》必须根据严格的逻辑规则根据宪法的规定进行演绎。只有这两个方面的逻辑形式都具有合理性，才能保证《立法法（草案）》的内容具有科学性。

（上接 488 页）作用，即法治国家所通称的“rule of law”。尽管如此，近代法治理论并没有解决个人之间实质性的平等问题，而且法律至上的原则存在严重的形式主义倾向，即代表了社会少数人意志和利益的国家法律被赋予了全民意志的社会正义形象，法律在现实中的作用与法律的理想功能严重脱节。

现代法治理论主要是指 20 世纪社会主义法律产生以后，在人民当家作主的法律原则的指引下所产生的新型的法治理论。一方面，在传统的法治国家中，劳动人民的权利得到了应有的尊重，国家权力并不仅仅被视为统治者的权力，人民对国家权力的行使享有充分的监督权力。在此基础上产生了以宪法至上为价值准则的现代宪政原则。另一方面，在社会主义国家中，法律代表了人民的意志，人民成了国家的主人。社会主义的法律不仅保障公民的权利，而且还为公民行使各种法律所规定的权利提供切实有效的保障。

现代法治理论强调实质法治，即在充分发挥国家权力为人民服务的基础上，有效地实现人民民主，尊重和保障人权，实现国家利益、集体利益和个人利益三者的高度统一。现代法治理论强调协调、和谐的社会价值，主张物质文明与精神文明共建。

现代社会的法治观，归根到底就是要用法律来限制政府的行为，保障公民权利。法治保障公民可以通过法律的途径有效地监督政府的各项行为，尤其是行使国家权力的合宪性和合法性。如果法治中的“治”的对象是一般公民的行为，那么，这样的“治”不通过法律也能实现。国家权力直接可以起到控制公民行为的作用。所以，法治真正的内涵是在国家权力之上加上了宪法和法律权威的限制，使国家权力成为一种派生的权力，使国家权力的存在服务于保障公民权利的目的。公民的法治意识就是要求公民以国家主人翁的身份依法监督政府的活动。监督意识是公民法律意识的重要组成部分。

对于宪法自身的合理性这个问题涉及整个宪法制度的改革，而依据成文的宪法来判定其他形式的法律规范的合宪性则必须具有明确的判定标准。根据现代宪法赖以成立的最重要的五项原则，即人民主权、宪法至上、有限政府、保障人权和宪法是法，判定其他形式的法律规范是否符合宪法的规定，主要是从逻辑上来论证其他形式的法律规范是否遵循了上述五项最基本的宪法原则，涉及具体的法律条文时，不仅要从形式上比较宪法规范与其他形式的法律规范之间的逻辑上的一致性，同时，也要考察某个具体的其他形式的法律规范是否符合上述五项宪法原则。因为在判定其他形式的法律规范与宪法规范在形式逻辑上的冲突是比较容易的，而分析其他形式的法律规范违背宪法的原则，判定其在实质上违宪则是一项比较复杂的技术性活动，必须在严格的逻辑判断基础上才能得出正确的结论。

在审查《立法法（草案）》合宪性的过程中，必须区分两个方面可能存在的逻辑缺陷：宪法自身的逻辑缺陷导致《立法法（草案）》在逻辑演绎过程中的逻辑错误，这个问题必须通过宪法修改的途径加以解决；《立法法（草案）》演绎宪法原则和宪法规范时发生的逻辑错误，这个问题是完全可以在《立法法（草案）》的起草过程中加以解决的，不然，脱离宪法原则和宪法规范的逻辑指导，《立法法（草案）》的内容可能就会偏离法治的要求，成为一种政治价值——政策的简单反映。在利用宪法的规定来判断《立法法（草案）》的合宪性时，必须依据的合宪性审查标准包括：1. 人民主权原则；2. 剩余权力原则；3. 剩余权利原则；4. 自然逻辑原则。这四项审查标准是与宪法所赖以存在的五项原则密切相关的，或者说在某种程度上是宪法最基本的五项原则的逻辑外化。

人民主权原则包括两个方面的含义，一是强调国家的一切公共权力必须属于人民，而不能属于任何组织和个人，公共组织和个人可以基于宪法的规定，享有人民的授权，而不能直接成为公共权力的所有者，因此，任何公共组织和个人不能自己产生公共权力，必须依据宪法的规定来行使法定的权限；二是强调社会的一切权利必须服务于人民，因此，只有人民才是各种社会权利的最终的主体。

剩余权力原则是由人民主权原则派生的，它主要解决社会规范之外的公共权力的属性问题，也就是说，凡人民没有在宪法中所明确的公共权力同样应当属于人民，这就意味着对于公共组织而言，尤其是对于国家机关来说，凡是宪法没有赋予其行使的职权都是禁止的。公共权力的创造权属于人民。①

剩余权利原则也是与人民主权原则密切相关的，它是主权作为权力与权利的结合体的又一种逻辑演绎形式，也就是说，宪法作为人民之间的总契约，肯定了公民的基本权利，也明确了公民的基本义务。人民作为社会权利的主体，不仅享有宪法所规定的权利，而且还享有宪法规定之外的自由，只要这种自由的享有不违反宪法所确立的公民的基本法律义务。所以，从逻辑上来看，凡宪法没有禁止的，公民都是可以做的。社会权利的享有权属于人民。②

自然逻辑原则强调一切形式的法律规范之间必须依据自然的逻辑关系建立固定的联系，也就是说，以宪法规范为基础建立起来的一个国家的法律规范体系必须遵循严格的逻辑上的因果关系规律，任何以专制逻辑形式为依据的道德判断以及以强迫逻辑形式为依据的经验判断在建立一个符合法治要求的法律规范体系的过程中其作用和影响必须降低到最低的限度。自然逻辑原则的因果规律，主要是形式逻辑规律、辩证逻辑规律和数理逻辑规律，其中以形式逻辑规律为基础的概念的同一性、事物发展顺序的连续性（时间上前后一致）、事物位置的确定性（空间上上下有序）等逻辑要求③是判定其他形式的法律规

---

① “剩余权力原则”在美国 1791 年《权利法案》中得到了明确的表述，该法案第 10 条规定：“凡宪法未授予合众国政府行使，而又不禁止各州行使的各种权力，均保留给各州政府或人民行使之。”这是针对宪法规定之外的公共权力归属的明确规定。原文为“The powers not delegated to the United States by the Constitution, nor prohibited by it to the States, are reserved to the States respectively, or to the people”。

② “剩余权利原则”在美国 1791 年《权利法案》中得到了明确的肯定，该法案第 9 条规定：“宪法中列举的某些权利，不得被解释为否认或轻视人民所拥有的其他权利。”这是针对宪法规定之外的社会权利归属的明确规定。原文为“The enumeration in the Constitution, of certain rights, shall not be construed to deny or disparage others retained by the people”。

③ 形式逻辑中的三大规律同一律、排中律以及不矛盾律是检验其他形式的法律规范是否合宪的最基本的逻辑手段。当然，对于宪法原则在审查其他形式的法律规范是否合宪中的作用也是应当予以高度重视的。因此，道德价值和政策在一定程度上可以作为判断合宪的标准。

范是否合宪的最重要的标准。由于宪法是最基本的法律规范，因此，宪法规范又是其他形式的法律规范产生的逻辑上的大前提。上述有关自然逻辑规律的分析方法是判定《立法法（草案）》合宪性的最基本的技术手段，如果《立法法（草案）》不能满足上述逻辑要求，至少无法在逻辑上作出《立法法（草案）》合宪的结论。

（二）《立法法（草案）》中立法权的合宪性分析

立法权是宪法所规定的制定法律规范的权力，这是一种公共权力，一般由宪法所规定的专门的立法机关行使。从比较宪法的角度来看，立法权通常由议会来行使，其他国家机关或者是社会组织无权行使立法权，只能通过立法机关授权的方式来行使立法权。如果一个国家宪法中规定立法权由两个以上的国家机关或者是社会组织共同行使，那么，宪法必须明确划分享有立法权的不同的国家机关所享有的立法权的范围。① 这种划分方法，或者是列举式的，或者是排他式的。以此来区分不同国家机关所享有的立法职能。列举式划分法，主要是通过宪法明确不同国家机关所享有的立法权的内容，宪法没有规定的，任何国家机关都不得随意立法。排他式划分方法，一般是确定某个国家机关的立法权的内容，而除了由该国家机关行使的立法权之外，其他的立法权限由另外的国家机关享有。基于宪法关于立法权归属的划分方式，只有依据宪法的规定，唯一享有立法权的国家机关才能通过制定“立法法”的方式来将自己依据宪法所享有的立法权如何行使进一步细化。对于宪法将立法权划分给两个以上国家机关行使的，依据宪法享有立法权的国家机关不能通过自身的立法权来制定“立法法”，即便这样的“立法法”只涉及制定“立法法”的国家机关的立法权限。因为，如果宪法将立法权划分给两个以上的国家机关来行使，那么，依据宪法规定享有立法权的不同国家机关之间的立法

---

① 以中央和地方的立法权限划分为例，在美国，在某些法律领域中，如家庭法现在仍然是各州负责的事项。在另外一些领域，却存在着联邦与州共同的立法。如联邦宪法规定公民住宅不得非法侵入，阿拉斯加州对此有细则，比宪法保护更严。但绝对不能低于宪法。另外，美国还有一些州享有某些特许权。这些特许权是基于独立前的英国、西班牙等殖民者的特许产生的。还有一些是独立以后但宪法制定前，由法院裁决所支持的地方权力。对于这些权力，人们至今仍然视为神圣的权力。如果这些权力与后来州政府制定的法律相冲突，人们仍以历史权力为准。

权的界限不得由任何一个国家机关随意确定，必须通过合宪性审查程序来加以判定，否则，就会引起依据宪法享有立法权的不同国家机关就自己依据宪法所享有的立法权的大小和范围的争议。

我国“立法法”由全国人大制定，并且由全国人大确定各个有权立法的机关的立法权限，这样的规定是不符合宪法要求的。因为，如果宪法规定立法权只能属于全国人大，那么，全国人大在制定“立法法”时就不需要划分立法权限，如果全国人大想让其他国家机关行使某种形式的立法权，可以通过授权立法的方式，全国人大制定“立法法”就不是划分立法权限，而是规定全国人大的立法程序和有关的立法授权程序以及相应的对授权立法的监督程序；如果宪法没有明确规定立法权只能属于全国人大，那么，全国人大就无权在“立法法”中来划分立法权限，划分立法权限必须通过修改宪法的程序进行。从现行宪法的规定来看，立法权显然不只属于全国人大，因此，全国人大无权在“立法法”中划分立法权限。所以，依据宪法的规定，全国人大根本就不具有通过像《立法法（草案）》中所规定的立法权力。如果强行通过由此《立法法（草案）》为基础产生的立法法，势必会破坏我国的宪法秩序，给宪法实施造成巨大的困难，“立法法”的出台不是保障宪法的实施，而是给宪法实施造成了真正的阻碍。

在起草“立法法”的过程中，最容易遭到立法者忽视的宪法问题就是全国人大依据我国现行宪法的规定是否有权制定一部“立法法”，来对不同的国家机关之间的立法权限作出划分。这里涉及一个根本的宪法学理论问题，即通过全国人大全体代表2/3多数通过的宪法修正案与通过全国人大全体代表1/2多数通过的法律及其他议案在立法意义上有什么本质的区别。应该说通过全国人大全体代表2/3多数通过宪法修正案是创制宪法的立法程序，而通过全国人大全体代表1/2多数通过法律及其他议案是创制法律的程序。创制宪法与创制法律在宪法学上是性质截然不同的立法活动。创制宪法的活动是人民意志的直接体现，而创制法律的活动是人民意志的间接体现，表现为立法机关自身的意志。国家机关的立法权限可以通过创制宪法的活动来确定，但却不能由立法机关自己规定自己的立法权限。否则，就违背宪法赖以存在的最基本的人民主权原则。立法机关就成了国家权力的来源了。这种理念与人民主权的理念不相符合。从宪法学上来看，宪法制定权与立法权是两个不同概念，宪法制定权属于人民，它与主权相联系；而立法权属于立法机关，它是一种国家权力。因此，在宪法没有对国家机关所享有的立法权限作出修正之前，国家立法机关是无权来自行划分立法权限的。在我国，尽管修正宪法与制定法律的权力都属于全国人民代表大会，但是这两种权力的性质不一样，由全国人大全体代表2/3多数通过宪法修正案的权力更具有象征性的意义。否则，修改宪法的法律程序就没有任何法律上的意义。因此，《立法法（草案）》实际上在起修改宪法的作用，依据宪法的规定，应当以宪法第64条第1款所规定的修改宪法的程序加以通过，否则，就必须对《立法法（草案）》的内容作结构性的调整。全国人大只能依据宪法赋予的立法权限来制定有关的立法程序法和立法监督法，而不应该在《立法法（草案）》中代替宪法来划分立法权限。

（三）《立法法（草案）》对立法权限划分的合宪性分析

《立法法（草案）》看上去结构比较清晰，但是实际上，各种法律形式之间的关系是混乱的。如《立法法（草案）》第9条规定，“全国人民代表大会制定和修改刑事、民事、国家机构等基本法律和全国人民代表大会认为应当由它制定的其他法律”。这里“全国人民代表大会认为应当由它制定的其他法律”给立法结构造成了混乱。因为，如果立法权依赖于全国人大自身的认为和判断，那么，这是否意味着全国人大不认为应当由它制定的法律全国人大无权制定呢？如果说全国人大不认为应当由它制定的法律全国人大仍有权制定，这就意味着所有的立法权都属于全国人大，很显然，这一点与宪法规定不符合；如果说全国人大不认为应当由它制定的法律全国人大无权制定的话，那么，其他国家机关的立法权限依赖于全国人大的让与，因此，其他法律形式的存在状态完全是主观性的，立法体系根本没有固定的框架，完全取决于全国人大对自身行使立法权的节制，这一点与宪法所确立的我国社会主义法律形式体系是不吻合的。因此，《立法法（草案）》对全国人大立法权的设计否定了宪法所规定的立法结构，使宪法所规定的其他法律形式失去了自身的意义。

关于全国人大与全国人大常委会之间的立法权限的划分问题，《立法法（草案）》的处理方式与宪法的规定也是有出入的。宪法第

62 条第 3 项规定：全国人大制定和修改刑事、民事、国家机构和其他的基本法律。宪法第 67 条第 2 项规定：全国人大常委会制定和修改除应当由全国人大制定的法律以外的其他法律。《立法法（草案）》第 9 条第 1 款却将全国人大的立法权限表述为：“全国人民代表大会制定和修改刑事、民事、国家机构等基本法律和全国人民代表大会认为应当由它制定的法律。”第 2 款将全国人大常委会的立法权限表述为：“全国人民代表大会常务委员会制定和修改除由全国人民代表大会制定的法律以外的其他法律。”这里比较一些宪法和《立法法（草案）》对全国人大与全国人大常委会制定和修改法律权限的规定，可以看到，很显然，《立法法（草案）》的规定与宪法的规定不一致，而且《立法法（草案）》的规定存在严重的逻辑矛盾。因为宪法对全国人大与全国人大常委会的制定和修改法律的立法权限的表述是符合形式逻辑的排中律的，即全国人大常委会制定和修改除由全国人大制定和修改的法律之外的法律。而《立法法（草案）》的表述是违反形式逻辑的排中律的。因为全国人大可以制定和修改它自己认为应当制定和修改的法律，这在逻辑上就存在着全国人大可以自己制定所有的法律，只要全国人大自己认为合适就行。如果这样的逻辑后果发生了的话，那么，《立法法（草案）》关于全国人大常委会制定和修改除由全国人大制定和修改的法律之外的法律在逻辑上就存在着零可能性的情况。所以，《立法法（草案）》对全国人大与全国人大常委会制定和修改法律的立法权限的划分方法在逻辑上是存在严重缺陷的，反映到立法实践中就会表现为全国人大常委会制定和修改任何性质的法律都可能是无权的。倒是宪法第 62 条第 15 项关于全国人大其他职权的规定比较符合形式逻辑规律的要求，该项规定：全国人大行使应当由最高国家权力机关行使的其他职权。这里，全国人大依据宪法规定可以行使的职权是“应当由最高国家权力机关行使的其他职权”，宪法没有规定全国人大可以行使自己认为应当行使的其他职权是符合“剩余权力”原则的要求的。也就是说，全国人大作为国家机关不能自己决定自己应当行使什么样的国家权力，这种决定权在法理上应当属于人民，并且由人民通过创制宪法的程序加以规定。《立法法（草案）》关于全国人大制定和修改法律的立法权限的规定恰恰违背了“剩余权力”原则，在实践中也必然会导致全国人大对创制宪法活动意义的忽视。

（四）《立法法（草案）》宪法依据的合宪性分析

《立法法（草案）》作为规定立法秩序的法律，其立法的依据应当来自于宪法的规定，也就是说，《立法法（草案）》应当是宪法关于立法制度规定的具体化。但是，由于宪法由宪法原则和宪法规范两部分组成，《立法法（草案）》在设计有关法律规范时必须按照严格的逻辑形式进行合理地演绎，脱离宪法规范的要求或者抽象地强调依据宪法来构造《立法法（草案）》的具体法律规范都很容易使宪法规范对《立法法（草案）》的约束作用流于形式。所以，在确立《立法法（草案）》的宪法依据时必须是明确的，而不应当采用模糊的逻辑判断来作为《立法法（草案）》确立具体法律规范的依据。

从《立法法（草案）》的规定来看，对于将宪法作为制定法律规范的依据始终是予以高度重视的。但是，在具体论述宪法与其他形式的法律规范之间的逻辑关系时却存在相当多的不确定的因素，有的甚至是自相矛盾的。如《立法法（草案）》第1条规定，“根据宪法，制定本法”。这样笼统地表述《立法法（草案）》的宪法依据的方式存在着非常大的逻辑问题，也就是说，按照一般公众的法律知识水平，能否从宪法的哪一条或哪几条具体的规定判断出制定《立法法（草案）》的宪法依据？如果无法作出这样的判断，那么，“根据宪法，制定本法”的规定就只能代表《立法法（草案）》起草者主观上想使《立法法（草案）》符合宪法要求的愿望，对于社会公众而言，这样的规定并不具有当然的公信力。所以说，“根据宪法，制定本法”并不符合立法逻辑的要求，从此规定，很难判断出《立法法（草案）》中具体的法律规范所赖以产生的逻辑大前提。再者，如《立法法（草案）》第3条规定：“立法应当根据宪法，依照法定的权限和程序，维护社会主义法制的统一和尊严。”这一条规定表面上对立法提出了合宪性的要求，但实际上并没有提供一个逻辑上非常明确的立法大前提。因为“应当根据宪法”与“依照法定的权限和程序”之间并没有当然一致的逻辑关系。“法定的权限和程序”既包括宪法所规定的权限和程序，也包括其他形式的法律规范所规定的权限和程序。其他形式的法律规范所规定的权限和程序是否与宪法所规定的权限和程序相一致或者是不矛盾，无法简单地作出肯定的结论。如果作出不矛盾的简单推论，那么，立法的合宪性问题就失去了意义。所以，《立法法（草案）》第3条在对立法的法律依据作出要求时，实际上是规定了一个不确定的依据，对立法活动并没有实际的拘束作用。

如果说《立法法（草案）》在确立一般立法活动的法律依据时采取了逻辑上模棱两可的依据尚不会在实质上影响立法的效力，那么，《立法法（草案）》对行政法规依据的确定则会从根本上动摇《立法法（草案）》的合宪性。如《立法法（草案）》第55条规定："国务院可以根据宪法和法律，制定行政法规。"该条规定无疑是要求国务院制定行政法规必须依据宪法和法律。这里的"依据法律"在法理上很容易解释，也就是说国务院的行政法规必须依据全国人大及全国人大常委会制定的法律，因此，全国人大及全国人大常委会所制定的法律可以为国务院制定的行政法规规定各种法律条件；但是，"依据宪法"则会产生国务院制定行政法规的权力直接来源于宪法的逻辑结论，如果这样的推理成立，国务院制定的行政法规的效力可能会包含两个部分：一部分依据宪法的规定制定，这一部分的行政法规直接服从于宪法，不受全国人大和全国人大常委会制定的法律的约束；另一部分依据法律的规定制定，这一部分的行政法规不得与法律相抵触。对于直接服从于宪法的行政法规，如果全国人大及全国人大常委会无权确定其立法权限，这就与国务院向全国人大负责，受全国人大监督的宪法制度相矛盾；如果全国人大及全国人大常委会有权确定其立法权限，作为行政法规的法律依据——宪法对行政法规就不具有任何保护力。所以说，在确立某项特殊形式的法律规范的立法依据时，任意地列举若干法律依据，尤其是随意将宪法作为立法的依据会很容易造成立法权限和立法秩序上的混乱。事实上，《立法法（草案）》第55条关于国务院制定行政法规的法律依据的规定其直接的法源出自宪法第89条第1项的规定，即国务院"根据宪法和法律，规定行政措施，制定行政法规，发布决定和命令"。宪法上述规定本身在逻辑上存在着严重的缺陷，也为我国立法体制的混乱埋下了隐患。长期以来，我国行政立法的性质是依职权立法，还是依授权立法一直争论不休，其源头起于宪法第89条第1项关于行政法规立法依据在逻辑上的模棱两可的特性。从我国人民代表大会制度的本质来看，行政法规的立法依据应当只能是法律，而不能是宪法，因为如果国务院制定行政法规的立法权力直接来源于宪法，国务院制定的行政法规在法律效力上就可能与全国人大及全国人大常委会制定的法律相抗衡，这一点很显然并不是制宪者的初衷。故“依据宪法”一词，本身并没有将宪法作为可以适用的法律形式看待，因此，作一般上的宣示性规定以表明行政法规的合宪特征。① 这种对立法依据的确立方式是不符合逻辑的，其实施的后果必然导致国务院在制定行政法规上与全国人大及全国人大常委会争权，并且宪法的法律效力被搁置一边。所以，在加强立法科学性的过程中，在确立立法的法律依据时，必须慎用“依据宪法”。

（五）《立法法（草案）》中立法监督权的合宪性研究

《立法法（草案）》为了建立我国各种形式的法律规范之间的正常秩序，依据现行宪法的规定，对立法监督体制作了比较详尽的规定，集中表现在第 87 条所规定的立法监督权限。该条规定的具体内容包括：“改变或者撤销法律、法规、自治条例和单行条例、规章的权限是：（一）全国人民代表大会有权改变或者撤销它的常务委员会制定的同宪法规定或者全国人民代表大会制定的法律的基本原则相抵触或者不适当的法律，有权撤销全国人民代表大会常务委员会批准的违背宪法和本法第六十五条规定的权限范围的自治条例和单行条例。（二）全国人民代表大会常务委员会有权撤销同宪法和法律相抵触的行政法规，有权撤销同宪法、法律和行政法规相抵触的地方性法规，有权撤销省、自治区、直辖市人民代表大会常务委员会批准的违背宪法和本法第六十五条规定的权限范围的自治条例和单行条例。（三）国务院有权改变或者撤销不适当的部门规章和地方政府规章。（四）地方人民代表大会有权改变或者撤销它的常务委员会制定的不适当的地方性法规，省、自治区人民代表大会常务委员会有权撤销本行政区域内的较大的市的人民代表大会及其常务委员会制定的同宪法、法律、行政法规和本省、自治区的地方性法规相抵触的地方性法规。

---

① 目前我国有相当一批法律在第 1 条都明示“依据宪法，制定本法”，这样的规定，从确立该法律的宪法依据来说在逻辑上是不严谨的，而且这样的规定根本不具有证明该法律因此就当然合宪的公信力。

（五）地方人民代表大会常务委员会有权撤销本级人民政府制定的不适当的规章。（六）省、自治区的人民政府有权撤销下一级人民政府制定的不适当的规章。（七）授权机关有权撤销被授权机关制定的超越授权范围或者违背授权目的的法规，必要时可以撤销授权。”

从《立法法（草案）》第 87 条所规定的立法监督体制来看，如果要进行合宪性的分析，至少可以产生以下几个方面的问题值得研究：

1. 全国人大立法监督权的合宪性

《立法法（草案）》第 87 条第 1 项对全国人大立法监督权所作的表述是：全国人民代表大会有权改变或者撤销它的常务委员会制定的同宪法规定或者全国人民代表大会制定的法律的基本原则相抵触或者不适当的法律，有权撤销全国人民代表大会常务委员会批准的违背宪法和本法第 65 条规定的权限范围的自治条例和单行条例。可以看到，全国人大行使立法监督权所要监督的对象是全国人大常委会所进行的立法活动。现行宪法第 62 条所规定的全国人大享有的职权中，规定全国人大可以改变或者撤销全国人大常委会制定的不适当的决定，没有涉及全国人大如何对全国人大常委会制定的法律享有何种性质的监督权。《立法法（草案）》规定全国人民代表大会有权改变或者撤销它的常务委员会制定的同宪法规定或者全国人民代表大会制定的法律的基本原则相抵触或者不适当的法律，这一权限很显然无法从现行宪法中找到直接的依据。能否认为全国人大有权改变或者撤销全国人大常委会制定的法律的立法监督权不符合宪法的规定呢？从宪法理论上来看，不能简单地得出如此结论。因为从现行宪法关于全国人大的职权规定来看，全国人大依据宪法的规定具有监督宪法实施的职责，因此，如果全国人大发现全国人大常委会制定的法律与宪法相抵触，当然就有权监督；另外，现行宪法第 67 条规定：全国人大常委会在全国人民代表大会闭会期间，对全国人民代表大会制定的法律进行部分补充和修改，但是不得同该法律的基本原则相抵触。从这一规定可以合理地推导出全国人大常委会制定的法律不得与全国人大制定的法律基本原则相抵触，如果抵触，全国人大应当有权对此进行监督。所以说，《立法法（草案）》就全国人大对全国人大常委会制定的法律可以行使立法监督权的规定可以从宪法上找到间接的依据。不过，全国人大在对全国人大常委会的立法活动行使立法监督权的时候，如果发现全国人大常委会制定的法律同宪法或者是全国人大制定的法律的基本原则相抵触，应当采取什么样的立法监督措施？能否改变或者是撤销？如果全国人大直接改变或者撤销全国人大认为全国人大常委会制定的同宪法或者全国人大制定的法律的基本原则相抵触的法律，由此在逻辑上可能导致全国人大有可能利用自己所行使的立法监督权来否定全国人大常委会所享有的立法权，使全国人大常委会依据宪法所享有的立法权流于形式。所以说，有权监督和进行监督的形式是两个不同层次的问题，如果监督权能够随意改变被监督的国家权力的法律效果，那么，监督权就成为一种无所不能的国家权力，很显然，由此就会触发“监督者谁来监督”的古老的政治哲学的话题。

如果说《立法法（草案）》要依据宪法所确定的原则肯定全国人大对全国人大常委会所制定的法律的监督权，那么，依据同样的道理，全国人大常委会依据宪法所进行的各种性质的立法活动都应当受到全国人大的监督，如全国人大常委会依据宪法规定对宪法和法律的解释，对国际条约的批准以及对重要问题作出的决定等，都必须在《立法法（草案）》中得到反映。因为如果全国人大常委会依据宪法所享有的上述立法活动得不到有效的监督，在实践中还是无法解决上述问题。而且还可能因为全国人大常委会制定的法律可以受到全国人大的监督而导致全国人大常委会制定法律的活动在全国人大常委会依据宪法所进行的立法活动中法律效力最低的逻辑结论。这恐怕不是《立法法（草案）》起草的宗旨。对于全国人大常委会所进行的其他立法活动的监督，《立法法（草案）》不是没有注意，如该草案规定：全国人大有权撤销全国人民代表大会常务委员会批准的违背宪法和本法第 65 条规定的权限范围的自治条例和单行条例。此规定反映了全国人大也有权对全国人大常委会的立法活动进行多角度的监督，但唯独对全国人大常委会解释宪法和法律，批准国际条约和作出重要决定置之不理，是否意味着全国人大常委会行使上述权力不属于立法权呢？这个问题《立法法（草案）》是没有认真加以解决的。事实上，就全国人大常委会解释宪法和法律以及批准国际条约的监督不仅在完善立法体制上极其重要，而且对于建立完整、统一的社会主义法律体系也至关重要。在香港回归祖国后由终审法院所判决的“无证童”

案中，就涉及全国人大常委会对基本法的解释是否合宪由谁来监督的问题；我国已经批准的国际人权公约和国际条约在国内法上到底具有何种法律效力也是我们在处理对外事务中必须认真研究的立法问题等。《立法法（草案）》未能在逻辑上关注上述问题不能不说是一个重大的缺陷。而且全国人大常委会进行宪法解释和法律解释的实践以及全国人大批准国际条约的国际立法活动的深入都会从实践的层面迫使我们来思考这些问题，并找到一条行之有效的解决办法。

2. 全国人大常务委员会立法监督权的合宪性

《立法法（草案）》第 87 条第 2 项规定了全国人大常委会的立法监督权，包括：全国人民代表大会常务委员会有权撤销同宪法和法律相抵触的行政法规，有权撤销同宪法、法律和行政法规相抵触的地方性法规，有权撤销省、自治区、直辖市人民代表大会常务委员会批准的违背宪法和本法第 65 条规定的权限范围的自治条例和单行条例。上述规定与现行宪法的规定是完全一致的，也就是说可以从宪法中找到全国人大常委会行使上述立法监督权的直接的宪法依据，但也存在一些差异。如现行宪法第 67 条第 7 项、第 8 项规定：全国人大常委会有权撤销国务院制定的同宪法、法律相抵触的行政法规、决定和命令；撤销省、自治区、直辖市国家权力机关制定的同宪法、法律和行政法规相抵触的地方性法规和决议。对照《立法法（草案）》第 87 条第 2 项的规定，可以看到全国人大常委会对国务院立法活动的监督没有宪法规定得广泛，因为依据宪法第 67 条第 7 项的规定，全国人大常委会不仅可以撤销国务院制定的行政法规，而且也可以撤销国务院制定的同宪法和法律相抵触的决定和命令，很显然，作为对现行宪法关于全国人大常委会监督国务院立法活动具体化的《立法法（草案）》没有直接地引用宪法的规定，从法律是宪法的具体化的角度来看是显得有缺陷的。因为全国人大常委会依据《立法法（草案）》的规定还不能对国务院发布的决定和命令进行监督，并有权将其撤销，只能根据宪法第 67 条第 7 项的规定来进行上述立法监督。这种规定方式又会产生国务院制定的决定和命令似乎比国务院制定的行政法规具有更强的法律效力，因为全国人大常委会必须依据宪法才能撤销国务院制定的同宪法和法律相抵触的决定和命令，而要撤销国务院制定的行政法规，依据“立法法”的规定就可以了。这样的立法技术实质上是造成了国务院制定的决定和命令与国务院制定的行政法规在接受全国人大常委会立法监督上的双重标准。这很明显属于重大的立法瑕疵。就地方性法规的立法监督问题，《立法法（草案）》的规定与宪法的规定也不相一致。现行宪法第67条第8项规定，全国人大常委会有权撤销省、自治区、直辖市国家权力机关制定的同宪法、法律和行政法规相抵触的地方性法规和决议，而《立法法（草案）》第87条第2项规定：全国人大常委会有权撤销同宪法、法律和行政法规相抵触的地方性法规。很显然，《立法法（草案）》关于全国人大常委会对地方性法规的立法监督权要广，因为现行宪法所确定的是全国人大常委会对省、自治区、直辖市国家权力机关制定的地方性法规的监督，而《立法法（草案）》扩大了全国人大常委会对地方性法规的立法监督权，不仅包括了对省、自治区、直辖市国家权力机关制定的地方性法规，还包括《立法法（草案）》第62条第2款、第3款所规定的较大的市的人民代表大会及其常务委员会根据本地的具体情况和实际需要，在不同宪法、法律、行政法规和本省、自治区的地方性法规相抵触的前提下制定的地方性法规。这里扩大全国人大常委会对地方性法规的立法监督权的规定，一方面可以加强立法活动的统一性，但是，从另外一个角度来看，很容易将地方性法规立法中的问题带到立法监督活动中来。因为，根据《立法法（草案）》第87条第4项的规定：地方人民代表大会有权改变或者撤销它的常务委员会制定的不适当的地方性法规，省、自治区人民代表大会常务委员会有权撤销本行政区域内的较大的市的人民代表大会及其常务委员会制定的同宪法、法律、行政法规和本省、自治区的地方性法规相抵触的地方性法规。就较大的市的人大常委会制定的地方性法规而言，根据《立法法（草案）》第87条的规定，至少有三个立法监督主体可以予以撤销，即全国人大常委会，省、自治区的人大常委会和较大的市的人民代表大会。姑且不说这三个立法监督主体在监督较大的市人大常委会制定的地方性法规时如何分工负责，防止重复监督，一旦这三个立法监督主体相互之间就较大的市的人大常委会制定的地方性法规是否符合宪法、法律、行政法规的规定意见不一致时如何处理，就不是一件很容易解决的事情。所以，《立法法（草案）》所设计的对地方性法规的立法监督形式很显然没有考虑到立法监督形式的有效性和各种立法监督形式之间彼此的关系。如果《立法法（草案)》不规定相应的立法监督程序来处理不同的立法监督主体对同一个监督对象所产生的意见分歧，那么，就会严重地影响立法监督体制的效力。另外，现行宪法在规定全国人大常委会监督省、自治区、直辖市国家权力机关的立法活动时，省、自治区、直辖市国家权力机关颁布的决议也没有在《立法法（草案)》中得到反映，这样的监督形式实际上还是导致了全国人大常委会对省、自治区、直辖市国家权力机关颁布的决议必须依据宪法的规定进行，而不能直接依据“立法法”的规定。《立法法（草案)》第87条第2项规定的全国人大常委会有权撤销省、自治区、直辖市人民代表大会常务委员会批准的违背宪法和本法第65条规定的权限范围的自治条例和单行条例的规定，也不能从现行宪法中找到直接的依据，但是依据宪法理论可以从现行宪法第116条规定中合理地推导出来。现行宪法第116条规定：民族自治地方的人民代表大会有权依照当地民族的政治、经济和文化的特点，制定自治条例和单行条例。自治区的自治条例和单行条例，报全国人民代表大会常务委员会批准后生效。自治州、自治县的自治条例和单行条例，报省或者自治区的人民代表大会常务委员会批准后生效，并报全国人民代表大会常务委员会备案。既然自治州、自治县的自治条例和单行条例应当报省或者自治区的人民代表大会常务委员会批准后生效，并报全国人大常委会备案。全国人大常委会要对自治州、自治县的自治条例和单行条例进行备案，要保证备案具有实质的监督作用，就应当对提交备案的自治州、自治县的自治条例和单行条例进行立法监督，对违背宪法或超越权限的自治州、自治县的自治条例和单行条例予以撤销。不过，这里可能产生的问题是当自治州、自治县的自治条例和单行条例提交省或自治区人大常委会批准时，如果省或自治区人大常委会对批准的自治条例和单行条例是否符合宪法要求以及是否超越了法定的权限与全国人大常委会意见不一致时，在立法监督程序上如何协调两者之间的关系，《立法法（草案)》并没有作出交代。特别是当省或自治区人大常委会认为提交批准的自治州、自治县的自治条例和单行条例违反宪法规定或者是超越法定权限不予批准，而全国人大常委会在备案时不认为是违反宪法的规定或者是超越了法定权限，虽然从法理上很容易得出省或自治区人大常委会应当服从全国人大常委会的决定，但是，在没有严格的宪法诉讼制度存在的情况下，要正确地判定上述立法监督纠纷的对错并不是一件非常容易的事情。

对于全国人大常委会来说，《立法法（草案）》第87条第2项设计的立法监督权限还存在一个严重的逻辑问题就是，当全国人大常委会在监督某一立法活动时，是否应当依据国务院制定的行政法规来进行审查。全国人大常委会有没有权力来解释行政法规，如果有，权力从何而来？如果没有，全国人大常委会怎样来判定被监督的地方性法规、自治条例和单行条例违反了国务院制定的行政法规的规定？这个问题是《立法法（草案）》在设计立法监督体制时存在的最大的逻辑毛病。况且，当全国人大常委会行使立法监督权时，还必须假设它所依据的宪法、法律和行政法规之间不存在任何逻辑矛盾或者是不一致的地方，否则，全国人大常委会如何依据本身就存在逻辑矛盾的宪法、法律和行政法规来监督地方性法规、自治条例和单行条例的合宪性和合法性呢？因此，可以看到，《立法法（草案）》尽管在立法宗旨上是要区分全国人大以及全国人大常委会所行使的立法权与其他的立法主体所行使的立法权的性质不一样，但是，在设计立法监督体制和各种立法形式之间的关系时实际上又淡化和模糊了这种界限，使得各种立法形式之间没有立法性质的差异，只存在立法权的大小和谁可以监督谁的问题，也就是说，立法体制和立法监督体制是建立在立法权和立法监督权的法律效力大小基础上的。

（六）《立法法（草案）》立法技术的合宪性分析

《立法法（草案）》在具体立法技术上存在的问题主要表现在五个层面：

1. 逻辑矛盾

《立法法（草案）》第79条规定："各部门规章之间、各部门规章与地方政府规章之间具有同等效力，在各自的权限范围内施行。"第71条规定，省、自治区、直辖市、较大的市的人民政府可以制定地方政府规章。如果根据第79条的规定，国务院各部委的部门规章与地方政府规章具有同等效力推论，就意味着省、自治区和直辖市人民政府制定的地方政府规章与较大的市的人民政府制定的地方政府规章具有同等效力，这里很显然是让下级人民政府的规章与上级人民政府的规章的法律效力处在同等效力的位置上，无疑与宪法的规定和

《立法法（草案）》的宗旨相违背，也不符合我国宪法所确立的下级服从上级的行政管理体制的要求。①

2. 逻辑缺陷

《立法法（草案）》第65条第2款规定，“自治条例和单行条例可以根据当地民族的特点，对法律和行政法规作出变通规定，但不得违背法律或者行政法规的基本原则，不得对宪法和民族区域自治法的规定以及其他有关法律、行政法规专门就民族自治地方所作的规定作出变通规定”。由于第65条第1款规定，“自治区的自治条例和单行条例，报全国人民代表大会常务委员会批准后生效”。因此，对于自治区的自治条例和单行条例是否对行政法规中专门就民族自治地方所作的规定作出变通规定，全国人大常委会在批准自治条例和单行条例时就必须要依据行政法规来进行审查，这样会出现上级国家机关依据下级国家机关的规范性文件来判定下级国家机关的规范性文件是否正确合法的情况，很显然，这样的立法监督形式是不合逻辑的。

3. 不讲逻辑

《立法法（草案）》第82条规定：“法律、法规、自治条例和单行条例、规章不溯及既往。”这里“不溯及既往”并没有表达法律规范的特征，应当写成“不得溯及既往”。只有“不得”才能表达法律规范的强制特征，而单纯的“不”，很难反映在行为上的法律要求。《立法法（草案）》中不应犯此类逻辑毛病。

4. 不符合逻辑

《立法法（草案）》在设计具体的法律规范时，忽视了对某些法律规范所指引的行为在现实中发生的逻辑可能性的研究，因此，实际上对一些根本不可能出现的行为作了规范性的要求。如《立法法（草案）》第49条第3款规定：“最高人民法院的解释与全国人民代表大会常务委员会的解释不一致时，以全国人民代表大会常务委员会

---

① 值得指出的是，国务院部、委制定规章的权力是宪法所确定的，而其他形式的规章宪法里并没有明文规定，从“剩余权力理论”出发，其他形式的规章也要纳入立法体系的范围内，很显然缺少宪法依据。否则，就会产生两种性质的规章，一种是依据宪法的规定而产生的规章；另一种是依据法律而产生的规章。如果这种情况成立，这两种不同性质的规章所具有的法律效力更不可能放在同一层次上来考察了。

的解释为准。”该条款规定表面上要解决全国人大常委会所作出的法律解释与最高人民法院所作出的法律解释之间的效力冲突问题，而实际上，就同一法律规定而言，不可能同时既有全国人大常委会的解释，又有最高人民法院的解释。因为有了全国人大常委会的解释，最高人民法院就无须再进行解释；而对最高人民法院的解释如果全国人大常委会认为与立法原义不符，就会予以撤销，不用再以一个新的解释通过与最高人民法院的解释同时存在的方式来否定最高人民法院的解释来产生法律上的约束力。所以说，《立法法（草案）》第49条第3款关于解决法律解释冲突的规范设计是无效的，该法律规范在实际中根本没有发生的可能性。

5. 逻辑模糊

《立法法（草案）》在对有关的法律规范的逻辑结构进行逻辑表述时使用了很多不确定的非法律术语，不恰当地降低了法律规范的逻辑指引作用。如《立法法（草案）》第57条规定：“对涉及较多数公民切身利益的行政法规，起草单位应当公开举行听证会，听取意见。”这里“涉及较多数公民切身利益”的表述是很不规范的法律术语。因为作为法律规范，其逻辑指向只有两种可能：一种是特定的规范对象；一种是不特定的规范对象。至于说，某种法律规范在实际中到底有多少人、多少事受到了约束，这无法通过法律规范自身来加以预测。所以，以确定性的对象作为法律规范的约束客体，这反映了立法者对法律规范作用的过度预设性，因此是不合理的。这样的法律规范其逻辑形式也是模糊的，无法进行有效地逻辑演算。

（七）保证《立法法（草案）》合宪的主要法律路径

立法法是关于国家立法制度的重要法律。由于立法法是规范立法秩序的法律，因此，相对于宪法之外的法律规范而言，立法法是最基本的法律规范。但是，由于立法法本身的法律特性，因此，不能简单地将立法法等同于宪法，或者是用立法法来取代宪法。毕竟立法法与宪法在宪法学理论上分属于两种不同性质的法律规范，立法法是国家机关制定的法律规范，而宪法在理论上是人民制定的法律规范。宪法作为根本法具有指导立法法的规范作用。一部不符合宪法要求的立法法会从根本上动摇我国宪法的根本法权威，使得宪法在实际中的实施成为空话。从《立法法（草案）》的内容来看，之所以出现了许多与宪法不一致的地方或者是从宪法理论上来看不能作出符合宪法规定的判断结论的地方，是因为长期以来我国的立法工作很少考虑宪法的规定如何在具体的法律中得到遵守，合不合宪似乎不影响法律、法规和规章的出台，而且也缺少违宪审查机制，因此，法律、法规和规章尽管在法理上已经违宪，但是在实践中却仍能出台，并且产生拘束力。不过，这样做的后果就是法律、法规和规章之间缺少统一性，部门立法、立法中的地方主义以及经验性的立法使得法律、法规和规章之间的关系处于混乱状态，出现了有些机关越权制定法规、规章；有些法规、规章同法律相抵触或者法规之间、规章之间、法规与规章之间存在着相互矛盾、冲突的现象；有些法规、规章的质量不高，存在着不顾国家整体利益而为部门、地方争局部利益的倾向等。① 这些消极现象严重地影响了已经制定的法律、法规和规章的实施，损害了法律、法规和规章的权威性形象。另一方面，现行宪法对一些重大的立法理论问题没有规定清楚，如全国人大和全国人大常委会在行使立法权时，立法权的性质是否一样。全国人大常委会是否属于独立的立法机关，全国人大制定的法律与全国人大常委会制定的法律效力如果一样，在法理上与全国人大和全国人大常委会之间的法律关系是否相协调；加上宪法也没有规定全国人大及全国人大常委会制定的法律是否存在违宪的可能，因此，在实践中，纵然全国人大和全国人大常委会制定的法律出现了明显不符合宪法规定的地方也无法依据宪法来对这些不符合宪法规定的法律作出撤销和废止的决定。再者，我国宪法虽然规定全国人大及全国人大常委会有权监督宪法的实施，但是没有明确一旦法律、法规和规章等其他形式的法律规范违反了宪法的规定如何处理。所以，长期以来，我国立法机关的立法活动基本上是在脱离合宪性评价的前提下进行的，这样就免不了各自为政的弊端的产生。更为突出的现象是，大量的越权立法行为和滥用立法权的行为以及立法不作为行为严重阻碍了正常的立法秩序的建立。虽然做到了“有

① 全国人大常委会法制工作委员会副主任张春生在《关于〈中华人民共和国立法法（草案）〉的说明》中明确地指出了当前在我国立法制度中存在的上述严重问题。

法可依”，但却产生了“有法无法依”、“有法不能依”的现象。① 这些问题的存在不仅影响了立法工作的质量，也给贯彻实施“依法治国、建设社会主义法治国家”的治国方略造成了障碍。因此，不从根本的宪法体制上理顺宪法与其他形式的法律规范之间的关系以及建立一套行之有效的监督其他形式的法律规范合宪的立法监督机制，要真正地建立一个科学、合理的符合中国法治建设国情的社会主义法律体系任务是相当艰巨的。② 从《立法法（草案）》所采取的基本立法技术来看，并没有很好地解决上述几个方面的问题。相反，由于《立法法（草案）》将宪法中的一些不明确的立法制度具体化以后，反而凸显了隐藏在我国立法体制中的深层次矛盾，这些矛盾在《立法法（草案）》中并没有找到有效的法律手段加以解决。因此，忽视从合宪性的角度来考察立法法的科学性，很可能导致立法法成为现行的充满了逻辑矛盾的立法体制的简单的反映，因而在实践中也就无法得到有效的实施。

① 在忽视法律的合宪性的前提下，一些法律的出台往往以超前立法的名义出现，并且得到了“法律与现实相适应”的法理的支持。但是，这样的法律是否符合法律自身应当承担的功能却很少加以论证。结果产生了“良性违宪”等学术观点。这样的学术观点看中的是“良性”，而忽视“违宪”。在“违宪”尚未成立的情况下，何来的“良性”与“恶性”呢？所以，在我国立法理论中，忽视法律的合宪性问题由来已久，而且在某些方面已经形成了思维定势。《立法法（草案）》中某些逻辑矛盾的产生和不符合宪法的规定的出现可以说是这种思维形式不自觉的反映。

② 有中国特色的社会主义法律体系并不是各种形式的法律规范的简单相加和组合，必须以宪法规范作为逻辑大前提进行合理的逻辑演绎而成，否则，则可能成为各种形式的法律规范杂乱无章的拼凑，法律体系的整体效益很难发挥出来。

索　引

A

ATP

澳人治澳

B

“863”计划工程

保安服务合同

保密管理

不相抵触原则

不一致决定

C

CM 模式

CODATA

彩票公益金

彩票市场

重复立法

D

地方立法权

F

FIDIC

非公募基金会

非企业法人单位

辅警工作

附条件违宪决定

G

GCRP

GROUP4

港人治港

公募基金会

国际专业保安协会

国家科学数据共享门户网站

国家立法权

H

HGP

HPCC

合宪性

I

IAU

INS V. CHADHA 案

IODE

ISO

J

“973”计划工程
集宝公司
即开型彩票
监理工程师
江必新
焦思顿
救助站

K

科学数据共享保障
科学数据共享发展基金
科学数据共享服务
科学数据共享管理
科学数据汇交
科学数据使用
科研协作

L

立法敦促决定
立法法
立法权限划分
李林
乐透型彩票

M

马伯里诉麦迪逊案
马维亚
默示的权力

N

NASA
NNI
内部保安服务组织

O

欧洲产业联盟

P

PM 模式
平克顿法
平克顿公司
平克顿侦探社

Q

QS 模式
权利管理

R

人民主权原则
人权保障委员会

S

SECOM
三博士上书
三公民上书
三监控二管理一协调
上位法
社会保安服务组织
剩余权利原则
剩余权力原则

适用违宪
数字型彩票
双重管理制度
收容遣送站
授予的权力
私人保安业
孙志刚

W

WDC
WMO
“完全与开放”
违宪确认决定
违宪审查机制
五学者上书

X

下位法
限定的合宪决定
宪法附合的法律解释
宪法解释权
宪法修改权
项目管理
项目监理
行政合同
行政许可

Y

亚洲保安协会
一部分合宪确认决定
一部分违宪确认决定
怡和公司
越权立法

Z

暂定的违宪决定
自然逻辑原则
制宪权
职权立法
中国保安协会
足球型彩票

参考资料

参考法规

《中华人民共和国宪法》

《中华人民共和国立法法》

《中华人民共和国全国人民代表大会组织法》

《中华人民共和国国务院组织法》

《中华人民共和国地方各级人民代表大会及地方各级人民政府组织法》

《中华人民共和国人民法院组织法》

《中华人民共和国人民检察院组织法》

《中华人民共和国各级人民代表大会常务委员会监督法》

《中华人民共和国国家通用语言文字法》

《中华人民共和国民族区域自治法》

《中华人民共和国国家公务员法》

《中华人民共和国国防法》

《中华人民共和国科学技术进步法》

《中华人民共和国促进科技成果转化法》

《城市流浪乞讨人员收容遣送办法》

《城市生活无着的流浪乞讨人员救助管理办法》

《浙江省地方立法条例》

《云南省保安服务管理条例》

《湖南省保安服务管理条例》

《广西壮族自治区保安服务管理条例》

《辽宁省保安服务管理条例》

《福建省保安业务管理办法》

《山西省保安服务业管理暂行办法》

《河南省社会保安服务管理办法》

《天津市保安服务业管理规定》

参考文献

一、著作类

1. 郭道晖主编:《当代中国立法》(上、下册),中国民主法制出版社 1998 年版。

2. 陈伯礼著:《授权立法研究》,法律出版社 2000 年版。

3. 刘兆兴著:《德国联邦宪法法院总论》,法律出版社 1998 年版。

4. 保罗·布莱斯特等著:《宪法决策的过程:案例与材料》(上、下册),张千帆等译,中国政法大学出版社 2002 年版。

5. 李林著:《立法机关比较研究》,人民日报出版社 1991 年版。

6. 周旺生著:《立法论》,北京大学出版社 1994 年版。

7. 周旺生著:《立法学》,北京大学出版社 1988 年版。

8. 吴大英、任允正、李林著:《比较立法制度》,群众出版社 1992 年版。

9. 孙琬钟主编:《立法学教程》,中国法制出版社 1990 年版。

10. 曹叠云著:《立法技术学》,中国民主法制出版社 1993 年版。

11. 金鑫著:《中国问题报告》,中国社会科学出版社 2001 年版。

12. [荷] 亨利·范·马尔塞文、格尔·范·德·唐著:《成文宪法的比较研究》,陈云生译,华夏出版社 1987 年版。

13. 姜士林主编:《世界宪法大全》(上),中国广播电视出版社 1989 年版。

14. 徐秀义、韩大元主编:《现代宪法学基本原理》,中国人民公安大学出版社 2001 年版。

15. [法] 孟德斯鸠著:《论法的精神》(上卷),张雁深译,商务印书馆 1997 年版。

二、论文类

1. 李林：《关于立法权限划分的理论与实践》，载于《法学研究》1998 年第 5 期。

2. 邓金菊：《立法权限论》，载于《江西社会科学》2000 年第 10 期。

3. 钟晓渝：《人大与政府立法权限的划分及法规和规章的界定》，载于《现代法学》1996 年第 3 期。

4. 陈端洪：《划分地方立法权限几个问题的探讨》，载于《法商研究》1994 年第 3 期。

5. 杨涛：《关于中国的法律位阶与立法权限范围》，载于《西北师大学报》2001 年 1 月第 38 卷第 1 期。

6. 张世诚：《立法法的基本原则及立法权限的划分》，载于《中国行政管理》2000 年第 1 期。

7. 张中秋、张明新：《对中国立法权限划分和立法权运行状况的观察与思考》，载于《政法论坛》2000 年第 6 期。

8. 韩大元：《论宪法解释程序中的合宪性推定原则》，载于《政法论坛》2003 年第 2 期。

9. 李林：《中国立法权限划分》，载于中国法学网http：//www. iolaw. org. cn“学者专栏·李林文集”。

10. 许安标：《立法法对立法权限的配置》，载于《法制日报》2000 年 6 月 4 日。

11. 王萌编译：《欧洲保安行业发展概况》，载于《中国安防产品信息》2004 年第 4 期。

12. 郭太生：《国外保安理论研究介绍》（上），载于《中国保安》2002 年第 6 期。

13. 郭太生：《国外保安理论研究介绍》（下），载于《中国保安》2002 年第 7 期。

14. 孙中华：《国外私人保安业现状》，载于《中国保安》2004 年第 10 期。

15. 郭太生：《美国保安业的历史与发展》（上），载于《中国保安》2002 年第 10 期。

16. 郭太生：《美国保安业的历史与发展》（下），载于《中国保安》2002 年第 12 期。

17. 郭太生：《美国保安业的职业化途径》（上），载于《中国保安》2003 年第 2 期。

18. 郭太生：《美国保安业的职业化途径》（下），载于《中国保安》2003 年第 3 期。

19. 申力扬编译：《日本保安业法简介》，载于《中国安防产品信息》2004 年第 3 期。

20. 池世才：《探访澳大利亚保安业》，载于《中国保安》2003 年第 4 期。

21. 阎希军：《西欧保安业之我见》，载于《中国保安》2002 年第 9 期。

22. 陆燕乃：《中英两国保安业之比较研究》，载于《湖南公安高等专科学校学报》2002 年 12 月第 14 卷第 6 期。

23. 朱忠裕：《中西方保安业比较研究》，载于《贵州警官职业学院学报》2003 年第 6 期。

24. 《中国安防行业访日代表团报告》，载于 http://www.tc100.org.cn/zhxx/zh15.asp 。

25. 郭艳、董姣：《日本、英国、新加坡安防报警立法模式的比较》，载于 http://www.sdzz.org/webnews/20050507/20050507154526406.html 。

26. 马剑：《保安立法，何时破晓？保安立法若干问题之探析》，载于《中国保安》2004 年第 12 期。

三、外文参考文献

1. [日] 中谷实编著：《宪法诉讼的基本问题》，法曹同人 1989 年版。

2. C. C. Thornton, Legislative Drafting, Third Edition, 1987.

3. John Mark Keyes, Executive Legislation, 1992.

4. A. W. Bradley, K. D. Ewing, Constitutional and Administrative Law, 12th Edition, Addison Wesley Limited 1997.

后　记

进行立法理论研究和参加立法实践十几年，早就有写一点东西来表达自己对立法活动的感受的意向。早在十几年前参与地震立法工作时，我就比较系统地保留了当时最原始的各项立法资料，本来是想着写出一本像样的立法理论著作的，无奈本人理论水准有限，加上我国目前的立法体制确实复杂，而维护立法统一的违宪、违法审查机制也没有正式启动，所以，常常是看着材料不知所措。此次适逢武汉大学出版社相邀，便将这十几年中个人亲自研究和起草的一些法律、法规专家建议稿拿出来，同时还适当附上起草这些建议稿的立法论证。虽然从理论上来说，个人起草的立法专家建议稿存在着诸多问题，特别是与立法实际的需要脱节，但是，作为立法学的一项研究成果，倒是可以供有志于从事立法理论研究或从事立法实践的同仁参照。

此次选入的立法专家建议稿，只占我平常立法创意的一部分，还有许多立法建议稿，如《紧急状态法》、《新闻法》、《出版法》、《宗教法》等，因为考虑得不够成熟，加上其中涉及的理论问题和政治问题甚多，因此，就没有选入本书。本书所选入的大多带有技术管理性的内容，涉及许多立法理论问题。作者在完成这些立法专家建议稿的过程中曾参照了大量的国内外立法资料，所以，比较符合专家立法的要求。所谓专家立法，也就是说，由法律专家根据自己对某一领域的国内外立法状况的研究，结合本国的实际情况，从应然的思考方式出发，提出一个供本国立法机关参考的立法蓝本。专家立法的特色是专业性强，对比较法的资料掌握比较齐全，条理和逻辑都比较清晰；缺点是脱离实际，不能有效地把握实际生活中存在的迫切需要加以解决的问题。尽管如此，我还是想通过本书来为专家立法的学术价值和实践价值作一点“辩护”。

其实，“为立法辩护”是一件非常复杂的工作，也具有不同层面的含义。在现代民主法治社会中，立法首先要反映民主价值的要求，因此，“为立法辩护”实际上是为了民意辩护。当然，民意不可能自发和自动地形成，必须要有立法专家在实践中去归纳和总结，提炼出一些本质的东西，然后通过立法程序进入民意领域。由此可见，专家立法和民主立法实际上是现代立法制度的正当性基础，两个方面是相辅相成的。没有专家立法，民主立法就没有立法的动力机制，立法的科学性也很难得到保证；没有民主立法，再好的立法建议案也可能不符合民意的要求，可能在实践中违背大多数人的意志和利益。所以，两个方面不可偏废。

近年来，随着我国社会主义法制建设的不断发展，全国各级立法部门都开始重视专家立法的作用，这无疑给法律专家提供了一个展现自己的立法理性的绝好舞台。越来越多的重要的法律、法规最初是从专家和学者的书桌上产生的。立法实践对专家立法需求的增长也促进了专家立法质量的提高，法律专家在提出自己的立法专家建议稿的时候，必须要细心地为“自己的立法辩护”，否则，所有的学术努力和企图都会失去价值。这一点，是我近十五年参与立法活动的一点体会。

目前的大学法学本科教育体系中，立法学并不是必修课。而已经开设的立法学课程也很少有让学生自己“编造法律”的，所以，总体上说，现有的法学教育被动性很大，学生只知道如何去记住和理解法律，而缺少质疑法律和创造法律的欲望和勇气。这是作者急于想通过本书要呼吁的：大胆地创造法律，并谨慎地为“自己的立法辩护”吧！